U0857008

本书得到教育部人文社会科学重点研究基地
南京师范大学道德教育研究所资助

规范性知识的追求

陈真 著

上海三联书店

自 序

按照西方哲学以古希腊柏拉图为代表的主流传统，哲学一直被理解为是关于世界和人生意义的根本性问题的理性反思活动，这种活动的目的是要追求关于真、善、美的确定性认识，即知识。任何哲学分支，无论是知识论，还是形而上学，无论是道德哲学或伦理学，还是美学，都体现了西方哲学家对确定性认识的追求。这也是为何西方哲学能够不断产生确定性知识、不断分化出自然科学和社会科学，不断成为创新之源，并被称为"科学之母"或"前科学"的主要原因。而将纯理性的哲学反思转化为确定性的知识，也正是好的哲学研究的重要价值之所在。

诚然，历史上和今天，西方哲学盛产怀疑主义哲学，但这恰恰从反面说明对确定性认识的追求是西方哲学的主流传统，因为，一个不追求确定性认识，甚至没有确定性知识概念的哲学传统，很难想象它如何能够提出对确定性知识的质疑或怀疑，如何能够产生真正意义上的怀疑主义。

西方所追求的确定性知识即真理性知识。按照柏拉图《美诺篇》等对话篇中的说法，知识即为得到辩护的真信念(justified true belief)，"真"就是清楚明白、无可怀疑、确定性、正确性、独立于人们的主观意志，这种"真"至少是一种初始(*prima facie*)意义上的"真"，即在没有发现可以否定其真或正确性的充分理由之前的真，它与确定性认识同义。知识不仅仅是真信念，西方哲学家更为强调它是得到辩护的，即得到论证或证明的。谈到论证就不能不谈到逻辑，因为逻辑或逻辑学是研究正确推理的学问或艺术，论证必须符合逻辑，符合逻辑推理规则。关于逻辑在知识或科学创立中的重要作用，爱因斯坦 1953 年在给朋友的一封信中曾经说过："西方科学的发展是以两个伟大的成就为基础的，那就是：希腊哲学家(在欧几里得几何学中)关于形式逻辑体系的发明以及(在文艺复兴时期)通过系统的实验有可能找出因果关系的发现。”[①]他将逻辑学视为现代自然科学发展的两个必要条件之一，可见逻辑学对于自然科学的产生具有必不可少的重要意义。事实上，逻辑学不仅对于自然科学的产生是不可或缺的，而且对于社会科学的产生，对于哲学从纯理性的反思到确定性知识的转化也具有非常重要的价值。西方哲学家，尤其是当代西方哲学家一直强调论证（逻辑）在哲学研究中的重要性，这是西方哲学能够不断产生确定性认知，不断产生自然科学和社会科学的重要原因，也是西方哲学今后依然还能不断产生确定性知识的重要原因。

西方哲学家对确定性认识追求，对知识的追求，不仅反映在对实然性问题的研究中，即关于这个世界是怎样的问题的研究中，而且也反映在他们对应然性问题的研究中，即关于这个世界应当怎样的问题的研究中。自上世纪初摩尔的《伦理学原理》(1903)发表以来，西方道德哲学家或伦理学家尽管发现伦理学具有与自然科学完全不同的本质特征，但他们依然不放弃对客观的伦理学知识的追求，这一信念和追求反映在西方伦理学所有的研究领域中，包括元伦理学的研究中。西方元伦理学始于摩尔的“未决问题论证”，它试图证明任何试图通过自然属性或描述性陈述定义“好”(good)或相关伦理学价值概念的努力都会导致一个正确定义所不应有的未决问题(open question)，尽管这一论证受到各种批评和攻击，但它确实凸显了伦理学问题与纯自然科学问题的本质区别、伦理学知识或规范性知识与自然科学知识或描述性知识的根本区别，即规范性。说明伦理学知识或规范性知识有别于自然科学但又与自然科学具有同样的确定性与客观性的本质特征，一直是推动西方一百多年元伦理学发展的一个根本性的问题和动力，上世纪末或本世纪初以来，这一根本性问题主要表现为理由与规范性的关系问题，表现为关于理由的形而上学和认识论的本质的相关讨论。

伦理学知识或规范性知识是一种先天知识(*a priori* knowledge)，即一种不依赖于经验归纳的知识，一种一旦我们真正明了其意义就知道其为真的知识，一种建立在先天辩护基础上的知识，它有别于建立在经验归纳基础上的后天知识。伦理学知识或规范性知识是先天的，因而也是客观的、不以人们意志为转移的知识，就如同数学知识和逻辑知识是先天的，因而也是客观的、不以人们意志为转移的一样。比如，“杀害无辜的人是残忍的、不道德的行为”，即它是不应当的行为，它不可能建立在经验归纳的基础上，不可能说我们要通过实验或通过杀害更多的无辜人才能确定它是否为真，但它确实先天可知，即我们一旦理解了它的含

① 见 1953 年爱因斯坦給 J. E. 斯威策的信，参见《爱因斯坦文集》，第一卷，许良英、范岱年编译，商务印书馆，1976 年，第 574 页，译文根据英文原文略有修改。

义就知道它是正确的。

先天知识(包括规范性知识)并不意味着与描述性的感觉经验知识毫无关系,后者对于启发认知者理解和认识前者也具有重要意义。说一个知识是先天的,意思是说它不是建立在归纳论证基础上的,但这并不是说与感觉经验的描述性知识毫无关系,如何认识、解决与说明二者之间的关系,如何说明事实问题与价值问题之间的关系,是认识规范性知识本质的核心问题,也是能否获得规范性知识的关键性问题。自然主义的研究路径代表了一种有前途的发展方向,其合理性主要反映在如下直觉中:即有什么样的事实,就有什么样的规范性;这个世界除了物理的世界之外,别无其他,任何意识、精神或其他的人为的概念都要与这个世界发生这样或那样的联系才能真正说明其实在的合理性。

本论文集收集了本人公开发表的 41 篇中文论文,分为五大部分,即知识问题研究、心身问题研究、元伦理学研究、规范伦理学研究和应用伦理学研究,加上附录中的“为什么中国传统文化没有促进现代自然科学的发展”一文。这些论文总体上反映了本人的上述认知,故将本论文集命名为:《规范性知识的追求》。

借此次论文结集出版机会,本人对已发表的论文进行了校订,所有的参考文献以及注释全都改为脚注,纠正了原文中的个别编辑错误,如人名搞错,希腊文没有显示出来等。

2020 年 9 月 20 日于南师仙林茶苑

目　录

知识问题研究

对西方哲学本质的再认识*

有学者指出中西哲学的对话存在着某种“屏障”，[①]这个问题不光反映在中西哲学的交流中，也反映在对西方哲学史的解释和评价上。造成这种“屏障”的原因很多，其中一个根本原因是我们许多学者对西方哲学本质，或者说对哲学本质的理解和西方学者的理解不同，这种不同不仅形成了中西哲学交流的“屏障”，也造成了我们和西方哲学家对哲学的社会功能和价值，以及哲学的研究方法等看法的不同。重新认识西方哲学本质不仅对于克服中西哲学对话的“屏障”，促进哲学层面上和国外学者的思想交流有意义，而且对于重新认识哲学的社会功能和价值，防止哲学研究的教条化或宗教化，对于克服纯思辨式的或“投机”式的哲学研究的倾向，以进行更有成效的哲学研究，特别是对于培养中华民族的有独创性和批判性的思想家、理论家和哲学家，乃至于促进文科教育和其他学科的健康发展也都具有非常重要的意义。

哲学的本质究竟是什么在西方恐怕也是一个有争议的哲学问题。上世纪60年代末，美国曾出版过八卷本的《哲学百科全书》，其中对哲学做了一个较长的解释，但缺少一个简单明确的定义。目前网上的《斯坦福哲学百科辞典》(*Stanford Encyclopedia of Philosophy*)和《互联网哲学百科全书》(*Internet Encyclopedia of Philosophy*)都没有“哲学”的词条，可见给哲学下一个能为各方所接受的定义并不是一件容易的事。本文试图根据西方哲学的传统对哲学下一个明确的定义，希望这个定义能够很好地解释西方哲学史和当代西方哲学家

---

* 本文原载于《宁波大学学报·人文科学版》2008年第6期，此次收入本论文集，个别词语有所修改。

① 见丁立群、李晓娟编：《世纪之交的哲学自我批判》，黑龙江人民出版社，2002年，第8页。

的哲学活动。[①] 本文分三个部分。第一部分考察“哲学”一词中所包含的“智慧”的含义以及具有哲学智慧的人的特征。第二部分给西方的哲学概念下一个明确的定义,并阐明其中所包含的三层意思。第三部分则讨论重新认识西方哲学本质给我们的启示。

一、哲学智慧的特征

西方的“哲学”一词源于古希腊文,原意是“爱智慧”的意思。那么,什么是智慧?智慧是一种能力,也是一种心理或心灵的属性。它不同于其他的一些直接可观察的属性,如红、方、圆、香等。它类似于玻璃的“脆”那样的属性,正常情况下看不见、摸不着,但在一定的条件下却可以表现出来。如用锤子一砸,玻璃就会破碎,这样,“脆”的属性就表现出来了。这并不是说锤子没有砸以前,玻璃的“脆”的属性就不存在。在没有砸之前,玻璃“脆”的属性就已经在那里了。一个人的“智慧”也是一样,平时看不见,但在一定的条件或环境下就会表现出来。比如,古力下围棋的智慧就远超过常人。这种智慧平常看不见,但一到比赛,这种能力就表现出来。这并不是说他没下棋时就没有这种智慧。在没有下棋的时候他的这种智慧就已经在那里了,下棋只是提供了表现这种“智慧”属性的机会罢了。类似“脆”和“智慧”这样的属性还有诚实、善良、勇敢等。这类属性有时称为“倾向性属性”(dispositional properties)或“心理倾向”(dispositions)。

智慧作为一种能力不等同于知识。这里所讲的“知识”是指命题知识。如“我知道太阳每天从东方升起”就是一个命题知识。命题知识涉及对事物的判断,而智慧指的是一种能力,而不是指对事物的判断。判断可以有真假,而能力只可以具有或不具有(虽然对一个主体是否有能力的判断可以有真假)。能力不同于命题知识。如,一个人可以有保持自行车平衡不倒,连续运动的能力,但他未必了解保持平衡的物理学的命题知识。一个人可以把孙子兵法背得滚瓜烂熟,但他未必知道怎样运用。尽管智慧需要一定的知识才能加以运用,甚至智慧本身也需要一定的知识作为其先决条件,但它和命题知识不是一回事。西方哲学家既爱智慧,也爱知识。但比较而言,他们似乎更注重智慧,而非知识。

那么西方哲学的智慧究竟指的是一种什么样的能力呢?按照“智慧”的希腊文的原义和在古希腊的用法,一个有哲学智慧的人往往有如下三方面的特征:

---

① 笔者曾有机会和密西根大学著名哲学家达沃尔(Stephen Darwall)教授交换过对哲学的看法,笔者的看法得到他的积极肯定。

第一，不受人们普遍接受的看法的约束，**敢于挑战权威和一般人认为理所当然的意见和看法。**一个有哲学智慧的人是一个具有怀疑和批判能力的人。从笛卡尔的"怀疑一切"，到康德的三大《批判》，直至今天西方的非理性主义和认识论中的怀疑主义，无不体现了这种批判、怀疑的精神。由于有哲学智慧的人常常挑战传统和反潮流，所以他们的言行在常人眼里往往显得有些古怪。以"西方哲学之父"苏格拉底为例。[①] 据柏拉图的《申辩篇》记载，苏格拉底受审时的主要指控是：他"犯有搅乱是非之罪，他探究天上和地下的事物，以弱理击败强理，并要他人效法他"。[②] 导致他受审的最初原因起因于德尔斐大庙的神谕。苏格拉底有一个叫凯勒丰(Chaerephon)的朋友。他去德尔斐大庙求神谕，传达神谕的女祭司答称没有人比苏格拉底更有智慧。苏格拉底知道后感到非常困惑，因为他认为自己一无所知，而神又不可能撒谎。因此，他到处访问以智慧出名的人们。首先，他去请教一位被许多人认为是有智慧的政治家，这位政治家也自认为很有智慧。苏格拉底通过询问之后发现他其实没有智慧。于是苏格拉底将自己的看法告诉了政治家，结果让政治家恨上了他。接着他又去访问了更有名气的、自认为有智慧的人。结果让他大失所望，他发现这些自称有智慧的人其实并没有智慧。最后他发现他比别人更有智慧仅在于：其他人不知道他们自己不知道，而苏格拉底知道自己不知道。直到今天，西方哲学家们所表现出来的智慧主要也是这种苏格拉底式的智慧，即他们往往最早察觉人们普遍接受的信念中的问题，指出问题所在，并成功地推翻了它们。

第二，**善于摆事实、讲道理。**疯子或神经有问题的人也会挑战人们普遍接受的观念，也会挑战权威。但具有哲学智慧的人和他们不一样，具有哲学智慧的人有理性，甚至比一般人更有理性。所谓有理性，一是说他们凡事都有理有据，凡事都能举出理由来，二是说他们善于推理和论证。哲学家和疯子、白痴的区别就在于他们摆事实，讲道理，在于他们能够提出理由证明他们哪怕是异想天开的想法。正是由于哲学家需要摆事实、讲道理，在西方哲学史上导致了所谓认识论和语言学转向。早期古希腊哲学以及后来的经院哲学对世界的本质都有许多假定。这些假定并不总是互相相容的，甚至也不总是和我们的常识一致。怎样判

① 这并不是说苏格拉底是西方第一位哲学家。而是说他的思想直接影响和决定了后来西方哲学的发展，奠定了整个西方哲学的基础。也有人称柏拉图是西方哲学之父。

② Plato, *Socrates' Defense* (*Apology*), 19b－c, *The Collected Dialogues of Plato*, eds. Edith Hamilton and Huntington Cairns, New Jersey: Princeton University Press, 1961, p.5. 中文翻译转引自汪子嵩、范明生、陈富村、姚介厚著：《希腊哲学史》卷二，人民出版社，1993年5月第1版，第365页。

断它们正确与否？我们需要论证。我们需要回答：你怎么知道这一断言是正确的？对这类问题的回答自然而然使哲学研究的重点由本体论问题转向了认识论问题。正是论证的要求，导致当代西方哲学的语言学转向。因为，论证的前提条件之一就是概念必须清楚。概念是否清楚取决于我们的语言是否清楚。为了弄清我们的语言是否清楚，我们必须对语言性质进行哲学的考察。

第三，**能够发现事物的本质和真相。**柏拉图在他的《国家篇》（旧译《理想国》）中，以苏格拉底之口，讲过一个著名的"山洞之喻"，以说明哲学智慧的这种性质。[①] 有一群囚犯一生下来就被关进一个山洞深处的暗室，从来就没有接触过外部的世界。他们的头和身体都被锁链锁住，以至于他们只能向前看，无法向后看，他们只能看见前面的墙壁。在他们的身后是一段矮墙，墙后是几个操纵傀儡的人，他们拿着木头、石头和其他材料做成的具有鸟兽人形的傀儡，学着发出各种各样的声音。他们的背后有一堆篝火，火光将他们手上操纵的物体的影子投射到囚犯对面的墙上。这些囚犯以为这些墙上的影子就是真实的世界，并且坚信不移。假设有一个囚徒被解除了身上的锁链，转过了身体，看到了那些傀儡和篝火，如果有人问他，这些东西和他以前看到的影子，谁更真实，他可能会认为以前的影子更真实。如果有人硬将他拖出山洞，来到山洞外，看到阳光下的万物。当然，在开始时，他会感到阳光刺眼，不习惯，当他最终习惯了阳光下观察事物时，他会发现他在阳光下所观察到的事物要比他原来看到的影子真实得多。如果他返回山洞，告诉他原来同伴事实的真相，他的同伴会相信他吗？不会。如果他想极力解开他同伴的锁链，并把他们带出山洞，假如这些囚徒有可能抓住他，这些囚徒就会处死他。这个逃出了山洞，发现事物真相的人就是哲学家。不幸的是，这个囚徒的命运正是西方哲学之父苏格拉底的命运。"山洞之喻"试图说明只有哲学家才能接触到事情的本质和真相，发现事物的本来面目，或者说，发现事物的真相和本质是哲学家的任务和使命。

总之，表现西方哲学智慧的批判、怀疑的精神从古希腊一直延续到今天。这种批判怀疑的目的是为了发现事情的真相。哲学研究如果缺少了这种批判怀疑的精神，就会失去生命力，也会失去其真正的价值。这也是为什么西方的哲学学术讨论会无一不是某种形式的"批判会"。一个好的哲学家往往是对不利于自己理论的理由了解最充分的哲学家，有时比自己的对手更了解对自己不利的理论的力量，并将其击败、驳倒。

---

① 关于"山洞之喻"，见 Plato, *Republic*, VII, 514a - 521b, *The Collected Dialogues of Plato*, eds. Edith Hamilton and Huntington Cairns, New Jersey: Princeton University Press, 1961, pp. 747 - 753。

二、西方哲学的本质

那么,究竟什么是哲学呢?上面关于智慧的讨论已经在相当的程度上说明了什么是哲学。但我们还需要更清晰的定义。人们往往将哲学理解为一个个的理论体系,这些理论体系就是“概括”和“总结”自然科学和社会科学的知识,这种看法不符合西方哲学史(因为远在以牛顿力学为标志的现代意义的自然科学和其他社会科学产生之前哲学就已经存在),更谈不上抓住了西方哲学的本质。“哲学”按其原来的本意就是“爱”智慧,而不是“有”智慧(知识)。“爱”代表的是一种追求和过程,一种动态的思维活动,而不是一种静止的、现成的体系。西方哲学自柏拉图以来,实际上是一种追求确定性的理性反思活动。冯友兰先生通晓中西哲学,他将哲学定义为对人类精神的反思,①这种反思也是一种思维的活动。因此,我们将西方所理解的“哲学”定义为一种理性的反思活动。准确地讲,**哲学是追求关于世界(包括世界中的各种事物)和人生意义的根本性问题的确定性认识的理性反思活动。**这个定义中有三层意思需要加以说明。

第一,我们可以对任何事情都进行理性反思,但并非任何问题的理性反思都是哲学活动。只有对“**根本性问题**”的理性反思活动才是哲学活动。这里所说的“根本性问题”是指隐含在我们日常生活和具体科学中未加反思或证明的假设或前提。这类假设或前提往往不是显见的,并且随着人类的认识的发展而变化。哲学家的任务是思考或质疑这些隐含的假设和前提。发现并思考这些前提正是哲学家的智慧之所在。例如,在古代,特别是前苏格拉底时代,人们认为自然和人类社会冥冥之中的主宰是神。当时的人们认为这些都是理所当然的,无可怀疑的。但早期的哲学家质疑这种假设,并试图用新的假设,如水等自然物来解释自然。又比如,人们一般都认为他们理解下面这个句子:“一夜情是不道德的”。说这句话的人一般都假定他们已经了解“道德”的含义。但哲学家们发现这个假设并不成立。我们并不完全了解“道德”一词的含义。日常生活中的人们往往在并不了解他们所用的语言的含义的情况下使用他们的语言,也常常将一些没有道理的命题当成是有道理的命题。所以,日常的人们容易盲从。但哲学家不一样,哲学家常常发现这些预设的前提的问题。因此,他们需要质疑。需要质疑的前提或假设并不是一层不变的。当这些前提和假设的问题解决之后(或得到证明,或被推翻),它们有可能成为科学的一部分,但又会有新的假设和前提,其中

① 见冯友兰:《中国哲学史新编》,第一册,人民出版社,1982年1月第3版,第9页。

不少也值得质疑。在神的时代,人们并不考虑自然有无规律,因为一切都是神的意志所决定的,自然是否存在着不依赖于神而存在的规律就成为一个哲学问题。但如果今天有谁还在苦苦思考这个问题,或认为这是一个重大的发现,人们可能会认为他不过是说明了一个显而易见的道理,谈不上重大发现,谁要声称这是他的重大发现,我们可能会认为他神经有问题。好的哲学家一定是去谈论一些更需要谈论的问题。任何对象都可以成为哲学反思的对象,上至天文地理,下到一夜情杀鸡宰羊等日常生活琐事,只要所思考的问题是人们认为理所当然但从没有认真思考过或辩护过的问题。这样理解哲学可以解释为何"死刑是否应该废除"、"一夜情是否是道德的"等都可以成为哲学——更准确地说哲学的分支伦理学——所研究讨论的对象,尽管这些问题的解答并不需要涉及对自然科学和社会科学的概括与总结,因为这些问题过去都没有认真反思过,并且其中都包含了我们没有认真反思过的假设和前提,如"道德"和"应该"的含义。

第二,对根本性的问题进行思考并不是漫无边际的。对根本性的问题的漫无边际的思考可以是文学,但绝不是哲学。哲学不是胡思乱想,而是要**追求确定性的认识**。即使是相对主义,怀疑主义,它们也要追求相对主义的确定性和怀疑主义的确定性。什么是"确定性"? 一个事物或信念是确定的,当且仅当它的真是无可质疑的。[①] 比如,"现在我面前有两只手",这个命题的真就是无可置疑的。这里所说的"无可置疑"不是指主观上的无可置疑,因为主观上可以对任何客观上确定无疑的事情进行质疑,而是指客观上无可置疑,即这种无可置疑是有充分理由的或是得到充分辩护的。自古希腊苏格拉底、柏拉图以来,哲学活动都是为了获得有关真、善、美的确定性的认识。柏拉图认为知识必须是确定的。在他看来,有真的信念并不等于有了知识,因为真信念并不确定,有可能只是一个幸运的猜测。举一个例子。假定我们面前有两个大小差不多的西瓜,我们的目的是要选择最大的一个。我们相信其中一个最大。我们的信念可能为真,但也可能为假。让我们进一步假定我们的信念事实上为真。在柏拉图看来,即使我们的信念事实上为真,也不能说明我们真的知道其为真,我们的信念充其量不过是一个幸运的猜测,并不确定,随时有可能改变。为了保证信念确定为真而不仅仅是一个幸运的猜测,我们必须对其进行辩护、论证。在上述的例子中,如果我们将两个西瓜放在秤上称一称,就能证明我们的信念为真。这时,我们才能说我们真正知道我们的信念为真。柏拉图认为只有经过辩护的真信念才能成为知

---

① 参见"certainty and doubt",《牛津哲学词典》(英文,布莱克波恩(Blackburn, S.)编),上海外语教育出版社,2000 年 12 月第 1 版,第 60 页。

识,故他将知识定义为得到辩护的真信念。[①] 柏拉图的这一看法形成了西方哲学研究的一个重要的传统,即将哲学看成是追求确定性的理性反思活动,当代西方哲学研究依然保持了这一传统。这一传统使得西方哲学能够成为科学之母,能够不断产生确定性的知识,如物理学、心理学、逻辑学等。[②]

第三,追求确定性的哲学理性反思活动包括两个方面:其一,**澄清概念**、命题的意义和所讨论的问题;其二,**进行推理论证**,以证明或反驳观点。

澄清概念和命题的意义是论证和确定其真假的前提。澄清概念或命题意义本身往往也意味着问题研究的深入。比如,"世界运动是有规律的"就是一个值得进一步澄清其含义的命题。它究竟是指"世界任何事物的运动是有规律的",还是指"世界上一部分事物的运动是有规律的"?其中"规律"是指具有因果必然性的、决定论意义上的(即给定了某个原因就只能有某个结果意义上的)"规律",还是指包含了几率或非决定论意义上的"规律"?这个规律指的是自然界本身就有的,还是人们所发明的、用以解释自然现象的理智的技巧?显然,对这个命题意义的分析和追问表明我们对这个命题的意义并不是完全清楚的,而一个不清楚的命题是难以真正确定其真假的。如果我们继续争论一个意义实际上并不清楚的命题,往往会陷入没完没了的假争论,或反复讨论同一个问题而没有任何进展。另一方面,如果我们能够澄清其含义,也标志着我们认识上的某种进步。在某种意义上,正是哲学家们不断地发现人们以为清楚明白的概念或命题并不清楚明白,又不断地将不清楚明白的概念或命题变成清楚明白的概念或命题,人们的认识才不断取得进步。

如前所述,哲学家挑战教条、挑战常识、挑战权威,但这种挑战不同于无理取闹,不同于挑战人类普遍公认的并且得到辩护的观念和价值,因为哲学家的挑战需要摆事实、讲道理,需要推理论证。推理论证是人类区别于其他动物的根本性的标志。[③] 亚里士多德说过,"人是理性的动物",这里所讲的理性主要指推理的能力。我们对过去的知识,对恐龙的知识,以及对未来的知识,对太阳总有一天会灭亡的知识都是建立在推理基础上的。推理分为演绎推理和归纳推理(后者包括寻求最佳解释的推理),但实际的推理过程,特别是涉及挑战人们已经普遍

---

① 参见 Plato, *Theaetetus*, 201c - d, and *Meno*, 98, *The Collected Dialogues of Plato*, eds. Edith Hamilton and Huntington Cairns, New Jersey: Princeton University Press, 1961, p. 908 and pp. 381 - 382。

② 关于哲学和科学的关系,哲学和确定性的关系,可参见罗素的《哲学问题》第十五章和他的《西方哲学史》绪论。

③ 某些动物或许能够进行一些最为简单的推理,但它们肯定无法从事稍稍复杂一点的推理。

接受的命题的推理过程远比我们所想象的要复杂得多。尤其是，人不仅是理性的动物，也是情感的动物，因此，受情感因素的影响，推理的过程中会发生各种可能的逻辑谬误。人也是社会的动物，因此人的推理也受各种社会因素的影响，比如权威意见、流行观点、政治人物有意操纵的舆论、个人或集团的利益等。西方哲学家一般都是运用推理能力的专家，他们不少人同时也都是专门研究推理的专家。事实上，逻辑学——关于推理艺术的学问——就是由哲学家亚里士多德所创立的。哲学家应当是最能够独立思考、最能够摆脱各种情感因素和社会因素的影响、最能够发挥人的推理能力的人。

三、重新认识西方哲学本质给我们的启示

重新认识西方哲学的本质，将哲学理解为一种对世界和人生的根本性问题进行理性反思的活动，不仅可以合理解释西方哲学史和当代西方哲学的许多现象（如同前一部分所述），不仅可以促进哲学层面的中外交流，而且给予我们许多重要的启示。

首先，哲学研究应当反对教条主义。

哲学的奥妙或价值就在于能够发现人们所不能发现的问题。熟知不等于真知。如同法国谚语所说“鱼所最难看到的是水”，[①]而常人所最难察觉的问题是那些我们从懂事开始就认为是理所当然的道理或基本假设，如果对这些假设缺少反思，它们就会成为教条，束缚我们的思想。哲学应当是最善于对人们普遍接受的、认为理所当然的假设或教条进行理性反思的思维活动。这种反思活动在最开始的时候，往往是挑战或者怀疑人们既有的观念，包括权威的观点。在西方哲学史上，每一位杰出的哲学家无不是破除当时教条的典范。第一个哲学家泰勒斯是破除当时神话教条的典范；苏格拉底是破除人们自以为自己有智慧的教条的典范；柏拉图是破除感知认识（或常识）教条的典范；笛卡尔是破除人们认为没有确定性认识的典范；休谟是破除经验主义教条的典范；马基雅维利是破除当时的道德教条的典范；霍布斯是破除当时人们认为道德和国家依赖于神学的教条的典范，如此等等。对人们公认观点的有理由的挑战实际上是对人们所信奉的教条提出挑战。教条总是束缚人们的思想，因而破除教条总是具有积极意义的事情。在古代，人们普遍认为自然界为神灵所统治。挑战这种教条，带来了人们思想的解放，认识的进步。在上世纪 70 年代，人们也曾信奉过“两个凡是”，还

---

① 该谚语转引自 Elloitt Sober, *Core Questions in Philosophy*, third edition, New Jersey: Prentice Hall, 2001, p.7。

信奉过社会主义经济只能是计划经济。这些人们认为理所当然的假设和前提阻碍了人们的思想和认识的进一步深入,也阻碍了社会的进步和发展,所以需要破除。我们生活中有许许多多还没有发现的不合理的教条,而学习哲学或从事哲学研究应当可以帮助我们发现这类教条及其问题,破除它们,从而推动人们对世界认识的深入,推动社会进步。哲学本质上就是批判性的,哲学的批判性思考的价值就在于通过不断地自我批判防止认识的僵化,防止教条主义。

西方哲学的积极的社会功能之一就是反对教条主义,可以说哲学是教条主义的天敌。教条主义在西方主要是以宗教或神学的信条表现出来。宗教和神学将人们的认识通过偶像崇拜的形式固定下来,变成教条,阻碍人们对事物的认识。在中世纪时,神学渗透到哲学研究当中,凡是被认定是上帝的旨意的信条都是不能被挑战的,从而成为束缚人们思想的教条。因而西方哲学家反对教条主义往往首先强调哲学和宗教的区别。美国哲学家杜卡斯(Curt John Ducasse, 1881—1969)曾说过:"哲学的功能不是关于正义和崇拜的教诲或训诫,而是启蒙。哲学教授的任务是讲授,而不是传道。哲学家像科学家一样,不是牧师,而是研究者。"[①]哲学和科学的任务在某种意义上是一样的,即追求事实真相和研究怎样才能最好地实现这一目的。罗素(Bertrand Russell)曾将哲学和神学、科学进行过一番比较。他认为哲学是神学和科学之间的"无人之域"。"它和神学一样,包含着人类对于那些迄今仍为确切的知识所不能肯定的事物的思考;但是它又像科学一样是诉之于人类的理性而不是诉之于权威的,不管是传统的权威还是启示的权威。一切确切的知识——我是这样主张的——都属于科学,一切涉及超乎确切知识之外的**教条**都属于神学。但是介乎神学与科学之间还有一片受到双方攻击的无人之域;这片无人之域就是哲学。"[②]罗素的这段话主要想说明哲学的性质,但也可以让我们认识到宗教中所包含的教条主义特征,即一切问题的答案都诉之于不可讨论和怀疑的权威。而哲学智慧的本质之一正是在于怀疑和挑战这样的权威或类似这样的权威。这就是为什么尽管美国的普通大众大多数都是有神论者(据说70%的美国人都是基督徒,90%的美国人信奉上帝或神),但美国大学哲学系的大部分,甚至绝大部分学者都是无神论者。

第二,哲学研究和训练应当有助于培养我们的创新精神。

---

① Ducasse, "The Place of Philosophy in a University Education," Brown Alumni Monthly Jan. 1930: p. 1. Reprinted in Theodore Schick, Jr. and Lewis Vaughn, *Doing Philosophy: An Introduction through Thought Experiment*, the second edition, McGraw Hill, 2003, p. 49.

② 罗素:《西方哲学史》,上卷,商务印书馆,1963年第1版,第11页。

随着中国的改革开放,西方发达国家的中国留学生与日俱增。据最近的媒体报道,多位外国教授对中国留学生的评价是:勤奋,但普遍缺乏挑战精神。按照德国柏林自由大学的迈卡钦教授的话说,他们"聪明、礼貌,但他们似乎对教授、对权威有一种莫名其妙的崇拜感,而这对培养创新思维是不利的"。[①] 中国留学生的这种情况不能不说是反映了我们哲学教育或文科教育的某种缺陷。西方发达国家的文科教育的主要目的之一是使受教育者保持对社会的批判能力(从而保持社会自我反省的能力)以及学术研究的创新精神,而哲学课程则在培养受教者的批判精神中起到了关键性的作用。这是因为其他理工科的课程主要是传授既有的成熟的知识及其应用,批判性的、开拓性的思维方法并非这些课程的主要内容,也并非其主要目的。而文科的其他课程或多或少也都是传授既有的成熟的知识为主,唯有哲学课程其主要目的就是培养学生的独立思考和批判性精神,其内容基本上都是讨论有争议的问题和不成熟的理论,不论是给本科生还是研究生开设的哲学课程(除了逻辑课程以外)都是以批判各种各样的哲学理论为主,这种批判是一种自由的、不受任何教条束缚的批判,对于培养受教者的自由自在的批判精神、开拓精神以及自主的人格起到了非常重要的作用。西方哲学课程往往讨论的是其他学科所预设但并不去怀疑和反思的概念和假设。以概念为例。其他学科一般都将"时间"、"空间"、"原因"、"善"、"真"、"心"、"我"等概念的意义看成是明了的并且是理所当然的,但哲学家并不这么认为,而是继续分析和争辩其真正的含义。以假设为例。通常人们将如下假设看成是理所当然的:通过知觉可以获得关于物理秩序的事实;逻辑法则对这个物理秩序是有效的;存在着事情发生并且我们可以进入的公共的空间和时间;凡事都有原因等等。但哲学家则质疑和反思这些假设。[②] 这样的哲学教育自然而然促进了受教者在学习其他文科课程和理工科课程中的怀疑精神和创新精神。因此,重新认识西方哲学本质可以帮助我们改进我们的哲学教学,乃至文科的教学,鼓励和提倡批判性思考,这对于保证一个民族的开拓性和创造性的活力是必不可少的。

第三,哲学研究应当不断开拓新的研究领域和认识领域。

---

① 见 2007 年 10 月 3 日《联合早报网讯》。

② 参见 Brand Blanshard (1892 - 1989), "The Philosophic Enterprise," in *The Owl of Minerva: Philosophers and Philosophy*, ed. Charles J. Bontempo and S. Jack Odell, New York: McGraw-Hill, 1975: 163 - 177. Reprinted in Theodore Schick, Jr. and Lewis Vaughn, *Doing Philosophy: An Introduction through Thought Experiment*, the second edition, McGraw Hill, 2003, 53。

迄今为止，西方哲学所研究的问题以及所提出的理论从来都不是固定不变的，它不断提出新的问题，新的理论，产生新的学科和研究领域。这一点不难理解，因为按照西方的传统，哲学是对人们还没有对其进行充分理性反思的"根本性问题"的理性反思活动，因此，这种研究活动几乎从一开始就是开拓性的。对人们没有察觉的教条的挑战并破除人们自以为正确的教条，往往意味着发现新问题和新的认识对象或新的研究领域。罗素说："科学告诉我们的是我们所能够知道的事物，但我们所能够知道的是很少的；而我们如果竟忘记了我们所不能知道的是何等之多，那末我们就会对许多极重要的事物变成麻木不仁了。"[①]哲学的主要任务之一应当是发现并指出何等之多的极其重要的东西是我们自以为知道而实际上并不知道的，以避免思想上对许多极其重要的问题的麻木不仁。

第四，哲学研究应当讲求概念的清晰、论证的缜密和证据的充分。

概念和命题的过于含混不清几乎是目前哲学和许多社会科学研究中普遍存在的问题，这导致大量无效的劳动，也掩盖了大量无效的劳动，因为不清楚，所以旁人也很难判断是否无效。这使得真正有效的哲学研究、哲学争论和思想交锋成为不可能，而真正的哲学研究方面的进展或某种程度的共识都是在激烈的争辩和思想交锋中产生的。所以，有意义有效果的哲学研究应当讲求概念的清晰，尽管概念的清晰并不是一件容易做到的事情。

论证不仅仅讲究论证推理的过程不要出现逻辑谬误，更要讲究证据。这并不是说哲学家要像科学家那样去做实验收集证据，像社会学家那样通过调查去获得证据，而是说哲学家要注重证据，不能无视证据(即经验的事实)，无视现实，无视现实的问题。哲学家尽管运用抽象概念，讨论抽象的道理，但哲学家和科学家一样，都追求真，追求确定性的认识，因此，哲学家和科学家一样，对自己的命题和观点也需要证据(除了极少的观点的真可以通过逻辑检验外，大量的哲学命题都是可以，也应该通过经验命题加以检验)。哲学推理论证讲究证据至少包括两个方面的内容。第一，哲学的命题或假说本身应当能够蕴涵可以得到检验的经验的命题并且是可以否证的。[②]"实践是检验真理的标准"实际上预设了被检验命题首先应当是经验上可验证的，否则就仅仅是一句口号。原则上无法验证的哲学思想是无法进行讨论的，也是无法真正取得进步的，很容易陷入教条主义

① 罗素：《西方哲学史》上卷，商务印书馆，1982年北京，第12—13页。

② "可否证"是必不可少的，因为有些命题看上去似乎也是经验可检验的，但却没有任何实际的经验内容，如"今天或是星期一，或不是星期一。""四人帮"所鼓吹的有些理论也具有类似的特征。

或纯思辨的哲学。容易陷入教条主义是因为教条主义最害怕经验的验证,无法验证的命题正好给教条主义留下了避难所和防空洞。无法验证的命题也可以进行合乎逻辑的推演,但这种推演充其量不过是一种思辨的哲学。“思辨”的英文是“speculation”,和“投机”的意思相同,即在缺少证据的情况下进行断定或决策。这样的思辨哲学由于没有办法检验,因而没有办法帮助我们认识真理或现实,因此是没有前途的。当代西方哲学家也讨论价值、实践理性、实践理性的根据、理由的力度等抽象的问题,但他们经常举经验的例子说明或证明他们的理论,或分析经典的案例,从中找出合乎事实或能够解释事实的原则。在争论时,通常也是通过举例来反驳对手的理论。第二,讲究证据就不能无视经验的反例,不能无视不利的事实。无视事实会导致虚假之议。虚假之议在文学上可能会丰富我们的想象力,带来美感,比如,金庸的武侠小说虚构的武侠世界也有自己的逻辑,也可进行合乎逻辑的推理,通常情况下,内力越强,武功越高,内力是随着修炼时间的长短而逐步增高的,如果遇到灵丹妙药凭空增加几十年功力也是不成问题的。但如果真的以这种虚构的故事去劝说现实中的散打运动员或拳击运动员去寻找这样的灵丹妙药,那就是在害人了。无视事实的理论会给我们的生活带来灾难,这已经为“大跃进”和“文革”所证实。即使无视事实的理论不会立刻给我们带来伤害,但无视事实本身也会大大降低理论本身的说服力和实际效力。比如,如果我们明知某种道德教育的效果几乎是等于零,我们依然不变地进行同样的道德教育,这种道德教育即使有再多的理论上的“证明”也是无效的。无视事实也会影响到有意义的理论创新,因为对我们认识事物本来面目有帮助的创新理论往往都是正视事实的结果,比如,社会主义市场经济的理论是科学社会主义发展过程中一个极大的理论创新,这一创新正是正视事实的结果。

中华民族是非常勤劳和聪明的民族,我们完全可以从事具有创造性的、对人类有贡献的哲学研究,就像我们也完全能够从事有创造性的物理学研究一样。问题取决于我们的研究方法。事实上,中国从事哲学研究的不乏聪明才智之士,但坦白地说,由于方法论的问题,他们的哲学研究没有取得他们所应该取得的成就,许多问题以及提出的理论是没有前途的,因为完全脱离了实际和我们经验的实在。我们的哲学研究应当讲究概念命题的明晰、论证的缜密和证据的充分。我们在此做一个类比:中国人在上个世纪初对物理学等自然科学还缺少了解,但仅仅过了 50 年,中国人就获得了诺贝尔物理学奖。其中一个重要的原因就是杨振宁、李政道等人掌握了自然科学的研究方法,而这种方法是中国人过去所不了解的。同样，哲学上如果我们也掌握了正确的方法，那么，我们的哲学研究会更有成效，而这必将带动其他学科的研究，我们将会取得足以和我们经济上所取得的成就相媲美的思想文化上的成就。

罗素摹状词理论新探*

导言

几千年来，尤其是近百年来，绝大多数的西方哲学家都认为哲学应该追求像科学一样确定的知识，哲学家不断地试图通过一次又一次的哲学革命把哲学转变为科学，用真理代替谬误，用知识代替意见。这往往产生两方面的结果：一方面导致哲学研究重点的转移，并必然带来问题的转移；另一方面导致哲学研究方法的变革。其结果促使人类认识的深化，从而带来哲学的进步。

在近代，哲学家们对知识确定性的追求，导致哲学把研究重点由对象世界转向了主体世界，由本体论问题的探讨转向了认识论问题的探讨，加深了人们对客体世界和自身的认识，哲学取得了进步。到现代，哲学家对知识确定性的进一步追求则直接导致了对语言问题的关注，并在逻辑工具获得很大进展的历史条件下导致"语言学转向"，导致用语言学方法对哲学问题的探求，语言的意义问题一时成为哲学家们议论的中心。早期分析哲学家把运用逻辑新工具对语言进行分析的方法当作最有力的哲学研究方法，并试图用它来解决传统哲学的争端，消除传统哲学中的疑难，或者用以表明某些哲学问题没有可靠的方法可以解决而作为形而上学问题加以拒斥。在他们看来，哲学争论在某种"理想语言"的基础上就可以无争论地解决。当代分析哲学、科学哲学发展的结果表明：把哲学"改造"成为像科学一样严格的知识，把对语言进行逻辑分析的方法看成是哲学研究

---

* 本文是 1986 年由作者根据自己同题目的硕士论文修改而成，最早发表于武汉大学学报社会科学论丛：《青年教师论文集》（武汉学报编辑部，1986，第 51—64 页）。作者受业于武汉大学哲学系江天骥先生，硕士论文曾得到陈维杭老师的指导。本文此次收入本论文集，作者除了对参考文献的注释进行了核对和补充外，正文部分基本保持了原貌。

唯一正确的方法，把哲学问题归结为语言问题的企图会遇到重重困难。但是，早期分析哲学家所做的工作并不是毫无价值的。本文试图通过对罗素摹状词理论及其哲学意义的分析，说明语言分析的方法以及对语言性质的研究不仅当时对哲学发展起到过积极的作用，就是现在看来，其中也不乏可取之处。

一、摹状词理论的由来

摹状词理论的提出不是偶然的。19 世纪末，数理逻辑蓬勃发展，取得了长足的进步。其中对罗素影响最大的是皮亚诺的数理逻辑思想。1900 年罗素在巴黎开国际哲学会时，认识了皮亚诺。① 皮亚诺认为，"苏格拉底是不免于死的"和"一切希腊人是不免于死的"这两种形式的命题是有区别的，而传统的三段论学说则认为没有区别。皮亚诺的这一思想使罗素看到这两种命题具有不同的逻辑结构，前者表示的是一个主词和谓词的关系，后者表示的是两个谓词之间的关系。它可以表示为两个命题函项的合取。这直接促成摹状词理论的形成。正是19 世纪末数理逻辑的这些新发展，为摹状词理论的产生提供了技术准备，成为罗素提出摹状词理论的外在原因。

知识的确定性一直是罗素孜孜以求的一个目标。这种追求使罗素把哲学研究的注意力转向逻辑和语言，并且努力运用逻辑工具去研究语言问题，解决哲学问题，这是他提出摹状词理论的内在原因。

罗素一生中有一个基本的思想，即名字的意义是它所直接指称的对象。这个思想使早年的罗素接受了梅农柏拉图主义的对象理论，他认为凡是可想象的词都有意义，即都有所指，都有某种"有"。后来罗素放弃了这种柏拉图主义的立场，转向实在论，这使他产生了既要坚持意义等于所指，又要坚持实在论立场所必然会遇到的困难。这就是《论指称》一文中所列举的那三个著名的困惑。它们成为罗素提出摹状词理论的直接原因。

第一个困惑是同一律是否有效的困惑。②

如果 a 等于 b，按照同一律则凡对一项真的东西对另一项也真，并且在任何命题中，一项可以置换另一项而不改变该命题的真值，但这会带来问题，考虑如下命题：

---

① 关于皮亚诺(Giuseppe Peano)对罗素的影响，参见 *The Autobiography of Bertrand Russell* (1872 – 1914)，Boston：Little，Brown and Company，1967，pp. 217 – 219。

② 参见 Bertrand Russell，"On Denoting，" in *Readings in Philosophical Analysis*，eds. Herbert Feigl and Wilfrid Sellars，New York：Appleton-Century-Crofts，1949，p. 108。

A. 乔治四世希望知道司各脱是否是《威弗利》的作者。

事实上，司各脱是《威弗利》的作者，它们的所指是一样的，按照罗素的观点，它们的意义也应该是一样的，因而司各脱等于《威弗利》的作者。按照同一置换的原则，我们可以用"司各脱"去置换命题A中的"《威弗利》的作者"，得到：

B. 乔治四世希望知道司各脱是司各脱。

B的意义显然不同于A的意义，如果A真，B则不一定真。按照指称意义论观点看来是相同意义的词，其置换的结果却带来了意义不相同的命题，同一律似乎失效。

第二个困惑是排中律是否有效的困惑。[①]

按照排中律，两个互相矛盾的判断必有一真。或者"A是B"，或者"A不是B"必有一真。这样，或者"现在的法国国王是个秃子"，或者"现在的法国国王不是秃子"必有一真。可是，如果我们列举所有是秃子的事物和所有不是秃子的事物，我们不会从上述任何一类事物中找到"现在的法国国王"。这样，两个命题按照罗素的观点都是假的。那么，排中律还有没有效？

第三个困惑实质上是怎样才能有意义地谈论不存在的对象问题。[②]

考虑命题"A不同于B"。如果该命题是真的，则A和B之间存在着一种差异。这一事实可以表达成这样的形式："A和B之间的差异存在"。但如果该命题为假，则A和B之间没有差异。该表述相应成为"A和B之间的差异不存在"。这会产生一个问题：一个非实体如何能够成为一个命题的主语？因为一个命题总是对主语有所判定。而对不存在的东西的肯定或否定都会导致自相矛盾。断定"不存在的东西"存在或不存在尤其如此。我们怎样才能有意义地(不自相矛盾地)谈论一个不存在的对象？

罗素的摹状词理论就是直接解决以上三个困惑的成果。

二、三个困惑的解答

罗素摹状词理论中有三个关键的地方对解决前面提到的困惑至关重要：专名与摹状词的区别；通过定义将摹状词消除；初现与次现的区别。

① 参见 Bertrand Russell, "On Denoting," p. 108。
② 参见 Bertrand Russell, "On Denoting," p. 108。

(一) 专名和摹状词的区别[①]

罗素认为专名是直接表示个体的名字。摹状词则是这样一些词组：一个人，所有的人，现在的法国国王等。它们之间有三点区别：

> 第一，从语法形式上看，专名是一个没有内部结构的简单符号，而一个摹状词则是一个具有内部结构的复杂符号。
>
> 第二，从认识论角度看，专名直接指称说话者所亲知的对象，其意义是说话者通过“亲知”获得的。因此，专名所指称的对象必须存在。而摹状词不是指称说话者所亲知的对象，它只是对它假设的对象进行某种特征描述。[②]
>
> 第三，从逻辑上看，专名是“作为最低类型的变项的值的常项”，[③]而摹状词则是一个命题的函项。
>
> 罗素有两个假设。第一个假设：任何真实主谓命题中主词的意义都是它所指称的事物。根据他对专名的定义，自然得到第二个假设：一个真实主谓命题的主词在任何情况下都是一个专名。艾耶尔指出罗素揭示的困难(指三个困惑)的主要来源是这一假设：所有的摹状词都有他认为属于名字的性质。[④] 现在，罗素把摹状词同专名区别开来，这为他解决前面提出的种种困惑奠定了基础。和专名不同，摹状词可能有所指，也可能无所指，这要经过分析，消除了摹状词才可能知道。

(二) 摹状词的消除[⑤]

罗素认为摹状词有二类，需要加以不同的处理。一类是不定摹状词，如一个人，每个人，一头独角兽。它们都具有“一个某某”这样的形式，可表示为“一个有性质 Q 的对象”。另一类是限定摹状词，如现在的法国国王等。它们都具有“那个某某”这样的形式。两种摹状词的根本不同在于前者不具有唯一性而后者具有唯一性。

1. 不定摹状词的消除

---

① 参见 Bertrand Russell, *Introduction to Mathematical Philosophy*, George Allen & Unwin, LTD., 1920, pp. 173 - 176; Bertrand Russell, “On Denoting,” p. 107。

② 参见 Bertrand Russell, “On Denoting,” pp. 114 - 115。

③ 罗素：《人类的知识》，商务印书馆，1983 年，第 89 页。

④ 参见 A. J. Ayer, *Russell and Moore: The Analytical Heritage*, Macmillan Education, 1971, p. 32。

⑤ 参见 Bertrand Russell, *Introduction to Mathematical Philosophy*, pp. 177 - 178。

不定摹状词可以分为三类最基本的摹状词：每一事物，没有事物和有的事物。将它们代入命题函项 $C(x)$后，可定义如下：

(1) C(每一事物)定义为："$C(x)$常真"；

(2) C(没有事物)定义为："$C(x)$是假的常真"；

(3) C(有的事物)定义为："并非'$C(x)$是假的'常真"。[①]

由于一般不定摹状词的论域并不是所有的事物，所以，对其论域不是所有事物的不定摹状词的定义必须加上一个条件句来限定其论域。例如，"所有的人都是要死的"，可表示为："凡是人，总是要死的。"即"如果 x 是人，则 x 是要死的。"凡其论域是人的不定摹状词都可定义如下：

(1) "C(所有的人)"定义为："'如果 x 是人，则 $C(x)$真'常真"；

(2) "C(没有人)"定义为："'如果 x 是人，则 $C(x)$假'常真"；

(3) "C(有的人)"定义为："并非'$C(x)$且 x 是人'常假"。[②]

将上述定义符号化，可得到其论域不是所有事物的任何不定摹状词的定义：

(1) $(x)(M(x)\rightarrow C(x))$；

(2) $(x)(M(x)\rightarrow \sim C(x))$；

(3) $(\exists x)(M(x)\wedge C(x))$。

通过定义，将不定摹状词谓词化了，从而消除了不定摹状词。

2. 限定摹状词的消除[③]

罗素在《数学原理》中用符号$(\eta x)(Qx)$表示限定摹状词，读作"那个(唯一)有性质 Q 的 x"。[④] 它出现在两种形式的句子中，可分别采取两种办法来消除。一种是具有"某某存在"形式的句子。消除的办法是用两个相当于特称命题的句

① 参见 Bertrand Russell, "On Denoting," p. 104。

② 参见 Bertrand Russell, "On Denoting," p. 105。

③ 参见 Bertrand Russell, "On Denoting," pp. 110 - 111。

④ 现代逻辑学家将摹状算子(descriptive operator)"the x such that"用(ιx)符号表示，称之为"an iota operator"。

子来下定义，将限定摹状词唯一性的逻辑关系表达出来。例如，“《威弗利》的作者存在”可定义为：

(1) “x 写《威弗利》”不常假；

(2) “如果 x 和 y 写《威弗利》，则 x 和 y 等同”常真。

另一种是具有“某某是如此这般的”形式的句子。如：“《威弗利》的作者是苏格兰人”。《数学原理》中用符号“$U(\eta x)(Qx)$”表示。参照前面的分析，只要再加上一个条件：

(3) “如果 x 写《威弗利》，则 x 是苏格兰人”常真。

以上三个条件的合取就构成“《威弗利》的作者是苏格兰人”的定义。翻译为日常语言就是：“至少有一个并且至多有一个人写了《威弗利》，谁写了《威弗利》谁就是苏格兰人。”任何具有“$U(\eta x)(Qx)$”形式的命题中的限定摹状词都可以通过上述定义消除。

(三) 限定摹状词“初现”和“次现”的区别[①]

当 $U(\eta x)(Qx)$ 自身是一个更大的命题中的一部分时，罗素认为，就必须区别限定摹状词在命题中的“初现”(primary occurrence)和“次现”(secondary occurrence)，因为“有关摹状词的谬误都直接源于对初现与次现的混淆不清。”[②]罗素认为，如果一个摹状词出现于其中的命题是从某个命题函项 Qx 将其中的“x”代以摹状词而得到的，那么这摹状词称为在这个命题中有一个“初现”；如果将 Qx 中的“x”代以这摹状词后所得的只是原有命题的一部分，那么这摹状词称为在这命题中有一个“次现”。这里所讲的“初现”和“次现”实际上谈的是摹状词的辖域问题。我们知道量词(包括摹状量词)所约束的范围不同，即辖域不同，看上去似乎一样的命题，其实意义很不相同。考虑下述命题：

(1) “现在的法国国王不是秃子。”

---

① 参见 Bertrand Russell, “On Denoting,” pp. 111 - 112; *Introduction to Mathematical Philosophy*, p. 179。

② Bertrand Russell, *Introduction to Mathematical Philosophy*, p. 179.

这是个有歧义的命题。如果“现在的法国国王”在(1)中是“初现”，得到的命题形式是：

$$(2)\ (\exists C)[(x)((Qx)\equiv(x=C))\&(\sim U(C))]$$

其解释是：$(\eta x)(Qx)$不具有性质 U。即“有现在的法国国王而他不是秃子”。

如果“现在的法国国王”在(1)中是“次现”，则得到的命题形式是：

$$(3)\ \sim\{(\exists C)((x)[(Qx)\equiv(x=C)]\&U(C))\}$$

其解释是：$(\eta x)(Qx)$有性质 U 是假的。亦即“并非现在的法国国王是秃子”。

如果“现在的法国国王”有指称，则(2)(3)无区别，即同真同假。但问题正在这里。$(\eta x)(Qx)$并不一定都有指称。如果不能满足 $E!\,(\eta x)(Qx)$的定义，则无指称。这样就不会同真同假，而是(3)真而(2)假。因此，(2)与(3)实际上是两个不同的命题。经过分析，才能区别出隐藏在日常语言背后的这两种完全不同的逻辑关系。如果不区别“初现”与“次现”，我们就会把上面两个意思完全不同的命题混为一谈。种种关于同一律和排中律的困惑皆由此而生。

(四) 困惑的解答

对第一个困惑的解答。

考虑第一个困惑中举出的论证：

(1) 司各脱是《威弗利》的作者；
(2) 乔治四世希望知道司各脱是否是《威弗利》的作者；
(3) 因此，乔治四世希望知道司各脱是否是司各脱。

当我们按照罗素的摹状词理论重写前提(1)和(2)时，限定摹状词“《威弗利》的作者”根本就不是一个可以为司各脱所替换的要素。即“司各脱是《威弗利》的作者”不是一个 $x=x$ 的命题，而是另一个命题：“一个并且仅有一个对象写了

《威弗利》,并且司各脱等于这个对象。"因此同一律依然有效。[①]

对第二个困惑的解答。

罗素是通过区别专名与限定摹状词,通过定义消除限定摹状词,再通过区别限定摹状词的初现和次现来解答排中律困惑的。

在罗素看来,如果句子的主语是专名,则不会产生排中律困惑。只有当句子的主语是限定摹状词时,才会产生所谓排中律困惑。这是因为专名必有指称,而摹状词可能有也可能无。当摹状词无指称时,则会产生排中律的困惑。这通过定义消除摹状词,以判断其真假,再通过对限定摹状词在命题中初现和次现的区别可以加以解决。考虑排中律困惑中的命题:

A. "现在的法国国王是秃子",或者"现在的法国国王不是秃子"。

"现在的法国国王是秃子"可分析为"有一个并且仅有一个对象,它既是现在的法国国王,又是秃子"。没有任何一个对象可以满足这个命题所规定的条件,因此该命题为假。

"现在的法国国王不是秃子"是有歧义的。如果"现在的法国国王"在该命题中是初现,则该命题为假,并且不是"现在的法国国王是秃子"的否定命题,因而前面的 A 并不是具有排中律 P V～P 形式的命题。如果"现在的法国国王"在该命题中是次现,则该命题为真,并且是"现在的法国国王是秃子"的否定。A 就是具有排中律 P V～P 形式的命题,因此排中律依然有效。[②]

对第三个困惑的解答。

我们可以通过 $E!(\eta x)(Qx)$ 定义和 $U(\eta x)(Qx)$ 定义,把限定摹状词消去,使之不再成为一个句子的主语,通过对定义项(即命题函项)真假的判断来说明对象的存在与否。这就可以避免把一些没有指称的摹状词看成是似乎有所指的词,从而避免了前面所讲到的那种否认不存在的东西所导致的自相矛盾。[③]

三、摹状词理论的哲学意义

罗素摹状词理论的提出在历史上曾对哲学的发展起到过非常积极的作用。

首先,摹状词理论第一次成功地表明了 19 世纪末逻辑学新发展所提供的逻辑分析工具对于哲学分析起重大的作用,从而推动了 20 世纪前半期分析哲学蓬勃发展的热潮。这可以从以下三个方面来看。

---

① 参见 Bertrand Russell, "On Denoting," p. 111, p. 114。

② 参见 Bertrand Russell, "On Denoting," pp. 112 - 113。

③ 参见 Bertrand Russell, "On Denoting," pp. 113 - 114。

第一,摹状词理论否定了对非现实存在物的逻辑需要,从而在一个重要方面摧毁了客观唯心主义的逻辑基础。

过去客观唯心主义一直利用逻辑这个工具来为其哲学思想服务。上帝存在的本体论证明就是一个最典型的例子。从罗素的观点来看,梅农的逻辑还有可能提供这样的证明:如果否认上帝之类虚构事物的存在,还会陷入逻辑上的自相矛盾。罗素的摹状此理论则克服了否定上帝存在所可能导致的逻辑矛盾,有力地驳斥了本体论证明。上帝存在的本体论证明说:"最完美的上帝有所有的完美的性质;存在是一个完美的性质;所以最完美的上帝存在。"罗素运用摹状词理论把上面证明的前提翻译为"有一个并且仅有一个实体 x,它是最完美的"。这样,上帝存在的本体论证明"由于其前提'有一个并且仅有一个实体 x,它是最完美的'缺少证明而失败"。① 当然,罗素对本体论证明前提的逻辑分析的有效性仍然有待经验证据的检验。但罗素摹状词理论的积极意义正是在于:它揭示出第一个前提中与外部世界可亲知的对象相对应的逻辑关系,使第一个前提的经验的可否证性变得更加明显,从逻辑结构上揭示出本体论证明的荒谬性。这是过去唯物论者所没能做到的。罗素的摹状词理论可以说帮助唯物论者从客观唯心论者那里夺回了逻辑这个捍卫唯物论立场的强有力的工具。

第二,摹状词理论揭示了日常用语(包括哲学用语)中某些易被误解的逻辑关系,从而消除了由于这类误解所造成的令人误解的问题。这一方面使哲学避免了许多无谓的、没有结果的争论,从而使哲学能够把注意力放到更能产生积极成果的研究上去。另一方面,也吸引了大批哲学家转到逻辑分析的立场上,促成了分析哲学的兴起,尤其是理想语言学派的形成。布莱克曾说过,重要的是要认识到,罗素的摹状词理论"无需事先接受对任何认识论论题的承诺。这一方法的要旨在于对给定句子意义的等值证明。仅仅当对任何这样被提出的翻译的真值进行证实时涉及对某些哲学原理的求助,才有必要否认这一方法在认识论上是中立的。……可以毫不过分地乐观地期望,一旦这一理论同更为特殊的形而上学成分相脱离——在罗素的表述中这一理论是与这些成分相联系的,那么它最终就可得到一种共同一致的量度,……就像在初等命题演算或其他得到充分认可的符号逻辑分支中所发现的那样"。② 正因为罗素的摹状词理论消除某些哲学迷惑采取的是一种纯逻辑的翻译方法,这强烈地吸引了那些正在追求知识确定性的哲学

① Bertrand Russell, "On Denoting," p. 113.

② Max Black, "Russell's Philosophy of Language," *The Linguistic Turn*: *Essays in Philosophical Method*, ed. Richard M. Rorty, The University of Chicago Press, 1967, p. 140.

家，认为这无疑是提供了一种解决无休止的哲学争论的中立方法，并直接导致了分析哲学家对理想语言的追求，对深入考察人类知识的性质起到了积极的作用。

第三，摹状理论为在逻辑上阐明经验主义的知识论提供了一个范例。按照罗素的摹状词理论，自然语言的词汇只要不是一个专名，都可以运用基本的逻辑概念或逻辑手段进一步分析更为复杂的但却是不会出错的逻辑关系或逻辑构造。通过这样的分析最终可以达到语言(知识)与外部世界的可亲知成分的对应关系。这实际上等于为将所有经验知识还原为与经验相对照的组分提供了一种逻辑分析的范例。在此基础上产生了卡尔纳普进一步的工作。卡尔纳普在他的自述中说："1922 年到 1925 年之间，我在哲学上的工作大部分用来考虑写作《世界的逻辑结构》(1928 年)这本书的。在罗素对未来哲学的目的和方法所作描述的鼓舞下，我在分析那些与我们日常生活事物有关的普通语言诸概念及其可见性质和关系方面，在用符号逻辑给这些概念下定义方面，做了大量的尝试。虽然我的研究程序是以这样一个心理学的事实为指导，即关于物质事物的概念是通过知觉形成的。但是，我的真正的目的不是描述这些发生学的过程，而是描述形成这些概念时的理性重建过程，……这个程序将导致与实际心理过程基本上相同的结论。"①

其次，摹状词理论使罗素及其一批受他影响的哲学家更迅速地转向新实在论的立场，并帮助他认识到逻辑与实在的关系。

罗素由绝对唯心论转向新实在论以后，产生了种种哲学困惑，这促使他提出了摹状词理论。它帮助罗素克服了旧逻辑给他带来的哲学困难，使他巩固了新实在论的立场。罗素通过对摹状词的分析，找到了隐藏在日常用语背后与外部世界相对应的逻辑关系，这使他后来产生了一个基本信念：日常语言背后所隐含的逻辑结构与实在的逻辑结构是一致的。这一看法无疑是合理的。既然语言的逻辑结构和关系是世界的结构和关系的反映，那么对日常用语进行逻辑分析，揭示日常用语和哲学用语中的逻辑结构和关系，清除我们思维中没有反映客观世界的真实面貌的逻辑矛盾和逻辑混乱就是有根据的。即使今天来看，摹状词理论作为一种逻辑分析的手段，对于揭示语言中隐含的逻辑关系，相对地澄清概念，从而使哲学讨论避免许多"假争论"对于了解直接知识和间接知识之间的逻辑关系，对于帮助我们加深或端正对唯物辩证法的认识都能起到积极作用。

---

① 《卡尔纳普思想自述》，陈晓山、涂敏译，上海译文出版社，1985 年 8 月，第 23 页。

盖梯尔问题的来龙去脉*

众所周知,"哲学"一词的希腊文本意为"爱智慧"或"爱知识"。哲学研究的目的就是要追求关于真、善、美的知识。因此,了解西方哲学家对知识本质的看法,对于我们真正了解哲学的本质、价值和任务,开展卓有成效的哲学研究,具有非常重要的意义。

盖梯尔问题在当代西方哲学家中几乎无人不晓,因为它涉及西方哲学家对知识本质的看法。在西方哲学中,对任何实质性的问题极难形成共识。但关于知识或知道(knowing)是什么的问题,西方哲学界在相当长的一个时期里,看法却几乎完全一致。这个看法源于古希腊的柏拉图。柏拉图认为真信念并不是知识,真信念只有经过辩护或证明才能成为知识。① 关于知识即得到辩护的真信念的理论可以简称为"JTB 理论"(JTB 是英文 Justified True Belief 的缩写)。JTB 理论一直没有受到真正的、明确的挑战,直到 1963 年,美国韦恩州立大学哲学系教师盖梯尔写出了具有里程碑意义的文章:"得到辩护的真信念是知识吗?"在这篇短文里,盖梯尔提出了两个几乎无可反驳的反例,并由此证明得到辩护的真信念并不能构成知识的充分条件。这篇文章引起了西方哲学家对知识本质问题的一系列讨论,推动了人们对知识本质的看法。本文拟介绍盖梯尔问题的来龙去脉,并希望这种介绍能够对中国当代哲学的研究提供某种启示。

一、得到辩护的真信念理论(JTB 理论)

西方学者一般将知识分为三类。一类是关于技能的知识,比如,怎样骑自行车等。一类是关于对象的知识,比如,"我知道中山陵"等。一类是关于可以有真

---

* 本文原载于《哲学研究》2005 年第 11 期。

① 参见 Plato, *Meno*, 97a - 98b; *Theaetetus*, 201c - 210b。

假命题的知识,比如,“我知道中山陵在南京”等。[①] 本文所讨论的知识仅指命题知识。JTB 理论可以表达如下:

> S 知道 P,当且仅当,以下三个条件同时得到满足:(1)P 是真的;(2)S 相信 P 为真;(3)S 相信 P 为真是得到辩护的(即 S 有理由相信 P 为真)。

上述定义中的 S 代表认识主体,P 代表任何一个命题。这三个条件都是知识的必要条件,缺一不可,三者共同构成知识的充分条件。如果 P 事实上为假,则我们无法说 S 知道 P。即使 P 为真,如果 S 不相信 P 为真,则我们也无法说“S 知道 P”。满足这前两个条件要求的信念称之为“真信念”。以往人们认为真信念就是知识,但 JTB 理论认为,真信念不代表知识,因为真信念可能只是一个幸运的猜测。假定我们需要在两个大小看上去差不多的土豆 A 和土豆 B 之间决定哪一个更大。假定我们当中有三分之一的人相信 A 大于 B;三分之一的人相信 B 大于 A;三分之一的人相信 A 等于 B。由于这三种看法必有一真,因此,我们当中三分之一人的信念是真信念,但我们并不认为那些信念为真的人知道他们的信念为真。根据 JTB 理论,这是因为他们的信念没有得到辩护或证明,充其量只是一个幸运的猜测,这些人随时可能改变他们的看法。按照 JTB 理论,只有经过证明的真信念才能称之为知识。

二、盖梯尔问题

盖梯尔在他的“得到辩护的真信念是知识吗?”的文章中,对柏拉图的 JTB 理论提出了两个反例。下面的例子是其中之一。假定史密斯错误地,但有很好的理由相信下面的命题:

> (a) 琼斯拥有一辆福特牌轿车。

史密斯有很好的理由相信上述命题,比如,他天天看到琼斯开着福特牌轿车上班等等。但史密斯错误地相信(a)为真,因为(a)事实上为假,琼斯只是租用了一辆福特,而不是拥有。让我们进一步假定,史密斯从(a)推导出,并且相信如下

① 参见 Elliott Sober, *Core Questions in Philosophy*, third edition, New Jersey: Prentice Hall, 2001, pp. 150 - 151。

命题：

(b) 或者琼斯拥有一辆福特，或者布朗在巴塞罗那。

由于(a)和(b)之间存在着必然的逻辑联系(即一个选言命题的选项为真逻辑上蕴涵整个命题为真)，我们假定史密斯知道这种必然的联系，从相信(a)的真，推导出(b)为真，因而史密斯对(b)的信念得到了充分的辩护。让我们再假定布朗确实在巴塞罗那，但史密斯对此一无所知，第二个选项(即“布朗在巴塞罗那”)只是他随意加上去的。但由于(b)的第二个选项为真，从而使整个命题事实上为真，这样，史密斯对(b)信念就是一个得到辩护的真信念。按照 JTB 理论，史密斯知道(b)，但我们并不认为他知道(b)为真，因为使(b)为真的是第二个选项，而使史密斯相信(b)为真的却是第一个选项。①

盖梯尔的例子表明，JTB 理论所列出的三个条件不能构成知识的充分条件。那么，究竟怎样对知识进行正确的分析和说明？究竟怎样确定经验知识的充分条件？或者说，怎样确定知识的第四个条件？这些问题被称之为“盖梯尔问题”。为了回答盖梯尔问题，西方哲学家沿着不同的道路，对知识的本质进行了分析和解释。这些解释和理论大致可以分为四类：内在主义解释，外在主义解释，介于二者之间的解释和实用主义的解释。

三、内在主义的解释

盖梯尔反例之所以能够成立，很大程度上是因为 S 相信 P 为真的辩护存在着缺陷。分析和弥补辩护的这种缺陷，成为许多哲学家寻找和确立知识的第四个条件的一条主要路径。由于 S 的辩护发生在认识主体内部，沿着这条路径的理论可以称之为内在主义理论。在盖梯尔的反例中，S 相信 P 的辩护有一个明显的缺陷：S 的辩护包含了一个有理由相信但却是假的前提，即(a)为假。如果前提不为假，则盖梯尔的反例就不能成立。因此，为了避免盖梯尔的反例，构成知识的第四个条件似乎应为：

(4a) 在 S 相信 P 的证据中，本质上和辩护有关的理由不可为假。②

---

① 以上参见 Edmund Gettier，“Is Justified True Belief Knowledge?” *Analysis* 23，1963，pp. 122 - 123。

② 参见 Gilbert Harman，*Thought*，Princeton：Princeton University Press，1973，p. 120。

一个命题Q本质上和辩护有关，当且仅当，如果Q从S的证据中去掉，则S相信P的辩护就不再成立。按照这个条件，新的知识定义应为：

(A) 知识即得到辩护的真信念，并且本质上和其辩护有关的理由不可为假。

但(A)依然不能构成知识的充分条件。假定S在一个公平的抽奖活动中买了一张彩票。这次抽奖活动共售1000张彩票，只有一张中奖。由于S中奖的概率只有千分之一，因此S有充分理由相信他不会中奖，即他相信他不会中奖的信念是得到辩护的。假定S事实上也没有中奖。这样，S相信自己不会中奖的信念是一个得到辩护的真信念。又由于S相信的理由(即他只有千分之一的中奖机会)是真的，因而，S的信念满足了(A)。这样，按照(A)，S知道他不会中奖，但我们认为S并不知道他不会中奖，因为，S有可能中奖。[①] 彩票的例子表明(A)依然不构成知识的充分条件。

怎样构述知识的第四个条件以避免彩票的反例？在彩票的例子中，我们之所以认为S不知道他自己不会中奖，是因为他的"知识"存在着被否决的可能(即他可能会中奖)，而S并不知道这种可能不会变成现实。换言之，S的辩护存在着一个潜在的、他所不知道的否决者(defeater)，一旦这个否决者成为事实，就会使S的辩护变得无效。因此，知识的第四个条件似乎应该是：如果S掌握了新的证据，新证据将不会否决S对真信念的辩护。我们可以将此条件和新的知识定义分别表示如下：

(4b) S相信P的辩护不可被否决(indefeasible)。

"不可被否决"可以定义如下：S的辩护不可被否决，当且仅当，不存在着一个真命题Q，当Q加进S的信念中时，S相信P的辩护不再成立。(此处的Q也被称作"真实的否决者"(true defeater)，即命题Q为真，并且是S的辩护的否决者。)[②]

---

① 参见 Elliott Sober，*Core Questions in Philosophy*，p. 155。

② 参见 John L. Pollock，*Contemporary Theories of Knowledge*，New Jersey：Rowman & Littlefield，1986，p. 181。

(B) 知识即不可被否决的(或没有被否决的)得到辩护的真信念。

(4b)有时被称为知识的不可否决性条件。(B)被称为“可否决性理论”。可否决性理论确实可以避免彩票的反例,但依然存在着问题。请看下面的例子。

假定S亲眼看见汤姆·格莱比特拿走了图书馆的书。S很熟悉汤姆,因为汤姆是他班上经常看见的一个学生。因此,S认为他知道汤姆偷了书。但S忽略了一个事实,汤姆的母亲,即格莱比特夫人,声称汤姆并不在现场,而是在几千英里之外的地方,当时在图书馆的人不是汤姆,而是汤姆的孪生兄弟,约翰·格莱比特。这样,S得到辩护的信念被否决。按照(B),S似乎并不知道汤姆偷了书。但让我们进一步假定,格莱比特夫人有精神错乱的毛病,是一个被迫性的说谎者,约翰·格莱比特完全是她幻想的产物。这样,S似乎又确实知道汤姆偷了书。[①]

在这个著名的例子中,“格莱比特夫人声称汤姆并不在现场”是一个真命题,这个真命题是对“S知道汤姆偷书”的否决,因此,它是一个真实的否决者。按照(4b)或(B),S并不知道汤姆偷了书。但由于存在着一个真实的否决之否决者(true defeater defeater),即“格莱比特夫人是一个被迫性的说谎者”,S似乎确实又知道汤姆偷了书。这表明,即使得到辩护的真信念被否决或可能被否决,也可以成为知识。换言之,(4b)的要求太高,即使不满足(4b),也可以成为知识,(4b)不构成知识的必要条件。格莱比特夫人的例子表明,(B)依然没有提供对知识的恰当说明。

对彩票例子的另一种解释是,我们之所以不认为S知道P(P这里指“S不会中奖”),是因为S掌握的支持P的证据不是决定性的(conclusive),所以,S的辩护存在着可否决性。如果S相信P的证据和P之间有某种必然的逻辑联系,如果S的辩护能够保证他所相信的P为真,则彩票的反例似乎就可以避免。这样,关于知识的第四个条件和新的知识定义似乎可以分别表述如下:

(4c) S相信P的辩护是决定性的,即当S辩护中的证据为真时,P逻辑

① 参见 Keith Lehrer and Thomas D. Paxson, Jr., “Knowledge: Undefeated Justified True Belief,” *Journal of Philosophy* 66, 1969, pp. 225 - 237。

上不可能为假。[①]

(C) 知识即得到辩护的真信念,并且其辩护是决定性的。

(4c)也称为"决定性"要求。但一方面,(4c)的要求太强(并非知识的必要条件)。S的辩护即使没有满足"决定性"要求,也可以有知识。建立在归纳推理基础上的认识也可成为知识。比如,报纸上报道的体育消息的真实性一般来说是可靠的,S根据报上的消息相信中国队在第48届世界乒乓球锦标赛上包揽五项冠军。我们完全可以说S知道中国队包揽五项冠军,尽管报纸上报道的消息和消息的真之间逻辑上并无必然联系。认识主体可以有或然性的知识。[②]

另一方面,(4c)的要求也太弱(并非知识的充分条件)。假定S有充分的理由相信某个数学公理的集合A。又假定某位著名的数学家经过极为复杂的推理和计算证明T是公理集合A的一个定理,在他之前无人能够证明。他的同行都承认他的证明。S因此而相信T是A的一个定理。假定A逻辑上确实蕴涵T。但假定那位数学家在证明的过程中犯了一个旁人几乎无法发现的小小的错误,尽管他还是得出T是A的定理。这个例子满足了(4c)和(C)的要求(因为S所相信的A逻辑上蕴涵T,因而作为证据是决定性的),但我们并不认为S知道T是A的定理。

对决定性证据或理由的思考直接导致一些西方哲学家转向外在主义或自然主义的解释。他们认为S的证据或事实必须因果上以某种恰当的方式引起S相信P为真。要想解决盖梯尔问题,我们不应只从认识主体内部——即认识主体的辩护——寻找条件和解决的办法,这只会将问题弄得更加复杂,所构造出来的第四个条件至多只是特设,我们应该从认识主体的外部寻找解决的办法。

---

① 如果我们将该条件句的前件置换为"S知道P",则(4c)就变成"对真的敏感性"(sensitivity to truth)的要求,按照这个要求,如果S知道P,那么,如果P为假,则S就不会相信P。但"敏感性"既不是知识的充分条件,也不是必要条件。详细论证,见罗素(Bruce Russell),《立足于实用主义而非怀疑主义的关联主义》,《河北学刊》2004年第6期,第56—59页。此外和敏感性相关的"可靠性"(safety)也不是知识的充分和必要条件。同上,第59—60页。

② 关于或然性知识的可能性,罗素有一段分析。他认为下述命题为真:"必然地,如果S知道P,P就是真的。"但下述命题则是假的:"如果S知道P,P必然为真"。也就是说,S知道P并不要求P在任何可能世界里都为真。罗素的分析表明我们可以有或然性的知识。见前引罗素,第61页。

四、外在主义的解释

从认识主体的外部寻找解释知识条件的理论是外在主义的理论。盖梯尔式的反例似乎都有这样一个特点：使S相信P为真的原因并非是使P为真的原因。比如，使史密斯相信前面命题(b)为真的原因，并不是使其为真的原因。使他相信(b)的原因是他相信(a)，而使(b)为真的原因是“布朗在巴塞罗那”。如果这两个原因是一致的，则盖梯尔式的反例就可以避免。也就是说，真的事实和认识主体的信念之间应该存在着某种恰当的因果关系或因果链。阿尔文·戈尔德曼(Alvin Goldman)将这一理论称之为“因果理论”(the causal theory)。这个理论可以表述如下：

(D) 知识即因果上恰当产生的真信念。

所谓“因果上恰当产生”的意思是说，使P为真的事态，通过某种恰当的因果链条，成为使认识主体S相信P的原因。戈尔德曼认为这种因果链至少包括两种情况。一种情况是，使P为真的事实(比如，S面前有一个茶杯)是S相信P为真(即，S相信他面前有一个茶杯的信念)的前因。另一种情况是，P和S相信P的信念有着共同的原因。① 这个理论和前面理论的最大不同是，用“因果上恰当产生”的概念取代了“辩护”的概念。这个理论似乎可以避免前面盖梯尔式的反例。但(D)本身又面临着新的问题。

假定S在乡间田野的高速公路上开车急驰。S看见路边不远的地方有一座谷仓。S相信这是一座谷仓，它也确实是一座谷仓。这样，S的信念是“恰当产生”的真信念，即，引起S相信路边有一座谷仓的事态和使“路边有一座谷仓”为真的事态是同一个事态。让我们再假定，某个电影摄制组在附近拍电影，在这座谷仓附近建了大量的肉眼看上去和真谷仓毫无二致的假谷仓，而S对此一无所知。这样，尽管前面所讲的情况没变，尽管S的信念满足了(D)的要求，但由于这一新的情况，我们并不认为S真的知道路边有一座谷仓，因为，S只是运气好，S所看到的谷仓碰巧是一座真谷仓，而不是S真的知道它是一座谷仓。② 这说明“因果理论”也无法提供知识的充分条件。

---

① 参见Alvin Goldman, “A Causal Theory of Knowledge,” *Journal of Philosophy* 64, 1967, pp. 357 - 372。

② 参见Alvin Goldman, “Discrimination and Perceptual Knowledge,” *Journal of Philosophy* 73, 1976, pp. 771 - 791。

有人认为，谷仓的例子表明，仅仅用肉眼在高速公路的车上观察谷仓，不是相信某个对象为谷仓的可靠方法。为了获得知识，产生真信念的方法或过程必须是可靠的。这样，我们就得到了一个新的外在主义的知识定义：

(E) 知识即可靠产生的真信念。

(E)被称之为"可靠性理论"，按照这个理论，只有某种可靠过程产生的真信念才是知识。这个理论可以解释前面提到的各种反例，如盖梯尔的例子，彩票的例子和谷仓的例子。在这些例子中，我们之所以认为S并不知道P为真，是因为S产生真信念的过程不可靠。

"可靠性理论"和"因果理论"一样，都是外在主义或自然主义的理论。按照这样的理论，使S产生真信念的过程独立于，或外在于S的主观状态。认知的过程就好像记录外部真理或事实的过程，这就像温度计记录外面的温度一样，只要温度计可靠地反映了外部的温度，我们就可以说，温度计"知道"外部的温度。按照这样的看法，知识是我们认识设备(由良好的知觉、记忆、内省和理性的仪器所组成)成功运作的结果。[①] 但这会面临如下的问题。

假定有位"真温度"先生(Mr. Truetemp)接受了一个脑科手术。医生在他的大脑植入了一个非常可靠的微型装置。该装置有两个功能，一个功能负责准确地测出外面的温度，另一个功能则是将测出的温度转换成为被植入者头脑里相应的思想。这个装置是一个可靠的、保证能产生关于温度的真信念的装置。让我们假定"真温度"先生对他头脑里已经植入这样一个装置的事实一无所知。每当人们问起外面温度时，"真温度"先生都会产生一个相应的真信念，并告诉正确的温度。而且，他从来不会去看外面的温度计，以检查他自己的信念是否为真，而这正是上述装置的另一个妙用。显然，"真温度"先生的真信念满足(E)的要求，但我们能说"真温度"先生真的知道外面的温度吗？显然，不能。[②] 因此，"可靠性理论"也不能说明知识的本质。

"真温度"先生的例子表明，认识主体要想获得知识，光有正确的信息，即真信念是不够的，他还必须对怎样获得这样正确的信息有所了解，必须对为什么他

---

① 参见 Robert Audi, *Belief, Justification, and Knowledge*, Wadsworth, 1988, p.107。Audi是西方为数不多的认为没有辩护的知识是可能的哲学家，也就是说，辩护不是知识的必要条件。他把这种无需辩护的知识称为"自然的知识"(参见 pp.112—113)。但这个说法为下面"真温度"先生的例子所反驳。

② 参见 Keith Lehrer, *Theory of Knowledge*, Colorado: Westview Press, 2000, pp.187–188。

的信念为真有所认识。这就需要证据(即某种理由)。而证据本质上是辩护的一部分,它是发生在认识主体内部的某种活动。因此,辩护依然是知识的必要条件,JTB理论关于知识的三条件依然是知识的必要条件。

五、准内在主义的解释

由于外在主义的方法定义知识是不充分的,因此,为了寻找第四个条件,我们还是要回到对辩护的分析上来。盖梯尔式反例的一个主要特点是:S对P为真的辩护为S所不拥有的事实或证据所破坏。比如,史密斯对(b)的辩护就为他所不知道的、使(a)为假的证据所破坏。因此,为了决定S的辩护在什么样的条件下可以给S提供知识(即辩护成立),我们必须考虑那些S所不拥有的相关证据在什么样的条件下影响S的知识。格莱比特夫人的例子表明,即使存在着一个真实的否决者,如果这个否决者可以为新的否决者所否决,S还是可以有知识。因此,S知道P的第四个条件似乎是:

> (4f1) 对S的辩护而言,只要存在着一个真实的否决者,就存在着一个恢复S的辩护的真实的否决之否决者(真实的否决者和真实的否决之否决者都不是S原来辩护的一部分)。

否决之否决者也叫做真理的起死回生者。为了准确地表达(4f1)中的思想,波洛克(Pollock)提出了"客观认知辩护"的概念。按照这一概念,相对于S的证据或信念的集合而言,S的辩护是主观的,但其效果或意义却是客观的。普兰廷格(Plantinga)将波的理论称之为"准内在主义":

> (4f2) S相信P的辩护是客观的[S客观上有理由相信P],当且仅当,以下条件得以满足:(1)S[主观上]有理由相信P;并且(2)存在着一个真理的集合X,以至于,给定任何新的包含性真理集合Y,必然地,如果Y中的真理加入S的信念(并且这些真理的否定式已从S不相信它们的例子中去掉)并且S相信P的理由不变,[1]那么,他[主观上]依然有理由相信P。[2]

---

① "理由不变"很重要。如果理由改变了,则S原来相信P的辩护就改变了,而对新的理由或辩护,S原来并不知道,故新理由无法恢复S原来的辩护或认识。

② 参见John L. Pollock, *Contemporary Theories of Knowledge*, New Jersey: Rowman & Littlefield, 1986, p. 185。

波洛克认为(4f2)包含"得到辩护的真信念"的思想,因为"S有理由相信P"蕴涵"S相信P","S客观上有理由相信P"不光蕴涵"得到辩护的信念",而且还蕴涵"P"为真,因为,如果P为假,则如果我们将～P加入Y,那么S就不再有理由相信P。所以,只要S的辩护是客观的,他对P的信念就不可能为假。(4f2)和JTB理论的不同之处在于:它所要求的辩护是客观的。尽管波洛克并不认为客观认知辩护的要求可以构成知识的充分条件,但他认为,只要S的辩护满足了客观认知的条件,就可以避免我们已经讨论过的各种盖梯尔式的反例。比如,我们为什么认为史密斯不知道(b),因为他关于(a)的辩护不是客观的,当"琼斯不拥有福特"的理由加入他的信念中时,他对(a)辩护,以及对(b)的辩护就不再成立(这也就解释了史密斯为什么缺少有关知识)。又比如,在彩票的例子中,S确实不知道他手中的彩票不会中奖,因为存在着一个真实的可能的否决者(即"他有千分之一的可能中奖"),而且,一旦S中奖,并不存在一个真实的否决之否决者恢复S原来的知识。如果彩票开奖的结果表明S确实没有中奖,宣布中奖结果的真命题在S的辩护中所扮演的不是S原来辩护的恢复者或真理恢复者的角色,而是不同于原来辩护的一个新的理由。故S原来的辩护并没有得到恢复。谷仓的例子也可做类似的分析。至于格莱比特夫人的例子,虽然存在着一个真实的否决者,但也存在着一个真实的否决之否决者。故我们将二者加入S的信念中,则S原来的辩护依然成立,没有改变。故S的辩护是客观的。因而,S知道汤姆偷了书。

波洛克进一步将(4f2)表达为一个他称之为正式的客观认知辩护的定义:

> (4f3) S相信P的辩护是客观的,当且仅当,S支持P的论证,相对于所有真理的集合,最终没有被否决。①

(4f3)似乎给知识提供了充分必要条件。西方不少学者似乎认为它或者类似的理论给盖梯尔问题提供了最好答案,因为,它似乎可以解释所有的盖梯尔式的反例。那么,它还有没有其他的问题呢?

六、融合社会和实践因素的实用主义解释

客观认知辩护的问题是:它仅仅限于对S的辩护的纯逻辑的分析和论证,

---

① 参见John L. Pollock, *Contemporary Theories of Knowledge*, p. 189。

但知道或知识不仅包括这些，还包括理解。我们可以借用瑟尔(John Searle)的“中文房间的论证”来说明这一点。在该论证中，一个丝毫不懂中文的人，根据一本规则词典，可以回答中文提问，并相信答案正确。他的信念可以为真(他的答案和一个真懂中文人的答案没有什么两样)，并且得到规则书的辩护，但我们并不认为他真的知道答案正确。[①] 这一例子构成了对(4f3)的反例。

波洛克则认为客观认知辩护不构成知识的充分条件是因为它没有考虑到人们的认识也受到社会因素的影响。一个人的认识即使满足了(4f3)的条件，但由于某些社会的因素，我们可能并不认为他有知识。请看下例：

汤姆读到早报的一则消息，一个著名的民权运动领袖被刺杀(假定真有其事)。于是他相信此条消息。但为了避免引起种族骚乱，该条消息被有关方面正式否认，除了汤姆以外，每个人都知道该消息被否认，并且每个人都不知道究竟应该相信哪一条消息。[②] 按照客观认知辩护的要求，由于存在着一个否决之否决者(对刺杀消息的否认是故意而为之)，汤姆关于刺杀消息的辩护是客观的，因此，按照(4f3)，他知道刺杀事件。但我们并不认为汤姆知道刺杀事件，因为，一旦汤姆像其他人一样得知否认刺杀的消息，他就不会再认为他确实知道刺杀事件。[③]

波洛克从上述例子中得出如下结论：我们都有某种社会期望，我们被期望知道电视、邮箱中的信息，如果我们错失这些信息，这就可能影响我们是否知道P为真的辩护。他将此称之为“对S而言的社会的敏感性”(一个命题P对S而言，具有社会的敏感性，当且仅当P为真时，人们一般期望S相信它)。[④] 波洛克最后将知识的条件规定如下：

> (F) S知道P(S相信P的辩护是客观的)，当且仅当，S所引用支持P的论证，(1)相对于所有真理的集合，最终没有被否决，并且(2)相对所有对S而言具有社会敏感性的真理的集合，最终没有被否决。[⑤]

---

① 参见John Searle, *Minds, Brains and Science*, Harvard University Press, 1984。

② 参见Gilbert Harman, Gilbert, 1968, “Knowledge, inference, and explanation,” *American Philosophical Quarterly* 5, 1968, p. 172。

③ Harman认为，破坏一个人知识的误导性证据可以有两类：一、真实的否决者是S的社群的“共同知识”；二、真实的否决者对S来说，是“便于得到”的。这些误导可以被相应的真实的否决之否决者纠正。见Harman, “Reasoning and evidence one does not possess,” *Midwest Studies in Philosophy*, vol. 5, 1981, p. 164。

④ 参见John L. Pollock, *Contemporary Theories of Knowledge*, p. 192。

⑤ 参见John L. Pollock, *Contemporary Theories of Knowledge*, p. 193。

普兰廷格则指出，辩护可以有程度上的区别（因而知识也可以有程度上的区别），而波洛克理论对此没有合理的解释。因为按照波的理论，一个信念是否得到辩护只有“是”或“否”两种答案，没有程度上的区别。[①]

罗素的实用主义的关联主义似乎可以避免普兰廷格的诘难。按照他的看法，“一个人获得知识所需要的证据直接和当他的信念错了时事情利害攸关的程度成正比。”[②]即涉及的事情越是利害攸关，所需要的证据也就越多，辩护所要求的可靠性也就越高。知识部分地取决于实践上利害攸关的因素。罗素举了一个例子，在该例子中，汉娜是否知道银行星期六上午开门取决于在实践中事情利害攸关的程度，比如，是否有一个重要的账单到期，是否涉及付赎金救她的儿子等。[③] 罗素的观点似乎蕴涵辩护是可以有程度上的区别的，需要何等程度的辩护，取决于实践中事情利害攸关的程度。如果我们将上面所有这些思想中的合理部分放在一起，知识的定义似乎应该是：

> (G) 知识即客观地得到辩护和理解的真信念，并且其辩护的程度为实践中事情利害攸关的程度所允许。

七、结论

盖梯尔问题最初提出之时，西方绝大多数研究认识论的哲学家认为一定可以找到一个简单的解决办法。但随之而来的是更多的、更加复杂的盖梯尔式的反例，而其解决办法也就包含了更多的特设。上面的(G)也许并非盖梯尔问题的最后或最佳的答案。问题越来越多，人们似乎没有办法找到一个一劳永逸的方案。究其原因是因为盖梯尔问题的解决涉及认识论的根本性的问题，如辩护问题，真理问题。这些问题不解决，我们就无法找到一个令人满意的答案。而如果我们对辩护问题或真理问题有满意的回答，则盖梯尔问题就迎刃而解。从盖梯尔问题的演化过程，我们可以看出，知识除了认识主体要相信以外，辩护和真理性是两个必不可少的条件。辩护发生在认识主体内部，因而需要从认识主体

---

① Alvin Plantinga, *Warrant: The Current Debate*, New York: Oxford University Press, 1993, p. 169。

② 布鲁士·罗素(Bruce Russell)：《立足于实用主义而非怀疑主义的关联主义》,《河北学刊》2004 年第 6 期，第 61 页。

③ 布鲁士·罗素(Bruce Russell)：《立足于实用主义而非怀疑主义的关联主义》,《河北学刊》2004 年第 6 期，第 60—61 页。

内部考察，这成为知识论中内在主义产生的原因。而真理性则需要从认识主体外部考察，这成为知识论外部主义产生的原因。然而，就经验知识而言，认识主体何以能够获得外部的真理性，这似乎只能依赖于认识主体的认识和辩护，或者认识主体间的某种认识或共识，这最终导致我们对认识社会性和实践性的考虑，在西方，则导致某种实用主义的立场。由于知识似乎最终和认识主体的辩护有关，因此，波洛克认为，辩护问题(决定究竟应该相信什么的问题)，而不是知识问题，是认识论的核心问题。盖梯尔问题在认识论中只是一个附带的问题，而非核心问题。①

盖梯尔问题的发展表明，JTB 理论尽管不是知识的充分条件，但依然是构成知识的必要条件，对我们信念的辩护、论证依然是知识的必要条件。因此，如果说哲学本质是寻求智慧和知识，那么，辩护(摆事实，讲道理)就是哲学研究活动的本质特征，这种研究活动包括两个方面：一、澄清概念、语言的意义和所讨论的问题；二、证明或反驳观点。概念混乱或没有论证的哲学是难以产生真正知识的哲学。西方哲学之所以能够产生现代意义上的自然科学，柏拉图的 JTB 理论是一个重要的原因。JTB 理论直接影响和主导了西方哲学的发展，并且使注重质疑和论证成为古往今来的西方哲学的一个重要传统和特征。无论多么明显的道理或命题，西方哲学家都要质疑，质疑的目的是寻求论证，而论证不果就继续质疑。不了解西方哲学的这一特征，不了解西方对知识的看法，就不能真正了解近代西方自笛卡儿开始的认识论转向，就无法真正了解为何西方多怀疑主义和名为《批判》的哲学著作，也无法了解当代西方哲学的语言转向以及当代西方元伦理学为什么始于道德语义学。而中国当代哲学如果想走向世界，我们的哲学研究如果不想流于空泛，就需要学习和借鉴西方哲学的这种论证的传统。这或许是了解盖梯尔问题的来龙去脉给我们所带来的启示。

---

① 参见 John L. Pollock, *Contemporary Theories of Knowledge*, New Jersey: Rowman & Littlefield, 1986, pp. 9 - 10。

心身问题研究

西方心物问题的回顾与前瞻
——从实体二元论到生物自然主义*

心灵本质和心物关系问题是二千多年来一直困扰西方哲学家的古老而又现代、传统而又时兴的哲学问题。心物或心身问题主要表现为笛卡尔二元论的困惑，即心物相互作用的困惑。为了解决这一困惑，西方心灵哲学转向了唯物论，主要是物理主义还原论。但还原论存在的问题表明感受性和意向性等心灵状态无法完全还原为可观察的行为属性或物理属性。这使得西方心灵哲学转向了非还原论的唯物论，主要理论形式有属性二元论和生物自然主义。非还原论的唯物主义理论不同程度上克服了还原论的缺陷，但依然面临如何解释"心"对"物"的能动作用和意识的相对独立性的问题。本文拟回顾西方解决心物问题的哲学历程，探讨其理论得失，并展望解决心物问题的可能的前景。笔者希望这种回顾与展望能够有助于马克思主义哲学的创新研究，有助于从微观上解释意识的能动作用。

一、二元论的困惑

日常绝大多数人或多或少接受了关于心与物的某种二元论的思想，即认为心与物是完全不同的东西。笛卡尔的二元论就是这种思想的哲学表述。按照笛卡尔的二元论，心和物是完全不同的实体，都可以不依赖于对方而独立存在；心灵是一种可以独立存在、不占据空间的非物理的实体。这种二元论的观点带来了一系列的困惑，其中最主要的困惑是心物互动的困惑：如果我们假定心物是完全不同的东西，我们何以能够解释心物互动？特别是，我们如何解释一个完全非物理的心何以能够因果上作用于作为物理对象的身体？由于我们所理解的因

* 本文原载于《哲学研究》2008年第8期。

果作用一般只存在于物理对象之间，我们很难理解一个非物理的对象何以能够影响或作用于一个物理对象而不违反许多现有的物理规律，如能量守恒。解决二元论困惑最好的方法似乎是将心灵理解为一种可观察的物理属性，这样心物就不是性质上根本不同的实体，从而就可以合理地解释心物互动的问题而不陷入非物理的属性何以能够影响物理属性的困惑。这一想法导致西方哲学家最初转向了物理主义还原论，其中主要有行为主义、同一论和功能主义。

二、行为主义理论

行为主义是20世纪上半叶最早试图解决二元论困惑的哲学理论。按照行为主义，我们应当用经验的科学方法来研究心灵本质和心物关系问题，我们应当通过可以直接观察的行为来研究不能直接观察的心灵现象。哲学上有三种行为主义理论：逻辑行为主义，本体论行为主义和方法论行为主义。

逻辑行为主义主张根据行为来定义或解释日常心灵名词的意义，即关于心灵状态(mental states)的日常谈话可以完全为关于行为的谈话所取代。假定想喝水是张三的一种心灵状态，按照逻辑行为主义，可以按照行为倾向(disposition)定义如下：

张三想喝水＝张三倾向于喝水。

"倾向"不是一个可以直接观察的对象，它是一个还没有产生可观察的行为但却可以通过后来的可观察的行为来定义的对象。这个定义是用将要发生的行为，而不是实际发生的行为来定义心灵状态。这个定义的问题是：它总是不完全的，一旦试图将其变得完全，就会违背逻辑行为主义的基本要求。这是因为单独的心灵状态(如欲望或信念)本身并不蕴涵行为主体将怎样行为，只有一组心灵状态(欲望加信念)才有可能蕴涵某个或某组行为。因此，给单个心灵状态下行为主义定义很难不引入代表其他心灵状态的名词。例如，为了补充上述不完整的定义，我们可以将定义修改如下：

张三想喝水＝张三倾向于喝他相信是水的东西。

这个定义包含了非行为的要素"相信"，因此，它违背了逻辑行为主义的要求：任何内在心灵状态都可以完全并仅按照行为定义。对信念的行为分析尤其能够表现逻辑行为主义的问题。例如，我们很难对"张三相信坟墓里有老鼠药"这一信念进行纯行为的分析。当然，我们可以问张三是否相信坟墓里有老鼠药，他可以说我相信。但这种言语的行为很难看成是不涉及任何心理描述或心理条件的纯行为，因为正常情况下它预设了行为主体的推理、理解等非外在行为的能力或状态。尤其是，行为主体一定"想要"讲真话，再加上他的言语行为才有可能定义他的信念状态，而"想要"是一个非外在行为的日常心理概念。如果对信念很难进行纯行为的分析，那么逻辑行为主义的困难几乎是难以克服的，因为行为主体的行为一般必须同时满足欲望和信念这两个基本条件才有可能。[①]

本体论行为主义认为心灵状态等于行为倾向，不存在着行为倾向以外的心灵状态，不存在着行为事实以外的心理事实。按照本体论行为主义，疼痛＝退缩和呻吟。它否认下面这个等式：疼痛＝退缩和呻吟的原因。[②] 本体论行为主义的问题是，行为倾向既不是某个心灵状态的必要条件，也不是充分条件，关于行为的事实也不可能完全取代关于心灵的事实。行为倾向不是心灵状态的必要条件，因为一个人完全可以具有某个心灵状态（如，某个信念）而没有任何外在的行为表现。行为倾向不是心灵状态的充分条件，因为一个人可以装出某种行为，而实际上并没有该行为所代表的心灵状态。因此，本体论行为主义是不成立的。

方法论行为主义是关于整个心灵科学或心理学应当怎样进行的学说，它包含两个主张：否定性的和肯定性的。否定性主张认为，虽然欲望和信念等词汇代表了引起行为的内在状态（逻辑行为主义者否认这一点），但科学的心理学应该避免谈论信念和欲望，因为它们是无法观察的内在状态。我们所能够观察的是他人的行为，而不是他们内心所发生的一切。因此，心理学应当是"行为科学"。但关于直接可观察的对象的命题是一回事，关于可以通过经验观察来检验的命题是另一回事。科学理论所要求的是命题的经验的可检验性，而不是所谈论的对象的经验的直接可观察性。信念和欲望不是直接可观察的并不意味着谈论信念和欲望的命题不可以为可观察的行为所检验，只要这种信念和欲望的假设蕴涵可观察的现象就够了。因此否定性主张是不成立的。

肯定性主张则认为对行为或心理的解释可以完全不提及行为主体的内在状态，如信念和欲望。我目前的行为可以从我过去所处的环境和在那种环境下所产生的行为，再加上我目前所处的环境中得到解释或预测。以小鸡受控实验为

① 参见 Elliott Sober, *Core Questions in Philosophy*, Third Edition, New Jersey: Prentice Hall, 2001, p. 273。

② 参见 Jaegwon Kim（金在权），*Philosophy of Mind*, Boulder, Colorado: Westview Press, 1998, p. 38。

例。将一只小鸡放进一个实验箱里，目的是训练它每当灯一亮就啄一个开关键。如果灯一亮小鸡就啄键，则小鸡就可以获得一粒食物，否则，就不给食物。当训练达到目的后，我们怎样解释小鸡啄键的行为？按照日常的解释，小鸡啄键是因为它想吃食，并且基于过去的经验，它相信啄键可以给它带来食物。方法论行为主义者认为这种诉诸信念与欲望的解释完全没有必要。只要基于小鸡过去的每当灯一亮就啄键的行为，再加上目前的灯已亮的情况，就可以解释小鸡的啄键行为。行为主义者认为从小鸡实验所得出的行为主义解释可以推广到解释小鸡所有其他的行为。对人类行为的解释也是一样。我们只需根据一个人过去的外部刺激和行为反应的历史，再加上目前的情景就可以解释他的任何行为，完全无须诉诸他的欲望和信念等内在状态。

方法论行为主义至少面临两种困难。其一，它无法解释新颖的行为。方法论行为主义者原则上无法解释一个行为主体在新的环境条件下采取的新颖的行为，因为没有过去的环境条件可以用于解释当前新环境条件下的行为。除非引入行为主体的信念或行为主体对过去情景和现在情景的相似性进行的思想概括等内在状态（这是行为主义所反对的），否则无法解释行为主体的行为。其二，它预设了环境决定论。按照环境决定论，一个人的行为完全是环境所致，可以完全根据环境因素得到解释，和行为者的基因和内在状态等没有关系。环境决定论也许可以解释部分行为，但在相当多的情景下，它无能为力。例如，它无法解释在同样的环境下，人能够学会说英语，而鸡则不能。只有诉诸人和鸡的基因上的，以及内在状态上的差别，而不纯粹是外在的环境，才能解释这种学习能力上的差别。即使在人的种群之间，在个体之间，基因和内在状态的差别也会造成在同样的环境下不同的行为效果。方法论行为主义所面临的这两个困难几乎是难以克服的。①

行为主义强调心灵状态应当根据行为来测试或了解，一个人的所作所为受到所经历的环境的极大影响，这些都没有错，但由此并不能得出我们无须提及心灵状态就可以完全解释和预测人们的行为。行为主义者的最初动机之一是想批评二元论并取而代之。但他们并没有成功，因为他们无法将所有的心理名词都翻译为表达外在行为特征的词汇。因此，他们并没有真正解决二元论的困惑。

三、心脑同一论

心脑同一论有时也称为心物同一论，心灵神经同一论，类型同一论，类型物

---

① 参见 Elliott Sober, *Core Questions in Philosophy*, Third Edition, New Jersey: Prentice Hall, 2001, pp. 275 - 282。

理主义等。笛卡尔的二元论和逻辑行为主义在某种意义上都是一种先验的理论,即它们都是仅通过对心物概念或关于心物概念的日常语言的分析就得出支持它们理论的结论。心脑同一论则是诉诸科学已有的发现来预测科学将会发现的事实。按照同一论,心身、心脑、心物之间的关系问题不是仅靠内省和语言分析就能解决的问题,而是要靠观察和实验才能解决的问题。现代医学已经证明人的精神活动和人的大脑的某些部分有着密不可分的相互关系。大脑受伤会严重影响受伤者的推理能力、记忆、知觉,甚至性格。大脑中的某些化学变化,如血液中高含量的酒精或某种药物,会严重影响一个人的情绪、判断等。脑死亡会导致一个人的精神生活完全中止。这些事实让人们相信如下的心脑相关性命题:

> 一个心灵状态发生在行为主体身上,当且仅当一个大脑状态也同时发生在行为主体身上。①

心脑的相关性不是一种偶然的、碰巧同时发生的关系,而是某种类似法则的相关性。哪怕再微小的心理变化,也会有相应的大脑的神经生理变化,反之亦然。这种关系不是先验的,而是通过经验发现的。问题是怎样解释这种相关性。

心脑同一论者认为心脑的相关性表明一个人的心灵状态就是他的大脑里的某种神经生理状态,或者等于处于某种神经生理状态之中。例如,所谓疼痛和大脑里某种神经C纤维的激活是一回事。

同一论者之所以将感觉等心灵状态等同于大脑状态,主要是因为"奥卡姆剃刀"的原则或"节俭原则"。按照节俭原则,我们应当尽可能地减少不必要的概念或实体假设。既然心灵和大脑神经生理状态联系如此紧密,我们完全可以诉诸后者而不必另外诉诸看不见的心灵状态。这方面,心脑同一论和所谓取消论(eliminativism)的观点非常近似,只是前者不否认心灵状态的存在,后者则否认。②

心脑同一论者引用节俭原则并不足以证明他们自己的观点,因为心灵状态和大脑状态不是一回事情。内格尔(Thomas Nagel)曾指出关于心灵状态的有

---

① 参见 Jaegwon Kim (金在权), *Philosophy of Mind*, Boulder, Colorado: Westview Press, 1998, p.48。

② 取消论否认心灵或心灵状态的存在。它反对民间心理学用欲望和信念等概念来说明人的行为,认为这些概念所代表的心灵状态不存在。它的主要问题是:任何生物学物理学的概念似乎都无法"取消"从第一人称的角度所感受到的心灵状态(感受性,意向性,能动性等),因此,否认这些状态的存在显然不太合理。

些事实只能从第一人称的观点才能知道，这种只有从第一人称的角度才能感受到的事实无法转变成第三人称的物理事实。以蝙蝠为例。蝙蝠通过生理上的声纳或回声定位系统来"看"或确定周围物体的距离和形状，我们可以了解蝙蝠的这种生理物理过程，包括其大脑的有关生理过程，我们甚至能根据其原理制造声纳或B超仪来探知水下物体的形状和人体内部的情况，但我们似乎依然无法知道当我们成为蝙蝠时，我们会有怎样的经验。[①] 就像一个天生的盲人可以有关于"红"的所有的物理学、光学甚至生物学的知识，但却很难有明眼人关于"红"的感觉经验一样。

心脑同一论的另一个问题是：它假定心灵现象的实现只有一种可能性，即只有人类大脑的神经系统能够有心灵现象，但大脑似乎并不是心灵现象的必要条件，心灵现象可以有多种实现的可能性。没有大脑的外星生物就有可能具有心理的功能。即使人类自身，种族和种族之间，个体和个体之间，大脑的生理结构也不可能一模一样，但他们能够具有同样的信念并进行同样的推理等思维活动。支持这一问题的理由可能有值得商榷之处，但正是这一问题促使了心灵哲学中的功能主义的产生。

四、功能主义

功能主义者认为具有心灵属性的物理对象之所以具有心灵属性是因为它们能够执行心灵属性所要求的功能，这和它们是用什么材料做成的和怎样做成的无关。它们不一定非要是大脑，也可以是别的东西。就像计时器一样，我们之所以称其为计时器是因为它们能够执行计时的功能，和它们是由什么材料和怎样制成的无关。它们可以是机械的摆钟，也可以是石英钟、电子表、日晷、沙漏等。如果说心脑同一论将心灵状态等同于大脑这样的"硬件"，功能主义者则认为心灵状态应当等于"软件"，某种能够执行心灵程序的功能。我们可以按照功能主义，将"心灵状态"定义如下：

> 心灵状态就是功能状态。

一个对象的功能状态是根据外部刺激（包括其他心灵状态、外部行为等）和该对象之间的因果关系来定义的。执行一个功能就是接受一个输入并产生一个

---

① 参见 Thomas Nagel, *The View From Nowhere*, Oxford: Oxford University Press, 1986, pp. 161 - 163。

输出。对于人的心灵状态来说，执行心灵状态的功能，就是要能够对外部环境做出反应并能够作用于外部环境。正如前面讨论逻辑行为主义时所分析的，人的心灵状态对外部世界的影响通常是信念和欲望同时作用的结果。因此，信念和欲望是解释意识能动作用的两种主要的心灵状态。按照功能主义应该怎样来定义它们呢？以张三想喝水的心灵状态为例。按照功能主义，这一状态可以定义如下：

如果张三相信面前有一杯水并且处于 x 状态之中，张三将会从杯中取水喝。

这个条件句的前件列举了输入的条件，后件则描述了输出的情况，由此而定义了 x 的功能状态，而此处的 x 就是张三想喝水的欲望。问题是前件也描述了另一个心灵状态：张三相信面前有一杯水。怎样根据功能主义定义这一信念状态的功能？我们可以这样定义：

如果张三处于 y 的状态并且张三想喝水，张三将会从杯中取水喝。

上面的 y 的状态就是张三相信面前有杯水的状态。该定义定义了 y 的功能状态。依此类推，我们可以定义所有的心灵状态的功能状态。①

功能主义和二元论相比，避免了脱离物理对象而存在的心灵现象的困难。它将心灵状态看成是一种可以通过具体物理对象体现的功能状态。和行为主义相比，它避免了行为主义无法解释一种心灵状态引起另一种心灵状态的困难，它承认心灵状态之间的相互作用。和心脑同一论相比，它避免了心脑同一论否认心灵现象多种实现的可能性的问题，它能够解释为什么同一个信念可以存在于不同的大脑状态，甚至非大脑状态中，因为不同的状态表现的是同样的功能。

功能主义的问题在于：功能状态既不是心灵状态的充分条件，也不是必要条件。功能状态不是心灵状态的充分条件，因为一个机器人即使能够模仿人感觉疼痛的功能，表现出感觉疼痛的所有行为，但它并不会因此而感觉到“痛”。仅凭功能状态无法对第一人称所感受到的“痛”进行任何解释。西方哲学家对功能主义无法解释的这些“痛”和“意识”给予了许多不同的名称：“直接的现象学上的

---

① 参见 John Searle，*Mind：A Brief Introduction*，New York：Oxford University Press，2004，pp. 43 – 44；Elliot Sober，*Core Questions in Philosophy*，Third Edition，New Jersey：Prentice Hall，p. 293。

质(immediate phenomenological qualities)”,“未加工的感觉(raw feels)”,或“感受性质(qualia)”等。功能状态也不是心灵状态的必要条件,因为一个人完全可以处于某个心灵状态而不表现出相应的功能状态。

还有一种计算机功能主义,该理论不是将任何心灵状态定义为功能状态,而只是将信念状态定义为功能状态,有时亦称为弱功能主义。按照计算机功能主义,心灵对大脑的关系就像计算机程序对硬件的关系,心灵相当于软件和计算机程序。约翰·瑟尔(John Searle)将这种理论称为“强人工智能”。弱人工智能认为我们只能通过计算机模拟心灵,而不是创造心灵。而强人工智能则主张:恰当编程的数字电脑不仅仅是模拟心灵,而且就是心灵。

瑟尔提出了著名的中文房间论证来反对计算机功能主义。瑟尔认为一个不懂中文的人(如瑟尔)即使能够模拟懂中文的某些行为,他依然还是不懂中文。瑟尔的论证实质上是想说明人在运用信念进行推理的过程中,其信念状态都具有“意向性”(intentionality),但计算机程序本身并不具有意向性,中文房间中不懂中文的瑟尔所看到的中文字符对瑟尔来说也不具有意向性,因此计算机程序和人的推理不是一回事。[①] 所谓意向性是指心灵状态或信念状态具有一种使它们成为属于或关于某事的属性。一个心灵状态具有意向性,当且仅当它指称或代表某件事情。因此,意向性也可以理解为指向性或“关于性”。例如,相信南京在江苏的信念是关于“南京”和“江苏”,以及命题“南京在江苏”的一个信念状态。但严格地说,这个命题只有从第一人称的角度接受和理解了才能具有意向性,脱离了人,脱离了第一人称角度的意识体验,“南京在江苏”这一串字符本身并不具有意向性。意向性是人的意识或推理活动的本质属性之一,也是心灵状态和物理状态的一个本质区别。任何一个关于心灵的充分的理论必须能够解释心灵状态的这种意向性。中文房间论证旨在证明功能主义无法解释意识和心灵状态的意向性。如果瑟尔的论证能够成立,则计算机功能主义,即认为信念状态等于功能状态的理论也是不能成立的,因为功能状态无法解释信念的意向性。

功能主义所遇到的困难其实是整个唯物主义还原论所遇到的困难。我们已经讨论的唯物主义学说(行为主义,同一论和功能主义)都试图将心灵现象或还原为可观察的行为,或还原为某种物理属性(如大脑状态),或还原为功能状态,但它们的努力都失败了,因为它们无法解释第一人称所感受的感觉和意向性。它们的失败似乎表明了心灵状态的不可还原性。这迫使心灵哲学家转向了非还

---

① 参见 John Searle, *Mind: A Brief Introduction*, New York: Oxford University Press, 2004, pp. 62 - 64。

原论的唯物主义理论，主要有属性二元论（property dualism）和生物自然主义。

五、属性二元论

属性二元论认为心灵状态是一种显现属性（emergent property）。显现属性指的是这样一种属性，当缺少这一属性的事物以某种方式结合在一起或相互作用时，该属性就产生或显现出来。例如，“湿”就是一种显现属性。构成“湿”的水分子本身并不具有“湿”的性质，但当它们结合在一起或互相作用时，就产生了湿的性质。“生命”也是一种显现属性。构成生命的化学元素本身并不具有生命的属性，但当它们以某种方式结合在一起时，就产生了生命这样的显现属性。属性二元论认为形成心灵状态的事物本身是物理的，而非精神的，但当物理生化的部分以某种方式结合在一起时，就可以形成精神的属性，这种显现属性无法还原为其组成部分的属性，无法还原为大脑的神经生理属性。因此，属性二元论实际上主张心灵状态既是物理属性（物理属性是其基础）也是非物理的显现属性。

支持属性二元论的理由之一：心灵现象的真实性和不可还原性蕴涵了属性二元论。心灵现象是得到第一人称的经验直接证实的真实世界的一部分，本质上是第一人称的角度才能真正体验的东西，包括它的感受性、意向性和能动性。这种第一人称的角度所体验的东西无法完全为非第一人称的（第三人称的）物理术语所解释，即心灵状态的感受性和意向性是基本的和不可还原的，是不同于第三人称的物理属性的属性。给定心灵状态的真实性和不可还原性，属性二元论几乎是不可避免的结论。

支持属性二元论的理由之二：它可以避免以往理论的问题。它主张心灵状态是一种依赖于物理属性的显现属性，因此可以避免笛卡尔二元论因假定精神实体独立存在而产生的神秘性的问题。它主张心灵状态的不可还原性，主张心灵状态和其他物理属性的本质区别，因此，它可以避免物理主义还原论无法解释意识的感受性和意向性的诸多问题和毛病。属性二元论是一种唯物主义的实体一元论，有时又称为“显现论”（emergentism），“显现唯物论（emergent materialism）”或“非还原的唯物论（nonreductive materialism）”，它和辩证唯物主义关于意识本质的说法实质上是相容的。

支持属性二元论的理由之三：运用多种而非一种基本概念解释可观察的现象在推动科学进步和发现中起到了巨大的作用，属性二元论正是采用多种基本概念解释意识现象，这不光避免了还原论的问题，也将推动对意识本质的认识。一个属性或概念是基本的，当且仅当它无法为任何其他属性或概念所定义或解释。基本属性不能还原为其他的属性，也不能通过其他属性或概念定义，但却可以解释其他的非基本的概念和属性。就像质量和电荷的概念一样，它们不能还原为其他的概念，但却可以用以解释物理学中的其他概念。这种运用基本概念来解释其他现象或概念的非还原论的思想或者说多元论的思想曾导致科学上的重大进步和发现。例如，牛顿的力学公式：$F=ma$（力＝质量×加速度）就是用不可还原的基本概念解释物理现象的杰作。爱因斯坦的质能关系式：$E=mc^2$（能量＝质量×光速的平方）是另一个例子。我们能否在心灵的领域里取得类似牛顿在宏观物理学，爱因斯坦在微观物理学中取得的那种成就？普特南曾建议，我们可以将意向性的属性（也应包括感受性的内容）看成是基本的、"无法还原为非意向性概念"的东西。① 内格尔认为只有承认精神性的东西具有独一无二的性质，即无法还原为其他性质的特性，我们才有可能建立一个统一的能够解释心物问题的理论。② 正是在这个意义上，属性二元论似乎是朝着正确的方向迈进了一步。

属性二元论可以很好地解释感觉的感受性和信念的意向性为什么不能还原为物理属性，因为它们都是显现属性。它也可以很好地解释"物"对"心"的作用。人的意识是人的大脑的一种显现属性。因此，当一个人的生理状态，特别是大脑的生理状态发生变化时，其意识状态也会发生改变。这和目前已知的医学和大脑科学的知识是一致的。它所面临的问题是：怎样说明意识这种显现属性的本质？怎样说明"心"对"物"的能动作用（"downward causation"或"mental causation"）？由于它假定心灵状态是一种非物理的显现状态，因此，它似乎依然面临笛卡尔二元论的困惑：非物理的显现状态何以能够作用于物理状态而不违背目前公认的物理规律，如能量守恒？

六、生物自然主义

瑟尔主张将意识或心灵状态理解为大脑的一种生物属性，一种本质上可以和其他物理对象或属性相互作用的属性。他将自己的理论称为"生物自然主义"，包含四个命题：③

1. 第一人称的角度所感受到的意识状态是真实世界的真实现象。我们无法通过还原为第三人称的非意识属性（如神经生理属性）的方法取消意识现象，

① 参见 Hilary Putnam, *Representation and Reality*, Cambridge: MIT Press, 1988, p.110。

② 参见 Thomas Nagel, *The View From Nowhere*, Oxford: Oxford University Press, 1986, p.53。

③ 参见 John Searle, *Mind: A Brief Introduction*, New York: Oxford University Press, 2004, pp.79–80。

因为任何这种取消意识的还原都会否认第一人称所感受到的真实的意识现象。这一命题将瑟尔和还原论区别开来。

2. 意识现象完全由低层次的大脑的神经生理过程所引起，它们从因果作用的意义上是可以还原为神经生理过程的，即它们不可能独立于后者而存在。它们不是所谓建立在神经生理过程之上的随附现象。

3. 大脑中的意识状态是大脑的系统层面上的生物特性，就像消化是消化道的生物特性一样，以高于神经元和神经突触的形式而存在，而构成大脑系统的单个神经元则不是意识。

4. 意识状态是真实世界的真实特征，因此，它们因果上能够影响主体的行为。例如，我的口渴感引起我找水喝。这种因果作用力不是神经生理作用力之外的作用力。这将瑟尔和属性二元论区别开来。

那么，瑟尔是怎样运用他的理论来解释心物互动，特别是“心”对“物”的作用的呢？以举臂为例。一方面，我有意识地决定举起我的手臂，而手臂就举起来了。另一方面，我的举臂过程和下面这些神经生理的活动有关：我的运动神经皮层的神经元的激活，运动神经元的轴突端的乙酰胆碱的分泌，离子通道的刺激，肌肉纤维的细胞质的激活，最后手臂举起。二元论的困惑是：如果心理状态确实是真实存在的非物理的状态，那么它们怎么可能产生物理的效果？如果它们确实产生了物理的效果，那么我们就会面临“多因决定论”。我们将很难分清究竟是我的意识引起我举起手臂，还是神经细胞层面上的神经生理过程决定了我举起手臂。瑟尔认为这种困难是由于我们预设了精神过程和物理过程是两个完全不同的过程所致。造成这种错误的原因是由于下述认识：大脑有精神或意识的过程，也有纯神经生理的过程，精神或意识的过程从本体论的意义上无法还原为神经生理的过程，因此，二者一定是不同的存在。瑟尔认为解决心灵能动作用困惑的关键是放弃这种传统的心物之间的区别。大脑的意识的不可还原性并非意味着它是一个单独的实体或属性，大脑意识本身就是“大脑所处的状态”。

瑟尔进行了一些类比以说明他的观点。“意识和大脑过程的关系就好比活塞的坚固性和合金的分子运动的关系，就好比一个容器的水的液态性（流动性）和 H_2O 的分子运动的关系，就好比汽车气缸里的燃爆过程和碳氢化合物分子的氧化过程的关系。”①对意识因果作用的描述是从系统的整体层面的描述，但这并不是说意识的因果作用是脱离系统的组成部分的微观的因果作用的作用，或

① 参见 John Searle, *Mind: A Brief Introduction*, New York: Oxford University Press, 2004, p. 146。

者是除了微观的因果作用以外的另外一种因果作用。它们不过是同一个大脑过程的不同层面的描述罢了。按照瑟尔的理论,我有意识地举起我的手臂和大脑到手臂的神经生理过程并不是两个不同的互不相干的因果作用过程,而是从不同层面上(一个从整体,一个从局部微观的层面上)对同一个物理实在过程的描述。瑟尔的理论可以用下图表示:

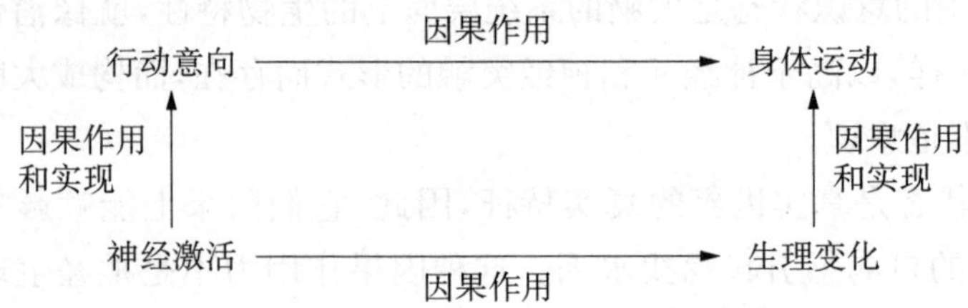

瑟尔将意识解释成为大脑的生物特性,他关于意识和大脑神经系统之间关系的许多类比,比如,将其比作消化和消化道,水的液态性和 H_2O 的分子运动,以及气缸里的燃爆过程和碳氢化合物分子的氧化过程的关系等,让我们感觉他依然没有真正解释意识的能动作用问题,因为从这些类比中,我们无法看到和理解前者(如消化,液态性)如何能够对后者(如消化道,水分子运动等)产生能动的因果作用。在他自己的例子中,瑟尔强调意识现象并不是一个独立的过程或属性,也不是大脑状态的随附现象,只是对同一个物理或生理过程从不同角度进行的描述。瑟尔理论的问题正是在于否认了意识和意识活动的相对独立性,否认了意识是一种不同于其他物理特性的特性,就像否认了电和磁之间的区别一样,因此,并没有真正解释意识的能动作用。试举一个反例。当我有意识地想举起我的右手,出于某种原因,我无法这样做,也许是因为我的运动神经皮层的神经元的激活不充分,也许运动神经元的轴突端的乙酰胆碱的分泌失调,也许离子通道的刺激不足以激活肌肉纤维的细胞从而使我的手臂举起,按照瑟尔理论,从大脑系统层面对我意识的描述应该是我失去将手举起来的意识,但完全可以想象,在这种情况下我依然可以想将手举起来。这说明意识是一种真正的不同于大脑神经活动的属性和现象,其存在和作用可以从第一人称的角度察觉和认知。否认这种意识的存在,否认它是我们行为的真正原因,是无法真正解释意识的能动作用的。正如心灵哲学家福多(Jerry Fodor)所说的那样,"……如果不是我的欲求正是造成我伸手的原因,我感觉到的痒是造成我搔痒的原因,我的信念是造成我说话的原因,……如果这些事情没有一件是真的,那么我相信的每一件事情几乎都是错误的，那也就是世界的末日。”[①]

七、问题与前瞻

我们概念系统中有两个假设使我们陷入所谓二元论的困惑。第一个假设是心灵状态（或属性）和物理状态（或属性）本质上截然不同，它们之间没有任何同一性。第二个假设是因果作用只能发生在物理状态之间。由这两个假设必然导致这样的推论：心灵状态对物理状态的因果作用是不可能的。但在第一人称的经验中我们又明明感受到心灵状态可以对物理状态（身体状态）产生作用。这必然产生所谓二元论的困惑：心对物的能动作用何以可能？如果想避免二元论的困惑，解决心物相互作用的问题，逻辑上只有三种可能：要么推翻第一个假设，要么推翻第二个假设，要么同时推翻这两个假设。

物理主义还原论和生物自然主义代表了推翻第一个假设的努力。物理主义还原论面临许多难以克服的困难，如怎样解释感受性和意向性的不可还原性等。生物自然主义将心灵状态归结为大脑的生物属性，一方面，它可以解释感受性和意向性的不可还原性，从而避免还原论的问题，因为生物自然主义者可以说，感受性和意向性是从第一人称角度对意识的生物属性的表述，而大脑的神经生理状态则是从第三人称角度对同一生物属性的表述，前者无法还原为后者。另一方面，它可以很好地解释心物互动，避免二元论的困惑，因为心灵状态就是生物状态。生物自然主义预设了第一人称的意识现象和第三人称的大脑神经生理过程的同步关系，但考虑到人的思维、推理和情感的复杂性，这种同步关系很难得到实验的精确证实。它的主要问题是难以合理解释意识的相对独立性，特别是自由意志。如果心灵活动真的只是对大脑神经生理活动不同层面的表达，它们必然完全受制于大脑的神经生理活动。无论这种神经生理活动是受因果律支配的或随机的，自由意志都是不可能的，这似乎和第一人称所感受到的可控的心灵状态和过程不符。如果假定这种生物状态的活动是可控的，那么，受控于什么？我们很难不引入意识、主体或自我等概念来解释这种可控性，除非我们彻底否认有所谓自由意志。

属性二元论代表了推翻第二个假设的努力。按照属性二元论，因果作用可以发生在物理状态和心灵状态之间。对属性二元论的批评之一是它无法避免附现象论，即只能解释物对心的作用，无法解释心对物的作用。[②] 但将心灵状态理

---

① Jerry Fodor, “Making Mind Matter More,” *Philosophical Topics* 17, 1989, p. 77.

② 参见 John Searle, *Mind: A Brief Introduction*, New York: Oxford University Press, 2004, p. 92。

解为显现属性并非必然导致附现象论,因为,显现属性是否具有能动作用是一个经验事实的问题,而不是一个先验的语义问题。我们的经验事实似乎证明意识这种显现属性具有能动作用。因此,第二个假设不能成立。对第二个假设的否定得到许多科学家的支持。目前神经生理学家们都猜测意识或心灵状态会影响神经网络或神经脉冲的流动。包括诺贝尔奖的获得者、神经生理学家斯佩里(Roger Sperry)都有类似的猜想。按照这一猜想,在大脑的神经生理学的研究中,必须要考虑意识或心灵状态的能动作用,必须考虑这种"非物理的"因素对神经网络或神经脉冲的影响。① 安慰药和医学中暗示的效果似乎在某种程度上也确证了这一猜想。

属性二元论有两种发展的可能,取决于对心灵的显现属性的解释。如果将这种显现状态理解为和大脑的神经生理状态具有一一对应的关系,就有可能陷入和生物自然主义同样的困难:既然意识状态和大脑神经生理状态一一对应,亦即受后者影响和支配,那么,怎样解释意识的相对独立性和能动作用?如果将这种属性理解为和大脑神经生理属性既有区别(二者没有一一对应的关系,显现属性具有相对的独立性和不可还原性),又有联系的属性(作为显现属性,心灵状态依赖于大脑的神经生理状态),则属性二元论会转变为第三种可能的理论,即同时否认造成心物困惑的两个假设。这一理论否认了第一个假设,因为它承认心灵状态和物理状态的联系,承认心灵状态和大脑的神经生理状态都是大脑的属性,它们之间存在着同一性,其基础便是大脑。但和生物自然主义不同,它不认为心灵状态是对大脑神经生理状态的不同层面或不同角度的表达,而是和大脑神经生理状态不同的大脑属性。按照摩尔的看法,任何自然科学和心理学所研究的对象都属于"自然"的范畴。② 借用摩尔的术语,我们可以将心灵状态和物理状态都称为自然属性。心和物之间的同一性还可以是可观察性或可检验性(在这个意义上,"鬼"和心物之间就没有任何同一性)。日常意义上的物理属性是从第三人称的角度所表征的自然属性。心灵属性则是从第一人称的角度所表征的自然属性。后一种属性无法用前一种属性所包含的范畴和概念来表达和理解,比如,我们无法说甲的知识一天天增加,因此他的大脑的容积就一天天增大。这一理论也否认因果作用只能发生在物理状态之间的假设。按照这一理论,心物互动不是物理属性之间的互动,而是物理与非物理的自然属性之间的互动,是

---

① 参见 Theodore Schick, Jr. and Lewis Vaughn, *Doing Philosophy*, McGraw Hill, 2003, p. 131。

② 参见 G. E. Moor, *Principia Ethica* (1903), revised edition, Cambridge: Cambridge University Press, 1993, p. 92。

一种自然属性(心)和另一种自然属性(物)之间的互动,类似于电和磁的相互作用。心对物的作用可能是一念发动处便有大脑神经生理的变化。

以上多种理论发展可能性中,究竟哪一种可能性能够发展成为对心物问题的满意的解答,笔者倾向于第三种可能性,即同时推翻造成心物困惑的两个假设。最终的结果如何,一方面取决于医学、大脑科学以及人工智能的研究给我们提供的事实,另一方面取决于哲学家和科学家对已有的概念系统的分析、整理与创新。

心身问题和塞尔的生物自然主义*

约翰·塞尔(John Searle，1932—　)是英美心灵哲学领域里颇负盛名的一位哲学家,以其中文房间论证蜚声西方哲学界。他的生物自然主义是心灵哲学领域里最有代表性的理论之一,在某种程度上反映了西方心灵哲学的研究现状和对心身问题的新解。本文主要依据他的近作《心灵导论》,[①]围绕着心身问题,介绍他的生物自然主义并探讨其理论上的得失。笔者认为塞尔将心灵状态归结为生物属性的理论尽管可以解释心身互动,尽管他也承认意识的不可还原性,但由于他否认意识的能动作用,因而无法解释和心身问题有着密切联系的自由意志问题。自由意志的存在预设了心灵状态或意识的某种相对独立的存在,而否认这种相对的独立性正是塞尔难以解释自由意志的症结之所在。为了避免塞尔理论的问题,我们只能承认心灵状态存在的相对独立性以及心对身的非决定论性质的因果作用,接受某种新显主义的心灵主义(emergentist mentalism)。

1　心身问题

心身或心物相互作用的问题,特别是心对身的因果作用问题,是近代自笛卡尔以来一直困扰西方哲学家的重要的哲学问题之一。这个问题的经典表述是:如果心和身是完全不同性质的东西,而心对身的作用是显而易见的,那么,一个非物理的对象(心)如何能够作用于物理的对象(身体)而不违背现有的物理规律,如守恒定律?心身问题的产生基于两个基本的假设:

---

* 本文原载于《自然辩证法研究》2009 年第 12 期。

① 即 John Searle，*Mind*：*A Brief Introduction*，New York and Oxford：Oxford University Press，2004。中译本见《心灵导论》,徐英瑾译,上海人民出版社,2008 年 1 月。

第一，心身或心物是完全不同性质的东西，二者之间没有任何同一性。

第二，因果作用只能存在于物理对象(包括生物对象)之间。

这样就必然得出：

心身或心物之间的相互作用或因果作用是不可能的。

但我们日常生活中明显感受到心身或心物之间的相互作用。因此，这种作用如何可能？要想解答心身问题，逻辑上只有三种可能：第一，推翻第一个假设；第二，推翻第二个假设；第三，同时推翻第一和第二个假设。

2 产生心身问题的根源——四个错误的假设

塞尔的生物自然主义和以往的物理主义理论一样，主要反对造成心身问题的第一个假设，即否认心身本质上是完全不同的对象。但他清楚地意识到物理主义的问题，即无法解释意识现象的不可还原性，因而他反对以往的物理主义的还原论或取消论。另一方面，他又反对任何形式的二元论，包括实体二元论和属性二元论。他认为这些理论沿着错误的道路提出了错误的解决方案，主因乃是因为它们都接受了传统的二元论的语言和范畴，特别是接受了四种错误的假设。正是这些假设使得心身问题的解决变得几乎不可能。要想解决心身问题，必须消除这四个错误的假设。

第一个假设是心物之别，即心和物本体论上是彼此排斥的完全不同的东西。按照传统的心物二分，如果任何东西具有下面所列举的心灵特性，那么，它就不可能在同一方面具有物理的性质，反之亦然。①

	心灵的	物理的
1	主观的	客观的
2	质的(qualitative)	量的
3	意向的	非意向的
4	空间上无法定位的	空间上可以定位的②

① 以下图表参见 John Searle, *Mind*, p.81。第一栏的序号为笔者所加。

② 根据这一特征，电子是物理的，而数字则不是。

续 表

	心灵的	物理的
5	空间中无法展延	空间中可以展延
6	无法为物理过程所解释	因果上可以为微观物理学所解释①
7	因果上无法作用于物理的东西	因果上可以互相作用，并且作为一个系统因果上是封闭的②

塞尔认为上述传统的心物二分将心与物绝对对立起来，使得心物之间的互动成为不可能，是造成心身或心物问题的主要根源。但心物之间并非如此不可逾越。先看"心灵的"前二个特征，即"主观的"和"质的"。它们反映了意识的第一人称的特征。"主观的"通常是指那些仅从第一人称的角度才能感受到的东西或性质。而所谓"质的"是指第一人称的角度所感受到的意识的那种非外延的特征，比如，我此刻的一个念头、想法等都具有这种特性。故这两个特征蕴涵了"第一人称"的概念，再加上第三个心灵特征所包含的意向性的概念(即心灵状态，如信念等，具有指称或关于某些事态的属性)，就基本上表达了心灵状态的本质特征。心灵的前三个特征不仅表明了心灵的特征，而且同样可以具有"物理的"一栏下面的后四个特征(即第 4 到第 7 个特征)。另一方面，"物理的"一栏的前三项并非是成为物理世界一部分的必要条件。事实上，对知觉和认知系统的研究正是将质的、主观的和原初的意向性视为自然科学的研究内容。消除了心物的对立，心物之间的互动便有了可能。塞尔认为他的上述见解是《心灵导论》一书中最重要的内容之一。③

第二个假设是还原的概念，即如果 A 还原为 B，则除了 B 之外，A 什么也不是，A 是并且只是 B。按照这种还原概念，如果意识可以还原为大脑的神经生理现象，那么意识除了神经生理现象外什么也不是。④ 塞尔认为这一还原概念是哲学中最为混淆的概念之一，是造成和心身问题有关的种种困惑，如感受质(qualia)、意向性的不可还原性等困惑的根源。他认为有两种区别。第一，因果

---

① 根据这一特征，固态(坚固性)和液态(流动性)是物理的，而鬼则不是。

② 塞尔认为根据这一特征，电和磁是真实的物理现象，而彩虹则不是(*Mind*, p. 82)。塞尔关于彩虹不具有因果作用的看法似可商榷，因为彩虹似乎也是第一人称所感受到的某种真实的现象，甚至是能够满足蒯因在《信念网》中所定义的观察语句所描述的现象(参见 W. V. Quine and J. S. Ullian, *The Web of Belief*, New York: McGraw-Hill, 1978, p. 23)。这种第一人称所感受到的视觉现象可以引起我们愉悦的感觉，甚至会促使我们采取作画、写诗等具有物理效果的活动。

③ John Searle, *Mind*, p. 82.

④ John Searle, *Mind*, pp. 76 - 77.

还原和本体还原的区别。因果还原是指：A 类现象的因果作用可还原为 B 类现象的因果作用，当且仅当 A 类事物行为的因果作用完全可以通过 B 类事物行为的因果作用得到解释，并且除了 B 类事物所具有的因果作用力以外，A 类事物并无额外的因果作用力。本体还原是指：A 类现象本体上可以还原为 B 类现象，当且仅当 A 类事物除了 B 类事物外什么也不是。根据这一区别，塞尔认为意识现象的因果作用可以还原为大脑神经生理活动的因果作用，但这并不意味着它们本体上也可以还原为大脑神经生理活动。这就像贝多芬的第九交响曲可以被还原为声波在空气中的振动但我们却不能因此认为第九交响曲除了声波振动以外什么也不是一样。可是，我们为什么可以在因果还原的基础上接受固体的表面特征（如抗压性、不可入性等）的本体还原（即还原为物体的分子运动），但却不愿在因果还原的基础上接受意识的本体还原呢？塞尔的回答是：因为如果我们接受意识的这种本体还原，我们就会失去意识的第一人称的本体特征。更重要的是，我们在乎意识中的疼痛感，在意第一人称的这种体验，因此，我们无法接受意识的本体还原。第二个区别是取消式和非取消式的还原。所谓取消式还原是指被还原的对象其实并不存在。比如，日落还原为地球的转动就是取消式还原，它表明日落不过是一种表面现象。而固体性的还原则不是取消式的，因为它并没有表明物体事实上没有抵住另一部分物体。人们无法对真实存在的东西进行取消式的还原。由于意识现象是真实存在的现象，因此我们无法将其还原为其他的现象。[①]

第三个假设是因果作用（causation）的概念，即假定因果作用是发生在离散事件之间的一种时间上前因后果的关系。塞尔指出因和果在时间上可以同时发生，比如，你周围的物体，如桌椅，不断地给地板施加压力。造成这种状况的原因则是地心引力。后者是无时无刻不存在的。自然的因果关系常常不是一种离散事件之间时间上前因后果的关系，而是通过微观现象从因果上解释系统的宏观特征的关系。如桌子支撑着书本的这个事实可以从分子的振动行为那里得到解释。[②]

第四个假设是同一性的透明性，即 A 除了和 A 自身是同一的，不可能和其他的事物同一。[③] 塞尔认为，同一性未必就是透明的。意识与大脑神经生物状态的同一性就不是透明的。意识是一个大脑的过程，一个发生在神经系统中的

---

① 以上均见 John Searle，*Mind*，pp. 83 - 85。

② John Searle，*Mind*，p. 86.

③ John Searle，*Mind*，p. 77.

质的、主观的、第一人称的过程，但只要我们将所考虑的事件的范围适当扩大，它就可以和第三人称的大脑神经生物学的特征同一。同一个心灵状态可以从第一人称，也可以从第三人称的角度加以描述，虽然第一人称的描述无法还原为第三人称的描述，但这并不表明它们不是同一事物。所以他说，“在我看来，我们可以将同时拥有神经生物学特征和现象学特征[即第一人称角度所感受到的意识现象]的事件视为同一个事件。”[①]神经元的激活和感到疼痛可以是同一个事件。

塞尔认为只有澄清并消除了这四个假设，心身问题的解决才会水到渠成。他的生物自然主义便是澄清并消除了上述假设之后对心身问题的解答。

3 生物自然主义——心身问题之解

塞尔的生物自然主义包含四个命题：

第一，意识状态是从第一人称的角度所内感到的真实的现象，本体论的意义上(从事物真实存在的意义上)无法还原为第三人称所描述的物理的或神经生物的现象。它们是真实世界的一部分。

第二，意识状态完全是由大脑的神经生物活动所引起的，不可能独立于大脑的神经生物过程，也不是所谓建立在神经生物过程之上的随附现象，意识状态从因果作用的意义上可以还原为大脑的神经生物过程，尽管从本体论的意义上它们作为第一人称所感受到的真实现象无法还原为第三人称的神经生物过程。

第三，意识状态是大脑的系统层面上的生物特性，就像消化是消化道的生物特性一样，没有后者，便没有前者。意识定位于时间和大脑的空间之中。这一命题不同于新显主义的观点，按照新显主义(emergentism)，一个新显属性(emergent property)是由不具有该属性的组分所决定的。而塞尔认为意识状态和神经生物状态本就是一回事，它们之间的关系并非新显属性和不具有该属性的组分之间的关系。

第四，如此被定义的意识状态可以发挥对身体(物)的因果作用。意识的这种因果作用力不是神经生理作用力之外的作用力。[②]

以“我”的感觉经验口渴为例。当“我”的身体缺水的情况最终引起大脑神经元的激活时，这就引起了所谓意识或口渴的现象。“感到口渴”是发生在大脑的第一人称所能感受到的真实的意识现象，它同时又是同一个大脑活动系统层面上的神经生物特性。这一意识现象包含两个不同的层面：第一，它本身是大脑

---

① John Searle, *Mind*, p.87.

② 以上四个命题见 John Searle, *Mind*, pp.79－80，中译本序言第2—3页。

神经元或突触的活动或激活的一种状态，属于较低层面上的一种状态。第二，它也是高于大脑神经元或突触的层面上发生的过程，属于同一大脑活动的较高层面上或系统层面上的状态。这两个方面是同一意识现象的两个方面，而不是两种不同的事物或属性。它们之间的关系，或者说意识和大脑过程的关系，"就好比活塞的坚固性和合金的分子运动的关系，就好比一个容器的水的液态性（流动性）和 H_2O 的分子运动的关系，就好比汽车气缸里的燃爆过程和碳氢化合物分子的氧化过程的关系。"[①]这样，同时作为大脑低层面上的神经元或突触的活动和高层面上或系统层面上的意识状态的"感到口渴"，就能够对身体的行为产生因果作用。口渴的现象可以如此解释，其他的更为复杂的心灵活动，如推理、翻译也可以如此解释。他认为他的理论可以避免物理主义和二元论的困难。

4 生物自然主义的问题

生物自然主义的主要问题是难以解释和心身问题密切相连的自由意志问题，难以解释自由意志的现象。所谓自由意志的现象是指我们可以采取某种行动，也可以不采取某种行动的现象。在日常生活中，我们都能体会到上述意义的自由意志现象。塞尔本人并不否认这一点。他将自由意志解释为对"空隙"(gap)的体验。他承认我们都有过形成想法并随后付诸实施的体验。我们都体验到形成决定和付诸行动的原因，这些原因即形成决定和付诸行动的理由，这些理由和我们的决定或行动之间并没有如同自然界中因果之间的那种必然联系。这种因果作用和自然界中的不同，在原因（即形成决定或采取行动的理由）和实际的后果（决定或行动）之间有一个空隙，而空隙之前发生的事情并不能成为空隙之后发生事情的充分条件。在不受自由意志支配的知觉活动中则没有这种空隙的体验，如在看见我的手和产生关于手的知觉之间没有任何空隙。[②] 事实上，我们具有自由意志即使在知觉的层面也是可以得到证实的。观察右边的这幅著名的《妻子还是岳母》的图画。你可以将其看成是一个老太太，也可以将其看成是一个年轻的女人，这种知觉上的效果是受你意志支配的，你能够体验到上

① John Searle, *Mind*, p. 146.

② 参见 John Searle, *Mind*, pp. 152 - 153。

面提到的体现自由意志的“空隙”。塞尔不否认这种意义上的自由意志的存在。他也接受心理的自由是真实存在的，即我们纯心理的原因常常并非构成我们行动的充分条件，我们能够体验到真实而非幻象的各种“空隙”，即心理自由。[①]

问题是，按照塞尔的理论，在任何一个瞬间，一个人的意识状态在因果作用方面都是完全由其神经生物学基础所决定的。心理状态在任何一个瞬间都是由同一瞬间的大脑状态所决定的。没有两个分离的因果系列——心理的和神经生物的，也没有两个分离的但同步的因果系列，甚至也没有交叉的因果关系，如心理的和神经生物的事件之间的因果关系。这样，心灵活动完全受制于大脑的神经生物活动。这一理论会面临一个两难的问题。第一，如果大脑的神经生物活动受决定论意义上的因果律支配，那么自由意志就是不可能的。塞尔承认，如果大脑的神经生物活动受决定论意义上的因果律支配，也就是说大脑的任何神经生物活动都有充分的先在的理由（原因），那么，给定先在的理由或条件，大脑的神经生物活动除了已发生的情况外不可能有其他的情况出现，不可能产生“空隙”，不可能有其他的“选择”。如此，自由意志的现象就是不可能的。但我们的经验告诉我们自由意志的现象是可能的。第二，如果心理自由的存在是无法否认的（塞尔本人承认这一点），按照他的生物自然主义，他就不得不承认：心理自由，即心理空隙的存在，一定会体现在神经生物活动之中。[②] 那么，神经生物活动的空隙如何可能？塞尔认为，如果我们假定大脑的神经生物活动是受非决定论意义上的“因果作用”（即原因并非结果的充分条件，且因和果之间的关系也不是随机的）支配，也就是说这些活动没有充分的先在的原因，那么，神经生物学层面上的空隙是可能的。问题是：这种非决定论意义上的神经生物现象如何可能？塞尔认为自然界中唯一确立起来的非决定论的因素乃是处于量子水平上的，迄今为止，唯一能够解释自然界中非决定论的部分便是量子力学。如果我们假定意识是非决定论性质的，其空隙不仅在心理学意义上，而且在神经生物学的意义上也是真实存在的，那么，我们就不得不假定对于意识的解释中有一个量子力学的因素。量子力学以统计或随机的方式解释量子水平上的因和果之间的关系，但以随机的方式解释心身之间的因果关系依然无法解释自由意志，因为自由意志不等于随机性，体现自由意志的行为正是在于可以避免随机的行为，理性的自由意志的活动正是在于避免决策的随机性。但量子水平上的随机现象并非必然导致大脑的神经生物活动层面上的随机现象，它们有可能导致大脑神经生物

---

① 参见 John Searle, *Mind*, pp. 157 - 158。

② 参见 John Searle, *Mind*, p. 159。

层面上的非充分先决条件的因果作用或因果关系，亦即产生神经生物层面上的“空隙”。但假设如此并不等于事实如此。塞尔承认，大脑神经生物层面上的非充分条件的因果作用的假设明显违背神经生物学的知识，因而不合理。按照标准的神经生物学教科书，大脑是类似于身体其他器官的另一器官。它由细胞所组成，细胞和细胞之间的联系过程和任何其他的细胞过程一样，具有决定论的性质。大脑的细胞是神经元，神经元之间通过发生在突触上的动作电位（action potential）进行交流，这一大脑的过程同样具有决定论性质。这样的大脑过程无法扮演一个自由的、能进行有意识的决策的角色。这样，如果我们假设神经生物活动受决定论意义上因果规律支配，那么，现有的神经生物学和塞尔的生物自然主义就无法解释自由意志的存在。如果我们承认心理自由的存在，我们就不得不假定神经生物活动受非决定论意义的因果律支配，而这又不符合现在的神经生物学知识。塞尔最后承认很多事情我们还缺少知识，我们不知道自由意志到底如何存在于大脑之中。我们也不知道进化过程为何给予我们如此坚定的关于自由意志存在的信念。[①] 塞尔等于承认按照他的生物自然主义无法解释自由意志的现象。

塞尔之所以不能解释自由意志的现象，一个重要的原因便是他否认了意识的相对独立性。所谓“意识的相对独立性”是指：意识活动或心灵状态离不开大脑的神经生物活动，但这种依赖关系并不能将前者等同于后者，即使在因果作用的意义上前者也不等同于后者。塞尔承认第一人称的意识现象无法还原为第三人称的神经生物现象，但他同时又认为在因果作用的意义上意识状态可以还原为大脑的神经生理状态，意识状态和大脑的神经生理状态不过是对同一个意识现象从不同层面所进行的描述，这就会导致在因果作用的意义上否认意识活动的相对独立性，而否认这种相对独立性是无法真正解释意识的能动作用的。按照塞尔的看法，当一个人有意识地举起他的右手时，他举起手臂的意识活动和他大脑的神经生物活动不光是一种同步的关系，在因果作用的意义上它们根本就是一回事。由于神经生物活动完全受制于决定论意义上的因果律的支配，因而和神经生物活动无法区分的意识活动也就不可能是自由的。我们只有承认意识活动不同于大脑的神经生物活动，才有可能解释意志自由的现象。加拿大神经外科大夫怀尔德·彭菲尔德（Wilder Penfield）发现，医生对病人的运动皮层的刺激可以引起病人四肢的移动，但病人总是说：“不是我要动的，而是你要动

① 以上参见 John Searle，*Mind*，pp. 161 - 164。

的”。[1] 可见，我们的意识，特别是自我的意识并非完全受制于大脑皮层的活动。一个人可以保持自己独立的自由的意识，即使大脑的运动皮层的活动发生某种改变。这在某种程度上似乎证明了意识存在的相对独立性。

5 一种心灵主义的解决方案

要想避免塞尔的问题，我们只能接受和承认心灵状态存在的相对独立性以及它们相对独立的因果力。这一理论可以称为“新显主义的心灵主义”。它包含两个命题：1. 心灵主义命题：第一人称所感受到的意识或心灵状态不仅是真实存在的，而且也能够成为我们身体变化和行为的真实原因。这一命题是对造成心身问题的第二个假设的否定，它肯定因果作用可以发生在心灵状态（非大脑神经生物状态）和物理状态（大脑神经生物状态以及身体状态）之间。2. 新显主义命题：心灵状态是大脑神经生物状态的一种新显属性，这种新显属性无论是从本体论的意义上，还是从因果作用的意义上都无法完全还原为其组分（大脑神经生物状态以及身体状态）的属性。作为新显属性，心灵状态的存在和因果作用依赖于大脑的神经生物状态，但并不等于后者，就像一个有机体的生命依赖于由原子所构成的分子并以某种方式结合在一起，但前者依然不等于后者一样。新显主义命题否定了造成心身问题的第一个假设，即心身或心物之间没有任何同一性，是一种唯物主义的实体一元论。

我们的心灵状态是真实的并且可以成为我们身体行为的原因，这一观点得到我们日常经验的支持。非物理状态的心灵状态何以能够作用于物理状态的问题不是一个先验语义的问题，而是一个经验事实的问题。经验感知有两种，一种是第一人称角度的内感，内感的经验现象不仅包括感受质、质性、意向性等，也包括信念、欲望等。一种是第三人称角度的外感，外感的经验现象包括通过感觉器官所感知的第三人称的物理现象或神经生物现象。我们将内感和外感结合起来，就可以感受到心灵状态和身体状态之间的相互作用。如，当我从第一人称的角度感到口渴并想取杯喝水，加上我相信我面前的杯中有水，我因此取杯喝水，取杯喝水是从第三人称的角度可以明确感知到的。从第一人称的角度所意识到的欲望和信念，到从第三人称的角度所能感知到的现象，是一个我能够明确感受到的前后相继的过程，正是第一人称和第三人称的经验材料所形成的这一过程让我确信我想喝水的欲望和相信有水的信念是造成我取水喝的行为的原因。在

---

① 这个例子取自 John Searle，*Mind*，p. 99。

某种意义上，我想喝水的心灵状态比自然科学中的各种“力”更为“真实”，因为它能够直接为我的内感所感知，而它对我身体的影响和作用可以为第三人称的物理现象所佐证。硬要否认我的意识或心灵状态是造成我行为的原因，硬要将我的意识还原成为并仅为我大脑的神经生物状态，是违背我们的直觉的。这种心灵主义的观点得到许多著名的西方哲学家，如福多(Jerry Foder)、索伯(Elliott Sober)和乔姆斯基(Noam Chomsky)，以及许多神经生理学家，如诺贝尔奖的获得者神经生理学家斯佩里(Roger Sperry)的支持。斯佩里认为在大脑的神经生理学的研究中必须要考虑意识或心灵状态的因果作用，必须考虑这种“非物理的”主观的因素对神经网络或神经脉冲的影响。[①] 另一位诺贝尔奖的获得者神经生物学家约翰·艾克勒斯爵士(Sir John Eccles)做过一个实验。当一个人有意识地用右手拇指去接触右手另外的四个指头，他的大脑运动皮层就会显示出高度的活跃性。如果他只是想，而不是真的执行这个任务，则大脑的运动皮层便会停止活动，但附属的运动皮层区则依然活跃。[②] 大脑运动皮层的活动间接证实了“想”和“想做”的存在，或者说证明了“想”和“想做”和大脑某些区域之间的关系，但这并不能说明我们第一人称所感受到的心灵状态(“想”和“想做”)就是大脑运动皮层的活动，也不能说明意识活动完全受制于大脑的神经生物活动。相反，这个实验说明受试者可以自由地决定是“想”还是“想做”，而大脑皮层的相应的活动正是这种主观意识活动的后果。

那么，如何解释非物理的东西何以能够作用于物理的东西而不违背已知的物理学规律，如守恒定律？心灵活动的能量从何而来？这种能量当然来自大脑神经生理活动本身。这种活动可以影响或改变大脑状态的能量分配方式，但却不会违背现有的神经生物学的规律和守恒定律。正如具有自由意志的人类可以利用客观规律但却无法改变客观规律一样，心灵活动对大脑神经生理活动会产生影响，会改变神经生理活动的行为方式(以及能量存在的方式)，但这种影响不会改变神经生理活动本身的规律(以及能量守恒定律)。这就好比植物的叶子可以将太阳的光能转化为由二氧化碳和氢源(如水)生成碳水化合物的过程，但却不会违反能量守恒的定律一样。人们过去往往认为因果关系只能是时间上前因后果的关系，这是造成否认心灵主义的原因之一。因为如果作为原因的心灵活动在时间上必须先于大脑神经生物活动，那么就会存在着如何解释脱离了大脑

---

① 参见 Roger W. Sperry, “Changing Priorities,” *Annual Review of Neuroscience* 4, 1981, p. 12; “Mind-Brain Interaction: Mentalism, Yes; Dualism, No,” *Neuroscience*, Vol. 5, 1980, pp. 195 – 206。

② 见 John Searle, *Mind*, p. 23。

神经生物状态的心灵活动何以存在以及能量从何而来的问题。但我们可以假定心灵活动对身体以及大脑皮层活动的因果作用不是一种时间上的先因后果的关系,而是一种同步的因果关系。这样理解心对身的作用就可以避免上面提到的困难。至于心灵状态如何吸收能量并改变身体和大脑状态的问题则是一个需要科学实验去研究发现的问题,而不是一个纯哲学的思辨问题。

新显主义的心灵主义可以很好地解释生物自然主义无法解释的自由意志现象,可以解释非决定论性质的心理自由何以能够和大脑的决定论性质的神经生理活动相容。按照新显主义的心灵主义,心灵状态依赖于大脑神经生物活动。尽管大脑神经生物活动具有决定论的性质,但心灵状态依然可以是自由的。因为心灵状态是一种新显属性,可以具有其组分所不具有的属性,即心灵状态可以具有自由的能动的作用,尽管其组分并不具有这样的作用。将心灵状态理解为新显属性,作为新显属性的非决定论性质的心灵活动逻辑上和作为其组分的决定论性质的大脑神经生理活动就不会不相容,自由意志的现象因此也就不难解释和理解。而且心理自由的非决定论性质和神经生物活动的决定论性质恰恰证明心灵状态不可能等同于大脑的神经生物状态,恰恰证明心灵自由的活动可以成为大脑神经生物活动乃至身体行为的非决定论性质的原因。

造成心身问题困惑的一个重要原因是人们根深蒂固的一个信念,即世界上除了物理状态外不存在着任何其他的非物理的状态。为了和这个信念一致,哲学家们不得不将心灵状态理解为或还原为某种物理状态,但由于心灵状态的不可还原性,这就使得哲学家陷入了自缚手脚的困惑。为了解除自我束缚,我们不妨采用一种新的范畴体系。由于心灵状态和物理状态一样具有经验的可检验性,因此我们不妨将它们都理解为摩尔所说的自然状态或自然属性,按照摩尔的看法,任何自然科学和心理学所研究的对象都属于"自然"的范畴。[①] 自然属性可以理解为任何可感知的或可成为事物原因的并能在一定条件下产生效果的属性,其最大的特点便可以为经验直接或间接地证实或否证。心灵状态和物理状态的相互作用不过是不同的自然状态或属性之间的相互作用罢了。任何将心灵状态和物理状态的范畴混为一谈的企图不仅于事无补,而且会造成更多的难题和更大的混乱。

---

① 参见 Moore, G.. E., 1903, *Principia Ethica*, revised edition, Cambridge: Cambridge University Press, 1993, p. 92。

元伦理学研究

道德研究的新领域：从规范伦理学到元伦理学*

长期以来，国内学术界流行着这样一种说法，即西方经过从元伦理学到规范伦理学的转向之后，元伦理学开始衰落。笔者通过对西方元伦理学的学术考察后发现，这其实是由于对元伦理学的片面认识所产生的一种误解。元伦理学是研究规范伦理学和应用伦理学未加证明的一些前提和假设的理性反思活动。没有对这些前提和假设的讨论和证明，规范伦理学对许多问题的探讨和证明是不充分的，并有可能犯“论点预设不当”(begging the question)的错误。更重要的是，没有元伦理学研究所提供的理论框架和理论概念，我们就无法深入和有效地讨论规范伦理学问题。比如，如果没有理由、应然性、内在价值和外在价值等元伦理学研究中经常采用的基本概念，我们几乎就无法清楚地表达和理解各种规范伦理学理论的基本思想。又比如，道德理由(价值)和非道德的理由(价值)的区别(这种区别是退一步看道德或道德问题的结果)对我们理解效果主义和非效果主义的差别，理解功利主义和义务论的差别，进而更好地评价这些不同的理论，提供了有效的概念手段。类似的概念还有认识理由和非认识理由，认知理性和实践理性的区别等。没有这些元伦理学概念的帮助，我们就无法看清道德和其他理性原则之间的关系，也无法了解规范伦理学的问题之所在。如果我们想更深入地探讨规范伦理学的问题以及道德问题，就必须考察规范伦理学所预设的前提和假设，拓宽道德研究的视域，从规范伦理学走向元伦理学。

一、作弊，直觉主义和元伦理学

本节试图通过作弊和直觉主义这两个例子来说明，为什么我们仅仅从规范

* 本文原发表于《学术月刊》2006 年第 10 期。

伦理学的角度考虑道德问题是不够的，以及从元伦理学的角度考虑问题，如何能够使我们对道德问题的思考更深入一步。

在中国的普通高校，如果没有严格的监考，很多课程的考试，几乎很难防止大学生不作弊。作弊，在正常的规范伦理学语境中，是一个无法寻找理由开脱的错误行为。如果仅仅停留在规范伦理学的层面，作弊作为一种无法原谅的错误行为，除了严罚和严防以外别无他法。但如果从元伦理学的层面考虑问题，我们会提出："不许作弊"的道德要求真的是始终压倒一切的理由吗？答案似乎是肯定的。比如，一个人可以用失恋、亲人去世等理由说明旷课或上课注意力不集中的缘由，这些理由多少都可以起到开脱的作用。但一个人无法以这样的理由来为作弊开脱，而且，看起来似乎也无法以任何理由来为作弊开脱。然而，如果再深入考察一下这个问题，我们发现问题不那么简单。如果一个社会不是完全以应试考试作为决定一个人一生的前途和命运，如果一个学校和社会上各个家庭不是完全以分数来评价一个学生好坏，如果一个社会和学校的风气不是视诚信为儿戏，那么，作弊无疑是压倒一切的道德理由。但如果一切都是相反，如果一次考试的成绩对一个人的一生是如此重要，如果周围的氛围是作弊成风，不许作弊作为一种道德的要求还具有前面所讲的那种压倒一切的力量吗？还有那种无需外部强制性因素就可以打动一个理性的人的道德力量吗？读者可以自己做出判断。如果没有，人们就只能借用外部的力量来强制学生"不许作弊"，其代价是牺牲学生的尊严，因为，那种如临大敌的监考，与其说是保证考试的公平，不如说是摆明了对学生诚信的不信任。在学生还没有作弊之前就已经夺去了他们的尊严。这种代价是否太大，又是一个需要人们从元伦理学的层面思考的问题。我们必须思考道德的理由和其他理由之间的关系，思考如何比较理由之间的说服力或"力度"(stringency)，思考是否有比较不同理由力度的可以通约的基础，思考道德动机如何可能等一系列的元伦理学问题，通过这些思考，我们可以进一步深入思考究竟应该建立怎样一个公正合理的社会，究竟应该怎样进行卓有成效的道德建设等问题。

直觉主义是辩护我们日常道德的一个有力的武器。直觉主义本质上是将我们日常的道德或道德经验看成是理所当然的。直觉主义者认为如果我们诉诸其他理由来证明我们的日常道德直觉，我们实际上是将伦理学变成非伦理学的东西。如果我们只停留在规范的层面，我们似乎无法不满足于我们现有的道德和道德直觉。道德教科书只需要根据我们的道德常识，对人们的行为规范做出众所周知的规定即可。这样的道德教科书很难说是哲学。至多不过是道德常识的汇编或归纳。但如果我们从元伦理学的角度或层面进行思考，我们会发现直觉主义的很多问题。毕竟，“三从四德”，甚至“割资本主义的尾巴”，也曾建立在我们直觉的基础上。为了冲破这些建立在直觉基础上的“道德”观念，人们曾经阻力重重。而冲出仅从直觉看问题，避免跟着感觉走，似乎只有退一步看问题，从元伦理学的角度看问题才能办到。古人曰：“不识庐山真面目，只缘身在此山中。”我们只有跳出日常道德的习惯性思考，跳出我们所习惯的规范，才能更清楚地认清我们所面临的道德问题，使我们的认识能够超越常识。这正是古希腊的先哲们对哲学所追求的智慧的定义：发现事物的本质和真相。达沃尔认为，直觉主义在我们日常道德生活的层面很有道理，以我们日常生活层面的道德直觉为伦理学基础的理论确实比其他理论更有吸引力。但如果我们跳出日常道德生活，退一步来看这种理论，即从元伦理学的层面来看这种理论，我们就会发现这个理论存在许多问题。他认为从形而上学的层面看，直觉主义的主要问题是：它似乎预设了某种非自然的神秘的道德属性，假设这些属性存在与否似乎不会在我们的现实世界造成任何波澜。由此它也造成了认识上的神秘主义，即我们究竟如何认识或知道这些道德属性？我们有什么官能(faculty)可以认识它们？[①] 我们姑且不论达沃尔的看法是否能够成立，但显然直觉主义是否合理是一个需要从元伦理学的层面进一步思考才能最终弄清楚的问题。这个问题争论的结果直接关系到那些建立在直觉主义基础上的规范伦理学理论是否成立。

事实上，规范伦理学理论还预设了许多其他的前提。比如，效果主义实际上预设了道德价值源于某种非道德的价值，甚至可能还预设了某种自然主义的还原论。义务论则预设道德价值无法还原为非道德的价值或自然属性。不弄清楚这些问题，我们停留在规范伦理学层面上的思考可能依然是不确定的，依然可能是有问题的。因此，我们需要从元伦理学的层面进一步思考这些问题。那么，有哪些元伦理学的问题需要我们进一步思考呢？[②]

二、道德判断是否表达信念？

伦理学研究是一种哲学的理性反思活动。哲学理性反思的一个重要内容是证明或论证观点，而有成效、有意义的论证的先决条件是所论证的问题、所使用的句子、所采用的概念的意义和功能是非常明确的。规范伦理学的讨论中，我们

---

① Stephen Darwall, *Philosophical Ethics*, Colorado: Westview Press, 1998, pp. 52 – 54。

② 本文无意穷尽所有的元伦理学问题及其有关理论，但拟列出主要的问题，目的仅仅是为了说明元伦理学的研究对深化规范伦理学研究的意义。

预设的道德话语(moral discourse)(道德判断和道德词汇,如正确和错误)的意义和功能是明确的。但这种预设是否真有道理?我们是否真的已经完全明了道德话语的意义和功能?这类问题是属于元伦理学,主要是道德语义学所要考虑的问题。

道德语义学的核心问题之一是道德话语的语义功能究竟是什么?道德话语的功能是陈述事实呢,还是起着某种不同于陈述事实的其他的作用?道德话语是否可以看成是可以有真假的命题或判断?如果道德话语是可以有真假的,那么,这种可以有真假的道德判断如何可能?

要想回答这些问题,我们不能就道德谈道德,我们必须退一步来考虑问题。就道德谈道德会使我们的认识始终只能停留在常识的层面。只有跳出常识,我们才能使我们对道德的认识更进一步。跳出道德来看道德,我们发现道德和自然科学不一样,道德是属于实践的领域,所以是实践理性所应考虑的问题。而自然科学属于认识领域,是属于认识理性所应该考虑的问题。

那么,认识理性和实践理性有差别吗?如果有,这种差别有多大?这种差别是否大到我们对道德和对科学的研究必须采取完全不同的方法?反映这种差别争论的一个主要问题就是:道德要求究竟是否表达了一个命题?在现代逻辑学中,一个基本的常识就是命题和祈使句的不同。前者可以有真假,而后者没有真假。比如,"请你帮我把门关上"就是一个祈使句,它没有所谓真假。任何一个人如果认为这是一个可以有真假的句子,他的看法都会显得很古怪。他的看法之所以古怪,是因为"请你帮我把门关上"并不是对客观事实的表达或断定,因此,谈不上什么真假。换言之,祈使句没有真假。它在句子中的作用不是断定某个事实为真,而是请求采取某种行动。而这种请求和断定真假的陈述是明显不同的。而我们日常生活中的道德要求,比如,"不许说谎","不许谋杀","不许损人利己"等,似乎更像一个祈使句,而非表达真假的命题。祈使句通常表达的是一种愿望、要求。这和自然科学中的命题有明显的不同。自然科学中的命题必须符合它所表达的对象,不管认识主体如何不情愿。相反,祈使句则要求对象符合自己的愿望要求。因此,从语言形式上看,道德话语似乎不是判断和命题,因此,无所谓真假。

但是,"不许说谎"等道德要求也可以表达为:"说谎是错误的"或"不说谎是正确的"。从语言形式上看,这类句子也表达了对事实的某种判断,看上去似乎也是有真假的。问题是,道德判断究竟是否真的表达了可以有真假的命题?如果是,那么这样的道德判断究竟如何可能?认识主义者(cognitivists)认为道德判断表达了一种信念(belief)，信念是可以有真假的。因此，道德判断确实可以有真假。非认识主义者(non-cognitivists)则认为道德判断表达的是某种非认识的心理状态，如情感和欲望。[①] 虽然表达情感或欲望的句子可以有真假，但情感和欲望自身无所谓真假。因此，道德判断并无真假。这种争论是当代西方元伦理学核心争论之一，它所导致的一系列问题和争论对西方伦理学的发展产生了深刻的影响，并且推动了规范伦理学的深入研究和发展。

三、究竟有无道德事实?

如果我们认为道德判断表达了可以有真假的命题，那么，我们据以决定道德判断真假的根据是什么？对这个问题的思考导致了对道德本体论问题的思考。在自然科学中，决定我们认识判断真假的是客观事实或者关于客观事实的证据。但在道德领域里，决定道德判断真假的是什么？认识主义者认为是独立于人们主观意愿的道德事实。但什么是道德事实？认识主义中的自然主义者(naturalists)，即自然主义认识论者(naturalist cognitivists)认为道德事实等同于或可以还原为自然事实或自然事态(natural states of affairs)，道德属性等同于或可以还原为自然属性。所谓自然事态，按照摩尔的说法，就是自然科学和心理学的研究对象(the subject matter)。[②] 更具体地说，一个自然事态指的是能够例释一个自然属性的事态。一个自然属性就是体现在自然科学或心理学中的一个属性。比如，有利于绝大多数人的最大幸福就是一个自然属性，有助于人类的生存也是一个自然属性。康乃尔学派的实在论者(The Cornell realists)认为道德属性本身就是不可还原的自然属性，而自然主义还原论者(也属于道德实在论者)则认为道德属性可以还原为其他的自然科学和心理学所研究的自然属性。[③]

认识主义中的非自然主义者(non-naturalists)则认为独立于人们主观意愿的道德事实或道德属性不能等同于或还原为自然属性。这些道德属性本身是不可还原的，它们是自成一体的。摩尔是非自然主义的主要代表人物。按照他在《伦理学原理》(1903)里所表达的思想，道德的善是简单的、不可分析的(不可定义的)、非自然的属性，但它独立于人们的主观意识或意愿。其他当代的非自然

---

① 参见 Alexander Miller, *An Introduction to Contemporary Metaethics*, Cambridge: Polity Press, 2003, p.3。

② 参见 G.E. Moore, *Principia Ethica* (1903). Revised edition. Cambridge: Cambridge University Press, 1993, p.92。

③ 参见 Alexander Miller, *An Introduction to Contemporary Metaethics*, p.4, chapter 9。

主义者包括约翰·麦克道尔(John McDowell)和大卫·威金斯(David Wiggins)。[①]

以上的认识主义被称为"强认识主义"(strong cognitivism),即认为道德判断易于按照真假来评判,道德判断确实是对道德事实(或道德属性)的断定,道德判断是我们对道德事实或道德属性认识的结果。麦基(John Mackie)也是强认识主义者,但他认为并不存在着可以使道德判断为真的道德事实或道德属性,正是在这个意义上,所有的道德判断都是假的,我们的道德判断使我们误以为存在着道德事实,这使我们陷入了一种根本性的错误。因此,他的理论被称为"错论"("Error-Theory")。他的立场是反道德实在论(moral anti-realism)的。[②]

弱认识主义认为道德判断易于按照真假来评判,但道德判断不可能是对道德事实或道德属性认识的结果。弱认识主义的表现形式之一是赖特(Crispin Wright)的"道德性质的最好意见的解释"("'best opinion' accounts of moral qualities")的理论。按照这一理论,我们对我们道德观念(价值观念)的最好判断决定了道德谓词(如,道德的,错误的等)的外延,真的或正确的道德判断就是对我们道德观念的最好判断。道德判断并不是根据某种特殊的官能认识和发现道德事实或属性的结果。赖特的理论是一种反实在论的理论,但它和"错论"不同,它不是通过否认道德事实的存在来反对道德实在论,而是通过否认这些道德事实的构成本身是独立于人类意见、看法的方式来反对道德实在论。[③]

非认识主义则完全否认道德判断是易于真假的。非认识主义者认为道德判断无法表达可以有真假的信念。如果道德判断不可以表达真假,那么,它们表达什么呢?艾耶尔(A. J. Ayer)的情感主义认为道德判断表达的是情绪(emotions),是某种赞同或否决的情感(sentiments)。布莱克本(Simon Blackburn)的准实在论(quasi-realism)则认为道德判断表达的是我们形成赞同或否决的情感的倾向(dispositions),即我们的某种心理倾向。吉伯德(Allan Gibbard)的规范表达主义(norm-expressivism)则认为道德判断表达的是我们对规范的接受。[④]

我们这里无意全面介绍关于道德本体论争论的所有理论,也无意对它们做出评判,我们这里只想指出这种争论对规范伦理学研究的影响。规范伦理学理

---

① 参见 Alexander Miller, *An Introduction to Contemporary Metaethics*, pp. 4–5, chapters 2,3 和 10。

② 参见 Alexander Miller, *An Introduction to Contemporary Metaethics*, p. 5, chapter 6。

③ 参见 Alexander Miller, *An Introduction to Contemporary Metaethics*, pp. 5–6, chapter 7。

④ 参见 Alexander Miller, *An Introduction to Contemporary Metaethics*, pp. 6–7, chapters 3,4 和 5。

论，至少绝大多数的规范伦理学理论，都认为存在着唯一的、普遍的、客观的道德原则或道德体系。我们的任务只不过是发现它们。契约论虽然认为道德是人造的，但这种人造的道德或理想的道德并非是可以随心所欲的。建造这些道德的原则或理由依然是某种客观的东西。问题是，道德真的是客观的吗？围绕着道德事实是否可能的元伦理学的争论无疑会将我们对规范伦理学问题的有关认识引向深入。

四、道德知识如何可能？

根据道德实在论，道德知识是可能的，因为存在着道德事实，道德知识不过是对道德事实的认识。而且，由于道德是客观的，因此，道德知识也是客观的，是不以人们的意志为转移的。但从认识论的角度，道德事实是否真的存在，或者说，即使我们假定道德事实存在，我们怎样才能知道我们的道德判断反映了道德的事实？我们显然需要理由相信我们的判断反映了事实，我们需要理由来证明我们的道德判断确实为真。问题是这样的辩护或证明如何可能？道德知识如何可能？

道德知识是否可能以及如何可能的问题是道德知识论或道德认识论所研究的核心问题。道德认识论主要研究实质性的(substantive)道德信念和断言是否能够得到辩护，是否能够知道或证明为真。如果回答是肯定的，那么，道德认识论则研究道德信念在何时以及如何才能得到辩护，在何时以及如何才能够知道或证明为真。①

道德怀疑论否认道德知识的可能性。道德怀疑论有多种表现形式，如，语义道德怀疑论(认为没有任何道德信念或断言是真的或假的)，本体道德怀疑论(认为不存在着道德事实或道德属性)，实践道德怀疑论(认为并非总是有理由做道德的事情)，道德知识怀疑论(没有任何道德信念或断言是可以知道为真的)，道德辩护怀疑论(没有任何道德信念或断言是得到辩护的)。②

反对道德怀疑论并非必然要承认或证明道德事实的存在，因为，道德事实是否存在和我们是否知道我们的道德判断为真并无必然的联系。所谓客观的东西无非是其真确定无疑的东西。道德的最终的基础可以是那些我们直觉上无可怀疑的、确定为真的东西。我们并不需要可以感知的东西来作为客观性的基础。

---

① 参见 Walter Sinnott-Armstrong and Mark Timmons, eds. *Moral Knowledge*?, New York: Oxford University Press, 1996, p.5。

② 参见 Walter Sinnott-Armstrong and Mark Timmons, eds. *Moral Knowledge*?, 1996, pp.7-8。

道德真理就像数学真理一样，虽然看不见，摸不着，但依然存在。西方传统上认为数学真理都是先验为真，而先验为真的就是无可怀疑的，而无可怀疑的就是客观的。伯兰特·罗素(Bertrand Russell)就认为伦理学的根本原则都是先验的判断，它们无需经验的证实，经验只是起着某种启发的作用。[①] 所以，问题的关键是怎样证明或辩护我们的道德判断为真。根据辩护的方式，道德知识论中非怀疑论的理论可以大致分为三类：

道德直觉主义认为道德的辩护最终依赖于某些非推导性的(noninferential)信念。按照直觉主义，这些非推导性的(non-inferential)信念是可以得到辩护的，即它们是不证自明的，或者它们是以某种非推导的方式得到辩护的。[②] 道德直觉主义在道德认识论中的位置相当于一般认识论中的基础主义。

道德连贯论(moral coherentism)则否认没有推理或推导的辩护。它认为凡辩护必然涉及推理，必然涉及辩护的理由，哪怕这种理由或辩护不是显见的。道德辩护的关键是保持各种理由和判断之间逻辑的一致性或连贯性。按照道德连贯论，道德认识主体 S 有充分的理由相信某个道德命题 M 为真，当且仅当，M 和道德认识主体 S 所持有的连贯的信念体系是连贯的(逻辑上是一致的，没有自相矛盾)。一个信念体系是连贯的，当且仅当，所有的信念彼此一致(consistent)，涵盖面广，并且它们之间保持着逻辑的、或然的和解释性的联系。[③]

道德契约论有许多种形式，其中一种形式只是将先前的道德信念之间的联系列举出来，这样，连贯性就成为基本的辩护要求。道德契约论更为常见的一种主要的形式则认为，一个道德信念得到了辩护，如果在一定的条件下某些人们会赞同它，或者为这些人们所赞同的规则或体系所允许，不管其结果是否和先前的道德信念保持连贯。和道德直觉主义和道德连贯论相比，契约论至少有两点不同。其一，契约论主要考虑一个道德信念在什么条件下得到辩护，而不是人们在什么条件下有充分的理由相信它，因为，一个信念，大部分的情况下，人们都不会因为由于其信念达成了某种共识因而就有了充分的理由相信它(比如，即使人们对“地心说”达成了共识，这也并不能使人们因而有了充分的理由相信它)，但按照契约论，一个人可以有充分理由相信某个命题 P，如果他有充分理由相信人们对 P 达成了某种共识。其二，契约论并不需要应用于所有的道德领域，大部分契

---

① 参见 Bertrand Russell, *The Problems of Philosophy*, Oxford University Press, 1959, chapter 7。

② 参见 Walter Sinnott-Armstrong and Mark Timmons, eds. *Moral Knowledge?*, 1996, pp. 25 - 31。

③ 参见 Walter Sinnott-Armstrong and Mark Timmons, eds. *Moral Knowledge?*, 1996, p. 31。

约论的理论主要是关于正义的理论。[①]

规范伦理学理论将否定道德怀疑论看成是理所当然的，将道德信念最终能够得到辩护看成是理所当然的，但这个假设是否成立？这成为道德知识论所要研究的核心问题。这种研究结果将直接影响到我们对规范伦理学的各种理论、对各种道德的规范究竟最终是否能够提供辩护，直接关系到我们对道德问题最终是否能够有确定性的认识。因此，道德知识论的研究对规范伦理学研究的重要性是不言而喻的。

五、道德动机如何可能？

道德动机的问题在元伦理学的领域里是属于道德心理学研究的问题。道德动机的问题可以表达为：当行动者真诚地做出一个道德判断时，他是否一定就会产生按照道德判断采取行动的动机？做出一个道德判断和产生相应的道德动机之间存在着必然的联系吗？人们一般认为在认识理由（即相信的理由）和相信之间存在着必然的联系。比如，在遗传学的不利证据（如DNA和血型等证据）面前，一个具有相关的遗传学知识的父亲依然真诚相信他的儿子是亲子。人们一般认为对一个理性的人来说，这是不可能的，因为对一个理性的人，相信的理由和相信之间存在着必然的联系。但在实践领域里，在道德判断，即道德理由和行动动机之间也存在着必然的联系吗？

这个问题在古希腊哲学家苏格拉底、柏拉图和亚里士多德那里叫做"不能自制"的问题，即一个人如果真的知道对错，他还会做错事吗？[②] 苏格拉底认为不能自制是不可能的，一个人不可能真正知道对错而做错事，而人们一般认为亚里士多德认为不能自制的行动是可能的。按照苏格拉底，做出一个道德判断和产生相应的道德动机之间存在着必然的联系，而亚里士多德则否认这一点。[③]

当代西方伦理学家中的内在主义者（internalists）认为在真诚地做出一个道德判断和产生相应的行动动机之间存在着必然的、内在的（internal）或概念上的联系。非认识主义者多持这样的立场。而一部分认识主义者则否认内在主义的观点。他们的观点被称之为外在主义（externalism）。他们认为判断和动机之间

① 参见 Walter Sinnott-Armstrong and Mark Timmons, eds. *Moral Knowledge?*, 1996, pp. 36 - 37。

② "不能自制"的希腊文为 *akrasia*，英文常常译为 lack of self-control, incontinence, the weakness of will。苗力田将其译为"不自制"（见亚里士多德：《尼各马科伦理学》，第七卷）。"不能自制"这里指的是"不能自我控制"、"失控"等义。

③ 关于苏格拉底的看法，参见 Plato, *The Protagoras*, 345d - e, 351c - 358e。关于亚里士多德的看法，参见《尼各马科伦理学》，1145b21 - 31 和 1147a24 - b18。

只存在着外在的(external)、偶然的联系。[①]

由于道德动机是明显存在的,因此,道德动机的问题也可以表达为:道德动机如何可能?休谟认为信念和动机(情感、欲望)是各自独立存在的。[②] 按照这样的观点,如果道德判断仅仅是表达信念,则道德动机的产生或可能性和道德判断无关,道德动机和道德判断之间并无必然的联系。如此,道德动机的可能性仅仅在于行动者本身已经有了某种欲求,如同情心等。动机的产生也许涉及信念,但没有已经存在于行动者心中的某种欲望,信念自身无法产生行动动机。这一观点被称之为休谟动机论(the Humean theory of motivation)。而反对这一观点的理论则称之为反休谟动机论(the anti-Humean theory of motivation)。按照反休谟动机论,信念自身就可以形成行动动机或产生新的欲求,无需行动者内部的其他欲求。[③]

一般认为道德判断和道德规范都为行动者提供了行动的道德理由。道德理由也是行动理由。行动理由之所以成为行动理由的一个先决条件似乎是:它必须能够打动行动者,即成为行动者的行动动机。如果行动理由(包括道德理由)无法成为行动者的行动动机,按照"应该"蕴涵"能够"的原则,则无法打动行动者的理由无法成为行动理由,亦即无法构成实践理性的部分。在规范伦理学的讨论中,我们始终预设道德规范、道德判断本身能够提供充分的行动理由。这也似乎预设了道德理由能够打动承认道德理由的行动者。但究竟是否如此?我们还缺少更深入的研究。道德动机问题以及相关问题的讨论不仅将会有助于我们对这个问题的认识,而且也会进一步推动我们对美德伦理学的研究。

六、道德辩护如何可能?

自苏格拉底和柏拉图以来,道德的辩护问题一直是西方伦理学和元伦理学的一个核心问题。西方哲学家们常常称这个问题为"为什么要讲道德"的问题。上面提到的道德语义学问题、道德本体论问题、道德认识论问题以及道德心理学问题都和这个问题密切相关,这些问题也可以说是由于这个核心问题而产生的问题。对这些问题的研讨交织在一起,构成了当代西方元伦理学,也是当代西方伦理学的主要内容。

---

① 参见 Alexander Miller, *An Introduction to Contemporary Metaethics*, p. 7。

② 见 David Hume, *A Treatise of Human Nature* (1739), Oxford: Clarendon Press, 1968。

③ 参见 Alexander Miller, *An Introduction to Contemporary Metaethics*, p. 7 和 Kurt Baier, *The Rational and the Moral Order*, Illinois: Open Court, 1995, pp. 7 – 16。

道德辩护的问题包括道德的合理性和道德的优先性问题。所谓道德的合理性指的是，凡道德的事情都是最合理的，无可置疑也无法置疑。所以，康德称道德要求是无条件的绝对命令，是没有例外的。道德的优先性指的是，当道德要求和其他非道德的要求发生冲突时，当道德理由和其他非道德的理由发生冲突时，道德要求始终是压倒一切的要求。在规范伦理学的讨论中，我们预设了道德的合理性和优先性，预设了道德和理性的一致，规范伦理学的主要任务仅仅是确定什么是道德的，而无需对道德本身进行辩护。但这些预设是否真有道理？是否理所当然？西方哲学家秉承苏格拉底以来的批判传统，不断提出质疑。毕竟，在西方的历史上，道德的权威曾经依赖于神学和神权。尽管后来世俗化了，但这并不意味着就完全合理化了。退一步来看道德，用批判性的眼光来看待和思考道德，思考道德的合理性和优先性，可以帮助我们避免在道德问题上的盲目性，对于我们加深对道德问题的认识和理解具有重要意义。

如果我们不预设道德的合理性和优先性，那么，我们究竟能否证明和说明道德的合理性和优先性？如果道德怀疑论是错误的，如果我们能够证明道德的合理性和优先性，那么，我们怎样才能证明和说明道德的合理性和优先性？这些问题直接将我们引向对实践理性的思考，因为道德的合理性和优先性只有在实践理性的基础上才能得到充分的说明。那么，什么是实践理性？实践理性和认识理性究竟有无不同、有何不同？实践理性（或实践理由）的根据是什么？怎样确定一个行动理由的充分必要条件？实践理性和行动价值究竟是什么关系？怎样决定一条理由优于另一条理由？有没有比较不同的行动理由力度的基础或标准？等等。这些问题的探讨无疑会使我们对道德问题的研究达到一个新的深度和高度。而对实践理性本身的研究又可以推动和行动相关的其他学科，如政治学、国际关系学、行政管理学、决策学的深入研究和发展。

研究元伦理学对深入探讨规范伦理学的问题是非常重要的，但这并不是说，元伦理学的研究可以取代规范伦理学的研究，就像理论物理学的研究不能代替应用物理学、力学的研究一样，就像理论物理学家的工作不能代替工程师的工作一样。但如果没有元伦理学的研究，我们就没有办法真正从哲学的层面对道德问题进行理性的思考，我们对道德问题的研究就只能仅仅停留在经验的层面和常识的层面上。一个民族如果缺少对道德问题的哲学层面的思考，它对社会问题和道德问题的思考和解决就只能跟着常识和感觉走，它对人类社会发展和进步的思考就会缺少原创性，它也就难以摆脱种种道德的迷思和困惑，这样的民族也就难以真正自立于世界民族之林。

相对来说，西方规范伦理学层面的研究对于我们是比较容易接受的，因为许多理论我们比较熟悉，比如，伦理学利己主义、功利主义、义务论等，因为，在我们的文化中，在我们的传统哲学中，在我们的日常道德生活中，有着相似的思想和经验。但在道德研究的领域里，在某种意义上，真正体现西方哲学思想精华的是他们的元伦理学的研究。我们需要直接了解西方的元伦理学的研究状况，我们需要学习、吸取西方元伦理学的研究成果，进而在元伦理学的研究领域里创造出中国人自己的东西。这样，我们才能在哲学这块西方世袭的领地里，真正取得我们的发言权，并对人类的进步作出我们应有的贡献，中华民族也才能真正自立于世界民族之林。我们有理由相信这一天正在到来！

分析进路的伦理学研究方法之辩护*

拜读了邓安庆教授的《分析进路的伦理学范式批判》(以下简称"邓文")之后,①笔者感到确实需要在一些关于哲学(包括伦理学)的研究目的和研究方法等问题上与邓教授商榷。在笔者看来,所谓"分析进路的伦理学范式"其实主要应指分析哲学的研究方法,即逻辑和经验的研究方法,有时也被称为科学理性的方法。哲学研究也需要科学理性的方法,如果哲学研究只需要沉思,无需科学理性,那么这种哲学研究是不可能"脚踏实地"的,也是很难与其理性争辩的,因为它排斥科学理性。借与邓教授商榷之机,将这一层道理说清楚,不仅对于鼓励有成效的哲学和伦理学研究具有积极意义,而且对于澄清许多有关分析哲学和分析伦理学(即采用分析哲学研究方法的伦理学)的误解也不无益处。本文拟就三个方面的问题与邓安庆教授商榷,并以此为分析进路的伦理学研究方法进行辩护:第一,究竟应当怎样理解哲学的性质和目的;第二,究竟应当采取怎样的方法才能实现哲学研究(包括伦理学研究)之目的;第三,分析伦理学的研究状况究竟是否如邓安庆教授所断言的那样"彻底失败"。

一

究竟应当怎样理解哲学的性质和目的?按照西方现今英语国家主要由分析哲学家所撰写的哲学百科全书、哲学词典或哲学教科书中关于"哲学"的解释,哲学就是对世界和人生意义的根本性问题的理性反思活动,其目的是追求关于这

---

* 本文原载于《哲学动态》2016 年第 7 期。

① 邓安庆:《分析进路的伦理学范式批判》,《中国社会科学评价》2015 年第 4 期。本文所引邓安庆教授的原话均出自此文,下面不再一一注明。

些问题的确定性认识。[1] 这里有两层意思需要加以强调。

第一，只有对世界和人生意义的根本性问题进行理性反思的活动才是哲学研究活动。罗伯特·奥迪(Robert Audi)认为哲学是“一种对根本性真理的有凭据的追求”，[2]涉及根本性真理的问题就是“根本性问题”，具体言之，就是那些在日常生活或具体科学的研究中，人们习以为常，但从未认真反思或辩护，甚至从未察觉过的前提和假设的问题。按照英文版的《维基百科》关于“哲学”的最新解释，这些问题涉及“实在、存在、知识、价值、理性能力、心灵和语言的普遍和根本性质”。[3] 按照《牛津哲学词典》对“哲学”的解释，这些问题“涉及世界和我们思考这个世界所采用的范畴(如心灵、物质、理性、证明、真理等)的最为普遍和抽象的性质”。[4] 无论按照哪一种解释，这些根本性的问题涉及的不仅仅是存在的意义问题或形而上学的问题，也包括知识问题、心灵问题、价值问题、逻辑问题以及语言问题。这里有两个问题需要与邓安庆教授商榷。第一个问题是：哲学究竟是否仅研究形而上学的问题。按照邓教授的说法，哲学就是要“理解和思考存在的意义”，哲学的基本问题“不是别的，无非就是存在的意义问题”。“存在的意义问题”通常也就是形而上学的问题。因此，按照邓教授的理解，哲学就是，甚至仅仅是(“不是别的，无非就是”)对形而上学问题的思考。这一看法如果当成对哲学的界定，明显存在定义过窄的问题。邓教授对“存在的意义问题”还有进一步的解释。他认为“存在乃生活和生命”，“追问‘何物存在’实质上就是追问‘何种生活有意义’”。关于追问“何物存在”是否实质上就是追问“何种生活有意义”大可商榷，但即使不去质疑这一断言，分析哲学家也不会反对哲学或伦理学也应当追问何种生活有意义。因此，如果邓教授认为分析伦理学反对或不思考何种生活有意义(何种生活是我们应当选择的生活)的问题，并予以谴责，则似有与风车作战之嫌。平心而论，邓教授的本意也许不是将哲学研究的任务仅仅限于形而上学，而是想批评他所认定的分析哲学和分析伦理学。按照他的理解，分析哲学

---

① 关于英美大学哲学教科书中对哲学性质的解释，参见 Louis P. Pojman, *Philosophy: The Pursuit of Wisdom*, 4th edition, Wadsworth, 2004, pp. 2-12，特别是 pp. 2-3; Theodore Schick, Jr. and Lewis Vaughn, *Doing Philosophy: An Introduction Through Thought Experiments*, 5th edition, McGraw Hill, 2013, pp. 2-3; Robert C. Solomon and Kathleen M. Higgins, *The Big Questions: A Short Introduction to Philosophy*, 9th edition, Wadsworth, 2014, pp. 5-6。

② Robert Audi, "Philosophy", *Encyclopedia of Philosophy*, ed. Donald Borchert, Vol. 7, Thomson Gale, 2006, p. 325.

③ "Philosophy", *Wikipedia*, 28 January 2016.

④ Simon Blackburn,《牛津哲学词典》(英文)，上海外语教育出版社，2000，第 286 页。

（包括分析伦理学）是从不研究或者说反对研究形而上学问题的，而他认为不研究形而上学问题的哲学不能称之为哲学。我们姑且不论不研究形而上学问题的学问是否就不是哲学，这里想和邓教授商榷的第二个问题是：分析哲学和分析伦理学是否不研究或反对研究形而上学。分析哲学有广义和狭义之分。狭义的分析哲学主要指弗雷格和罗素等人所开创的语言哲学或逻辑哲学。广义的分析哲学则指任何采用分析哲学研究方法的哲学，它不仅包括语言哲学、逻辑哲学，也包括认识论、心灵哲学、伦理学、美学以及形而上学。无论是狭义还是广义的分析哲学，都不反对对形而上学问题的思考，只要这种思考有利于人们获得确定性的认识。分析哲学家与非分析哲学家的主要分歧是关于哲学研究目的和哲学研究方法的分歧。语言哲学的研究重点虽然是语言的语义和逻辑结构的分析，但并不排斥形而上学问题的研究，甚至直接涉及形而上学的问题，如逻辑哲学家克里普克的《命名与必然性》就直接挑战了西方哲学史上关于“必然真理只能是先天的，偶然真理只能是后天的”看法，明确将先天和后天的认识论问题与必然真理和偶然真理的形而上学问题区别开来，指出不仅存在着先天的偶然真理，也存在着后天的必然真理。[①] 这些对偶然真理和必然真理的解释直接涉及形而上学问题。语言哲学和逻辑哲学所产生的模态逻辑甚至就是直接思考形而上学问题和可能世界的产物。至于广义的分析哲学，不仅有分析形而上学，那些不以形而上学问题为主要思考对象的哲学学科也会在必要时引入形而上学的问题或形而上学的假设。以分析伦理学为例，分析伦理学家所提出的自然主义和非自然主义的道德实在论都是伦理学领域里显而易见的包含形而上学预设的伦理学理论。所以，断言分析伦理学只考虑道德语义学，不思考形而上学的问题，是不符合分析伦理学的实际情况的。邓教授可能会指出，至少有一部分分析哲学家或分析伦理学家反对形而上学。比如，艾耶尔就明确提出“取消形而上学”。[②] 这里有两点必须辨明。其一，一部分分析哲学家的观点并不代表整个分析哲学或分析伦理学的观点，因此，一部分分析哲学家反对形而上学并不代表整个分析哲学或分析伦理学反对形而上学。其二，这些反形而上学的分析哲学家实际上所反对的是一种纯思辨的、与经验世界无关的、无助于获得确定性认识的形而上学。对于有助于理解我们所感知的世界的形而上学，对于经验上可验证的形而上学，对于有助于获得确定性认识的形而上学，至少当今绝大多数分析哲学家是

① 参见 Saul A. Kripke, *Naming and Necessity*, Harvard University Press, 1980, Lecture III。

② 参见 A.J. Ayer, *Language, Truth and Logic*, Dover Publications, 1952, chapter 1。

不会反对的。蒯因明确提出了本体论承诺的思想。[①] 摩尔博士论文的题目就是《伦理学的形而上学基础》,[②]他在反驳以往唯心主义形而上学的同时也提出了他自己的、符合常识的形而上学。[③] 艾耶尔一生都反对那种纯思辨的形而上学,但他本人对待形而上学问题的立场则不断变化,从一开始反对任何形而上学,到被彼得·斯特劳森(Peter Strawson)认为是"普遍形而上学"的领军人物;在认识论或知识论问题的研究中,他从最初排斥形而上学假设的"现象论"(phenomenalism),到最后采取某种"精致的实在论"立场。[④] 这些事例说明分析哲学家或分析伦理学家并不反对有理据的形而上学。

第二,哲学理性反思活动的目的是要追求关于世界和人生意义的根本性问题的确定性认识。众所周知,"哲学"一词源于希腊文,意为"爱智慧"或"爱知识"。"爱知识"也就是追求知识。而知识,按照柏拉图的理解,应当是得到辩护的真信念(justified true belief)。[⑤] 为什么真的信念不能成为知识呢?因为它可能仅仅是一个幸运的猜测,而认知者实际上并不是真的知道相关事实的真相,因而,随时可能改变自己原来的想法或信念。认知者只有有充分的理由(即得到辩护的)相信某件事情为真并且这一信念事实上为真,认知者才算真的知道相关事实的真相,这样的信念才可能是真正的知识。当"我"希望在两个看上去差不多大小的西瓜中挑选一个更大的西瓜时,"我"相信其中一个更大。让我们假定,"我"的信念事实上为真。按照柏拉图的看法,即使"我"的信念事实上为真,也不能说明"我"真的知道"我"所相信的西瓜更大,这是因为"我"的信念还缺少辩护,还缺少充分的理由。因此,当有朋友认定另一个西瓜更大时,"我"随时可能改变自己的想法;而如果"我"真的知道哪一个西瓜更大,"我"至少是不会轻易改变自己的想法的。如果"我"将这两个西瓜放在秤上称一称,证明"我"所选择的西瓜确实更重,那么"我"的信念就不仅是真的,而且是得到辩护的,"我"才算真的知道哪一个西瓜更大,"我"的信念也不会因其他人的意见而轻易改变。尽管柏拉

① 参见 Willard V.O. Quine, "On What There Is", *From A Logical Point of View*, Harper & Row, 1953, pp.1-20。

② 参见 *G.E. Moore*: *Early Philosophical Writings*, eds. Thomas Baldwin and Consuelo Preti, Cambridge University Press, 2011。

③ 摩尔通过常识来反驳唯心主义的观点,证明在直接的"感觉与料"(sense-data)之外还存在着不同于感觉与料的事物,如双手。参见 G.E. Moore, *Some Main Problems of Philosophy*, ed. H.D. Lewis, George Allen and Unwin LTD., 1953, pp.84-85。

④ 参见 Thomas Magnell, "Introduction", A.J. Ayer, *Metaphysics and Common Sense*, Jones and Bartlett, 1994, pp.xiii, xv。

⑤ 参见 Plato, *Meno*, 97a-98b; *Theaetetus*, 201c-210b。

图关于知识的解说后来受到盖梯尔的挑战，[①]但知识需要辩护、需要证明则成为西方哲学迄今为止的重要传统。换言之，按照西方哲学“知识”概念的本意，追求对所探讨问题的确定性认识一直是西方哲学研究的主要目的。

邓安庆教授在文中提到“伦理学作为‘科学’只能秉持思想论证所要遵循的严密的逻辑必然性”，认为只有关于伦理学的“本原性思维”“才能通达所有伦理学问题的最终答案，这种追问本身具有严密的必然性，从而具有哲学的科学性”。因此，邓教授本人也许并不反对哲学研究是要获得确定性的认识。问题是究竟采取怎样的方法才能获得这种确定性的认识，这是下一节要重点讨论的问题。

二

将分析哲学的研究范式与其他非分析哲学的研究范式（如果真有这样的哲学研究范式）区别开来的主要之处在于其研究方法，而不在于所研究的问题或领域。[②] 双方争论的焦点在于：究竟应当以何种方法研究哲学，是以科学理性的方法，还是以思辨的、非科学的，甚至反科学的方法？按照分析哲学的传统，要想获得对哲学问题的确定性认识，只有通过理性的反思活动，这种反思活动主要包括两个方面：澄清概念、命题和所讨论问题的意义；推理论证，以证明所主张的观点。[③] 这两个方面的活动实际上就是分析哲学的研究方法，亦即逻辑和经验的方法，它可以区分为三种更为具体的方法，即分析的、逻辑推理的和逻辑经验检验的方法。

分析的方法主要用于澄清概念、命题和所研究问题的意义，其中也包含对事实细节的澄清。鲍德温认为，“哲学分析是这样一种研究方法，一个人在寻求评估复杂的思想体系时，可以按照这种方法将它们分析为更为简单的成分，从而使得这些成分之间的关系变得清晰明了。”[④]这种方法的基本精神就是注重细节，

---

① 参见 Edmund Gettier，“Is Justified True Belief Knowledge?”，*Analysis* 23，1963。

② 英国牛津大学的摩尔（A. W. Moore）教授在 2008 年的一个专题发言中引述伯纳德·威廉姆斯的观点，认为“分析的”和“大陆的”（指与分析的相对立的传统）这种划分并不恰当，因为分析传统中两个极具代表性的人物弗雷格和维特根斯坦不仅是“大陆的”，而且主要以其母语德语写作。摩尔不否认存在一个分析的传统，但他极力否认“20 世纪西方哲学中存在一个能够作为分析传统补充物的‘单个’传统；还要更极力否认的是，存在一个‘对立’于分析传统的传统。”摩尔：《哲学在西方的近期发展》，陈常燊译，《哲学研究》2008 年第 8 期。

③ 参见 Robert C. Solomon and Kathleen M. Higgins，*The Big Questions：A Short Introduction to Philosophy*，9th edition，Wadsworth，2014，pp. 5 – 6。

④ Thomas Baldwin，“Analytical Philosophy”，*Routledge Encyclopedia of Philosophy*，Version 1.0（CD Rom edition），Routledge，1998.

因为细节决定了能否获得确定性认识的成败。在伦理学研究中，这种方法首先是要将包含价值谓词的命题与不包含价值谓词的命题区别开来，然后将包含最一般价值谓词（如“好的”、“道德的”等）与相对具体的价值谓词（如“正直的”、“诚信的”等）区别开来，这种分析活动最终会导致对日常生活中具体道德判断和具体价值概念的分析。如前所述，哲学研究最终希望获得对所研究问题的清晰明白、现阶段无法合理怀疑或合理质疑的确定性认识。布莱克本认为，一个事物或信念是确定的，当且仅当它的真是无可置疑的。[①] 追求确定性的认识也就是追求真理性的认识，而概念、命题和问题意义的明晰则是获得真理性认识的必要条件。这是因为要想确定一个命题是否为真，首先必须确定其含义。比如，我们无法判定“哈尔滨松北区北岸渔村饭店‘天价鱼’的行为是 y”这个句子的真假，因为 y 的意思不清楚。同样，如果我们对“道德的”一词的含义不清楚，我们也无法判定“哈尔滨松北区北岸渔村饭店‘天价鱼’的行为是不道德的”这一命题的真假。当然，即使假定我们对“道德的”一词的含义达成共识，我们也许依然意见分歧，但这种分歧一定是因为对相关行为的事实细节有分歧，这里涉及的依然是事实的分析与澄清。哲学分析，包括语义分析的重要性在于：如果我们不能澄清一个命题的意义，我们就不可能决定该命题的真假；如果在不可能确定一个命题真假的情况下依然争论它的真假，我们就会陷入无意义或无成效的哲学呓语之中。因此，概念命题的清晰明白是有成效的哲学和伦理学研究的首要条件。

逻辑推理的方法是研究命题之间、事物之间、对象之间、事态或事件之间的逻辑关系并遵循其推理规则的一种方法。事物之间、对象之间、事态之间的逻辑关系是一种客观的、不以人们意志为转移的关系，人们可以由此及彼，由已知而达到未知，这种推理的方法也被称为论证的方法。推理论证可以分为演绎推理和归纳推理。好的演绎推理的前提与结论之间有着必然的逻辑联系，因此演绎推理往往是西方分析哲学家之最爱。反证法或间接证明（indirect proof）是一种非常重要的演绎推理方法，即为了证明某个命题 P 为真，先假定其相反的命题 $\sim P$ 为真，从中推导出自相矛盾或明显为假的命题，从而达到否认 $\sim P$、间接肯定 P 之目的。这一方法在哲学和伦理学研究中的应用非常普遍。以伦理学为例，在批判功利主义时，先假定其为真，然后推出明显无法接受的或自相矛盾的结论，从而达到否认或批判功利主义之目的。熟悉命题演算的人都知道，很多命题无法直接证明其为真，只能通过反证法才能加以证明。摩尔对“好”是一种非

① Simon Blackburn，《牛津哲学词典》（英文），上海外语教育出版社，2000，第 60 页。

自然属性的证明就采用了反证法。西方分析哲学家在哲学研究中也采用归纳推理，但往往不是采用简单的枚举归纳，而是采用假说推理或科学推理。查尔斯·皮尔士(Charles Sanders Peirce)将这种推理称之为“abduction”，即“寻求最佳解释的推理”。假说推理的推理过程一般是从观察现象 O 开始；提出假说 H 来解释 O，H 与 O 之间有逻辑蕴含关系，即前者真，后者一定为真；检验假说，即通过确定 H 所蕴含的其他的可检验的陈述 O^1，O^2……的真来确认 H 的真。假说推理的一般论证形式为：(1)现象 P；(2)假说 H 蕴含 P；(3)因此，H。H 被认为是对现象 P 的最佳解释。由于假说推理的前提和结论之间没有必然的联系，因此假说推理被归入归纳推理。哲学和伦理学研究也经常采用假说推理。伦理学中所提出的各种终极原则，如伦理学的自利原则、功利主义原则、康德的绝对命令等都可以被看成解释道德现象或道德实践的假说。我们可以运用演绎推理的反证法来讨论这些假说，也可以用评价假说推理的基本规则，如一致性(不矛盾性)、简单性、保守性(即与已有公认理论的相容性)、对道德现象预测的范围以及预测的新颖性等来评价这些假说。

如果我们仅仅停留在逻辑推理的方法，而没有检验推理的前提和结论是否正确的方法，那么我们就无法将科学和哲学与神话、宗教和文学虚构区别开来，因为神话、宗教和文学虚构与科学和哲学理论一样都可以被看成对世界的某种解释或假说。因此，我们需要逻辑经验检验的方法将科学和哲学与神话、宗教和文学区别开来，即能够得到逻辑经验检验的假说就属于科学和哲学，否则就属于神话、宗教或文学。在分析哲学家看来，任何具有认知意义的理论，其正确性必须具有可检验性。哲学既然是追求所研究问题的确定性认识，那么，它一定包含有认知意义(即具有可判定真假的意义)，因此其真假也必须具有可检验性。命题真假的可检验性包括两种。一是逻辑的可检验性，即命题的真假可以通过纯逻辑的方法加以证明。一个了解了其意义便可知道其真假的命题便属于逻辑上可检验的命题，如“所有的玫瑰都是花”。分析命题或先天命题通常都属于逻辑可检验的命题。二是经验的可检验性。关于外部世界的综合性命题就属于具有经验可检验性的命题。一个理论的正确性如果没有任何方法可以检验，则无论怎样断言其正确性都是缺乏说服力的。任何合理的道德理论或道德原则必须能够解释我们所观察到的道德现象或符合我们的道德直觉(某种内感的经验现象或“移情”现象)。而能够为我们的内感和外感的经验所确认的最重要的道德现象便是道德实践中的道德论说(moral discourse)。日常道德生活中的任何可以思考和讨论的价值观念都是通过我们的道德论说表现出来的。毫无疑问，道德论说所包含的日常价值观或看法未必都是合理的，其内容也未必能够保持逻辑的一致性。因此，对现有的道德论说必须加以批判性的哲学反思，这种反思本质上是对人类已有的约定俗成的道德习俗或道德实践的反思，这种反思包括对道德论说中所包含的价值观念的批判性的取舍，对其自相矛盾的情形的解释与消除，也包括创造一些概念来解释和分析这些道德论说的内容等。但无论这些日常道德论说是否合理，它们都构成了分析伦理学家据以反思的基本“事实”。离开了日常道德论说的事实，伦理学研究就极有可能成为独断性的断言、无根据的臆测或毫无成效的思辨。邓安庆教授认为，如果道德研究“变成了对概念的词义分析，变成了单纯的‘知识’，而不指导生活和行动”，道德研究就会“不脚踏实地”。本文的看法恰恰相反：离开了对日常生活道德论说的研究与分析，在道德研究中我们就无从“脚踏实地”；如果道德研究缺少“知识”，那它又何以能够指导我们的生活和行动呢？

这里有两个具体的问题需要和邓安庆教授商榷：其一，哲学和伦理学的理论究竟是否无需接受经验事实的检验？其二，哲学研究的逻辑与科学发现的逻辑是否本质上不同？哲学和伦理学的研究方法与科学研究方法是否本质上不同？

关于第一个问题，邓安庆教授的答案似乎是肯定的，即哲学的“本原之思”无需接受经验事实的检验。在比较摩尔的伦理“科学”与康德的形而上学“科学”时，邓教授提出了两种“全然不同”的科学概念。一种是以经验事实为依据的“知性科学”或“描述性科学”，一种是以理性事实为依据的“理性科学”，而“本原之思”的哲学似乎属于“理性科学”，且似乎无需接受任何经验的检验（邓文认为康德的科学的形而上学“原理”“是不依赖任何经验的质料和主观的情感而单凭它自身的理性批判而揭示出来的普遍行动原则”，而伦理学的科学性“只是要求我们的思想论证和推理要有严格的逻辑必然性”）。然而，这种区别是难以成立的。如果“理性事实”是指某些先天真理，即一旦明白其意义就可以知道其为真的事实，如 A＝A，那么，不仅哲学家会接受这样的事实，数学家和科学家也会接受这样的事实。并不存在只有哲学家才能接受，而科学家无法接受的事实。自然科学只要涉及数学和逻辑，那么，一定会涉及这种先天的知识或“事实”。因此，并不存在所谓不考虑“理性事实”的“知性科学”。同时，只要“理性科学”或“本原之思”涉及的是关于世界和人类社会的问题，就不存在所谓无需接受经验事实检验的问题。只要哲学反思追求的是关于外部世界和人类社会的真理性认识，那么这种知识与自然科学知识就并无本质区别，二者都是具有认知意义的断言，不仅应当，而且也必须接受经验事实（包括道德体验）的检验，至少不能无视与之相矛盾的经验事实。比如，研究心灵状态本质的哲学家不能无视大脑神经科学所发现的经验事实；研究自由意志的哲学家不能无视据称是否定自由意志存在的本杰明·李贝特（Benjamin Libet）的实验；[①]研究美德伦理学的哲学家不能无视被情景主义者视为否定品质存在的一系列社会心理学的实验，如米尔格拉姆（Milgram）的服从实验，伊森（Isen）和莱温（Levin）的"10 分硬币实验"（情绪影响实验）等；研究道德语义的哲学家不能无视人们实际上是如何使用道德语言的事实。

关于第二个问题，邓安庆教授的看法似乎也是肯定的，他认为哲学研究的逻辑与科学发现的逻辑完全不同，"自然科学的发现逻辑和哲学的理解（思想）逻辑在方向上是相反的，前者是从自然事实中发现规律，而后才有概念，后者相反，是把已有的规范（概念）作为事实，去追问它的本原和基础"。坦白地说，这段话的意思并不十分清楚。如果"从自然事实中发现规律"是指通过枚举归纳的方法从可观察的经验现象中发现其规律，则这一说法不符合绝大多数自然科学规律发现的事实，无论是牛顿力学三定律，还是爱因斯坦的狭义相对论和广义相对论，都不可能是通过枚举归纳发现的，所谓的自然事实自身也不可能呈现这些物理学的概念、理论和规律。这些物理学的概念和理论通常都是为了解释所观察到的经验现象而提出的假说，这些假说和假说所包含的概念自身通常也不可能通过枚举归纳从可观察的现象中得出，它们本身是科学家通过理智创造出来以解释经验现象的假说，康德所说的"人给自然立法"正是对这一情况的确切表达。此外，科学理论并非总是在自然事实发现之后才产生的，相反，科学理论常常产生在其所预测的可观察的自然事实之前，这种情形在科学史上屡见不鲜。以最近发生的一件科学事件为例。爱因斯坦早在 100 年前就提出了广义相对论（1915），并根据其理论论证了引力的作用以波动的形式传播（1916）。然而，直到最近，美国科学家才宣布发现了引力波这一自然事实。[②] 至于邓教授所说的与

---

① 该实验结果发现，在受试者报告发出动作意向 350 毫秒（0.35 秒）之前，脑成像仪就已经发现大脑相应动作的脑活动（"准备电位"）。这个实验结果被解读为人的动作产生的直接原因并不是个体意识当中的意向，而是意识之外的脑活动。李贝特将实验结果解释为否定了自由意志的存在。实验结果震惊了整个心理学界。相关解释，参见 Benjamin Libet，"Do We Have Free Will?"，*Journal of Consciousness Studies* 6，no. 8－9，1999，p. 51。

② 参见 B. P. Abbott et al.，"Observation of Gravitational Waves from a Binary Black Hole Merger"，*Physical Review Letters* 116，061102，11 February 2016；2016 年 6 月 16 日新华社快讯：《美国科学家宣布再次探测到引力波的存在》；2016 年新华社洛杉矶 6 月 15 日电（记者郭爽）。

科学发现逻辑方向相反的哲学逻辑则比较费解。按道理,哲学研究的逻辑如果与他所说的科学发现的逻辑方向相反,应当是先有概念、理论,然后发现自然事实。但按照邓教授的说法,哲学研究“是把已有的规范(概念)作为事实,去追问它的本原和基础”,而不是追问自然事实。这显然不像是他所说的与科学发现的逻辑方向相反的逻辑,而是另外一种方向的逻辑。让人感到更加困惑的是他接下来的说法,他认为哲学的思想逻辑“要求我们透过描述性的概念(事实)之表面含义去追问它的原始含义”,然而,“描述性的概念(事实)”似乎应当就是指自然事实(离开了描述性的概念我们似乎无法表述任何自然事实),如果情况果真如此,则“哲学的思想逻辑”与邓文所说的“科学的发现逻辑”至少起点是一致的。实际上,无论是科学理论,还是涉及这个世界的哲学理论,包括邓教授所说的“本原之思”,都是对世界以及关于这个世界的经验现象提出的某种解释或假说,哲学理论也许更为抽象、更为一般、更为根本,但只要它是关于这个世界的理论,那么作为假说,哲学与科学一样,都必须遵从同样的逻辑规则,接受同样的事实检验,假说推理的评价原则同样适用于它们。本节所提到的分析的、逻辑推理的和逻辑经验检验的方法都是哲学、自然科学和社会科学研究中经常采用的方法。这些方法的应用,无论是在哲学研究或伦理学研究中,还是在数学、自然科学和社会科学中,并无本质不同。科学家发现引力波的逻辑与哲学家探讨实在和伦理学问题的逻辑并无本质的区别。正是因为哲学所追求的确定性认识与科学所追求的知识在认识意义上并无本质不同,它们追求这种知识所采取的逻辑经验的方法也无本质不同,因此,西方哲学研究中才能不断地产生具有确定性认识的自然科学和社会科学,哲学才能成为“前科学”或“科学之母”。如果哲学从研究目的和研究方法上完全不同于自然科学,我们很难解释西方哲学何以能够不断产生具有确定性认识的各门具体科学。

当然,哲学与科学也有区别,但这种区别并不是研究方法上的根本区别,也不是认识目的上的区别,或知识性质上的区别(即哲学并非是一种无需接受经验检验的知识),而是其他方面的区别。其中比较重要的区别有两个。其一,哲学总是挑战那些日常生活和具体科学研究中人们习以为常的、理所当然的,甚至没有意识到的根本的前提或假设。比如,在经典力学中,人们认为宏观物体运动的规律都是必然的,哲学家则会对这种看法提出质疑:根据何在?这直接导致休谟问题或归纳问题的思考与争论,而经典力学的物理学家或机械工程师一般不会思考和研究这类问题。又比如,在日常道德生活中,人们很少怀疑道德语言的意义和道德要求的合理性与优先性,但哲学家可能会追问或挑战道德谓词的具体含义，追问或挑战道德要求的合理性和优先性。其二，哲学家虽然追求所研究问题的确定性认识，但一旦获得了确定性认识，这种认识就会转变为科学，而不再属于哲学，哲学家会继续去追问和研究那些人们认为理所当然但并没有真正得到辩护的前提或假设，继续探讨那些我们还没有获得确定性认识的问题，继续追求关于这些问题的确定性认识。正如罗素所说，“哲学和别的学科一样，其目的首先是要获得知识。……任何一门学问，只要关于它的知识一旦可能确定，这门学问便不再称为哲学，而变成为一门独立的科学了。”①

邓安庆教授认为，“哲学意义上的‘科学性’指的乃是思想论证的严密性或逻辑性，用康德的话说，就是遵循‘严密的逻辑必然性’。”然而，如果具有这种“严密的逻辑必然性”的哲学可以无视经验事实和我们道德体验的事实，那么这样的哲学研究，理论上可能会走回经院哲学的老路，即成为宗教或某种权威的婢女，使哲学失去它原有的尊严和价值，麦金太尔即是例证。麦金太尔一直以攻击西方近代启蒙时期以来的理性方法以及分析哲学的方法著称，但他的批判有许多混乱和错误的预设；他对分析伦理学的批判也包含不少事实性的错误或缺少充分依据的断言；他通过传统等概念对诸美德本质的界定预设了凡是现实的就是合理的，然而凡是现实的未必就是合理的；他对美德和伦理学问题的目的论的解释几乎达到了宿命论的程度。这一切最终导致他走向了神学的托马斯主义，即将上帝的存在视为了哲学的第一原理，并最终以此来回答和解决伦理学的问题。②

三

邓安庆教授的论文主要针对的是“分析进路的伦理学研究范式”，按照本文的理解，这种研究范式主要指分析哲学的研究方法。批评这种研究方法的方式之一就是批评采用这种研究方法的研究结果。如果研究结果一无是处，那么，我们就有充分理由相信这种研究方法有问题。邓教授断言，采用这种研究方法的伦理学既不通达天理(因为形而上学被取消了)，也不脚踏实地，而且支离破碎。他实际所批评的对象不仅包括元伦理学，也包括采取分析哲学方法的规范伦理学。为了便于讨论，我们姑且将他所批评的伦理学统称为“分析伦理学”，即采用

① Bertrand Russell, *The Problems of Philosophy*, Oxford University Press, 1959, pp. 154 - 155.

② 麦金太尔对自己的这一思想发展过程，在他最新版《追寻美德》一书的序言中有非常直白的叙述(见 Alasdair MacIntyre, “Prologue”, *After Virtue*, 3rd edition, University of Notre Dame Press, 2007, pp. x - xi)。他最终将上帝视为哲学的第一原理。参见 Alasdair MacIntyre, *First Principles, Final Ends and Contemporary Philosophical Issues*, *The MacIntyre Reader*, ed. Kelvin Knight, University of Notre Dame Press, 1998, pp. 183 - 184。

分析哲学研究方法的伦理学。

邓安庆教授对分析伦理学的批评至少存在两个问题。

一是引用一部分分析伦理学家的观点去批评另一部分分析伦理学家的观点,好像这样就可以给分析进路的伦理学研究范式以"当头棒喝"。比如,他引用了逻辑实证主义的创始人石里克的观点去批评摩尔的观点,但这并不能构成对分析伦理学的否定,也不能构成对分析进路的研究方法的否定,正如引用一部分自然科学家的看法去批评另一部分自然科学家的看法,并不能构成对自然科学的否认,也不能构成对自然科学研究方法的否定一样。按照邓教授的引述,石里克认为伦理学研究不应当仅仅"借助于定义来陈述词语的意义(如同 G. E. 摩尔在其《伦理学原理》以类似的方式所关注到的那样)",也不仅仅是"语言学的一个分支","真正的伦理学问题在本性上一定是完全不同的"。邓教授认为"这简直是给分析伦理学的当头棒喝!"本文并不认为整个分析伦理学真的将伦理学仅仅视为语言学的一个分支,甚至也不认为摩尔将伦理学仅仅视为语言学的一个分支。在《伦理学原理》一书中,摩尔只是主张他的主要任务是要回答伦理学的核心问题,即"好"的含义究竟是什么。他认为这个问题如不弄清楚,我们就无法知道决定伦理学判断真假的证据,因此也就无法解决伦理学中的争论,无法判断谁是谁非,我们自己也无法避免可能的错误。[1] 但这并不意味着他主张伦理学只是语言学的一个分支,他在该书中所探讨的问题也不仅仅是道德语义学的问题。退一步说,即使摩尔确实持有石里克所批评的那种观点,他们之间确实存在意见分歧,但伦理学研究中产生分歧很正常,关键是我们是否有办法消除分歧、达成共识,而分析哲学的研究方法,即逻辑经验的方法正是人们达成共识的不二法门,正如自然科学研究中也会产生分歧,但只要我们坚持自然科学的研究方法,我们最终就有可能达成共识。

二是事实判断有误。比如,邓安庆教授认为分析伦理学将伦理学视为一种"描述性"的伦理学,但就笔者所知,还没有发现哪位分析伦理学家将伦理学视为邓文所说的"描述性"的伦理学。相反,几乎所有的分析伦理学家都认为伦理学家所研究的理应之道德与人类学家所描述的道德有着本质的区别,规范性陈述与描述性陈述有着本质的区别,伦理学与自然科学有着本质的区别(但并非研究方法上有本质的区别)。又比如,邓教授断言赫斯特豪斯对美德伦理学(即邓文所说的德性论伦理学)作出了五点规定,然后,对他所认定的赫斯特豪斯的观点,

---

① 参见 G. E. Moore, *Principia Ethica*, ed. Thomas Baldwin, Cambridge University Press, 1993, pp. 33–35, p. 57。

特别是前三点规定进行了批评。[1] 邓教授的批评无疑是有道理的，然而，这些观点并不是赫斯特豪斯本人的观点，她本人恰恰反对关于美德伦理学的这五种过时的规定，因为她叙述了这五点之后，马上就说："我给出这些要点，只是因为这些对美德伦理学的描述如此之常见，而不是因为我认为它们是正确的。相反，我认为就其直白的意义，它们全都会严重地导致人们的误解。"[2]

毫无疑问，分析哲学的研究方法并不能保证所有伦理学研究结果的正确，也不能保证不会发生意见分歧，正如自然科学的研究方法也不能保证所有的研究结果都是正确的，也不能保证不会发生争论一样。但这并不能构成对这一方法的否定。无论是哲学和伦理学研究，还是自然科学研究，只要争论的双方能够坚持逻辑经验的方法，就有可能达成理性共识，接近真理性的认识，而不至于陷入无休止的争论之中。到目前为止，我们还看不到除了逻辑经验的方法之外还有什么其他的方法可以帮助我们解决哲学和伦理学研究中彼此的分歧，以达成理性的共识。在分析伦理学的研究中，各种观点层出不穷，也很难达成共识，然而，在哲学研究方法上，在是否要通过分析澄清概念、命题和问题的意义，是否需要遵守演绎推理和归纳推理规则，是否需要接受经验证据的检验等方法论问题上，分析伦理学家之间有高度共识，这就使得在研讨具体的哲学和伦理学问题时，他(她)们有可能趋向达成共识，趋向于某些问题的解决，而不会在一些问题上议论几百年，甚至上千年也无法达成共识。由于篇幅所限，本文只能极为简略地和有选择地回顾一下 20 世纪初以来规范伦理学和元伦理学的发展，从它们对相关伦理学问题解答的某种程度的共识，来看分析伦理学所取得的进展。

西方规范伦理学的研究可以分为理论和应用两个方面。在理论研究方面，西方伦理学家最初追求一种一元的根本性的道德原则以解释和决定行为的道德属性，这种研究主要分为后果主义和非后果主义(主要是义务论)两大派，其中后果主义又分为伦理学利己主义和功利主义。在反复的论战中，分析伦理学家基本放弃了伦理学利己主义，尽管保留了其中自利理性的原则。而义务论一派发展到威廉·大卫·罗斯(William David Ross)的初始义务论(the theory of prima facie duty)时达到一个高峰。按照他的初始义务论，决定一个行为正确与

---

① 前三点指"(1)它[美德伦理学]更多地是以行为者为中心而不是以行为为中心；(2)它更多地是关注'是什么'(being)而非'做什么'(doing)；(3)它更多地追问'我应当成为什么样的人'而不是'我应当采取怎样的行动'"。参见 Rosalind Hursthouse, *On Virtue Ethics*, Oxford University Press, 2001, p.25。

② Rosalind Hursthouse, *On Virtue Ethics*, Oxford University Press, 2001, p.25.

否的原则不止一条，他列举了一系列的初始义务，功利原则也被视为初始义务之一。[①] 罗斯之后，非后果主义一派基本上放弃了一元论的道德原则，而主张多元主义的道德原则。伦理学家此时所面临的主要问题是：当不同的价值原则在具体情景中发生冲突时，怎样决定我们行为的道德属性，怎样决定我们应当采取怎样的行为？自利契约论（contractarianism）和非自利契约论（contractualism）主张我们应当根据理性行为者所能达成的共识来解决不同价值原则的冲突，来决定我们应当怎样行为。其中，非自利契约论被视为义务论之一种。1958 年，安斯康姆发表了《现代道德哲学》一文，开始了美德伦理学的复兴之路。最初，包括罗尔斯（John Rawls）这样的重量级哲学家，都否认美德伦理学理论上的独立性，认为美德伦理学只能是功利主义或义务论的附庸。但经过半个多世纪的反复争论，分析伦理学家逐渐达成某种程度的共识，即承认美德伦理学可以具有理论上的独立性，具体的美德概念可以成为伦理学的基本概念（即可以定义一个理论中的其他概念而本身无需其他概念定义的概念），美德伦理学可以成为与功利主义和义务论相抗衡的三大规范伦理学的研究进路之一。需要指出的是，这些不同的规范伦理学理论尽管研究进路不同，但彼此之间并非总是水火不容。[②] 它们从各自不同的视角回答了我们应当怎样行为的问题，正如牛顿力学三定律彼此不同，也无法互相替代，但却从不同的方面很好地解释了宏观物体运动的规律一样。在应用研究方面，西方分析伦理学家将相关规范伦理学理论的研究成果运用于各种实际的道德问题，发展出环境伦理学、生态伦理学、医学伦理学、商业伦理学、战争伦理学等各种具体的应用伦理学，取得了丰硕的成果。邓安庆教授认为分析伦理学的研究"既不通达'天理'"，"也不脚踏实地"。如果邓教授所说的"天理"是一种没有任何方法可以加以检验的"玄理"，那么，这样的"天理"达不到也罢。但认定分析伦理学研究"也不脚踏实地"则未免言过其实。

元伦理学是研究隐含在规范伦理学研究中的前提和假设的理性反思活动，它所涉及的领域至少包括道德语义学、道德本体论、道德知识论、道德的合理性、道德心理学等。这里只举两个元伦理学中一直在争论和讨论的问题，以说明元伦理学对这些问题的讨论确实取得了某种进展。一个问题是：究竟怎样理解道

---

① 参见 W.D. Ross, *The Right and the Good*, Clarendon Press, 1930。

② 雷尔顿在点评帕菲特（Derek Parfit）的著作《论何事重要》的一篇文章中曾作出这样的评价："在'康德主义'和'休谟主义'的伦理学研究进路，义务论和后果主义的规范伦理学势不两立的时代，《论何事重要》取得了它们之间不同凡响的融合。"参见 Peter Railton, "Two Sides of the Meta-Ethical Mountain?", *Does Anything Really Matter?: Parfit on Objectivity*, ed. Peter Singer, Oxford University Press, 2016, p. 35。

德判断的性质？怎样理解道德谓词所包含的真实意义？它们与自然科学中的事实判断究竟有无不同？在反复的争论中，分析伦理学家对于道德判断的两个基本特征基本达成共识：一个是适真性（truth-aptness）特征，即道德判断适于用真假评价的特性。比如，"种族屠杀是错误的"就是一个真的道德判断，而"考试作弊道德上是正确的"则是一个假的道德判断。问题只是如何解释这一特征。最初的非认知主义者，如艾耶尔这样的情绪主义者，否认道德判断的适真性，认为道德判断不是命题，只是赞成或反对态度的表达，没有真假。随着讨论的深入，后来的非认知主义者，如布莱克本，开始承认道德判断的适真性，并力图从非认知主义立场解释道德判断的适真性，他将自己的这种理论称之为"准实在论"（quasi-realism）。另一个在分析伦理学家中达成相当程度共识的道德判断的特征是动态（dynamic）特征，即真诚的道德判断具有打动人，至少打动判断者的特征，这一特征也被称为规范性特征。摩尔的"未决问题论证"表明：任何道德判断，不管是关于行为的还是人品的，都有一个无法还原为其他非道德概念的成分，一个无法用任何描述性的语言彻底表达的成分，这个成分决定了道德判断的本质。关于这一成分，摩尔称之为"好"，西季维克称之为"应当"，当代元伦理学家称之为"规范性"。尽管事实描述究竟能否穷尽道德概念的全部意义在分析伦理学家之间依然有争议，但道德判断的规范性特征则是分析伦理学家普遍承认的，问题只是怎样解释这一特征。非认知主义者解释这一特征具有天然的优势，因为他们认为道德判断的本质特征就是表达判断者的态度并用以影响他人的行为。但认知主义者在解释动态特征时则遇到麻烦：道德判断如果与纯事实陈述一样，它们何以具有打动人的规范性特征？自然主义实在论者通过随附性（supervenience）的概念来解释道德判断的动态特征，而非自然主义实在论者则通过将道德属性与第二性质类比的方法来解释道德判断的动态特征或规范性特征，二者之间通常是互相对立的。一件比较有意思的事情是，自然主义实在论者雷尔顿（Peter Railton）曾告诉笔者，他将批评非自然主义者帕菲特所著《论何事重要》的论文寄给帕菲特本人，[①]三个月之后帕菲特回复："我同意"。雷尔顿想向帕菲特证明的是，自然主义实在论同样可以解释"规范性"的问题（帕菲特认为这是不可能的），同样可以解释规范性，同样可以登上元伦理学的山峦之巅。[②]这些看上去势不两立的学说的倡导者之所以能够达成至少某种程度的共识，乃

① Derek Parfit, *On What Matters*, Two volumes, Oxford University Press, 2011.

② 参见 Peter Railton, "Two Sides of the Meta-Ethical Mountain?", *Does Anything Really Matter?: Parfit on Objectivity*, ed. Peter Singer, Oxford University Press, 2016。

是因为他们都主张逻辑经验的研究方法。

元伦理学中的另一个问题是为何要讲道德的问题，这个问题可以追溯到柏拉图的《国家篇》。[①] 从20世纪50年代到90年代，道德合理性一直是西方元伦理学家争论不休的问题之一。以往西方哲学认为行为的理性原则是自利原则，问题是，当道德原则和自利理性的原则（或其他非道德的理性原则）发生冲突时，行为者应当怎样行为？在这种情景下，道德行为还能否得到理性的辩护？最初，西方许多伦理学家希望能够将道德最终建立在自利理性的基础上，他们希望能够证明道德和自利理性完全一致，道德的生活和个人所能过上的最好生活完全一致。另一些伦理学家认为这是不可能的，因为道德原则不可能与自利理性的原则完全一致。随着讨论的深入，随着行动理论或决策理论的数学化，随着"囚徒困境"和博弈论（决策论）引入伦理学的讨论，西方伦理学家总体上就如下问题达成了某种程度的共识：道德不可能完全建立在自利理性的基础上；自利理性不是唯一的理性原则；道德有着自身的合理性；当道德理性与其他理性发生冲突时，道德理性优先。为何这些特立独行、桀骜不驯的西方伦理学家最终能够在上述重要问题上达成某种程度的共识？答案就在于他们都主张逻辑经验的方法。他们所涉及的伦理学的逻辑推理或经验事实就隐藏在日常道德论说和日常道德思维中。并非所有的隐藏在日常道德论说和日常道德思维中的推理或事实都是合理的或得到辩护的，因此，分析和辨别哪些推理和事实是合理的并非易事，但只要他们坚持逻辑经验的方法，就有可能达成关于这些推理或基本事实的共识，在此基础上，只要他们的逻辑推理不出问题，他们对所争论问题的答案就有可能趋向一致。

哲学研究中是否会有一些问题永远找不到答案，永远得不到确定性的认识，因此，永远也达不成共识？也许有。但如果真有这样的问题，那么它可能属于宗教而非哲学。如果属于哲学，那么这种无法获得确定性认识的哲学研究意义何在？仅仅为了满足好奇心？或者纯粹为了自娱自乐？如果这些问题不涉及人类的根本利益，思考这类问题以自娱自乐也未尝不可。但如果这些问题涉及人类的根本利益，那么人类的根本利益将迫使人们去寻求确定性的认识，就目前人类理智的现状而言，逻辑经验的方法依然是达成理性共识和确定性认识的唯一途径。

分析哲学的研究方法常常被看成逻辑实证主义留下的精神遗产。我们不妨

---

① 参见 Plato, *The Republic*, Book II, 359d - 360b。

以艾耶尔对这份遗产的评价作为本文的结语："维也纳学派的实证主义精神仍然保存下来了，它重新调整了哲学与科学之间的关系，发展了一套逻辑技术，坚持了对意义的澄清，清算了哲学中那种被我称之为不知所云的夸夸其谈，这一切都为这门科学开辟了一个新的方向，这个方向现在仍然是不可逆转的。"①

① 艾耶尔：《二十世纪哲学》，李步楼等译，上海译文出版社，1987 年，第 160 页。

决定英美元伦理学百年发展的"未决问题论证"*

在西方伦理学界,摩尔(G. E. Moore, 1873—1958)1903年发表《伦理学原理》是一件具有划时代里程碑意义的事件,这不仅仅因为他著作中的观点和论证具有深刻的影响,而且还因为他严格的分析方法确立了整个20世纪乃至今天英美伦理学的研究方法。① 摩尔在《伦理学原理》中的主要任务是要回答伦理学的核心问题:"善"(或"善")的含义究竟是什么?他认为这个问题如果不弄清楚,我们就无法知道决定伦理学判断真假的证据,因此也就无法解决伦理学中的争论,无法判断谁是谁非,我们自己也无法避免可能的错误。② 他试图证明"善"乃是一种单纯的、不可定义的、非自然的属性。摩尔论证的核心部分是未决问题论证(the open question argument),尽管百年来英美伦理学家围绕未决问题论证一直争论不断,但未决问题论证的影响却是无可置疑的。可以说,英美元伦理学始于摩尔的未决问题论证,也可以说,摩尔的未决问题论证决定了英美元伦理学百年发展的历程。本文试图阐明摩尔未决问题论证的核心思想,它所存在的问题,它对当代英美元伦理学产生如此深远影响之原因,以及它对我们今天的启示。

一

摩尔在《伦理学原理》中试图证明善是一种单纯的、不可定义的、非自然的属

---

* 本文原载于《江海学刊》2008年第6期。

① 参见 Christopher Heath Wellman, "Introduction," *Ethics*, Vol. 113, April 2003, p. 465。

② 参见 G. E. Moore, *Principia Ethica*, ed. Thomas Baldwin, Cambridge University Press, 1993, pp. 33–35, p. 57。

性。[①] 他认为“善”和“黄”一样都是一种单纯的概念,而单纯的概念是无法定义的。任何定义都是对复合概念的定义,任何复合概念都可以分析或还原为不可定义的单纯的概念。比如,“马”就是一个复合概念,可以定义为“一匹马属的有蹄的四足兽”,其中包含了三种不同的东西,这三种不同的东西还可以分析为更为简单的东西,直至无法还原的单纯对象。但“善”和“黄”又不一样,“善”无法通过感官直接感知,而“黄”则可以。前者是一种非自然的属性,后者是一种自然的属性。[②] 自然属性可以理解为任何可感知的或可成为事物原因的并能在一定条件下产生效果的属性。[③] 而非自然的属性则是任何不能为感官所感知的或不能成为事物原因的属性。既然善是一种不能为感官所直接察觉的属性,那么,它的存在又何以能够证明呢? 摩尔采用的是间接证明的方法,即归谬法或反证法。他先假定自然主义者关于善的定义是正确的。然后证明任何试图证明“善”是一种自然属性的企图或任何试图对善进行自然主义定义的企图,要么导致自然主义谬误,要么导致未决问题(一种合理的定义不应当有的问题)。因此,善只能是一种非自然的属性。摩尔的论证被看成是反对自然主义的论证,而未决问题论证主要指摩尔论证的后一部分的论证内容,即任何证明善的自然主义的定义都会导致未决问题。这一论证也被看作是摩尔关于“善”的论证的关键的核心的论证。[④]

由于人们常常将自然主义谬误和未决问题论证混为一谈,而二者其实并非一回事,因此,有必要解释一下什么是自然主义谬误。有一种普遍的看法,认为

---

① 关于摩尔证明善乃一种单纯的、无法定义的、非自然属性的论证有多种解释。有人认为摩尔必须证明四个命题为真:善是一种属性;善是一种非自然的属性;善是一种单纯的属性;善是一种不可定义的属性。而事实上他将第一个命题看成是理所当然的,无须证明。这样,他实际上只试图证明后面三个命题,其中最重要的是第二个命题。(见 Thomas Magnell, “Moore's Attack on Naturalism” in *Inquiries into Values*, ed. Sander H. Lee, The Edwin Mellen Press, 1988, pp. 68 - 69。)

② 参见 G. E. Moore, *Principia Ethica*, ed. Thomas Baldwin, Cambridge University Press, 1993, §7, pp. 59 - 60, §8, p. 60。

③ 参见 Alexander Miller, *An Introduction to Contemporary Metaethics*, Cambridge, UK: Polity Press, 2003, p. 11。

④ 关于究竟什么是“未决问题论证”,西方学者有不同的表述。有的西方学者将摩尔证明善是一种非自然属性的整个论证笼统地称为“未决问题论证”(参见 Magnell, “Moore's Attack on Naturalism,” p. 77; Stephen Darwall, *Philosophical Ethics*, Colorado: Westview Press, 1998, p. 34; Miller, *An Introduction to Contemporary Metaethics*, pp. 13 - 14),也有的学者严格地按照摩尔本来的表述,将未决问题论证表述为其中的子论证(见 Fred Feldman, *Introductory Ethics*, Englewood Cliffs, New Jersey: Prentice-Hall, 1978, p. 200, p. 203)。

任何仅仅给“善”下自然主义定义的人都犯了“自然主义谬误”的错误,[①]但这种看法并不正确,因为任何“谬误”(fallacy)都是指推理或论证中的错误或缺陷,亦是指一种错误的推理。仅仅一种看法或定义并不能成为谬误,除非将这种看法或定义理解为一种推理或推理的一部分。摩尔所讲的“自然主义谬误”实际上是关于“是(is)”一词的“模棱两可的谬误(fallacy of equivocation)”的一个子类。“是”有两种意思,可以表达两种关系。一种是作为表达谓词的“是”,即“是”之后的谓词表达的是主词的属性,而不是说谓词和主词是等同关系。一种是表示等同关系的“是”,“是”两边的概念是等同的,二者互相包含。当论证中将“是”的这两种不同的意义混为一谈时,论证者就犯了逻辑上的“模棱两可的谬误”。但“模棱两可的谬误”并不等于“自然主义谬误”。一个谬误是“自然主义谬误”必须同时满足两个条件:(1)它是关于“是”的“模棱两可的谬误”;(2)犯错者将一个自然属性等同于一个非自然的属性,如“善”。[②] 支持这一解读的证据可以在《伦理学原理》§12 中找到。摩尔在该节中认为“快乐是善的”并不意味着“善”和“快乐”是一回事,并不能反过来说“善就是快乐”。如果一个人从“快乐是善的”推出“善就是快乐”,将“善”和“快乐”看成是一回事,此人就陷入了“自然主义的谬误”。但另一方面,如果一个人从“我是快乐的”推出“我就是快乐,快乐就是我”,摩尔则不将此人的错误称为“自然主义谬误”,尽管他所犯的错误和“自然主义谬误”的错误属于同一类的逻辑谬误(即“模棱两可的谬误”)。二者的区别在于:前者在犯“模棱两可谬误”的时候将一个自然属性等同于一个非自然的属性,所以属于自然主义的谬误,而后者在犯“模棱两可谬误”的时候只是将一个自然属

① 比如,Darwall, Miller 等人似持有类似看法。见 Stephen Darwall, Allan Gibbard, Peter Railton, "Toward *Fin de siècle* Ethics: Some Trends" in *Moral Discourse and Practice: Some Philosophical Approaches*, eds. Stephen Darwall, Allan Gibbard, and Peter Railton, New York: Oxford University Press, 1997, p.3(原文载于 *The Philosophical Review* 101(1992): pp.115 - 189)和 Alexander Miller, *An Introduction to Contemporary Metaethics*, Cambridge, UK: Polity Press, 2003, p.13。

② 上述看法主要得自美国 Wayne State University 的 Larry Powers 和 Bruce Russell,特别是后者 2003 年秋季关于摩尔的讲义。这里必须指出,在《伦理学原理》中,摩尔本人关于什么是“自然主义的谬误”,如同他自己在生前未发表的第二版序言中所承认的,也是充满歧义的。他承认他混淆了三种不同意义上的“自然主义谬误”(见 G.E. Moore, *Principia Ethica*, ed. Thomas Baldwin, Cambridge University Press, 1993, pp.17 - 19),但他同时指出任何一种意义的“自然主义谬误”也同时蕴涵了其他两种意义上的“谬误”(同上,p.19)。他还表明混淆“是”的两种不同含义可以导致自然主义谬误,但前者不等于后者(同上,p.20),间接地表明“模棱两可的谬误”是自然主义谬误的一个必要条件。这和本文马上要讨论的摩尔§12 中的思想一致。

性（“我”）等同于另一个自然属性（“快乐”），所以不属于“自然主义谬误”。[①]

现在让我们仔细考察一下摩尔的未决问题论证。[②] 摩尔所要攻击的是自然主义者关于善的定义。在《伦理学原理》§ 13 中，他选择了两个自然主义的定义加以抨击，他为此提出了两个论证，通常都被称为“未决问题论证”。他先假定这两个定义都是正确的，然后，推导出不合理的结论，从而运用反证法证明这两个定义是不正确的。先考虑第一个定义：

(D) 善＝df. 我们所想欲求之事。[③]

考虑下述命题：

(A) A 是善的。

如果(D)是正确的，我们可以用其中的定义项“我们所想欲求之事”置换(A)中“善的”，而得到：

(A′) A 是我们所想欲求之事。

如果(D)是正确的，(A)和(A′)意思应当是一样的。摩尔的未决问题论证主要是证明(A)和(A′)的意思是不一样的，从而达到否认(D)的目的。如果(A)和(A′)意思是一样的，那么，将这两个命题变成疑问句，两个疑问句的意思也应当

---

① 以上见 G. E. Moore, *Principia Ethica*, ed. Thomas Baldwin, Cambridge University Press, 1993, § 12, p. 65。

② 本文关于摩尔的“未决问题论证”的表述主要依据摩尔《伦理学原理》§ 13，也可以称为“经典表述”。其他“未决问题论证”的表述都是建立在经典表述的基础之上的。最简洁的一种表述是：如果善可以定义为 N，那么，“N 是善的吗?”就不应当是一个未决问题。但“N 是善的吗?”对任何理解该句子的人来说都是一个未决问题。因此，善不可以定义为 N。但要想理解这种表述的全部意义，我们最好从经典表述开始。

③ “我们所想欲求之事”的英文原文是“that which we desire to desire”(Moore, *Principia Ethica*, p. 67)，笔者将第一个“desire”译为“想”，将第二个“desire”译为“欲求”。“所想欲求的”和“所欲求的”(what we desire)之间有重要的区别。“所欲求的”东西未必是善的，而没有被欲求的东西未必是不善的。我们希望(想)停止欲求坏的东西，并且希望(想)欲求那些我们没有欲求但却是善的东西。因此，将“善”定义为“我们所想欲求之事”比定义为“我们所欲求之事”要合理。(参见 Feldman, *Introductory Ethics*, p. 199)这里所讲的“所想欲求之事”通常应当理解为理性的行为主体在理想条件下所欲求之事，而非行为主体实际所欲求之事。

是一样的。根据(A′),“A”等于“我们所想欲求之事”。因此,我们可以将“我们所想欲求之事”代入(A)和(A′)中的“A”,得到“我们所想欲求之事是善的”和“我们所想欲求之事是我们所想欲求之事”。我们可以将这后面两个句子变成如下两个疑问句:

(Q1) 我们所想欲求之事是善的吗?

(Q2) 我们所想欲求之事是我们所想欲求之事吗?

摩尔认为这两个问句的意思明显不一样,因为,(Q2)比(Q1)的结构要复杂。一个结构复杂的句子和一个结构不那么复杂的句子的意思是不一样的。因此,(Q2)和(Q1)的意思是不一样的。① 有的学者将这一论证也称为“未决问题论证”。② 但名副其实的未决问题论证反映在摩尔对自然主义的另一定义的抨击中。摩尔试图证明,当句子的结构不复杂的时候,善和任何自然属性也不可能是一样的。考虑下列自然主义的定义:

(P) 善的=df. 快乐的。

如果(P)是正确的,那么,“快乐是善的”和“快乐是快乐的”这两个句子的意思应当是一样,后一句是根据定义(P),将“快乐的”置换前一句中“善的”而得到。我们可以将这两个句子变为下面两个疑问句:

(Q3) 快乐是善的吗?

(Q4) 快乐是快乐的吗?

如果(P)是正确的,(Q3)和(Q4)的意思也应当是一样的。例如,“单身汉是

---

① 以上均参见 G. E. Moore, *Principia Ethica*, ed. Thomas Baldwin, Cambridge University Press, 1993, §13, p. 68。

② 见 Fred Feldman, *Introductory Ethics*, Englewood Cliffs, New Jersey: Prentice-Hall, 1978, p. 200。这一论证也可以称为“复杂性论证(complicated argument)”,其中关键性的前提是:结构复杂的句子和结构不复杂的句子的意思是不一样的。这个前提,如同许多学者所指出的,是不成立的。比如,“谎言”可以定义为“知道其是假的但依然有意欺骗以让人信以为真的陈述。”因此,尽管“这是一个谎言吗?”和“这是一个知道其是假的但依然有意欺骗以让人信以为真的陈述吗?”这两个问句的结构的复杂性不一样,但意思依然是一样的。

从未结婚的男子”是一个正确的定义。那么,“单身汉是从未结婚的男子吗?”和“单身汉是单身汉吗?”的意思也应当是一样的,也就是说,如果我们理解了这两个问题,我们都可以给出明确的答案:“是的”。凡是理解了一个问题的意义便可以知道这个问题的答案,这样的问题叫做“已决的”(closed)问题。反之,则是“未决的”(open)问题。[①] 摩尔认为(Q3)和(Q4)的意思是不一样的,因为前者是一个未决问题,而后者是一个已决问题。当我们理解了(Q4)之后,我们知道其答案一定是“是的”。但我们即使理解了(Q3),我们对快乐究竟是不是善的依然不能肯定,依然不清楚其正确的答案。这个论证同样适用于上面提到的自然主义者关于善的第一个定义。事实上,它适用于任何用自然属性来定义善的定义。让我们设定任意一个自然属性为N,这样我们就可以将“未决问题论证”的一般形式表达如下,这个论证形式可以用于反对任何关于善的自然主义的定义:

(1) 如果“善”和“N”的意思是一样的(或“善”可以定义为一种自然属性),那么,“N是善的吗?”和“N是N吗?”的意思也应当是一样的。

(2) 如果一个问题是未决的,而另一个是已决的,那么,这两个问题的意思不可能是一样的。

(3) “N是善的吗?”是一个未决问题,而“N是N吗?”则是一个已决问题。

(4) 因此,“N是善的吗?”和“N是N吗?”的意思是不一样的。(由(2)和(3)推出)

(5) 因此,“善”和“N”的意思不可能是一样的,亦即“善”不可能定义为“N”。(由(1)和(4)推出)[②]

上述论证是一个有效论证,即前提真必然保证结论为真。我们可以根据摩尔的思想再加上一个前提:

---

① 关于什么是“未决问题”还可以有其他的解释。比如,有一种解释认为,如果一个人理解了一个问题的意义,依然可以有意义地(没有任何概念混乱或自相矛盾地)提出它,那么,该问题便是“未决问题”。这样,“一个兄弟是一个男性同胞吗”不是一个未决问题,因为真正理解了这个问题的语义的人不会提出这样的问题,如果他一方面声称自己完全理解其意义,但又非常认真地提出这样的问题,那么,他思想中关于这个问题必然陷入概念的混乱。而“快乐是善的吗”是一个未决问题,因为提出这个问题不涉及任何概念上的混乱。而能够有意义地提出这样的问题也说明“快乐是善的”是否为真并不确定,按照本文的定义,也是一个未决的问题。

② 有些西方学者将从(2)到(4)的论证称为“未决问题论证”,而(1)、(4)[其中的“因此”可以去掉]、(5)组成的论证则称为摩尔的“核心论证”(central argument)。

(6) 善要么是N,要么是非N,二者必居其一。

这样,由(5)和(6)可以推出:

(7) 因此,善只能是非N(即非自然属性)。

由于摩尔的论证可以表述为上面那样的有效论证并且似乎难以找出假的前提,许多哲学家一度将其看成是反驳自然主义的完满论证(sound argument)。但摩尔之后,自然主义的理论依然大行其事。显然,未决问题论证并非没有问题。

二

尽管摩尔的论证可以表述为一个有效论证,但几乎其所有的关键性的前提都受到人们的批评。[①]

先看第一个前提。第一个前提预设了正确的定义所包含的概念应当是透明的(如"单身汉"和"从未结婚的男子"所指称的对象对理解二者意义的人来说应当是清楚的),所包含的分析真理应当是明显的,因为按照第一个前提,作为定义,"善"和"N"应当同义,而如果二者同义,则不论作为肯定句还是疑问句的"N是善的"和"N是N"的意义也应当一样,亦即"N是善的"也应当是一个明显为真的分析命题。这必然导致所谓"分析悖论":一方面,我们希望通过概念分析获得新的信息、知识;另一方面,一个概念的分析或定义是正确的,仅当它不可能是增进知识的(informative),因为正确定义的定义项或分析项似乎应当包含在被定义项或被分析项的含义之中。但无论是分析悖论的预设,还是导致分析悖论的概念明晰性(或分析真理明晰性)的预设,都是不正确的。即使是分析真理,也可以是增进知识并使人感兴趣的。因为,在数学和逻辑学中,我们能够找到其真并不明显的分析真理。在其他领域中,也能找到同样的例子。比如,对红色的分析性的定义:红色是对象在正常条件下引起正常的知觉者感觉到红色的属性。这一分析真理的真并不明显。此外,分析悖论本身也是不成立的。这是因为,一方面我们可以在缺少定义的情况下掌握一个概念的意义,比如,"红","快乐";另

① 许多认为未决问题论证是无效论证的哲学家其实是否认上述有效论证的前提或前提之一。

一方面我们通过分析、概括、系统化我们关于这些概念的日常的老生常谈(platitudes),找出所有并仅有的那些和此概念有关的老生常谈,从而发现正确的定义,这同时也增进了我们的知识。[①] 这说明一个概念的分析即使其正确性是不明显的并且增进我们的知识,也可以是正确的。换言之,一个可以导致未决问题的概念分析或定义也可能是正确的。这直接导致对第二个前提的否定。

第二个前提的问题正如许多学者所指出的那样,即使一个问题是未决的而另一个不是,这并不能说明两个问题的意义不一样。换言之,一个定义导致未决问题并非是该定义不成立的充分条件。比如,我们可以将知识定义为:知识是非偶然地得到辩护的真信念。“知识是非偶然地得到辩护的真信念吗?”对许多人来说是一个未决的问题。但这并不意味着知识的定义一定是不正确的。西方哲学家经过相当漫长的道路才开始慢慢接受这样的定义。考虑到人们对“善”的含义并不清楚,寻找一个善的正确定义或为人们所接受的定义也许需要更为漫长的时间。因此,以“未决性”来决定意义是否相同,定义是否恰当,理由并不充分。

第三个前提也有问题,特别是,“N 是善的吗?”(或“任何一个 N 是善的吗?”)是否总是一个未决问题,还需要更多的经验证据。摩尔只举出了两个例子来说明将善定义为自然属性会导致未决问题,但就归纳推理而言,这两个例子远不足以证明任何用自然属性定义善的尝试都会导致未决问题。

上面的第六个前提也受到人们的质疑,主要是非认知主义者的质疑。因为善除了该前提所提出的两种可能性以外,还有一种可能性,即善既不是自然属性,也不是非自然属性,而根本就不是一种可认知意义上的属性。因此,该前提作为推理的一个步骤犯了“假二分式(false dichotomy)”的逻辑错误。

此外,摩尔的“自然属性”的概念也是含混不清。因此什么是非自然属性也就变得难以理解。如果将自然属性理解为时间中的存在物,[②]那么,“x 是善的”也成了自然主义的表达,善也成了一种自然的属性,因为善也存在于时间中。如果按照直接可观察性来决定一个属性是否是自然属性,那么,一方面,许多自然属性,如磁性,放射性,45 岁等,都会成为非自然的属性,另一方面,如果有人声

---

① 以上分析,包括分析悖论的分析,参见 Michael Smith, *The Moral Problem*, Oxford: Blackwell Publishers, 1994, pp. 37 - 39;关于“红”的定义,参见 p. 29。

② 见 G. E. Moore, *Principia Ethica*, ed. Thomas Baldwin, Cambridge University Press, 1993, p. 92。

称通过直觉能够“看”到某事为善，则善也会成为可观察的自然属性。[①]

对摩尔最为持久的诘难之一是针对他论证的结论：如果善是无法定义的、看不见摸不着的、非自然的属性，那么，我们就很难理解怎样才能决定善恶。而且，如果两个人对同一个事物作了不同的判断，一个认为它是善的，一个认为它是恶的，那么，怎样决定谁是谁非？[②] 这一诘难可以表达为如下的论证形式：

(1) 如果善是一种非自然的属性，那么，没有任何事情可以知道其是否为善。

(2) 但有些事情是可以知道为善的。

(3) 因此，善不是一种非自然的属性。

摩尔自己就认为“房事的快乐是善的”是可以知道的。[③] 因此，他不得不接受前提(2)。这样，赞成摩尔理论的人必须说明前提(1)为何是不成立的。这就像柏拉图必须说明不同于感性事物的理念（或“相”）何以能够知道其存在，何以能够为人们所认识一样，摩尔也必须说明不可感知的善何以能够为人所知。摩尔似乎采取了一种过时的柏拉图式的立场，即将善看成是某种和可观察的自然属性毫不相干但又确实存在的东西。那么，怎样说明其性质则遇到极大的困难。摩尔及其追随者只能诉诸不同于我们的五种感官的另一种认知器官——直觉，我们通过直觉获得关于善恶的知识。摩尔关于善恶知识的观点也被称为直觉主义，这种直觉主义依赖某种神秘的认知器官，似乎难以理喻。许多西方哲学家认为摩尔的柏拉图式的直觉主义的观点已经死亡并且也面临未决问题的挑战。因为摩尔的无法感知的“善”只不过相当于一个未知数 x，这样的相当于未知数的“善”本身也会面临未决问题的诘难：“x 是善的吗？”或者“无法感知的 x 是善吗？”依然是一个未决问题。[④]

最后，摩尔的未决问题论证只是针对“定义自然主义”，即认为道德属性可以

---

① 参见 Fred Feldman, *Introductory Ethics*, Englewood Cliffs, New Jersey: Prentice-Hall, 1978, pp. 203 - 205。

② 这大概是为何哈曼将摩尔的理论归于(道德)虚无主义的理论加以讨论的原因之所在。见 Gilbert Harman, *The Nature of Morality*, New York: Oxford University Press, 1977, chapter 2。

③ 见 *Principia Ethica*, p. 237。

④ 参见 Stephen Darwall, Allan Gibbard, Peter Railton, “Toward *Fin de siècle* Ethics: Some Trends,” in *Moral Discourse and Practice: Some Philosophical Approaches*, eds. Stephen Darwall, Allan Gibbard, Peter Railton, New York: Oxford University Press, 1997, pp. 3 - 4。

按照定义等值于可以描述的自然属性的理论，但并非所有的自然主义理论都是定义自然主义。因此，即使未决问题论证成立，也只是反驳了某一特殊的自然主义的理论，而非所有形式的自然主义。

三

虽然摩尔的未决问题论证不是一个完满的论证，不断受到人们的批评，但它依然对英美元伦理学的发展产生了深远的影响。它不仅推动了元伦理学中认知主义范围内的自然主义和非自然主义的对立与发展，而其促进了非认知主义的兴起与发展。未决问题论证为何能够对英美元伦理学百年发展产生如此深远之影响？下面试析一二。

首先，摩尔的未决问题论证的核心部分以非常有效的形式将伦理学判断的特殊性，即它们和自然科学的判断（或任何本体论判断）的区别凸显出来，因此，任何试图用描述性的语言给“善”或任何伦理学概念下定义的企图，都会面临这样问题：“N 是善的吗？”这一问题似乎也不会随着人们认识的深入，比如，通过了解越来越多的和伦理学有关的描述性的知识而消除。随着未决问题论证讨论的深入，人们越来越相信，即使我们在理想的认识条件下穷尽了所有的和伦理学概念相关的描述性的知识，伦理学话语中依然有某种成分无法说明，我们都依然会面临一个未决的问题：这种事实的描述果真穷尽了伦理学概念的全部意义了吗？这一未决问题成为推动英美元伦理学百年发展的一个主要的动力。

其次，“未决问题”凸显了道德话语的规范性特征，因而追问和解释这一特征成为英美伦理学百年发展的一个主题。如果未决问题的“未决性(openness)”是一个无法否认的事实，那么，这似乎意味着任何伦理学的或道德的判断，不管是关于行为的还是人品的，都有一个无法还原为其他非伦理学概念的成分，一个无法用任何描述性的语言彻底表达的成分，这个成分决定了伦理学判断的本质。摩尔认为这一不可还原的成分是一个可认知的但却是非自然的属性——“善”。摩尔的这一柏拉图式的看法由于前面所提到的种种困难已为今天大多数英美哲学家所放弃。和摩尔同时代的，曾做过摩尔老师的哲学家西季威克（Henry Sidgwick）则认为这一成分是一个不可分析的概念——“应当”。[①] 绝大多数的英美哲学家都是沿着西季威克的思想来研究这一伦理学不可还原的成分的。“应

① 摩尔本人也提到西季威克的这一思想。见 *Principia Ethica*，pp. 69－72。今天的英美哲学家认为，无论是摩尔的“善”，还是西季威克的“应当”，都不是不可进一步分析的概念。“善”可以用“应当”进一步分析，而“应当”可以用规范性的理由进一步分析。

当”本质上不是传统意义上的可认知的属性，而是一种“要求”，一种“命令”，一种指导我们行为的“规范”。伦理学判断的这种规范性的特征可以很好地解释为什么任何真正的伦理学问题（其主词所代表的对象往往是一个可描述的对象，而其谓词包含一个伦理学的概念，其表现形式为：“N 是善的吗？”）始终是一个未决问题的原因之所在：因为这种规范性的特征无法还原为任何关于事实的陈述。换言之，从单纯的事实状态我们无法推导出“善”和其他伦理学概念所蕴涵的应然性的要求，从“是”无法推导出“应当”。[①] 从“我们欲求某事”无法推出“我们应当欲求某事”。从一个人吸毒或想吸毒的事实逻辑上无法推出这个事实是理所应当的或不应当的。人们可以对“一夜情”的所有相关事实达成一致意见，但即使如此，逻辑上他们完全可能对该行为究竟是不是道德的（亦即是不是应当的）产生相反的意见。这些都说明事实和应当（以及价值）之间存在着明显的差别，后者无法还原为前者。“应当”或规范性正是伦理学判断区别于其他判断的本质特征。未决问题论证促使英美哲学家探讨道德话语的非认知意义的特征，使得非认知主义成为直接的受惠者。非认知主义成为英美元伦理学百年发展的一条主线。上世纪 30 年代到 40 年代，情感主义风靡一时，以后有黑尔（R. M. Hare）的规定主义，近期有布莱克本（Simon Blackburn）的准实在论和吉伯德（Allan Gibbard）的规范表达主义。时至今日，绝大多数的英美哲学家都认为，伦理判断中无法还原为非伦理学的成分是规范性或“应当性”（ought）。“应当性”应当根据规范性的行为理由来规定或辩护。在过去 20 年左右的时间里，“规范性”问题成为英美元伦理学界最为热门的话题。[②]

第三，“未决问题”还凸显了道德话语的适真性（truth-aptness）特征，对这一特征的解释也成为推动英美元伦理学百年发展的主要动力之一。正是由于未决问题凸显了道德话语的规范性特征，这使得适真性的特征对比之下变得更为突出。尽管道德话语具有指导行为的规范性特征，但另一方面，道德话语似乎又有明显的“事实”陈述的特征，即适真性的特征。所谓适真性是指道德判断适于用真假评价的特性。这种适真性不仅仅是一种语法上的“表象”，而且是我们的一种坚定的信念。我们真诚地相信我们的道德判断是真的，比如，“种族屠杀是错误的”就是一个真的道德判断，而“考试作弊道德上是正确的”则是一个假的道德判断。如果道德判断没有真假，任何道德争论或道德批评都会失去意义，因为我们不知谁对谁错，因为道德判断本没有真假！道德话语的这一特征一方面使自

① 参见 Stephen Darwall, *Philosophical Ethics*, pp. 36 - 37。

② 据达沃尔（Stephen Darwall）2007 年 10 月访问南京师范大学时的演讲所称。

然主义和非自然主义的认知主义依然还有生存的土壤，另一方面迫使非认知主义者不得不解释道德话语的这一特征，从而推动了新非认知主义（主要是准实在论和规范表达主义）的发展。围绕着道德话语的适真性特征的讨论还促进了道德实在论与道德虚无主义，道德知识论与道德怀疑论等学派的争论与发展。

四

今天回顾和研究未决问题论证对我们有什么样的意义或启示呢？未决问题论证给我们的启示之一是研究伦理学应当有问题和论证的意识。所谓要有问题意识是说我们的伦理学研究不能仅仅停留在常识的水平上，因为常识可能出错。过去人们曾认为妇女有“三从四德”的义务，将这看作是一种常识。如果我们仅仅将我们的认识停留在常识的水平上，我们很难发现这种“义务”的不正当性。未决问题论证产生的缘由是摩尔试图超出常识去寻找决定正确的伦理学判断的依据，这个问题导致他对善的本质问题的探讨。但如果他没有论证的意识，恐怕也无法想象他能提出影响英美元伦理学百年发展的未决问题论证。同样，我们也应当有问题意识和论证意识，才能将伦理学基础理论的研究引向深入。带有问题意识的研究和论证最终会帮助我们跳出常识的束缚，发现有关的问题，重建我们的道德观念，指导我们的道德实践。

未决问题论证的启示之二是伦理学研究离不开对伦理学话语性质的考察与研究。哲学，包括伦理学，都是追求真理的。所谓问题意识也是追求真理的问题意识。当人们提出各种问题并试图给出答案的时候，产生意见分歧是一个自然而然的事情。为了避免对同一类问题反复进行永无休止的争论，我们必须有某种客观的，而非主观的根据来解决彼此的分歧。而实现这一目的的前提便是我们争论中所使用的语言和概念的意义一定要清楚，否则我们无法确定我们所使用的语句的真假，从而也就无法解决我们的道德分歧。未决问题论证的演化与影响的过程告诉我们，弄清道德话语的性质在伦理学的研究中尤其重要。伦理学概念（如“善”、“恶”、“好”、“坏”等）究竟代表的是规范性的要求，还是客观事物本身的特征？如果代表的是规范性的要求，我们怎样才能判断伦理学话语的真假，解决伦理学争论的是非？如果伦理学判断具有适真性，那么，它们和自然科学中的描述性的判断有无本质上的区别？关于道德话语性质的研究，我们可以直接借鉴英美元伦理学的许多研究成果，加快我们伦理学的基础理论在这方面的研究。我们还应当看到，英美学者现在已经讨论的适真性和规范性等特征未必就已经完全穷尽了道德话语的所有特征。我们需要认真思考，当我们在做出一个道德判断的时候，我们心灵深处究竟想表达什么样的意思？道德判断背后人的内心活动的复杂性远超过事实判断背后人的内心活动的复杂性。因此，关于道德话语性质的研究还有进一步深入探讨的空间。①

未决问题论证的启示之三是伦理学的研究主要是应然性问题的研究，伦理学研究的主要目的是要改造世界。伦理学是研究行为规范，特别是道德行为规范的学问。在伦理学中，我们思考的是我们应当怎样，而不是我们是怎样，虽然关于我们是怎样的知识有可能帮助我们实现我们应当实现的目的。未决问题论证的讨论与发展凸显了应然与实然的区别。认识这一区别，对于我们开展有效的伦理学研究具有非常重要的意义。比如，在研究马克思主义的道德学说时，我们只有将马克思关于道德的描述性的论述和规范性的论述区别开来，我们才有可能合理地找到马克思自己的道德学说（至今有些教科书依然将道德定义为统治阶级的意识形态，但这并非马克思自己的规范性的道德学说。这种从前苏联传承过来的说法不利于有意义的伦理学研究）。又比如，我们只有将对人性的心理学的研究和规范性的研究区别开来，我们才不至于将对人性的假设（如，人们更容易为自己的利益而不是其他的东西所打动）混同于伦理学利己主义学说，才不至于将人类学的考察所发现的不同文化之间的道德的差异性混同于道德相对主义。这些混淆都不利于有效的伦理学研究。认识这种区别的更重要的一层意思是：如果马克思主义认为哲学的价值不仅仅在于解释世界，更重要的是在于改造世界，那么，实现改造世界的任务便不能没有真正的伦理学的研究。因为伦理学思考的重点是世界究竟应当怎样存在，而不是世界已经怎样存在，伦理学研究的结果直接提出改造世界的任务。这正是研究哲学，也是研究伦理学的最终目的之所在。②

---

① 比如，Stephen Darwall在他的新书（*The Second-Person Standpoint: Morality, Respect, and Accountability*, Harvard University Press, 2006）中就提出了第二人称的理由的概念。他认为人们在下道德判断的时候，是从第二人称的角度诉诸某种共同的权威作为道德判断的根据。

② Stephen Darwall明确地意识到这一点。他在讨论伦理学和科学区别的时候，特别提到列宁。他说，伦理学信念的“目的，也许如同列宁所认为的那样，不是理解或再现世界，而是改变它”。见 *Philosophical Ethics*, p. 38。

艾耶尔的情感主义与非认知主义*

摩尔在《伦理学原理》(1903)中所提出的未决问题论证表明,道德判断或伦理学判断中有纯描述性的语言无法穷尽的成分,即"善"或诸如此类的价值概念所代表的成分。但摩尔认为这个成分虽然无法描述,无法还原为可以为感觉经验直接或间接地察觉的自然属性,但它依然存在并且可以认识。逻辑实证主义后期的主要代表人物艾耶尔(A. J. Ayer, 1910—1989)同意摩尔未决问题论证的结论:这个成分不可能还原为经验可证实的自然属性,但不同意摩尔自己提出的理论,即认为这个成分是可认知的。艾耶尔认为,既然这个成分不是经验可证实的,那么,它也是无法认知的。它根本就不是一个具有可认知意义的、可以有真假的成分,艾耶尔由此提出了自己的情感主义,开辟了非认知主义的研究理路。尽管艾耶尔并非上世纪第一个提出情感主义的哲学家,[①]但由于他对情感主义生动的表述和有力的辩护,人们一般都将他和史蒂文森(Charles Stevenson, 1908—1979)的情感主义理论看成是西方元伦理学的非认知主义的最早代表。本文拟介绍艾耶尔的情感主义思想和他的主要论证,重点阐述他所开始的非认知主义的研究理路在道德哲学研究中的重要意义。

一

艾耶尔是逻辑实证主义的领军人物之一。逻辑实证主义者认为任何自称是表达知识和真理的理论,其语言必须具有某种适当的意义,然后才有可能判断它

---

* 本文原载于《江苏社会科学》2009 年第 6 期。为了与 sentimentalism 的中文译文"情感主义"相区别,作者现在将 emotivism 译为"情绪主义"。

① 上世纪最早表达情感主义思想的哲学家是 C.K. Ogden 和 I.A. Richards,见 Ogden and Richards, *The Meaning of Meaning*, London: Routledge and Kegan Paul, 1923。

是否为真。任何有意义的、有成效的哲学研究，包括伦理学研究，其必要条件便是要弄清所使用语言的意义。艾耶尔对伦理学的研究也是从伦理学语言的意义的分析开始的。

按照逻辑实证主义，一切有意义的命题，或一切有可能证明或证实是否为真的命题，要么是分析的（通过了解其意义便可知其是否为真的命题，如“玫瑰是花”），要么是经验的。在逻辑实证主义者看来，凡经验的命题都是综合命题，其谓词的意义不包含在主词的意义当中。艾耶尔则试图证明所有的综合命题都是经验命题。这个论题所面临的挑战是：伦理学命题似乎都是综合命题，但伦理话语似乎经验上又无法证实。伦理学判断中像“道德的”或“错误的”之类的谓词所断定的属性似乎并不存在于对象之中，其意义也不包含在主词的意义当中。艾耶尔所面临的问题是：如何解释看似综合的规范性的伦理学命题为何经验上无法证实？[①]

艾耶尔对伦理学话语考察后的结论是：伦理学命题根本就不是具有事实意义的命题。他说道：“如果我对某人说‘你偷钱的行为是错误的’，比起我只说‘你偷钱’来，我并没有陈述更多的东西。在补充‘这一行为是错误的’这句话时，我并没有对‘你偷钱’做出进一步的陈述。我只是表明我道德上不赞成这种行为。就好像我用一种极度厌恶的口气说‘你偷钱’或在书写这句话时加上一些惊叹号一样。语调或惊叹号对句子的字面意义没有增加任何新的东西。它只是表明在表达这句话时伴随着说话者的某些情感。”[②]在艾耶尔看来，“偷钱是错误的”是一个没有事实意义的句子，即它并没有表达一个可以或真或假的命题，尽管它包含了某种事实的成分。它相当于“偷钱！”为何伦理话语经验上无法证实？因为它们根本就不是命题，没有真假，就像我们无法决定“你叫什么名字？”和“请将门打开”等句子的真值一样，因为这些句子根本就没有真值。他等于否认了伦理学陈述是综合命题，因为它们根本就不是命题。因此它们经验上的不可检验性并不构成艾耶尔所试图证明的观点（即所有的综合陈述都是经验陈述）的反例。[③]

伦理学判断不具有事实意义，但并不是没有任何意义。艾耶尔认为伦理学判断或道德判断具有情感上的意义，它们不过是说话者情感的表达。艾耶尔的

---

① 并非所有与伦理学或道德有关的命题都是规范性的命题，如对某种道德习俗的描述，对某一地区或某一行业的道德理念的陈述，就不是规范性的伦理学命题，因此，它们并非严格意义上的纯伦理学命题。艾耶尔所分析的伦理学命题/判断或道德命题/判断均是规范性的纯伦理学命题。

② A. J. Ayer, *Language*, *Truth*, *and Logic*, New York: Dover Publications, 1946, p. 107. 译文参见尹大贻译：《语言、真理与逻辑》，上海译文出版社，2006 年 3 月版，第 87 页，本处略有修改。

③ 参见 Ayer, *Language*, *Truth*, *and Logic*, pp. 107 - 109。

情感主义理论主要包含如下论点：

(1) 规范性的道德话语不是命题，无所谓真假；

(2) 它们主要用于：(A)表达肯定的或否定的情感；(B)要求他人也具有相似的情感。①

艾耶尔的主要工作是证明道德话语是情感的表达。按照他的看法，当我说"一夜情是不道德的"，我不过是借这句话表达了我对"一夜情"的否定性的情感，一种不赞成的态度，而不是对某种道德事实的断定。人们以为他们在下这样的判断时，真的是对"一夜情"的某种事实上的断定，其实不过是自己主观情感的表达而已。根据艾耶尔的观点，伦理学判断或道德判断可以按照下面的例子进行翻译：

"一夜情的行为是道德的"＝"一夜情，爽！"
"一夜情的行为是不道德的"＝"一夜情，呸！"

由于情感主义对道德判断的上述解释，情感主义有时也被戏称为"爽/呸论"(the hurrah/boo theory)。理解艾耶尔的情感主义要注意几点。第一，情感表达和情感陈述之间的区别。情感表达不是情感的事实陈述，不是命题，不涉及对任何事实的断言，无所谓真假，而情感陈述则是命题，有真假。了解这一点对于区别艾耶尔的情感主义和他所提到的正统的主观主义非常重要。前者主张道德判断是情感表达，而后者则将道德判断理解为对判断者情感的判断或陈述。比如"x 是道德的"。按照情感主义，它等于是"x，爽！"，这样的语句没有真假。按照正统的主观主义，它等于"我喜欢 x"或"我们喜欢 x"，这样的语句则有真假。②第二，道德判断中只有伦理学的词汇才具有纯情感的功能。道德判断通常都包含两种成分：事实描述和情感表达，因为情感表达是对某一事实(行动或情景)的某种情感反应，因此，情感表达的话语似乎必须包含某种事实成分。但这种事实成分不代表道德判断的全部。道德判断包含事实成分的事实并不能说明道德判断就是事实判断，正如鹿和马一样都有四条腿的事实并不能说明鹿就是马一样。决定一个句子是不是情感表达的道德判断不是其事实成分，而是其伦理价

① 关于(B)，参见 Ayer, *Language*, *Truth*, *and Logic*, 108。

② 参见 Ayer, *Language*, *Truth*, *and Logic*, pp. 109 - 110。

值的成分。比如“张三的偷窃行为是不道德的”，其中“道德的”是使该句成为情感表达的道德判断的决定性的因素。严格地讲，只有道德话语中具有规范意义的术语（如“错误的”，“不道德的”）才具有情感表达的功能，而不是所有的成分。[①] 第三，当对某一个情感进行描述或陈述时，这种描述或陈述往往也伴随着那一情感的表达，情感表达往往也借助情感陈述来实现。如，“我感到无聊”。这既是一个情感的陈述，也是情感的表达。但反过来则未必，因为情感陈述一般必须通过语言，而情感表达则未必要通过语言。我可以表达我的情感而无需对我的情感的存在有任何的断言或陈述。[②] 道德话语往往多为陈述句的形式，而实际上的功能则是情感表达。我们需要根据上面的例子对规范性的道德话语进行翻译，才能准确表达道德话语的情感含义。

艾耶尔认为他的情感主义可以解释许多道德现象，如人们为何会接受康德主义和快乐主义（指一种功利主义）。人们接受康德主义是因为人们有意无意地害怕引起上帝的不快，接受快乐主义则是因为害怕成为社会的敌人。[③]

二

艾耶尔对情感主义的证明可以分为两步。第一步是排除可能和非认知主义的情感主义相竞争的理论。第二步直接证明他的情感主义理论。艾耶尔第一步的论证可以表述如下：

(1) 能够合理解释道德话语现象的理论要么是认知主义的，要么是非认知主义的。

(2) 所有的认知主义形式的理论，如自然主义和非自然主义的理论，都是错误的。

(3) 因此，只有非认知主义的理论（即情感主义）才是正确的。

凡是主张伦理/道德信念或判断具有可判断真假的认知内容或命题内容的理论都可以称之为认知主义（cognitivism），反之，则称之为非认知主义（noncognitivism）。在艾耶尔提出他的情感主义的时代，认知主义主要有两种形式。一种是自然主义，一种是非自然主义。艾耶尔集中证明前提(2)。

---

① 参见 Ayer, *Language, Truth, and Logic*, p. 108。

② 参见 Ayer, *Language, Truth, and Logic*, p. 109。

③ 参见 Ayer, *Language, Truth, and Logic*, pp. 112 - 113。

自然主义者认为伦理学的术语(如“善”等)都可以通过自然属性加以定义,或者说伦理学判断都可以还原为关于自然属性的命题。所谓自然属性是指那些可以通过经验直接或间接确证的属性。艾耶尔考虑了两种自然主义的理论:主观主义和功利主义。他认为它们都不成立。主观主义认为一个行动是正确的或好的,当且仅当它被普遍赞成。但一个被普遍赞成的行动可能是不正确的,用艾耶尔的话说,断定一个得到普遍赞成的行动是不正确的或不好的不会陷入自相矛盾。因此,主观主义不成立。同样的理由也可以用来反对功利主义。艾耶尔说道:“由于说一些愉快的事情是不善的,或者一些坏的事情是所欲求的,都不会陷入自相矛盾,因此,句子‘x是善的’不可能等值于‘x是愉快的’或‘x是所欲求的’。对于任何我所熟悉的其他的功利主义的变种都可以提出同样的诘难。”①艾耶尔在这里显然沿袭了摩尔的未决问题论证的思路来反对自然主义。

既然自然主义的理论不成立,那么非自然主义的理论又如何呢?非自然主义的认知主义主要指摩尔的“绝对主义”或“直觉主义”。摩尔的未决问题论证排除了伦理学陈述的经验的可检验性,认为伦理学陈述或价值陈述不可能作为经验命题受观察所控制,而是受神秘的直觉所控制。艾耶尔认为这使得价值陈述变得不可证实了。因为不同的人可能会有不同的直觉,每个人都可以声称自己的观点是正确的。如果没有办法解决直觉的分歧,诉诸直觉对伦理学的有效性来说就毫无意义。②

由于所有认知主义形式的理论都是错误的,因此,只剩下非认知主义的理路,即情感主义的理路才有可能对道德话语提供合理的解释。

如何评价艾耶尔的上述论证?上述论证中的前提(2)似乎值得商榷,因为艾耶尔并没有考虑所有的可能的认知主义的理论(现在已知的自然主义和非自然主义的理论形式已经超出了艾耶尔上面所考虑的三种形式),因此,即使他对当时的认知主义的批评是正确的,也不意味着没有其他的可以得到辩护的认知主义的理论形式。但不管怎样,他确实提出了一种解释伦理学话语现象的新的思路。让我们看看他的第二步直接证明他的情感主义的论证。他的证明可以表述如下:

> (1) 如果语句“x是善的”是客观上可以决定其真假的命题,那么那些毫无歧义地理解了该语句意义并且熟知所有相关事实的理性的人们必定会达

---

① Ayer, *Language*, *Truth*, *and Logic*, p. 105.

② 参见 Ayer, *Language*, *Truth*, *and Logic*, p. 106。

成关于该语句是否正确的共识。

(2) 那些毫无歧义地理解了该语句意义并且熟知所有相关事实的理性的人们并非必定会达成关于该语句是否正确的共识。(例如,让我们假定张三和李四都是合乎理性的人。让我们进一步假定张三认为"一夜情是道德的",李四认为"一夜情是不道德的"。我们完全可以想象,即使张三和李四了解了关于一夜情的所有的相关的事实,或达成了关于一夜情的相关事实的共识,他们依然会坚持各自的观点,他们依然无法达成关于一夜情是否道德,是否正确的共识。)

(3) 因此,"x是善的"不是客观上可以决定其真假的命题。

(4) "x是善的"要么是客观上可以决定其真假的命题,要么具有情感表达的意义。

(5) 因此,"x是善的"具有情感表达的意义。①

上述证明中的结论(3)和(5)是情感主义的基本观点。该证明中的前提(1)和前提(2)都有值得商榷的地方。一个客观上可以决定其真假的语句也就是一个适真性的(truth-apt)语句(即适合于用真假来评价的语句),而一个适真性的语句并非必然蕴涵理解了该句意义并了解了相关事实的理性的人们就必定会达成其正确性的共识,因为达成关于一个适真性的语句的正确性的共识不仅需要达成关于经验认知意义上的事实的共识,还需要达成关于价值问题的共识。故前提(1)不成立。那些了解了一个语句的意义以及所有相关事实(包括好坏的事实,比如,不随地吐痰的社会优于一个随地吐痰的社会就是一个关于好坏的事实)的理性的人们完全可能会达成关于该语句正确性的共识。故前提(2)也不成立。

三

尽管艾耶尔关于情感主义的证明存在着这样或那样的不如人意的地方,但他的情感主义确实指出了道德话语具有非认知的情感表达功能的事实,开辟了伦理学非认知主义的研究理路,对于深化人们对道德问题的研究,避免某些误区或走弯路,具有重要的意义。

我们每一个人都可以试做一个思想实验。当我们对某个行为或事件做出道

---

① 以上参见 Ayer, *Language, Truth, and Logic*, pp. 110 - 112。

德判断时，我们可以思考一下，我们的内心活动究竟是怎样的？比如，当我们做出一个道德判断"无故将一只猫活活烧死是不道德的"时，我们是不是因为"看到了"活活烧死猫中的"不道德的"（即"错误的"）的属性，就像我们判断"这支粉笔是白色的"是因为我们看到了它是白色的一样？显然，我们并没有看到"不道德"或"错误性"之类的属性。那么我们根据什么说出上述的判断？人们在做出一个道德判断的一刹那，往往是因为他们对所判断的行为有某种或肯定或否定的情感态度，而并非因为看到了所判断对象中的"道德属性"。但人类和其他动物一样，往往有将自己的情感"对象化"（objectify）或客观化的倾向。在古代，不同文化的人们都有图腾崇拜的习俗，将自己对大自然力量的情感，通常是畏惧的情感，对象化，创造出各种各样的"神话"。我们必须注意，这些今天看来是"神话"的东西在古代则事实上被人们认为是像"科学"一样的知识，那些祭司或预言家的地位在当时就类似今天科学家的地位。这种情感对象化的习性并没有因为今天科学的发展而消失，比如，我们的许多审美的判断都是情感对象化的范例。当一个人认为刘亦菲很美的时候，并非是看到了她身上的"美"，而是将自己看到她所获得的愉悦的情感对象化到她的身上。人们在做出情感的对象化的判断的时候往往并没有意识到自己实际上是将自己的情感对象化到所判断的对象，而是认为对象真的具有某种"美"或"善"的属性。这种对象化的结果通常不会产生什么害处。但在哲学研究中，如果我们将主观的东西对象化，并以为对象真的具有我们主观所认定的属性，则有可能产生种种不必要的哲学困惑。哲学上由于这种对象化而产生的哲学困惑不在少数。例如，西方哲学界曾流行一种意义理论，认为一个词的意义就在于它所指称的对象，凡在思想中存在的东西，在实在中也必定存在。这是将主观的东西对象化的一个实例。这一理论产生了一系列的哲学问题，问题之一便是"金山"如何可能是一个有意义的词？因为如果有意义，那么似乎必定存在着一座金山。但金山是不存在的，而"金山"本身似乎又是有意义的。诸如此类的困惑耗尽了许多哲学家毕生的精力，但却没有取得真正的实质性的成果。艾耶尔对道德话语的非认知主义的解释不仅推进了人们对道德本质的认识，而且可以让我们警惕：不要将不存在的东西当成存在的东西，从而避免在伦理学的研究中走不必要的弯路。

四

艾耶尔的情感主义思想提出之后，在西方哲学家和道德之士之中一度激起了激烈的批评。一个主要的批评便是它破坏了道德的基础。凡接受了它的观点的人都会失去对道德问题的兴趣，或不会将道德问题当真。有的批评者认为如果道德上的善恶差别都成了个人品味之间的差别，那么我们就不得不接受某种令人不快的结论：我们不可能依据理性来证明某种行为优于另一种行为，无论这种行为如何之野蛮；我们也无法为反对希特勒的种族灭绝政策提供合理的证明；解决人们之间的意见分歧只能通过诉诸武力等等。[①] 但这些批评经不起仔细的推敲。首先，学术研究必须实事求是，如果情感主义确实揭示了某种事实的真相，无论我们喜欢或不喜欢，我们都只能接受这种事实。尽管16世纪哥白尼的日心说挑战了当时流行的托勒密的地心说和亚里士多德的物理学与天文学，也冲击了当时的宗教神学，为当时主流的"意识形态"所不能接受，但这并不意味着它的不正确性。其次，接受情感主义的某些观点是否必然意味着接受理论上和实践中的道德虚无主义或怀疑主义还有待证明。艾耶尔本人就坚决否认他的情感主义逻辑上蕴涵着对道德问题重要性的否定。如同他后来所说的，他的情感主义"只是探讨了一种完满的、值得尊重的逻辑观点的后果，这种逻辑的观点早为休谟所阐明；从描述性的陈述中不可能推出规范性陈述，或者如同休谟所说的那样，从'是'中推不出'应当'。说道德判断不是事实陈述并不等于说它们无关紧要，甚至也不是说不可能存在着支持它们的论证。只是这些论证并非是以逻辑和科学论证的方式发挥作用罢了"。[②] 艾耶尔的情感主义所面临的主要问题是如何解释他的理论可以和人们长期以来形成的、似乎难以反驳的道德信念相适应。他所需要解释或回答的问题包括：

1. *怎样解释道德如何不是一种错误？*

我们坚信我们核心的道德观念是正确的，没有错误。我们坚信"种族屠杀是错误的"是正确的道德判断，"考试作弊道德上是可以允许的"是一个错误的道德判断。但情感主义却有可能动摇我们的这些道德信念。情感主义实际上是一种投射主义(projectivism)。它主张伦理术语，如"错误的"、"道德的"等词汇所指称的东西是我们"投射"(project)到判断的对象上，而非对象本身所具有的。比如，当我们作出道德判断"一夜情是错误的"时，我们在一夜情的行为中并没有看到任何"错误"的属性。我们只是将"错误的"(情感或者其他的东西)投射到判断的对象上。我们将"一夜情是错误的"判断当成和"十五的月亮是圆的"一样性质的判断，仿佛前一句中"错误的"和后一句中"圆的"一样，不是我们投射到对象的

---

① 参见 W. D. Hudson, *Modern Moral Philosophy*, Garden City, New York: Doubleday and Company, Inc., 1970, pp. 132－133。

② A. J. Ayer (ed.), *Logical Positivism*, New York: The Free Press, 1959, p. 22.

性质,而是对象本身真有的性质。但实际上对象中并没有诸如“错误的”这样的性质。投射到对象上的东西未必就是对象本身真实存在的东西。亚历山大·米勒(Alexander Miller)曾举过一个例子来说明这种情况。假定一位解剖学的老师用投影机来讲解人的大脑的构造。他将大脑的构造通过幻灯片投射到屏幕上。老师和学生谈论屏幕上的大脑图像,“仿佛”屏幕上真的有一幅大脑的解剖图,然而其实并没有。情感主义所面临的问题是,怎样解释这种投射不是一种“错误”(error)?怎样解释情感主义何以能够避免道德取消论或者道德虚无主义的后果?①

2. 怎样避免道德上的对错完全依赖于大脑状态的问题?

如果道德上的正确与错误不过是“我们情感的子嗣”(休谟语),那它们就完全依赖于我们大脑的主观状态。如此,如果我们的情感变化了,这是否意味着道德上的正确与错误也因此变化了,就像天花板上的投影机,如果里面发生了变化,屏幕上的影像也会变化一样?如果我们的情感消失了,道德上的正确与错误是否也会消失,就像如果投影机被毁灭了,屏幕上的影像也会消失一样?如果道德不过是我们情感的投射,我们如何能够将道德上的正确与错误当真对待?如果情感主义者一方面认为道德是重要的,亦即保持道德情感是重要的,另一方面又认为它们毫无实在的根据,这岂不是一种精神人格的分裂?②

3. 怎样合理解决人们之间的道德分歧?

艾耶尔认为赞同同一种价值观的人们之间可以产生真实的道德分歧,但这种分歧不过是有关事实问题的分歧,人们可以运用理性论证去解决他们之间的分歧。然而,在采用不同的价值观的人们之间则不可能产生可以运用理性推理加以解决的道德分歧,当涉及纯价值问题时,“我们最终只能乞求于谩骂”。③ 但我们真的就无法合理地解决纯价值问题的分歧吗?我们真的就无法通过理性的方法来证明反对种族屠杀的价值观优于希特勒的种族屠杀的价值观吗?我们真的只能诉诸谩骂和武力来解决人们之间的价值观的冲突吗?我们真的就无法在一个不随地吐痰的社会优于一个随地吐痰的社会的观点上达成理性的共识吗?当一个利用公权贪污腐败的人对自己的贪腐行为没有任何愧疚之心时,我们真的就无法说他的情感反应不当吗?如果我们认为情感主义确实指出了道德话语

---

① 参见 Alexander Miller, *An Introduction to Contemporary Metaethics*, Cambridge, UK: Polity Press, 2003, pp.39-40。

② 参见 Miller, *An Introduction to Contemporary Metaethics*, pp.42-43。

③ Ayer, *Language*, *Truth*, *and Logic*, p.111.

的某种事实,而我们又不愿放弃通过理性的方法来解决人们之间的价值观分歧,我们就必须对情感主义做出某种合理的解释,以便克服上面的反问句对情感主义所提出的诘难。

4. *怎样回应弗雷格-吉奇问题的挑战?*

弗雷格-吉奇问题(The Frege-Geach problem)最早由彼得·吉奇(Peter Geach)提出,[①]但他认为他只是将弗雷格的有关思想发展了而已,故这个问题被称为"弗雷格-吉奇问题"。按照弗雷格或吉奇的看法,一个语句可以出现在一个断言的语境中,也可以出现在非断言的语境(unasserted contexts)中。比如,"你是近视眼"和"如果你是近视眼,那么你就应当戴眼镜"。在前一句中,"你是近视眼"一般理解为一个断言,断定你是一个近视眼。但在后一句中,"你是近视眼"则不是一个断言,因为后一句只断定在"你是近视眼"和"你应当戴眼镜"这个两个事态之间存在着一种条件关系,但对两个事态本身是否存在并没有任何断定。问题是在这两种不同的语境中,"你是近视眼"是否还保持同样的意思?弗雷格和吉奇认为它在不同语境下依然保持同样的意思,即它所断定的或虚拟断定的事态都是一样的。用逻辑术语来说,它的真值条件在不同的语境中都是一样的。但在伦理学论证的语境中,如果按照情感主义对伦理判断的解释,则同一个语句在断言和非断言的语境中的意思就会不一样。考虑如下推理:

(1) 说谎是错误的。
(2) 如果说谎是错误的,教你的小弟弟说谎也是错误的。
(3) 因此,教你的小弟弟说谎也是错误的。[②]

如果我们将上面的句子都按照陈述句来理解,上面的论证是一个有效的论证,即从前提的真,可以推出结论必然为真。但按照情感主义或表达主义的解释,在断言语境的情况下,一个伦理判断,如"说谎是错误的",其实就是说话者情感的表达,但在非断言的语境中,说话者并没有表达自己的情感,这样,同样一句话"说谎是错误的"在句子(1)和句子(2)中的意思就不是一样的。如此,上述明显有效的论证就变成无效的论证。这里,弗雷格-吉奇问题对情感主义的挑战是:怎样对道德话语或伦理话语进行情感主义的解释时避免将上述明显有效的

---

① 见 Peter Geach, "Assertion," *Philosophical Review* 74, 1965, pp. 449 - 465。

② 例子取自 Simon Blackburn, "The Frege-Geach Problem," in *Arguing about Metaethics*, eds. Andrew Fisher and Simon Kirchin, London and New York: Routledge, 2006, p. 349。

论证解释为无效的论证？①

5. *如何界定何种情感为道德情感？*

艾耶尔认为规范性的伦理学判断不过是人们情感的表达。但人们的情感表达有多种，既可能是道德的，也可能是美学的，还可能是纯感觉的（如味觉的）。艾耶尔的问题是如何说明伦理学判断所表达的情感是道德的，而非其他的情感。由于艾耶尔明确认为，对纯价值的问题，理性的论证是不起作用的，我们最终只能诉诸谩骂，因此，诉诸不同的理由来区别道德、美学和味觉的情感反应至少对艾耶尔来说是不可能的。②

尽管艾耶尔的情感主义面临以上这些问题，但对于那些接受了他的情感主义或为他的情感主义所打动的哲学家来说，解决以上这些问题成为发展自己理论的源泉和动力，黑尔（Richard Hare，1919—2002）的规定主义，布莱克本（Simon Blackburn，1944— ）的准实在论和吉伯德（Allan Gibbard，1942— ）的规范表达主义便是沿着非认知主义的方向解决上述问题的成果。

① 以上参见 Miller，*An Introduction to Contemporary Metaethics*，pp. 40 – 42。

② 参见 Miller，*An Introduction to Contemporary Metaethics*，pp. 43—51。

事实与价值之间
——论史蒂文森的情感表达主义*

事实与价值的关系问题一直是西方哲学争论的核心问题之一。在当代英美元伦理学的讨论中，这一问题往往表现为关于道德分歧以及解决这种分歧的道德论证的性质的争论。这种争论之所以重要是因为争论的结果可能会直接影响到我们对伦理学的看法，即伦理学究竟是否可能成为一种客观的、理性的研究，是否能够帮助我们发现道德真理或辨别道德是非。史蒂文森从日常道德论说(moral discourse)的语义分析入手，通过对道德论证中事实信念与道德判断之间关系的考察，得出：道德分歧与科学分歧、道德论证与科学证明、伦理学与科学、价值问题与事实问题之间有着本质的区别，前者无法还原为后者。虽然如此，他认为道德论证依然有着重要的作用，道德论证中事实信念依然可以给道德判断提供支持，尽管他将这种支持最终归结为一种非理性的心理上的联系。史蒂文森的这一观点以及他所提出的情感表达主义(emotivism)遭到其他哲学家的猛烈攻击，[①]但由此也推动了当代英美元伦理学几乎所有方面的重要进展。

一

史蒂文森的情感表达主义是一种道德语义学的理论，提出这一理论的目的是为了回答究竟有无科学的(即逻辑和经验的)方法解决道德分歧(亦即伦理分歧)。史蒂文森在《伦理分歧的性质》一文中一开始便问道："当人们对某个事物

---

* 本文原载于《哲学研究》2011 年第 6 期。为了与 sentimentalism 的中文翻译"情感主义"相区别，本文将 emotivism 译为"情感表达主义"。作者现在已将其改译为"情绪主义"。

① 将"emotivism"译为情感表达主义既是为了和"sentimentalism"的中文翻译"情感主义"相区别，也是为了更好地体现"emotivism"的本意。

的价值出现分歧(一个认为它是好的或正确的,而另一个认为它是坏的或错误的)之时,他们的分歧通过何种论证或研究的方法可以得到解决?能够通过科学的方法将其解决呢,或者还需要其他别的方法,或者根本就没有什么合理的解答?”①他认为要想回答这些问题,我们首先应当弄清道德分歧的性质。

史蒂文森认为分歧有两种。一种是信念分歧。比如,甲相信命题P,乙相信非P,这种分歧便是信念分歧。对史蒂文森来说,一个信念相当于一个描述意义上的命题,可真可假。信念分歧涉及的是对立的信念,对立的信念可以有真有假,但它们不可能同真。另一种分歧是态度分歧。“态度”是指任何赞成或反对某件事情的心理倾向或习性。在态度分歧中,争论双方对某一事物或行为采取相反的态度,一方赞成而另一方反对,且双方都希望对方改变态度,否则就感到不满。态度分歧涉及的是对立的态度,态度无所谓真假,只能谈论它们是否得到满足,而对立的态度不可能同时满足。我们需要注意的是不要将关于态度的信念分歧和态度自身的分歧相混淆。比如,甲相信绝大多数人都会反对高房价,但乙不相信。他们之间的分歧是关于人们态度的信念分歧,而不是他们自己之间的态度分歧。信念分歧本身逻辑上并不意味着信念者之间必然会有态度的分歧或对立。②

在实际生活中,人们的态度分歧往往和信念分歧交织在一起,但态度分歧总是起支配作用,表现在两方面:第一,态度分歧决定哪些信念或事实和论证(争论)相关。只有解决信念分歧有助于解决双方态度分歧之时,信念分歧才被认为与态度问题相关。比如,一个公司的工会代表强烈要求提高工人工资。公司方面的代表则强调工人得到了他们应得的报酬。这是态度分歧。但双方也会对一些事实问题产生信念分歧。公司方面可能认为50年前的工资水平比现在低多了。但工会方面很快指出即使它是事实,也与讨论的问题无关,因为今天的环境与往日已不可同日而语。当信念的改变无法改变任何一方的态度时,这些信念就会被双方认为与论证无关。第二,态度分歧终止之日也就是谈判或论证终止之时,即使大量的信念分歧依然存在。换言之,解决态度分歧是双方争论之目的,一旦达到目的,则有无信念分歧已无关紧要。如果没有达到目的,双方态度

---

① Charles L. Stevenson, *Facts and Values*: *Studies in Ethical Analysis*, New Haven: Yale University Press, 1963, p.1.

② 参见 Charles L. Stevenson, *Ethics and Language*, New Haven: Yale University Press, 1944, pp.2–4; Charles L. Stevenson, *Facts and Values*: *Studies in Ethical Analysis*, New Haven: Yale University Press, 1963, pp.1–3。

依然分歧,那么,双方即使在信念方面已达成一致,他们之间的争论却依然没有结束。他们可能寻求引入新的可能影响彼此态度的信念;或利用具有强烈情感意义的词汇以打动对方;或达成态度上的一致:与其陷入没完没了的僵局,不如将争议提交第三方裁决,哪怕最后的裁决不利于其中的一方。当然,他们也许会放弃任何通过和平手段解决争论的希望。①

在史蒂文森看来,道德分歧既涉及态度分歧,也涉及信念分歧,但将伦理问题同纯科学问题区别开来的主要是态度分歧,因此,道德分歧主要是一种态度分歧。那么如何解决道德分歧?他认为只有从道德语言实际用法的语义分析入手,才有可能找到正确的答案。

二

西方哲学传统上将一个词的意义看成是它的所指。这种意义理论只能解释语言的命题意义,无法解释语言的祈使句或情感表达等其他的意义。史蒂文森明显放弃了这种意义理论,而采用了"用法即意义"的语用学理论。② 他认为语言有两大目的或用法:第一,记录并传达信念;第二,发泄情感或影响他人。前者的用法是"描述的"或静态的,后者是"动态的"(dynamic)。二者之间的区别完全取决于说者的目的。由于语言使用者的目的往往是多重的,因此,两种用法并非总是截然分开的。比如,"我希望你把门关上。"这句话的部分目的是让听者相信说者有希望听者将门关上的欲望。在这个意义上,这句话包含了描述的用法。但这句话的主要目的是让听者满足说者的欲望。在这个意义上,这句话的用法又是动态的。同一句话可以是描述的,又可以是动态的。如,一个人对串门的邻居说"我最近工作很忙"。他的目的也许仅仅是让他的邻居了解他的近况,这是非动态的用法。但他的目的也可能是暗示他很忙,以唤起邻居的同情。如果这样,这句话的用法便是动态的。语言的动态用法不可能通过词典的意义来确定。我们必须通过说者的语调、姿势、语境等来确定是不是动态的用法。③

根据语言的两大用法,史蒂文森认为"意义"可分为两种。一种是语词的命题意义或描述意义,一种是情感意义。前者不涉及语词的动态用法,后者涉及。

---

① 参见 Charles L. Stevenson, *Ethics and Language*, New Haven: Yale University Press, 1944, p. 14; Charles L. Stevenson, *Facts and Values: Studies in Ethical Analysis*, New Haven: Yale University Press, 1963, pp. 4-5。

② 参见 Charles L. Stevenson, *Ethics and Language*, New Haven: Yale University Press, 1944, p. 42。

③ 参见 Charles L. Stevenson, *Facts and Values: Studies in Ethical Analysis*, New Haven: Yale University Press, 1963, pp. 18-20。

史蒂文森试图用语言使用过程中说者和听者内心发生的心理过程来说明语言的情感意义，而说者和听者内心的心理过程往往随着语言用法的变化而不断变化，因而他就面临这样的问题：如果语言用法是灵活多变的，说明其用法意义的心理过程也是多变的，我们如何能够确定一个词或一句话的情感意义？如果一个词或一句话的情感意义总是随着使用者的目的、语境和效果而变化，我们又如何能够互相沟通？史蒂文森认为，虽然我们不能将一个语词的情感意义定义为可以随时变化的用法，但我们可以将其理解为一种相对稳定的东西。这种相对稳定的意义不是伴随一个语词的使用在说者和听者内心所发生的所有的心理原因（对说者而言）和效果（对听者而言），而是该词使用时经常发生的心理原因和效果，一个词能够产生这种经常性的原因和效果的能力被称为一个词的"倾向"（tendency）或"习性"。一个词的稳定的情感意义就是这种倾向或习性。他说："一个词的情感意义是一个词的倾向，它贯穿于其用法的历史之中，能够产生（或源于）人们的**情感**反应。"[①]它必须是稳定的（独立于说话环境的条件下或多或少也能理解）、持续不变的（贯穿其用法的历史）和普遍的（所有使用该语言的人都能理解）。[②]

史蒂文森认为包含"好"等价值概念的道德判断既有描述意义，也有情感意义，它们不仅描述了说者自己的情感或兴趣，而且还表达了说者的某种要求，某种试图指导、影响、强化或改变他人兴趣、态度和动机的意向。虽然道德判断总是包含某种描述的成分，但它们的"主要用法不是指示事实，而是制造影响"。[③]

值得注意的是，史蒂文森说一个道德判断或价值概念有描述意义，不单单说该判断或概念的组分有描述意义，而是认为道德判断或概念本身就有描述意义。[④] 他认为："不管从起源上，还是实际运用中，情感意义和描述意义之间都存在着极为密切的联系。它们是一个总情景中相互区别的不同方面，而不是可以孤立起来进行研究的'部分'。"[⑤]一般而言，一个语词的描述意义和情感意义可以同时产生和成长，但它们之间的变化则未必总是同步的，常常发生这样的情

---

① 参见 Charles L. Stevenson, *Facts and Values: Studies in Ethical Analysis*, New Haven: Yale University Press, 1963, p. 21。

② 参见 Charles L. Stevenson, *Ethics and Language*, New Haven: Yale University Press, 1944, p. 43, pp. 54 – 55, pp. 60 – 61。

③ Charles L. Stevenson, *Facts and Values: Studies in Ethical Analysis*, New Haven: Yale University Press, 1963, p. 16.

④ 史蒂文森甚至认为"好"可以在纯描述的意义上使用。比如，当说"杀婴在斯巴达是好的，而在雅典不是"时，"好"就等于"符合当时习俗"。(cf. Stevenson, 1944, p. 83)。

⑤ Charles L. Stevenson, *Ethics and Language*, New Haven: Yale University Press, 1944, p. 76.

况：一个词的描述意义发生变化，而情感意义不变，或者其情感意义发生变化而描述意义不变。就情感意义依赖于描述意义而言，有三种可能的情况。第一，情感意义完全依赖于描述意义，即描述意义能够直接引起听者的反感或赞同，或者当描述意义发生改变时，情感意义也会发生变化。比如，当我们说一个人是“小偷”时，通常都会马上在听者心中引起负面的看法。这种情感意义几乎完全依赖这种描述意义，或者说这种描述意义本身就带有情感意义。第二，情感意义半依赖于描述意义，即其情感意义不是由该词直接的描述意义所引起的，而是由于特定的语境所暗示或隐喻的意义所引起的。比如，“猪”通常只有描述意义，但当我们说“这个人是头猪”时，则带有强烈的贬义。第三，情感意义独立于其描述意义。如“天啊！”“呸！”“爽！”这些情感词无需借助于其描述意义来引起听者的情感冲动或态度变化，本身即可实现这种功能。①

鉴于情感意义和描述意义的上述依存关系，我们应当如何分析同时带有情感意义和描述意义的道德概念或道德判断呢？史蒂文森认为“好”是无法定义的，因为其情感意义无法定义，但我们可以暗示或形容。② 他以“这是好的”为例，提出了关于“好”（以及类似的价值概念）的两种分析样式（patterns of analysis）。在提出第一种分析样式之前，他比较了两种分析“好”的过渡性的工作模型（working models）。第一种是将“这是好的”分析为：“我赞成它，你也要赞成”。第二种是将其分析为：“我赞成它并且我要求你也赞成”。史蒂文森认为第一种优于第二种，因为它可以说明真实的道德分歧。当甲说“这是好的”，等于说“请你赞成它！”乙说“这是不好的”，等于说“请你不要赞成它！”这是两个互相否定的祈使句，二者所要求的行为是互相冲突、互不相容的，因此，二者的分歧是显而易见的。而第二种分析则无法说明甲乙之间的真实分歧，因为甲说“这是好的”和乙说“这是不好的”分别等于说“我[甲]要求你[乙]赞成”和“我[乙]不要求你[甲]赞成”，这两句陈述句可以同真。故相对而言，第一种模型是正确的。虽然如此，史蒂文森很快就指出这一模型有误人子弟或过于简单化之嫌，其一是因为“这是好的”的描述意义可能远不止是陈述说者的态度，也可能描述这件事情产生的种种动机，它的后果，或它所遵循的标准等。其二是因为它的后半部分（“你也要赞成”）是一个祈使句，相当于一个命令，这和“好”劝说他人之功能有着微妙的区别，后者劝说并影响他人的功能主要是通过潜移默化的暗示，微妙且不

① 参见 Charles L. Stevenson, *Ethics and Language*, New Haven: Yale University Press, 1944, pp. 71–79。
② 参见 Charles L. Stevenson, *Ethics and Language*, New Haven: Yale University Press, 1944, p. 82。

是完全有意识的。[①] 故上面的第一种模型也不能成立。但由于情感术语和祈使句的这种差别其实可以忽略不计，第一种模型逻辑上又更为简明、清晰，故许多西方哲学家在分析史蒂文森的思想时，依然以他的第一种模型作为下面将要提到的第一种分析样式。[②]

为了替换“工作模型”，史蒂文森提出了关于“x 是好的”的第一种分析样式，按照这一样式，“好”的意义包含两个成分：一是事实成分或描述意义，即指称说者道德上的态度的成分；一是情感成分或情感意义。如前所述，史蒂文森认为我们不宜将“好”的情感意义表达为“你也要赞成”。但不管它的情感意义如何微妙，它必须是要“唤起听众的赞同”。因此，第一种分析样式可表达如下：

> 对任何人 S 而言，如果 S 说“x 是好的”，他的意思不过是说“我感到道德上赞成 x”并且意在唤起听众赞许的反应。[③]

史蒂文森认为在“好”的实际用法中，其描述意义远不止是第一种分析样式所说的对说者态度的描述，还有许多其他可能的描述意义，如“总体利益”、“博爱”、“生存”等等。“好”的情感意义也不是如同第一种样式所分析的那样，仅仅“意在唤起听众赞许的反应”。它的情感成分包括两个方面：表达赞同态度和唤起赞同态度，其唤起赞同态度的情感意义通常也是稳定的，而不是像第一种样式所暗示的那样，其打动人的情感意义（打动人的程度）随语气、语境等因素而变化。因此，第一种样式不足以形容“好”的所有用法。故史蒂文森又补充以“好”的第二种分析样式：

> “这是好的”，除了好具有一种赞许的情感意义（这种意义可以用以表达说者的赞同态度并且往往唤起听众的赞同态度）之外，还具有这样的意义，即“这具有 X，Y，Z……等性质或关系”。[④]

---

① 参见 Charles L. Stevenson, *Ethics and Language*, New Haven: Yale University Press, 1944, pp. 21 – 26; Charles L. Stevenson, *Facts and Values: Studies in Ethical Analysis*, New Haven: Yale University Press, 1963, pp. 23 – 25。

② 参见 Allan Gibbard, Allan, 1990, *Wise Choices, Apt Feelings*, Cambridge, Mass.: Harvard University Press, 1990, p. 173; Colin Wilks, *Emotion, Truth and Meaning in Defense of Ayer and Stevenson*, Dordrecht: Kluwer Academic Publishers, 2002, pp. 14 – 15。

③ 参见 Fred Feldman, *Introductory Ethics*, Englewood Cliffs, N.J.: Prentice-Hall, 1978, pp. 225 – 226。

④ Charles L. Stevenson, *Ethics and Language*, New Haven: Yale University Press, 1944, p. 207.

在史蒂文森看来，置换“X，Y，Z”的描述词本身通常也都具有情感意义，当它们通过定义（或语境）和“好”联系起来的时候（即成为“好”的意义的一部分时），可以进一步强化“好”所具有的打动人的情感意义，从而唤起人们对“这”所指称的对象的赞同态度。这种定义方式又被称为劝说定义（persuasive definition），定义的目的是为了通过改变“好”的描述意义以增强或改变其情感意义的力度。比如，“这位大学校长是好的，我的意思是说他勤奋且善于管理学校”。说者用“勤奋且善于管理学校”来描述“这位大学校长”，同时也在这种语境条件下解释了“好”的描述意义并强化了“好”的情感意义。①

许多词和“好”（或“恶”）一样都有很强和很稳定的情感意义，它们的使用都能引起强烈的情感反应。比如“民主”、“自由”、“幸福”、“教养”、“卑鄙”、“顽固分子”等。这些词的情感意义往往比其描述意义更为确定。如，尽管我们对民主究竟为何物难以达成共识，但我们几乎全都确信它是一个好东西。这些有着确定的、强烈的情感意义，但却有着模糊和变化的描述意义的语词也是劝说定义所应用的主要对象。劝说定义利用这些词的稳定的情感意义，通过改变这些词的描述意义（新的描述意义本身往往也都带有情感意义），以改变他人对所讨论的对象的态度。比如，甲认为丁没有受过多少正规教育，因此缺少“教养”，而乙则认为“教养”一词真正的完整的意思应当包含“灵敏的想象力和独创性”，因此丁是有教养的。乙试图通过改变“教养”一词的描述意义的办法来改变甲对丁的态度。②

总的来说，史蒂文森认为“好”的用法既根据第一种，也根据第二种分析样式。

三

如前所述，道德判断既包括描述意义，也包含意在影响他人的情感意义。按照其情感意义，道德判断类似于准祈使句。在真正的道德论证中，作为结论的一定是道德判断。那么，论证者究竟想证明什么？是证明结论（道德判断）中的描述成分，还是证明其中的准祈使成分？

按照前面的第一种分析样式，道德判断的描述意义是指关于说者态度的陈

① 参见 Charles L. Stevenson，*Ethics and Language*，New Haven：Yale University Press，1944，p. 208。

② 参见 Charles L. Stevenson，*Ethics and Language*，New Haven：Yale University Press，1944，pp. 210－212。

述。但只要说者真诚地做出道德判断，那么，陈述说者态度的语句的真实性似无需证明，因为这是显而易见的。道德论证中支持道德判断的理由既不能证实，也不能让人怀疑说者态度的真实性。而且，道德论证的目的一般是为了解决道德分歧，道德分歧主要是态度分歧，而不是关于双方态度的信念分歧，证明双方态度的真实性无助于解决双方的分歧，因为关于双方对立态度的描述可以同真。因此，道德论证的主要目的是证明作为结论的道德判断中的准祈使成分（亦即态度成分）。[①] 按照道德判断的第二种分析样式，其描述意义往往是通过劝说定义而给定的，这部分的内容虽有是否为真的问题，但其一，劝说定义本身往往是作为支持道德判断的理由而引入，[②]因此，其内容的真假可以作为前提中信念的真假问题来讨论。其二，劝说定义给出描述词的主要用意不是描述，而是试图改变他人的态度，亦即强化结论中道德判断的情感力度。因此，按照第二种分析样式，道德论证的主要目的依然是证明道德判断中的准祈使成分。

道德论证如果是证明其中的准祈使成分，那么用什么来证明其中的准祈使成分？在史蒂文森心中，直接支持道德判断的理由有三种可能：或事实信念，或道德判断，或带有强烈情感意义的事实陈述（其情感意义由其语境或约定俗成的习惯所决定）。后二者在论证中的作用主要是心理的，而非逻辑的。史蒂文森主要想探讨是否有一种理性的方法来解决道德分歧，因此，他将注意力主要集中在事实信念的理由上，主要考察作为理由的事实信念和作为结论的道德判断之间的关系。[③]

科学和数学的证明一般都是证明结论为真，由于道德判断中的准祈使成分无法用真假评价，那么道德论证或者作为事实信念的理由究竟想证明什么？考虑一个祈使句“请把门关上”。如果有人问“为什么？”得到的理由可能是诸如“门缝的风太大”、“外面太吵”等。史蒂文森认为这些事实理由虽然不能称为“证明”，因为“它们既不是支持一个祈使句的演绎证明的理由，也不是支持它的归纳论证的理由。但它们显然支持一个祈使句。它们‘支撑它’，或者‘确立它’，或者‘使之基于具体的事实’”。[④] 举出这些事实或理由的目的是为了让听众理解祈

---

① 参见 Charles L. Stevenson，*Ethics and Language*，New Haven：Yale University Press，1944，p. 154－155。

② 参见 Charles L. Stevenson，*Ethics and Language*，New Haven：Yale University Press，1944，p. 223。

③ 事实上，道德论证归根结底可以归结为事实信念和道德判断之间的关系。道德论证可以表达为如下的论证形式：如果 R，那么 M。R。因此，M。其中 R 一般为事实陈述（事实信念），M 是道德判断。该论证能否证明 M，关键是能否证明“如果 R，那么 M”是否成立。

④ Charles L. Stevenson，*Ethics and Language*，New Haven：Yale University Press，1944，p. 27.

使句所要求的行动的后果，一旦听众理解了执行祈使句的后果，他们就可以决定是否遵从祈使句所发出的命令，以获得所期望的结果。祈使句一般都意味着要求采取行动。用事实理由"支撑"或"确立"祈使句，也就是"证明"祈使句所要求的行为的合理性与正当性。同样，用事实理由支持道德判断，也就是证明道德判断的合理性，证明其所要求的行为值得去做或禁止某些行为的要求的应当性。

问题是如何理解这种"证明"？如何理解作为信念的理由和作为结论的道德判断之间的关系？如果事实信念和道德判断中祈使成分之间是一种逻辑关系，那么，道德论证和科学、数学证明就没有什么区别，伦理学就可以成为科学的一部分，我们可以像解决科学认知分歧一样解决道德分歧。但事实信念和道德判断之间能够具有形式逻辑所要求的那种逻辑关系吗？

一般说来，科学假说和数学定理的证明可以用形式逻辑中"有效性"的概念来评价，但在史蒂文森看来，事实信念和道德判断之间的关系却不能。这是因为道德判断中的准祈使成分可以表达为一个祈使句。众所周知，祈使句不适于用真假来评价。而评价论证或证明(亦即评价前提和结论之间关系)的"有效性"概念必须通过前提和结论的真假来定义。由于科学和数学证明中的前提和结论都是可以有真假的命题，它们之间存在着可以用真假定义的演绎或归纳的逻辑关系，形式逻辑中的"有效性"可以用于评价这些证明。但这种依赖于真假概念的"有效性"却无法用于评价道德论证，因为作为结论的道德判断的准祈使成分无法用真假评价。史蒂文森认为这正是道德论证不同于科学和数学证明的地方。[①] 在他看来，道德论证和科学、数学证明的不同之处主要在于：1. 科学或数学证明的目的是为了让人们相信某个命题为真，而道德论证是为了改变人们的态度或行为；2. 在科学或数学证明中，作为前提的理由和作为结论的命题之间存在着演绎或归纳的逻辑关系，而在道德论证中，作为前提的事实理由和作为结论的"命令"(即道德判断)之间不存在着上述只有命题之间才存在的逻辑关系，而只存在着某种或然性的因果关系，即听者接受前提之后是否能够接受结论完全取决于听者的心理状态，取决于听者在相信了前提所表达的事实之后是否会按照结论的要求改变自己的行为或行为态度。[②] 他说："关于任何说者认为可能改变态度的任何事实内容的任何陈述，都可以归结为赞成或反对某个道德判断的理由。这个理由事实上是支持还是反对这一判断将依赖于听者是否相信它；如

---

① 参见 Charles L. Stevenson, *Ethics and Language*, New Haven: Yale University Press, 1944, p. 173。

② 参见 Charles L. Stevenson, *Ethics and Language*, New Haven: Yale University Press, 1944, pp. 152－156, pp. 27－29。

果相信,那么就依赖于它实际上是否对他的态度发生了影响。"①

尽管如此,史蒂文森依然肯定道德论证的作用,他认为无法用"有效性"的概念评价道德论证并不能成为否定道德论证的理由,道德论证是一种不同于科学、数学证明的"替代证明",它们可以帮助人们打消疑虑,采取结论所要求的行为态度或行为。②

史蒂文森还认为,在解决道德分歧方面,科学方法依然可以发挥作用,能否发挥作用视道德分歧的具体情况而定。他认为根据道德分歧的三种不同情况,有三种不同的方法可以解决这些道德分歧,其中前两种分歧可以采取科学理性的方法(即逻辑的和经验的方法)加以解决。

第一种道德分歧是由于争论一方的立场中包含逻辑上的不一致所引起的分歧。这种不一致往往是由于争论者根本的道德态度和他的具体道德态度之间存在着逻辑的不一致,或在应用根本性的价值原则时出现逻辑的不一致。比如,甲和乙争论是否每个生命都是平等的。甲认为是。而乙认为不是,因为人的生命比其他动物的生命更重要。但甲吃荤并认为吃荤没有什么不道德的。那么,甲的根本道德态度和他具体的道德态度之间显然存在着逻辑的不一致,他要么放弃前一个信条,他和乙的争论到此结束;要么放弃后一种看法并成为一个素食主义者。在此情况下他和乙的争论就会继续,因为他和乙的争论不仅仅是由于自己态度的逻辑上的不一致,而且由于彼此根本的态度有分歧。史蒂文森认为我们可以通过逻辑的方法(即纯理性的非心理方法)来发现和消除人们态度逻辑上的不一致,从而解决由于这种逻辑的不一致所造成的道德分歧。③

第二种道德分歧是由于事实信念的分歧所引起的分歧。史蒂文森认为我们可以运用理性的心理方法解决这类仅因事实分歧所产生的态度分歧。这一方法主要考虑两点。第一,在断言"x 是好的"时,所给出的理由(事实)是否详尽,是否有还没有考虑到的相关事实,这种被忽略的事实可能改变一个人具体的道德信念。假定甲和乙争论高房价是否应当谴责或干预。甲认为应当,乙认为不应当。但如果甲指出高房价所产生的泡沫有可能给整个社会的经济活动带来严重后果且乙又相信这一点时,这种事实信念的改变则有可能改变乙对房价的态度。

---

① Charles L. Stevenson, *Ethics and Language*, New Haven: Yale University Press, 1944, pp. 114 - 115.

② 参见 Charles L. Stevenson, *Ethics and Language*, New Haven: Yale University Press, 1944, pp. 27 - 28。

③ 参见 Charles L. Stevenson, *Ethics and Language*, New Haven: Yale University Press, 1944, pp. 115 - 117。

第二,促使一个人根据根本态度得出具体道德判断的事实是否有误。事实信念是可误的。乙可能怀疑高房价究竟是否真会给社会带来长远的不利影响,或控制高房价是否真比不控制更有利于社会的长远发展。如果甲乙之间的争论仅仅是由于这一事实信念的分歧所造成的,那么,随着二人信念分歧的解决,他们之间的态度分歧就可以得到解决。虽然解决二人之间的信念分歧可能不是一件容易的事情,但事实问题原则上可以理性地加以解决,即通过经验的或数学的方法加以解决。故这种方法被认为是理性的。同时,这种方法只是心理的,而非逻辑的,因为哪些事实信念和道德争论有关完全取决于争论者的根本态度,即完全是由心理因素所决定的。甲和乙只有都在意社会的长远发展和幸福,他们才会认为上述事实问题的争论与高房价是否应当谴责有关。换言之,这种方法是心理的,因为信念和争论者态度之间的关系只是心理的、或然的,而非逻辑的、必然的。如果乙不在意社会的长远幸福,那么,上述事实问题的争论就无助于解决甲乙二人的态度分歧,因而与所争论的问题也就无关。[①]

第三种道德分歧是根本态度的分歧所引起的分歧。所谓根本态度的分歧是指这样一种分歧:争论双方即使在所有相关的事实问题上达成信念共识,但依然无法说服对方改变自己的态度。比如,环境伦理学中人类中心论和生物生态中心论之间的分歧,主张流产者和反对流产者之间的分歧,支持安乐死与反对安乐死之间的分歧,主张自由优先还是平等优先的分歧等,都属于这一类分歧。由于这类分歧本质上不是由于事实信念分歧所引起的,也不是逻辑上的不一致所引起的,因而无法通过理性的方法——逻辑或经验的方法——加以解决,因此,只能采取非理性的纯心理方法。[②] 这种方法主要依靠语言的情感力量直接去打动对方。如何利用语言的力量打动对方,史蒂文森前面关于"好"的两种分析样式可以帮助我们理解这一点。按照第一种分析样式,人们可以直接利用道德判断来打动他人,比如,当一个人说"x 是不道德的",这句话本身就是试图说服他人对 x 采取否定的态度。将其表达为论证的形式则为:"x 是不道德的。因此,不应当做 x。"按照第二种分析样式,人们可以采用劝说定义的方式来打动他人。劝说定义可以成为支持某个道德判断的理由。比如,"提高最低工资标准是好

---

① 关于理性的心理方法,参见 Stevenson, 1944, pp. 118 - 133。

② 这里所说的"非理性的"(nonrational)不是"反理性的"(irrational),而是说不是依据理性,即不依据逻辑经验的方法。不依据理性未必就等于反理性或不合理性。关于非理性的方法,参见 Stevenson, 1944, Chapter VI。关于非理性的和理性的心理方法的区分,参见 Stevenson, 1944, pp. 111 - 115, pp. 231 - 237。

的，因为它得民心且能缩小贫富差距。”“得民心”和“能缩小贫富差距”都是带有情感意义的描述语，它们不仅定义了“好”的描述意义，本身也是支持前面价值判断的理由。这种理由支持结论的性质主要是心理的。非理性的心理方法也可以利用人们的移情心(einfühlung)。这种方法通常是采取这样的问句来反问对方：如果人人都采取你这样的态度，后果将如何？或者：如果你处在他人的情景下，你的感受又会如何？① 当人们遇到根本的态度分歧，当所有相关的事实问题已经得到解决但态度分歧依然存在，解决这种根本的态度分歧只能依赖非理性的心理方法。这种方法之所以是心理的，因为仅仅依靠语言的情感力量去说服对方；之所以是非理性的，因为这种反问和对方态度的改变之间并无逻辑或必然的联系，且无法通过经验的方法解决这种根本态度的分歧。

总之，在史蒂文森看来，科学方法在解决道德分歧中可以发挥作用，但这种作用是间接的，因为它们只是和解决信念分歧、达成信念一致有关，并非直接和解决态度分歧有关。它们是有条件的，因为只有当信念的改变可以引起态度的改变时，它们才能通过双方信念的一致而达成双方态度的一致。② 而事实前提和道德结论之间是否存在事实上的联系完全取决于听者是否相信前提以及前提与结论之间的联系。换言之，道德争论双方信念的一致并不能保证其态度的一致。即使两个人有着共同的信念，他们的推理也没有任何错误，他们也没有忽视任何相关的证据，但至少逻辑上他们的态度依然可以不一致。两人即使掌握了所有的科学真理，由于性情、教育或社会地位的差异，他们依然可能会保留态度的不一致。③

史蒂文森得出结论：“我们并不能保证科学方法在所谓规范性的学科中能够发挥它们在自然科学中所能发挥的那种确定性的作用。……科学知识的增长有可能留下许多关于价值问题的争论并且永远无法解决。如果这些争论无法[通过科学理性的方法]解决，当然还会有一些非理性的方法可以用于解决争论，比如，慷慨激昂、动人心弦的演说。但纯理智的科学方法，的确，包括所有的推理方

① 参见 Charles L. Stevenson, *Ethics and Language*, New Haven: Yale University Press, 1944, pp. 127 - 129, pp. 144 - 145。

② 参见 Charles L. Stevenson, *Facts and Values*: *Studies in Ethical Analysis*, New Haven: Yale University Press, 1963, pp. 6 - 7, p. 28。

③ 参见 Charles L. Stevenson, *Facts and Values*: *Studies in Ethical Analysis*, New Haven: Yale University Press, 1963, p. 7。

法，尽管它们可以提供极大的帮助，但依然可能不足以解决关于价值问题的争议。"[①]因此，史蒂文森认为："规范伦理学不是科学的一个分支。"[②]根本的原因是因为道德学家的目标是改变人们的态度，这属于行动而非认知的范围，因此规范伦理学无法归于任何科学。

四

与前人相比，史蒂文森的理论至少从三个方面推进了人们对伦理学的认识。

第一，史蒂文森认为有效的伦理学研究应从人们实际上是怎样使用道德语言的问题入手，因为只有这样，伦理学问题的意义才能得到澄清，伦理学的推论才能得到检验。[③] 摩尔虽然也提出对"好"等价值词汇的语义分析是有成效的伦理学研究的出发点，但史蒂文森则进一步提出正确的道德语义分析应当从日常生活中道德语言的实际用法开始，任何离开日常道德语言实际用法的纯思辨的理论假定都有可能误入没完没了的争论，但又没有任何实际效果的歧途。

第二，他肯定了被逻辑实证主义认为是无意义的那一部分价值语言的情感意义，肯定了这种意义在道德生活和道德论证中的作用，进一步确认了道德论说的非认知特征，而这一特征多为以往西方哲学家所忽视。这不仅奠定了元伦理学中非认知主义发展的基础，而且也帮助当时西方道德哲学家走出了以摩尔为代表的非自然主义的死胡同。在史蒂文森之前，摩尔的未决问题论证表明道德判断的规范性或应然性的内容无法为关于自然属性的事实陈述所穷尽，这正是伦理学不同于自然科学的本质特征。但如何解释这一特征？摩尔认为"好"所代表的价值属性是客观存在的，但却是非自然的，即不可观察的、无法通过经验加以检验的。那么如何认识"好"等价值词汇所代表的客观属性或客观真理？摩尔等人只能诉诸直觉，如果直觉不到，请继续努力，直到直觉到为止。但如果不同的人直觉到不同的"道德真理"，而真理只有一个，那么如何决定谁的直觉是正确的呢？摩尔为代表的非自然主义的认知主义无法回答。史蒂文森接受了摩尔对自然主义的批判，但认为对道德判断的非自然特性不必采取认知主义的解释，不必假定伦理学有一个超越物质世界以外的、自成一体的研究对象，这种非自然特

---

① Charles L. Stevenson, *Facts and Values*: *Studies in Ethical Analysis*, New Haven: Yale University Press, 1963, p. 8.

② Charles L. Stevenson, *Facts and Values*: *Studies in Ethical Analysis*, New Haven: Yale University Press, 1963, p. 8.

③ 参见 Charles L. Stevenson, *Ethics and Language*, New Haven: Yale University Press, 1944, p. 13。

性的特征可以用非认知的情感意义加以解释，从而为西方伦理学的发展提供了一个新的生长点，开辟了研究道德论说动态特征的新的研究路径。①

第三，他阐明了沿着非认知主义的道路，如何解决道德分歧，如何进行道德论证，在某种程度上克服了艾耶尔激进的情感表达主义难以解释和解决道德分歧的缺陷，为进一步说明具有非认知性质的道德论证如何可能奠定了基础。尽管情感表达主义是一种二阶的元伦理学理论，本身并没有表达一阶的道德判断，也没有否认道德的作用，但如果它不能回答非认知意义上的道德论证如何可能，在现实中就有可能导致道德虚无主义。科基（R. Corkey）曾提出如下诘难："如果我们怀着苦涩的心情接受这样的理论，即所有关于道德善恶的不同见解不过是个人品味的不同，我们将发现我们不得不接受一个令人不快的结论：我们将无法根据理性的理由去证明某一具体行为确实优于另一行为，不管后一行为如何残暴野蛮……一言蔽之，我们将不得不接受所有独裁者的格言：'权力即真理'。"②艾耶尔认为道德判断不代表命题，没有真假，解决道德或价值分歧，"我们最终只能乞求于谩骂"。③ 因此，艾耶尔并没有回答上述诘难。而史蒂文森则认为道德判断虽然主要是情感表达和制造影响，但这并不意味着它们就不可能得到理由的支持，道德论证虽然不同于科学证明，但依然可以为道德判断提供有力的支持，从而从根本上回应了科基的指责。

史蒂文森的主要问题是过于拘泥于或停留在道德语言表面现象的分析，而没有深入分析道德语言背后逻辑的因素，情感背后的客观原因，这一方面使得他的理论表述充满了过于琐碎或繁琐的例子，不如艾耶尔的情感表达主义那么鲜明、清晰、有力，另一方面导致他认为根本性的道德分歧的解决最终依然是心理的，而非逻辑的或客观的。其理论的主要问题有：

第一，他的心理学意义理论将语言的情感意义完全归结为说者和听者的心理反应和心理倾向，否认了约定俗成的语言规则在确立语言情感意义方面的作用，这不仅导致他关于"好"的意义分析变得十分复杂、多变，而且无法解释为何我们在使用"好"一词时常常能够互相理解，尽管它的意思如此之不同。当你说你的邻居是一个好人时，我似乎完全理解你说话的意义，尽管对你说出这句话的

① 参见 Charles L. Stevenson, *Facts and Values: Studies in Ethical Analysis*, New Haven: Yale University Press, 1963, p.9。

② R. Corkey, *A Philosophy of Christian Morals for Today*, 1961, pp. 22 – 23. 转引自 W. D. Hudson, Hudson, *Modern Moral Philosophy*, Garden City, New York: Anchor Books, 1970, pp. 132 – 133。

③ A. J. Ayer, *Language, Truth, and Logic*, New York: Dover Publications, 1946, p.111.

理由不是很清楚。但按照史蒂文森的理论，我似乎无法知道你的确切意思。如果“好”真有如此多的意义和如此巨大的模糊性，它就会变得没有多大用处。尽管人们在使用“好”时有不同理由，不同用法，但这些不同的用法是否真的就构成“好”的不同意义则是非常可疑的。[①] 黑尔的普遍规定主义则试图克服史蒂文森理论的这一缺陷，用道德语义的逻辑分析取代了史蒂文森的心理分析，用普遍化的规定代替了移情的作用，由此推动了伦理学的发展。

第二，他的理论难以解释道德论说的适真性（truth-aptness）特征，即适于用真假来评价的特征。道德论说有两个特征，即规范性特征（亦即动态或情感特征）和适真性特征（亦即事实陈述或客观性特征）。史蒂文森的理论只解释了第一种非认知的特征，但却没有或难以解释第二种认知性的特征。麦凯对后一特征有如下表述：“日常道德判断包含了一个客观性的断言，即假定存在着客观价值……。对道德术语意义的任何分析，如果忽略了对这一客观的内在规定性的断言，都是不完整的；对任何非认知的分析，任何自然主义的分析，以及任何二者的结合，都是如此。”[②]史蒂文森似乎注意到道德论说的适真性特征，但他认为伦理学中的“真”只是在一个人重复另一个人说话的意义上的“真”，如当甲说“x 是好的”，乙说“是的，这是真的”，乙的意思就等于说“是的，x 是好的”。他认为伦理学中“真”的这种用法显然不同于科学中“真”的用法。[③] 他显然没有真正回答和解释道德论说的客观性特征。他所说的道德判断的描述性成分虽和经验事实的描述别无二致，但这些事实并不是麦凯所讲的规定性（或应然性）的事实。如何沿着非认知主义的道路解释道德判断的适真性特征，成为史蒂文森之后非认知主义所要解决的主要问题。布莱克本的准实在论和吉伯德的规范表达主义都是试图解释道德论说适真性特征的产物。

第三，他将道德论证中事实信念与道德判断之间的关系看成是心理的，否认二者之间可以存在有效的逻辑关系，他认为道德论证最终是用语言的情感力量去影响他人，这样，评价一个道德论证是否合理的唯一的标准便是看它是否有效地制造了所期望的态度。如此，纳粹德国的戈贝尔不顾事实的宣传，只要有效，便也能证明他们的论证是合理的了。这显然是难以接受的。怎样说明哪些事实陈述可以构成支持道德判断的正当理由，哪些不是，怎样说明道德论证的有效

---

① 参见 Fred Feldman，*Introductory Ethics*，Englewood Cliffs，N.J.：Prentice-Hall，1978，pp. 230 – 231。

② John Mackie，*Ethics*：*Inventing Right and Wrong*，London：Penguin Books，1977，p. 35.

③ 参见 Charles L. Stevenson，*Ethics and Language*，New Haven：Yale University Press，1944，pp. 169 – 170。

性，成为推动西方元伦理学发展的一个主要动力。

如何沿着非认知主义的道路来说明道德论证的有效性，说明事实与价值之间的逻辑联系？至少有三条可能的道路。其一，将事实与价值的关系看成是概念上必然的，即事实概念本身就包含不可分割的价值概念的含义。值得注意的是，这一解决方案本身也源自史蒂文森关于道德判断或价值概念二重性（既有描述意义，也有情感意义）的思想。伯纳德·威廉斯（Bernard Williams）曾将这种同时包含描述意义和价值评价的词汇称之为"浊"（thick）概念。[①] 赫德森利用这种"浊"概念试图反驳将事实信念与道德判断之间的联系仅看作是心理上的偶然联系的看法。他认为有些"事实"或"事实陈述"本身就包含价值或态度的成分。比如，描述词"承诺"就包含应当守诺，任何事情"失去尊重"就包含不应当去做，二者之间有着一种逻辑的、必然的联系。[②] 其二，论证的"有效性"并不一定非要用真假去定义，在道德论证中，只要接受了事实信念的前提，就必然接受结论中准祈使句所要求的行为，也可以定义"有效性"。其三，从道德论说所掩盖的人们之间的利益关系入手，从人们之间的利益博弈入手，从实践理性的角度，来寻找说明道德判断的客观基础或实践理性基础。人们的道德态度本身和人们的利益相关。道德分歧表面上看是态度对立，背后支配态度对立的依然是人们的利益或利益分配。这种利益或利益分配是可以进行客观分析与研究的，这就是为何当代西方伦理学家在讨论道德问题时引入经济学、博弈论甚至生物学（进化论）的思想和方法，以求将道德问题置于更为客观的基础上进行研究。

解决道德问题或价值问题是否有客观基础的问题一直是 20 世纪以来英美伦理学家试图回答和解决的问题。由于道德判断不同于自然科学中事实判断的特殊性，它们更像祈使句而非事实判断，它们所提出的要求往往是这个世界应当怎样，而不是断言这个世界是怎样。对这个世界的断言可以有对有错，这种对错可以用真假来评价，这种真假可以通过逻辑和经验的方法加以检验。那么对这个世界应当怎样的要求是否也有对错的问题呢？这种对错是否也可以用真假来评价呢？如果可以，又如何检验其真假呢？史蒂文森肯定了道德论证的作用，因此他似乎认为应然性的问题是有对错的，但他又认为这种对错无法用真假来评价，因此也无法通过逻辑和经验的方法加以证明。如果事情果真如此，他就陷入和摩尔同样的困境：道德判断有对错，但却无法证明。如何摆脱这种困境？英

① 与此相对立的概念是"清"（thin）概念。清概念分为两极：一端是纯描述性的概念，如水、质量、力等，一端是纯评价性的概念，如"好"、"坏"、"正当"等。介于二者之间的则是"混浊"程度不同的"浊"概念。

② W. D. Hudson, *Modern Moral Philosophy*, Garden City, New York: Anchor Books, 1970, p. 120，注 22。

美伦理学家采用了两种研究路径：认知主义和非认知主义，前者直接将道德判断看成是和事实判断类似的判断，后者在坚持非认知主义立场的基础上力图解释道德判断的适真性特征，这两种研究理路都试图说明"应然性"如何可能是客观的，由此推动了当代英美元伦理学的蓬勃发展。

论斯洛特的道德情感主义*

道德究竟根源于我们的理性或者我们对外部世界和自身的理性认识，还是根源于我们自身的情感？西方自柏拉图以来，主流的理性主义哲学传统一直主张前者，当代著名的美德伦理学家斯洛特(Michael Slote)则主张后者。他认为人类天生的移情能力或移情反应，而不是理性或外部世界的某种原因(如幸福或效果)，是我们理解道德、辩护道德和解释道德语义的最终依据。他将他的这种理论称之为“道德情感主义”(moral sentimentalism)。他的情感主义不仅涉及规范伦理学，同时也涉及元伦理学，展现了一种新的、在当代西方独树一帜的伦理学研究理路，值得我们研究与借鉴。

一

斯洛特试图证明，一切道德活动或道德现象，包括道德语义和道德义务，均可从人类自身的情感，主要是移情(empathy)和移情机制中得到解释。

在各种英文词典和百科辞典中，“移情”一词最基本的含义有两种：一种是指移情能力，即对他人的情感、思想和境况“感同身受”或“设身处地”的能力。在这种意义上的“移情”其实也可以译为“移情心”或“同理心”。一种是指在外部环境刺激下体现上述移情能力的移情反应过程或移情现象。由于这种移情反应是行为主体移情能力的行为表现，因此，在许多语境中，“移情”往往具有双重的含义，既指移情能力，也指移情反应或移情现象。

斯洛特的移情概念深受心理学家马丁·霍夫曼(Martin Hoffman)的影响。霍夫曼认为心理学家以两种方式定义移情。一种是将其定义为一个人对另一个

---

* 本文原载于《哲学研究》2013 年第 6 期。

人的内心状态(思想、感受、知觉和意向)的认知觉知;一种是将其定义为对另一个人的替代性的情感反应。比如,当一个人看到另一个人处于痛苦之中,他自己也感到仿佛经历了和另一个人同样的痛苦。霍夫曼将这种情感反应称为"情感移情"。① 情感移情不同于同情的本质特征是"感同身受":它是指一个人感受到某人的痛苦,而同情则是指一个人为某人的痛苦而产生的某种感受,如怜悯、难过并希望他过得好等。一个人可以对另一个抑郁之人感到同情而完全无需通过移情而使自己感到抑郁。② 霍夫曼在讨论情感移情时,提到一种不由自主的移情,斯洛特称之为"联想的移情"。这种移情的特点是:当一个人感受到另一个人的痛苦时,这一过程往往不是有意识选择的结果。③ "移情涉及我们的内心(非自愿地)被唤起的另一个人的种种感受,就像当我们看到另一个人处于痛苦之时所发生的那样,就仿佛他们的痛苦侵入我们的身体……用休谟的话说,就是一个人的感受和另一个人的感受之间彼此传染。"④"移情是无法取消的,它是一种习以为常的、长期的、在某种程度上不由自主的状态。"⑤斯洛特认为正是这种不由自主的移情在他的道德情感主义中起着最重要的作用。⑥ 任何更为复杂的移情,如对一个人境况的移情,对虚拟状态的移情都是建立在这种不由自主的移情的基础上的。由于这种移情是一种不由自主的情感反应,因此,它具有非理性的特征。这一特征最终将斯洛特的情感主义与亚里士多德、康德、密尔等人的理性主义相区别。

二

斯洛特主要从两个方面证明他的道德情感主义:道德判断的意义完全可以从移情现象或移情概念中得到解释;规范伦理学完全可以从移情现象中得到解释。第一个方面的证明也是他对其情感主义元伦理学或道德语义学的证明,其要点有三:第一,道德上赞同或不赞同的态度源于一种二阶移情反应,而非道德判断;第二,道德判断正是在道德态度形成的基础上,对引起我们二阶移情反应的行为者或行为的断言;第三,我们的二阶移情感受以及移情所形成的相关概念

---

① 参见 Martin Hoffman, *Empathy and Moral Development: Implications for Caring and Justice*, Cambridge University Press, 2000, pp. 29 – 30。

② 参见 Michael Slote, *Moral Sentimentalism*, Oxford University Press, 2010, pp. 15 – 16。

③ 参见 Martin Hoffman, *Empathy and Moral Development*, pp. 278ff。

④ Michael Slote, *Moral Sentimentalism*, p. 15.

⑤ Michael Slote, *Moral Sentimentalism*, pp. 78 – 79.

⑥ 参见 Michael Slote, *Moral Sentimentalism*, p. 17, footnote 5。

可以帮助我们确定道德术语所指称的对象或属性，因此，道德判断先天（*a priori*）可知。

长期以来，情感主义一直面临一种指责，即情感主义认为道德判断根植于道德上赞同或不赞同的态度（道德上的好恶感），而赞同或不赞同的原因又来自对行为者及其行为的道德判断，这样，情感主义就陷入了某种循环论证或循环定义。[①] 导致这种循环指责的重要原因是因为绝大多数西方哲学家都认为道德判断在先，而态度在后。斯洛特试图证明一种不预设道德判断的赞同与不赞同的理论，以解释道德判断的意义，从而避免上述指责。他认为我们的态度是由我们的移情倾向所决定的，不依赖于任何道德判断。在他看来，道德判断的对象主要是行为者的动机或品性以及体现这种动机或品性的行为，而非这种行为的效果，而我们的道德态度正是对行为者的品性以及体现这种品性的行为的态度。体现行为者品性的行为要么体现行为者的移情关爱，要么体现行为者缺少移情关爱。当这种体现行为者移情状态的行为成为我们移情反应的对象时，我们的移情就成为了一种二阶移情。这种二阶移情是对行为者移情状态（包括他们的感受和欲求）的移情，而不是对他们所移情的对象的移情。斯洛特认为正是这种二阶移情，形成了我们道德上赞同或不赞同的态度。当行为者的行为体现了对他人的移情关爱时，这种移情关爱会呈现温暖（warmth）或亲切（tenderness）的特征。具有同样移情能力的人通过移情的方式对这种特征会感到暖意或亲切，这构成了我们道德上赞同的态度。[②] 正是作为二阶移情结果的这种暖意构成了人们道德上赞同的态度。另一方面，如果行为者的行为显得缺少对他人的移情心，那么，具有移情心的人们会对这种行为感到冷意或寒心，尤其是当这种冷酷的行为和具有移情心的人们所具有的移情关爱的暖意相对照和碰撞时，更是如此。斯洛特认为这种对行为者行为的反思的感受（感到的寒意）就构成了道德上对行为者品行的不赞同。[③] 上述道德态度的形成完全建立在非判断形式的二阶移情的基础上，但这并不是说所有的道德态度都建立在移情反应的基础上，有些道德态度有可能建立在道德判断的基础上。斯洛特将建立在移情基础上的道德态度称为“原始的态度”（ur-attitudes），而将建立在道德判断基础上的道德态度称为成熟的态度。但在最初或最终的意义上，道德态度先于道德判断，道德判断源于二

---

① 参见 Michael Slote，*Moral Sentimentalism*，p. 45。

② 参见 Michael Slote，*Moral Sentimentalism*，pp. 33 – 35。

③ 参见 Michael Slote，*Moral Sentimentalism*，pp. 35 – 37，p. 40。

阶移情所形成的道德态度。①

道德上赞同或不赞同的态度并不等于道德判断。要想说明道德判断何以可能在情感主义的基础上得到合理的解释,必须说明道德判断何以在道德态度的基础上发生。关于道德上赞同或不赞同的态度,斯洛特说道:“赞同和不赞同大致上是对温暖[或]亲切的感受和对冷漠或冷淡的感受,这些感受部分地是对行为者的动机、态度或情感的一种移情的,因而也是因果的反应。”②这种对行为者的行为(或潜在的行为)所呈现的温暖或冷漠的感受和对这些行为的道德判断有何关系?斯洛特认为关键是要说明对温暖的感受(暖意)何以行为上是肯定的,而对冷漠或冷淡的感受(寒意)何以行为上是否定的。他认为具有成熟的移情心的人,当他对一个残忍的行为感到寒意之时,他不仅对行为者及其行为会产生否定的情感,而且这种否定的情感会使得他不去做他感到寒意的那类事情,因此这种情感在行为上是否定的。另一方面,对呈现温暖的行为感到暖意则会使得感受者有可能采取或愿意采取感到暖意的行为,如帮助需要帮助之人,因此,这种情感在行为上是肯定的。在情感反应的基础上,我们会对引起我们移情反应的行为者及其行为做出道德的判断。基于肯定的情感态度对行为者及其行为做出的判断就是肯定的道德判断(肯定的道德判断蕴含应当采取所判断的行为之意),如“仁爱的行为道德上是正当的(亦即应当做的)”,基于否定的情感态度做出的道德判断就是否定的,如“残忍的行为是错误的(亦即不应当做的)”。③ 这样,斯洛特就说明了道德判断何以在道德态度的基础上产生的机理。

仅仅说道德判断是在道德态度的基础上产生的,还不足以说明道德判断的语义特征,特别是我们常识所认定的语义特征。按照我们的常识,道德判断具有事实陈述的特征,真实的道德判断表达了道德真理,道德判断是对判断对象性质的某种断言。斯洛特接受这样的常识。困难之处仅在于如何解释和认识道德谓词所指称的看不见、摸不着的性质。在斯洛特看来,有两种理论可供参考。一种是理想观察者的理论,按照这一理论,“x是正当的”,其意思相当于“任何一位不偏不倚、宅心仁厚、充分知情、头脑冷静的理想观察者都会对x产生得到矫正的赞同感”。另一种理论是克里普克式的指称确定论(the Kripkean reference-fixing theory),这种理论将道德术语和颜色词类比,以说明道德属性的客观性质,以说明我们是如何“确定”(认识)客观的道德属性的。按照克里普克的理论,

---

① 参见 Michael Slote, *Moral Sentimentalism*, p. 47。

② 参见 Michael Slote, *Moral Sentimentalism*, p. 41。

③ 参见 Michael Slote, *Moral Sentimentalism*, p. 46。

红色的经验可以帮助我们确定“红色”一词的所指(客观的红或反射如此这般波长的光线的东西),同样,我们对仁爱的行为所感到的暖意可以帮助我们确定“正当性”的所指,即引起我们感到暖意的行为特征,我们对残忍的行为所感到的寒意则可以帮助我们锁定“错误性”的所指。① 这两种理论都可以允许有客观的道德属性,因此也都可以允许有常识所理解的道德真理。按照理想观察者的理论,“正当的”等道德谓词所指称的道德属性独立于理想观察者,我们可以通过理想观察者赞同的感受锁定客观的道德属性。克里普克式的理论则将道德属性解释为一种可以通过我们的移情感受去认识的客观属性,其相应的道德判断当然也可以表达道德真理。然而,斯洛特认为,这两种理论的根本缺陷是将道德判断看成是后天的,即将道德判断(如,“仁爱是正当的”)看成是需要通过经验(理想观察者的赞同感或我们二阶移情所感到暖意)才能决定其真假的判断,而道德判断明显是先天的(如,我们无需诉诸我们的经验就可以知道“残忍是错误的”是一个真判断;它并不是我们观察各种残忍的行为,通过经验归纳所下的结论;我们也无需请人再来一次残忍的行为,让我们观察一下,看看残忍究竟是否是错误的)。为了克服上述缺陷,斯洛特提出一种半克里普克式的(semi-Kripkean)理论,以说明道德判断的先天性。

斯洛特认为要想避免将道德判断说成是后天的判断,但又保留克里普克式的指称确定论的有关思想,我们必须加厚确定指称的手段,即不能单纯依赖主观的感受来确定“正当性”的所指。他认为关于移情产生暖意和寒意的机制也许可以提供更厚的基础。

关于何为先天判断,我们又是如何先天地知道其为真,康德曾有一段名言:“所有的分析判断都是先天的,即使它们的概念是经验的,例如,‘黄金就是黄色

① 参见 Michael Slote, *Moral Sentimentalism*, pp. 48 – 49, pp. 58 – 59。克里普克本人并没有直接提出道德术语的指称确定论,但斯洛特将其关于自然种类术语的指称确定论运用于道德术语的分析,故称克里普克式的指称确定论。按照克里普克本来的理论,“[客观的]红是任何反射如此这般波长的光线的东西”和“红是任何引起我们红色视觉经验的东西”是两类不同的判断。前者是一个形而上学意义上的必然真理,但认识论上却是后天的;它是必然真理,因为在任何可能世界里,只要存在着客观的红,这个命题都是真的,即“红”和“反射如此这般波长的光线的东西”都指称同一个对象。然而,发现二者指称的是同一个对象,却是要通过我们关于“红”的感觉经验,故,该命题是后天的。而后者则是一个先天的,但却是偶然的真理。它是先天的,因为我们无需诉诸任何该命题以外的经验,我们就可以知道它是真的;它是偶然的,因为它并非在任何可能世界里都是真的——因为有可能存在着有客观的红但却没有红色视觉经验的世界,或者在某个可能的世界中,引起红色视觉经验的对象并不是我们所说的客观的红。(参见 Saul A. Kripke, *Naming and Necessity*, Harvard University Press, 1980, Lecture III。)

的金属’;因为为了知道它,除了我的黄金概念(这一概念包含这一思想:这个物体是黄色的并且是金属)以外,我无需更多的经验。”[①]在斯洛特看来,所谓先天的是相对于已经把握的概念而言。如果我们理解了一个判断相关概念的意义就知道它是正当的,那么这个判断就是先天或先天为真的。斯洛特有一个基本观点:我们的移情能力和移情体验先于我们的道德判断和对道德的理解。我们也只有具备起码的移情能力才能理解移情、正当性等概念,也才能做出和理解道德判断,正如只有具备正常视力的人才能真正理解颜色的概念一样。[②] 尽管我们是如何获得完整的移情概念和移情能力是一个经验的事实判断,但具有移情能力的我们却可以先天地知道何为移情:当我们为他人的移情关爱的温暖所温暖之时,这就是移情,因为这是一种建立在移情体验基础上的纯概念的分析。我们可以先天地知道何为赞同:为他人行为的温暖所温暖是一种赞同,因为这依然是一种纯概念的分析。同理,我们可以先天地知道何为善或正当性:“善(或正当性)就是任何引起我们对行为者所展示的温暖而感到暖意的东西。”[③]对错误性我们也可以进行类似的分析。我们可以先天地知道任何在移情的过程中让我们感到寒意、感到缺少温暖的东西便是行为的错误性之所在。这样,任何具备移情能力或有过移情经历并且知道“仁爱”或“残忍”意思的人,都会先天地知道“仁爱”可以给我们带来暖意,“残忍”给我们带来寒意,因此,也都会先天地知道“仁爱道德上是善的”,“残忍是错误的”,就像任何理解了“玫瑰”和“花”的含义的人都可以先天地、无需诉诸外部经验地知道“玫瑰是花”一样。[④]

斯洛特的指称确定论主张真实的道德判断表达了必然真理,因为道德术语和其所指有着必然的联系。在他看来,“善是任何引起我们对行为者所展示的温暖而感到暖意的东西”,不仅是先天的,而且在任何可能世界也都必然为真,因为主语和表语所指称的是同一个东西。他认为他的理论可以避免某些道德实在论可能遇到的问题。按照这些实在论,一个道德术语(如“正当的”)可以通过某种因果联系对不同可能世界里的不同人群指称不同的属性。在一种可能世界里,“正当的”可能指的是总体上好的效果,而在另一种可能世界里,它可能指的是某种义务所规定的要求。然而,这样的理论会导致道德相对主义(道德与否相对于

① Immanual Kant, *Prolegomena to Any Future Metaphysics*, newly revised by James W. Ellington from Carus, Hackett Publishing Company, 1977, p. 12.

② 斯洛特认为精神变态者(psychopath)由于缺少移情能力,因此无法做出和理解真实的道德判断,就好比天生的盲人无法断言或真正理解颜色的判断一样,二者都缺少相关的体验。(参见 Slote, pp. 54—55)

③ Michael Slote, *Moral Sentimentalism*, p. 61;参见,pp. 60 - 61, footnote 3 on p. 61。

④ 参见 Michael Slote, *Moral Sentimentalism*, pp. 62 - 64, p. 71。

某个可能世界),这有违道德实在论之初衷。斯洛特的理论则没有上述问题,因为按照他的理论,道德判断在所有可能世界里都必然为真。[①]

总之,斯洛特认为我们的移情能力和移情对于做出道德判断和理解道德判断的意义是必不可少的,因此,他的道德情感主义(主张道德源于人类天生的情感)在元伦理学的层面得到了证明。

三

斯洛特认为他的道德情感主义在规范伦理学的层面也可以得到证实。他认为规范伦理学"也就是给我们提供实际的道德判断并为之辩护的伦理学",[②]而"移情和对他人的移情关爱的概念实际上为我们提供了一种看上去合理的道德评价标准"[③]。作为一个美德伦理学家,斯洛特还认为,道德评价的对象是行为者的品性或体现行为者品性的行为。因此,他的情感主义规范伦理学(或曰规范情感主义),亦即他的规范美德伦理学,可以表达如下:一个体现行为者品性的行为是道德的或为道德义务所要求,当且仅当它反映或体现了行为者对他人的成熟的移情关爱。[④]

斯洛特支持规范情感主义的主要论据是:我们的移情反应和我们直觉上所认定的道德义务(道德规范)有着相当一致的对应关系,我们移情的程度(强度)或偏爱和我们道德义务的程度或偏爱有着相当一致的对应关系。心理学的研究和观察表明我们的移情有程度上的差别,我们对亲眼所见的痛苦比仅仅听知他人的痛苦更容易产生移情反应,其反应程度也更为强烈;我们对当下的痛苦或境况比对遥远将来的痛苦或境况更容易产生移情反应,其程度也更为强烈;我们对直接引起伤害或痛苦的情景比对仅仅坐看伤害或痛苦发生的情景更容易产生移情反应,其程度也更为强烈。斯洛特将这三种不同的移情反应方式分别概括为"知觉的直接性"(perceptual immediacy)、"时间的直接性"(temporal immediacy)和"因果的直接性"(causal immediacy)。这些移情反应"直接性"的程度和我们直觉上所接受的道德义务的程度或偏爱有着惊人的对应关系。比如,我们对亲近者(如家人、朋友、同胞)的移情反应在程度上远超过对陌生人或道听途说之人的移情反应(一种知觉直接性移情)。这正好对应于我们直觉上的

---

① 参见 Michael Slote, *Moral Sentimentalism*, p. 65。

② Michael Slote, *Moral Sentimentalism*, p. 4.

③ Michael Slote, *Moral Sentimentalism*, p. 21.

④ 参见 Michael Slote, *Moral Sentimentalism*, p. 63, pp. 98 - 99, p. 125, pp. 137 - 138。

义务：我们对亲近者的义务要超过对陌生人或道听途说之人的义务。我们对于眼下陷入矿井下待救的矿工的移情远甚于对将来可能陷入矿井下更多的矿工的移情(时间直接性移情)。这和我们有关的道德直觉对应：我们更有义务拯救眼下陷入矿难的矿工，而不是将有限的人力和财力节省下来用于购买和安装井下救生设施以拯救哪怕更多的受难的矿工。我们对直接造成伤害的行为所产生的移情反应比坐看伤害的发生所产生的移情反应更为强烈(一种因果直接性移情)，比如，我们对直接将一个胖子推向桥下的铁轨以阻挡一辆有轨电车冲向前方绑在铁轨上的六条人命，比坐看有轨电车冲向六人更容易产生移情的退缩。这正对应于当代义务论的一个重要假设，即主动伤害一个人比坐看伤害的发生道德上更值得谴责。

如何解释上面的移情与道德义务之间的对应关系？斯洛特提出了一种关爱伦理学，亦即规范美德伦理学的解释。道德义务都是利他的。从移情推出义务的关键是根据"移情—利他假说"，[①]由移情推出移情关爱，然后从移情关爱推出道德义务。按照"移情—利他假说"，移情心越强，关心他人、为他人做事的意愿也就越强，我们由此而产生的道德义务的程度也就越强。按照斯洛特的解释，我们移情程度上的差异或偏爱导致我们对他人移情关爱的差异或偏爱，这种差异或偏爱又导致我们道德义务的差异或偏爱。这就是为何移情和道德义务存在着上述对应关系的原因之所在。我们由此可断定，我们移情反应的"直接性"程度的不同直接决定和解释了我们不同的道德直觉，直接决定和解释了我们直觉上所接受的、对不同人或在不同情景下的道德义务的差异。比如，我们更有义务拯救眼下即将溺水而亡的小女孩，而不是给"乐施会"(Oxfam)捐善款以拯救遥远国度的饥童。这种道德上的偏爱可以通过移情的知觉直接性和时间直接性得到解释。我们认为一位医生有义务拒绝杀害一个无辜的人(分解其致命的器官)以拯救另外五个病人，哪怕这五个病人会因这种拒绝必死无疑。这种道德义务的差异或道德偏爱可以通过因果直接性移情得到解释：我们对自己可能引起伤害和痛苦的情景比对坐看伤害和痛苦发生的情景更容易产生畏缩不前的移情反应。因此，移情反应或移情关爱是决定我们道德义务的最终依据。[②]

斯洛特认为我们关于道德义务的直觉和判断源于我们的移情反应，而不是

---

① 参见 Michael Slote，*Moral Sentimentalism*，p. 16。

② 以上两个自然段的内容均参见 Slote，pp. 21ff 和斯洛特本人 2010 年 5 月 19 日在南京师范大学的演讲稿："Sentimentalist Virtue Ethics：A Contemporary Approach"。其中个别例子与斯洛特原来的例子略有不同。

相反，还可以从以下事实得到证明。我们并不是先有道德判断或规则，然后才有移情反应。我们的移情反应独立于，甚至先于我们的道德判断或规则。一个人对自己造成对他人的伤害感到不安或移情愧疚往往独立于任何道德概念或信条。我们做道德的事情往往是移情反应的结果，而非依据道德命令或道德规则的结果。移情反应无需思考对错。相反，对错的判断是由我们的移情反应所决定的。① 在我们的行为决策中，究竟是先救落水的妻子还是陌生人，我们并不需要诉诸什么道德规则以决定我们应当采取何种行为，我们的行为直接根据我们的移情倾向，而不是遵守道德规则的动机。而且，对于缺少对他人移情关爱的人来说，道德命令或规则也不会起什么作用。② 对于具有成熟的移情心的人来说，绝大多数情况下，无需道德规则来告诉他或她应该如何做才对。需要道德规则往往是道德自卑或道德无能的表现。③ 因此，我们的移情反应，而非道德判断或理性分析，最终决定了我们的道德义务。

斯洛特的规范情感主义并不是一种不偏不倚的规范伦理学。它承认爱有差等，因而我们的义务也有差等。这似乎和公平、正义或法治等现代价值观念格格不入。但斯洛特认为公平或正义等概念也可以通过移情的概念得到合理的解释。他主张一种关爱伦理学的正义论。关爱伦理学根据个人行为是否反映或体现了个人的移情关爱来评价个人行为。斯洛特认为，一个社会的法律、制度和习惯就好像该社会的行为，它们反映或体现了该社会群体或子群体的动机和信念，就像一个人的行为反映或体现他或她的动机和信念一样，只不过以更为长久的方式。因此，按照情感主义关爱伦理学，一个社会的制度、法律和习惯是正义的，如果它们反映了创立和维护它们的那些人的移情关爱；一条法律是正义的，如果它反映了通过该法的立法者对该国同胞的移情关爱。当然，对其同胞缺少移情关爱的立法者有时也会通过符合其同胞或国家利益的法案，如交通法。但这正如恶意之人并非其每一个行为都必然反映其恶意一样。我们可以补充一条规定：一条法律是正义的，如果它没有反映或显示颁布该法律的人缺少恰当的移情关爱。④ 分配正义，包括权利和经济利益的公平分配，是现代正义观念的核心内容。如何解释分配正义？在斯洛特看来，一个充满移情关爱的社会也应当是体现分配正义的社会。如果一个社会绝大多数人得不到起码的政治权利，这便

① 参见 Michael Slote, *Moral Sentimentalism*, p. 23 和本文第二节。

② 参见 Michael Slote, *Moral Sentimentalism*, pp. 83 – 86。

③ 参见 Michael Slote, *Moral Sentimentalism*, p. 94。

④ 参见 Michael Slote, *Moral Sentimentalism*, pp. 125 – 126。

是政治上的不义。这种不义可以通过统治精英缺乏对人民的移情关爱得到解释。一个缺少社会安全保障体系的社会也是一个经济上不义的社会,因为它表明该社会的统治集团缺少足够的对弱势群体的移情关爱。①

四

斯洛特的道德情感主义采取了一种新的伦理学的研究理路(尽管这一理路可以追溯到休谟),在元伦理学和规范伦理学两个方面都取得了新的进展。在元伦理学方面,他的情感主义道德语义学揭示了道德判断的心理基础,进一步丰富了西方情感表达主义的内容;他的指称确定论和道德判断先天性的论证试图克服情感表达主义难以说明道德判断的适真性或客观性的缺陷;他甚至试图说明理性或理由背后的情感因素,②这一切都为元伦理学的深入研究开辟了新的研究路径与方向。在规范伦理学方面,他主张道德义务完全可以从我们的移情反应中得到解释,从而提出了一种足以和康德等人为代表的理性主义伦理学相抗衡的情感主义伦理学。他的规范情感主义说明了罗斯等人为代表的直觉主义义务论难以说明的关于道德义务的直觉,按照他的理论,这种直觉(包括在冲突的道德义务之间进行取舍的直觉)最终可以由我们的移情反应得到解释和辩护,从而为义务论找到了一个更为合理的基础。他的规范情感主义也是一种规范美德伦理学,完全不同于亚里士多德的幸福主义美德伦理学,不仅为美德伦理学的研究提供了一种新的思路,而且也可以克服后者的缺陷。亚里士多德以外在于行为者内心状态的个人"幸福"来定义美德,这一方面导致非美德伦理学化的困境:以非美德概念(幸福)定义美德概念,另一方面也难以避免循环定义:以外在行为的正当性来说明美德(有助于实现行为者幸福的行为倾向即为美德),又用美德概念来定义行为的正当性(合乎美德的行为即为有助于个人幸福的行为)。斯洛特完全以行为者内心的移情状态(自然美德)来说明美德和体现美德的行为规范,因此可以克服亚里士多德美德伦理学的上述缺陷。他的移情反应和道德态度先于道德判断的理论为如何进行有成效的道德教育带来重要启示:在道德教育中,培养人们,特别是青少年的移情心或移情能力(通常所说的爱心)远比重复道德规则或道德理论要重要得多,因为,在斯洛特看来,在日常生活中,人们的行为更多是根据移情反应,而不是道德判断或道德规则;不道德的行为通常都因缺少充分的移情心,而非缺少相关道德规则的知识。

---

① 参见 Michael Slote, *Moral Sentimentalism*, chapter 9。
② 参见 Michael Slote, *Moral Sentimentalism*, chapter 10。

斯洛特的主要问题有两个。一个是他的移情概念不够清晰和确定，因此建立在这一概念基础上的许多推论就很值得推敲。比如，尽管他认为移情和同情不同，但他在使用移情概念时，不时和同情或怜悯的概念相混。在讨论分配正义时，他认为一个社会的立法和制度不应缺少同情或怜悯(compassion)，而怜悯是对绝对厄境的一种情感反应，他试图以此说明立法和制度为何在财富分配方面应当向弱势群体倾斜。但这里所说的怜悯似乎更接近同情(sympathy)，而非移情。[①] 根据斯洛特对移情概念的解释，移情有感同身受、不由自主、传染或侵入等特征。虽然他强调了感同身受不等于和对象融为一体或完全等同，但行为者或判断者的移情反应必须是对对象情感的某种反映，否则就难以和同情或其他的情感概念相区别。然而，在解释形成赞同态度的二阶移情反应时，他的解释似乎偏离了原有的移情概念。比如，他认为我们对行为者的二阶移情反应(感到暖意)是对行为者行为所表现的温暖的移情反应。"温暖"代表行为者行为的一种性质。它究竟是指行为者自己的感受，还是指我们将自己对其行为所感到的暖意"移情"或"投射"到对象上的一种性质？如果是前者，会造成许多费解的问题。比如，道德的行为通常是对遭受痛苦的人的帮助，因为行为者对遭受痛苦的人所感受到的痛苦"感同身受"，因此采取帮助后者的行为。但行为者的"感同身受"应当是仿佛和对方感到同样痛苦，因而动了恻隐之心，体现行为者这种"感同身受"的行为如何会有"温暖"的特性？如果是指后者，则移情概念就需要扩展，即允许我们将自己的情感"移情"到对象中。但问题是，一旦移情概念允许我们向对象移情，这似乎会给斯洛特的理论带来更多的问题。首先，将我们自己感到暖意的情感投射到对象中，然后认定对象具有"温暖"的属性，这样的断定是否太主观？又如何与斯洛特并不认同的投射主义(projectivism)相区别？其次，一旦允许投射性的移情，那么也就可能发生"以小人之心度君子之腹"式的二阶移情，这种二阶移情的结果可能导致的不是正确的，而是错误的道德态度和道德判断。再次，我们也可以对无生命的对象(如飓风)移情，进而对它们进行道德判断，但无生命的对象，无法也无需承担任何道德责任，这样，对它们进行道德判断就变得毫无意义。总之，一旦移情概念扩展，会带来更多的问题。但如不扩展，斯洛特关于形成道德赞同态度的二阶移情就难以理解。因此，斯洛特需要澄清移情概念，以便使他的理论建立在更为坚实的基础上。

斯洛特的第二个问题是，移情固然是我们道德生活中非常重要的一个现象，

① 参见 Michael Slote, *Moral Sentimentalism*, pp. 131 - 132。

也是道德义务和道德行为的心理基础，但它并非唯一的基础。首先，移情并非是道德义务和道德行为的必要条件，因为同情和怜悯也可以产生利他的道德行为，也可能产生关于我们道德义务的正确判断。其次，移情似乎也不是道德义务和道德行为的充分条件。比如，人们一般对英俊漂亮的人和长相不好的人会产生移情差别，人们往往对长相好的人比对长相丑的人会产生更多的移情关爱。按照斯洛特的理论，人们的道德义务应当与人们的移情反应相对应，那么这是否意味着我们对长相好的人比对长相差的人有更多的道德义务？这显然有悖公平原则。斯洛特的回答是：我们初见一个长相丑的人可能会吓一跳或感到厌恶，这种反应会阻碍我们采取帮助他的行为。但如果我们真有移情心，我们就有可能了解到丑人可能一生都会受到这种歧视的打击，因而产生对他比对长相好的人更大的移情关爱。[①] 但这似乎又产生了另外一个问题，即对长相好的人似乎不公平。移情不能保证道德行为也许还有更深的心理原因。心理学家认为亲社会的、产生利他行为的移情主要是忧伤移情(empathic distress)。但即使是忧伤移情，也不能保证就能产生利他的道德行为。霍夫曼认为对于一个具有正常大脑的成年人而言，在移情过程中将自我完全合并到他人之中是不可能的。而这会对移情，特别是忧伤移情的亲社会的行为动机(利他动机)构成一个限制性条件。一个人完全可以感受到他人强烈的忧伤，然而同时清楚地意识到自己不是他人。[②] 这种限制性的条件说明，移情，即使是忧伤移情，也不能保证移情者的亲社会的利他行为。有时移情必须加上其他条件才有可能产生利他的行为。

上面这些例子说明，仅仅依靠移情来说明道德或道德义务是不够的。移情不是万能的，它可以为我们提供行为的初始理由，但需要，至少有时需要实践理性的帮助或矫正，尤其是讨论分配正义问题时，我们几乎无法不诉诸各种理性的考量。[③]

我们的移情反应能力往往因人因对象而异，往往因社会地位、经济地位，甚至生理的原因而异。斯洛特本人也承认，男女由于生理的原因，移情能力或移情的敏感性十分不同，女性比男性具有更强的移情心或移情能力，因而更易赞同超道德的行为。如果人们的移情能力有差异，这就会导致他们的移情反应有差异，

---

① 参见 Michael Slote，*Moral Sentimentalism*，p. 24，footnote 15。

② 参见 Martin Hoffman，*Empathy and Moral Development*，p. 276。

③ 斯坎伦曾详细论证关于对错的道德判断只能建立在理由，而非欲望或情感的基础上。(cf. Scanlon，特别是 chapter 1)他的观点或许可以商榷，但或多或少表明，至少有时，理由而非情感对于道德判断是不可缺少的。

进而导致他们关于道德义务的道德判断有差异，那么，我们究竟应当相信谁的移情能力，遵循谁告诉我们的道德规则？斯洛特的回答是，我们依据共同的移情能力(common capacity for empathy)来决定我们的道德义务。[①] 问题是什么样的移情能力，谁的移情能力，可以算作我们共同的移情能力？我们似乎必须引入某种移情以外的标准，某种理性的因素，才能说清这一点，而这正是纯情感主义难以做到的。

尽管有上述的种种问题，斯洛特的道德情感主义依然给我们许多重要的启示。他的理论证明了移情等人类情感在我们的道德生活，乃至普通生活中，扮演了重要的、不可或缺的角色。他的理论尽管是非理性主义的(不是反理性主义)，但他实际上提出了一种基于移情的情感理性的思想，即我们人类天生的某些情感具有天然的或初始的(prima facie)合理性。情感是我们理性的来源之一。这种情感理性不同于认知理性，也不等于实践理性，它们彼此无法互相取代，但却可以在我们的生活中互相矫正，使我们的生活变得更加美好。

---

① 参见 Michael Slote, *Moral Sentimentalism*, p. 138。

斯洛特是如何从"是"推出"应当"的[*]

迈克尔·斯洛特(Michael Slote)是当代著名的道德情感主义者和新休谟主义者。他曾经和休谟一样,非常怀疑从"是"推出"应当"的可能性。然而,随着他的道德情感主义思想日益成熟,他开始感到可以以纯语义的方式从"是"推出"应当"。他的道德情感主义主张一切道德活动或道德现象,包括道德语义和道德义务,均可从人类的移情反应和移情机制中得到解释,人们的移情反应与人们日常所接受的规范伦理学有着惊人的一致。[①] 他由此认为我们可以从人们在正常的移情条件下对某种行为移情反应的事实,亦即从人们赞同和不赞同某一行为的心理习性或人性倾向的事实,通过运用他的情感主义道德语义学对相关概念进行先天的分析,就可以有效地推导出关于该行为道德属性(正当或错误)的道德判断。[②] 他认为这一推导过程进一步证明了他的道德情感主义。然而,由于他的论证预设了接受他推理有效性的人们必须具有移情心(empathy)和移情体验,甚至在某种意义上是道德君子,这就使得他从前提到结论的"推论"依旧建立在听者的心理特征,而非前提和结论之间的逻辑关系上。从"是"到"应当"的过渡至少在很多情况下实际上是建立在某种先天认知的基础上,它们之间的联系就如同几何学中的公理一样必然和普遍。

一、理想观察者的理论

斯洛特的论证是从对道德概念的理想观察者理论的考察开始的。按照理想观察者的理论,所谓正当性(rightness)就是任何充分知情的、冷静的、不偏不倚

---

* 本文原载于《伦理学研究》2016 年第 4 期。

① 参见陈真:《论斯洛特的道德情感主义》(《哲学研究》,2013 年第 6 期)第三节。

② 参见 Michael Slote, *Moral Sentimentalism*, Oxford: Oxford University Press, 2010, pp. 69 - 70。

的观察者所可能赞同的东西，也就是说，一个行为 A 是正当的，如果它为充分知情的、冷静的、不偏不倚的观察者所赞同。[1] 对错误性也可以做类似的分析，即一个行为 A 是错误的，如果行为 A 为处于充分知情的、冷静的、不偏不倚的观察者所不赞同。我们可以将该理论表达为如下论证：

(1) 一个行为 A 为充分知情的、冷静的、不偏不倚的观察者所赞同。

(2) 因此，行为 A 是正当的。

上述论证中的前提(1)是一个事实陈述，如果结论中的“正当的”蕴含“应当”之意，那么，这个论证就是一个从“是”推出“应当”的论证。问题是，这个论证是否有效？仅从论证的形式上看，该论证不是一个有效论证。但一个论证是否有效，不仅可以根据形式，也可以根据语义或概念。比如，“张三是一个从未结婚的男性。因此，张三是一个单身汉。”就是一个语义或概念有效的论证，因为当其前提为真时，结论必然为真。那么，上述理想观察者论证是不是一个语义或概念有效的论证呢？根据上面两句话的意思，我们能否从一个行为 A 为理想观察者所赞同的事实，直接推导出该行为就是正当的呢？

正如斯洛特所正确认识到的，一件事情是否正当并非因为我们的赞同而使其变得正当，而是因为其正当，所以我们赞同。酉阳县一个年轻的女护士不顾传染的危险，当街跪在地上嘴对嘴为溺水的陌生老人实施人工呼吸，人们称她为“最美护士”、“最美女孩”。显然，这个女护士的行为是美好的、正当的，不是因为人们赞同它使得它成为一件美好的、正当的事情，而是因为它自身就是美好的、正当的，因此才获得人们的赞同或赞赏。一件事情为理想观察者所赞同至多只是相信该事情有可能是正当的一条理由或证据，但并不能保证它一定事实上就是正当的。[2] 为了保证理想观察者理论能够从“是”(理想观察者的态度)推出“应当”(行为 A 是正当的)，斯洛特认为，我们必须假定理想观察者的赞同或不赞同的态度和正当性或错误性之间的关系是一种概念分析的关系，是一种概念分析真理，也就是假定下述条件句是一个概念分析真理：“如果充分知情的、冷静的、不偏不倚的人类观察者赞同一个行为，那么该行为道德上就是正当的。”[3]由于相信或认为一件事情是正当的并不等于该事情事实上就是正当的，正如相信

① 参见 Michael Slote, *Moral Sentimentalism*, p. 70。

② 参见 Michael Slote, *Moral Sentimentalism*, p. 70。

③ Michael Slote, *Moral Sentimentalism*, p. 71.

或认为地球是平的并不等于地球实际上就是平的一样，为了避免可能的诘难，斯洛特认为我们还需要假定前提中所"赞同的"不应当等于观察者认为是"正当的"，以避免循环定义或循环论证。这样，在做出了这两个假定之后，理想观察者的论证似乎就可以允许我们从"是"(即理想观察者对待行为A的态度的事实)有效地推出"应当"(即行为A是正当的)。[①]

有人可能会认为上述论证依然是无效的，因为结论中的"正当的"具有情感的、规范的或打动人的力量，而前提中的事实陈述(即"行为A为充分知情的、冷静的、不偏不倚的观察者所赞同")本身并不具有这种打动人的情感意义，也就是说，前提中关于冷静的、不偏不倚的理想观察者赞同行为A的事实陈述本身并非必然意味着接受该陈述的人也会喜欢或赞同行为A。[②] 因此，从上述论证的前提，我们无法推出结论中所隐含的、接受结论者也会赞同的"应当"。斯洛特认为这一诘难不能成立。何以见得？

这一诘难背后隐藏的是情绪主义(emotivism)的道德语义学，[③]按照这种道德语义学，道德判断，至少就其本质部分而言，只是情感态度或命令的表达，没有真值，这样，我们当然就无法从有真假的事实前提推出根本就无所谓真假的道德判断。因而任何从事实前提推出道德判断的论证都是无效的，因为依赖于前提和结论的真假关系的"有效性"(validity)概念根本就不适合这样的论证。[④] 然而，理想观察者的理论则不同，该理论认为道德判断和事实陈述一样都是具有真值(即可真可假)的断言，这样，我们就可以根据事实前提和道德结论之间的真假关系，判断该论证是否有效。那么，我们是否有理由认为道德判断是具有真假的语句呢？斯洛特认为能够断定我们的道德判断为真(当它们确实为真时)是我们珍贵的遗产和与生俱来的权利。这种能力使得我们能够按照我们经常思考和经常想思考的方式来思考问题。如果有一天我们无法做出真的或假的道德判断，或无法评价我们道德判断的真假，我们对世界的理解和反应的一整套机制或能力也许会消失殆尽。因此，我们必须接受理想观察者理论关于道德判断的事实

① 参见 Michael Slote, *Moral Sentimentalism*, pp. 70 - 71。

② 还有一种可能的分析，即我们(前提的陈述者或接受者)喜欢理想观察者所赞同的，因为我们喜欢具有和理想观察者一样的品质：冷静和不偏不倚，但如果这样，如果前提也蕴含结论所蕴含的情感意义，如同斯洛特所说，我们根本就不会面临所谓如何从"是"推出"应当"的问题了。参见 Michael Slote, *Moral Sentimentalism*, footnote 9 on p. 73。

③ 将"emotivism"译为"情绪主义"主要是为了和"sentimentalism"的中文翻译"情感主义"相区别。

④ 史蒂文森(Charles L. Stevenson)对此进行过详细分析。参见陈真：《事实与价值之间——论史蒂文森的情感表达主义》，《哲学研究》2011年第6期第103页。

性特征的假定。显然，我们无法接受情绪主义关于道德判断的语义解释，因为这种解释会破坏理想观察者理论关于道德判断或价值判断的"事实性"(factuality)意义和上面理想观察者论证的有效性。而另一方面，按照斯洛特的道德情感主义，正确的道德判断是建立在判断者的移情心的基础上的，因此，本身亦具有打动人的情感的力量。[①] 斯洛特想寻求一种情感意义理论，这种理论承认理想观察者论证结论中的道德断言包含其前提所不包含的情感意义，但又无需破坏整个论证的认知意义或事实性意义，无需破坏理想观察者论证的有效性。[②] 那么，怎样才能做到这一点呢？

斯洛特认为，为了从"是"推出"应当"，我们还应当有一个假定，即将结论中"正当的"所蕴含的能够打动人的情感意义看成是一种格赖斯式的言外之意(Gricean implication)。按照格赖斯的理论，我们所做出的陈述往往有言外之意，而这些言外之意的真假并不影响这些陈述的真假。比如，我说"我妻子要么在厨房，要么在寝室"，我的言外之意是"我并不知道她究竟处于哪一种情况"。这一言外之意不论真假不会影响到原句的真值。即使我真的知道了她究竟处于哪一种情况，即上述言外之意为假，但这并不影响原句的真假。[③] 格赖斯还认为，如果我们对原句进行适当的补充说明，这一不影响原句真假的言外之意是可以取消的(cancelable)："我妻子要么在厨房，要么在寝室，我并没有说她究竟在何处。"这段语句的最后一句话将原句的言外之意取消。它表明，当一个人说"我妻子要么在厨房，要么在寝室"时，其言外之意(他不知道她究竟在何处)并不构成该句的真值条件，即无论这一言外之意真假与否都不影响该句的真假。格赖斯还讨论了可分离的(detachable)言外之意。考虑下面这个句子："他很穷，但他却品德高尚"。这句话的言外之意是"贫穷会使得一个人更有可能犯罪或不道德"，但即使这一社会学的概括被证明是错误的，这通常不会影响到原句的真假。上述句子的言外之意不仅不是决定原句真假的真值条件，而且也可以与原句的意思相分离。比如，一个人可以说"他很穷，并且他品德高尚"。就真值条件而言，这句话和"他很穷，但他却品德高尚"的意思是一样的，但却没有后一句的言

---

① 参见 Michael Slote, *Moral Sentimentalism*, chapters 3 - 4。

② 参见 Michael Slote, *Moral Sentimentalism*, pp. 71 - 72。

③ 一件比较有趣的事情是，中国许多习惯用法的言外之意往往是该语句真正的意义，而语句表面的意义反而不是其真正的意义。比如，"金钱如粪土，朋友值千金"。按照该语句表面的意义，如同金岳霖先生所认为的那样，会推出"朋友如粪土"的荒唐结论。但这句话的真正意义不是其表面的陈述意义，而是其言外之意(亦即其情感态度的意义)：在对待朋友和金钱的态度上，必须二选一时，我们宁可选择朋友，而不是金钱。

外之意，即后一句的言外之意是可分离的。①

我们可以将格赖斯的理论应用于理想观察者的论证。我们可以说理想观察者论证允许结论中的道德判断（即“行为A是正当的”）包含前提所不具有的言外之意，即判断者喜欢行为A，但这一言外之意是可分离的，它并不构成该道德判断的真值条件，无论其真假与否都不影响该道德判断的真假。② 也就是说，道德判断的这一言外之意无论真假与否都不影响理想观察者论证原来的有效性。如果原来的论证是有效的，即当前提为真时，结论必然为真，那么现在依旧如此，结论具有前提所不具有的言外之意对这种有效性不会发生影响。而按照斯洛特的看法，只要我们将结论中的道德判断看成是可以通过前提中关于理想观察者态度的事实陈述而分析为真的判断，亦即结论中的道德判断为真的真值条件与前提中关于理想观察者态度的事实判断的真值条件一样，那么理想观察者的论证就是有效的，即使结论蕴含接受结论者喜欢结论所断言的某种东西，而前提并不蕴含这种言外之意。而且，按照某些外在主义的理想观察者的理论，结论中的道德判断的言外之意（即喜欢或赞同行为A）不仅是可分离的，而且是可以取消的，一个人可以说“行为A是正当的，但我的意思并不是说我喜欢它”。③ 如此，理想观察者论证的有效性就更不成问题。因此，上面提到的指责（即理想观察者论证的结论具有前提所不具有的情感意义，因此该论证无效的指责）不能成立。根据以上这些讨论，我们可以将理想观察者的理论表达为一个形式上也是有效的论证：

(1) 行为A为充分知情的、冷静的、不偏不倚的观察者所赞同。

(2) 一个行为A是正当的，如果行为A为充分知情的、冷静的、不偏不倚的观察者所赞同。（概念分析真理）

(3) 因此，行为A是正当的。

二、斯洛特的论证

尽管斯洛特认为理想观察者的论证可以是有效的，但依然存在两个问题，这

① 参见 Michael Slote, *Moral Sentimentalism*, pp. 72 – 73 和 H. P. Grice, “The Causal Theory of Perception,” *Proceedings of the Aristotelian Society*, Supplementary Volumes, Vol. 35 (1961): pp. 121 – 152。

② 参见 Michael Slote, *Moral Sentimentalism*, p. 73。

③ 以上均参见 Michael Slote, *Moral Sentimentalism*, pp. 73 – 75。

两个问题使得理想观察者的理论倒向情感主义。第一,理想观察者的理论可以避免循环论证仅当赞同或喜欢的概念没有预设道德判断,而这使得该理论倒向道德情感主义。① 因为只有道德情感主义才有可能避免这样的循环。按照斯洛特的看法,绝大多数西方哲学家都认为人们的道德态度(赞同或不赞同)是基于人们的道德判断,也就是说,道德判断在先,而态度在后。这样就无法避免上面前提(1)和结论(3)之间的循环论证,或者说,前提(2)是一个循环定义,即理想观察者认为行为 A 是正当的,所以才赞同它,但因为赞同它,所以它是正当的。斯洛特的情感主义可以避免这种循环的困境,因为按照他的理论,人们道德上赞同或不赞同的态度不需要预设任何道德判断,人们不是先有判断,后有态度,而是先有态度,后有判断。这是因为人们的道德态度是建立在人们对他人的行为的二阶移情反应的基础上的。当他人的行为是道德的,这种行为会对人们呈现一种温暖的属性,这种温暖的属性会给人们一种暖意,这种暖意构成了人们道德上赞同的态度。当他人的行为是不道德时,他人的行为会呈现一种冷冰冰的属性,这种属性会引起人们感到寒意,这种寒意就形成人们否定的或不赞同的态度。这种态度的形成没有任何道德判断的成分,相反,人们的道德判断正是建立在这种二阶移情反应的基础上的。② 由于只有情感主义才有可能避免理想观察者论证的循环定义或循环论证的问题,人们倒向情感主义似乎就是不可避免的了。

第二,理想观察者理论允许本应是先天的(a priori)道德判断,如“残忍是错误的”,③成为后天的经验判断,因为按照理想观察者的论证,作为结论的道德判断的真值条件和作为前提的事实陈述的真值条件一样,这样,作为结论的道德判断也就成了经验的判断,斯洛特认为这一点构成了我们怀疑任何理想观察者理论的理由,克服这一问题也使我们倒向情感主义。④ 许多西方哲学家认为道德判断,至少代表终极原则的道德判断是先天的。⑤ 斯洛特认为他的情感主义可以避免将先天的道德判断看成是后天的经验判断。西方哲学家一般认为,一个判断是先天的或先天为真,当且仅当我们理解了与它有关的概念的意义,我们就知道它是真的。斯洛特认为我们的道德判断是建立在我们道德态度的基础上

① 参见 Michael Slote, *Moral Sentimentalism*, p. 75。

② 参见 Michael Slote, *Moral Sentimentalism*, p. 28, pp. 33 - 36。

③ 这一判断是先天的,因为我们只要理解了“残忍”和“错误的”含义,我们无需诉诸任何经验,就知道它是真的。

④ 参见 Michael Slote, *Moral Sentimentalism*, p. 75。

⑤ 比如,Bertrand Russell 就认为关于伦理价值的判断就属于非逻辑的先天判断。参见他的 *The Problems of Philosophy*, Oxford: Oxford University Press, 1959, pp. 75 - 76。

的。而我们道德上赞同的态度和道德谓词“正当的”的含义之间是一种先天的、概念分析的关系。何以见得？斯洛特通过他的“半克里普克式的道德[术语]指称确定论”(semi-Kripkean theory of moral reference-fixing)试图说明我们可以通过我们对环境和对象的移情反应所形成的“赞同的态度”来确定“正当的”一词的所指，就如同我们可以通过我们红色的视觉而确定“红色的”一词的所指一样。① 按照斯洛特的理论，我们道德上的赞同态度是我们对他人的美德行为所感到的暖意(一种二阶的移情反应)，我们由我们所感到的暖意，无需任何其他的经验，就可以推知或断定引起我们暖意的原因就是“正当的”一词的所指(即行为者行为所呈现的温暖的性质)。任何有过移情体验，包括二阶移情体验的人，通过纯概念的分析，都能够先天地理解何为“温暖”，何为“暖意”，何为“移情”，何为“赞同”，乃至何为“正当的”。先天地把握了这些概念的“我们”，就可以无需诉诸任何经验先天地知道，凡是引起我们赞同的便是“正当的”一词的所指，正如任何具有正常视力、没有色盲的人都能够先天地理解或知道凡是引起红色视觉的东西就是“红色”一词的所指一样。任何理解了仁爱、赞同、正当性等概念的人都可以先天地知道“仁爱道德上是正当的”。② 至此，我们可以将斯洛特从“是”推出“应当”的论证表述如下：

(1) 我们赞同充满仁爱的行为。(关于我们移情反应的事实陈述，即“是”的前提。)

(2) 凡是引起我们赞同的便是道德上正当的或好的。(语义假定。)

(3) 因此，充满仁爱的行为是道德上正当的或好的。(蕴含“应当”之意的结论。)③

因此，我们从“是”和语义假定，推导出蕴含“应当”的结论。同样的分析也适用于道德上错误性的分析。④ 问题是从事实陈述的前提，如何能够得出先天判断的结论？斯洛特认为从后天的经验前提推出先天的结论不是问题，毕竟，我们

① 按照克里普克的理论，“[客观的]红是任何反射如此这般波长的光线的东西”和“红是任何引起我们红色视觉经验的东西”是两类不同的判断。前者是后天可知的，而后者是先天可知的。斯洛特主要借鉴后一类判断来说明道德谓词的所指。

② 参见 Michael Slote, *Moral Sentimentalism*, pp. 75 – 76 和 chapter 4(pp. 57 – 62)。

③ 参见 Michael Slote, *Moral Sentimentalism*, p. 75。

④ 只需将论证中的“赞同”改为“不赞同”，“充满仁爱的行为”改为诸如“残忍的行为”等，将“正当的或好的”改为“错误的”即可。当然，结论则蕴含“不应当”之意。

可以从后天的前提(如“希耳伯特证明了这一数学命题”)推出先天的结论(如“这一数学命题是真的”)。[①] 最重要的是,斯洛特认为,如前所述,他的情感主义理论可以说明前提(2)何以可能是一个先天可知的语义假定,如何可能是一个先天为真的命题。因此,从前提的“是”,推出具有先天性质的道德判断,至少对斯洛特的论证来说,不是问题。这样,斯洛特的论证就避免了理想观察者理论将道德判断视为后天判断的问题。

问题是第一个前提是不包含情感意义的事实陈述,而第二个前提的语义假定只是关于一个概念的所指是如何确定的陈述,似乎也不包含打动人的情感意义,然而结论却包含了打动人的情感意义,也就是应当的含义。那么,上述论证如何能够从不包含情感意义的前提推导出包含情感意义或蕴含应当的结论?[②] 斯洛特从两个方面回答了这一可能的指责。他一方面说明,如果我们自己没有类似的赞同的移情体验,我们就无法理解前提中的“赞同”之意,就像如果我们自己没有红色的体验,我们就无法充分理解红是什么一样。如果我们经历了赞同的移情体验,按照前面对赞同的分析,我们也就有了对体现行为者品质的行为特性(温暖或冷酷)的移情体验(暖意或寒意),这种体验,暖意或寒意,直接构成了我们对该行为的赞同或不赞同的态度,伴随这种态度的是我们自身行为的动机或试图影响他人的行为动机。一个人也不可能做出上述论证前提中的事实假设或语义假设而没有经历过相关的移情或移情过程。一个人不可能有意义地断言人们赞同充满仁爱的行为,除非此人自己能够赞同事情并因此拥有对他人的移情心。[③] 因此,尽管前提自身也许不会诱发动机,但由于凡是理解了前提的人都是具有移情心的人,因而任何接受了前提的人都会有动机做结论断言正当的事情。斯洛特认为,一旦一个人看清某些蕴含移情断言的事实前提自身不可能得到理解而理解者没有某种源于移情的、附属于真实的道德判断的动机,从“是”推出“应当”就不难理解。移情是一种事实的心理现象。移情所涉及的温暖或寒意,作为移情的一个方面,不可能得到理解,除非一个人有移情心并对某些人类行为或情景产生移情反应。[④] “一个人不可能处于赞同的事实状态或‘是’的状态,除非此人也例示了一种‘应当’的道德属性。正是这一断言促使我们认为我

① 参见 Michael Slote, *Moral Sentimentalism*, footnote 14 on p. 77。

② 参见 Michael Slote, *Moral Sentimentalism*, p. 76。

③ 参见 Michael Slote, *Moral Sentimentalism*, p. 76。

④ 参见 Michael Slote, *Moral Sentimentalism*, p. 77。

们能够从'是'逻辑上推出'应当'。"[①]正如一个没有各种颜色体验的天生的盲人无法真正完全理解颜色,如蓝色的含义一样,一个缺少移情心或移情体验的人也无法移情所涉及的暖意或寒意以及"残忍"、"错误性"等概念一样。

另一方面,斯洛特试图说明道德判断的言外的情感意义(即基于移情的心理动机)是无法取消的,也就是说,对道德判断的外在主义解释是不成立的。因此,凡接受结论中的道德判断的人,就一定会接受该判断及其言外的非真值的情感意义,即会为结论的道德判断所打动。[②] 斯洛特认为并非所有约定俗成的非真值的言外之意都是可取消的。他认为肯定性的道德判断的约定俗成的言外之意(赞赏的态度)也是不可取消的。真心实意做出道德判断的人一定通过移情而具有赞同所判断对象或行为的倾向,他不可能做出了道德判断之后又声称他并不赞同所判断的行为,这样做不合情理。道德判断的言外之意无法取消是因为移情本身是无法取消的,因为"它是一种约定俗成的、长期的、在某种意义上不由自主的状态"。[③] 斯洛特并不认为所有的价值判断的言外之意都是不可取消的。其他的非道德的价值判断的言外之意或情感意义至少有时是可取消的。比如,我认为她很美,这通常蕴含我有喜欢她之意,但这一意义可以取消,如果我接着说,我不喜欢美女,因为她们常常被惯坏、好虚荣等。[④]

三、斯洛特论证的问题

斯洛特论证中的一个关键的前提就是他的第二个前提,即语义假定:"凡是引起我们赞同的便是道德上正当的或好的。"从字面意义看,这个前提等值于一个条件句,即"如果任何事情引起我们的赞同,那么它就是道德上正当的或好的"。该句断定引起我们的赞同是道德正当性的充分条件。需要说明的是,斯洛特这里所说的赞同不是任何一般意义上的赞同,而是指建立在移情反应基础上的赞同,这种不由自主的移情反应对于他人所遭受的痛苦往往感同身受,从而会引起移情者产生对伤害他人的行为的反感和不赞同,而对帮助他人的行为,特别对帮助他人免于受到伤害的仁爱的行为会感到暖意,从而产生赞同的态度,建立在这种移情反应机制上的道德判断(如"它是正当的")以及道德谓词(如"正当的"、"仁慈的"、"残忍的"等)的使用与人们日常的道德判断及其谓词的使用完全

① Michael Slote, *Moral Sentimentalism*, p. 78.

② 参见 Michael Slote, *Moral Sentimentalism*, pp. 78 - 79。

③ Michael Slote, *Moral Sentimentalism*, pp. 78 - 79.

④ 以上参见 Michael Slote, *Moral Sentimentalism*, pp. 78 - 79。

一致。必须承认，在许多，甚至大多数情形下，建立在移情基础上的道德判断和对道德谓词的使用都是正确的。然而，并非在任何情况下建立在移情基础上的赞同态度以及基于这种态度的道德判断及其谓词使用都是正确的。有时，仅仅建立在移情基础上的道德判断未必就是恰当的。以欧洲正在发生的难民潮为例。当人们在土耳其海滩上看到一名 3 岁难民男孩的尸体时，当小孩遗体的照片成国际上“最揪心的画面”时，当人们看到大量难民因逃难而成批死亡时，人们基于移情心或恻隐之心所得出的道德判断（接受难民是欧洲的一种道德的责任与义务）无疑是正确的。但当难民的数量达到相当数量，超过欧洲各国所能承担的程度时，这种责任与义务显然就会打上折扣。确定道德正当性仅仅依靠移情心是不够的，有时还需要理性的分析。因此，建立在移情基础上的赞同态度并不是确定道德正当性的充分条件。

尽管斯洛特的语义假定从字面上并没有断言建立在移情基础上的赞同态度是发现正当性的必要条件，但从他将其视为一种对正当性的定义来看，他实际上也将其视为了正当性的必要条件。然而，道德正当性也未必一定只有通过移情作用才能确定。我们正当的赞同态度未必就一定是移情作用的结果。比如，我赞同不许作弊未必就必须通过移情，我也许纯粹是通过对作弊所产生的一系列不良后果的理性分析而赞同不许作弊。因此，移情所引起的赞同态度也不是道德正当性和正确道德判断的必要条件。如此，斯洛特的第二个前提——语义假定是不成立的。因此，他从“是”推出“应当”的论证也是不成立的。

斯洛特可以反驳道：欧洲难民的例子不足以推翻他的语义假定，不足以否定移情基础上的赞同态度是正确道德判断的充分条件，这是因为当难民数量超过欧洲各国所能承受的数量时，我们依然是通过移情反应，包括对欧洲各国人民状况设身处地的移情式的考量，来矫正最初的道德态度和道德判断。因此，移情所产生的道德态度依然是正确道德判断的充分条件。对于作弊的反例，斯洛特可以说，除了对于作弊所产生的一系列不良后果进行理性分析外，要想形成不赞同作弊的态度，对作弊发生在他人身上的后果感同身受的移情心或移情能力依然是形成不赞同态度的必要条件。

然而，即使我们接受了斯洛特的语义假定，斯洛特还面临另外一个问题，即我们究竟是如何认识到这一语义假定是正确的。他认为他的语义假定是先天为真的，即无需通过经验归纳，仅仅通过对相关概念的理解就可以知道这一语义假定是正确的。比如，只要我们理解了移情基础上所形成的“赞同”和“移情”，只要我们理解了“仁爱”和“正当性”的所指，我们无需进一步的经验就可以认识到引起“赞同”的对象或性质就是“正当性”一词的所指，从而认识到语义假定的正确性。但所有这些“理解”必须有一个先决条件，即理解者本身必须具备移情能力并有过移情体验，必须具备某种道德的能力，或者说，必须在某种程度上是一个道德的人。他明确说：“一个缺少道德概念的人不可能充分理解断言仁爱是道德上的善意味着什么。”[①]斯洛特认为正是由于这一点，能够理解和接受语义假定的人因而在接受结论中的道德判断时也不可能不接受结论中道德判断所包含的情感的言外之意。问题是，如果假定具有移情心和移情体验是接受他的语义假定以及整个论证的有效性的必要条件，那么，正如史蒂文森（Charles L. Stevenson）所曾指出的那样，斯洛特论证的事实性前提（1）和规范性结论之间的联系就依然只是建立在听者的偶然的心理状态或心理联系的基础上，而不是前提和结论的必然的逻辑关系上。[②] 对于一个理性但缺少移情心的人来说，语义假定或第二个前提依然是不可理解的，斯洛特的论证逻辑上依然是不成立的。

斯洛特的论证还有一个问题。按照他的解释，结论中的道德判断具有不可分离和不可取消的情感意义（即接受了结论中的道德判断必定会产生的赞同或不赞同感）。尽管这一言外之意存在与否不影响论证的有效性，但依然有一个如何能够“凭空”产生的问题。斯洛特的解释是，任何能够理解结论的人都是具有移情心的人，因而也都是能够为结论中的道德判断所打动的人。问题是：如果判断者是依据自己的移情反应而直接做出结论中的道德判断，那么其判断的情感的言外之意不难理解。然而，在斯洛特的论证中，结论中的道德判断理应是逻辑推论的结果，而作为前提的事实陈述和语义定义，按照他的解释，都不具有打动人的情感意义，那么，结论中的情感意义从何“推导”而来？斯洛特很难解释这一点而不犯“前提预设不当”（begging the question）的谬误。

四、究竟应当怎样理解“是”与“应当”的关系？

在日常道德思维中，我们通常都是直接从某些事实（而不是任何事实）得出某种道德结论。比如，2014 年 5 月 28 日，山东招远一麦当劳店中一个妇女仅仅因为拒绝向陌生人提供手机号，就被一群信奉全能神教的人在数分钟之内活活打死。显然，我们可以从上述事实得出“他们的行为是残忍的、反人道的”。实际

① Michael Slote, *Moral Sentimentalism*, p. 77.

② 参见 Charles L. Stevenson, *Ethics and Language*, New Haven: Yale University Press, 1944, pp. 111－115, pp. 127－129, pp. 144－145, pp. 231－237 和他的 *Facts and Values: Studies in Ethical Analysis*, New Haven: Yale University Press, 1963, pp. 27－30。

上，任何不是同义语反复的道德论证都可以表达为事实前提与道德结论的论证，即：F，因此，M。其中F为事实陈述，M为道德判断。问题是：我们如何能够从F有效地推导出M？我们一般都需要证明F和M之间存在着某种必然的联系，即我们都需要证明“如果F，那么M”为真。也就是说，任何道德论证都可以表达为一个形式上有效的论证：

F。
如果F，那么M。
因此，M。

道德论证能否证明M，关键是能否证明“如果F，那么M”。在山东招远案中，关键在于能否证明下述条件判断为真：

如果一群人将一无辜妇女活活打死，那么他们的行为是残忍的、反人道的。

在自然科学中，我们可以通过实验或经验归纳的方法来证明表达某种自然规律的条件判断（比如，“如果纯净水在标准大气压的条件下加热到摄氏100度，那么它就会沸腾”）的正确性。但我们显然无法用同样方法证明上述包含道德概念的条件判断的正确性。比如，我们无法试图寻找与前件类似的行为或再找几个无辜妇女，将其活活打死，通过经验观察或归纳概括，看看这种行为是否真的残忍或不人道，从而证明上述判断是否正确。我们也无法通过社会调查的方法，比如，通过问卷调查，看看赞同上述判断的人是否占多数或绝大多数，以证明上述判断的正确性。因为即使问卷调查显示绝大多数的人都认为上述判断是正确的，逻辑上也无法证明上述判断是正确的，毕竟，在二战时期的纳粹德国，赞同对犹太人实行种族歧视和灭绝政策的人也许占据大多数，但这并不能证明这样的行为和政策就是正确的。我们无法通过纯经验观察的方法来证实道德判断的正确性还因为道德判断涉及行为的选择——通过“正当”、“错误”、“仁爱”、“残忍”等概念来告诉人们应当选择怎样的行为，而这种选择的应当性是无法从纯经验事实中观察归纳得到的。以上事实或理由说明涉及道德概念或规范性概念的句子是无法通过自然科学中广泛采用的经验归纳的方法去加以说明或证明的，规范性问题与事实问题有着本质的区别。[①]

尽管我们无法通过经验科学的方法证明上述条件判断的正确性，但上述以山东招远案为例的条件判断的正确性却是无可置疑的。无论我们如何反思，都难以找出否定该判断的合理的理由。因此，问题只是在于如何解释从相关的事实中，我们如何能够得出客观上正确的道德判断。正是由于道德判断的正确性不是一个可以从纯经验观察中直接观察到的现象，理想观察者理论主张根据理性人对环境和判断对象的反应来确定道德判断的取舍是否正确，其中的核心思想就是：在决定行为的取舍时，相似的理性行为者在相似的条件下对于相似的对象都会做出相似的选择或判断。[②] 然而，理想观察者理论的最大问题，正如斯洛特所指出的，会将通常先天可知的道德判断视为后天的经验判断。斯洛特为避免这一问题而提出的论证的最大问题则是：移情反应的事实既不是道德判断的充分条件，也不是必要条件；其推论最终是建立在认知者的心理因素，而非完全独立于认知者的逻辑关系上。那么，究竟应当如何理解"是"与"应当"，事实与价值的关系问题？如何理解"如果一群人将一无辜妇女活活打死，那么他们的行为是残忍的、反人道的"等诸如此类的条件判断句，如何理解其前件和后件的关系？我们认为与其加上种种额外的说明，不如直截了当地承认上述条件判断就是一个先天可知的判断，即当我们理解了该句的意思，就可以知道该判断是真的。上述条件判断（或者任何道德判断）是先天可知的先天判断可以为如下事实所证明：我们之所以不会产生这样的念头——通过经验的方法去证明诸如此类条件判断或道德判断的正确性，不仅仅是因为从纯经验观察的角度，我们从该事件中似乎无法直接观察到后件判断中所蕴含的"不应当性"，而且还因为我们已经知道这样的行为是残忍的、不人道的、不应当的，如果我们还想这样的事情再发生几次，无论处于什么动机，哪怕是为了从经验上验证我们的认知，都会与我们的这一认知发生冲突。因此，我们可以有效地从一群人将一无辜妇女活活打死的事实得出他们的行为是残忍的、反人道的结论，正是因为其事实性前提和道德判断的结论之间的必然关系是先天可知的：我们接受了其前提，就一定会接受其结论。

---

① 对自然主义实在论者或主张道德判断是后天的后果主义者来说，不存在所谓从"是"推出"应当"的问题。上述包含道德概念的条件判断，在加上了其他的条件之后（通常是通过所谓随附性的概念来解释可观察属性与道德概念的随附性关系），也可以按照自然科学方法，根据经验观察来决定其真假。

② 尽管理想观察者理论具有相当的合理性，但我们极少用这种理论去发现或证明自然科学的真理，因为自然科学真理很难用理性人对环境的态度反应去发现，这依然说明事实问题与价值问题有着本质的区别。

为了避免不必要的误解，有几点需要说明。首先，先天判断并不是说与经验无关，而是说无法为经验归纳所证明。先天判断可以包含经验概念，如“所有玫瑰都是花”。经验观察可以启发先天认知，如一个苹果加上另一个苹果，一共是两个苹果。我们可以通过诸如此类的经验事实去启发儿童理解“1＋1＝2”的道理，但无论这些经验事实如何多，都只能起到启发我们认知后者的道理，而非证明它，因为它是一个必然真理，非经验归纳所能证明。道德判断也是如此。其次，我们可以举出更多的理由去支持一个先天判断，但这些理由只是强化其合理性，没有这些理由，我们依然知道它是正确的。理想观察者的理论，道德情感主义理论，后果主义理论，自然主义理论等等，都只是试图进一步说明这种先天判断如何可能是正确的。最后，先天判断是可误的。尽管先天判断是必然的、普遍的，但我们的认知，包括直觉判断和道德判断，包括先天辩护，依然是可误的，正如数学真理是先天的，但数学证明或数学猜想依然是可误的。可误性并不能构成否定先天判断，包括先天道德判断存在的理由。先天判断的核心意义仅仅在于：虽然无法通过经验归纳去证明，但却确实为真。

道德相对主义与道德的客观性*

道德或道德的核心部分究竟是客观的、不以人们的意志为转移的，还是相对的、主观的？或者说，究竟有没有客观的道德规则或价值原则？道德相对主义者的回答是否定的，而道德客观主义者的回答则是肯定的。本文认为，尽管道德相对主义对道德的本质和多样性提出了许多有益的见解，但它依然面临许多难以克服的理论上和实践上的困难。道德客观主义不仅可以更好地解释道德的多样性，而且可以避免道德相对主义的诸多困难与问题。①

一

许多人，包括一些学者，往往自认为是一个道德相对主义者，但他们同时又坚信许多非相对主义的命题。比如，认为一个人有权利选择自己所喜欢的生活方式，个人权利在没有侵犯他人权利的条件下不容侵犯等。许多人接受道德相对主义也往往是因为他们将它混同于一些非相对主义的命题，并且由于后者的某种合理性，而认为前者也具有同样的合理性。为了避免这种概念上的混乱和不一致，为了避免陷入无意义的争论和无的放矢，也为了客观地评价道德相对主义，我们有必要弄清楚道德相对主义的基本含义，尤其是要弄清楚道德相对主义究竟不是什么。

道德相对主义又称为伦理学相对主义。西方相对主义的思想可以追溯到公

---

* 本文原载于《学术月刊》2008 年第 12 期。

① 道德客观主义(moral objectivism)和道德绝对主义(moral absolutism)不同，尽管二者都认为存在着客观的、普遍的道德规则。前者认为这些道德规则的应用可以随着条件的不同而有所不同，其中一部分可以为另一部分所取代或压倒，而后者则否认这一点。康德主义和功利主义可以看作是道德绝对主义的代表，而罗斯的初始义务论则可以看作是道德客观主义的代表。关于道德客观主义和道德绝对主义的区别，参见 Louis P. Pojman, "A Critique of Ethical Relativism," *Ethical Theory*, ed. Louis P. Pojman, Belmont, CA: Wadsworth, 2002, p. 46。

元前 5 世纪古希腊的普罗泰戈拉(Protagoras)。他认为“人是万物的尺度”并且断言每一个人的知觉以及由此而产生的信念或意见都是同样真或同样正确的。① 人不仅仅是“真”的尺度,也是“善”和“美”的尺度。真善美都是因人而异的。这里的“人”应当理解为人内心的一种观念或思想。这样,道德相对主义就可以解释为:判断一个行为是否道德取决于判断者关于善恶的观念(即善恶的标准),对同一个行为的不同的道德判断相对于判断者各自的善恶观念是同样正确的,我们并无客观的标准决定不同的善恶观念之间的优劣。②

那么,道德相对主义究竟容易和哪些观点相混淆?它究竟不是什么呢?

道德相对主义不是文化相对主义。文化相对主义认为不同文化存在着不同的道德标准,同一文化发展的不同阶段也有不同的道德观念,不存在着一个统一的贯穿一切文化和一切时期的道德体系。文化相对主义是人类学中比较流行的一种理论,它和道德相对主义的主要区别在于它是一种事实判断,而道德相对主义则涉及某种应然性的价值判断。文化相对主义只是描述不同的文化有不同的道德,但对不同文化中的人们是否应当遵循各自所接受的道德规则并无断言,对于不同文化的不同道德之间的优劣也无断言。而道德相对主义则断言这些不同的道德对信奉这些不同道德的人同等有效;如果一个人采纳了某种道德观念或道德框架,那么,他也应当遵守这一道德框架所决定的道德规则,他应当履行这一道德框架所认定的道德行为,应当避免这一道德框架所认定的错误行为。道德相对主义还认为我们没有客观的标准判定这些不同道德框架之间的优劣。

道德相对主义也不同于所谓“参量普遍主义(parametric universalism)”。按照参量普遍主义,一种情景下正确的行为,在另一种情景下则有可能不正确。比如,拒绝搭载一个因车抛锚的人。如果这件事情发生在极有可能冻死人的寒冷的夜里,道德上是一个严重的错误。但如果此事发生在交通方便,气候宜人的地方,则可能就不是那么严重的错误。③ 我们常说的“具体的情况具体的分析”,

---

① 参见 Plato, *Theaetetus*, 152a, 161d, *The Collected Dialogues of Plato*, eds. Edith Hamilton and Huntington Cairns, Princeton, New Jersey: Princeton University Press, 1961, p. 856, p. 867。

② 这里对道德相对主义的解释具有一定的模糊性,并非必然等于后面将要谈到的主观的或个人的相对主义。因为这里所说的一个人的观念可能是指他自己的观念,也可能是指他所生活的社会所流行的观念。如果是后者,这种解释则会导致主体间的相对主义。

③ 关于这一概念和例子,参见 Thomas Scanlon, *What We Owe to Each Other*, Cambridge, Massachusetts: The Belknap Press of Harvard University Press, 1998, p. 329。该书已有中文译本,见托马斯·斯坎伦:《我们彼此负有什么义务》,译者:陈代东、杨伟清、杨选等,人民出版社,2008 年 11 月。书名译为《我们相互间的责任》似更妥。Scanlon 所说的“参量普遍主义”类似于有些学者所说的境况主义(contextualism)。参见 Kai Nielsen, *Marxism and the Moral Point of View*, Colorado: Westview Press, 1989, p. 8。

“任何事物正确与否皆取决于其发生的时间、地点、对象、条件”等，都属于这种参量普遍主义。参量普遍主义不是道德相对主义，因为它主张道德上的对错需要依客观条件而定，这种对错不会因判断者所持有的价值观念而改变，这种对错是客观的，也是确定的。而道德相对主义则认为道德上的对错依赖于判断者所持有的价值观念。这里我们要特别注意一种人们常常误以为是道德相对主义的观点，按照这种观点，一个人应当做的事情是由他所处的文化中占统治地位的道德规范所决定的（假定这种文化占统治地位的道德规范在任何情况下逻辑上都能决定一个行为的道德属性）。[①] 这种观点不是道德相对主义的观点，因为它承认了一种客观的、独立于任何判断者的价值观念的、非相对的伦理学的事实，这一事实不会因判断者的价值观念的改变而改变。事实上，它是参量普遍主义的一种，它不仅将一个评价对象（人或行为）的周围的客观条件列入道德评价所要考虑的参量，而且将评价对象周围的文化的、人类学的、心理学的事实考虑在内。而道德相对主义则认为决定一个行为道德与否的主要因素是评价者或判断者的价值观念。[②]

道德相对主义也不同于宽容原则（principle of tolerance）。宽容原则是一种表达行为规范的伦理原则，按照这一原则，我们对其他文化或他人不应当干涉，也不应当表达不同意见或妄加评论，甚至也不应当不动声色地进行道德判断。这一原则没有对伦理学判断的有效性或真理性发表任何意见，因此和作为元伦理学的道德相对主义既不冲突，也不蕴涵后者。事实上，接受这一原则就等于承认了这一原则的非相对性的有效性和客观性或真理性。

道德相对主义和“思想自由”也没有什么关系。“思想自由”主张人们有权利相信他们所相信的思想，包括道德伦理思想。这一原则事实上是一种非相对性的原则。它既不意味着道德相对主义，也不意味着不存在着普遍有效的客观的道德真理。就像学术自由（思想自由之一种）一样，人们有权利提出或相信自己认为正确的自然科学或社会科学理论，但这并不意味着所相信的理论一定是正确的，也不意味着不存在着客观正确的科学理论，更不意味着彼此冲突的理论可以同样正确。

还有一种观点也容易和道德相对主义相混淆，即认为人们可以有同样好的

① 美国许多哲学教科书都将这种观点视为道德相对主义。

② 参见 Stephen Darwall, *Philosophical Ethics*, Colorado: Westview Press, 1998, p. 66。Darwall 将参量普遍主义称为情景相对主义（situational relativism），他认为不应当将这种理论混同于伦理学相对主义，即我们所说的道德相对主义。

理由或者得到同等辩护地相信不同的，甚至彼此冲突的伦理学理论。但认识上得到同等辩护既不意味着被辩护的对象或信念事实上是正确的，也不意味着它们是同等真实或同等正确的。辩护是发生在认识主体心灵内部的状态或过程，对人们心灵内部的辩护状态的判断不等于对它们所辩护的对象或信念的判断。两个人由于已知认识证据的不同，可以同等程度地得到辩护地相信彼此冲突的信念，尽管他们的信念中只有一个可能是正确的。张三可以得到辩护地相信王五的女友另有所爱（比如，他看见王五的女友和一个年轻的男士亲密地吃饭、交谈、拥抱），李四同样可以得到辩护地相信王五的女友没有移情别恋（比如，他从王五女友处得知他们最近马上要订婚），尽管他们的信念只有一个是正确的（王五的女友可能事实上没有移情别恋，和她一起吃饭的是她的哥哥）。[①] 因此，认识上可以得到同等的辩护并不意味着相对主义，更不意味着道德相对主义。

道德相对主义也不等于价值多元论。价值多元论认为决定一个行为正确与否的终极价值原则不止一个，不存在着一个可以适用于所有情况的实质性的价值原则。价值多元论逻辑上并非必然导致否认价值原则的客观性和普遍性。罗斯（W. D. Ross）的初始义务论可以视为一种价值多元论的道德理论，但却是一种客观主义的理论。而道德相对主义否认客观主义，否认存在着普遍有效的终极的道德原则。

二

道德相对主义可以分为两种：个人相对主义（individual relativism）和主体间的相对主义（intersubjective relativism）。如果说普罗泰戈拉的“人是万物的尺度”表达了相对主义的核心思想，那么个人相对主义可以表达为“个人是万物/道德的尺度”，主体间相对主义则可以表达为“主体间的共识是万物/道德的尺度”。在当代西方哲学文献中，通常用“道德相对主义”或“伦理学相对主义”来表示主体间的相对主义，而用“主观主义”表示个人相对主义。但事实上有两种主观主义：主观绝对主义和主观相对主义，个人相对主义仅指主观相对主义。为了方便我们的讨论，从现在起，我们用“道德相对主义”专指“主体间的相对主义”，“主观相对主义”专指“个人相对主义”。

主观相对主义认为一个行为是道德的，当且仅当它符合判断者的个人道德标准，我们并无客观的标准决定不同个人的道德标准谁优谁劣，相对于各自的道

---

① 关于宽容原则、思想自由和认识上同等辩护的讨论，参见 Darwall, *Philosophical Ethics*, pp. 67 - 68。

德标准所做出的不同的道德判断可以是同等正确或同等有效的。美学的主观相对主义者主张“情人眼里出西施”，而伦理学的主观相对主义者则主张“信者眼里出道德”。

人们很容易将主观相对主义混同于主观绝对主义(subjective absolutism)，但两者是有区别的。主观绝对主义认为一个行为是道德的(非相对的意义上)，当且仅当一个人认为它是道德的。主观绝对主义的不合理性是显而易见的，因为一个行为不会因为一个人认为它是道德的，它就可以成为道德的。希特勒也许认为他对犹太人实行种族灭绝的行为是道德的，但这并不能使其成为道德的。主观绝对主义还会导致自相矛盾。如果甲认为一个行为是道德的，而乙认为同一行为是不道德的，那么，按照主观绝对主义，同一个行为既是道德的，又是不道德的。主观相对主义则可以避免这一荒唐的推论。主观相对主义者虽然和主观绝对主义者一样，认为决定一个行为道德与否的最终根据是个人的意见，但对“道德的”一词给予了不同的解释。主观相对主义者认为“道德的”是相对于判断者的意见或标准而言。当甲说“A 是道德的”时，他的意思不过是说“A 按照甲的标准是道德的”。当乙说“A 是不道德的”时，他的意思不过是说“A 按照乙的标准是不道德的”。这样，两个判断就不是互相矛盾的判断，它们可以同时为真，从而避免主观绝对主义的问题。而主观绝对主义对“道德的”一词则没有相对主义的解释。

主观相对主义虽然可以避免主观绝对主义的问题，但它至少有两个难以克服的困难。首先，它无法解释我们的道德判断何以能够出错。如果一个人真诚地认为一个行为是道德的，这个行为对他说来就是道德的，他的道德判断就不可能出错，因为按照主观相对主义，正是他的看法使得该行为相对于他的看法是道德的。但日常的道德生活告诉我们，我们在进行道德判断的时候是有可能出错的。其次，按照主观相对主义，个人之间的道德争论是不可能的。但我们的道德生活告诉我们，个人之间的真实的道德争议显然是可能的，比如，关于“一夜情”是否道德的争论就是真实的争论。可是，按照主观相对主义的解释，“A 是道德的”不过是“A 按照判断者的个人标准是道德的”这一判断的缩写形式。这样，“一夜情是道德的”和“一夜情是不道德的”相当于“一夜情按照甲的标准是道德的”和“一夜情按照乙的标准是不道德的”。这两个判断逻辑上并非是互相否定的，可以同时为真。这样个人之间的任何道德分歧或争议几乎是不可能的。

由于主观相对主义的种种问题，人们转向主体间的相对主义，亦即道德相对主义。有的学者用“文化相对主义”来表示道德相对主义，[①]但如前所述，这一名称容易和人类学中描述性的文化相对主义相混淆，故不宜采用。按照道德相对主义，表面上相互冲突的道德判断相对于不同群体（或文化）的主体间的终极的道德标准，或者相对于由这些终极标准所决定的道德框架，是同等有效的，我们并无客观的标准可以决定哪一套终极标准或道德框架更为合理。[②] 这里所提到的“终极的”一词非常重要，否则我们会将约定论的相对主义混同于某种客观主义，特别是容易和强调人们理性共识的非相对主义的契约论，如斯坎伦（Thomas Scanlon）的非自利的契约论（contractualism）相混淆。因为不同文化表面上看起来的不同道德可能实际上受同样的终极价值原则所支配，就像宏观物体的运动千姿百态，但支配其运动多样性的经典力学却只有一个一样。[③] 道德相对主义者为何认为不同的道德判断“同等有效”？因为每一种道德判断相对于其道德框架或标准都是有效的，而不同的框架所决定的有效性是无法客观比较的，因此，它们只能相对于各自的框架是有效的，这种相对意义上的有效性是一样的。就像如果我们以地球为中心来判断月球的运动速度，这时地球的运动为零，而月球的运动速度为 X。反过来，如果我们以月球为中心，其速度为零，则地球的相对自转速度为 X。这两种运动速度的描述相对于各自的运动坐标系都是同等有效的。上面所说的有效性，不是道德框架的有效性，而是道德判断的有效性。否则就会导致有些学者所批评的荒谬性：一方面认为我们并无客观的标准决定不同道德框架之间的优劣，另一方面又断言这些道德框架同样有效。

道德相对主义似乎可以克服主观相对主义所面临的困难。它可以避免主观相对主义所面临的道德判断不可误的问题。按照道德相对主义，主体间的道德共识可以作为判断个人道德判断正确与否的标准。一个人不能仅根据自己的看法进行道德判断，他的判断必须符合某种道德共识或达成共识的道德框架，否则，他的道德判断便是错误的。道德相对主义也可以避免个人之间的道德争论的不可能性的问题。因为相对于同一个道德框架 M，甲认为“A 是道德的”，意思是说“A 按照 M 是道德的”，而乙认为“A 是不道德的”，意思是说“A 按照 M

---

① 见 James Rachels, *The Elements of Moral Philosophy*, third edition, Boston: McGraw-Hill College, 1999, chapter 2。

② 参见 Gilbert Harman and Judith Jarvis Thomson, *Moral Relativism and Moral Objectivity*, Malden, Massachusetts: Blackwell Publishers, 1996, pp. 3 - 6，特别是 p. 3。

③ 斯坎伦特别强调“终极标准”在解释道德相对主义中的重要性，以便将道德相对主义与非相对主义的道德理论区别开来。参见他的 *What We Owe to Each Other*, p. 329。关于相对主义和非相对主义契约论之间的区别，可参阅该书第八章。

是不道德的”。这两个道德判断是互相否定的，因此，个人之间的道德分歧和争议在同一个道德框架下是可能的。因此，道德相对主义比主观相对主义更为合理。那么，有哪些论证可以用来支持道德相对主义呢？

三

至少有两种看上去比较合理的论证可以用以支持道德相对主义：鉴赏判断类比论证和道德多样性论证。

相对主义的某些论断似乎具有某种直觉上的合理性。任何真善美的判断都相对于某种标准，不存在着不相对于任何标准的真善美。即使是客观主义或绝对主义的真善美也是相对于某种标准。客观主义认为只有客观的标准才是唯一正确的标准。而相对主义者则认为标准不止一个，并且否认其中的客观标准（如果真有这样的标准的话）是唯一正确的标准。或者说，相对主义者否认有任何唯一正确的客观标准，任何标准都是人为的，因而也是主观的。真、善、美的相对性在涉及鉴赏判断（judgments of taste）时表现得尤为明显。[①] 比如，甲可能认为电影《手机》中的女演员徐帆很美，但乙可能认为不美，甲可能认为这盘麻辣鸡很辣，乙可能认为根本就不辣。人们会认为相对于甲和乙各自的标准，二人的观点都正确。对甲来说，徐帆确实很美，这盘麻辣鸡确实很辣。对乙来说，徐帆不美，这盘麻辣鸡也不辣。这些所谓的鉴赏判断具有三个特点：第一，这些判断中所使用的概念（如“美”、“辣”）看似指称所判断的对象，而实际上都和判断者的某种主观的体验有关，如愉悦的审美体验，辣的味道等。判断者将这种主观的体验“对象化”或“客观化”（objectify）到所判断的对象。表达这种主观情感的概念不应当理解为仅仅表达了判断者私人的心理的或情感的反应，而应当理解为代表了某种共同的社会的心理反应（shared reactions），这种共同的社会反应是鉴赏判断的必要条件。否则，判断者所使用的概念就无法为社会上其他人所理解，陷入某种“唯我论”。第二，这些表达鉴赏的概念代表了某种标准，这些概念或标准的使用具有一定的灵活性或模糊性（允许使用的差异性）。比如，一个人可以用“美”，另一个人可以用“不美”同时描述同一个对象，而我们无法说他们用词不

① 所谓鉴赏判断是指“那些断言某些人，而不是另一些人模样俊俏，断言某些食物或饮料而不是另一些美味可口，或断言某些颜色而不是另一些和室内摆设或衣服搭配正好的判断”。见 Philippa Foot，“Moral Relativism，” *Relativism：Cognitive and Moral*，eds. Jack W. Meiland and Michael Krausz，Indiana：University of Notre Dame Press，1982，p. 153。朱光潜先生在他的美学著作中将“taste”译为“审美趣味”。

当。但另一方面这些概念使用的灵活性又不是完全不受任何限制，它们的使用必须受到所处的文化的某种社会共识的影响，必须受到某种主体间的标准的限制，不太可能完全偏离他所处的社会或文化关于这些概念的基本看法或基本模式。比如，一个人不太可能说这一瓶矿泉水“好辣”。即使在形容人的长相时，一个人也要受到他所在的文化的某些主体间所约定的标准的影响。比如，一个人不太可能发自内心地说一个遭硫酸毁容的人长得“模样俊俏”。第三，这些代表了不同的社会心理反应和不同的主体间的社会共识或标准的不同的鉴赏判断（经常是彼此冲突的判断）似乎都是正确的，或者说，没有一种判断比另一种看上去更有权利自称是真理。我们似乎没有客观的标准断言甲的看法比乙的看法更正确，或乙的看法比甲的看法更正确。换言之，这些鉴赏判断显然支持了某种主体间的相对主义，至少在鉴赏领域里。道德相对主义者认为道德判断和这些鉴赏判断一样，也具有上面提到的某些特征，如主观性和灵活性。道德判断也具有主观性。我们在道德判断的对象中无法找到“善”、“恶”、“道德”或“不道德”等属性，当我们断定道德判断的对象具有“善”、“恶”、“道德”等属性时，我们不过是表达我们的情感。当甲认为一夜情是不道德的，而乙认为是道德的时候，甲无非是讨厌一夜情，乙无非是喜欢或不讨厌一夜情，只是他们将这种情绪“对象化”到道德判断的对象上。道德概念的使用也具有一定的灵活性，当甲和乙对同一对象做出不同的判断，一个认为它是道德的，一个认为不是，他们对“道德”一词的使用似乎都没有问题。如果道德判断和鉴赏判断在这两个方面都是一致的，那么，道德判断也应当是相对的，我们没有客观的标准断言谁的判断更正确，亦即主体间的道德相对主义是正确的。我们可以将上述建立在道德判断和鉴赏判断类比基础上的论证重新表述如下：

(1) 鉴赏判断蕴涵美学相对主义。

(2) 如果道德判断类似于鉴赏判断，那么，道德判断也蕴涵道德相对主义，即道德相对主义是正确的。

(3) 道德判断类似于鉴赏判断。

(4) 因此，道德相对主义是正确的。

鉴赏判断是否蕴涵美学相对主义似有讨论的余地，因为我们生活中的许多例子似乎表明我们至少希望，甚至认定有某种客观的审美标准。比如，在各种歌手大奖赛、各种绘画艺术作品的评比中，人们似乎都在寻找某种独立于我们主观意识的客观的评价标准，否则我们就无法进行这种比赛和评比，我们也无法说这种比赛和评比应当是客观公正的。鉴赏判断似乎也受到某种客观因素的限制，如论域。我们可以用“模样俊俏”来形容人的长相，但不太可能用来形容下水道。一种文化再怎么约定俗成，也不太可能用前者的概念来形容后者。为了简化我们的分析，我们不妨假定前提(1)是正确的。因此，前提(2)似乎也就是可以接受的。这样，关键在于前提(3)是否成立。菲莉帕·傅特(Philippa Foot)在她的《道德相对主义》一文中似乎接受了前提(1)，因为她认为我们并无客观的标准解决彼此冲突的鉴赏判断之间的分歧，因此，美学领域里的某种相对主义似乎是可以接受的，但她反对前提(3)。她认为，道德判断和鉴赏判断不同，因为我们有客观的标准解决道德判断之间的冲突和分歧。虽然她无法指出评价道德判断和解决道德分歧的客观标准究竟是什么，但她认为这并不意味着不存在着这样的标准，也不意味着我们无法找到这样的标准。她认为道德判断和鉴赏判断的不同表现在道德概念的正确应用比鉴赏概念的正确应用受到更多的限制。比如，你无法说一个人围绕着一棵树逆时针方向转是错误的，如果他并没有承诺不这样做。而且，我们可以依据是否促进人类利益和福祉，是否满足人类的需要来评价不同的道德体系。① 笔者赞同她所说的这些观点，但想指出，道德判断和鉴赏判断的一个根本的不同在于道德判断往往牵扯到人与人之间的利益关系或利害关系，而这种关系是客观的，不依人们意志为转移的。道德判断不仅仅表达了一种个人或群体的情感，而且还表达了希望他人遵守某种规范的要求。当一个人说贪污是不道德的时候，他表达的不仅仅是对判断对象的一种判断，不仅仅是他或一部分人的情感，也不仅仅是约束自己行为的规范，而且也表达了约束他人、要求其他人不要贪污的行为规范。这种出自人们自身利益的愿望和要求可以导致人们行为的冲突。比如，希特勒和纳粹也许认为对犹太人实行种族灭绝的政策是道德的，他们认为他们发动的战争也是道德的，但其他反对希特勒的种族屠杀政策和他所发动的战争的人们认为这种政策和行为骇人听闻，这种互相冲突的道德判断必然导致互相冲突的行为要求或规范，进而导致人们行为的冲突，因而是不可调和的。当然，如果我们不是身处纳粹的德国，我们和希特勒以及纳粹也许不会有直接的利益冲突，也不会直接发生行为上的冲突，但这并不意味着我们真的可以完全置身事外，因为如果我们默许或赞成这样的行为，当同样的事情发生在我们身上时，我们就没有理由去抱怨。只要我们不希望同样的事情发生在

① 参见Foot, “Moral Relativism,” *Relativism*: *Cognitive and Moral*, pp. 162 – 166。也有人将“傅特”(Foot)译为“富特”。

我们身上,我们就不可能不做出某种道德的判断。正是因为这种利益关系的不可调和性,这种行为冲突的不可回避性,迫使人们不得不停止仅仅满足于说"你好我好他也好"的相对主义立场,不得不寻求某种独立于人们主观意识,独立于人们个人利益甚至特殊群体利益的某种解决道德判断真假和道德分歧的客观标准或客观基础。而在美学领域里,通常不涉及这种利益和利益所导致的行为冲突,不同的鉴赏判断不至于导致人们利益的冲突,因此,同时接受不同的鉴赏判断,接受某种美学的相对主义无伤大雅。但在道德领域里,道德判断的某种主观性和概念的灵活性却无法导致类似的无伤大雅的相对主义。人们出于自身利益的需要本能地寻求某种解决道德分歧的客观标准或者最佳的方法。①

另一种广为人知的支持道德相对主义的论证是道德多样性的论证,有人也称为文化差异性论证。之所以称为"道德多样性",是因为该论证的一个关键性的前提是一个关于道德多样性的命题。这个命题其实就是我们前面所提到的文化相对主义的命题,即不同的文化有不同的道德体系。如前所述,道德相对主义是指:不同的道德判断都是相对于不同的道德框架,没有客观标准可以决定不同的道德框架之间的优劣(即不存在一个普遍有效的客观的道德框架)。这个论证可以表达如下:

(1) 不同的文化有不同的道德体系(道德多样性或文化相对主义命题)。

(2) 道德多样性或文化相对主义命题蕴涵道德相对主义。

(3) 因此,道德相对主义是正确的。

前提(1)是道德多样性或文化相对主义的命题。它是一个描述性的命题,一个关于经验事实的命题。它的正确性似乎应当由人类学家或社会学家所发现的经验事实来证明,而不是一个纯概念分析的游戏。人们普遍接受这个命题。但

① 即使在美学领域里,当鉴赏判断触及人们的利益时,也会产生某种改变这种鉴赏判断所预设的美学观念的客观的要求。比如,不到一百年前,我们的国人还欣赏三寸金莲,冯骥才的小说《三寸金莲》对此有生动的描述,小说里的人们以小脚为美、为荣,甚至还举办赛脚会。我们难道不认为这种摧残女人身体来满足男人怪癖的美学观念是不正确的吗?另一方面,如果人们的意见分歧不至于导致人们利益的受损或不涉及人们之间的利害关系,即使是认知分歧也可能不会导致寻求某种客观标准或客观答案的迫切要求。比如,甲可能认为这间屋子很热,而乙可能认为这间屋子不热。如果没有利害冲突,他们可以接受按照他们各自的标准所作出的判断都是正确的。但是如果这间屋子热不热涉及要改变屋子里的温度的时候(也就是说涉及甲和乙的"利益"的时候),那么,这间屋子究竟是热,还是不热?究竟是要降温,还是不降温?就不是"你对我对他也对"的理论所能解决的问题了。

这一命题究竟是否为真并非是一个毫无争议的问题。不少学者注意到不同文化的不同道德之间也存在着共同的道德概念或法则。比如，谋杀的概念在每一种文化里似乎都有，它区别于执行死刑、战争中有意识地制造死亡等得到某种辩护的杀人。[①] 此外，怎样解释人类学家所发现的文化和道德的多样性也是一个问题。尽管表面上不同文化有不同的道德体系，但在这些多样的道德体系背后是否隐藏着某种普遍的道德价值原则似乎也值得进一步探讨。

但即使我们接受第一个前提为真，第二个前提依然是有问题的。道德多样性的命题即使是真的，逻辑上也不意味着道德相对主义就是正确的。道理很简单，不同文化事实上接受了不同的道德体系并不意味着这些道德体系都是正确的或同等正确的，也不意味着不存在着某种客观的终极的价值原则。换言之，事实判断（如道德多样性的命题）逻辑上并不蕴涵价值判断（如道德相对主义的命题）。一个事实本身逻辑上并不蕴涵这一事实应当如此，或不应当如此，就像即使我们发现人类不同文化事实上普遍接受了某种价值原则也不意味着这些原则具备了普遍有效的客观地位一样。这种“事实”与“应当”的区别可以解释为何一个客观主义者可以接受道德多样性命题的同时依然可以否认道德相对主义而不会陷入自相矛盾。[②] 这些都说明道德的多样性的事实命题和道德相对主义并无必然联系。因此，第二个前提不能成立。

许多人接受第二个前提的一个重要原因是不同文化长期存在着不同的道德习俗，这让人们对道德的客观性产生疑问：如果真有客观的道德，为何这么长的时间人类并没有达成统一的道德共识？道德的多样性为何会持续这么久？因此，道德只能是相对的。但这种道德的多样性很大程度上是由于认识上的原因所造成的。认识自然的客观的规律需要诸多的条件或因素，比如发现宏观物体运动的规律，人们不能仅仅停留在知觉判断的水平上，还需要发明一些抽象的概念，建立一个演绎的体系并自觉运用这一体系等。这些因素并非每一种文明都会自然而然产生，而缺少这些因素就会妨碍人们对宏观物体运动的精准的把握。认识大自然尚且如此，认识道德就更加困难了。因为道德判断的真假不像自然科学知识的真假那样可以通过描述性的陈述来直接或间接地证实或否证，道德观念更容易受一个社会的利益集团，尤其是占统治地位的利益集团所左右，他们往往会将向自己利益倾斜的“道德观念”视为正确的道德观念，而这在某种程度上会干扰人们对真正的道德价值的认识。此外，对客观的道德原则或价值原则

---

① 参见 Clyde Kluckhohn，“Ethical Relativity：Sic et Non，” *Journal of Philosophy* 52，1955。

② 参见 Pojman，“A Critique of Ethical Relativism，” *Ethical Theory*，p. 44。

的认识，也需要创造恰当的概念和演绎体系，这也不是任何文明或文化自然而然就会产生的。但没有认识到客观的道德并不等于没有客观的道德，就像古代西方的人们没有认识到地球是圆的，并不等于地球不是圆的一样。

道德相对主义者吉尔伯特·哈曼(Gilbert Harman)也承认仅仅从道德多样性的事实并不能得出否认道德绝对主义或客观主义的结论。[①] 但他认为道德的多样性虽然并不蕴涵道德相对主义，但道德相对主义是对道德多样性的最佳解释。我们可以将哈曼的论证表述如下：

(1) 不同的文化有不同的道德体系(道德多样性命题)。

(2) 如果任何理论能够对道德多样性命题给予最佳的解释，那么它就是一个正确的理论。

(3) 道德相对主义是对道德多样性命题的最佳解释。

(4) 因此，道德相对主义是正确的。

前提(1)的真假问题前面已经讨论过，无须赘言。前提(2)是对假说推理(hypothetical reasoning)或寻求最佳解释的推理(abduction)的一种表述。这种推理在自然科学和社会科学的研究中经常被采用。经典力学的产生和海王星、冥王星的发现都包含了这种推理论证的过程，故我们也可以接受。因此，问题的关键在于第三个前提是否为真。

道德的多样性可以表现为道德的分歧。哈曼认为这种道德分歧不仅存在于不同社会或文化之间，而且存在于同一社会之中，甚至同一个家庭之内；不仅仅存在，而且似乎难以解决。比如，在当代美国社会中，道德素食主义者和非素食主义者之间关于是否应当饲养动物作为食物的争论，反映的是关于人以外的动物的道德地位的分歧。这种分歧即使了解了所有相关的事实之后也无法解决。这表明这种道德分歧不是认识上的分歧，不是对相关事实是否为真的分歧，而是根本价值观上的分歧。类似的分歧还有关于是否应当允许流产，是否应当允许安乐死，是史前文化古迹更重要，还是人的生命更重要，在正义的社会制度中是平等更重要，还是自由更重要，等等。以上这些分歧都很难用人们关于客观事实的认识分歧来解释。[②]

哈曼认为相对主义者可以对上面这种价值观的分歧给予正确的解释。我们

---

① 参见 Harman and Thomson, *Moral Relativism and Moral Objectivity*, p. 10。

② 参见 Harman and Thomson, *Moral Relativism and Moral Objectivity*, pp. 10 - 11。

先考虑一个古老的问题：是地动，还是日动？相对主义者认为，由于运动总是相对于某个时空坐标系而言的，因此，对这个问题的回答要看你相对于哪个坐标系。一个物体相对于一个坐标系是运动的，相对于另一个则未必。不存在离开了时空坐标系的所谓绝对的运动。同样，相对主义者对道德的分歧也给予了正确的回答：一个行为是否道德也总是相对于某个道德坐标系而言的，因此，它是否道德要看你相对于哪一个道德坐标系来回答这个问题。[①] 相对于一个道德坐标系是正确的行为，相对于另一个则有可能是错误的行为。不存在离开了道德坐标系的绝对正确的行为。哈曼认为一个道德坐标系是指一套价值观（标准、原则等），类似于一个国家的法律。判定一个行为是否道德要依据事实和道德坐标，类似于判定一个行为是否合法要依据事实和法律一样。[②]

人们为何总是认为存在着关于对错的客观的、非相对的事实呢？这是因为人们往往会将占据显著位置的（salient）坐标系视为具有特殊地位的坐标系或客观的坐标系，任何相对于该坐标系的事实都会被看作是客观的非相对的事实。人们为何认为存在着关于运动或质量的客观的、非相对的事实？因为人们将相对于显著位置的坐标系的运动和质量看成是客观的、非相对的事实。道德的问题也是一样。人们往往将自己的价值观所决定的道德坐标系看成是客观的，任何相对于该坐标系的对错也都被看作是客观上的对错。但事实上，我们并无充分的理由相信存在着这样具有特殊地位的客观的道德坐标系。[③]

哈曼的上述论证是缺少说服力的。即使人们之间的道德分歧是关于价值观的分歧，而不是关于经验事实的分歧，这也并不意味着不存在客观的价值，不存在不依人们意志为转移的答案。在他的例子中，人们争论的并不是人或动物是否有价值，胎儿的生命或母亲的生命是否有价值，平等或自由是否有价值，生命是否有价值或痛苦是否有负价值等等（争论的双方最终会承认这些事物的价值或负价值），而是当这些客观的价值彼此发生冲突时，哪一种价值更有价值。而人们自身的客观的利益或利害关系最终会迫使人们选择一种答案。也就是说，要么这种争论和人们无利害关系、无关痛痒，那么这种争论会类似于某些美学争论，可以允许某种道德相对主义；要么这种争论和人们切身利益相关，那么，不管

---

① 这里所说的道德坐标系是由人们的价值观所决定的。人们根据自己的价值观来确定道德的坐标系（规则、标准等）是有可能犯错的。这可以解释为何主体间的道德判断也有可能犯错，因为这些道德判断所依据的道德坐标系有可能出错，有可能和主体间的价值观不一致。参见 Harman and Thomson, *Moral Relativism and Moral Objectivity*, p. 13。

② 参见 Harman and Thomson, *Moral Relativism and Moral Objectivity*, pp. 12 – 13。

③ 参见 Harman and Thomson, *Moral Relativism and Moral Objectivity*, p. 13。

我们目前对答案有无共识，人们的利益终究会迫使人们最终达成解决分歧的共识，而人们的利益和愿望是否得到公平处理则是评价这种共识是否合理的客观依据。

哈曼的解释也不是对道德多样性的正确解释，因为按照他的解释，一个行为道德与否总是相对于一种文化或一个社会所选择的价值观或道德坐标系，也就是说，凡是现实的（一种文化或社会事实上所选择的价值观或道德坐标系）都是合理的。但许多文化或社会所实际选择的道德体系或所实行的道德习俗似乎并非都是合理的。比如，印度有些地区曾实行的寡妇殉夫的习俗（suttee），非洲一些部落至今还实行的"割礼"（excision 或 female circumcision），希特勒和纳粹对犹太人的种族灭绝政策和屠杀等等。道德相对主义对这些文化现象无法给予合理的、令人信服的解释。

另一方面，道德客观主义似乎可以对道德的多样性给予更好的解释。道德客观主义认为，决定道德合理性的最终依据是看道德要求是否反映了人们的整体利益，是否公平处理了人们之间的利益关系。但人们的利益关系并非总是你死我活的，利益的受损也并非总是无法容忍的，当利益的损失在可忍受的范围之内时，当利益冲突不大时，不同文化的不同的约定或共识就会决定道德的多样性或地域性。比如，在吃狗肉究竟道德上是不是可允许的问题上，东方一些国家和西方一些国家的不同的共识便决定了它们各自对这一问题不同的看法，也决定了它们对这一问题不同的道德判断，但这种道德约定的正当的相对性只有不涉及人们之间的核心利益或利害冲突时才是可能的。当不同的客观的价值在实践中发生冲突之时，怎样解决这种冲突？在不涉及人们的根本的核心利益时，不同地区、不同国家的文化传统或共识也可能决定它们不同的解决办法。比如，当整体利益或公平的要求（往往意味着要求政府的干预）和自由的要求（往往意味着要求将政府的干涉减少至最低程度）发生冲突之时，究竟应当怎样平衡这两种客观的要求？中国人可能更倾向于整体利益或公平，而西方人可能更倾向于自由。但是，这种不同依然受到公平和自由的客观要求的限制。比如，公平要求如果过分侵犯了个人的自由和权利，成为了一种社会的负担或使得整个社会变得更加懒惰和无效率，则无论在东方还是西方都是不行的；反过来，如果个体（如企业）自由或个人自由造成极大的社会不公，造成周期性的经济危机，则不论在东方还是西方也是不行的。在决定于什么条件下以及于多大程度上可以将一些超道德的行为（自愿将自己的部分财产转让给他人以帮助他人或自愿牺牲自己的生命以挽救他人的生命等）纳入普通的道德义务（道德上强制一个人将自己的财产转让他人或牺牲自己的生命以挽救他人或服务于他人的利益[①]),东西方不同的文化传统也会给出不同的答案,东方人也许会比西方人在更多的情况下将超道德的行为视为道德的义务。但这种不同只有在不触及人们的核心利益或福祉的条件下才能被允许,正如在设计一幢建筑或一种款式的汽车时,可以允许外观和结构上的不同,甚至也可以允许不同程度的安全系数,但这种不同不能违背力学定律,不能危及人们的安全,这种不同也不意味着没有统一的客观的力学规律。在什么条件下,在何种程度上,可以将何种超道德的行为作为人们的普通义务,终究受到人们客观的核心利益的限制。比如,将某种超道德的行为视为道德义务是否能够为一个民族的人们或者一个社会长期自愿承受,这种义务是否公平(比如,是不是人人都应履行的义务或人人在相似的条件下都应履行的义务)等。道德话语背后的这种客观的利益最终决定了一种文化的道德观念的合理性。斯坎伦曾对道德的客观性和多样性作过这样的解释：规定什么是错误行为的道德义务,即他人无法合理反驳的理由所规定的道德义务(违背了这些义务便被视为不道德的行为),构成了道德的核心内容,这一部分内容是客观的、普遍的,不会因地域或文化的不同而不同,因为"人同此心,心同此理"。但在道德的核心部分之外的道德则是由人们的社会条件、文化传统、社会共识所决定。[②]

道德客观主义不光可以解释道德相对主义所能够解释的道德的多样性,还可以解释相对主义无法解释的"多样性",如寡妇殉夫,割礼和纳粹的种族屠杀,因为客观主义者并不认为凡是约定的便是合理的,这要看是否符合人们长远的福祉。这些习俗或种族主义不符合人们长远的福祉,因此,或者终将被淘汰,或者为人们所谴责、摒弃。更重要的是,客观主义还可以根据人们福祉是否得到改善,人们的利益是否得到公平的对待,来解释道德相对主义所难以解释的道德的进步。因此,道德相对主义也没有对道德的多样性给予最佳的解释。

四

道德相对主义在人类思想发展史上曾起到过积极的作用。例如,它在破除神旨论(the divine command theory)的教条时,揭示了道德的权威性并非先于人或独立于人的意志愿望而存在;道德并不是从来就有的,它源于人们之间的某种约定和共识——这些对于一直相信上帝是道德之源的西方人来说确实有振聋发聩的作用。它在反对西方文化中心论或种族中心论的斗争中,在纠正西方人

① "道德上强制"的意思是说,如果违反了道德义务便会受到道德上的谴责。

② 参见 Scanlon, *What We Owe to Each Other*, pp. 348 - 349,详细论述见该书第四章和第八章。

的某些偏见的过程中，在批判性地反思西方文化本身的问题的时候，在寻找道德的新的甚至客观基础的努力中，也都起到过积极的作用。良性的相对主义依然承认约定的道德的作用：人们一旦作出约定或达成道德共识就有义务遵守这种约定或共识，除非对方违反或无意遵守。①

道德相对主义的主要问题是将人们之间的约定和共识看成是决定道德上正确与否的唯一的根据，否认这种约定和共识背后有客观的基础。② 这种缺少进一步的客观依据的约定主义或相对主义，如同列宁所说，终究会导致主观主义、怀疑论、不可知论或诡辩。③ 尽管不同文化、不同地区、不同民族的人们的不同的共识在一定条件下可以决定道德的多样性，但从这一事实我们并不能得出人们的任何的道德约定都是合理正确的，道理很简单，因为仅仅人们的共识并不足以决定道德上正确与否。人们事实上相信某种行为是道德的并不足以证明这种行为客观上就是道德的。一种观念或原则事实上的普遍被相信和接受并不能说明被接受原则或价值观的合理性、正当性。我们不妨试想一下，即使人类普遍相信和接受了"贪腐"和"作弊"道德上是可允许的行为，也无法使它们真的成为道德上可允许的行为，正如西方的人们曾事实上普遍相信和接受地球是平的，但这并不能证明地球事实上是平的一样。其实，即使我们假定"自由"、"平等"、"博爱"等观念为人类普遍接受，但仅仅根据事实上的普遍接受也不足以证明这些观念的正当性，我们还需要进一步的客观的理由。道德相对主义的问题正是在于将道德仅仅建立在人们共识的基础上，将道德的要求也仅仅限制在达成共识的人们之间，这不仅导致主观主义，理论上和实践中也会导致许多难以接受的后果。

首先，如果道德仅仅是人们之间的约定或共识，那么，一个社会或一种文化的道德观念就不可能出错，因为，决定一个社会或文化的道德观念的是该社会或文化的人们之间的共识，由于我们并无其他手段决定这种共识是否正确，一旦达成共识，这种共识就成为了该社会必须奉行的道德观念。因此，一个社会或文化的道德观念不可能出错。但是，一个社会或文化的道德观念是有可能出错的。例如，著名的人类学家露丝·本尼迪克特(Ruth Benedict)曾描述过西南太平洋

---

① "良性的相对主义"(*benign* relativism)的说法来自斯坎伦，指不导致道德虚无主义的相对主义。见 Scanlon, *What We Owe to Each Other*, p. 333。哈曼的相对主义是一种良性的相对主义。见 Harman and Thomson, *Moral Relativism and Moral Objectivity*, p. 6。

② 这种"共识"并非是指一个社会的每一个人都赞同或同意的观念，而是指绝大多数人赞同并在一个社会占据统治地位的观念。

③ 列宁：《唯物主义和经验批判主义》，见《列宁全集》第14卷，第136页，人民出版社，1957。

美拉尼西亚群岛的某些岛屿的道德习俗，这种习俗能够允许持续不断的下毒的意念以及弥漫整个岛屿文化的敌意。[①] 这样的道德习俗难道不是一种陋习吗？因此，将道德仅仅归结为人们之间的共识是不够的。尽管人们之间的共识客观上会受人们利益的支配，因此，所达成的许多道德共识很多情况下实际上有可能反映人们之间的共同利益。但由于文化传统的原因，认识上的原因，以及社会上强势利益集团(如古代奴隶主阶级或封建帝王)有意识地灌输某种仅仅有利于自身利益的价值观念的原因，一个社会的人们所达成的共识未必就反映了社会每个人的利益，因此，人们之间所达成的共识就有可能出错。这就是为何会有"民粹"之说，为何密尔会提到"多数人的暴政"，以及为何西方的"民主"也会产生希特勒这样的独裁者的原因之所在。

其次，道德相对主义认为对于一个行为的道德判断正确与否总是相对于某一个道德框架而言的，我们并无客观的依据对不同的道德框架进行评判，这就必然导致不同社会、不同文化之间的道德争议和道德批评变得不可能。[②] 按照道德相对主义，不同文化对同一行为的道德判断看似彼此冲突，实际上并不冲突，甚至不同文化之间的道德分歧逻辑上都是不可能的。因为，当一种文化的人说"行为A是道德的"，意思是说"行为A按照C1的标准是道德的"，而另一种文化的人说"行为A是不道德的"，意思是说"行为A按照C2的标准是不道德的"，这两个判断可以同时为真。因此，生活在一种文化中的人逻辑上无法否认生活在另一种不同文化中的人的道德判断。事实上，哈曼就认为由于"我们"和希特勒以及哈曼所想象的"谋杀"公司的成员的价值观和道德观不同，因此，如果"我们"依照自己的道德标准批评后者的行为，断定它们是不道德的，这种批评从逻辑上看会显得十分"古怪"(odd)，因为"我们"和他们之间没有道德共识，尽管他认为"我们"可以说后者的行为是邪恶的。[③] 但不同文化之间的道德争议和道德评价真的是不可能的吗？我们真的不能认为印度曾实行的寡妇殉夫制是一种陋习吗？我们真的不能从道德上谴责希特勒的行为吗？我们似乎很难说我们道德上对这些事情可以无动于衷，至少我们希望这类事情不要发生在我们自己身上，这在某种意义上对这类行为就已经进行了道德的评判，而我们很难说这种评判是

---

① 参见 Ruth Benedict, "Anthropology and the Abnormal," *The Journal of General Psychology* 10, 1934: pp. 59-82, a publication of the Helen Dwight Reid Educational Foundation。

② 甚至同一文化不同发展阶段之间的道德批评也是不可能的。

③ 见 Gilbert Harman, "Moral Relativism Defended," *Relativism: Cognitive and Moral*, eds. Jack W. Meiland and Michael Krausz, Indiana: University of Notre Dame Press, 1982。原文最初发表在 *Philosophical Review* 84(1975): pp. 3-22。

不正当的。

再次，道德相对主义无法解释道德的进步。这不仅仅是因为道德相对主义不得不认为文化或社会的道德共识不可能犯错，不仅仅是因为它否认不同道德框架之间的道德批评的可能性，也不仅仅是因为它否认有评价道德的客观基础，还因为，按照道德相对主义，一种文化或一个社会内部的人，如果想要改变所处文化或社会的现有的道德观点，改变现有的道德秩序，想要进行某种道德的改革，按照他所在的文化或社会的标准，他的行为道德上总是错误的。如果任何道德变革从一开始就是错误的，那么，任何正当的道德观念的改变都是不可能的。当然，针对这一指责，道德相对主义者可以声称他们也可以解释道德的进步：当人们发现他们所坚持的道德标准和他们所相信的根本的价值观念不一致时，解决这种不一致就意味着道德上的进步。比如，一个社会可能一直认为奴隶制道德上是允许的。但另一方面这个社会的人们又认为人生而平等。由于该社会的人们普遍不认为奴隶是正常的人，认为奴隶是和其他牲口的地位差不多的动物，因此他们不认为奴隶制有何不妥。但一旦当他们认识到奴隶和奴隶主以及社会上其他的公民一样也是正常的人的时候，他们就会发现他们道德体系中的不一致，在消除这种不一致的过程中就会认识到奴隶制是不道德的，而这也就意味着这个社会道德上的进步，因为这个社会消除了道德体系中的逻辑上的不一致。但是，如果一个社会从来就没有相信过人生而平等，那么如何解释推翻奴隶制道德上是该社会的一种进步？仅仅将道德进步解释为消除道德体系中逻辑的不一致似乎不足以解释一个社会的道德进步。①

道德相对主义所面临的上述问题和困难是难以克服的，因为我们无法认为一种文化道德上不可能犯错，人们之间的道德争议也不可能是无意义的，谈论道德进步也不可能没有客观的标准。为了避免这些困难，也为了避免道德怀疑主义和道德虚无主义，我们只能寻找不依赖于我们主观意志的客观的道德标准。寻找这种客观标准的动因来自两个方面。第一，当我们在表达对同一个对象相反的道德判断的时候，我们彼此都希望对方能够接受自己的观点。这种道德上的分歧是真实存在的，我们无法对这种分歧装聋作哑、视而不见，而这种真实的、客观存在的分歧要求有一种客观的（独立于双方各自利益或意志的）标准来解决双方之间的分歧。比如，谋杀公司的成员认为“谋杀是正当的”，而“我们”认为“谋杀是不正当的”。这种分歧是真实存在的，无法通过“你好我好他也好”的办

---

① 参见 Harman, “Moral Relativism Defended,” *Relativism: Cognitive and Moral*, p. 201。

法来解决彼此的分歧。如果双方不希望通过丛林规则或暴力强制的手段来迫使对方表面上接受自己的判断，那么他们只能寻求一种独立于各自利益和意志的标准来解决彼此的分歧。第二，人们的利益以及利害关系是客观存在的，是不依人们的意志为转移的。而道德的核心部分应当是公平调节人们利益关系的行为规范。这种行为规范或行为规范的体系是否公平地处理了人们的利益关系是有着客观标准的，如果一部分人的利益没有得到公平的对待，则"不平则鸣"，他们或迟或早会挑战不公的道德体系，寻找一种更为"客观的"道德。换言之，得到辩护的核心道德通常应当是反映了社会的每个人切身利益的规则体系。违反这样的道德的要求通常会导致每个人的利益受损，如诚信的要求。[①] 无视或违背这样的道德要求，整个社会将付出沉痛的代价。霍布斯对此早有证明：如果不对人们追逐个人利益最大化的行为进行约束，如果没有仁慈、忠诚、诚实、合作等价值观念的约束，社会就会陷入一切人对一切人的战争，而这是不利于社会中的每一个人的。这个论证的核心部分在当代决策论和博弈论的"囚徒困境"的讨论中得到了进一步的肯定。而那些最终得不到辩护的道德要求，要么和人们的切身利益无关，要么仅仅是反映社会部分人的利益要求，甚至是牺牲一部分人的利益以保护另一部分人的利益的要求。而虚假的道德要求，如"宁可要社会主义的草，也不要资本主义的苗"所代表的道德要求，对于一个健康和健全的社会来说是不可能长久的。认识的局限、社会习俗的惯性和既得利益集团有可能延缓对正当的道德要求或客观价值的接受和承认，但随着历史的进程，陈腐过时的观念终将会被大浪淘沙，和人们切身利益密切相连的客观的道德观念终将会被人们所接受，成为合理的社会和政治的基石。正是由于道德要求的客观性使得道德话语具有"适真性"(truth-aptness)的特征。所谓道德话语的"适真性"是指道德话语适宜于用真假来评价的特征或"事实"陈述的特征。当人们认为"贪污是不道德的"时候，人们认为这一判断是真的，而相反的判断则是假的，这种真假是不依人们意志为转移的。虽然在某种意义上，道德判断确实是将人们的主观情感(愿望或要求)对象化或客观化到所判断的对象上，使得道德话语成为具有真值的判断，但这种将"对错"的概念"对象化"或"客观化"本质上反映的正是人们利益的客观需要。由于这种需要，人们将反映了每个人的自身切身利益的道德要求以陈述句的形式客观化。

总之，尽管道德相对主义在历史上曾起到过解放思想的作用，但由于它将道

① 更多的这样的规则可参见 Pojman, "A Critique of Ethical Relativism," *Ethical Theory*, p. 47。

德仅仅归于人们主观的看法，因而难以克服上面提到的理论上和实践中的困难。为了避免这些困难，为了克服道德怀疑主义和虚无主义，也为了解决人们之间的道德分歧，寻求客观的道德标准是我们必然的选择。

从约定主义到相对主义
——评哈曼的道德相对主义*

上世纪70年代到80年代，英美伦理学界曾发生过一场关于道德相对主义的大讨论和大辩论。吉尔伯特·哈曼(Gilbert Harman，1938—)是这场讨论和辩论中道德相对主义最具代表性的人物。哈曼是普林斯顿大学哲学系讲座教授，在伦理学、认知科学、心灵哲学等领域颇有建树，是美国当代最著名的哲学家之一。2005年在巴黎获得让·尼科奖(The Jean Nicod Prize)，该奖是专门"奖给那些在心灵哲学中的佼佼者和认知科学中有哲学贡献的科学家"。在伦理学领域里，他以道德相对主义的观点和反道德实在论的立场著称。他关于道德相对主义和反道德实在论的文章常常是美国大学里元伦理学研究生课程的必读经典。他认为道德的约定俗成是显而易见的(不存在着所谓客观的道德事实)，因此，他认为自己从来(包括学习伦理学之前)就是一个道德相对主义者。当他开始学习哲学伦理学时也没有放弃这一观点。他认为许多伦理学家或教师批评道德相对主义是因为他们自己思想上的混乱。他因此写下了那篇著名的《道德相对主义之辩护》(1975)一文，以为天下从此太平，人们会结束对道德相对主义的担忧。但他非常惊讶地发现这种情况并没有出现。当他知道他周围的一些哲学家兼朋友，如托马斯·内格尔(1980)，认为道德相对主义是一种有悖常理的观点时，他简直都晕了！① 这么一位著名的、极有才华的哲学家至今依然坚持其道德相对主义的立场。他的道德相对主义也被认为是一种良性的相对主义。那么究

---

* 本文原载于《南京师大学报(社会科学版)》2012年第2期。

① 见Gilbert Harman, "Is There A Single True Morality?" in *Morality, Reason and Truth: New Essays on the Foundations of Ethics*, eds. David Copp and David Zimmerman, New Jersey: Rowman and Allanheld, 1984, pp. 27－28。

竟是否可能存在着一种合理的并且最终能够得到辩护的道德相对主义？他的道德相对主义的理论以及经典的辩护值得我们认真地分析与考察。

一、约定主义

哈曼的道德相对主义主要源于他的这一看法，即道德起源于人们之间的默契或不言而喻的共识。因此，道德判断只有相对于这种默契或约定俗成的共识才是有意义的。他将这种实质上的约定主义称之为“内心判断”（inner judgments）的道德相对主义。[①] 何为“内心判断”？我们试举例说明。我们常常对他人是否应当做某件事情进行判断，比如，在广东发生的“小悦悦事件”中，我们认为那些路过并且看到被碾压的二岁女童小悦悦的行人不应当见死不救，而应当对她施以援手。当我们做出这样的判断时，这种判断，按照哈曼的说法，就是“内心判断”。内心判断可以表达为“行为者 A 应当做事情 D”的形式。哈曼认为这种形式的判断有两个特征：第一，这种形式的判断蕴涵“行为者 A 有理由做 D，且这些理由能成为 A 做 D 的动机”；[②]第二，说出这些判断的判断者 S 赞同这些理由并且也假定行为者 A 和听众也赞同这些理由，他们且有相应的遵循这些理由的意愿。哈曼认为，当我们在“行为者 A 应当做事情 D”的判断中加上副词“道德上”之时，就可以更为明显地使该判断具有以上的两个特征，除非判断者以某种方式表明他没有和 A 相同的行动动机（比如说，“作为一个公民，A 应当……”）。[③]

并非所有的道德判断都是内心判断。非内心的道德判断至少有两种情况。一种情况是针对行为者，但不是关于行为者道德上是否应当做某事，而是关于行为者本身的性质的判断，比如，断定某人是邪恶的、毫无人性的，是野蛮人、叛徒、民族败类等。另一种情况则是关于行为、事物或事物状态的应然性的判断，比如，断定某个社会的财富分配是不公正的，某个行为是邪恶的等等。而哈曼的“内心判断”既不是关于行为者的性质的判断，也不是关于行为性质和事态的判断，而是关于行为者和行为者所做之事之间的关系的判断，亦即行为者道德上应当或不应当做某件事情的判断，并且行为者应当或不应当做某事的判断蕴涵或

① 参见 Harman，“Moral Relativism Defended，” *Relativism：Cognitive and Moral*，eds. Jack W. Meiland and Michael Krausz，Indiana：University of Notre Dame Press，1982，pp. 189 - 190。该文原发表在 *Philosophical Review* Vol. 84，No. 1(1975)。

② 当代英美伦理学家普遍认为“应当”蕴含“有理由”的意思，又由于“A 有理由做 D 仅当 A 能有动机做 D”。因此，“行为者 A 应当做事情 D”蕴涵“A 有理由做 D，且这些理由能成为 A 做 D 的动机”。

③ 参见 Harman，“Moral Relativism Defended，” p. 195，p. 193。

预设了行为者和判断者以及听众之间存在着某种共识和共同的意愿，这种共识和意愿为行为者提供了行为的理由和动机。

我们应当注意，非内心的道德判断和内心判断都包含“应当”之意，但“应当”的意义却不一样。非内心的道德判断所包含的“应当”之意是指某个人，某件事情，或某种状态是否应当是目前所处的情况，如“食人族吃掉失事船只唯一的幸存者的情况太可怕了”意思是说这种情况不应当如此。这种意义上的“应当”用英语可表达为“ought to be”（“应当如此”，“不应当如此”则为“ought not to be”）。内心判断所包含的“应当”则是表达行为者和他可能采取的行为之间的应然关系，用英语可以表达为“ought to do”（“应当做”），比如，“你应当遵守承诺”。①

现在我们可以将哈曼的“内心判断”的道德相对主义表达如下：

> R：一个人S可以做出“行为者A应当做事情D”的判断，当且仅当在判断者S、行为者A和听众之间存在着某种共同的考量C，它们是A做D的理由和动机；它们能够成为A行为的理由和动机仅当它们源于A和他人通过隐性谈判或讨价还价所达成的共识。②

为了支持命题R，哈曼提出了著名的古怪性论证。按照命题R，相对于一个道德共识的人不可能对相对于另一个不同道德共识的人做出有意义的内心的道德判断。只有在判断者、被判断者以及听众或读者之间存在着某种共识的条件下，一个人才能对另一个人做出内心的道德判断或道德评价。在缺少道德共识的情况下，如果一个人非要对另一个人做出内心的道德判断，在哈曼看来，他的判断便会使人感到“古怪”。要想避免这种古怪性，只有接受内心判断的道德相对主义，即命题R。或者说，这种古怪性是支持R的有力证据。

哈曼举了许多例子来证明他的观点。假定外星人降临地球，它们对人类的生命和幸福毫不在意，它们也没有任何理由不去伤害人类。假定它们的某个行为对人类造成了伤害，在这种情形下，哈曼认为说它们道德上应当避免伤害我们

---

① “应当”在不同语境下具有不同的意义。哈曼区别了四种“应当”：期望意义上的“应当”；合乎理性意义上的“应当”；规范意义上的“应当”（即“ought to be”意义上的“应当”）和道德意义上的“应当”（即“ought to do”意义上的“应当”）。他承认规范意义上的“应当”具有某种道德的含义。见“Moral Relativism Defended，” pp. 191 - 192。

② 参见 Harman，“Moral Relativism Defended，” pp. 193 - 196。

或者说它们伤害我们是错误的，是没有什么意义的，这样的说法很古怪。又比如，假定有一个谋杀公司的雇员，他从小就接受这样的教育：只尊重该公司"家族"的成员而轻蔑社会的其他所有成员。他被指派执行一次谋杀任务，谋杀一个银行经理盖沙，[①]一位"家族"之外的人。他不会因杀死盖沙而产生任何愧疚之心。我们可以说他是一个犯罪分子、社会的敌人，我们甚至也可以说他的行为是错误的（意思是说这种情况不应当发生），但我们很难说他不应当杀死盖沙，这只会让他感到好笑。我们如果坚持这样说，我们的说法会显得古怪。哈曼甚至还认为如果我们说希特勒不应当下令消灭犹太人，或者说希特勒错误地下令杀害了犹太人，如果我们这样说的意思是指希特勒有理由或动机不去杀害犹太人，我们的说法也会显得古怪，除非我们这里所说的意思是指这样的事情不应当发生。[②] 我们可以设想古怪性更为明显的例子。如果我们说"这只老虎道德上不应当攻击动物园里的儿童"，我们的说法会显得非常古怪，因为老虎和我们之间不可能存在着道德的共识。当然，我们可以说"老虎攻击动物园里的儿童太残忍了"，但在这种情况下，我们的判断不是内心判断，而是某种事态"应当如此"或"不应当如此"的判断。

为什么会有这些"古怪"？因为我们对其做出道德判断的行为者没有动机或理由去做我们认为应当做的事情，或不做我们认为不应当做的事情，他们缺少和我们一样的动机和共识。而我们在判断他们应当做或不应当做某件事情时，我们又假定了他们具有和我们一样的理由和动机，故古怪性就产生了。换言之，由于行为者不具有和我们一样的理由和动机，故我们无法对他们做出内心判断。如果我们非要这么做，我们的判断就会显得古怪。老虎的例子之所以更为古怪是因为老虎和我们之间缺少道德共识和共同动机的事实更为明显。

哈曼的古怪性论证面临许多挑战。首先，正如哈曼本人也承认的，具有"ought to do"形式的道德判断是有歧义的，也就是说，并非所有语法上呈现"ought to do"形式的判断都只能理解为内心判断。比如，"谋杀公司的人不应当四处杀人"所包含的"不应当"既有"ought not to do"的意思，也有"ought not to be"的意思。在后一种意义上，上述句子的意思是指谋杀公司的人四处杀人的这种情况不应当如此或不应当发生。[③] 然而，当我们按照"ought to be"或"ought

---

① 英文原文为"Ortcutt"，是"ought [to be] cut"的谐音，后者意为"该杀"，将其译为"盖沙"，取汉语"该杀"的谐音。

② 以上参见 Harman, "Moral Relativism Defended," pp. 191 – 193。

③ 参见 Harman, "Moral Relativism Defended," pp. 191 – 192。

not to be"的意义来理解"行为者 A 应当或不应当做某件事情 D"时，当我们按照这种意义来理解哈曼所举的古怪性例子时，他的例子就不具有任何的古怪性。事实上，我们在对一个人和他的行为做出道德判断的时候，我们的意思，甚至主要的意思就是说行为者所做之事不应当发生，不管行为者是否有动机或理由做那件事情与否，不管我们和行为者有共识与否。如此，哈曼所举例子就没有任何的"古怪性"。其次，即使我们接受某些例子包含了所谓的"古怪性"，但我们依然可以有其他至少同样好的理由来解释这种古怪性。比如，说"希特勒不应当下令消灭犹太人"或说"希特勒错误地下令消灭犹太人"确实有些"古怪"，但这种古怪性不是因为我们和希特勒缺少共识或共同的动机，而是因为这种道德判断太弱，他的种族灭绝的行为不是单单"错误"的措词可以加以形容的，而是"令人发指"。至于老虎攻击儿童例子的古怪性，我们也可以采用其他同样好的，甚至更好的解释。如，我们可以说作为道德判断的对象应当具有自由意志，而老虎不具有自由意志，故不适合对其进行道德判断。我们还可以说，按照"应该"蕴涵"能够"的原则，老虎不"能够"不去攻击儿童，因此，我们无法要求老虎不去做它做不到的事情，如此等等。因此，哈曼的古怪性论证并不成立。

如前所述，哈曼的内心判断的道德相对主义本质上是一种约定主义。这种约定主义的相对主义特征并不像人们想象的那样明显。在谈到他的相对主义时，哈曼强调他的道德相对主义完全是一个逻辑的命题。他说："正如判断某件事物是大的只有相对于某类可以进行比较的事物时才是有意义的。同样，……判断某人做某事是错误的，只有相对于某种共识(an agreement)或理解时才是有意义的。"[①]在哈曼看来，说"一只狗是大的"逻辑上蕴涵或预设了某一类可以进行比较的事物的存在。同样，说"一个行为是道德的"逻辑上也蕴涵或预设了某种共识的存在。没有可比较的事物的存在，没有某种共识，在非相对的意义上说"一只狗是大的，句点"或在非相对的意义上说"一个行为是道德的，句点"是没有意义的。[②] 问题是，这一逻辑命题无法清楚地将他和非道德相对主义(如客观主义)相区别，因为客观主义者也可以接受这一逻辑命题。道德客观主义和道德相对主义的区别不在于是否承认道德判断相对于一定标准，而在于这一标准究竟是否是客观的，尤其是，当出现不同的、彼此冲突的道德标准时，是否存在着客

---

① Gilbert Harman, "Moral Relativism Defended," pp. 189 - 190.

② "一个行为是道德的，句点"(An act is moral, period)是表达非相对主义意义的道德判断的一种表示方法。相对主义意义上的道德判断往往可以表达为"一个行为对 S 来说是道德的"(An act is moral for S)，或"一个行为相对于某种标准是道德的"。

观的考量来决定究竟哪一种道德标准是正确的。虽然按照哈曼的理论，一个人不能对另一个缺少道德共识或处于不同道德共识的人进行内心的道德判断，但他并没有排除，甚至可以说他承认，我们可以对和我们缺少道德共识的对象进行非内心判断的价值评价或道德评价，因为他承认"ought to be"判断的存在，他将这种意义上的"应当"判断称之为规范意义上的判断。他也承认这种"应当"有着某种道德上的含义，尽管不同于他所说的道德的含义。由于哈曼承认非内心的判断可以用于价值评判，这样，这类非内心的判断似乎可以用于评价不同的道德或道德共识。但另一方面，他又声称他既不打算否定，也不打算肯定某些道德"客观上"比另一些道德要好，他也不打算肯定或否定存在着评价各种道德共识的客观标准。① 然而，只有明确否认不存在着评价各种道德共识的价值标准，才能算真正的道德相对主义。因此，哈曼早期的相对主义与其说是一种道德相对主义，不如说是一种约定主义。

二、道德相对主义

到了上世纪 90 年代中后期，哈曼从约定主义走向了更为彻底和明显的道德相对主义。首先，他的相对主义不再局限于某一类道德判断(如内心判断)，而推广到所有的道德判断，即任何道德判断只有相对于人们的某种道德共识才是有意义的。其次，他明确认为"不存在一个单一的、真实的道德。有许多不同的道德框架，其中任何一个都不能说比其他的更正确"。② 这似乎意味着他否认有评价各种道德框架或道德共识的客观的价值标准。他的新的，或者说真正的道德相对主义可以表述为下面三个命题的集合：

R^1：为了确定"一个人 P 做 D 道德上是错误的"这类道德判断的真假，它们应当理解为"相对于道德框架 M，P 做 D 道德上是错误的"这类道德判断的省略形式。

R^2：不存在着单一的、真实的(或正确的)道德。有许多不同的道德框架，没有一个框架比其他的更正确。

R^3：道德框架应当理解为人们通过隐性的谈判所形成的共识。③

---

① 参见 Harman, "Moral Relativism Defended," p. 190。

② Gilbert Harman and Judith Jarvis Thomson, *Moral Relativism and Moral Objectivity*, p. 5.

③ 以上参见 Gilbert Harman and Judith Jarvis Thomson, *Moral Relativism and Moral Objectivity*, pp. 3 - 7。

如前所述，R^1 并不能将道德相对主义与客观主义区别开来。R^3 也难以真正将道德相对主义与其他的非道德相对主义理论相区别，比如，它难以将道德相对主义与非相对主义的契约论相区别。因此，R^1 和 R^3 都不能表示道德相对主义的本质特征。体现哈曼道德相对主义本质特征的论题是 R^2。

哈曼提出了一种道德多样性(diversity)的论证以支持 R^2，按照这一论证，生活在不同文化中的人们，甚至生活在同一种文化或社会中的人们，信奉不同的道德法则或道德信念，而 R^2 是对这种道德多样性或差异性的最合理的解释。①

哈曼举了许多道德多样性的例子。如，生活在不同文化中的人关于对错有着完全不同的信念。有的文化认为打饱嗝是礼貌的，有的认为是不礼貌的；有的文化接受食人族的现象，有的文化认为人吃人现象令人憎恶。有的允许奴隶制，有的反对。有的认为种姓制度道德上是合适的，有的则反对。即使是某些所谓普遍的核心价值，如禁止谋杀，禁止欺骗，禁止背叛，禁止残忍等也不是普遍的，因为它们只适用于族群内部。因此，不太可能有一组所有社会普遍接受的重要的道德原则。

道德的多样性还可以发生在同一社会，甚至同一家庭内部。如，道德素食主义者与非素食主义者之间的道德分歧(多样性的一种表现)就很难通过道德绝对主义或客观主义加以解释。道德素食主义者认为不应当以动物为食，非素食主义者则认为可以。这种分歧不可能通过充分了解相关的信息得到解决，也不可能是环境条件不同所造成的分歧，而是基本价值观(values)的分歧，是关于非人类的动物究竟应当给予何等重要性的分歧。关于流产、安乐死、给非洲饥民捐款等问题上的道德分歧也都是基本价值观的分歧，而不是关于环境条件或认识上的分歧。哈曼认为很难想象这些分歧可以诉诸非道德的事实或环境差异来解释。

因此，只有 R^2 可以对上面的道德多样性现象做出最好的解释，即没有一个单一的、事实为真的道德，在不同的道德框架之间，没有一个比其他的更正确。

哈曼的道德多样性论证主要有以下几个方面的问题。第一，道德的多样性现象也许只是表面的，在这些表面现象背后也许隐藏着普遍的道德原则。就像宏观世界物体运动千姿百态，但支配这些运动的规律只有一种，即力学。哈曼也承认道德多样性的现象并不会必然蕴涵道德相对主义，也不会必然导致对道德客观主义的否定。因为即使存在着统一的道德原则，但由于环境和习惯的不同，

---

① 该论证以及下面道德多样性的例子均参见 Harman and Thomson, *Moral Relativism and Moral Objectivity*, pp. 8 - 11。

这些道德原则的表述也会呈现差异性或多样性。即使在大致相同的环境条件下所出现的道德观念上的差异也不足以反驳道德客观主义，就像在自然科学中，仅仅关于引起火星表面上运河状特征的原因的意见分歧不足以证明关于此事没有客观的真理一样。① 第二，R^2 并非是对道德多样性的唯一的解释，道德客观主义可以对道德的多样性提供至少同样好的解释。道德客观主义认为存在着客观的普遍的道德原则，但由于认识上的种种原因，人们很难达成关于道德的统一的共识，从而产生道德的分歧和差异性。正如哈曼本人也意识到的，人们对同一证据能够得出什么样的结论依赖于人们以往的信念。有些先前的或最初的信念可能会帮助人们认识真理，而另一些信念则未必。由于人们信念的理性改变总是保守的，总是希望在原有的信念改变最小的情况下获得最大的连贯性，因此，具有不同的信念起点的人们对于同一证据合理性的反应是不同的。我们无法保证当人们最初信念的差异足够大的时候，当同样的证据进入他们辩护当中时，是否能够最终趋于意见统一。一些人的最初的起点信念也许相对地接近真理，那么，新的证据也许会使他们更接近真理，但另一些人的起点信念远离真理，那么，当同样的新的证据出现之时，他们的观点可能离真理更远。② 道德分歧还有可能反映的是关于经验事实的分歧。即使论证的双方都采用同一价值原则，如功利主义的原则，对同性恋是否应当除罪化依然会产生分歧，这种分歧主要是对同性恋的除罪化究竟是否能够产生社会幸福的最大化的分歧，这种分歧是关于经验事实的分歧，而不是关于价值原则的分歧。道德客观主义者可以是一个价值多元主义者，即认为决定一个行为道德的终极价值原则可以不止一个，这样，也可以解释哈曼所提到的那种关于价值观的道德分歧，人们价值观上的分歧往往是关于哪一个价值原则在给定的情景中应当压倒另一个或另一些原则的分歧，这种分歧并没有否认这些原则的客观价值，而人们自身利益的客观要求将迫使人们寻求独立于各自利益或愿望的客观之解。第三，R^2 并非最好的解释，道德客观主义可以提供更好的解释。按照 R^2，我们无法对不同的道德框架的正确性进行评价，因此它难以解释蕴涵印度寡妇殉夫习俗的道德框架的不合理性。道德客观主义可以对此做出很好的解释，因为凡现实的未必就是合理的，是否合理有着客观的标准，如是否符合人类长远的福祉，是否公平等。按照这些标准，寡妇殉

① 见 Harman and Thomson, *Moral Relativism and Moral Objectivity*, p. 10。哈曼采用的是"道德绝对主义"，而非"道德客观主义"。

② 这一观点最初来自 Nicholas Sturgeon，见 Harman and Thomson, *Moral Relativism and Moral Objectivity*, p. 12。

夫并不合理。因此,道德客观主义可以比 R^2 更好地解释道德的多样性。

三、良性的道德相对主义

对道德相对主义常见的批评之一是认为它会导致道德虚无主义或道德怀疑主义。但哈曼的道德相对主义表明并非所有的道德相对主义都会必然导致虚无主义和怀疑主义。R^2 确实有可能导致道德虚无主义或怀疑主义,因为虚无主义者可以从 R^2 进一步推论:由于每一个人都可以坚持说自己的道德观念更正确,但既然没有一个道德框架比其他的更正确,因此,坚持说某种道德观点更正确或者坚持某种道德观点便没有什么意义,我们应当放弃道德。但哈曼明确表示他的道德相对主义拒斥道德虚无主义,因为他的道德相对主义还包含 R^3。[①] 按照 R^3,道德或道德框架应当理解为人们通过隐性的谈判所形成的或所达成的共识,这样的道德在达成共识的人们之间是具有约束力的,这不仅表现在道德判断相对于人们的这种共识是有意义的,而且也表现在通过隐性谈判达成共识的人们有理由和动机遵循依据共识所得出的这些判断,也就是说,"存在着想要保留道德和相对的道德判断的行动理由"。[②] 这样的道德共识在人们的道德生活中发挥着重要的、积极的作用。因此,哈曼的道德相对主义可以看作是一种"良性的相对主义"(benign relativism)。[③]

哈曼的道德相对主义是良性的还表现在它可以克服或避免几种常见的对道德相对主义的诘难。比如,有一种常见的诘难,认为道德相对主义者逻辑上不可能是连贯的,因为他一定会将道德相对主义命题(即每个人都应当遵循自己所在群体、社会或文化的道德规定)本身看成是普遍绝对的道德原则,而这和相对主义的精神(即没有普遍绝对的道德原则)相悖。但哈曼的道德相对主义只是关于"道德"或"道德判断"意义的逻辑命题,本身并非是一个行为的道德原则,因此可以避免逻辑不一致的诘难。[④] 还有一种反对意见认为如果一个文化的道德是由该文化的共同的价值观念决定的,那么,该文化的道德就不可能出错。哈曼可以诉诸认识上的理由来避免这一诘难。他认为道德坐标系或道德框架是由人们的价值观所决定的,但前者不等于后者,就好像一个国家的法律体系可以由其立

① 参见 Harman and Thomson, *Moral Relativism and Moral Objectivity*, pp. 6 - 7。

② Harman and Thomson, *Moral Relativism and Moral Objectivity*, p. 44.

③ 参见 Thomas Scanlon, *What We Owe to Each Other*, Cambridge, Mass.: Harvard University Press, 1998, p. 333。

④ 关于这一点的分析,可参见 Scanlon, *What We Owe to Each Other*, pp. 329 - 330。

法、先前的法庭裁决和法官当时所接受的法律原则所决定,但前者不等于后者。这样,人们依据他们的价值观确立道德框架以及进行道德判断的时候就有可能犯错。比如,按照甲的价值观,流产是不道德的,但甲也许并没有认识到这一点而认为流产是道德的。个人如此,一个文化也可能如此。[①] 此外,人们的道德判断通常都是依据某个价值原则再加上事实判断所推导出来的。因此,某个事实判断上的普遍失误,如相信奴隶是次等人的神话等,以及推理中的错误,都会造成一种文化的道德判断出错。即使是基本的价值观,人们也有可能犯错。原因之一是因为人们道德共识(包括价值观的共识)的模糊性,从而产生解释的歧义性等,都会造成基本价值观上的分歧,甚至会接受逻辑上并不一致的价值原则。由于哈曼的道德相对主义能够解释一个文化道德上如何能够犯错,因而也在某种程度上回答了另一个常见的反对道德相对主义的诘难,即无法解释道德进步的诘难。因为,哈曼可以说,如果一种文化克服了基本价值观上的不一致,发现了普遍接受的某些事实判断的错误,澄清了某些道德共识的模糊性,都可能意味着一个社会道德上的进步。[②]

四、问题

哈曼的道德相对主义主要有两个方面的问题。一个是约定主义的问题,一个是相对主义的问题。

哈曼的约定主义是一种实际契约论。这种实际契约论将道德或道德原则仅仅归结为人们通过隐性谈判所达成的事实上的共识或默契。但人们通过隐性谈判所达成的实际共识并非是道德要求或道德原则的必要条件。"不许伤害无辜的人"是一种道德的要求,即使没有经过人们之间隐性的谈判,即使对于不接受这一道德要求的人来说,也是有效的。隐性谈判所达成的实际共识也不是道德或道德原则的充分条件。即使一个社会达成了关于寡妇殉夫的共识,这也不意味着寡妇殉夫道德上就是正确的,这种共识或习俗就是正当的。即使希特勒的德国达成了对犹太人实行种族灭绝政策的共识,这也不意味着这种政策道德上就是正确的。仅仅人们主观的看法,不论个人的,还是群体的,都不足以构成道德合法性或合理性的基础。我们可以设想一个人认为强奸是道德的,这并不会因此而使得强奸真就变成是道德的,不论是对他还是对其他人。一个人的看法

---

① 参见 Harman and Thomson, *Moral Relativism and Moral Objectivity*, pp. 13 – 15。

② 关于道德共识的模糊性,不一致性,和道德的演变等问题,可参见 Harman, "Moral Relativism Defended," pp. 199 – 203 和 Harman and Thomson, *Moral Relativism and Moral Objectivity*, p. 14。

不会使一个行为(如强奸)成为道德或不道德的充分的依据,同样,两个人的看法,三个人的看法,乃至更多人的看法也不足以使"强奸"成为道德的行为。因此,决定道德规范性或合法性一定还有独立于人们主观愿望以外的东西。人们在道德哲学和政治哲学的讨论中往往自觉或不自觉地仅仅诉诸人们的意见,尤其是多数人的意见。这种诉诸"民意"的合理性依赖于许多前提性假设的合理性,如假定绝大多数的人都是理性的、知情的或自利的,即对自己的利益有着正确的认识等。如果这些假设不成立(在现实中这些假设常常不成立),则诉诸"民意"的结果极可能对社会的每一个人或大多数人都不利。在这些假设成立的情况下诉诸民意或共识实际上并不是将道德的合理性仅仅归于人们的共识,而是诉诸共识以外的客观的东西。民意只是测定共识以外的客观因素的间接手段而已。人们主观的看法决定一个选择的合理性总是有条件的。在有些情况下,人们主观的愿望或看法在决定行为的合理性方面具有决定性的意义。比如,在不同的菜肴中选择一份所喜爱的,我的主观愿望通常足以构成我选择其中一份的理由。但这种情况并非是无条件的,它不能违背客观利益的要求。比如,如果我患有糖尿病,但我偏偏选择甜酸鸡,这种情况下,我的主观愿望就不能构成我选择的充分的理由。客观上不正确的东西,无论诉诸什么样的民意,多大的民意,都无法使其成为正确的东西。

哈曼理论的另一个方面的问题是相对主义的问题,主要是 R^1 和 R^2 的问题。按照 R^1,为了确定"一个人 P 做 D 道德上是错误的"这类道德判断的真假,它们应当理解为"相对于道德框架 M, P 做 D 道德上是错误的"这类判断的省略形式。这样,哈曼就难以避免一个常见的针对道德相对主义的诘难,即道德相对主义难以解释不同道德框架的人们之间或不同文化的人们之间,甚至同一文化不同观点的人们之间的真实的道德分歧,因为按照 R^1,他们的道德判断在逻辑上不可能是互相矛盾的。比如,按照 R^1,甲认为"x 是道德的",意思是说"x 相对于道德框架 M_1 是道德的",而乙认为"x 是不道德的",意思是说"x 相对于道德框架 M_2 是不道德的"。这两个判断可以同真,因而不是互相否定的。这样,相对主义者似乎无法表达他们之间的道德分歧,他们之间甚至不可能产生真正的道德分歧,这和我们的直觉完全相悖。哈曼本人承认人与人之间,包括相对主义者之间,可以产生真实的道德分歧,但按照他的 R^1,这种真实的道德分歧却无法表达。按照情感表达主义者史蒂文森(Charles L. Stevenson)的看法,道德分歧实质上是态度分歧,而态度分歧不同于信念分歧,无所谓真假,只有是否满足的问题。态度分歧只能通过某种准祈使句而不是命题的方式加以表达。[①] 哈曼在某种程度上也接受了这种非认知主义的关于道德分歧的解释，以克服 R^1 所造成的困难。他认为人们之间的道德分歧最终实质上是对采用不同道德框架的情感态度的分歧。这样，素食主义者和非素食主义者之间的分歧不需要表达为"饲养动物为食相对于 M_1 是道德的"和"饲养动物为食相对于 M_2 是不道德的"，而是可以表达为一种道德上的讨价还价：究竟是采用 M_1 还是 M_2？这更像是一种行为选择上的讨价还价，而非某个具体行为的应然性的争论，就好像两个正在就一栋房子的价钱讨价还价的人可以说他们的分歧是在于要房价如何，而非房价应当是如何。[②] 然而，问题依然存在。因为按照哈曼的 R^1，道德判断是有真假的，他本人也认为这是道德相对主义不同于情感表达主义（emotivism）的地方。[③] 如何用认知主义的语言，而不是非认知主义的语言来表达相对主义者之间的根本分歧？哈曼认为我们可以将表达态度的情感表达主义语言和相对主义的语言翻译成为某种可以判断真假的非相对主义的语言，这样，不同观点的相对主义者也可以进行交流、争论。道德相对主义可以采纳一种准实在论（quasi-realism）或准绝对主义（quasi-absolutism）或投射主义（projectivism）的语言来表达彼此的根本分歧。一个道德相对主义者可以将他或她的道德框架投射到世界，仿佛所投射的道德就是一个单一的真实的道德世界，然后采用实在论的语言来表达他们情感态度上的分歧，即甲可以说"饲养动物为食是错误的"，乙可以说"饲养动物为食不是错误的"，而不用采纳无法表达分歧的相对主义的语言。当然，道德相对主义者这样做只是权宜之计，只是为了使真实的道德分歧及其表达成为可能。当然，批评者会说，这样的做法只是让人们仿佛在争论！但这种仿佛争论是有价值的，因为它可以有助于人们表达彼此的情感态度上的分歧。当甲说以食为目的饲养动物是错误的，甲不过是表达了她赞同禁止这种行为的道德规则的态度。乙说以食为目的饲养动物不是错误的，乙不过是表达赞同并不禁止这种行为的道德规则的态度。这两种态度是可以彼此冲突的。因此，采用准绝对主义的术语表达相对主义者之间的分歧是可能的。但这种分歧归根到底不是事实判断的分歧，而是态度的分歧。如，素食主义者甲和非素食主义者乙都不会否认按照甲的价值观，饲养动物为食道德上是错误的，但乙不会接受用准实在论的语言所表达的"饲养动物为食道德上是错误的"这一判断为"真"。那么怎样给

---

① 参见拙文《事实与价值之间——论史蒂文森的情感表达主义》，《哲学研究》2011 年第 6 期。

② 参见 Harman and Thomson, *Moral Relativism and Moral Objectivity*, p. 32。

③ 参见 Harman and Thomson, *Moral Relativism and Moral Objectivity*, p. 33。

"饲养动物为食是错误的"指派真值条件？哈曼认为甲和乙可以依据各自的标准给出上述陈述的真值条件，但这些真值条件依然不是客观的，而是主观的、相对的(即相对于各自的道德框架)。这也就是说，即使相对主义者可以借助实在论的语言表达彼此的分歧，但由于真值条件是主观的、相对的，他们之间的分歧依然无法通过客观的、非相对的真值条件的分析加以解决。那么，我们如何才能解决人们之间的真实存在的道德分歧或态度分歧呢？哈曼认为我们只能通过讨价还价式的谈判(bargaining)，而非客观的调研(objective inquiry)。[①] 哈曼的问题或麻烦在于：其一，既然道德的态度分歧可以用实在论或准实在论的语言并且只能用实在论或准实在论的语言才能加以表达，它们为何就不能按照实在论或准实在论的语言加以解决？其二，如果实在论或准实在论的语言终究不过是道德相对主义语言的省略形式(哈曼最终的看法)，那么，哈曼的道德相对主义终究无法真的表达人们之间或相对主义者之间的道德分歧。

哈曼相对主义的问题还表现为 R^2 的问题。按照 R^2，不存在着单一的、真实的道德，在不同的道德框架之间，我们无法判断一个比另一个更正确。R^2 蕴含这样的推论：不存在着评价不同道德框架的普遍的客观标准，否则，我们就不会无法判断不同道德框架的优劣。由于否认存在着评价不同道德框架的客观标准，哈曼的理论难以解释不同道德框架之间的人们如何能够开展有意义的道德争论与道德批评。他认为道德评价只能在一个道德框架之内才有意义，一个道德框架内的人们无法恰当地评价另一个道德框架内的人们的行为。然而，真的就不存在普遍的、可以用于评价不同道德共识的客观标准吗？我们真的不能对另一个社会或文化或道德框架中的人进行道德判断吗？我们真的就不能对希特勒杀害犹太人的行为进行道德谴责吗？我们真的就不能对蕴含印度寡妇殉夫习俗的道德共识进行道德判断和道德谴责吗？显然，我们是可以对这些行为进行道德评判的，不管这些行为是发生在我们的文化之内，还是其他的文化之中。而只要我们能够进行这样的道德评判，R^2 就难以成立。朱迪思·汤姆森(Judith Jarvis Thomson)曾列举过一些普遍的道德原则，如"在同等条件下，一个人应当遵守承诺"，"在同等条件下，一个人不应虐待婴儿至死以从中取乐"等等。这些普遍原则的存在说明我们可以评价不同社会不同的道德框架或共识：任何蕴含否定这些普遍原则的道德框架或道德共识都是有问题框架或共识。然而，哈曼认为许多道德体系将这些原则的效用仅限定在"内部的人"之间，从而事实上否

① 以上详见 Harman and Thomson, *Moral Relativism and Moral Objectivity*, pp. 34 - 37, pp. 41 - 43。

认了这些原则的普遍性。[①] 但存在着否认这些普遍原则的道德习俗并不能证明这些原则不能或不应成为普遍的道德原则。相反,蕴含否认这些普遍原则的道德习俗恰恰证明这样的道德习俗是有问题的。否则,按照这种内外有别的道德逻辑,我们就无法对制造屠杀越南美莱无辜村民惨案的美军中尉威廉·卡利进行任何有意义的道德判断和道德谴责,他也无需做任何道歉或忏悔,但这显然是无法接受的。希特勒、寡妇殉夫和美莱村惨案的例子表明,存在着普遍的道德要求,存在着不以人们主观意志或看法为转移的客观的道德评价标准,而只要存在着这种客观的标准,哈曼的 R^2 就难以成立。哈曼否认客观普遍原则存在的可能性,结果只能使自己陷入某种难以自圆其说的困境。比如,他一方面认为我们不可以对另一个道德框架里的人进行内心的道德判断,但另一方面又认为人们可以对希特勒、外星人、谋杀公司进行另一种意义上的应然性判断或道德判断,但这种另一种意义上的道德判断的道德框架又是什么呢?哈曼语焉不详。

哈曼的问题主要在于:他将道德理解为并仅理解为人们通过隐性谈判所达成的共识,而且他似乎不承认人们的这种隐性的谈判也依然需要遵循某种客观的、独立于人们主观意志的原则。即使我们将道德理解为人们之间的某种通过隐性谈判所达成的共识,即使我们将道德分歧理解为态度分歧,这并不意味着我们就没有或无需遵循某种客观的价值原则。比如,即使我们将道德看成是人们通过隐性的讨价还价所达成的共识,这种讨价还价依然需要遵循某种客观的要求,如公平性,非强制性等。在同等条件下,十个人怎样分配一块蛋糕?只要不诉诸丛林规则和暴力,合理的分配只能是公平的、平均的分配。这是客观的,不依任何一方的意志为转移的。哈曼曾举休谟的划船的例子来说明人们的价值观是通过不断的隐性的讨价还价和调适而形成的。两个划船的人必须不断地相互适应以寻找适合二者的划桨频率。[②] 但这并不能说明道德不是客观的,不论他们怎样调适,他们必须保持同样的频率依然是客观的,不依他们的意志为转移的。事实上,人们在进行道德判断的时候,不光表达了赞同或否定某个行为的情感,而且由于涉及人们的利益,人们也同时表达了希望对方接受自己判断的要求。比如,"作弊是不道德的"这一判断不仅表达了判断者对作弊的反感,而且也表达了希望他人不要作弊的愿望和要求。相反的道德判断必然会导致情感和行为的冲突,而解决这种冲突最好的非暴力的方法便是诉诸独立于各方的愿望和

---

① 参见 Harman and Thomson, *Moral Relativism and Moral Objectivity*, pp. 10 - 11。

② 见 Harman and Thomson, *Moral Relativism and Moral Objectivity*, p. 22。

利益的某种“客观的”原则。这正是人们一直寻求客观的道德原则的根本原因之所在，也是难以否认道德原则的客观性的原因之所在。

我们之所以能够对不同文化和社会的行为或习俗进行道德判断或道德评价，不仅仅因为存在着普遍的、客观的道德原则，而且还因为我们在进行道德判断时，并不总是需要依据某种隐性谈判所形成的道德共识，甚至也无需根据任何道德原则。按照斯洛特最近提出的道德情感主义（moral sentimentalism），我们赞同或反对某件事情或行为的道德态度先于我们的道德判断。而我们的道德态度又是依据我们的移情心（empathy）或移情反应。[①] 我们的移情心或移情反应至少在最初的意义上是独立于我们的道德判断或任何隐性谈判所达成的共识的。我们的道德判断是否全部或归根结底是由于我们的移情心所致也许可以商榷，但至少我们的部分道德判断是建立在我们的移情心基础上的，而这并不需要隐性谈判所达成的共识，甚至也无需任何道德框架，因为我们的移情心乃至道德态度先于这样的共识和道德框架。这是我们为何能够对其他民族、国家或文化的行为进行道德判断的原因和理由之一。

五、结语

尽管哈曼的道德相对主义有这样或那样的问题，但他将道德理解为人们之间通过隐性谈判所达成的共识却具有相当的合理性，哈曼的问题只是在于将道德仅限于人们隐性谈判所达成的共识并否认有评价不同道德框架的客观标准。我们日常生活中的道德在很大程度上可以看成是人们之间的一种默契或隐性谈判所达成的共识。比如，我们认为看到老人摔倒，我们应当将其扶起；在我们力所能及的情况下，我们不能见死不救等等。人们的这种道德共识在协调人们相互关系和相互利益方面起着非常重要的作用。由于这种共识是人们在日常生活中形成的，它对达成和接受这种共识的人们便有了无形的约束力，接受这种共识的人们也愿意或自觉遵守包含在这种共识中的道德规则。这种共识比这种共识之外“灌输”的道德往往更有效，因为人们更有动机遵守基于人们共识的道德。这给我们的启示至少有两点。第一，我们应当尽可能将得到辩护的道德认识或道德判断转化为良风民俗，转化为人们自觉认可的道德规则，因为建立在人们不言而喻的共识的基础上的道德比缺少这种共识的道德更为行之有效。第二，我们应当尽可能保护良风民俗和人们之间的道德默契，而不应当去破坏良风民俗

① 参见 Michael Slote, *Moral Sentimentalism*, Oxford: Oxford University Press, 2010, p. 45, p. 28, pp. 33 – 36。

和道德默契。这方面，南京的“彭宇案”给我们提供了非常深刻的经验教训。

我们还应当注意到，哈曼的相对主义是一种契约论，然而，并非所有的契约论都会必然走向道德相对主义，因为并非所有的契约论都排斥客观普遍的评价原则。非自利契约论者斯坎伦就认为道德或道德共识必须建立在他人无法合理拒斥的理由的基础上。他认为建立在这一基础上的道德的核心部分是普遍有效的，尽管其非核心的部分可能是特殊的，依情况而变化的。因此，他明确表示“道德相对主义”一词并不适合于表达他的理论。[①] 只要承认存在着客观普遍的评价因素，契约论就可以避免道德相对主义以及它所带来的种种问题。

---

① 参见 Thomas Scanlon，*What We Owe to Each Other*，p.328，p.153，chapter 8。

道德相对主义与先天道德客观主义*

许多人,甚至包括许多学者,不管意识到或者没有意识到,事实上相信道德是相对的、主观的。这样的看法在实践中,特别是在市场经济的条件下,极有可能将道德看成是可有可无的"软要求",会事实上信奉某种"成王败寇"或"强者为王"的哲学。在这种思想潜在影响下,许多人口头上承认道德要求的合理性,但实践中则信奉所谓丛林法则,这种思想的危害所造成的经济的、环境的,乃至道德思想上的不良后果,已经在我们的生活中显现并对我们的生活质量造成严重的负面影响。追根溯源,不能不说是因为对道德要求客观性认识的不足。为了避免由于思想混乱而造成的实践恶果,我们有必要从理论上说清道德相对主义的问题,以及合理的道德要求为何是客观的、不以人们意志为转移的,违背这样的道德要求为何最终会在实践中受到惩罚。本文打算在批判道德相对主义的基础上,为道德客观主义进行辩护,拟讨论三个问题。第一,在与道德客观主义相对立的意义上,准确界定道德相对主义,并说明这样的道德相对主义为何让人难以接受。第二,为一种无需本体论假设的先天道德客观主义进行辩护。第三,回答各种可能的质疑并说明它们为何不能成立。

一

讨论道德相对主义的一个主要困难就是如何清晰、准确地界定道德相对主义。斯坎伦(Thomas Scanlon)认为相对主义的概念有某种无法去掉的模糊性。① 然而,有成效地讨论道德相对主义的首要条件就是要说清楚道德相对主

---

* 本文原载于《道德与文明》2014 年第 1 期。

① 参见 Thomas Scanlon, *What We Owe To Each Other*, Cambridge, Mass.: Harvard University Press, 1998, p. 328, p. 335。

义的含义。道德相对主义有许多版本。有些版本的道德相对主义可能导致道德怀疑主义、虚无主义或取消主义,有些则未必。有些版本的道德相对主义并不是真正意义上的道德相对主义。① 由于关于道德相对主义的用语混乱,为了有成效地开展相关讨论,我们有必要对道德相对主义给出一个相对严格和准确的定义。

真正的道德相对主义应当是一种与道德客观主义相对立的观点,理由有三:第一,在很大程度上,道德相对主义源于对不同文化或社会的不同道德习俗的观察,道德相对主义实际上是对这些不同的道德习俗以及由于这些不同的习俗所产生的道德分歧的一种解释,并进而将这种解释扩展到个体之间的道德分歧。道德相对主义者认为我们没有客观的标准来评价不同文化的道德习俗,因此,也没有合理的方法来解决由于不同的道德习俗所产生的根本的道德分歧。第二,无论是历史上,还是现实中,提出道德相对主义的人通常都是为了否认道德客观主义。国内外大部分的学者或普通人,不管是赞成还是反对道德相对主义,也都是在否定道德客观主义的意义上理解道德相对主义的。在实践中有可能造成危害的也正是这种与道德客观主义相对立的相对主义。因此,讨论这种意义的相对主义并说明其危害有着更加重要的现实意义。第三,如果将道德相对主义混同于道德客观主义,那么提出这种相对主义究竟有何意义?直接主张道德客观主义不是更加明确和减少歧义并使讨论和研究更有效率吗?

那么,哪些版本的相对主义符合我们所理解的道德相对主义呢?道德相对主义又称为伦理学相对主义,布兰特(Richard Brandt)将其分为三类,即描述性相对主义、规范相对主义和元伦理学相对主义。② 每一类相对主义,不论是名称还是内容,又有许多不同的说法或变种。只有元伦理学相对主义符合我们所理解的道德相对主义。

---

① 比如,美国华裔哲学家黄百锐(David Wong)的道德相对主义就未必是真正意义上的道德相对主义。他的相对主义与其说是道德相对主义,不如说是某种多元主义。参见 David B. Wong, *Natural Moralities: A Defense of Pluralistic Relativism*, Oxford University Press, 2009 和 Gowans, Chris, "Moral Relativism," *The Stanford Encyclopedia of Philosophy* (Spring 2012 Edition), Edward N. Zalta (ed.), URL = 〈http://plato.stanford.edu/archives/spr2012/entries/moral-relativism/〉。

② 参见 Richard Brandt, "Ethical Relativism," *The Encyclopedia of Philosophy*, ed. Paul Edwards, Vol. 3, New York: Macmillan, 1967;重印于 Donald M. Borchert, ed., *Encyclopedia of Philosophy*, 2nd edition, Vol. 3, MI: Thomson Gale, 2006。

描述性相对主义有时被称为"文化相对主义",[①]它源自对不同文化(或社会)道德习俗的经验观察。描述性相对主义断定不同文化,或同一文化的不同时期,存在着不同的道德习俗,不同的道德习俗之间存在着根本的道德分歧。所谓根本的道德分歧是指那种不会因分歧双方达成相关事实的共识而可消除的分歧。[②] 按照描述性相对主义,这种分歧也"无法通过对共同价值观与原则的不同应用而得到解释"。[③] 描述性相对主义只是对不同文化所实行的道德习俗或不同人们所持有的道德信念的事实陈述。这一事实陈述的真假主要取决于人类学家所发现的事实以及对这些事实的解释。[④] 它既没有断定这些道德习俗就是当地人应当实行的道德,也没有断言我们是否有客观标准来评价这些不同的道德习俗,或断言这些道德习俗同等有效。描述性相对主义并不是真正意义上的道德相对主义,因为道德客观主义者或非道德相对主义者也可以在接受它的同时反对道德相对主义而不陷入自相矛盾。[⑤]

与描述性相对主义不同,规范相对主义认为相对于一个人所接受的根本道德观念或他所处的文化的根本道德观念,道德要求对此人是有效的,因此,规范相对主义有时也被称为"道德要求相对主义"。规范相对主义有两种形式:个人规范相对主义和社会规范相对主义。前者认为一个行为是一个人的道德义务,当且仅当该行为为此人所接受的根本道德原则所规定。后者则认为一个行为是一个人的道德义务,当且仅当该行为为此人所在的社会所接受的根本道德原则所规定。[⑥] 规范相对主义强调一个行为的正确与否取决于行为者的根本道德信念或行为者所在社会的根本道德原则,相对于这些根本的道德信念或原则,道德要求对行为者是有约束力的。然而,规范相对主义也不是我们所要讨论的相对

---

① James Rachels 是一个例外,他用"文化相对主义"指称一种非常宽泛意义上的道德相对主义,包括描述性相对主义、规范相对主义和元伦理学相对主义。见 James Rachels, *The Elements of Moral Philosophy*, 4th edition, New York: McGraw-Hill, 2003, chapter 2, especially pp. 18 – 19。

② 参见 Richard Brandt, "Ethical Relativism," *Encyclopedia of Philosophy*, 2nd edition, ed. Donald M. Borchert, Vol. 3, MI: Thomson Gale, 2006, p. 368。

③ David B. Wong, "Moral Relativism," *Encyclopedia of Ethics*, eds. Lawrence C. Becker and Charlotte B. Becker, New York & London: Garland Publishing, 1992, Volume II, p. 856.

④ 人类学家通常赞同描述性相对主义。他们反对在研究不同文化的道德习俗时,研究者用自己的价值观去评判所研究的对象。人类学家的这种立场主要是为了保证研究的客观性,保证能够如实陈述所研究的事实。

⑤ 参见 Stephen Darwall, *Philosophical Ethics*, Colorado: Westview Press, 1998, pp. 66 – 67。

⑥ 参见 Paul K. Moser and Thomas L. Carson, eds., *Moral Relativism: A Reader*, New York and Oxford: Oxford University Press, 2001, pp. 1 – 2。该书关于两种规范相对主义的说法分别为"个人道德要求相对主义"和"社会道德要求相对主义"。

主义,因为它并没有对这些根本的道德信念或原则的权威性或合法性进行判断。特别是当不同行为者的根本道德信念或不同社会的根本道德原则之间发生冲突时,它并没有回答我们究竟是否有客观的标准来判定它们的优劣,是否有客观的方法来解决它们的冲突。

与规范相对主义不同,元伦理学相对主义认为,当不同文化的根本道德原则发生冲突时,我们没有客观的标准可以用来判断它们的优劣,也没有办法对它们的权威性或合法性进行客观的辩护。按照元伦理学相对主义,任何道德判断或道德知识都无法得到客观的辩护;对于任何给定的伦理学问题,并不存在着唯一正确的评估或判断。[①] 元伦理学相对主义断定不同的道德习俗或不同的根本道德原则本身并无至高无上的权威,这种断言逻辑上并不蕴含规范相对主义。元伦理学相对主义可以接受,也可以不接受规范相对主义;如果接受,则可能走向良性的道德相对主义;如果不接受,则可能走向道德怀疑主义或虚无主义。这种与道德客观主义相对立的道德相对主义可以定义为下述主张:

> R:不同的道德评价总是相对于不同的根本的道德原则,当这些根本原则发生冲突时,我们没有客观标准可以用以评价它们之间的优劣。

道德相对主义极易和参量普遍主义(parametric universalism)或情景相对主义(situational relativism)相混淆,[②]因为它们都主张同一个行为在此种情形下是道德的,而在另一种情形下则未必,都主张具体情况具体分析。参量普遍主义和情景相对主义实为某种版本的道德客观主义,它们和道德相对主义的主要区别在于:它们都主张道德评价有不依赖于人们主观看法的客观因素或客观原则,而道德相对主义则否认道德评价有这种客观因素或客观原则。按照道德相对主义,道德评价所依据的终极原则归根结底是主观的。按照道德客观主义,在相似条件下,对于相似的行为者,相似的行为应当有相似的道德评价,这种价值评判的正确性独立于判断者的主观看法。

怎样才能将道德相对主义与道德客观主义区别开来?达沃尔(Stephen Darwall)认为我们必须区别两种不同的伦理判断语境,即伦理判断所依据的两种不同条件。一种是对象语境(the context of the evaluated object),包括被评

---

① 参见 Richard Brandt,"Ethical Relativism," p. 368。

② 关于参量普遍主义和情景相对主义,分别参见 Thomas Scanlon, *What We Owe To Each Other*, p. 329, pp. 339 - 340 和 Stephen Darwall, *Philosophical Ethics*, p. 66。

价对象周围的人类学或心理学的事实，一种是判断语境（the context of judgment），即判断者判断时所依据的主观考量，特别是价值考量。道德相对主义强调判断语境（即判断者的主观看法或主观认知条件）在道德评价中的决定性作用，而非道德相对主义或道德客观主义则强调对象语境在道德评价中的决定性作用。道德相对主义者认为，如果关于**同一对象语境**的不同的伦理判断是从**不同的判断语境**做出的，那么它们可以同样有效。然而，道德客观主义者则认为，当同一对象语境的不同伦理判断彼此冲突时，它们不可能同时同等有效，因为认识上的同等辩护不等于客观上的同等正确。相对于张三的认知条件，张三可以得到辩护地相信王五移情别恋。相对于李四的认知条件，李四也可以得到辩护地相信王五没有移情别恋。但这并不意味着张三和李四的看法事实上同等正确。而相对主义则认为同等辩护就是同等有效，没有“事实上正确”一说。[①]

道德相对主义（包括良性相对主义）的主要问题是主观主义的问题，即否认当不同的道德原则发生冲突时，我们有客观的标准去评价它们的优劣。笔者曾撰文讨论过这种主观主义在理论上和实践中可能带来的问题，[②]本文只想强调这种主观主义在实践中可能带来的危害。道德相对主义者常常将道德归结为人们长期潜移默化所形成的道德习俗，良性的道德相对主义者承认道德习俗对人们的行为具有并应当具有约束力，但他们否认有客观的标准对不同的道德习俗进行价值评判。也就是说，当两种文化产生根本的道德分歧时，我们没有客观的方法去评价或批评这些文化的道德判断或道德习俗，我们没有客观、理性的方法去解决这种分歧。这在实践中可能带来严重问题。如同许多论者所指出的那样，道德相对主义的这种观点有可能剥夺我们进行道德谴责的权利，至少也会削弱道德谴责的力度或权威性。[③] 道德相对主义者哈曼曾明确表示，无论是希特

---

① 参见 Stephen Darwall, *Philosophical Ethics*, Westview Press, 1998, pp. 65–66。斯坎伦之所以认为相对主义概念有某种无法去掉的模糊性恐怕和他没有区别上述两种语境有关。他说：“按照相对主义，行为的道德评价，如果是有意义的和可辩护的，不能理解为关于什么是绝对意义上对或错的判断，而必须理解为相对于相关具体标准而言的对错判断，这些具体标准由该行为的语境或判断语境自身所决定的。”（Thomas Scanlon, *What We Owe To Each Other*, p. 329.）这里所说的“该行为的语境”相当于“对象语境”。斯坎伦对相对主义的解释显然没有对上述两种语境进行区别。

② 参见拙文：《道德相对主义与道德的客观性》，《学术月刊》2008 年第 12 期。

③ 斯坎伦认为通常有三条抵制道德相对主义的理由，即道德是约束人们遵守秩序和保护我们不受不道德者伤害的重要力量，而道德相对主义者有可能破坏这种力量，就像洛克对无神论者的担心一样；道德相对主义会剥夺我们进行道德批评或道德谴责的权利；即使它不要求我们撤销我们的判断或批评，但它似乎也可能减弱或取消我们道德判断或道德批评的重要性。斯坎伦认为第一条理由也许言过其实，而第二条理由更为重要。参见 Thomas Scanlon, *What We Owe To Each Other*, pp. 330–332。

勒，还是谋杀公司心安理得的成员，都没有理由接受禁止一个人去杀害他人的原则，如果这样做可以推进他们各自的目的。[①] 然而，至少在一些根本性的问题上，我们很难说我们不能对另一种文化的道德习俗或道德观点（包括我们自己的道德习俗或道德观点）提出批评。比如，对于某些日本人，特别是某些日本政客长期参拜靖国神社和对南京大屠杀拒不认罪，甚至拒不承认的行为，难道我们就不能从道德上加以谴责和批判吗？难道我们就不能理性地、客观公正地批判这样的做法或价值观吗？难道日本人自己不去检讨二战时的罪行，我们就不能有意义地去批判并让他们认识到历史上曾发生的行为是错误的吗？我们的批评难道就没有任何客观的基础，完全是我们主观的看法吗？如果情况果真如此，道德批评或道德就成为可有可无的东西，这必然导致道德虚无主义或取消主义，其结果，当人们发生根本意见分歧时，我们最终除了诉诸强权或武力或"弱肉强食"的丛林规则之外，别无选择。如此，如同霍布斯早就指出的那样，人们必然陷入一切人对一切人的战争，这对任何人，无论是强者还是弱者，都没有什么好处。[②]

道德相对主义不仅会导致不同文化之间的道德批评变得没有什么意义，而且也会导致同一种文化或社会的个人之间的道德批评变得没有什么意义，至少会减少其重要性，这是因为根本的道德分歧不仅可以发生在不同文化或社会之间，也可以发生在个人之间。如果不同文化之间的道德批评或谴责没有意义，那么，这必然导致，当个人之间发生根本道德分歧时，道德批评或谴责也会变得没有什么意义。这里强调"根本的道德分歧"，这是因为，当道德分歧不是根本的时候，争论双方原则上都可以找到双方都能接受的某种更为根本的价值原则，从而通过诉诸这一共同原则，求大同、存小异，解决彼此的分歧。道德相对主义者不反对这样的道德分歧可以通过理性的方法加以解决，但反对根本的道德分歧可以通过客观理性的方法加以解决。然而，当个人之间发生根本的道德分歧时，我们真的无法对个人的道德观念进行评价和批评吗？比如，一个成年人在公共场所，如地铁车厢，当众解手，并且不顾周围人的批评而坚持自己行为的"正当性"，无论周围的人如何以公众利益或他人利益乃至他自己的利益批评他行为的不当，他都坚持己见，那么，此人与他人在价值观或道德观上就存在着根本的分歧。按照道德相对主义，我们没有客观的标准来评价彼此的是非，如此，周围人们的谴责也就失去了"客观性"或"正当性"，至多只是周围人的一种看法，和解手者的

---

① 参见 Gilbert Harman, "Moral Relativism Defended," *The Philosophical Review*, Vol. 84, No. 1. (1975), p. 9。

② 参见霍布斯：《利维坦》，黎思复、黎廷弼译，商务印书馆 1985 年。

己见一样，都是主观的。可是，我们难道不能对这种损害公众利益的行为进行谴责并且这种谴责的正当性是无可怀疑的、客观的（不依任何人的个人意志为转移的）吗？如果不能，当人们之间发生根本的价值分歧时，我们就没有任何理性的、说理的方法去解决，最终只能诉诸丛林规则，从长远的观点看，这种状况对我们每一个人都没有什么好处。

二

即使道德相对主义实践中会导致许多难以接受的后果，这也不意味着理论上它就是错误的，也不意味着道德客观主义就自然正确。我们必须证明道德或道德要求确实是客观的，这样我们才能从理论上真正驳倒道德相对主义。道德客观主义有多种版本，有些版本的客观主义可能不成立，有些则未必。比如，按照某种绝对主义版本的客观主义，终极的道德原则只有一条，而且任何条件下都不能违背，如功利主义版本的客观主义。这种版本的客观主义就未必成立。[①]道德客观主义可以采取道德实在论的形式，即主张存在着某种道德实在，道德的客观性正是源于这种“实在”；也可以采取某种非实在论形式的客观主义。本文试图探讨一种非实在论形式的道德客观主义，我们不妨称之为“先天道德客观主义”，按照这种客观主义，道德或道德要求的客观性是建立在某种先天（a priori）理由或先天辩护基础上的，这种得到先天辩护的道德要求或道德知识也是客观的、不以人们的主观意愿为转移的。

我们先来看看什么叫先天（a priori）。“先天”通常是一个认知范畴。按照西方有关哲学百科全书的解释，“‘先天’通常都意味着某种不依赖于感觉经验证据或凭据的知识”。[②] 自柏拉图以来，西方哲学家一直认为知识就是得到辩护的真信念。[③] 而先天知识就是“依赖于先天辩护的知识。先天辩护在某种意义上是一种独立于经验的认知辩护”。[④] “独立于经验”并不是说与经验毫无关系，而是说“不依赖于感觉经验证据或凭据”，即不依赖于经验归纳。这样，任何具有普遍性或必然性的知识都是先天知识，因为我们无法通过经验归纳证明这样的知

---

① 参见 Louis Pojman, “A Critique of Ethical Relativism,” *Ethical Theory: Classic and Contemporary Readings*, 4th edition, ed. Louis Pojman, CA: Wadsworth, 2002, p. 46。

② Paul K. Moser, “A priori,” *The Routledge Encyclopedia of Philosophy*, ed. Edward Craig, CD Rom edition, London and New York: Routledge, 1998.

③ 参见 Edmund L. Gettier, “Is Justified True Belief Knowledge?” in *Analysis* 23 (June 1963): 121–123。

④ Russell, Bruce, “*A Priori* Justification and Knowledge”, *The Stanford Encyclopedia of Philosophy* (Summer 2013 Edition), Edward N. Zalta (ed.), URL = 〈http://plato.stanford.edu/archives/sum2013/entries/apriori/〉.

识。比如,“单身汉是从未结婚的男子”就是一种先天知识,因为它是一个普遍为真的命题,这样的命题不可能通过经验归纳得到证明。那么,这一命题是如何得到证明或辩护的呢?但凡理解了这一命题的人都知道它一定是真的,这就是一种先天辩护,得到这样辩护的命题就是先天命题或先天知识。当然,我们理解这一命题也许根据某些经验观察或生活经验的回忆,但这种经验至多只是启发我们认识上述命题为真,而无法证明其普遍为真。先天知识通常都是客观的,不依人们意志为转移的,正如“单身汉是从未结婚的男子”的正确性是客观的,不以任何人的意志为转移的。先天知识不等于天赋知识(innate knowledge),天赋知识是指那种与生俱来的观念所构成的或从中推导出来的知识,[①]而先天知识的构成要件则可以是经验的,如“黄金是黄色的金属”。先天知识的存在是毫无疑问的,在数学、逻辑学和常识中有大量的例证。我们关心的问题是:先天的道德知识是否存在。

道德知识主要由包含或蕴含“应当”的句子或判断所组成。道德判断,至少有些道德判断的正确性是显而易见的。比如,“将一个无辜之人折磨致死以从中取乐是错误的”。对任何一个正常的人来说,这都是一个无法否认的真命题。那么,这一知识是否是先天的呢?首先,它不可能是后天的,我们知道它为真并不是通过经验归纳,并不是通过不断观察折磨无辜人致死以从中取乐的行为,从中归纳出这种行为是错误的。从该行为经验观察中也不可能观察到“错误”的属性。我们从来也无需诉诸我们的经验去确证该命题的真假,比如,我们从来不会提出这样的要求:“我不知道将一个无辜的人折磨致死以从中取乐的行为是否错误,能否将这样的行为再重复几次,以便我能看清它究竟是否错误。”其次,它只能是先天的。我们根据我们的良知或直觉就可以非常明确地知道折磨无辜之人致死的行为是错误的,就像我们根据我们的直觉就可以非常明确地知道“直线就是平面上两点之间最短的距离”是正确的一样。诉诸良知或直觉就是一种先天的辩护。诉诸良知或直觉是道德知识先天辩护的一种,但并不是唯一的一种。有些道德判断的正确性并非一目了然,需要反思,诉诸其他的理由,甚至辩论才可以认识,比如,“男尊女卑的观念是错误的”。许多人的内心深处至今依然相信“男尊女卑”,上述判断的正确性,至少对这些人来说,需要进一步的辩护。有些应然性的判断需要作为背景知识的理由才能得到辩护地知道其为真,比如,“我们应当减少碳排放”。为了确定这一判断是否正确,我们不仅需要了解什么是

① 参见 Paul K. Moser, “A priori,” *The Routledge Encyclopedia of Philosophy*, ed. Edward Craig, CD Rom edition, London and New York: Routledge, 1998。

"温室效应",同时还需要了解一些相关的事实判断,如"2013 年 5 月某日地球大气二氧化碳含量突破了 400ppm(1ppm=百万分之一)的门槛","这一限值被认为是控制全球气温升高 2 摄氏度之内的绝对最大值"等等。我们需要注意的是,"我们应当减少碳排放"依然不可能从这些事实判断中通过经验归纳获得,这些事实判断和该判断之间的推理关系依然是先天的、非经验归纳的,因此,这一判断依然是先天的。通常,证明道德判断为真的推理越简单,其正确性也越明显;证明其为真的推理越复杂,其正确性也就越不是那么一目了然。无论是诉诸直觉辩护,还是更为复杂的理由和推理的辩护,这种辩护本质上都是先天的,而非经验归纳的,尽管经验也许能够启发或触发我们发现这些道德真理。这些通过先天方法确立的道德知识或道德真理也是客观的,不依任何人的主观意志或主观想法而转移的。任何试图否认"将一个无辜之人折磨致死以从中取乐是错误的"这一命题的人,我们都有充分的理由认为他的看法客观上是错误的。

那么,这种先天的道德知识从何而来?康德认为先天道德知识来自我们先天的道德认知能力,在日常语境中,我们常常将这种能力称之为良知。在康德那里,道德知识被视为道德法则。先天必然的道德法则只存在于一个理性者的心中,一个理性行为者的实践推理之中。"义务的根据(ground of obligation)既不可能在人的本性中,也不可能在他所处世界的环境中去寻找,而只能先天地在纯粹理性的概念中去寻找。"①因为普遍的道德法则不可能从经验证据或经验归纳中推出,因而只能是先天的,②只能内在于道德行为者的理性或善的意志之中。任何一个正常的、理性的、具有善的意志的人都具备认识先天道德法则或创立先天道德法则的能力,就如同一个具有正常视力的人具有辨别颜色的能力一样。最近有一则报道:山西汾西一位六岁男孩双眼被挖,任何一个正常的、理性的、具有善的意志(或具有先天道德真理认知能力)的人都会判定并确信这样的行为是残忍的、不道德的。这样一种判断或认识不可能来自经验归纳,比如,我们不可能说,这一单个的经验现象还不足以说明这样的行为是错误的,我们需要更多的例子。因此,它是先天可知的。类似的例子不胜枚举。

我们先天的道德判断能力经常受到各种因素的干扰,特别是主体内部各种欲望或情绪的干扰。那么,如何确保我们能够正常行使我们的判断能力呢?换言之,理性的行为者应当如何选择或创造道德法则呢?康德认为我们必须遵循

① Immanuel Kant, *Groundwork of the Metaphysic of Morals*, translated by H. J. Paton, New York: Harper & Row, 1964, p. 57.

② 参见 Immanuel Kant, *Groundwork of the Metaphysic of Morals*, p. 98。

普遍化的原则。我们内心有许多欲望或嗜好,包括自利的欲望、个人偏爱、同情心等。依据自利欲望或个人偏爱所选择的原则是无法普遍化的,尽管这样选择的原则偶尔也会和普遍的道德原则或义务一致。① 依据同情心的选择也有可能犯错。只有从善的意志出发,选择那种具有普遍性的法则,才能成为指导人们行为的道德原则。康德说:"'除非你所选择的准则在同一意志中也呈现为普遍的法则,否则,决不要做这样的选择。"②康德还说:"谨按照你同时要求成为普遍法则的准则去行为。"③这种法则是我们行为的法则,也是我们判断道德是非的标准。"我们必须能够要求我们行为的准则成为一个普遍的法则——这是所有行为的道德判断的标准。"④对康德普遍化原则的解释,见仁见智,不一而足。但康德普遍化原则的主要精神是:道德行为者必须从道德共同体的每一个成员的角度去思考问题,为道德共同体成员的行为立法。这对道德行为者创造道德法则设立了一个重要的限制条件。假定我向朋友借钱并承诺按期归还。到了还钱的期限,我会感到非还不可。这种感受并非事先已经有道德规则,或者我学习了康德的义务论,或者我记起了以往道德教育中相关的道德知识。即使没有这一切,我面对此情此景都会感到非还钱不可。如果我仔细思考,我会发现任何一个正常的、理性的行为者,当他面临此情此景,都会和我有同样的感受,做同样的事情。这说明我感到非还钱不可的感受或想法是可以普遍化的,因此,可以成为道德的法则。当然,面对此情此景,有人也许为了某种个人的原因想赖账,或者此人感到非还钱不可的想法为某种个人的理由所压倒。然而,我们很难想象一个正常的、理性的人在此情此景的情况下会认为赖账的想法可以普遍化,因为,如果真的将其普遍化,将没有任何贷方愿意借钱给他人,因为借方随时可以赖账,其结果,借方也就无钱可借,任何一个理性的借方都不会希望这样的情景出现。因此,康德强调,我们必须将我们的行为准则普遍化才可能成为道德法则。康德还强调道德行为主体必须从善的意志出发去给人的行为立法。所谓善的意志就是指按照普遍的规范性原则行事的一种能力。他说:"由于我已经排除了意志[即善的意志]对任何遵守特殊法则可能产生的效果的考虑,因此,除了让行为服从普遍法则本身以外别无其他,而这个法则就是服务于意志的法则。这就是说,我必须应该以这样的方式行为,按照这一方式,我也能够要求我的准则成为一个

① 参见 Immanuel Kant, *Groundwork of the Metaphysic of Morals*, p. 65。

② Immanuel Kant, *Groundwork of the Metaphysic of Morals*, p. 108.

③ Immanuel Kant, *Groundwork of the Metaphysic of Morals*, p. 88.

④ Immanuel Kant, *Groundwork of the Metaphysic of Morals*, p. 70.

普遍的法则。这里，直截了当遵守普遍的法则本身(无须以任何规定具体行为的法则为其基础)就是作为意志的原则服务于意志，并且必须如此，如果无论在哪里义务都不是一个空洞的和荒诞不经的概念。"①当代西方哲学家进一步发展了康德的上述思想，将康德的学说发展成为一种理想观察者的理论，按照这样的理论，理性的行为者要在理想的条件下(比如，清醒、知情和站在不偏不倚立场上)才能确保做出正确的判断或选择。

康德认为一个理性行为者所发现或确定的道德法则是普遍的。问题是，一个人内心认为应当做的事情或认定为普遍原则的事情为何能够真的成为普遍的、他人也应当遵守的规则？这是因为，在康德看来，一个行为在此时此景是道德义务所要求的，那么，对于任何一个相似的行为者在相似的条件下，这一行为同样也是道德义务所要求的。事实上，在我们日常生活中，我们经常有将自己的选择或思考普遍化的倾向。当一个女孩选择男友时，她常常会和闺蜜反复讨论她的想法，征求闺蜜的意见，这种行为实际上就是一种试图为自己的决策寻求某种普遍化的根据。如果一个女孩很有主见，无需征求别人的意见就可以做出决定。但即使没有征求他人的意见，经过深思熟虑的她也会相信，任何一个人，如果处于和她相似的情况，面对相似的情景，都会得出相似的结论或做出相似的选择。这些例子都说明，当我们个人进行道德思考或行为抉择时，当我们个人做出道德判断时，我们事实上都认为我们的决策对于相似的人和相似的情景都是客观有效的。因此，一个理性的、具有善的意志的行为者遵从普遍化原则所做出的选择或提出的行为准则，确实是可以具有普遍化意义的。

康德还说："你应当这样行为，即你行为的准则仿佛通过你的意志成为一个普遍的自然法则。"②这里强调"自然法则"，用意是强调道德法则应当和自然法则一样客观。但是，为何理性行为者选择的原则就是客观上正确的并且对于外部世界人们的行为具有客观的效力呢？可以从两个方面看。第一，这是因为代表道德法则的道德义务都是人与人之间的某种义务，比如，"遵守承诺"反映的是承诺者和被承诺者之间的义务；"孝顺父母"反映的是父母和子女之间的义务。这种人与人之间的义务是由于人与人之间的客观关系(如父子关系，夫妻关系，朋友关系，师生关系，承诺与被承诺者之间的关系等等)所决定的，因此，是不以人们的意志为转移的、客观的。第二，道德义务或原则并非凭空产生的，任何理性的行为者只有处于某种人与人之间的客观关系中，才能发现道德义务或创立

---

① Immanuel Kant, *Groundwork of the Metaphysic of Morals*, p. 91.

② Immanuel Kant, *Groundwork of the Metaphysic of Morals*, p. 89.

道德原则。而只要处于某种客观关系中，哪怕想象中处于这样的关系中，理性的行为者都会发现相关的道德义务，而这样的道德义务是不依人们的意志为转移的。在前面借钱的例子中，当我，或任何人，处于这种借者和贷者的关系，都会承认或认识到借钱要还的道理。这种道理是不依人们的意志为转移的，无可否认的，因此是客观的。然而，这些义务或道德原则并不是通过对人与人之间关系的经验观察，通过经验归纳而获得的。比如，我无论如何观察借者或贷者，从我的纯感觉经验中，我都无法归纳出借钱一定要还的道理。因此，任何理性行为者所发现的道德义务或原则依然是先天的。这里需要指出的是，一些人们长期以来一直以为先天知识就是天赋知识，与经验毫无关系，这是一种误解。先天知识尽管无法通过经验归纳证明，但我们依然需要置身于经验世界中，受到某种经验的激发或启发，才能发现先天真理。先天道德知识也是一样，不置身于经验世界的某种关系之中，我们的理智无从借力去发现或创立先天的道德规则。也正是因为我们是置身于经验世界中给经验的社会立法，因此，我们所立之道德法则才会适用于经验的社会。正如康德所说，“无可否认，这些先天法则还需要通过经验把判断力磨练得更加敏锐，以便一方面能够区分这些法则应用的不同情景，另一方面则是使这些法则为人的意志所接受，并对其实践运用产生影响”。①

先天道德准则的客观性还表现在：如果我们违背了它们的要求，我们在实践中会付出沉重的代价。比如，“伤害无辜的人是不能允许的”、“以强凌弱的行为是不道德的”、“违背承诺是错误的”、“随地吐痰是不应当的”等等。这些基本的道德原则或道德判断是维持一个正常、良好、和谐社会的必要条件。在其他条件相等的情况下，承认并履行这些道德原则的社会优于否认并拒绝这些道德原则的社会，前一社会人们的生活好于或优于后一社会人们的生活。这里所提供的辩护依然是先天的。这些先天的道理对于任何正常的、理性的人们来说都是显而易见、无可怀疑的。如果个人违背了先天的道德原则，特别是核心的道德原则（如“不许伤害他人”②），他不仅会给他周围的人带来危害，危及他人的利益，破坏社会的和谐，最终也会造成对自己的伤害。最近媒体报道了一件令人发指的事件。山东一艘远洋渔船载 33 名船员出海，半年多后返回，只剩 11 名船员，其余 22 名同伴被这 11 名船员所杀害。被害的船员中有些最初也是杀害其他船

① Immanuel Kant，*Groundwork of the Metaphysic of Morals*，p. 57.

② 这句话等值于“伤害他人是错误的”。任何用祈使句表达的道德义务或要求都可以转化为用陈述句表达的、可以有真假的道德判断，反之亦然。因此，本文假定：无论祈使句还是陈述句都可以表达道德真理。

员的凶手。这一事件的发生过程充分说明了违背基本的道德原则或缺少基本的道德原则会造成怎样灾难性的后果。如果一个民族或社会违背了先天的道德原则，实践中也会和违背自然规律一样，受到惩罚。"大跃进"浮夸风所造成的不良后果，除了违背自然规律的因素以外，违背人们起码的良知，违背说真话的道德要求，恐怕也是重要原因。一个民族或社会违背得到辩护的道德原则的要求，不仅会给自身造成伤害，有时也会给其近邻或周边的国家造成危害。比如，二战时期的德国、日本。这些事实都说明得到辩护的道德原则是客观的，特别是核心的道德原则，违背它们不仅会破坏他人正常的生活，违背者自身最终也会不得不承担灾难性的后果。

三

关于先天道德客观主义，人们可能会提出很多质疑。质疑之一：为何要强调道德法则或道德真理的先天性？如前所述，先天道德真理的存在，如同先天数学真理的存在一样，是一个不依人们意志为转移的客观事实。强调道德真理的先天性可以让我们注意道德知识的特殊性，注意道德辩护的特殊性，从而有助于我们认识道德要求的客观性。康德认为世界有两类法则：自然法则和道德法则，前者是"万物依此而发生的法则"，而后者则是"万物依此而应当发生的法则"。[①] 由于人们一般认为作为自然法则对象的"自然"是独立于人们的主观意识状态而存在的，而道德法则，至少道德法则中的道德谓词，似乎缺少类似"自然"这样的对象或实在，因此人们对自然法则的客观性较少怀疑，而对道德法则的客观性则多有疑问。说明道德法则客观性的办法之一是以解释自然法则客观性的方式去解释道德法则的客观性——设定某种道德实在。然而，如何说明这种看不见、摸不着的"道德实在"，特别是道德判断中所包含或隐含的"应当"的实在性，人们往往会陷入各种各样的哲学困惑。强调道德真理和数学真理相似的先天性，一方面可以避免陷入本体论假设所带来的种种哲学困惑，另一方面也可以开辟认识道德客观性的新路径。

质疑之二：如果道德真理是客观且先天为真，那么为何有些人却认识不到？比如，一些抢劫杀人犯似乎就没有认识到"伤害无辜之人是不道德的"。这里有两种情形。一种情形：杀人犯不是不知道伤害无辜之人道德上是错误的，但知错犯错。这种情况无法证明不存在着先天的道德真理。一种情形：杀人犯真的

---

① Immanuel Kant, *Groundwork of the Metaphysic of Morals*, p. 55.

不认为伤害无辜人的行为是错误的，这种情况下，杀人犯丧失了起码的良知，即丧失了认识先天道德真理的能力，因此，也无法说明不存在着先天的道德真理，正如有些人无法辨别香臭，不是因为不存在着客观的香臭之别，而是因为他们丧失了正常的嗅觉能力一样。可是，个别人或少数人无法认识客观普遍的道德真理还可以理解，有时候多数人，甚至整个社会长期没有认识到先天的道德真理，难道这些文化或社会所有的人都丧失了先天道德判断的能力？比如，印度某些部落曾经流行“寡妇殉夫”(suttee)的习俗，这一习俗始于公元前 4 世纪，17 至 18 世纪广为流行，直到 1829 年为英国人所禁止。按照这一习俗，妻子在丈夫死后有责任和义务自焚殉葬。[①] 这一道德习俗显然否定了“不应当伤害无辜之人”的道德原则。又比如，南非曾经长期实行种族隔离制度，这显然违背了“人人应当平等”的原则。如果道德原则是客观且普遍的，这些社会的人们为何没有认识到？印度的寡妇殉夫制流行了一千多年，如果不是外来的干涉，这一习俗还可能继续流行下去。为何这么长的时间，当地的人们不能认识到该习俗的错误？如何看待和解释这些现象？首先，道德起源于习俗，但这并不意味着任何习俗都是正当的或应当的，正如科学也起源于神话、迷信(都是以假说的方式去解释和认识自然的)，但这并不意味着神话或迷信就反映了人们对自然的正确认识。其次，集体丧失良知的情况是可能的，也是可怕的。二战出现的法西斯主义已经说明集体丧失良知的可能与可怕。这恰恰说明得到辩护的道德知识的客观性和重要性。造成这种现象的原因，或因这些社会人们的愚昧，或因这些社会占统治地位的群体出于既得利益的考量，有意识地扭曲或压制人们的良知，从而使得某些违背良知的行为大面积发生或流行。再次，即使印度某些部落曾经流行过“寡妇殉夫”的习俗，南非曾实行过种族隔离制度，但这并不能说明生活在其中的人们都丧失了良知，都失去了认识道德真理的能力。南非种族隔离制度最终还是由于其内部的人们起来反抗而遭到废除。再次，即使是事实问题或科学问题，一个民族或社会也有可能长期无法获得正确的认识。比如，历史上，在地心说和日心说的争论中，欧洲人就曾长期相信错误的地心说，但这并不等于关于地球和太阳之间的运行关系就没有客观真理可言。同样，一个民族或社会长期认识不到客观的道德真理，我们也不能因此而得出没有客观的道德真理。最后，尽管先天真理，包括先天道德真理是客观的，但人们对先天道德真理的认识则是主观的，有

---

① 参见“Sati (practice),” *Wikipedia*。

可能出错。[①] 比如,中国历史上人们曾经认为妇女应当"三从",即"未嫁从父、既嫁从夫、夫死从子"。这一道德认知显然是错误的。然而,先天的道德知识的可误性并不能说明没有先天的道德真理,正如数学真理的先天证明也是可误的,但这并不说明没有先天的数学真理一样。因此,实行"寡妇殉夫"或种族隔离制度的人们没有认识到先天的道德真理,只能说明他们的道德认知有误,而不能说明没有道德真理。

质疑之三:人们对于道德问题经常意见分歧,难以达成共识。如果真的存在着普遍的道德真理,人们之间的这种道德分歧,特别是根本的道德分歧,为何难以解决?这是否说明没有客观的道德真理?是否说明道德问题没有客观的答案?造成人们对于道德问题或应然性问题难以达成共识的原因有两类:一类是认识方面的原因,一类是经济或利益方面的原因。

从认识上看,先天真理并非都是直觉真理,道德知识也并非都是直觉知识。先天道德知识指的是先天辩护为真的知识。辩护需要理由和推理,因此,我们常常不可能直截了当地就认识道德真理,有时需要通过辩论或争论才有可能确信什么是正确的、什么是错误的,什么是应当的、什么是不应当的。道德知识先天辩护的结论一定是一个价值判断或道德判断。道德知识先天辩护的理由有两类:事实性理由和价值性理由。这些理由本身的真假往往也需要辩护。价值性理由和结论中的道德判断是同一类判断,因此,其辩护的性质相似。我们先来看看事实性理由和道德结论之间的关系。事实性理由和道德结论之间的关系通常不是经验归纳的关系,当事实性的理由确实支持道德结论之时,这样的辩护就是先天辩护。比如,断言"浮夸风"确实存在,这一事实断言确实可以支持"'浮夸风'是错误的"这一道德结论。但这种前提和结论之间的关系不是经验归纳的关系,而是先天辩护的关系。在这种事实性理由支持道德结论的辩护中,道德结论的真假取决于作为前提的事实性理由的真假。道德分歧难以解决的原因之一就是难以确定事实性理由的真假,而人们,特别是普通民众,往往在事实不清或一时无法弄清的情况下,就做出价值判断或道德判断;或者在缺少充分证据的情况下,对事实妄断或猜测。这是造成道德分歧难以解决的重要原因。比如,在现实的生活中,对于是否应当搀扶倒地老人,人们意见分歧,难成共识。一个重要原因就是事实问题不清,比如,搀扶者是否过错在先,或者被搀扶者是否遭诬陷,或

---

① 参见 Russell, Bruce, "*A Priori* Justification and Knowledge", *The Stanford Encyclopedia of Philosophy* (Summer 2013 Edition), Edward N. Zalta (ed.), URL = http://plato.stanford.edu/archives/sum2013/entries/apriori/。

者搀扶者是否一定就是因为内疚才会搀扶，或者倒地老年人是否有较高的诬陷倾向，搀扶倒地老人是否会承担法律风险等等。如果再将事实问题和价值问题混为一谈，道德问题就更难以弄清，道德分歧也就更难以解决了。但这并不说明没有道德真理，没有客观的是非，正如科学理论的争论也常常难以解决意见分歧，但意见分歧的存在并不能说明没有客观真理。更何况，事实问题的分歧原则上是可以解决的，因此，由于事实问题分歧而产生的道德分歧原则上也是可以解决的，相关道德判断的真假原则上也是可以找到确定答案的。我们再来看看价值性理由和道德结论之间的关系。[①] 价值性理由往往表现为某种道德原则。实际的道德情景错综复杂，可适用的价值性理由或道德原则往往不止一条，且互相冲突。即使我们判定在某一情形下，一条原则压倒另一条原则，但换一种情形，这一判定则有可能失效。这类情形是造成道德分歧难以解决的另一个重要的原因。"电车难题"的思想实验展示了这类情形以及这类情形所产生的困惑。[②] 当一辆失控的有轨电车撞向前方铁轨上绑着的五位无辜的人时，这时改变电车轨道道德上是允许的，尽管这样做会牺牲绑在岔道上另一位无辜者。我们这里依据的是功利主义的原则，康德的人的生命是无价的、不能仅仅作为手段利用的原则似乎失效。然而，当我们改变情景，将可能牺牲之人换到一座天桥上，将其推下可以阻止电车冲向前方绑在铁轨上的五人，在这样的情况下，道德上似乎又不允许我们将此人推下天桥，尽管同样也是牺牲一人，拯救五人。我们这里依据的是康德的原则，功利主义原则似乎失效。那么，当不同的道德原则发生冲突时，究竟应当遵循哪一条原则，我们似乎没有什么客观的方法可以去解决这样的冲突，以回答这样的问题。这类情形在现实生活中也经常发生。比如，在讨论流产究竟是否道德的问题时，一方强调胎儿的生存权利，另一方强调孕妇的权利，双方各执一词，难有定论；分开看，各有道理，但放在一起，则双方意见不可能同真。但即使道德分歧是因根本价值原则的冲突所引起的，这种情形也不能说明没有客观的道德真理，也不能说我们就没有客观上合理的办法解决根本价值原则之间的冲突以及由于这种冲突所产生的道德分歧。理由有二。第一，这些价值原则本身依然是客观的，不依人们意志为转移的，就如同物理学中的惯性定律一

---

① 价值性理由常常需要和事实性理由一起才能构成对道德结论的支持，除非价值性理由和结论是以不同的方式表达了同样一种意思。比如，我答应张三在发工资时一定还钱。到了发工资时，我就应当还钱。我应当还钱的推理过程可以表达如下：我答应张三发工资时还钱（事实性理由），人应当遵守承诺（价值性理由），答应还钱是承诺的一种（事实性理由），因此，我应当还钱。

② 参见"Trolley problem," *Wikipedia*。

样，尽管在现实物理世界中，一个物体的运动由于受到其他作用力的影响，不可能按照惯性定律所规定的作用力方向匀速直线前行，但这并不能说明惯性定律不是客观的或失去效力。第二，怎样决定哪一条价值原则在具体情形下压倒另一条，或者怎样决定不同价值原则所产生的“合力”，人们切身的共同利益（独立于任何人的主观看法）会迫使人们寻找独立于双方各自欲望的客观答案，这种答案有时是利益各方博弈的结果。因此，由于人们的共同利益，应当或不应当的问题终究是可以找到客观答案的。

造成道德分歧难以解决，不仅有认识上的原因，还受判断者自身利益的限制。道德规则的重要作用之一是调节人们之间的利益关系，其中一条重要的先天原则就是公正原则，即当人们利益发生冲突时，公正原则要求站在不偏不倚的立场上去解决问题，尽管在现实中怎样做到不偏不倚并非易事。而在现实生活中，人们对事情应当怎样判断往往会受自身利益的影响，常常难以站在不偏不倚的立场上做出正确的道德判断。这是造成道德问题无法达成共识，道德分歧无法解决的一个重要原因。但这并不能说明没有客观的解决办法，也不说明没有道德真理。这是因为人们之所以承认道德原则的真理性，恰恰是因为道德原则可以在人们利益发生冲突时，和平地调节彼此的利益，避免由于缺少道德规则，一切按丛林法则行事所带给各方的不利后果。这是符合各方利益的。因此，这一共同的利益（也是独立于人们主观看法的）可以迫使人们不得不寻求某种客观公平的方法，以解决人们非解决不可的价值冲突或利益冲突，以及由于这种冲突而产生的道德分歧。这就是为何尽管贯彻公正原则绝非易事，然而，人们一直设法制定种种程序正义的规则，以确保公正原则的实施。这恰恰说明道德原则或公正原则的客观性和寻求这种客观原则的可能性和可行性。否则，如果因为贯彻道德原则或公正原则的难度而放弃它们，这就等于让丛林规则主宰人们利益的分配，其灾难性的后果前面已有分析。

然而，有些道德分歧显然是无法解决的，我们似乎无法诉诸任何客观的方法去解决这样的分歧。比如，对于究竟吃什么东西道德上才是允许的，不同民族或国家有不同的答案，甚至不同个人之间也有不同的答案。韩国人认为吃狗肉道德上是允许的。然而，美国人则认定吃狗肉是不道德的。我们似乎没有什么道理去强迫韩国人不吃狗肉，也无法逼迫美国人非要吃狗肉。有人出于道德的理由而坚持素食主义，这似乎无可非议，但我们也不能由此断言非素食者的饮食行为一定就是不道德的。这些现象似乎说明道德是主观的，而非客观的。为了回答这一问题,我们需要区别道德的核心部分和非核心部分。[①] 核心部分的道德涉及人们根本的利益,本文所说的先天的道德判断或道德知识主要指道德核心部分的义务或判断,这些义务或判断界定了哪些行为是错误的、不允许的。这些义务或判断也就是斯坎伦所说的,具有相似动机的人们"无法合乎情理地加以拒斥的原则"。[②] 涉及人们核心利益的道德由得到先天辩护的道德知识所组成,如"不许伤害无辜的人"、"不许侵犯他人财产"等等。又比如,在代价不大的情况下,人们有帮助需要帮助之人的义务;在不危及自己人身安全的条件下,人们有见义勇为的义务(如看见抢劫、强奸,应打电话报警等);一个社会有帮助弱势群体、减少贫富差别的义务等等。非核心部分的道德不涉及人们的核心利益,往往和一个民族或文化的传统习俗有关。由于饮食习惯方面的道德一般不涉及人们相互间的根本利益,因此人们可以采取宽容的态度,不一定非要以对错的道德去对待这样的道德习俗,在不干涉自己饮食习惯的前提下,尊重对方的习俗。这既不说明双方之间的道德分歧无法解决,也不说明没有先天道德真理。即使是道德的非核心部分,道德客观主义也不是完全没有意义,因为道德客观主义主张一个具体行动道德与否与对象语境相关,由对象语境所决定,对象语境包括周围的社会学和心理学的相关事实,比如,文化传统、主流意识形态等等,这些都是决定一个行为道德与否的客观因素。因此,即使是非核心部分的道德,即使是饮食习惯方面的道德,道德上是否可以尊重、容忍彼此的习惯,也依然是由客观的因素(比如相关习惯是否影响彼此的切身利益)所决定的,而非纯粹主观的看法。由此观之,即使是非核心部分的道德或道德判断,不仅是客观的,也是先天可知的。

总之,道德原则,特别是涉及人们核心利益的道德原则,是先天可知的,这样的道德原则,如同先天数学真理一样,也是客观的,因此,否认道德客观性的道德相对主义不仅实践中会造成难以接受的后果,理论上也是难以成立的。

---

① 斯坎伦的说法是狭义道德(即对错道德)和广义道德的区别,参见 Thomas Scanlon, *What We Owe to Each Other*, pp. 342 - 349。

② Thomas Scanlon, *What We Owe to Each Other*, Harvard University Press, 1998, p. 4.

论道德和精明理性的不可通约性*

一、引论：道德和理性的困惑

道德与理性的关系问题一直是困扰着西方哲学家的主要问题之一。按照西方哲学家一般的理解，只有符合行动者的个人利益的行为对行动者来说才是合乎理性的行为。这种意义上的理性叫做“精明理性”(prudential rationality)。然而道德的行为常常包含利他主义的因素。道德与理性的困惑则表现为：人们总是希望自己的行为既符合理性又符合道德，因为道德的行为如不符合理性，看上去就像是傻瓜或疯子的行为。而理性的行为如不符合道德，看上去就像是魔鬼的行为。让人们感到困惑的是：人们的行为并不能总是既符合道德又符合理性。在这种情况下，人们究竟应该怎么办呢？

由于人们既不想成为魔鬼，也不想成为傻瓜，大多数的西方哲学家认为道德与理性总是一致的，或者说应该是一致的，但为什么一致，答案却各有不同。有的西方哲学家认为，如果我们能正确地理解道德与理性的含义，就会发现道德与理性总是一致的。有的认为，当道德与精明理性冲突时，道德的理由总是优于精明的理由，后者服从前者，这样道德和精明理性在道德的基础上统一起来。有的认为，当道德与精明理性冲突时，精明的理由总是优于道德的理由，道德服从精明理性，或者说与精明理性相冲突的道德要求不应成为道德的要求，这样道德与精明理性在理性的基础上统一起来。

还有的认为当道德与精明理性冲突时，有时道德的理由优于精明的理由，有时精明的理由优于道德的理由，究竟是哪一种情况，需要具体情况具体分析。这

---

* 本文原载于《求是学刊》2004年第1期。文中的“精明理性”(prudence 或 prudential rationality)作者现在译为“自利理性”。本文中茹丝·张(Ruth Chang)的真正中文姓名为张美露。

种看法否认了道德和精明理性的始终一致性。这些理论都假定了有某种客观的办法或标准来比较、评价道德和精明理性的理由，但谁也说服不了谁。

笔者认为道德与精明理性总是一致是不可能的。道德的理由可以等同于某种中立于行动者的理由，故道德的行为总是应该符合理性的。但这种理性不同于与行动者相关的理性即精明理性。这样，道德与理性的困惑就表现为中立于行动者的理由和与行动者相关的理由的困惑。笔者认为，由于行动的理由是由行动的价值所决定的，而不同的价值是不可通约的，即无法客观比较的，故当不同的理由相冲突时，我们无法从逻辑上客观地证明某一种理由总是优于另一种理由。换言之，当道德与精明理性相冲突时，我们无法从逻辑上客观地证明道德的理由总是优于精明理性的理由，反之亦然。

那么，在这种情况下，我们究竟应该怎么做？还有没有客观的标准证明我们究竟应该怎么做？笔者认为最好的办法只能是求助于具有反思精神的公众舆论或理性反思的共识，或者说求助于某种公众理性的约定。然而这种公众的约定依然不是完全客观的，我们依然没有纯客观的标准决定我们最有理由做什么。

二、寻求客观的根据

许多当代西方哲学家希望能找到一种能够证明某一种行动理由（通常是道德理由）总是优于另一种行动理由（通常是精明理由）的方法。也就是说他们希望找到某种一劳永逸的方法来解决道德和理性的冲突。这种解决方法要求实践理性的根据是客观的，建立在这一基础上的理由是不依任何人的欲求而存在的，故对每个人都是有效的。如果有人不根据其理由行事，那么他就是非理性的，至少不是完全有理性的。

在认识领域里，寻找这样一种客观的根据或基础似乎没有多大的问题。科特·拜尔（Kurt Baier）曾经举过这样一个例子。约汉有一种不可动摇的信念：相信杰克是他的亲生儿子，尽管他的、他妻子的和杰克的血型证明杰克不可能是他的亲生儿子。假定约汉知道生物学和遗传学的有关知识并了解有关的情况，如果约汉依然不肯放弃他的信念，那么我们可以在认识论的意义上说约汉是非理性的。[①] 认为约汉是非理性的客观根据就是生物学和遗传学的有关事实。一般说来，认识理性的最终根据是客观事实或有关客观事实的证据，如果有人否认或拒绝接受建立在这一根据上的理由，我们就可以说他是非理性的。比方说，

① 关于拜尔的例子，见 Kurt Baier, *The Rational and Moral Order* (Chicago: Open Court, 1995), 90–91。

"避免自相矛盾"就是一条客观的原则，如果有人否认它，他就是非理性的。客观的根据使认识或科学领域里完满的论证成为可能。西方道德哲学家希望能够在实践理性的领域里找到类似的根据，科特·拜尔称之为"实践理性的最终根据"(the ultimate ground of practical reason)。他认为"实践理性的最终根据"应该是某种有价值的东西，它在实践领域中所起的作用就类似于客观事实在认识领域中所起的作用，具有决定性的意义。[①] 笔者认为这一根据无法和认识领域里的客观根据相比较，因为对什么是真有价值或最有价值的东西可以有不同的理解，然而并没有一种完全客观的方法证明某一种理解就一定优于另一种理解。

三、最终的原则

在我们比较各种行动理由以决定哪一种理由更有理由时，我们常常会进行论证。在比较哪一种论证更有说服力时，我们要判断论证是否有效。如果两种论证都有效，我们就必须检查论证的前提是否为真。在实践理性的范围内，当关于事实的前提全部为真时，争议就会集中在价值判断的前提上。而当价值判断是最终的价值判断或最终的价值原则时，问题就变成哪一条原则更合理，更有价值。布鲁士·罗素(Bruce Russell)曾举过一个例子，他说道：

> 假定你儿子抢了一个富人的一些珠宝，警察正在追捕他。他请你帮助他逃到巴西。你知道你有办法安排好一切从而使你和你儿子都不会被警察抓到。你还知道如果你儿子被捕，关进监狱，他的一生从此就毁了。帮助你儿子逃跑是错误的[即不道德的]，但为什么不能说你最有理由做的事情就是帮助你儿子逃脱正义的制裁呢?[②]

我们中国人也许会说为什么不能说你最有理由做的事情就是把你儿子交给警察，而不是逃脱正义的惩罚呢? 双方的论证可以分别表述如下：

> P1：如果行动A能最大限度地增进行动者的个人利益或满足其反复思考的目的，行动者最有理由选择行动A。
>
> P2：帮助你(即行动者)儿子逃脱正义的制裁最能满足你反复思考的

---

① 参见 Kurt Baier, *The Rational and Moral Order* (Chicago: Open Court, 1995), 119。

② Bruce Russell, "Two Forms of Ethical Skepticism" in Louis P. Pojman, ed. *Ethical Theory: Classical and Contemporary Readings* (Belmont: Wadsworth, 1989), 369.

目的。

P3：因此，你最有理由帮助你儿子逃脱正义的制裁。

M1：如果行动A能最大限度地维护社会正义，保护社会的利益，履行对他人的义务，行动者最有理由选择行动A。

M2：不帮助你(即行动者)儿子逃脱正义的制裁能最大限度地维护社会正义，保护社会的利益，履行对他人的义务。

M3：因此，你最有理由不帮助你儿子逃脱正义的制裁。

这两个彼此对立的论证都是有效的论证。如果我们对P2和M2都无异议，则问题的焦点就集中在P1和M1上了，它们实际上分别代表了精明理性的原则和道德的原则。前者认为对行动者的价值或满足行动者的理性反思的要求是行动的最终目的，后者则认为对社会有价值或满足社会需要才是行动者的最终目的。这样，究竟行动者最有理由做什么的问题就变成了哪一条原则更有道理，哪一个目的更有价值的问题。那么我们究竟有没有标准来决定这一点呢？笔者认为我们并没有完全客观的基础决定这一点。

四、不可通约性

笔者认为决定两个比较的对象(或行动的最终目的或欲望)之间谁更有价值或谁更合乎理性取决于两者之间是否存在着进行比较的可通约的客观基础。如果没有可通约的客观基础，那么我们就没有办法客观地决定谁更有价值或谁更合乎理性。如果这一假设是正确的，如果我们能证明道德的理由和精明理性的理由是不可通约的，我们就可以证明我们没有客观的方法决定它们之间的优劣。让我们假定P代表精明理性的原则，M代表道德的原则，这一想法可以表达为如下的论证：

(1) 我们能够客观地决定P和M谁更有价值或谁更合乎理性，当且仅当，P和M客观上是可通约的。

(2) P和M客观上是不可通约的。

(3) 因此，我们不能够客观地决定P和M谁更有价值或谁更合乎理性。

这是一个有效论证。要想否认结论,必须否认前提(1)或(2)。让我们先考虑前提(2)。要想决定前提(2)是否为真,我们必须首先弄清“可通约的”含义。两个比较的对象是“可通约的”指的是它们之间存在着一个可通约的基础。可通约的基础有两种:基数标度(cardinal scales)和次序标度(ordinal scales)。

1. 基数标度

让我们假定有两个比较的对象,A和B。A和B可以是目的、所欲、事物、价值等。那么建立在基数标度上的第一种“可通约性”可以定义如下:

> A和B是可通约的,当且仅当,它们可以通过价值单位的基数标度精确地衡量,或者A和B之间的价值可以换算。

按照这一定义,实践中的有些选择是可以换算的,故可以通约。比方说,有两所大学愿意雇用我,一所大学给我的年薪是$30,000。另一所大学给我的年薪是$35,000。如果收入是我选择的唯一基础,那么这两种选择的价值可以通过钱的单位精确地衡量,故两者是可通约的。当存在着基数标度时,决定何种选择最合理只是一个数学计算问题。

但至少在某些情况下,有些选择没有这样的基数标度。拜尔曾经举过一个例子。假定有一对夫妇毕业后找工作。女的想到美国东北部去,因为那儿有所学校为她所提供的年薪最高。但那儿愿意接受男方的学校的名气和给男方提供的年薪远不如得州愿意接受男方的学校高。而得州愿意接受女方的学校的名气和给女方所提供的年薪远低于东北部的学校。故女方愿意去东北部的学校。在这种情况下,如果男的要在去哪所学校之间作出选择,他必须考虑各种因素,如学校的名气、年薪、爱情、有无人可帮助做家务等。[①] 但这些因素之间是否存在着一个基数标度或可以换算的价值基础则是非常可疑的。

那么在P和M之间是否存在着一个价值单位的基数标度或它们之间的价值是否可以换算就更为可疑了。比方说,在扩大行动者的个人利益和扩大社会的利益之间究竟是否存在着一个价值单位的基数标度就非常可疑。正如罗伯特·诺扎克(Robert Nozick)所论证的那样,一个人是独立的,他生命的价值只属于他自己。没有人能以社会的名义或他人的名义强迫他做出自我牺牲。[②]

许多哲学家和经济学家都认为,为了比较两个对象的价值,价值单位的基数

---

① 关于拜尔的例子,见 Kurt Baier, *The Rational and Moral Order* (Chicago: Open Court, 1995),136-138。

② 参见 Robert Nozick, Anarchy, State, and Utopia (New York: Basic Book, 1974),32-33。

标度并不是非要不可的。比方说,如果我们必须在守约和救人之间做出选择,尽管它们之间不存在基数标度,我们还是可以决定哪一种选择更合理,更有价值。这时我们选择的标准不是根据价值的量,而是根据价值的质,即我们根据次序标度来进行选择。

2. 次序标度

建立在次序标度基础上的"可通约性"可以定义如下:

> A和B是可通约的,当且仅当,存在着一个价值的次序标度或价值排序,按照这一价值次序标度或价值排序我们可以决定A和B价值的优劣。

按照这一定义,上述例子中,男方可以根据次序标度或价值排序来做出选择。比方说,他可以根据爱情高于一切的次序标度来决定何种选择对他更有价值。

我们应该注意到,道德价值和精明价值是可以内化于行动者的,即行动者可能认为道德和精明理性都是有价值的。在这种情况下,可以有一个个人的价值排序,比方说,道德的价值优于精明的价值。但这样一种排序完全是主观的、任意的,总是存在着另一种主观的价值排序,比方说,精明的价值优于道德的价值。如果有人说决定行动者最有价值或最有理由做何事是由行动者的主观价值排序所决定的,那么这样的回答是不能令人满意的。因为,第一,我们想知道,当道德和精明理性冲突时,客观上行动者最有理由做什么,不管行动者的欲求、目的和信念是什么。第二,当两种价值排序相冲突时,我们想知道哪一种排序更合理。为了决定哪一种排序更合理,我们又回到了原来的问题:道德(或道德价值)和精明理性(或精明价值),究竟哪一条原则(哪一种价值)给行动者提供了行动最充分的理由。由于P和M分别代表了行动的最终目的、最终的价值,两者之间似乎并没有一个更高的价值标准或价值的次序标度来决定其价值的优劣。

五、证明道德价值优越性的尝试

许多西方哲学家极力想寻找一种比较理由的基础。他们或者想证明道德的理由可以还原为精明的理由,或者想证明精明的理由可以还原为道德的理由,或者想寻找第三种评价的基础,但他们全都失败了。

科夫卡(Gregory Kavka)、哥梯尔、拜尔是道德理由可以还原为精明理由的代表。科夫卡极力将道德理由还原成精明理由,这样我们就可以将精明理由作为比较道德理由和精明理由的可通约基础。但他仅仅只证明了道德的理由对有道德的人来说可以成为精明的理由，因为有道德的人在做不道德的事时会受到良心等内在约束力的惩罚，故不道德的行为不符合他们的利益。[①] 然而他的论证对有理性但不道德的人来说则是无效的，因为他们不受内在约束力的束缚，不会因不道德的行为而受良心的惩罚。如果道德的理由真能还原成精明理性的理由，道德的理由也应该对他们同样有效。

哥梯尔也想从精明理性中推导出道德的原则，[②]但他理论中的有些假设，如"无人应该损人利己"，就无法完全从精明理性中推出。

拜尔则认为系于社会的理由(society-anchored reasons)(通常是道德的理由)完全可以建立在系于自我的理由(self-anchored reasons)(即与行动者相关的内在理由)的基础上。他想证明，任何行动的理由必须是每一个人(不是个别的人或某些人，而是每一个人)所能有的、最好的、可能的、系于自我的理由。他认为，如此，道德的理由就可以完全和与行动者相关的理由一致，从而得到辩护。[③] 笔者认为"每一个人所能有的、最好的、可能的、系于自我的理由"不能等同于"某一具体个人所能有的、最好的、系于自我的理由"。比方说，在类似"囚犯两难"的情景中，"每一个人所能有的、最好的、可能的、系于自我的理由"是合作，不要出卖对方，然而"对游戏双方具体个人所能有的、最好的、系于自我的理由"则是不合作，出卖对方。如果这两条理由真的是一致的话，它们就不应该冲突。

达沃尔(Stephen Darwall)则想将以"自我为中心"的理由(即与行动者相关的理由)还原成道德的理由。他认为某种公正的、不偏不倚的理由是实践理性真正唯一的理由。[④] 如果他的理论能成立的话，某种道德的理由(即公正的理由)就可以成为道德理由和精明理由通约的基础。但他的证明并不成功，因为一个人可以有公正的理由不损人利己，但他可以有精明的理由损人利己。

内格尔(Thomas Nagel)和邦德(E. J. Bond)则似乎想寻找第三种比较两种不同理由的基础：动机基础。内格尔想证明如果主观的理由(即精明的理由)能够成为行动者的行动动机，客观的理由(利他或道德的理由)也能。[⑤] 首先，这一

---

① 参见 Gregory Kavka, "The Reconciliation Project" in D. Copp and D. Zimmerman, ed., *Morality, Reason and Truth* (Rowman and Allanheld, 1984)。

② 参见 David Gauthier, *Morals by Agreement* (Oxford: Clarendon Press, 1986)。

③ 关于拜尔的核心论证，见 Kurt Baier, *The Rational and Moral Order* (Chicago: Open Court, 1995), 191–192。

④ 参见 Stephen L. Darwall, *Impartial Reason* (Ithaca: Cornell University Press, 1983)。

⑤ 参见 Thomas Nagel, *The Possibility of Altruism* (London: Oxford University Press, 1970)。

假设为假。因为主观的理由能成为理性利己主义者的动机,但客观的理由(即道德的理由)未必能成为他的行动动机。第二,即使这一假设为真,道德的理由和精明理由都能成为行动者的行动动机,但我们怎样才能决定哪一种理由更能成为行动者的行动动机呢? 事实上,当两种理由发生冲突时,有时道德的理由成为行动者行动的动机,有时精明的理由成为行动者的行动动机。那么我们究竟有什么根据决定哪一种理由更有理由呢?

邦德认为当道德的理由和精明的理由发生冲突时,当一个人认识到精明的价值同时也认识到道德的价值时,如果他是一个完全有理性的人,那么道德的理由应该成为他行动的动机。① 如果这一断定是真的,那么道德的理由就优于精明的理由,因为道德的理由比精明的理由更能成为人们行动的动机。问题是,精明的理性主义者会说,一个完全的理性主义者,当他认识到道德的价值和精明的价值时,精明的理由会成为他的行动动机。因此,精明的理由比道德的理由更能成为人们的行动动机。邦德和他们的争论最终会导致争论怎样定义一个完全有理性的人。而这将使我们回到原来的争论:哪一种理由,哪一种根据,更具有理性的力量。我们又回到原来的起点:我们有何根据、有何基础来评定哪一种理由更具有理性的力量?

功利主义的哲学家也许会认为我们可以从功利的角度来比较两种理由的理性力量,也就是说,功利可以成为各种理由通约的基础。按照哪一种理由行事能够给社会带来更多的好处,哪一种理由就更有理由。但这一理论有很多无法克服的问题。比方说,如果我们牺牲一个病人可以救活其他五个病人的话,我们就有理由牺牲一个病人,救活其他五个病人。但我们显然无法接受这样的结论。这至少说明,有时候在社会的利益和个人的利益之间没有可通约的基础。

六、一种理由优于另一种理由的例子

布鲁士·罗素(Bruce Russell)在"两种形式的伦理学怀疑主义"一文中举了不少一种理由优于另一种理由的例子。其中一个例子说,有一个理性但冷酷无情的人为了省下几个硬币,趁无人注意,从一个婴儿手中抢走一个棒棒糖。罗素认为在这种情况下,道德的理由,即不应该抢走婴儿的棒棒糖的理由超过精明的理由。也就是说,不抢走棒棒糖更符合理性。还有一个例子说,一个学生只有作弊才能考进医学院。假定她作弊的后果仅仅只影响了另一个考生,但这个考生

---

① 关于邦德的论证,见 E. J. Bond, *Reason and Value* (Cambridge: Cambridge University Press, 1983), especially 81 - 83。

并不在乎是否能进医学院。又假定她考进医学院后能够成为一名合格的医生。再假定她事先知道这些可能发生的事。罗素认为这个例子表明精明的理由(即作弊的理由)优于道德的理由(不作弊的理由)。在前面提到的父亲和儿子的例子中,罗素认为,如果我们不能肯定地说精明的理由优于道德的理由,至少,我们并不能证明道德的理由优于精明的理由。

如果我们接受罗素的这些例子并认为不可反驳,那么在本文第四部分中论证的前提(1)就是假的。但我们根据什么接受这些例子呢?接受的基础是什么呢?

七、第三种可通约的基础

有的哲学家想在道德的根据和精明的根据之外寻找价值或理性比较的基础。这一基础既不是基数标度也不是次序标度。它可能是某一种价值或某一种标准,也可能是一组价值或标准。

傅特似乎认为这种基础应该是实践理性,道德的原则和精明的原则只是实践理性的不同方面,谁也不能代替全部的实践理性。她认为我们不能说按照个人利益行动总是符合理性的,我们也不能说按照道德行动总是符合理性的。要具体情况具体分析。但我们怎样具体情况具体分析以决定行动者最有理由做何事呢?她认为意志的善(the goodness of the will)是一条连接和贯穿实践理性不同方面的轴线。具有某种道德的品质,或者说按照意志的善行事是我们生存的必要条件,就像植物吸水,鸟儿垒巢,狼成群以捕食,母狮教幼狮捕食等是它们生存的必要条件一样。但问题是,在"囚犯两难"的情景下,"意志的善"怎样帮助我们决定最有理由做的事情呢?"意志的善"无法回答。

茹丝·张(Ruth Chang)认为在两个对象之间进行价值比较需要一个涵盖两个对象价值的价值,她称之为"比较的涵盖价值(the covering value of the comparison)"。那么什么是道德理性和精明理性目的的涵盖价值呢?她认为像"所有的情况都考虑在内,最有理由的行动理由","所有的情况都考虑在内,更好"等词语就隐含了这样一种价值。[①] 她似乎将道德的价值和精明的价值看作是这种涵盖价值的不同方面。正像科学家用不同的原则,如简单性、精确性、预测性,来给一个具体的假说总的评价,我们也可以用不同的原则,如道德和精明理性的原则,来对我们最有理由做什么给一个总的评价。但笔者认为,在科学和

① 此处和以下关于张的论证,见 Ruth Chang, "Introduction" to *Incommensurability, Incomparability, and Practical Reason* (Harvard University Press, 1997)。

实践理性之间至少有一点是不同的。在评价科学假说时,有一条占主导地位的原则,即假说的预测能力或所推导的观察陈述范围的大小。当其他的原则,如简单性和精确性冲突时,我们可以求助于假说的预测能力来解决问题。但在实践理性中,尤其是当道德的原则和精明理性的原则冲突时,似乎并没有这样一条原则可以求助。

那么,“所有的情况都考虑在内,最有理由的行动理由”究竟有什么含义呢?茹丝·张似乎认为它有一种凌架于道德理由和精明理由之上的意义,是行动者在考虑、权衡了道德的理由和精明理由之后所认为的“最有理由采取某一行动的理由”。如果道德和精明理性不相冲突,行动者“最有理由采取某一行动的理由”可以是道德的理由,也可以是精明的理由,也可以两者兼而有之。但当道德和精明理性相冲突时,“最有理由采取某一行动的理由”可以是道德的理由,也可以是精明的理由,究竟如何,取决于具体的情况,但不可能两者兼而有之,或两者之外的第三种理由。那么,在一给定的情况下,我们究竟怎样才能决定哪一种理由(道德的或精明的理由)是“最有理由的理由”呢?张引入了“平常—突出的测试(nominal-notable test)”方法来决定究竟哪一种理由最有理由。

让我们先考虑一下怎样比较莫扎特和米开朗基罗的创造性。莫扎特是著名的音乐大师,而米开朗基罗则是绘画和雕塑的天才。音乐和美术是两种不同的艺术,各自的创造性标准完全不同。怎样比较这两种不同的创造性呢?让我们假设有一位很平常、很糟糕的画家,名叫“吴天才”。如果我们将他和莫扎特比较,显然莫扎特的创造性远超过“吴天才”。因为,莫扎特充分满足了音乐创造性的标准,而“吴天才”则远远没有满足美术创造性的标准。让我们假设有一位比“吴天才”稍好一点的画家,“吴天才第二”,再假定又有一位比“吴天才第二”稍好一点的画家“吴天才第三”,如此等等。在“吴天才”和米开朗基罗之间有许许多多个“吴天才第 X”,创造力一个比一个更接近米开朗基罗。如果我们能将莫扎特和“吴天才”相比较,我们同样也能将莫扎特和“吴天才第二”、“吴天才第三”等进行比较。如果我们能够将莫扎特和这些许许多多的“吴天才”相比较,最终我们也能够将莫扎特和米开朗基罗进行比较。这一论证的要点在于我们可将同类的比较对象按其价值标准先从低到高地分级,建立一个连续体,然后将已分级的不同类的比较对象的连续体从低到高彼此对应起来。比方说,将最糟糕的画家和最糟糕的音乐家对应起来,将次糟糕的画家和次糟糕的音乐家对应起来,将最好的画家和最好的音乐家对应起来,等等。这样我们就可以在这种一一对应的连续体之间建立起桥梁,从而使我们能够对这些不同类的对象进行比较。

茹丝·张认为我们同样可以用“平常—突出的测试”方法在道德和精明理性之间建立起比较的桥梁，从而找到涵盖二者的价值。我们可以将精明的行为按照精明的价值从最平常到最突出分成若干等级。我们也可以将道德的行为按照道德的价值(社会价值)从最平常到最突出分成若干等级。这样，最平常的精明价值和最平常的道德价值相等，最突出的精明价值和最突出的道德价值相等。处于中间的各种级别的精明价值和处于中间的各种级别的道德价值一一对应。从张的论述中，我们可以得出评价道德价值和精明价值的标准：“一般而言，在比较道德价值和精明价值时，一个突出的精明价值比一个平常的道德价值更有价值。一个突出的道德价值比一个平常的精明价值更有价值。”按照这一理论，在医学院考生的例子中，考生有“突出的”精明理由作弊，但只有较“平常的”道德理由不作弊，因此，考生最有理由采取的行动是作弊。然而对真正讲道德的人来说，考生依然有“突出的”道德理由不作弊，因为如果我们允许这一例外的话，就有可能动摇禁止作弊的道德要求，而这是不符合公众利益的。这样争论就会转向怎样才能决定价值的“平常”和“突出”。

八、理性反思的共识(Reflective public opinion)

那么，我们怎样才能决定一种价值是“平常”还是“突出”呢？在布鲁士·罗素的例子中，我们凭什么认为行动者有“突出的”道德理由不抢走婴儿的棒棒糖呢？我们实际上诉诸我们的直觉或道德感。什么是直觉？直觉可以定义为一种能够认识自明真理或自明命题的能力。所谓自明真理指的是这样一种命题，一旦理解了其意义，马上就知道其为真，用不着证明，也无法证明。比方说，A＝A就是自明真理。在逻辑、数学中，毫无疑问，我们可以找到这样的不证自明的真命题。但在道德领域里，有无这样不证自明的真理呢？“不要伤害无辜的人”，“人人平等”，“不要对无辜的人做邪恶的事”，等等，似乎是不证自明的。它们究竟是不是不证自明的也许还有待商榷。笔者的问题是：在决定一种价值(理由)是否优于另一种价值(理由)时，人类究竟有无普遍的直觉？在自然科学中，人们可以通过普遍接受的观察命题来决定理论的真假、优劣。但在道德领域里，我们有没有对一种价值优于另一种价值的普遍的直觉呢？在罗素一种理由优于另一种理由的例子中，抢走婴儿的棒棒糖是错误的对某些人来说也许是不证自明的，但对有些人来说也许就不是。你的直觉也许不同于我的直觉。在这种情况下，似乎并无一种普遍存在的直觉。在缺乏这样一种普遍直觉的情况下，我们究竟应该怎样决定理由的优越性呢？笔者在“当道德和理性冲突时，行动者究竟最有理由做什么?”一文中提出,我们只能求助于“反思的共识”,即得到辩护的公众舆论。反思的共识是由社会中绝大多数有理性的、并且了解所有与问题有关的信息的人的直觉所决定的。① 笔者想进一步指出,即使是理性反思的共识也不是价值或理由的纯客观的通约基础。它只是用群体的主观性代替了个体的主观性,但依然是主观的。我们完全可以设想,在不同的文化背景下,不同的社会中有理性的人们会有完全不同的直觉判断。因此,要想在道德领域里寻找和认识领域里相类似的客观基础是不太可能的。即使罗素一种理由优于另一种理由的例子成立,也不能证明本文第四部分开头的论证前提(1)为假,因为其成立的基础依然是主观的,只是用群体的主观性代替了个体的主观性而已。

实际上,西方许多哲学家在论证实践理性基础时,往往求助于某种社会契约论,即有理性的人们的共识,作为解决各种道德问题和实践理性问题的基础,其本质和笔者所讲的“理性反思的共识”并无根本不同。如哥梯尔、罗尔斯(John Rawls)、斯坎伦(Thomas Scanlon)等都持类似的观点。这些观点都无法提供完全脱离人们欲望、要求的价值判断基础。这也许说明价值本质上不可能完全脱离人们的欲求。

① 参见 Zhen Chen, “What Does the Agent Have Most Reason to Do When Morality and Prudence Conflict?” in *The Journal of the Southwestern Philosophical Society*, Vol. 16, No. 1, January, 2000, 187-188。

实践理性和道德的合理性
——当代西方哲学道德合理性理论评析*

怎样证明或者说明道德行为的合理性，一直是西方伦理学研究、讨论的主题之一。由于道德主要指的是人们的行为规范，故其合理性必须由实践理性来证明。为了证明道德的合理性，当代西方哲学家提出了各种各样的理论。了解这些理论的主要结构和内容，对于我们阅读和理解当代西方伦理学的有关文献，对于我们理清道德和实践理性的关系，深化有关实践理性和价值问题的讨论，都有着重要的意义。

当代西方哲学关于道德合理性的文章、书籍汗牛充栋，笔者认为只有从实践理性和实践理性的根据即价值着手，才能从芜杂的材料中梳理出主要的脉络，把握其主要的内容和实质，从而使我们的研究事半功倍。笔者打算根据自己的研究心得，从实践理性及其根据的角度，对这些理论作一个综合的介绍、评析。

那么，什么是实践理性？它和认识理性有什么不同？怎样才能决定一个行动是否合乎实践理性？怎样才能决定一条理由是不是行动的真正理由？换句话说，实践理性的根据是什么？有哪些实践的理由（即行动的理由）可以说明道德的合理性？本文试图在介绍西方关于道德合理性理论的同时，回答这些问题。

一

实践理性（practical rationality or reason）和认识理性（cognitive rationality or reason）是不同的，这主要反映在它们所研究的对象不同。认识理性主要研究

---

* 本文原载于《华中科技大学学报（社会科学版）》2003 年第 4 期。

认识或相信的理由(reasons for believing)。一个陈述或实事能否成为相信另一件事情的认识理由,最终应由客观事实来决定。实践理性主要研究行动或行为的理由(reasons for acting)。一个陈述或事实能否成为做另一件事情的行动理由,最终应由行动的价值来决定。道德哲学主要根据实践理性来研究道德行为和规范的合理性。科学哲学则根据认识理性来研究科学的合理性。

为了说明道德的合理性,实践理性必须证明我们确有实用的理由做有道德的事。怎样用实践理性来证明道德的合理性呢?实践理性首先要回答什么东西使一个事实或陈述成为一条行动的理由。当代许多著名的西方道德哲学家都认为那一定是某种有价值的东西(笔者也赞同这一看法)。使一条理由成为一条理由的有价值的东西可以称之为实践理性或行动理由的根据(the ground of practical reason)。将某种有价值的东西定为行动的根据或最终目的,再加上某些有关的经验事实,就可以构成行动者的行动理由,这些理由同时也使行动者的行动得到辩护。有价值的东西可以区分为对行动者有价值的东西和并非必然对行动者有价值但依然有价值的东西。建立在前者基础上的理由称之为"与行动者相关的理由"(agent-relative reasons),建立在后者基础上的理由则称之为"中立于行动者的理由(agent-neutral reasons)。那么究竟什么东西使一个有价值的东西成为有价值的东西呢?西方伦理学界又有两种不同的理论:内在主义(internalism)和外在主义(externalism)。内在主义认为内在于人们心中的欲望、需求是使一个东西成为有价值的东西的最终来源,建立在这一基础上的理由称之为内在的理由。在内在主义者看来,由于没有人们的欲求,便没有存在的价值,人们的欲求是实践理性的唯一来源,故只有内在的理由才是人们行动的真正理由。外在主义有两种形式:强的和弱的。强的外在主义认为使一个东西成为有价值东西的最终来源与人们的欲求无关,价值外在于人们的欲求。弱的外在主义则认为人们的欲求并非使一个东西成为有价值东西的唯一来源,故人们的欲求并非实践理性的唯一来源。建立在人们欲求之外的价值基础上的理由称之为外在的理由。

二

根据以上的这两个区别(即与行动者相关的价值和中立于行动者的价值之

间的区别，[①]内在主义和外在主义之间的区别），[②]所有的行动理由可以分为四类，即与行动者相关的内在理由，与行动者相关的外在理由，中立于行动者的内在理由和中立于行动者的外在理由，如图所示：

	与行动者相关的理由	中立于行动者的理由
内在主义	（1）与行动者相关的内在理由	（3）中立于行动者的内在理由
外在主义	（2）与行动者相关的外在理由	（4）中立于行动者的外在理由

与此相应，西方关于实践理性的理论或者说用以说明道德合理性的理论也可以分为如下四类。

1. 与行动者相关的外在主义理论

这一类理论认为唯有与行动者相关的外在理由（agent-relative externalist reasons）才是行动者采取行动的真正理由。任何符合行动者个人利益的理由都是与行动者相关的外在理由。这类理由是外在的，因为行动者的个人利益是"外在于"行动者的欲求的。这类理由是与行动者相关的，因为行动者的个人利益当然与行动者有关。由于这种理论认为实践理性最终应该建立在行动者个人利益的基础上，故可称之为"理性的利己主义"（rational egoism）。理性利己主义通常主张个人利益应该包括个人的长远利益。当个人的短期利益与长远利益发生冲突时，前者服从后者。当与行动者直接相关的外在理由即符合行动者个人利益的理由与其他理由发生冲突时，后者服从前者。大部分日常道德行为可以在理性利己主义的基础上得到辩护，其中包括一部分利他主义的行为。比方说，帮助他人是利他主义的行为，但理性利己主义者可以说这是符合行动者的个人利益的。因为你帮助了别人，别人也会帮助你。帮助他人可以赢得乐于助人的名声，人们往往更乐于和助人为乐的人打交道、合作，等等。而这些对行动者都是有利的。但也有一部分日常的道德行为是无法用行动者的个人利益加以辩护的。比

① 这一区别也可以看作是与行动者相关的理由和中立于行动者的理由之间的区别。

② 关于与行动者相关的理由和中立于行动者的理由之间的区别最初源于 Thomas Nagel 的主观理由和客观理由之间的区别（1970）。后来 Derek Parfit 第一次用"与行动者相关的理由"和"中立于行动者的理由"重新表达了这一区别。Bernard Williams 第一次引进内在理由和外在理由的概念，按照他的观点，前者取决于行动者的欲望，后者则不取决于行动者的欲望（1980）。但这一区别将所有中立于行动者的理由等同于外在的理由，也就是说，没有中立于行动者的内在理由。这样就模糊了在价值来源问题上的重要区别：中立于行动者的价值究竟来自人们的欲求还是独立于人们的欲求？笔者文中的两个区别是根据 Bruce Russell 的两个类似的区别（1989）发展而来的，笔者的区别强调的是实践理性根据之间的区别。

方说,“舍己救人”就无法用行动者的个人利益加以辩护。按照理性利己主义,要么,这一部分无法用利己主义原则加以辩护的道德要求不应成为道德的要求,要么,所谓道德的合理性就无法完全证明。笔者认为这两个推论都不能成立。

首先,许多无法用行动者个人利益加以辩护的道德要求依然应该是道德的要求。比方说,“舍己救人”在许多情况下都无法用理性利己主义加以辩护,但依然是道德所要求的。当“泰坦尼克号”撞上冰山后即将下沉之际,道德要求男人把生存的机会首先让给妇女儿童。这种道德上的要求显然无法用行动者的个人利益加以辩护,但依然应该是道德上的要求。

其次,道德的合理性虽然无法完全建立在行动者个人利益的基础上,但这并不意味着道德的合理性无法通过其他的方法加以辩护。换言之,道德的行为可以有其他的价值。假设你通过作弊可以获得好的分数,又不会被别人发现。又假设这次作弊不会影响到你的前途和未来的工作。那么在这种情况下,作弊是符合你的个人利益的。然而,道德却要求你不要作弊。这种道德上的要求是无法用你的个人利益加以辩护的,但这样做会使这次考试不公平,从而损害他人的利益。这正是不要作弊的道德要求的价值所在,也就是其合理性之所在。当然,在这种情况下,两种不同的理性要求相互冲突,究竟按照哪一种理性要求办更合乎理性,依然是一个悬而未决的问题。换言之,道德要求与理性利己主义的要求相冲突时,是否总是优于后者,是一个尚无公认解决办法的问题。

鉴于理性利己主义的上述问题以及和道德的不可调和性,不少西方哲学家希望能够找到和一般的道德要求一致,但又和行动者的愿望要求一致的实践理性理论。下面的理论似乎能够满足他们的这一愿望。

2. 与行动者相关的内在主义理论

这一类的理论认为只有与行动者相关的内在理由(agent-relative internalist reasons)才是实践理性的真正理由。凡符合行动者愿望要求的理由都是与行动者相关的内在理由。这类理论极力想调和道德与理性利己主义之间的矛盾。它们认为,理性的基础应该是有理性的人在理想的条件下的欲望或要求。所谓“理想的条件”指的是行动者处于正常、理性、清醒的状态中,了解所有与具体行动有关的信息,并且其逻辑推理完美无缺,没有差错。[①] 凡符合有理性的人在理想条件下的欲望和要求便是有理性的行为。反之,就是非理性的行为。这种理论假定凡有理性的人在理想的情况下都会追求对自己最有价值的东西,故其所欲之

① 参见 Connie Rosati, “Internalism and the Good,” *Ethics* 106 (January 1996): 302。

物，所要之事，均能够构成行动的理由。由于构成行动理由的欲望和要求并不是现实条件下现实的行动者的欲望和要求，而是虚拟条件下有理性的人的欲望和要求，故这种理论也被称之为“虚拟的”(counterfactual)理性理论。由于人的欲望要求内在于心，所以这种理论也可称之为“虚拟的欲望内在主义”(counterfactual desire internalism)，简称“虚拟的内在主义”。如果道德的行为也能符合理想条件下有理性的人的欲望和要求，道德的行为就能得到完全的辩护。

“虚拟的内在主义”又可以分为两种：一种是“利己的虚拟内在主义”，一种是“非利己的虚拟内在主义”。

“利己的虚拟内在主义”可以表述如下：

> R 成为行动者行动的好理由，当且仅当，(1)构成理由的最终根据是行动者在理想条件下最根本的欲望；(2)行动者是完全理性的；并且(3)他的根本欲望是利己的。

这里我们要注意的是：虽然“利己的虚拟内在主义”是“利己的”，但这并不意味着它和我们日常的道德要求就水火不相容，它就无法为日常的利他主义的道德行为辩护。科夫卡(Gregory Kavka)认为人们的行为受内在的约束力(internal sanctions)的约束。所谓“内在的约束力”指的是人们的道德感、良心、或良知。科夫卡将其定义为“赏善罚恶的心理结构”。内在的约束力会使人在做不道德的事时感到良心上的不安、内疚、自责。而引起这种内疚、自责的行为是不符合行动者利益的。另一方面，内在的约束力会使人在做有道德的事情时感到满足、惬意，而引起这种满足感和惬意感的行为则是符合行动者的个人利益的。[①] 这种说法能够成立的前提是行动者必须是一个有道德的人。如果行动者是一个不道德但理性的人，他就不会受所谓“内在约束力”的约束，如果道德的行为对他毫无好处，按照上述理论，他就不会认为他有充分的理由去做有道德的事。

“利己的虚拟内在主义”的问题是，虚拟的利己的根本欲望既不是 R 成为好理由的必要条件，也不是充分条件。不是必要条件是因为非利己的欲望也能构成行动的好理由。有的父母为了孩子们的未来常常牺牲他们自己的利益。他们

---

① 参见 Gregory Kavka，“The Reconciliation Project” in *Morality*，*Reason and Truth* ed. D. Copp and D. Zimmerman (Rowman and Allanheld，1984)，305。

的欲望是非利己的，但也能构成他们行动的好理由。不是充分条件是因为虚拟的利己的欲望有时也不能成为行动的好理由。有的女孩为了保持身段的苗条，过分节食，无论父母怎样摆事实讲道理（即虚拟各种可能的情况和后果），她都会说："我知道，但我还是要节食。"结果她的健康每况愈下，甚至死去。显然，她的虚拟的利己欲望并不能成为她如此节食的好理由。

现在再让我们看看"非利己的虚拟内在主义"。"非利己的虚拟内在主义"可以表述如下：

> R成为行动者行动的好理由，当且仅当，(1)构成理由的最终根据是行动者在理想条件下最根本的欲望；并且(2)行动者是完全理性的。①

这一理论可以避免"利己的虚拟内在主义"的上述问题，但仍然有其他的问题。一个有理性的复仇者可能会不顾一切地去报复他的仇敌，尽管这样做对他没有什么好处，但他依然认为这样做是值得的。他是有理性的，因为为了达到他的目的，他可以通过收集所有有关的信息，严密推理，选择达到目的的最好手段。但复仇者未必有好的理由这样做。虚拟内在主义者可以回答道：复仇者只是在认识理性的意义上有理性，但还不是一个完全的有理性的人。一个完全有理性的人不仅应该在认识理性的意义上有理性，还应该在实践理性意义上有理性，即应该选择对自己真正有价值，自己真正有好的理由去做的事情。但这样定义完全有理性的人就使"虚拟内在主义"犯了循环定义的错误，因为它用"完全有理性的行动者"去定义"好的理由"，又用"好的理由"定义"完全有理性的行动者"，这样，究竟什么是"好的理由"，什么是"完全有理性的行动者"，依然是不清楚的。

鉴于第一类和第二类理论的上述问题，不少西方哲学家认为只有中立于行动者的理由才能为人们的行动提供更好的理由和指南。中立于行动者的理论可以分为内在主义和外在主义两种。让我们先考察一下中立于行动者的内在主义理论，即第三类实践理性的理论。

3. 中立于行动者的内在主义理论

中立于行动者的内在主义者认为中立于行动者的内在理由（agent-neutral internalist reasons）才是人们行动的真正理由。这一类理由与行动者并无必然的联系，但却建立在某种价值的基础上，而这种价值是由人们的欲求（并非是行

---

① 参见 Peter Railton，"Moral Realism，" *The Philosophical Review*，XCV，No. 2 (April，1986)：173。

动者的欲求)所决定的。哥梯尔(David Gauthier)的社会契约论和约翰·罗尔斯(John Rawls)的假设性社会契约论可以说是这类理论的代表。

哥梯尔在《协议道德》一书中极力想证明:[①]第一,有理性的个人在相互交往中,遇到类似"囚犯两难"情景中的次佳化问题时,愿意接受公正的、不偏不倚的限制性条款(即道德的原则),用以限制个人无止境地追求个人利益,从而避免次佳化问题,并实现共同的利益。第二,一旦达成限制性条款或协议,各方遵守条款或协议是符合理性的,即符合各方的个人利益的。尽管哥梯尔自己认为他的理论完全可以从精明理性中推导出来,这样他似乎应该属于上面所说的第一类或第二类理论的倡导者,但笔者将他的理论归为第三类理论。理由是:一、哥梯尔在论证限制性条款、协议、社会契约(即道德的原则)的合理性时,有时求助于共同利益,有时求助于不偏不倚的立场(impartial position),如相等理性(equal rationality)和阿基米德支点(the Archimedean point)等,但这些不同于哥梯尔的精明理性原则的假设无法用哥梯尔的精明理性原则加以辩护,也无法还原成与行动者相关的理性原则。二、他的理论将人们的共识、达成的协议(即契约)看作是构成人们行动理由的根据,而且建立在这一基础上的理由不同于并且优于建立在行动者个人利益基础上的理由。故笔者将他的理论归为中立于行动者的内在主义理论。由于道德的要求并不能完全等同于社会契约或有理性人们之间的协议,故即使哥梯尔的理论成立,也只能论证一部分道德的合理性,而不是全部。

约翰·罗尔斯(John Rawls)的假设性或虚拟的社会契约论则认为,构成人们行动理由的根据应该由虚拟的行动者决定。实际的行动者应该透过"无知之纱"(a veil of ignorance)来决定行动的理由或行动的理性原则,也就是说实际行动者应该忘掉自己的具体身份,仅仅将自己看作是社会其他成员中的一员,这样,实际的行动者就成了虚拟的行动者。由于虚拟的行动者自己有可能是社会成员中的任何一员,因此,站在虚拟者的立场上看问题也就是站在公正的、不偏不依的立场上看问题,罗尔斯称之为"最初的立场"(the original position)。站在这一立场上所决定的理性规则和要求就是社会中每一个人行动的理性规范。[②]建立在这一立场上的理由不同于与行动者相关的理由,因为虚拟的行动者不等于实际的行动者,故二者的判断不可能完全相同。由于这类理由是由虚拟的行

① David Gauthier, *Morals By Agreement* (New York: Oxford University Press, 1986).

② 关于罗尔斯的理论,见 John Rawls, *A Theory of Justice* (Cambridge, MA: The Belknap Press of Harvard University Press, 1971)。

动者的欲求所决定的,故这一类理由是中立于行动者的内在理由。对这一理论的批评主要是虚拟的行动者不等同于实际的行动者,故虚拟的行动者不可能代替实际行动者决定实际的行动理由。

下面让我们再考察一下第四类的实践理性理论。

4. 中立于行动者的外在主义理论

这第四类理论认为行动的理由未必一定要和行动者有关。与行动者无关的但有客观价值的东西也可以成为行动者行动的根据,构成行动的理由。比如说,行动对他人有价值。又比如说,行动对社会有价值。这些都可以构成行动的理由。而价值并非由人们的欲求所决定的。这一类理由可以称之为"中立于行动者的外在理由"(agent-neutral externalist reasons)。这一类理论主要要克服两个困难。一、如何才能证明价值是客观的,是独立于人们的欲求的。二、与行动者的利益和欲求毫不相干的东西怎样才能够成为行动者的行动动机。如果一件事情无法成为行动者的行动动机,很显然它就无法成为行动的理由。这里笔者想简单介绍一下两个有代表性人物的理论。一个是托马斯·内格尔(Thomas Nagel),一个是邦德(E. J. Bond)。

内格尔在《利他主义的可能性》一书中,①极力想证明他人的利益也能成为人们行动的直接的、客观的根据。他认为一个理由如果不能成为人们行动的动机,它就不能成为行动的理由。换言之,能否成为行动者的动机是一个理由能否真正成为行动理由的必要条件。他想证明他人的利益也可以直接成为行动者行动的动机,因此能够构成行动的理由。让我们先假定我们可以将行动者按时间分成许许多多的"过去的自我","现在的自我",以及"将来的自我"。内格尔认为这些"自我"的客观价值都是相等的。因此,如果"现在自我"的价值能够成为行动者行动的动机,"将来的自我"也同样能成为行动者行动的动机。同样,一个人的客观价值和其他每一个人的客观价值是相等的,如果行动者自己的价值能够成为他行动的动机,他人的价值也能成为他行动的动机。显然,行动者自己的价值能够成为他行动的动机。因此,他人的价值也能成为他行动的动机。这个论证是建立在行动者的"自我"之间的关系和行动者与他人之间的关系是相类似的基础上的。但正如大卫·布林克(David Brink)所指出的那样,这个相似性是不成立的。因为行动者"现在的自我"现在为"将来的自我"所做出的牺牲可以在将来得到更多的补偿,并且这种补偿关系是可以保证的,故"将来的自我"可以成为

① Thomas Nagel, *The Possibility of Altruism* (London: Oxford University Press, 1970).

行动者行动的动机。但行动者的自我和他人的自我之间却并不存在着这样一种可以保证的补偿关系。[1] 笔者认为，即使行动者和他人之间存在着可以保证的补偿关系，这也只能证明行动者行动的最终动因是他自己的利益，而不是他人的利益。然而，内格尔想证明他人的利益是最终的、直接的动因。内格尔最后实际想说明的是：如果行动者将自己的价值和他人的价值看作是相等的，也就是说对自己的价值和其他每个人的价值"一视同仁"，则他人的利益则会成为行动者行动的动机。问题是我们究竟有什么样的理由认为行动者应该将他人的价值和自己的价值看作是相等的呢？他没有回答这个问题。邦德则试图回答这个问题。由于道德往往包含利他的因素，故他人的价值某种意义上也可以理解为道德的价值。邦德主要想论证道德的价值是客观的、外在的。道德的价值能够成为人们行动的动因。

邦德认为实践理性或理由必须建立在某种客观价值的基础上。他否认内在主义的观点，即只有行动者的欲望才能成为价值之源，故一个实践的理由之所以成为理由的根据必须和行动者的某一现有欲望有关。他想证明两点：一是论证价值的客观性、外在性。二是证明客观的道德价值为什么能成为行动者的动机。

关于第一点，邦德认为个人的价值，精明的价值（即符合行动者长远利益的价值）乃至道德的价值都是客观的，与行动者的欲望无关。他的理由是：早在行动者认识到这些价值从而产生追求这些价值的欲望之前这些价值就已经存在。假定一个人从未听过贝多芬的交响乐，故也无从产生听的欲望，但贝多芬交响乐对他的个人价值早已存在。究竟贝多芬的交响乐对他有无价值是需要通过经验去发现，而不是通过欲望去创造。基于同样的理由，精明价值和道德价值也先于人们的欲望而存在，故也是客观的。和个人的价值不一样，精明价值和道德的价值不是通过经验，而是通过理性的反思发现、认识的。正是因为认识到精明价值和道德价值人们才会产生追求的欲望，而不是追求的欲望产生了价值。

那么，外在于人们欲望之外的精明价值，尤其是道德价值怎样才能成为人们行动的动机呢？一般来说，当个人的长远利益（即精明价值）大于短期利益时，人们不难理解一个理性的个人能够为了长远利益而牺牲短期利益。如果一个人做不到这一点，或者是因为他还没有真正认识到长远利益对自己的好处，或者是因为他是非理性的。困难的地方在于道德的价值怎样才能成为行动者行动的动机？霍布斯将道德的价值等同于精明价值。故如果精明价值能成为行动者行动

---

① 见 David Brink, "A Puzzle About the Rational Authority of Morality," *Philosophical Perspectives* (6, Ethics, 1992)：12。

的动机，道德的价值也能。但邦德认为道德的价值不等同于精明价值。他认为道德的价值是超功利的。有理性的人一旦认识到道德的价值，必然产生追求的欲望。故道德的价值能成为人们行动的动机。但有些理性利己主义者即使认识到道德的价值，知道什么是对，什么是错，但因与其利益相冲突，认识到道德的价值并不能使他们产生行动的动机和做道德事情的欲望。怎样解释这一现象呢？邦德认为，虽然我们不能因此说他们是非理性的，但这也能说明他们不是完全的理性主义者。在邦德看来，道德的价值应该为所有的有理性的、正常的、成熟的人们所认识。凡不能认识到这一点的人，就不是一个完全的理性主义者。[①] 邦德的论证假定了道德的价值总是优于精明价值，但这一假定是需要证明的。邦德关于不讲道德的理性利己主义者是不完全的理性主义者的说法也是存在疑问的，因为理性利己主义者可以反驳道：恰恰是只讲道德而忽视利益的人才不是一个完全的理性主义者。

三

上述四类理论的倡导者要么认为他们所主张的那一类理由是行动真正的、唯一的理由，要么认为他们所主张的那一类理由优于其他类的理由。

道德的合理性很难建立在第一类理论所主张的理由的基础上，因为日常道德要求常常和个人利益发生冲突，难以调和。道德的合理性有可能建立在第二类理论所主张的理由的基础上，但在说明为什么行动者非要选择道德的行为而不是不道德的行为时，单用行动者的欲望，或者虚拟行动者的欲望，是无法说明的。道德的合理性应有其直接的来源。第三类和第四类理论所主张的理由是直接论证道德合理性的。事实上人们常常将道德的理由（要求）等同于第三类或第四类的某些理由。因此，当它们没有和第一、二类理由冲突时，当道德的要求不和行动者利益冲突时，道德的合理性应该已经得到了证明，因为第三、第四类理由已经证明道德的行为是有价值的。论证道德合理性的困难之处在于：当道德的理由和第一、二类理由冲突时，当道德的要求和行动者利益冲突时，怎样才能证明道德的合理性？这是西方哲学家极力想解决的问题。

当道德的理由和其他理由相冲突时，道德合理性的证明就变成了如何才能证明道德的理由更有理由，更合乎理性，更优越。这是一个至今不断有人做但始终无法下最后定论的问题。笔者认为没有逻辑证明的方法和完全客观的方法可

---

① 关于邦德的论证，见 E. J. Bond, *Reason and Value* (Cambridge: Cambridge University Press, 1983), especially 81 - 83。

以解决这一问题,因为这些理由的价值根据是不可通约的,故无法客观地比较优劣。

目前不少西方哲学家认为上述四类理由及其价值根据其实都是实践理性的不同方面,都是构成行动理由的根据。在决定行动理由之前,我们必须比较、权衡各方面才能决定最有理由去做的事情。这种比较的结果并不总是证明道德的理由总是优于其他理由,道德行为总是最合理的行为。那么怎样比较实践理性的这些不同方面,比较的根据、标准是什么,有没有可能比较,等等,都是西方伦理学界正在讨论的问题。

何为情感理性？*

西方道德情感主义者（moral sentimentalists）主张人类天生的情感或情感反应能力是理解、解释和辩护道德（道德规范、道德语义、道德知识）的最终根据。问题是，如果情感自身的合理性得不到说明，或者需要情感以外的理性概念来加以辩护，那么，以情感来理解、解释和辩护道德的道德情感主义路径从根本上来说就是难以成立的。由于占统治地位的、主流的西方哲学一直将情感排除在理性概念之外，因此，西方哲学家，包括西方道德情感主义者自身，都将道德情感主义视为一种非理性的（non-rational），而不是理性的学说。① 然而，道德毕竟应当是合理的道德，毕竟应当符合理性的要求，如何一方面坚持道德情感主义的立场，另一方面又为道德的合理性提供辩护，是道德情感主义者无法回避的问题。本文试图说明，要想解决这一问题，我们需要一种新的理性概念，即情感理性，它既不同于认知理性，也不同于西方传统的实践理性，②但却可以说明情感何以是理性的，以为道德情感主义寻求根本的合理性根据。本文拟讨论四个问题。第一，何为理性；第二，何为作为一种能力的情感理性；第三，何为作为一种规范性概念的情感理性；第四，情感理性何以成立。

一、何为理性？

要想说明何为情感理性，首先要了解何为理性。在多数情况下，中文西方哲学文献的“理性”概念实际上来自英文的 reason 和 rationality。这两个词都可以

---

* 本文原载于《道德与文明》2018 年第 2 期。

① 这里需要注意：“非理性的”（non-rational）并不等于“反理性的”（irrational）。

② 西方传统的实践理性概念将情感排除在理性的范畴之外，因此，西方传统的实践理性概念并不包含本文所说的情感理性。

译为“理性”。为了显示二者的区别，中文中常将前者译为“理性”，而将后者译为“合理性”。要想弄清“理性”的确切含义，我们必须分别考察 reason 和 rationality 在英文文献，特别是英文哲学文献中的本来意义。

按照英文词典的解释，reason 作为不可数名词使用时可指一种能够基于事实进行思考、理解和判断的能力。[①] 有的哲学百科全书或指南将 reason 笼统地解释为“一种寻求真理和解决问题的一般的人类的‘官能’或能力，有别于本能、想象和信仰，因为运用这种能力所导致的结果理智上值得信赖——按照理性主义，理性甚至是获得知识[值得相信的命题]的充分必要条件”。[②] 按照这样的解释，reason 是有别于信仰的一种精神能力或精神状态：信仰往往只是一种盲目的、缺少充分根据的或依赖于某种权威的信念状态，而 reason 则是值得信赖的、获取知识的一种能力。有的西方哲学百科全书将 reason 解释为一种有别于感觉、情感和意志的一种能力，亦可说是有别于五官或感性能力的一种官能或能力。[③] 无论是将其解释为一种基于事实进行思考的能力或值得信赖的获取知识的能力，还是有别于感性的理性认知能力，reason 其实都可以归结为一种逻辑推理或论证的能力，即“一种从一部分信念的真进而相信另一部分信念真的能力”。[④] 康德将这种能力区别为理论理性和实践理性，前者主要适用于信念(beliefs)，也就是通常所说的认知理性，后者主要适用于行动，也就是通常所说的实践理性。康德认为这两种能力从根本上说是同一种能力，它们的不同只是同一种能力的不同应用而已。[⑤] 在某种意义上，这里所说的同一种能力就是“一种从一部分信念的真进而相信另一部分信念真的能力”。康德将认知理性和实践理性这两种能力从根本上理解为同一种能力的解释不难理解，因为在实践领域里，本质上，依然有一个能否从相信一部分命题的真，进而相信另一部分命题

---

① 参见《朗文当代高级英语辞典(英英·英汉双解)》，英国培生教育出版有限公司编，北京：外语教学与研究出版社，2004 年，第 1638 页，以及其他英英、英汉词典。

② Ted Honderich (ed.), *The Oxford Companion to Philosophy*, 2nd edition, Oxford: Oxford University Press, 2005, p. 791.

③ 参见 Donald Borchert (ed.), *Encyclopedia of Philosophy*, 2nd edition, Vol. 8, Farmington Hills, MI: Thomson Gale, 2006, pp. 279 - 280。

④ Nicholas Bunnin and Jiyuan Yu, *The Blackwell Dictionary of Western Philosophy*, Blackwell Publishing, 2004, p. 591. 参见 Immanuel Kant, *Lectures on Logic*, trans. & ed. J. Michael Young, Cambridge: Cambridge University Press, 1992, p. 442。

⑤ 参见 Immanuel Kant, *The Moral Law or Kant's Groundwork of the Metaphysic of Morals* (1785), trans. H. J. Paton, London and New York: Hutchinson's University Library, 1956, p. 59; Nicholas Bunnin and Jiyuan Yu, *The Blackwell Dictionary of Western Philosophy*, p. 591。

真的能力问题。比如,能否从相信"一群人见死不救"(假定他们无需付出太大的代价就可以拯救一个无辜者的生命)这一事实命题的真,进而相信"他们的行为是错误的、不应当的"也是真的、正确的,是检验一个人是否具有实践理性能力的重要标志。缺少实践理性能力的人是无法从相信前者的真进而相信后者为真的。

在英文词典中,rationality 的意义通过其形容词 rational 的意义而得到确立,后者的基本含义主要包括:基于推理的,能够推理的,或合乎常情的(即愚蠢或傻的反义词),①中文中除了译为"理性的"之外,通常多译为"合理的",取其合乎理性之意,因此,其含义常常依赖于 reason 的意义,而其名词形式"rationality"则有时译为"合理性",有时则译为"理性"。按照西方哲学词典或哲学百科全书,关于 rationality 大致有三种解释。第一,rationality 是指"人的理性的运用(the exercise of human reason),这种理性能力体现在演绎推理、归纳推理、计算和许多不那么形式化的理智活动过程之中"。② 按照这样的界定,rationality 有别于 reason,它们之间的区别在于:前者是后者的运用,前者的规范性源于后者的规范性。第二,rationality 是指认知者(cognitive agents)的一种特征,即"当他们基于恰当的理由而采纳信念时所展现的一种特征"。③ 也就是能讲道理或运用理由或平衡理由的特征。按照这一解释,rationality 与作为能力的 reason 的意思非常接近。它的形容词形式 rational,既可以用来表征认知者,也可以用来表征认知者具体的信念。值得注意的是,这里将 rationality 理解为一种性质,这种性质主要与认知活动相关。不具备认知主体特征的东西,如石头,是谈不上什么合理性或理性的,甚至也谈不上是反理性的。第三,rationality 主要是"一个规范性的概念,哲学家普遍试图将其表征为:对于任何行动、信念或欲望,如果它是**合理的**(rational),我们就应当选择它。"④一个规范性的概念就是任何蕴含"应当"或"不应当"含义的概念。而 rationality 或 rational 就是包含或蕴含"应当"含义的概念。至于 rationality 或 rational 所蕴含的"规范性"或"应当性"究竟是什么,如何解释这种"规范性"或"应当性",哲学家们之间颇有分歧。为了解释"规范性"或"应当性"究竟是什么,哲学家们往往用蕴含了"应当"或"不

---

① 参见 *Webster's New World College Dictionary*, 4th edition, Wiley Publishing, 2005, p. 1190,以及其他英英词典。

② Nicholas Bunnin and Jiyuan Yu, *The Blackwell Dictionary of Western Philosophy*, p. 588.

③ Ted Honderich (ed.), *The Oxford Companion to Philosophy*, p. 785.

④ Robert Audi (ed.), *The Cambridge Dictionary of Philosophy*, 2nd ed., Cambridge: Cambridge University Press, 1999, p. 772. 引语中的黑体字为引者所加,目的是为了强调这两个关键词。

应当”的其他的规范性概念去加以解释或定义。比如，唐纳德·博彻特(Donald Borchert)所主编的第二版《哲学百科全书》对于rationality的解释就是用另一个规范性概念去加以解释。按照该词条的解释，rationality可以模糊地解释为“合乎情理性”(reasonableness)。[①] 西蒙·布莱克本所著的《牛津哲学词典》对rationality的解释是这样的：“接受一件事情是合理的，也就是将它视为言之有理的、恰当的、必需的，或者与某些普遍认可的目标(如追求真理或追求善)一致。”[②]这也是用“言之有理的”、“恰当的”、“必需的”等其他的规范性概念去解释“合理的”(rational)或“合理性”(rationality)的规范性。关于rationality的规范性还有一种解释，即一件事情只要没有遇到反对的理由或不合情理，那么它就具有了合乎情理性。因此，rationality被认为是一种缺省的(default)、系统默认的概念，一种应当持有或保持的东西。[③] 斯坎伦则认为规范性可以通过“理由”(reasons)来界定和说明。相信一件事情的“理由”蕴含“应当相信此事”，一个行为的“理由”则蕴含应当采取此行为。一件事情是有理由的，就是说，它是应当相信的或应当采取的。如此，理由则成了终极的规范性概念。而“理由”本身，按照斯坎伦的看法，是无法定义的基本概念。[④]

综上所述，我们可以看到，“理性”的基本含义主要有二：**其一，它(reason)是指行为主体的一种能力，主要是推理能力。**这种推理能力不仅表现在认知领域，也表现在实践领域，比如，能否从纯经验的事实推导出包含“应当”或“不应当”的判断来，是是否具有实践理性能力的重要标志。

其二，它(rationality)是一个规范性的概念，一个蕴含“应当性”的概念。上面提到的关于rationality的第一种和第二种解释其实也可以理解为蕴含某种“应当性”的规范性概念。作为规范性的“理性”概念有两种情形。一种是在最宽泛的意义上使用，在这种意义上的“理性”或理性的“规范性”与“应当性”几乎同义。一种是在狭义意义上使用，即“理性”既可能是一种认知意义上的“应当”，也可能是实践或行为意义上的“应当”，还可能是其他意义上的“应当”，如道德上的

---

① Donald Borchert (ed.), *Encyclopedia of Philosophy*, 2nd edition, Vol. 8, p. 253.

② Simon Blackburn, *The Oxford Dictionary of Philosophy*, Oxford: Oxford University Press, 1996, p. 319. 在该词典中，布莱克本将rationality和reason视为同一范畴的概念。

③ 参见Simon Blackburn, *The Oxford Dictionary of Philosophy*, p. 319。如果按照缺省的意义来理解“理性”或“合理性”，那么，任何情感都有可能产生这样的“理性”或“合理性”。本文第三部分所说的情感的初始合理性也可以理解为这种缺省意义上的合理性。

④ 参见Thomas Scanlon, *What We Owe to Each Other*, Cambridge, Mass.: Harvard University Press, 1998, p. 17。

"应当"。

然而,理性还有一种情感意义上的推理能力和规范性(即应当性),这种意义上的能力和规范性为中国哲学家所重视,但却往往为西方哲学家所忽视,这就是本文所要阐明的情感理性。接下来,我们将分别考察何为作为一种能力的情感理性和何为作为一种规范性概念的情感理性。

二、何为作为一种能力的情感理性?

要想了解"何为作为一种能力的情感理性",首先要了解"何为作为一种能力的理性"。"何为作为一种能力的理性"可以表达为这样一个问题:当我们说"一个行为主体S是完全理性的,或者说具备完全的理性能力"时,它究竟是什么意思?按照西方哲学的传统,行为主体S似乎必须满足以下八项条件:①

1. S能够按照演绎和归纳推理规则进行思考或推理。②
2. S的思考或推理符合演绎和归纳推理规则。
3. S有充分的理由相信他或她推理所依据的前提为真。
4. S不相信他或她所相信的东西为假。
5. S的行为目的是有价值的或得到辩护的。
6. S不选择实现他或她的目的的不充分的手段。
7. S的行为符合实现他或她的目的的充分手段。
8. S不是靠运气满足以上任何一个条件。③

如果S只是满足了前四个条件和最后一个条件,那么S符合认知理性的要求,或者说S认知上是理性的,但行为上却未必一定是理性的。也就是说,前四个条件加上最后一个条件界定了作为一种能力的认知理性的概念。如果S满足了所有八项条件,那么,S就不仅认知上是理性的,而且实践上或行为上也是理性的。换言之,一个完全满足了实践理性要求的行为者不仅其行为是理性的,而且认知上也必须是理性的(即实践理性以认知理性为其先决条件),因此,他或她

---

① 为了避免循环定义或循环论证,"理性的"一词不能出现在以下条件当中。

② S不必一定要意识到这些推理规则。S即使没有意识到这些推理规则依然有可能按照这些规则进行推理。

③ 以上参见 Zhen Chen, *A Puzzle About Morality and Rationality* (dissertation), Detroit: Wayne State University, 1999, pp. 217 - 218。

同时也是“完全理性的”。[1]

上述定义中的第5项(“S的行为目的是有价值的或得到辩护的”)还需要进一步的解释：我们只有清楚地解释什么是“有价值的”和“得到辩护的”，我们才能真正阐明“完全理性”的全部意义。按照斯坎伦的看法，“价值”概念可以通过“理由”的概念加以界定。[2]“得到辩护的”通常可以理解为“有理由的”或“有充分理由的”。如此，“有价值的”就可以置换为“得到辩护的”或“有充分理由的”。因此，理解或解释第5项的关键就在于如何理解“理由”。斯坎伦认为“理由”是一个基本概念，即无法进一步解释或无须进一步解释的概念。[3]他认为一件事情的理由就是“支持它的一种考量”。[4]如果我们接受他对理由的描述和看法，那么第5项就可以解释为：

5a. S的行为目的是有充分理由的。

这样，S是完全理性的，当且仅当他或她满足了从第1到第4和第5a、第6到第8项的条件。如前所述，“完全理性”的条件也是“实践理性”的条件。

那么，什么是作为一种能力的情感理性呢？我们可以将(5a)改写为：

5b. S的行为目的是有充分的情感理由的。

而所谓“情感理由”就是行为主体和认知者S能够依据相关事实和情感反应所产生的理由。这样，我们就得到了一个作为能力的情感理性概念：S具有情感理性的能力(或者说S的思想和行为符合情感理性的要求)，当且仅当S满足了从第1到第4、第5b和第6到第8项的条件。

需要注意的是，作为能力的情感理性实质上也是一种推理的能力，即一种能够基于情感反应从“从一部分信念的真进而相信另一部分信念真的能力”。条件5b，特别是其中的“情感理由”，实质上预设了一种基于情感反应的推理能力。S

---

① 如果有人提出反对意见，可以增加相关条件。但我们并不认为任何新的条件对我们这里将要提出的论证产生任何实质性的影响。

② 参见 Thomas Scanlon, *What We Owe to Each Other*, p. 78 and chapter 2。

③ 帕菲特也认为理由是无法定义的，但一个人能否识别理由，能否对理由做出反应则是此人是否具有理性能力的重要标志。参见 Derek Parfit,, *On What Matters*, Volume I, Oxford: Oxford University Press, 2011, p. 31。

④ Thomas Scanlon, *What We Owe to Each Other*, p. 17.

能否满足 5b 是 S 是否具有情感理性能力的一个关键的或必要的条件。通常,S 的行为目的是由其规范性的判断所决定的,按照 5b,这一规范性的判断是推理的结果。S 能否从相信某些事实(如"一群人将一无辜妇女活活打死")为真,通过其情感反应(这种情感反应实质上是一种情感能力,"如不忍之心"的表现),相信并得出他们的行为是残忍的、极其错误的规范性结论(后者规定了 S 或其他相关行为者的行为目的,如制止该行为或防止类似行为的发生等),是 S 是否具有情感理性能力的一个重要条件或标志。我们往往将前者(事实或关于事实的信念)视为后者(结论或规范性结论)的理由。帕菲特认为:"理由是由事实给予的,诸如'某人的手指正放在扳机上','打电话给救护车可以救命'等这样的事实。"[①]当然也包括"一群人将一无辜妇女活活打死"的事实。对西方哲学家来说,能否从相信这些事实(如"一群人将一无辜妇女活活打死"的事实)为真的信念过渡到相信相应的规范性判断(如"他们的行为是残忍的、应当制止的")为真,是是否具有理性能力的重要标志。然而,从情感理性的观点来看,从前者到后者的过渡离不开人的情感反应能力(如孟子所说的"恻隐之心",王阳明所说的"良知",现代道德心理学所说的"移情心"等),只有对前述事实能够产生"恻隐"或"不忍"的情感反应,才能得出后面的规范性结论。[②] 因此,这种理性的推理能力本质上是一种情感反应能力,亦即情感理性能力。

三、何为作为一种规范性概念的情感理性?

那么,什么是作为规范性概念的情感理性?我们先了解一下何为规范性概念的理性。规范性概念的理性就是合理性(rationality)。所谓"合理性"也就是"规范性"或"应当性"。当我们说一件事情是合理的,我们的意思是说做这件事情是应当的;说是不合理的,则是不应当的。认知理性主要说明信念或相信的应当性,比如,我们为什么应当相信"太阳明天会东升西落"。实践理性主要说明行为的应当性。比如,我们为什么不应当伤害一个无辜之人。

那么,我们如何来说明一个信念、一个行为或一件事情的合理性或规范性或应当性?我们通常是依据理由。比如,我们为什么应当相信"太阳明天会东升西

① Derek Parfit, *On What Matters*, Volume I, Oxford: Oxford University Press, 2011, p. 31,参见 p. 111ff. 中译本:德里克·帕菲特:《论重要之事》,阮航、葛四友译,北京时代华文书局,2015 年,正文第 3 页。

② 换言之,对某种事实的"恻隐"或"不忍"等情感反应本身也构成支持后面的规范性结论的情感理由。

落”,因为自我们晓事以来一直如此,或者因为地球是由西向东自转等等。我们为什么认为伤害一个无辜之人是错误的(即不应当的),因为如果我们允许这样的事情发生,总有一天我们也会受到伤害,而我们不愿意受到伤害;或者因为一个人的生命是无价的,一个人有不受伤害的权利;或者因为伤害一个无辜人的行为自身就是错误的等等。只要我们的理由是成立的,那么,我们据以说明的事物的合理性或规范性或应当性也就是成立的。①

所谓“何为作为一种规范性概念的情感理性”实质上问的问题是:情感能否成为行为理由,能否成为规范性的来源?自柏拉图以来,西方主流的哲学家一直认为情感是和理性相冲突的,情感既不可能说明认知理性或认知的应当性(如同休谟所认为的那样),也无法说明实践理性或行为的应当性(如同康德所认为的那样)。因此,情感本身并不能成为理由或理性的来源。绝大部分西方哲学家至今依然强调“理由”是不同于情感、欲望等概念的概念。他们讲到合理的情感或情感的合理性,意思只是说情感合乎情感以外的理性的要求。他们的“理由”概念通常不包括“情感”、“欲望”、“情绪”等。② 因此,情感难以成为“合理性”或“规范性”的来源。

然而,情感真的就不能成为行为合理性的理由或规范性的来源吗?显然不是。生活中有大量的例子说明情感自身可以成为我们行为合理性的理由或规范性的来源。我们日常道德生活中一些重要的道德判断也是建立在我们的“不忍之心”的移情反应的基础上的。我们天生的情感反应可以成为我们行为直接的理由,情感理由是理性规范性的重要组成部分。我们可以借 2016 年里约奥运会所发生的一件“洪荒之力”的事件来解释一下情感自身的,不同于西方传统的认知理性和实践理性的合理性。中国游泳运动员傅园慧在参加完奥运会仰泳预赛后接受中央电视台记者现场采访。当记者问她预赛中有没有保留实力时,她说:“没有保留哇,我已经,我已经用了洪荒之力了!”加上她天真无邪、逗趣的表情,傅园慧伴随着“洪荒之力”立刻成为媒体的新宠,红遍互联网,“洪荒之力”从此成为网络和新闻报道的流行语。如何解释“洪荒之力”?从网络上搜索获得的解释是:“如天地初开之时足以毁灭世界的力量”。如果按照认知理性来评价傅园慧的“洪荒之力”,那么,她预赛第三的成绩恐难以构成“足以毁灭世界的力量”,因

---

① 关于理性能力、规范性和合理性等概念,参见 Derek Parfit, *On What Matters*, Volume I, Oxford: Oxford University Press, 2011, chapters 1 and 5;中译本:德里克·帕菲特:《论重要之事》,阮航、葛四友译,北京时代华文书局,2015 年,第一章(规范性概念)和第五章(合理性)。

② 尤其参见 Thomas Scanlon, *What We Owe to Each Other*, Chapter 1。

此她的说法为假,即是"错误的"。按照实践理性来评价她的"洪荒之力",这一"洪荒之力"之说也只是帮助她在预赛中获得第三、决赛中获得铜牌,与孙杨没有说"洪荒之力"但却获得 200 米自由泳金牌相比,"洪荒之力"的实际力量有限。然而,正是这一从认知理性看来并不存在、从实践理性看来非常有限的"洪荒之力"打动了无数观看奥运比赛的观众,引起他们喜爱傅园慧,引起他们赞赏傅园慧。这一无法用认知理性和传统实践理性评价和解释的神秘的"力量"究竟是什么,究竟来自何处?"洪荒之力"所代表的其实不是一个描述性的概念,而是一个情感的概念,就如孟子所说的"非人也"一样,不是一个陈述句,而是一个情感表达句。所谓"洪荒之力"其实就是来自情感的情感之力,它彰显了情感的力量,显示了情感自身可以成为行为理由的重要来源。

那么,怎样清楚地界定何为规范性概念的情感理性?所谓"规范性概念的情感理性"的意思是说:任何情感都可以成为理性规范性的来源,情感自身就是理,无须其他"理"来说明;任何情感都可以直接为一个行为提供行为理由,无须情感以外的理由去解释。但问题是,在很多情形下,情感显然无法为行为提供实际的、充分的理由。比如,一个人在暴怒之下,情绪失控,将家里的房子给烧了,干下了追悔莫及的事情。这种暴怒的情绪显然没有给他烧房子的行为提供充分合理的理由。

为了避免这种可能的诘难,我们需要区别两种不同意义的理由和规范性(亦即合理性):一个行为理由是**初始的(prima facie)理由**,当且仅当没有考虑实际情境前所认定的理由;一个行为理由是实际的理由,当且仅当它在实际情境中没有遇到其他压倒性的相反理由。[①] 初始理由构成了行为初始的规范性,实际理由构成了实际的规范性。情感理由也可以做类似的区分。当我们说情感可以直接为行为提供行为理由时,我们的意思是说情感可以直接为行为或行为目的提供**初始的**理由。任何情感都可以为行为提供这样的初始理由。我们可以将情感直接提供的这种行为理由(而非理性计算所产生的理由)视为情感理由,情感理由直接构成了情感理性的规范性。情感理由可以分为初始的情感理由和实际的情感理由:

---

① 这里直接借鉴了 W. D. Ross 关于初始义务和实际义务的相关思想。参见 W. D. Ross, *The Right and the Good*, Oxford: Clarendon Press, 1930,2002, pp. 16 - 47,尤其是 pp. 19 - 21。关于"初始"(prima facie)的含义,参见 Wikipedia contributors, "Prima facie," *Wikipedia*, *The Free Encyclopedia*, 9 Nov. 2017, accessed 14 January 2018。

初始情感理由：一条行为理由是初始的情感理由，当且仅当它是直接由情感反应所产生的行为理由。

实际情感理由：一条行为理由是实际的情感理由，当且仅当情感反应所产生的理由在实际情境中没有遇到其他压倒性的相反的理由。

我们情感理性的核心思想是：任何行为者本能的情感反应在没有放入实际情形中考量时，都具有初始的合理性，都可能为其行为提供初始的理由。初始的合理性并不等于实际的合理性。初始的合理性是在没有考虑实际具体情况的条件下我们所认为的合理性。而实际的合理性则是在具体情形中，考虑了各种相关因素之后，我们所认为的合理性。初始的合理性并不会必然转变为实际的合理性。情感具有初始的合理性（即成为某种行为理由的可能性），但这并不意味着情感在实际情形中总是具有实际的合理性（即成为某种实际的行为理由）。比如，愤怒的情感在没有考虑具体情形前具有初始的合理性，但在实际情形中未必总是具有实际的合理性，可能有，也可能没有。比如，一个人在乘地铁时被人撞倒，因而感到愤怒，这种愤怒的情绪具有初始的合理性，可能为某种行为（如，生气地告诉撞人者小心）提供实际的规范性的理由，但未必能够为任何行为（如，大打出手）提供实际的理由。如何根据具体情形判断情感所产生的初始理由是否可以成为某种行为的实际理由，我们需要考虑各种因素，包括非情感的因素，亦即非情感的理由。

换言之，我们虽然主张情感具有初始的合理性，但我们并不认为情感是行为规范性（应当性）的唯一来源。我们认为行为的规范性来源不止一种，有情感来源，也有其他理性来源，它们共同构成整个理性的规范性。对一个行为正当性的充分评价可能需要考虑各种因素，既有情感的，也有其他理性的。

我们所说的"情感理性"中的"理性"直接来自情感自身，而不是情感以外的理性概念。由于情感往往是行为者或判断者对环境不由自主的、本能的反应，不太可能是慎思推理的直接产物。因此，我们所说的"情感理由"是一个不同于认知理由（即相信的理由）和由于慎思所产生的行为理由的理由概念，尽管它实质上是一种行为的理由。我们所说的"情感理性"也是一个不同于认知理性（由相信理由所构成）和西方传统的实践理性（由慎思所产生的行为理由所构成）的概念，尽管它实质上可以补充和扩大西方的实践理性概念。

按照西方哲学家一般的看法，凡是能够成为行为理由的都可以归于实践理性的范畴，如此，当情感理由作为行为理由时，可以归于实践理性的范畴（尽管许多西方哲学家并不认为情感可以直接构成行为理由）。如本文上一节所述，实践理性是以认知理性为先决条件的。一个理由能否成为行为者的行为理由，其先决条件就是该理由所依据的相关事实是真实的而不是虚假的，是全面的而不是片面的。基于错误的信息或片面的信息所形成的行为理由并不能成为真正的行为理由。由于刺激人们产生情感反应的外部环境并不一定要行为者或判断者亲临其境，甚至无需真实发生，人们根据文字的新闻报道或互联网所提供的信息，就可以产生情感反应，人们甚至对于虚拟的情境，比如电视剧或小说，甚至神话小说或玄幻小说中的虚拟情境，也能产生情感反应，因此，一个行为者能否为现实世界的行为找到实际合理的情感理由，其先决条件就是所获得的信息的真实性和从各种不同信息中发现事实真相的能力，即要符合认知理性。因此，情感理性也是以认知理性为先决条件的。

四、情感理性何以成立？

那么，本文提出的情感理性思想何以能够成立？试举三条理由。

第一，认知神经科学的新的研究成果为情感理性提供了经验的证据。

哈佛大学教授乔舒亚·格林(Joshua Greene)是知名的实验心理学家、认知神经科学家和哲学家。他本世纪初曾与一批神经心理学家应用认知神经科学的实验方法，利用功能磁共振成像技术，对人们面对不同道德困境或实践困境进行判断时的大脑神经活动进行了实验研究。该实验的灵感来自当代道德哲学家所熟悉的一系列伦理困境，其中之一是电车困境（the trolley dilemma）：一辆失控的有轨电车冲向铁轨前面的五个人，如果不加阻止，他们必死无疑。拯救他们性命的唯一方法是按下一个开关，改变其方向，冲向另一条轨道，这样做会撞死该轨道上的另一名工人，但却可以拯救前面五人的性命。那么，假如你就在开关旁边，你究竟是否应当按下开关，以牺牲一人的代价拯救五人的生命？绝大多数的人都会说应当。另一个伦理困境是天桥困境（the footbridge dilemma）：在失控的有轨电车和铁轨上的五人之间有一座横跨铁轨的人行天桥，假定你就站在天桥上，你身旁有一个身材胖硕的陌生人，拯救铁轨上五人性命的唯一方法是将这个陌生人推下天桥，阻止疾驰而来的电车（假定你身体的分量不足以阻止疾驰而来的电车）。那么，你究竟是否应当将这个陌生人推下天桥（这样做他将必死无疑），以拯救铁轨上五人的性命？绝大多数人都会说不应当。令道德哲学家感到困惑的是：究竟是什么因素使得“牺牲一人而拯救五人”的行为在电车困境中道德上可以接受，而在天桥困境中却不能接受？道德哲学家们提出了各种不同的理论或解决方案以解释这两种困境的道德差异，但都会遇到新的反例、新的困境。[①] 格林等人假定，从心理学的视角，电车困境和天桥困境之间的关键差异在于引起人们（即判断者）情感参与之间的差异。格林等人提出了一个更为一般的关于道德判断的假说：在类似于天桥困境的道德困境中，人们所产生的情感反应或情感参与程度要远大于类似于电车困境的道德困境所产生的情感反应或情感参与程度。正是这种情感参与（emotional engagement）的差别影响并决定了人们道德判断上的差异。格林等人的实验意在验证这一假说。他们预测受试者在类似于天桥困境的情境中进行道德判断时，他们大脑中与情感相关的区域比他们在类似于电车困境的情境中进行道德判断时更为活跃。他们在实验中将60个实践困境分为道德困境和非道德困境，将道德困境又分为道德上亲身的（moral-personal）和道德上非亲身的（moral-impersonal），前者类似于天桥困境的情境，即判断者与行为对象有贴近和亲身的接触，后者类似于电车困境，判断者对行为对象所施加的影响往往是间接的、非贴身或非亲身的。实验结果验证了格林等人的假说，即人们在道德上亲身的情景中进行判断时，其大脑与情感相关的区域比他们在道德上非亲身的或非道德的情景中进行判断时更为活跃，而人们在非亲身的道德困境中做出判断所需要的时间往往比亲身的道德困境中做出判断所需要的时间更长，在亲身的道德困境中做出与情感反应不一致的回答者比做出与情感反应一致的回答者所花的时间更长（这意味着前者要花更多的时间去克服情感因素的影响，才能做出与情感反应不一致的回答）。[②]

在我们看来，格林等人的实验表明，至少在当下的、亲身的语境中，情感在人们道德判断的形成中，发挥了重要的，甚至决定性的作用。即使在非亲身的语境中，情感在道德判断中也未必不起任何作用，很可能只是由于记忆、推理的活动

① 详细讨论可参见 Joshua D. Greene, R. Brian Sommerville, Leigh E. Nystrom, John M. Darley, Jonathan D. Cohen, “An fMRI Investigation of Emotional Engagement in Moral Judgment,” *Science*, vol. 293, 2001, pp. 2105 - 2106；朱菁：《认知科学的实验研究表明道义论哲学是错误的吗？——评加西华·格林对康德伦理学的攻击》，《学术月刊》，2013 年第 1 期。

② 参见 Joshua D. Greene, R. Brian Sommerville, Leigh E. Nystrom, John M. Darley, Jonathan D. Cohen, “An fMRI Investigation of Emotional Engagement in Moral Judgment,” *Science*, vol. 293, 2001, pp. 2106 - 2107。

压倒了情感的因素。[①] 道德情感主义者斯洛特根据道德心理学的研究成果,主张我们先有道德态度,然后才有道德判断,而道德态度完全产生于道德认知者的移情反应。[②] 如此,所有的道德判断归根结底都是由情感(即移情反应)所决定的。由于人们通常都将道德义务视为理所当然的理性规范性的来源,而道德义务都是由道德判断所构成,又由于情感反应是道德判断中不可或缺的因素,因此,情感理所当然地是理性规范性的来源之一。

格林在他后来的研究中提出了一种双加工(dual-process)的道德认知模式。按照这一模式,人类的道德认知是由两个系统所构成。系统 1 的道德认知是快速的、无意识的、自动的、更为情感化的,这一系统下形成的道德判断是一种预警机制,对于防止对他人的伤害起着重要的作用。系统 2 的道德认知则是缓慢的、有意识的、受控的、较少情感化的。格林将人的大脑比作一个双模式的相机:系统 1 类似于相机的自动模式,系统 2 类似于手动模式。他认为道德认知的自动模式主要是康德式的、义务论的,而道德认知的手动模式主要是功利主义的。[③] 由于人们一般认为义务论,而不是功利主义,代表的是道德自身的价值,又由于义务论者一般都主张道德义务依赖于道德直觉,依照格林的实验和理论,这种直觉其实是情感反应的结果,故而道德义务实际上依赖于情感的反应。因此,如果道德义务是理性规范性的重要来源,那么情感理所当然地也是理性规范性的重要来源。

问题是,无论是格林等人的实验,还是格林后来提出的双加工道德认知模式,都只是从心理学的实然层面,解释了人们在不同语境下做出不同道德判断的心理情感因素,解释了情感因素在人们的道德判断中所发挥的作用。但凡是现实的未必就一定是合理的,即使情感反应事实上决定或影响了人们的道德判断,构成了人们实际生活中的规范性,但这并不意味着在情感影响下所形成的道德判断就一定是正确的,也不意味着人们实际生活中所遵循的规范性就是人们理所应当遵循的规范性。然而,按照我们的情感理性思想,情感只是提供了行为的初始的合理性。而我们日常的道德判断至少为我们的行为提供了初始的理由。因此,尽管格林等人只是从实然的层面解释了情感在道德判断中的作用,但依然

---

① 在非亲身的道德语境中,非情感的理性因素似乎在判断者形成道德判断中发挥了决定性的作用。但这与我们情感理性的思想并不矛盾,因为我们主张情感可以提供初始的合理性,且情感理性只是理性规范性的来源之一,在实际情境的实际考量中,最终的实际行为理由可以是情感的,也可以是非情感的。

② 参见 Michael Slote, *Moral Sentimentalism*, Oxford University Press, pp. 33 – 47。

③ 参见 Joshua Greene, *Moral Tribes: Emotion, Reason, and the Gap between Us and Them*, New York: Penguin, 2013, p. 133 and Part 2。

说明了情感可以成为我们行为的初始理由，可以为我们的行为提供初始的合理性。在接下来的讨论中，我们还将进一步说明，情感不仅为我们的行为提供了初始的合理性，而且还提供了实际的合理性。

第二，与非情感的理性相比较，情感理性，特别是恻隐之心、移情心所产生的道德情感，往往是实际情境中更为可靠的道德判断标准。

前面提到的格林等人的实验研究表明，在天桥困境的情境中，相对少数的受试者认为将胖硕的陌生人推下天桥是恰当的(appropriate)，这些受试者做出了与情感反应不一致的回答，他们回答问题所花的时间明显要长于其回答与情感反应一致的(即认为将陌生人推下天桥是不恰当的)受试者。[①] 这些做出与情感反应不一致回答的少数受试者之所以花了更长的时间回答问题，因为他们需要时间来理性思考，以排除情感对他们的影响。但他们的回答不仅与绝大多数人的看法相悖，而且也是错误的。这说明依据情感反应所做出的道德判断往往比非情感的理性思考更为可靠。

其实，纵观人类的历史，人类常常会犯下各种"道德错误"。这些错误要么是出于自利理性的考量，要么是出于各种实际利害关系的考量，要么是出于各种理论的影响，总之，出于某种非情感的理性的考量。人们在犯这些错误的时候，他们并不认为他们正在犯错，相反，他们可能认为他们的选择是理性的、正确的。二战时期，德国纳粹分子在迫害犹太人的时候，不会觉得他们正在做的事情是错误的，他们有着某种"政治上正确"的理论指导，使得他们在犯下反人类的滔天罪行时还能够"理直气壮"。二战时期的日本军国主义者也是一样，"理直气壮"地犯下反人类的罪行，制造南京大屠杀这样的惨剧。但无论他们依据什么样的理论或意识形态，他们残害无辜人的行为必然会引起正常人的不忍之心或恻隐之心，包括二战时期的德国人和日本人。但为什么他们当中多数人依然为虎作伥或对这些罪行无动于衷？除了外力强迫的因素，主要是因为他们受各种理论或意识形态的"理性"影响，压制了他们的恻隐之心，从而犯下或纵容他人犯下我们今天正常人难以理解和难以容忍的反人类罪行。改革开放以来，中国共产党和政府"拨乱反正"，让人们重新审视和反思过去荒唐年代所犯下的错误，其中衡量以往是非的一把重要的尺子依然是我们的恻隐之心。这至少部分说明，人类的道德情感，特别是恻隐之心或移情心为代表的道德情感，往往是我们判断道德是

---

① 见 Joshua D. Greene, R. Brian Sommerville, Leigh E. Nystrom, John M. Darley, Jonathan D. Cohen, "An fMRI Investigation of Emotional Engagement in Moral Judgment," *Science*, vol. 293, 2001, p. 2107。

非更为可靠的判断标准。

如前所述，尽管并非任何具有初始合理性的情感都能够总是为实际情形下的行为提供充分和实际的理由，但人们在长期的实践中发现，恻隐之心、良知、移情心等道德情感能力，能够经常，甚至总是在实际情形下为我们的判断和行为提供充分和实际的理由。人们在长期的实践中还发现，某些稳定的心理状态或能力往往也可以为行为提供充分的和实际的行为理由。人们将这些经常能够为行为提供实际理由的心理状态或情感能力从诸多情感能力中挑选出来，视为美德。美德伦理学很大程度上就是研究美德概念如何能够为行为者提供充分的行为理由，以及如何培养美德的哲学反思活动。

第三，自然选择的理论也为情感理性思想提供了有力的支持。

在为归纳和归纳原则进行辩护时，蒯因(W. V. O. Quine)和乌里恩(J. S. Ullian)曾经提出这样一个论证：如果人们不遵循归纳原则，人们就不可能生存。比如，如果人类的祖先不遵循归纳原则，他们就不可能分辨有毒的植物和可食用的植物，如果情况果真如此，他们就不可能生存。蒯因和乌里恩实际上诉诸了自然选择来为归纳原则进行辩护。[①] 我们也可以诉诸类似的思想为情感进行辩护。人类天生的情感或情感反应能力是自然选择的结果，如果这些情感能力不具有合理性，不利于人类生存，那么，它们在长期的生存竞争和自然选择中就会慢慢被淘汰。它们之所以能够保留下来，正是因为它们具有合理性。尤其是被人们视为美德的情感，如“恻隐之心”，“仁心”，没有它们，一个群体，一个部落，一种文化，乃至人类，都可能因不能互相合作而无法生存延续下来。富特(Philippa Foot)认为遵守承诺、说真话、帮助他人等确实是实践理性的要求，但促成这些行为的行为动机则是来自仁爱之心之类的情感，而非理性的计算。因此，她称这些行为是体现仁爱情感的行为(charitable actions)。她引用了安斯康姆的话来证明她的观点：“无须借用外力去让一个人做事是人类生活的必要条件”。[②] 也就是说，人类自觉地去做有利于整个族群生存的事情，去做体现仁爱之心或恻隐之心之类的情感或美德的事情，是人类生活乃至生存的必要条件。富特认为保有这样的情感或美德，按照这样的美德要求行事而无须外力的强迫，或者仅仅根据约定俗成的安排去行事，是我们生存的必要条件，正如水对于植物的生命，筑巢

---

① 参见 W. V. Quine and J. S. Ullian, *The Web of Belief*, New York: McGraw-Hill, 1978, pp. 83 - 95。

② G. E. M. Anscombe, *Collected Philosophical Papers*, Vol. III, Oxford: Basil Blackwell, 1981, p. 18.

对于鸟类的生存，教会幼崽捕食对于狮子种群的延续一样，前者是后者的必要条件。[①] 我们人类天生的情感，特别是“恻隐之心”这样的美德，使得我们能够无需外力也能够去做我们所应做的事情，去做“恻隐之心”所要求的事情。由此可见，情感作为人类理性规范性的来源之一是人类得以生存至今的一个重要的条件。[②]

① Philippa Foot, “Does Moral Subjectivism Rest on a Mistake?,” *Oxford Journal of Legal Studies*, Vol. 15, Spring 1995, p. 8.

② 笔者于2017年8月14日曾就本文初稿的内容向浙江大学人文高等研究院暑期驻访学者做过学术报告，在此特向参加报告会的驻访学者致谢，谢谢他们的热情参与、批评与建议，也谢谢浙江大学人文高等研究院提供的驻访机会，让笔者有机会接触到各种学术背景和不同学科的学者，受益匪浅。

规范伦理学研究

罗斯的初始义务论及其方法论意义*

究竟什么东西使得一个行为成为道德上正确的行为？罗斯（Sir William David Ross，1877—1971）以前的伦理学理论所提供的答案都是一元的。康德主义和功利主义都试图为道德的行为提供一个唯一的一元的终极标准。它们各自的标准都受到日常道德观念的挑战。罗斯在他著名的《正确性和善》（1930）一书中提出了一种多元的规范伦理学理论来解决功利主义和康德主义无法解决的问题，这就是他的"初始义务论"。他将各种初始义务看成是客观的、多元的、不可还原为单一性质的东西。从这些客观多元的不可还原的初始义务出发，我们就可以推知一个具体的行为道德上是否正确。罗斯的初始义务论在当代西方伦理学的发展中扮演了一个非常重要的承前启后的角色。他的理论无论从内容还是方法上，对于我们进行有意义有价值的道德研究，对于我们追求确定性的道德认知都具有重要的启示。①

对效果主义的批判

怎样客观地解释一个行为的正确性？效果主义主张根据一个行为的客观效果或后果来决定其正确与否。这似乎给我们提供了一条明确、简单并且客观的道德标准。

但罗斯认为伦理学利己主义或功利主义等效果主义理论将行为的正确性或

---

* 本文原载于《江海学刊》2007年第4期。

① 本文关于罗斯理论的解释主要依据 W. D. Ross. "What Makes Right Acts Right?" in his *The Right and the Good*. Oxford: Clarendon Press, 1967, pp. 16－47。这一部分重新收入 Stephen Darwall, ed. *Deontology*. UK: Blackwell, 2003。本文注释中的有关页码皆转引自后者。本文中的部分内容，参见拙著《当代西方规范伦理学》第七章，南京师范大学出版社，2006年。

应然性归于其效果或可能发生的后果并不符合我们的道德实践。在实际的道德生活中，我们在决定道德上是否应当做某件事情的时候，我们所考虑的往往和所要采取的行为的前因有关，而和后果无关。比如，我们之所以有遵守承诺的义务，主要是由过去所发生的事情所决定的，我们遵守承诺仅仅是因为我们过去做出了承诺，没有其他的原因，和遵守承诺将来会有什么样的影响和后果并无必然联系。①

伦理学利己主义者认为一个行为道德与否取决于它是否符合行为者的个人利益。罗斯认为一个行为是否符合行为者的个人利益和该行为的正确性无关。即使道德的行为最终有可能符合行为者的个人利益，但如果一个人采取该行为仅仅因为它符合自己的个人利益，则他的动机并非出自该行为的正确性，而是出自自己的个人利益。传统功利主义者认为一个行为是否道德取决于它是否最大限度地增进大众快乐。罗斯认为这种观点的问题在于：第一，快乐并非唯一最终值得追求的东西。第二，一个行为正确与否和是否最大限度地增进某种“善”(good)或“快乐”并无必然的联系。比如，假定我能够判断我遵守承诺去帮助一个人的行为和帮助一个我没有做出这样承诺的人的行为可以产生同样的好处(甚至后者稍许多一点)，我会毫不犹豫地将遵守承诺帮助前者而不是后者看成是我的义务。但按照效果主义的最大限度的理论，我并不能得出这样的结论。罗斯认为这个例子进一步说明效果主义是不正确的，因为它不能正确解释我们日常的道德直觉。②

但当遵守承诺的后果是灾难性的，或者当我不违背我见一个朋友的承诺，我就无法拯救一个即将溺水而亡的小孩时，我正确的选择似乎只能是违背承诺，先救小孩。效果主义似乎可以很好地解释这种情形。按照效果主义，效果最好的行为就是道德的行为。为什么行为者应当先救小孩？因为救小孩的行为的效果最好。罗斯认为我们可以用非效果主义的观点来解释这个例外。在上述情况中，我对溺水孩子的义务超过了我对朋友遵守承诺的义务，因此，我应该遵循更义务(more of a duty)的义务去救溺水的孩子。这个解释没有任何对行为效果的考虑。罗斯认为他的解释比效果主义更符合我们日常生活中在这种情况下的

---

① 参见 W. D. Ross, “What Makes Right Acts Right?” in Stephen Darwall, ed. *Deontology*. UK: Blackwell, 2003, pp. 55 - 56。

② 见 Stephen Darwall, ed. *Deontology*, p. 57。关于对功利主义的批判，还可参见 pp. 69 - 70, pp. 73 - 74, pp. 76 - 77。

道德判断。[①] 他似乎有如下预设：在任何情况下，如果一条道德规则或义务出现例外，那么，一定是因为有另外一条更强的义务与之冲突。这样，罗斯就提出了一种多元主义的理论来解释道德的标准问题。

初始义务

罗斯认为一个具体行为道德上正确与否是由“初始义务(prima facie duty)”所决定的。[②] 罗斯将那些我们认为确定无疑的义务称之为“初始义务”。更为准确地说，“初始义务”指的是在没有考虑具体情况之前(在没有发现它和其他的初始义务冲突之前)，我们认为所有的人都应该遵守的义务或应该采取的行为。比如，遵守承诺就是一个“初始义务”。

罗斯列举了一个不完全的初始义务名单，这个名单包括了六类初始义务。这些义务给我们的行为提供了初始的理由，但还不是最后的实际的理由。罗斯对这六类义务的解释如下：[③]

1. 建立在行为者以前的所作所为的基础上的义务。这类义务包括两类。

A. 诚信的义务(fidelity)：如果行为者以某种方式(直接或间接，明确说出或没有明确说出的方式)做出了某种承诺，他或她就有义务遵守他或她的承诺，也就是说，行为者有了一个支持自己遵守承诺的道德的理由，虽然在实际情景中这个理由可能不是最后的、决定性的。

B. 补偿的义务(reparation)：如果一个人过去给另一个人造成了某种伤害而现在他又有能力补偿这种伤害，那么这个人就有一个初始的义务去这么做。同样，这个义务也提供了具体情况下采取某种行为的一个道德的理由。

2. 建立在其他人对行为者所做事情基础上的义务，也就是感恩的义务(gratitude)。如果一个人以前帮助过我，或者以某种方式使我受益，而我现在又有能力回报，那么我就有一个初始义务做些事情使帮助过我的人受益。

3. 正义的义务(justice)：如果某人获得了他所不应该得到的东西(比如，不义之财)，而我又处于可以纠正这种不公正的情况，那么我就有一个初始的义务去改变这种情况。或者，如果我有这个能力防止不公正的利益分配，那么我就有

---

① 见 Stephen Darwall, ed. *Deontology*, pp. 56 - 57。上面的例子和罗斯自己的例子稍有不同，但基本精神是一样的。

② “Prima facie”是西方哲学文献常见的一个概念，意指任何在没有出现反对的证据之前，看上去似乎是合理的东西。所谓“prima facie duty”的意思是说，在与其相冲突的义务没有出现之前，人们认为合理的、应该遵守的义务。笔者将其译为“初始义务”。也有人将其译为“自明义务”。

③ 以下对六类义务的解释，见 Stephen Darwall, ed. *Deontology*, pp. 59 - 60 和 pp. 62 - 64。

一个初始义务去防止这种事情的发生。通常政府官员,立法、司法、执法机构,处于可以防止或纠正不公正的分配的地位,因此,这条义务能够给他们提供行为的初始理由和道德的要求。

4. 行善的义务(beneficence)①:罗斯认为美德、理智、快乐都是具有内在、自有价值的东西。他因此而认为如果我们处在能够帮助他人,使他们变得更加善良,更加理智,更加高兴的地位时,我们也有一个初始的行为理由去帮助他们实现这些有内在价值的东西。

5. 自我完善的义务(self-improvement):罗斯认为每个人都有自我完善的初始义务。和上面帮助他人的行善义务不一样,自我完善的义务是使自己更加具有德行,更加理智的义务,但不包含使自己更加快乐的义务。

6. 不伤害的义务(non-maleficence):我们有不伤害他人和防止伤害他人的初始义务,这是一条非常重要的、不同于行善义务的义务。

罗斯认为上述六类义务是互相区别并且无法彼此还原,也无法还原为一个更根本的、统一的基础。② 上述这些义务也没有穷尽我们所有的义务。

这些初始义务有如下特点。

第一,它代表了某一类行为,凡是具有这类行为特征的具体行为就有可能成为正确的行为,我们将这类行为特征称之为"使行为正确的特征"(right-making characteristics)。比如,由于我按照承诺还钱的具体行为具有"遵守承诺"这类行为的特征,这个特征就使得我的行为有可能成为一个道德上正确的行为。

第二,它不是乍看上去像一个义务,而是独立于我们个人看法的客观的义务。当我们说一个行为是一个初始义务,我们断定的是关于这个行为的客观事实,它是我们知识的一部分。

第三,它不是实际上的义务,用罗斯的话说,它不是"严格的义务"(duty proper)。严格义务或实际义务是依具体情况和条件而定的"条件义务"(conditional duty)。正是在它不是实际义务的意义上,罗斯说,初始义务实际上不是一个义务。

第四,如果在实际情况下没有其他的初始义务和它冲突,它就可以成为那个实际情况下的实际义务或"严格的义务"。③

① 罗斯强调了行善(beneficence)和仁慈(benevolence)之间的区别,前者主要指善行,后者主要指善良的动机。见 Stephen Darwall, ed. *Deontology*, p. 60。

② 参见 Stephen Darwall, ed. *Deontology*, pp. 60 - 61, p. 63。

③ 以上四点参见 Stephen Darwall, ed. *Deontology*, p. 58。关于第二点还可以参见 p. 60。

不证自明的义务

那么,我们怎样才能决定某个要求或行为是一个初始义务呢?我们怎样知道这些义务确实是我们的义务,确实为真呢?罗斯认为这些义务是不证自明的。我们通过某种类似直觉的领悟(apprehension)知道它们为真。在罗斯看来,这种直觉知识不是一种与生俱来的知识,也不是我们第一次注意到它就可以产生的知识,但却是每个受过正常教育、有反思能力的、精神上成熟的人都可以发现的、无需证明的知识。对这些精神上成熟的人来说,只要对这些作为义务的行为给予充分的注意和反思,这些义务就像数学中的公理一样显而易见、不证自明,而且其确定性和数学公理也一样。[①] 比如,我过去对一个人做了某种承诺,这就产生了一个我必须遵守这一承诺的义务。我从直觉上知道这一点为真。如果有读者不明白为什么为真,罗斯说,那么,我无法向他们证明为什么为真,我只能要求他们自己再进行反思,并希望他们最终能够知道这一点为真。这些初始义务不同于我的其他的道德信念,这些其他的信念由于对有关情况的研究不充分而可能有误。[②]

罗斯认为这些不证自明的义务,或者说这种直觉的道德知识不是任意的、主观的,而是有着客观基础的。这种基础不是行为的效果,而是我们和我们的同伴或其他人之间的关系。这种关系不仅仅是我和我的受益人之间的关系,还可以是承诺者和被承诺者、债权人和负债人、妻子和丈夫、子女和父母、朋友和朋友、同胞和同胞之间的关系,如此等等。这些种种不同的关系构成了初始义务的客观基础。我们通过对这种关系的反思从而获得关于初始义务的知识,这些知识无法进一步证明,但却和数学公理一样确定无疑。在罗斯看来,功利主义的问题是将这些复杂的关系过于简化,简化为仅仅是我和我的受益人之间的关系。[③]

在罗斯看来,作为道德知识起点的自明的初始义务是更为可靠的、更为确定无疑的知识,是我们其他具体的道德知识的起点和源泉。这种直觉的反思的知识是许多代最好的人们的道德信念的积累。它们构成我们道德知识的基础。一个理论家对此应该有足够的尊重。当然他必须将这些信念彼此比较,去掉自相矛盾的地方。[④] 那么,我们怎样根据这些确定无疑的道德知识来决定我们在实

① 参见 Stephen Darwall, ed. *Deontology*, pp. 65 – 66,以及 p. 68。
② 详见 Stephen Darwall, ed. *Deontology*, p. 80, endnote 4。
③ 参见 Stephen Darwall, ed. *Deontology*, pp. 57 – 58。
④ 参见 Stephen Darwall, ed. *Deontology*, p. 74。

际具体情况下的实际义务呢？

实际义务

罗斯将"实际义务"又称之为"严格的义务"或"绝对义务"。在罗斯看来，初始义务并不等于我们的实际义务。遵守承诺是一条初始义务，但并非任何情况下它都是我们的实际义务。事实上，在有些情况下，遵守初始义务的行为道德上可以是错误的行为。比如，一个人如果承诺要暗杀另外一个无辜的人，那么他遵守承诺的行为显然就是错误的行为。

虽然初始义务不等于我们的实际义务，但我们的实际义务（我们在实际的具体情形中应该做什么）却是由初始义务所决定的。怎样根据初始义务决定我们的实际义务有如下几种情况：

第一，如果在实际情景中，没有其他的初始义务和适用于该情景的初始义务冲突，则这条初始义务就是该情景中的实际义务。虽然罗斯本人认为在实际情景中，完全没有冲突的情况是极少或几乎是不可能的。

第二，如果在实际情景中，适用的初始义务不止一条并且彼此不冲突，则我们的实际义务可能是一种包含各种初始义务要素的合成的义务。比如，遵守一个人所属国家的法律的义务，部分来自感恩的义务（一个人有责任遵守其法律，因为一个人从他的国家获得好处），部分来自诚信或承诺的义务（作为一个国家的永久居民似乎就知道自己应该遵守法律，这暗含了某种遵守法律的承诺，并且由于受到国家法律的保护而更在某种程度上承诺了守法），部分来自行善的义务（因为法律是获得大众幸福的有力工具），如此等等。[①]

第三，如果在实际情景中，适用的初始义务彼此冲突、互相排斥，我们只能选择其中一个，则最义务的义务是我们在此种情景中的实际义务。比如，一条适用的初始义务也许要求行为者采取行为 A，另一条适用的初始义务可能要求采取反对 A 的行为，或采取另一个行为，而行为者不可能同时采取这两种行为，行为者必须从中选择一个。在上面的承诺谋杀的例子中，行为者至少面对两个初始义务的要求，一个初始义务要求他遵守承诺，另一个初始义务（不伤害的义务）要求他不要伤害他人。他不可能同时履行这两条义务。究竟行为者应该怎样行为，遵循哪一条初始义务，取决于哪一条义务"更义务"，"义务"的力度（stringency）更大。显然，不要伤害他人的义务要求的力度更大，因此，行为者的

---

① 见 Stephen Darwall, ed. *Deontology*, p. 64。

实际义务不是遵守承诺，而是不要伤害他承诺要暗杀的人。如果我们不假定要杀的人是无辜的人，如果我们假定，要杀的人是希特勒，那么，所涉及的初始义务就更为复杂了。我们要从这些错综复杂的初始义务（道德理由）中找出或决定最强的或最有力度的义务（最有理由的行为），那个最有力度的义务（最有理由的行为）就是行为者实际的义务，也是道德的行为。①

第四，在罗斯看来，实际义务就是整体合成（toti-resultant）义务，而初始义务则是部分合成（parti-resultant）义务。如果在实际情景中，适用的初始义务彼此冲突，其结果可能产生一种整体合成义务，类似于物理学中各种不同力同时作用所产生的合力。在这种情形中，构成整体合成义务的要素（初始义务）在因果上可能会产生一种原来要素中不包括的义务，而这种新实际义务也可以是初始义务的一种。比如，在遵守承诺还是救出溺水的孩子的例子中，有两条初始义务同时适用，即诚信义务和行善义务。这两条义务所产生的“合力”，一方面，包括要先救出溺水的孩子，但由于违背了承诺，所以产生了另一条补偿义务，即行为者应该通过言语解释或其他方式“补偿”由于违背承诺的“过错”。②

在罗斯看来，道德行为的性质是由具体情形中实际义务所决定的。因此，我们可以将罗斯的初始义务论表述为一个决定行为规范性地位的规范伦理学理论：

> 在实际情形中，一个行为是道德的（即行为者的实际义务），当且仅当，它或者是一个适用的初始义务，或者是适用的初始义务的合成，并且，没有其他的可选择的行为是一个更有力度的初始义务。

简言之，在实际情形中，一个行为是道德的或是一个实际义务，当且仅当，它是一个最有力度的初始义务。罗斯认为，和初始义务不一样，实际义务是不确定的，并且是可误的。这是因为，首先，在初始义务冲突的情况下，决定实际义务不可能通过直觉，实际义务不是不证自明的。也许从长期的观点看，我们通过思考会逐渐认为某些义务比其他义务更“义务”，但我们的看法或选择往往包含风险和不确定性。③ 其次，实际义务也不是从彼此冲突的初始义务中推导出来的。我们无法推知，一个行为在此种情况下是否从整体上是正确的或错误的。在初

① 参见 Stephen Darwall，ed. *Deontology*，p. 58。

② 以上参见 Stephen Darwall，ed. *Deontology*，pp. 64 - 65。

③ 参见 Stephen Darwall，ed. *Deontology*，p. 66。

始义务冲突的情况下，我们缺少一个一般的原则，按照这条原则，我们可以从初始义务中推出实际义务。正是在这个意义上，对一个行为正确性或错误性的判断有点类似对一个自然对象或艺术品的美的判断。比如，一首诗，某些方面很美，某些方面不美，则整体上是否美的判断则无法从我们对美和缺陷的认知中推导出来，因此，对这首诗整体上是否美的判断是不确定的。[①] 正是由于以上两个原因，罗斯认为我们对实际义务的判断远不如我们对初始义务的判断那么确定无疑，前者总是包含着出错的可能性。

决定实际义务的标准

按照罗斯的看法，一个实际义务就是具体情形下最有力度的初始义务。这样，决定实际义务的标准就是决定实际情形中所涉及的初始义务的力度标准。问题是，当初始义务彼此冲突时，如果我们不能从中推导出实际义务，那么，我们怎样才能决定在可适用的初始义务中哪一条义务更强、更有力度呢？我们决定的标准是什么呢？

一种办法是找出一个按照其重要性由低到高的初始义务的排序表。当不同的义务彼此之间发生冲突时，我们可以根据这个排序表来决定实际的义务。比如，如果考虑遵守承诺的义务和不伤害他人的义务，我们可以将不伤害他人看成是更重要的义务，因此，在排序表中处在更重要的地位。这样，当这两条义务在具体情形中彼此冲突时，根据这个排序表，不伤害他人的义务更重要，这样我们就可以确定我们此时的实际义务是不伤害他人。但问题是，在有些情况下，当遵守承诺的义务和不伤害他人的义务发生冲突时，遵守承诺的义务可能更重要。假定我是一个警察，我承诺必须将犯罪分子绳之以法，但如果我遵守承诺，我就会伤害犯罪分子（也许还包括犯罪分子的亲属），这和不伤害他人的原则相冲突，但显然，这里遵守承诺的义务更重于不伤害他人的义务。[②] 这个例子说明，我们不太可能找到一个适用于所有具体情景的一成不变的初始义务排序表，怎样决定不同初始义务之间的重要性，要依实际情况而定。罗斯自己也不认为这样的适用于任何情况的排序表是可能的。

那么，我们有无可能寻找到一条普遍的二阶标准，按照这个标准，我们可以根据实际情况来决定不同初始义务的排序呢？这个标准不可能是功利主义原则。因为，如果这样的话，至少在有些情况下罗斯的理论会产生和功利主义一样

---

① 参见 Stephen Darwall, ed. *Deontology*, p. 67。

② 当然，这个例子中所涉及的初始义务远不止这两条，为了简明起见，此处不多加分析。

的问题。比如，每当我们按照行为功利主义推导出一个错误的结果，而与此同时，相关的行为选项又是初始义务的话，根据功利原则对初始义务排序，都会推导出同样错误的结论。这显然不是罗斯所能接受的。比如，在“杀一救五”的例子中，我们面临两条义务，一条是行善的义务，即拯救五个病人，一条是不要伤害他人的义务，由于这两条义务彼此冲突，因此，如果我们按照功利原则给它们排序，我们就会得出医生应该“杀一救五”，而这个结论和行为功利主义的结论一样，都是不合理的。如前所述，罗斯本人明确反对功利主义或效果主义原则，因此，他也反对以此来决定实际情况下初始义务的排序。

那么，究竟怎样决定实际情形下初始义务的力度呢？各种不同的行为中有没有一种共同的属性，我们据此可以断定一个行为正确与否呢？罗斯似乎认为一个行为只有一个使之为正确性或错误性的属性，即，从总体上是正确的性质，或从总体上是错误的性质（即不具有总体上正确的性质）。他认为任何行为都有数不清的后果，直接或间接地对无数人产生影响。不管一个行为如何正确，它都可能对无辜的人产生不利的影响。不管一个行为如何错误，它也可能带给善良人们以好处。因此，任何行为在某些方面是初始正确的，在某些方面是初始错误的。怎样比较和评估这些初始义务的力度以决定我们的实际义务，怎样确定一个行为总体上是正确的还是错误的，罗斯认为还没有办法制订一条一般的规则。我们所能说的，像遵守承诺、补过、回报等义务具有极大的力度，而其余的只能跟着感觉走。因此，在决定实际义务时，我们极有可能犯错误，但除此之外，别无选择。[①] 如果硬要提出一个标准，那么这个标准就只能是：一个行为是道德的或者是一个实际义务，当且仅当，其正确性的力度大于其错误性的力度。[②]

初始义务论的问题

西方学者一般认为罗斯将一个道德行为的性质归结为更有力度的初始义务，归结为其正确性大于错误性，等于对行为的道德性质什么也没有说。我们当然知道一个道德的行为其正确性大于错误性，但我们更想知道决定一个义务是更有力度的义务的标准，我们更想知道决定正确性力度大于错误性力度的方法和尺度以及决定具体条件下比较初始义务力度的可操作的标准，但罗斯对这些问题都没有确切的说明。

对罗斯最大的批评是针对他的直觉主义。罗斯认为初始义务是确定无疑

① 以上参见 Stephen Darwall, ed. *Deontology*, p.75。

② 参见 Stephen Darwall, ed. *Deontology*, p.78。

的。但为什么确定无疑呢？罗斯的回答似乎依赖于某种无法进一步论证的直觉知识或领悟。也就是说，他实际上将我们现有的道德观念，或者说，将西方现有的、不自相矛盾的部分道德观念看成是确定无疑的道德知识。西方有的哲学家认为，从本体论上，罗斯的直觉主义有可能导致对某种看不见、摸不着的伦理属性的预设，而这种预设十分可疑，并且也无必要。从认识论上，这种直觉主义则有可能导致对某种神秘的直觉或知觉能力的预设。因此，罗斯的直觉主义是不合理的。①

尽管罗斯的理论有这样或那样的问题，但不少后来的西方哲学家沿着罗斯的思路试图解决这些问题，从而进一步推动了西方伦理学理论的发展。比如，罗尔斯的"无知之纱"背后的原初状态以及反思平衡的思想提出了解决具体道德问题的可操作性的步骤和标准。自利和非自利契约论则用人们之间的理性共识取代了罗斯的个人直觉。这些理论或思想或多或少都和罗斯的初始义务论有着某种思想上的联系。

罗斯理论的方法论意义

人和其他动物的主要区别之一在于人是有意识、有理性的动物。人能够按照自己的理性认识去改变自然，改变自身，以满足自己的物质生活和精神生活的需要，而不纯粹是按照动物的本能被动地去适应环境。道德哲学，或者说对道德的理性反思，则是人们追求理想生活的重要手段。但对道德问题的研究究竟是否能够有助于人们实现人们所希望的理想的生活？道德哲学究竟是否能够给人们的生活提供确定性的指导？社会科学领域里的道德哲学或伦理学的研究究竟能否产生类似于像自然科学领域里牛顿力学那样确定的知识？人们其实是心存疑问的。和西方学者相比，不少中国学者似乎尤其如此。有的学者认为在道德研究领域里没有客观知识可言的，所以追求确定性的道德认知的努力也是没有意义的。这种看法实际上会导致道德虚无主义或怀疑主义，不利于我们进行有价值有意义的道德研究。罗斯的初始义务论则对我们寻求道德领域里确定性的知识提供了某种方法论上的启迪。

我们在研究道德问题的时候，可以先找出确信无疑的命题，然后根据这些确信无疑的命题，去研究和解决那些我们还不能如此确信无疑的问题。在罗斯那里，这些确定无疑的命题就是所谓"初始义务"。发现这些确定无疑的命题是我

---

① 参见 Stephen Darwall. *Philosophical Ethics*. Colorado: Westview Press, 1998, pp. 52 - 54。

们从事有意义有价值的伦理学研究的起点。

这些确定无疑的命题或初始义务只是给我们分析具体的道德行为提供各种不同的理由，它们构成合理行为的理性源泉。但在具体的道德行为的分析中，这些理由是有可能发生冲突的，在它们彼此冲突的情景下，我们的目的是寻求或发现各种理由在此情景中的“合力”。在很多情况下，这种“合力”表现为一种理由的力度压倒另一种理由的力度。在这种情况下，被压倒的理由依然还是一种理由，甚至也还保留原来的力度，只是为另一种理由的力度所压倒。罗斯并没有明确提出决定一种理由压倒另一种理由的标准，但我们可以初步提出：经过充分讨论的理性人们之间的理性共识可以作为我们判断理由力度的标准。认识到这一点对于我们澄清国内许多学术上的争论具有启示。例如，在最近关于儒家的“亲亲相隐”究竟是不是腐败根源的争论中，有的学者明确指出儒家强调“亲情”无可非议。“亲情”确实是一种无可非议的“初始义务”，确实构成行为合理性的一条重要的理由。问题是：当在具体的情景中，维护社会正义的理由和“亲情”的理由发生冲突时，哪一条理由具有更大的力度？无视这种冲突，无视理由之间不同的力度，是无助于我们学术上澄清是非、明辨真理的。

我们怎样才能发现确定无疑的道德命题呢？罗斯的有关论述也给我们以启示：一个道德命题（初始义务）对我们来说之所以能够确定无疑恰恰是因为它没有和具体复杂的实际情况相混淆，就像牛顿力学中的惯性定律，之所以能够成立也是因为没有和具体的经验观察相混淆。我们只有将一些不相干的因素去掉了，我们才能明白真正的应然性要素是什么。我们之所以能够确定遵守承诺是一个确定无疑的初始义务是因为我们仅仅考虑相关的因素，即一个人应该遵守承诺仅仅因为他做出了这个承诺。如果我们在实际情形中把与确定这条义务无关的因素考虑进去，比如，是否有因素可以使得不遵守承诺也可以成为道德上允许，甚至要求的？如果我们这样考虑问题，我们可能会觉得遵守承诺不是一条确定无疑的道德要求，而是一切依条件而定，我们就没有任何所谓道德义务，我们的思想和理论就会陷入混乱，而混乱的伦理学理论是无法真正为我们提供指导的。

罗斯的方法本质上是数学的和科学的，他的初始义务类似数学和科学中的公理或假设。欧几里得几何学就是从一些无可怀疑的公理或假设出发，去证明那些并非一目了然的定理。牛顿三定律和万有引力定律则是根据我们的经验观察现象所提出的假设或假说，然后以此来解释宏观世界纷繁的运动，从而使我们对宏观世界的认识和改造取得了前所未有的成功。我们似乎有理由可以相信，用这种方法研究社会问题和伦理问题也能够取得同样的成功。至少，了解这种方法是我们理解西方伦理学的一把钥匙。当代西方伦理学家常常讨论一些著名的道德思想实验或道德案例，如，溜冰和滑车的案例，[①]他们的目的就是想找出某些确定无疑的伦理学的知识或伦理学假设，然后从这些知识或假设出发，去解释或解决更为复杂的道德问题，去寻找我们具体行为的应然性。康德哲学之所以在西方哲学史上有其不可取代的地位，对当代西方哲学各个领域至今依然有着深刻的影响，很大程度上得益于他从牛顿力学的创立中所吸取的思想方法。中国的当代哲学和伦理学如果想走向世界，在研究方法上必须要有一场革命，而罗斯的理论和方法则给我们提供了一个值得认真学习的范例。

① 参见布鲁士·罗素：《我们对陌生者的责任：对一些极端道德案例的思考》，《江海学刊》，2005 年第 2 期。

心理学利己主义和伦理学利己主义*

“人不为己，天诛地灭。”人们常常引用这句话来为自己的利己主义行为辩护。但熟知并不等于真知。这句话是否真有道理，是不是一个真命题，人们往往并不清楚。人们也常常批评这句话，但这句话是否就是一个假命题，或者说，如果这句话是错的，究竟错在什么地方，也是不大清楚。这句话实际上包含了两种不同的学说。一种学说认为人人都是自私自利的。另一种学说认为人人都应该自私自利。前一种学说在西方称之为“心理学利己主义”。后一种学说被称之为“伦理学利己主义”。人们常常用“心理学利己主义”来为自己的行为作道德上的辩护。反映在哲学上，就是用“心理学利己主义”来为“伦理学利己主义”辩护。许多人不赞成心理学利己主义，但如果我们不赞成它的话，我们就有必要弄清“心理学利己主义”究竟有无错误，如果有，错在何处。然后，我们才有可能证明“伦理学利己主义”作为一种道德理论，理由是否充分。本文打算利用当代西方伦理学的一些研究成果，探讨两个问题。第一，“心理学利己主义”作为一种描述人性或者人的心理结构的科学学说是否为真？如果不能为真，为什么不能为真？第二，“伦理学利己主义”作为一种道德理论是否成立？有无合理的因素？如果有，是什么？如果不成立，为什么不成立？

一、心理学利己主义

费因伯格(Joel Feinberg)在他著名的“心理学利己主义”一文中，对心理学利己主义作了这样的描述：“任何人最终所能够欲求或寻求的(作为目的自身的)

* 本文原载于《求是学刊》2005年第6期。原文中作为参考文献的尾注已改为脚注，纠正了参考文献中的个别错误，删去了不必要的脚注，并修改了文中个别名词的翻译。

东西只能是他自己的个人利益。"[1]换言之,任何人自愿行动的动机最终都只能是对他自己个人利益的欲求。如果我们用"快乐"(pleasure)取代上面描述中的"个人利益",我们就得到了心理学利己主义的另一种形式——享乐心理学利己主义(psychological egoistic hedonism)。心理学利己主义和伦理学利己主义不同,它只是关于人的本性或者说关于人的心理的描述性理论,而不是规范性的理论。它的正确与否,真或假,取决于它所描述的东西是不是事实。是,则真。不是,则假。[2]

那么,心理学利己主义作为一种描述人们心理特征、行为动机的科学学说是否为真呢?"人不为己,天诛地灭"是否果真如此呢?显然我们只要举出为数不多的、无法反驳的反例就可以显示这一理论为假。我们不需要举董存瑞、邱少云、特里莎嬷嬷、泰坦尼克客轮上的绅士等这样的特例,在日常生活中的例子就足矣。比如,有一次我的汽车在高速公路上抛锚,一个年轻人紧急刹车,停下来问我是否需要帮助。他的行为是自愿的,而他的动机无论如何都很难解释成是为了追求他的个人利益。

有人也许会说年轻人这样做是因为这样做他会感到非常愉快,如果不这样做,他会感到不愉快或者没有这样做感到愉快,他行为的最终动机是他自己的快乐。如此,我们也可以将"助人为乐"的行为解释为"为乐助人"(为了自己的快乐而助人),因此"助人为乐"也是"利己"的行为,故心理学利己主义依然正确。这种说法非常流行,需要认真对待。它可以表述为如下的论证:

(1) 每当行动者得到了他想得到的(或每当他做了他想做的),他都感到快乐。

(2) 因此,行动者行动的任何目的只是为了获得他自己的快乐(即,他所有的行动只是为了达到他快乐的手段,或者说,行动者自己的快乐才是行动的最终目的)。

这个论证的结论(2)表达的是享乐心理学利己主义。但第一,这是一个无效论证。因为从前提的真,我们并不能得出结论为真。詹姆斯曾举过一个例子,横跨大西洋的远洋客轮在驶向目的地时总是伴随着烧煤,但如果我们因此而得出

① Joel Feinberg, "Psychological Egoism," *Reason and Responsibility*, 11th edition, CA: Wadsworth, 2001.

② 伦理学利己主义则是规范性的理论,它提出的是人们应该或者不应该怎样行动的标准,而不是经验事实的描述。它的真假或合理性要通过论证来确定。

它航行的目的就是为了烧煤就显得非常可笑了。[①] 同样,即使每当行动者得到了他想得到的,他都感到快乐,我们并不能由此得出行动者行动的唯一的、最终的目的就是他自己的快乐。

第二,前提(1)为假。达到行动的目的,满足行动者的愿望并不总是带来快乐。一个男孩追求一个女孩,当他达到目的后,他完全有可能并不感到快乐。

第三,从前提中我们完全可以得出和享乐心理学利己主义相反的结论:行动的目的一定不同于快乐本身,否则,一个人永远无法得到快乐。这就是所谓"享乐主义悖论":一个人如果只追求快乐,别无其他,那么他永远也无法得到快乐。费因伯格举了一个例子。假定有一个叫琼斯的人。他一生所求除了对快乐本身有兴趣外,别无其他。自然科学、数学、哲学对他来说只不过是无意义的精神折磨。大自然的美景只能让他感到凄凉和孤独。体育运动对他来说只是身体的自我摧残。小说、电影、电视不过是骗人的非现实的胡说八道。诗歌、美术作品不过是无意义的符号。政治充满欺诈。宗教完全是迷信。商业到处是铜臭味。工作是人生的负担。弱势群体不过是社会的包袱。友谊不过是自欺欺人。和朋友聊天更是浪费时间。如此等等。[②] 我们很难设想琼斯怎样才能获得快乐。这个例子说明快乐的获得本身就预设了对自己的快乐以外事物的追求。这也说明只关心自己的快乐和幸福而对任何其他事情都不感兴趣的人是很难获得真正的快乐和幸福的。这还告诉我们,如果我们真想我们的孩子快乐、幸福,培养他们多种的兴趣、爱好,包括对他人的关心是非常重要的。所谓"君子坦荡荡,小人常戚戚"说的就是这个道理。因此心理学利己主义和享乐心理学利己主义是不成立的。

还有一种说法认为人们的利他的行为不过是自我欺骗。人们在帮助他人,在做慈善事业时只不过是想获得一个好的名声。因此,"利他"不过是自欺欺人之谈,不过是为了"利己"的目的。我前面举的年轻人的例子已经反驳了这一说法,因为他帮助我这个陌生人不会有助于他获得好的名声。让我们再来看看另一种反驳心理学利己主义的例子——恶意害人的例子。有人完全出于妒忌心而对邻居下毒。这种害人而不利己的行动的目的很难说就是出于行动者的个人利益。事实上许多恶意害人的例子都不是出于个人利益的考虑。如果真出于个人利益的考虑他们反而不会去做了。恶意害人例子的存在从另一个方面说明了心

① William James, *The Principles of Psychology*, Vol. II, New York: Henry Holt, 1890, p. 558.

② 我对费因伯格例子中的内容略做了增添修改。

理学利己主义的不成立。[①]

上述的讨论也许还不能彻底证明心理学利己主义为假，因为一个命题的真假取决于其准确的含义。命题可以分为两类：一类是分析命题，如“单身汉是不结婚的男子”，“所有的结果都有原因”等。确定分析命题的真假不需要经验，只要确定其意义，就可以知道其真假。另一类是综合命题，如“所有的单身汉都有神经质”，“所有的事物都有原因”等。确定综合命题的真假需要通过经验证实。一个综合命题可以通过重新下定义使不利的证据变成无效的证据，变成定义为真的命题，即伪装的分析命题。比如，“所有的天鹅都是白色的”是一个综合的经验命题，而澳大利亚黑天鹅的存在可以构成否认其为真的经验证据。命题的辩护者可以说“凡是不是白色的‘天鹅’都不是天鹅”，以避免被证伪。这样，通过对“天鹅”的重新定义，“所有的天鹅都是白色的”就变成了一个定义为真的、非经验的分析命题。心理学利己主义者可以通过对日常意义上的“利己”和“自私”重新定义以包含日常意义上的“利他”和“无私”的行为。这样我们所举的“利他”或“无私”的例子全都变成无效的了。比方说，“泰坦尼克”客轮上有钱的绅士将生的希望留给妇女儿童，将死的危险留给了自己，他们的“利他”行为可以解释为“为了满足他们自己的良心”或者说“为了保持他们的自尊”，因而是自私的，等等。心理学利己主义捍卫者甚至可以提出对日常的“自私”一词重新定义，即，凡是行动者自觉自愿的（出自他们自己愿望的）行动都是“自私”的行动。心理学利己主义者通过改变我们日常语言中“利他”和“自私”的用法，将不利于该学说的经验证据“取消”，其结果是将心理学利己主义从一种描述性的、经验的、可证伪的综合命题变成了不可证伪的分析命题。问题是：第一，按照他们的解释，凡是有动机的行动都是“自私”的行动，将“自私”和“有动机”等同起来。这样，“每个人行动的动机都是自私的”就等同于“每个人行动的动机是有动机的”。如此，他们的理论就变得空洞无物。第二，评价定义为真的分析命题主要根据这样定义是否有用，是否方便。将所有的行动都定义为“自私”的行动等于取消了“利他”和“不自私”等语在日常语言中的用法，这会带来很大的不便，因为事实上存在着不考虑他人的行动和考虑到他人的行动。通常前者道德上是受到批评的，后者是受到肯定的。为了区别二者，我们又不得不区别两种不同的“自私”行为。这样倒不如保持我们原来日常语言中关于“自私”的用法更方便。故以重新定义

---

① 以上讨论，源自 Joel Feinberg, “Psychological Egoism,” Sections B and C。他反驳了四种为心理学利己主义辩护的论证。这里我只讨论了两种。我将他对第二种和第四种论证的反驳合并到我上面所讨论的第一种论证中，并加上了我自己的想法。

"自私"以逃避被"证伪"的办法是无济于事的。[①]

以上的讨论说明,"人不为己,天诛地灭"作为一种关于人性和人的心理的学说是站不住脚的。但这并不意味着道德上我们就不应该按照自己的利益行动。艾瑛·兰德(Ayn Rand)就认为"自私"(她将其定义为"对自己利益的考虑")是一种美德,而利他主义是一种危险的理想。她认为对自己利益负责任的考虑是道德存在的本质。[②] 那么,我们究竟有没有理由认为"利己"是一种美德,每个人还是应该按照自己的利益行动呢?"人不为己,天诛地灭"作为一种规范性的道德学说是否可以站得住脚呢?下面让我们来讨论这个问题。

二、伦理学利己主义[③]

任何规范伦理学理论都要回答究竟什么东西使一种行为成为道德的行为。按照伦理学利己主义,正是行动者的个人利益使其行为成为道德的行为。我们可以将这一理论表述如下:

> 一个行动是道德的当且仅当它最大限度地符合行动者的个人利益。

换言之,按照这一理论,每个人道德上都应该根据自己的个人利益行事。在客观地讨论这个理论是否成立之前,让我们先来看看几种对该理论的误解。

1. 对伦理学利己主义几种可能的误解

有人认为伦理学利己主义主张每个人都应该按照他自己的愿望行事,这其实是一种误解。因为一个人按照自己的愿望行事并不一定就符合他自己的利益。一个年轻的妇女拿起一把菜刀光天化日之下逼收银员交钱,很快就被店员抓起来了。马加爵杀害了他的四个同学。他们的行为是违法的,也是不道德的。他们做了他们想做的事情,但他们的所作所为并不符合他们的个人利益。社会

---

① Joel Feinberg, "Psychological Egoism," *Reason and Responsibility*, 11th edition, CA: Wadsworth, 2001.

② Ayn Rand, *The Virtue of Selfishness*, New American Library, 1964.

③ 当代西方伦理学利己主义有许多不同的理论形式,比方说,个人的伦理学利己主义(individual ethical egoism),私人的伦理学利己主义(personal ethical egoism),普遍的伦理学利己主义(universal ethical egoism)等。但有些理论形式明显地站不住脚,比如个人的伦理学利己主义要求人人都按照我的利益行事,私人的伦理学利己主义只要求"我"按照"我"自己的利益行事,至于别人怎么行事,私人的伦理学利己主义没有任何要求。前者明显地既不合理也不可能。后者则缺少作为规范伦理学理论所应具有的对人们行为的普遍指导性。本文所要讨论的是最合理的一种行式,即普遍的伦理学利己主义。普遍的伦理学利己主义有人也称之为"道德利己主义"。为了便于讨论问题,本文所说的"伦理学利己主义"仅指普遍的伦理学利己主义。

上相当多的不道德的行为、恶性犯罪的行为，与伦理学利己主义无关。伦理学利己主义是坚决反对这类损人不利己的行为的。如果人们都真的按照利己主义原则行动，许多不道德的行为和恶性案件就不会发生了。

有一种看法认为伦理学利己主义完全和我们的日常道德要求相反。这也是一种误解。我们大部分的，甚至是绝大部分的日常道德要求（包括利他的要求）都可以根据伦理学利己主义的原则加以解释。比方说，诚信之所以是道德所要求的，按照伦理学利己主义的原则，不是因为其他的原因，而是因为对讲诚信者有好处。政府、企业、个人要讲诚信，不是因为这是一条绝对命令，也不是因为对整体有好处，而是因为对政府、企业、个人有好处。不这样做就是傻瓜，就是非理性的。所以，道德上我们应该讲诚信。又比方说，考试作弊明显是不道德的行为，但一般人认为是利己的行为，因为作弊者可以以较少的劳动获取他不应有的、本来得不到的成绩。伦理学利己主义者可以说考试作弊不利于作弊者。一是因为有可能被抓住，尤其是养成作弊习惯后就更有可能被抓住，这对作弊者不利。二是因为作弊使作弊者没有学到真正的知识，当他今后真正需要这些知识的时候，作弊对他的不良后果就会表现出来，故作弊对作弊者不利。对利他的（行动者有时要吃点亏的）道德要求，伦理学利己主义主要沿着两条思路进行解释。一条是利他的道德行动可以为行动者建立良好的道德声誉，由于人们总是喜欢和有道德的人打交道、合作，因而建立起良好的道德声誉对行动者来说是有利的，这是间接的好处。另一条思路则是根据行动者的长远利益，而不是短期的利益来解释"利他"的道德行动。在"重复性囚徒悖论"中的道德要求就可以根据行动者的长远利益来解释。帮助他人或者帮助朋友，短期看来是吃了小亏，但长远考虑，则是有利的。因为下次当行动者需要帮助时，他人或朋友也会来帮助行动者，这对行动者是有利的，诸如此类。总之，在伦理学利己主义者看来，"利他"的道德要求不过是"吃小亏，占大便宜（或避免吃大亏）"。

在西方，还有一种比较有代表性的看法，认为伦理学利己主义作为一种规范性的道德理论是非理性的，因为它是一种自相矛盾的、理论上和逻辑上不连贯的学说。[①] 我这里只谈谈一种比较有代表性的看法。按照这一看法，伦理学利己

---

① 这里谈的是普遍的伦理学利己主义可能遇到的不连贯的问题，而不是个人的伦理学利己主义所无法避免的不连贯问题。前者没有后者的不连贯问题。关于自相矛盾，不连贯的问题，请参见 Fred Feldman, *Introductory Ethics*, N.J.: Prentice-Hall, 1978, pp. 90 - 93; G. E. Moore, *Principia Ethica*, Cambridge University Press, 1903, pp. 96 - 102; Brian Medlin, "Ultimate Principles and Ethical Egoism," *Australasian Journal of Philosophy* XXXV, 1957 和 Jesse Kalin, "In Defense of Egoism," *Ethical Theory* ed. Louis P. Pojman, CA: Wadsworth, 2002。

主义("每个人都应该按照自己的利益行动")蕴涵了伦理学利己主义者逻辑上不相容的愿望。假定甲某是一个伦理学利己主义者。乙某如果按照自己的利益行动将会不利于甲某。这样,甲某作为一个伦理学利己主义者一方面希望每个人都按照自己的利益行动,即希望乙某按照自己的利益行动。但另一方面,他又不希望乙某按照自己的利益行动,因为这将不符合甲某自己的利益。而这两个愿望是不相容的。[①] 但这一看法是不成立的。正如杰斯·卡林(Jesse Kalin)所指出的那样,这一推论是建立在一个假设上,即赞成一个道德的原则就等于赞成按照这一原则所产生的所有的行动,而赞成所有这些行动就等于希望这些行动都发生。卡林认为这一假设是不成立的。因为一个道德原则就像一个游戏规则,相信这条规则,相信每个人都应该遵守这条规则,并不等于赞成和希望遵守这条规则所产生的每一个行动。卡林举了两个球队比赛的例子来说明这一点。球队甲完全可以相信(和接受)它的对手球队乙应该竭力将球射进自己的球门,但球队甲同时可以没有矛盾地、毫无困难地希望并阻止球队乙进球。因此,认为伦理学利己主义是理论上不连贯的学说是不成立的。[②]

2. 伦理学利己主义中的合理因素

将"道德行为"和"利己"扯在一起,在传统的中国哲学看来,几乎是不可思议的。但在西方,这却是自柏拉图以来的一个哲学传统。西方哲学家认为凡是道德的行动都应该合乎理性。那么什么行动才算是合乎理性的行动呢?西方比较流行的一种看法认为,一个人的行为要合乎理性就应该符合行动者的利益,对行动者要有好处。这条原则被称之为自利理性(prudence 或 prudential rationality)的原则。一个人如果老是做损己利人的事情,老是跟自己过不去,他就会被人们看作是非理性的傻瓜。但道德的要求往往又是利他的,至少,不完全符合行动者的个人利益。这样,做一个有道德的人常常就会被人看成是非理性的傻瓜。而一个非常有"理性"但不道德的人往往又被人看成是狡诈的恶魔。由于人们既不想做傻瓜,也不想做恶魔,这就构成了道德和理性的困惑。如果我们能够将道德和个人利益完全联系起来,如果我们能以某种方式完全用个人利益

---

① 参见 Brian Medlin, "Ultimate Principles and Ethical Egoism"。Kurt Baier 对伦理学利己主义的不连贯性做了另一种解释。按照他的看法,伦理学利己主义蕴涵如下不相容的结论:甲某应该挫败乙某的行动,但乙某也应该按照自己的利益行动,故甲某不应该挫败乙某的行动。Feldman 认为 Baier 的论证依赖于一个不成立的原则,即"无人应该挫败一个人所应该采取的行动"。我认为下面 Kalin 的分析有助于理解 Feldman 的论点。参见 Fred Feldman, *Introductory Ethics*, pp. 92 - 93。

② Jesse Kalin 还通过对实质价值评价和形式价值评价的区别来解释为什么上述不连贯性的指责不能成立。见 Kalin, "In Defense of Egoism," Section IV。

来解释道德的要求和行为，则道德和理性就可以完全一致起来，我们就可以摆脱上述的困惑。[①] 而伦理学利己主义明确根据行动者的个人利益来确定道德的行动，如果这种理论能够成立，我们就有充分的理由做有道德的事情，这样的理论当然是非常有吸引力的。[②]

此外，由于伦理学利己主义将道德要求和个人利益联系起来，如前所述，又由于它能解释大部分的日常道德要求，故能较好说服人们按照道德要求办事，这是伦理学利己主义的另一个优点。[③]

许多对利他主义道德观念的论证似乎预设了这样一个道理：人们首先要在乎自已，然后才有可能在乎他人。孔子的"己所不欲，勿施于人"似乎包含了这样的道理。托马斯·内格尔(Thomas Nagel)关于利他主义可能性的证明似乎也包含了上述的道理。他认为如果一个人在乎自己的价值，他就应该在乎和自己一样有价值的他人的价值；一个人当然在乎自己的价值；故他应该在乎他人的价值；故利他主义是可能的。[④] 由上所述，伦理学利己主义肯定每个人都有追求自己幸福的权利，认为行动者的个人利益可以并且应该构成行动的理由，即使从证明利他主义的角度看，伦理学利己主义也有值得肯定的地方。

3. 关于伦理学利己主义的证明

以上讨论固然表明了伦理学利己主义的一些优点，但作为一个解释和指导人们道德行动的规范性理论，它必须要证明：为什么每个人都应该按照自己的利益行事？一个常见的答案就是："人不为己，天诛地灭"。这一答案可以表述为如下的证明：

(1) 一个人道德上应该采取行动 A 仅当他能够采取行动 A。

(2) 一个人能够采取行动 A 仅当他相信他的行动最终会给他带来幸福

① 霍布斯、哥梯尔(David Gauthier)、富梅顿(Richard Fumerton)、科夫卡(Gregory Kavka)、拜尔(Kurt Baier)等都可以说是沿着这一方向努力的哲学家，虽然他们当中多数并不赞成伦理学利己主义。

② 现在社会上许多不道德的行为都不符合行动者的个人利益，故都是非理性的。提倡一点自利理性对减少这些非理性的不道德行为显然是有积极意义的。

③ 唯制度论(即道德建设仅仅是制度建设)在某种程度上就是接受了伦理学利己主义的这一思想，即违背个人利益的道德要求是不合理的要求，是违背人性的要求，因而不应成为道德的要求。如果从共同利益出发，如果想要避免人人都采取利己行为所带来的弊病，不应该以所谓道德的要求来改变人们利己主义的行为方式，而应该用制度、法制来取代道德的要求。唯制度论是否全面，是否站得住脚，取决于伦理学利己主义是否成立。

④ 参见 Thomas Nagel, *The Possibility of Altruism*, London: Oxford University Press, 1970, p. 16, p. 19, pp. 99 - 102。

或符合他的个人利益。

(3) 因此,一个人道德上应该采取行动 A 仅当他相信他的行动最终会给他带来幸福或符合他的个人利益。

结论(3)是伦理学利己主义的另一种表达形式。这个论证是一个有效的论证。因此反驳这一论证的唯一办法是证明其中的一个前提为假或不成立。前提(1)是众所周知的"'应该'蕴涵'能够'的原则"。如果一个人道德上应该做到的事情,那么这件事情就应该是他的能力(包括认识能力)范围之内所能做到的事情。道德不可能去要求一个人做他根本不可能做到的事情。比方说,道德不可能要求我捐给"希望小学"一百万元人民币,因为我没有这么多钱,这超出了我的能力范围。又比方说,一位医生放弃城市优越的生活,自愿到农村去为缺医少药的农民服务。但她无意中将某种疾病带给了她所去的村庄,使许多人都感染了这种疾病。然而我们并不能谴责她的行为,我们依然认为她的行为是道德的,因为要求她避免她行为不好的结果超出了她的认识能力。换句话说,按照"'应该'蕴涵'能够'的原则",一个人不可能做到的事情,道德上也不应该要求他做到。这似乎符合我们的道德直觉。但内格尔在"道德运气"一文中认为我们不能无限制地运用这一原则,因为这有可能威胁到我们大部分的日常道德判断。[①] 之所以如此是因为我们大部分的日常的具有道德意义的行为都受制于行动者自身和外部环境的制约,而这些自身和外部的条件并非都是可以为行动者所能控制的。比如,有人认为许多犯罪分子重复犯罪(如强奸)是由于其生理状况或某种基因决定的,这些生理状况或基因不是他们所能控制的,但我们显然不能因此而认为道德上这些犯罪分子对他们的行为就可以不负责任。

前提(2)实际上表达的是心理学利己主义。如果说前提(1)的假还不能完全确定的话,那么前提(2)的假则为我们前面的讨论所证明,此处无需赘言。因此,上述对伦理学利己主义的证明是不能成立的。

还有一种比较让人困惑的论证。按照这一论证,如果每个人都按照自己的利益行动,则整个社会会比不按照利己主义原则行动的社会要好得多。[②] 如果实行该原则的整个社会比不实行该原则的社会好得多,则该原则就是正确的道德原则。因此,伦理学利己主义是正确的道德原则。这是经济学中比较流行的

---

① 参见 Thomas Nagel, "Moral Luck," *Mortal Questions*, Cambridge University Press, 1979。

② 我们在穆勒(John Stuart Mill)那里可以找到类似的思想,见 John Stuart Mill, *On Liberty*, The Liberal Arts Press, 1956, p. 17。

一种理论。“物质刺激，奖金挂帅”就是根据了这一理论。但正如有论者所指出的，这其实是一种伪装的（披着利己主义外衣的）功利主义理论。它的前提中包含了一条功利主义的原则：如果实行一个道德原则比不实行该原则对整个社会更有好处，则该原则就是正确的道德原则。它用功利主义的原则来为其利己主义的原则辩护，实际上已将功利主义的原则看成是终极原则，将社会的整体利益或共同利益看成是使行动成为道德行动的最后根据，故已经不是真正意义上的伦理学利己主义，因为伦理学利己主义按其本义应该将利己主义的原则看成是终极的原则，它应该将行动者的个人利益看成是使行动成为道德行动的最终根据。因此，这种偷偷的功利主义的论证也是不能成立的。①

4. 为什么伦理学利己主义不能成立？

以上只是反驳了对伦理学利己主义的两种可能的论证，但这并不能证明伦理学利己主义是一种错误的理论。我们需要理由来说明“人不为己，天诛地灭”作为一种规范伦理学的理论为什么是错误的。这里，我想举四条理由。

第一，尽管伦理学利己主义对道德的解释可以和我们大部分的日常道德要求一致，但它仍然和我们一部分日常道德中无法反驳和怀疑的道德要求相违背，如不能损人利己。由于每个人彼此的利益不可能一致，经常发生冲突，故行动者不加限制地追求自己的个人利益（这是伦理学利己主义所必然主张的）的“利己”行为必然导致损人利己的“自私”行为，而这在道德上是无法接受的。伦理学利己主义之所以无法和我们日常道德中无可怀疑的道德要求相冲突，还因为道德所代表的价值，如共同利益，不可能完全还原为行动者的个人利益。所以伦理学利己主义和日常道德中无可怀疑的部分道德要求的冲突是无法避免的。

第二，即使伦理学利己主义能解释很多日常的道德行为和要求，但它解释的理由往往很难接受。比如说，怎样解释烧毁一幢住宅是不道德的？在伦理学利己主义者看来，“这样做会导致无辜人的死亡”不能构成该行为不道德的理由，不能构成我们不应该这样做的理由。烧毁它是不道德的仅仅是因为这样做不符合行动者的个人利益。这样的解释和我们的道德直觉是相冲突的。②

第三，伦理学利己主义不能解释和评价道德行为的动机。我们评价一个道德行为通常预设了非利己主义的行动动机。拯救一个溺水的孩子是一个非常值

① 参见 Brian Medlin, “Ultimate Principles and Ethical Egoism”; Fred Feldman, *Introductory Ethics*, pp. 86－88。

② 参见 James Rachels, “Egoism and Moral Skepticism,” *A New Introduction to Philosophy*, New York: Harper and Row, 1971。

得肯定的道德行为。但如果行动者这样做仅仅是为了赢得孩子母亲的好感，以便和孩子母亲发生性行为，则这样的“道德行为”就有问题了。至少，我们会认为行动者出于错误的理由（动机）做了一件“正确”的事情。但按照伦理学利己主义，行动者恰恰是出于正确的理由（动机）做了一件正确的事情。这和我们的道德直觉也是相违背的。

第四，以上三点只是根据我们的日常道德和我们的道德直觉来评判伦理学利己主义的合理性。这种评判预设了一部分日常道德判断和道德直觉的合理性和优越性。但如果这种预设本身不能得到辩护，则对伦理学利己主义的批评就不可能彻底。这种辩护涉及对道德价值基础的评判。我认为合理的道德判断和道德直觉应该建立在行动者的共同利益的基础上。从人类生存的角度看，以行动者的共同利益作为道德和行动的基础优于仅仅以行动者的个人利益作为道德和行动的基础。何以见得？请看下例。假定鸟类得了某种致命的寄生虫病，由于它们自己无法消灭它们自己头上的寄生虫，它们需要互相帮助。又假定有两种鸟类。一类总是乐于为任何其他的鸟打理羽毛，从而消灭它头上的寄生虫。这类鸟类可以称为“缺心眼者”（Suckers）。另一类则只愿意接受羽毛打理，但从不给其他鸟打理羽毛。这类鸟可以称做“狡诈者”（Cheaters）。如果鸟类只由“缺心眼”的鸟组成，则鸟类可以生存下来并活得很好。如果鸟类只由“狡诈”的鸟组成，则鸟类就会在自然界里绝迹。但如果鸟类由“缺心眼者”和“狡诈者”共同组成，则“缺心眼者”就会被“狡诈者”所利用，并逐渐衰败乃至消亡。“狡诈者”会兴旺一时，但当“缺心眼者”的数量减少到一定程度，“狡诈者”也会开始衰亡，并在“缺心眼者”消失之后，随之灭亡。“缺心眼者”代表了“毫不利己，专门利人”的“自我牺牲的利他主义”，而“狡诈者”却代表了“自私的利己主义”。当二者分开生活时，“自我牺牲的利他主义者”优于“自私的利己主义者”。当二者共同生活时，“自私的利己主义者”因活得长一点，略优于“自我牺牲的利他主义者”。假定又出现了第三种鸟类，它们只愿意帮助那些愿意帮助它们打理羽毛的鸟打理羽毛，这类鸟可以称作“斤斤计较者”（Grudgers）或“恩怨分明者”。如果这三类鸟生活在一起，则“斤斤计较者”只会给同类或“缺心眼者”打理羽毛。如果“狡诈者”一旦被它们发现，将永远不可能得到它们的原谅。其结果，“斤斤计较者”将会繁荣兴旺，而“狡诈者”将会过得比“缺心眼者”还要困难（除非“缺心眼者”占的比例非常之大）。如果只是“斤斤计较者”和“狡诈者”生活在一起，则“狡诈者”的灭亡几乎指日可待。人们通常认为“斤斤计较者”代表了以共同利益为基础的

"互惠的利他主义"。[①] 从上面的例子可见,从进化论的角度看,"互惠的利他主义"优于"自我牺牲的利他主义"和"自私的利己主义"。建立在"互惠利他主义"基础上的日常道德判断和道德直觉的合理性和对利己主义的优越性因此而得到证明。

综上所述,"人不为己,天诛地灭"作为一种解释人们道德行为、指导人们道德行动的规范性理论是不成立的。

---

① 以上讨论参见 Louis Pojman, "Egoism, Self-Interest, and Altruism," *Ethics*: *Discovering Right and Wrong*, CA: Wadsworth, 2001。上面三种鸟类的例子,最初源于 Richard Dawkins, *The Selfish Gene*。

哥梯尔的"协议道德"理论评析[*]

大卫·哥梯尔(David Gauthier)是美国匹兹堡大学哲学教授,当代西方道德契约论的主要代表人物之一。他于1986年出版的《协议道德》一书,在哲学界受到广泛的注意和好评,是当代西方伦理学界最有影响的著作之一。本文拟对他在该书中所提出的"协议道德"理论的主要观点作一简要的述评。

哥梯尔在《协议道德》一书中,试图完全从个人利益出发,即从精明理性的原则出发,推导出道德的原则。具体地讲,哥梯尔极力想证明:第一,有理性的个人在相互交往中,遇到类似"囚徒悖论"情景中的次佳化问题时,愿意接受公正的、不偏不倚的限制性条款(即道德的原则),用以限制个人无止境地追求个人利益,从而避免次佳化问题,并实现共同的利益。第二,一旦达成限制性条款或协议,各方遵守条款或协议是符合理性的,即符合各方的个人利益的。第三,在形成关于如何分配合作利益的协议时有两条原则必须遵守:其一,洛克条款,即禁止在谈判之初损人利己,使对方处于不利的谈判地位,而使己方处于有利的谈判地位。其二,最小最大量相对让步原则,即关于分配合作利益的协议或公正的限制性条款仅当它使各方的最大相对让步减至最小时才是可接受的。第四,这些限制性的条款就构成了和日常道德不同的理想道德的原则。就道德能否从精明理性中推导出来的问题而言,前两项任务最重要。那么,哥梯尔是否完成了前两项任务呢?

哥梯尔称他所采纳的理性理论为"最大限度的理性概念"(the maximizing conception of rationality)。按照这一概念,如果采纳行动A能够最大限度地实现行动者甲某所选择的目的,甲某就有充分的理由采取行动A,即甲某采取行动

---

* 本文原载于《河北学刊》2004年第3期。

A 是符合理性的。[①] 哥梯尔对甲某所选择的内容毫无限制，故可以包含许多不同的理性原则。甲某可以选择个人利益作为其行动的最终目的，也可以选择共同利益作为其行动的最终目的。这两个目的是不同的，故所代表的理性原则也不同。而哥梯尔想证明行动者选择共同利益作为最终目的更合乎理性。众所周知，在“囚徒悖论”的情景中，不合作、告密、违反协议最符合行动者的个人利益。哥梯尔认为，在这种情景下，选择个人利益为最终目的的行动者会面临一个问题：合作、遵守协议能够产生“合作盈余（a cooperative surplus）”（即合作所产生的利益大于或不小于不合作给各方所带来的利益），[②]而不合作、违反协议却不能。哥梯尔认为这足以让追求个人利益的行动者感到不安。这就迫使他们达成协议，同意对个人无限追求个人利益的行为加以限制。哥梯尔的论证可以表述如下：

前提一：如果合作能够产生合作盈余，理性的最大限度追求者就有充分的理由接受合作的协议，以限制他们无限追求个人利益的行为。

前提二：合作能够产生合作盈余。

结论：理性的最大限度追求者有充分的理由接受合作的协议，以限制他们无限追求个人利益的行为。[③]

这是一个有效的论证，即前提真，结论一定为真。对前提一，我毫无异议，因为如果合作能够保证，合作盈余也能得到保证，这将符合每个行动者的个人利益，理性的最大限度追求者当然有充分的理由合作。问题是前提二是否为真。合作盈余的实现取决于合作能否实现和保持。合作能否实现和保持取决于行动者有无充分的理由遵守协议或保持合作。如果行动者并无充足理由遵守协议，保持合作，那么合作就无法实现。而合作盈余就只能是“水中月，镜中花”。因此，关键在于遵守合作协议能否得到保证。如果能，遵守协议就符合理性，则合作以及合作盈余就能实现。反之，遵守协议则不符合理性，合作或合作盈余就无法实现。

霍布斯解决协议遵守问题的办法是设立一个具有绝对权威和力量的君主或

① 参见 David Gauthier, *Morals by Agreement*, New York: Oxford University Press, 1986, p. 22。

② 参见 David Gauthier, *Morals by Agreement*, p. 141。

③ 参见 David Gauthier, “Morality, Rational Choice, and Semantic Representation: A Reply to My Critics,” *Social Philosophy & Policy*, Vol. 5, No. 2, 1987, pp. 175–176。

政府来迫使各方遵守合作协议。哥梯尔不满意这种解决方案，他想证明：单凭理性的力量，无需任何外部的力量，就足以证明遵守协议的合理性。为此，他引进了一个新的理性概念，即“有限制的最大限度”（constrained maximization）。哥梯尔认为有两种“最大限度”的理论：直截了当的最大限度（straightforward maximization）和有限制的最大限度。它们可以分别定义如下：

> 直截了当的最大限度理论认为：甲某有充分的理由采取行动A，当且仅当，采取行动A能最大限度地、最大可能地实现甲某基于个人利益的选择。
>
> 有限制的最大限度理论认为：甲某有充分的理由采取行动A，当且仅当，采取行动A符合合作协议，并且协议各方遵守协议，即使采取行动A并不能最大限度地实现甲某基于个人利益的选择。

直截了当的最大限度理论是西方公认的理性决策理论，有限制的最大限度理论则是哥梯尔自己的理性理论。遵守协议的合理性只能建立在后者的基础上，而非前者。后者与哥梯尔最初提出的理性的最大限度原则有何不同呢？理性的最大限度原则有两种解释：一种是利己主义的解释，即行动者最大限度追求的是他自己的个人利益。直截了当的最大限度理论采取的是利己主义的解释。另一种是非利己主义的解释，即行动者最大限度追求的是他的人生理想。如果哥梯尔选择第一种解释，他将无法推导出为什么要对最大限度地追求个人利益的行为加以限制，因为限制和最大限度地追求个人利益是不相容的。他只能选择第二种解释。非利己主义的最大限度理论对人生的理想又有两种可能的解释：一种对人生的理想的解释将限制性的条件与个人的良心、道德感等“内在约束力”联系起来。一种对人生理想的解释并不把良心、道德感等因素考虑进去，限制性的条件纯粹源于个人的人生理想。哥梯尔的人生理想指的是后一种人生理想。对于人生理想的具体内容，哥梯尔没有任何规定。人们可以将直截了当的最大限度理论包含在自己的人生理想之中，也可以将有限制的最大限度理论包含在自己的人生理想之中。哥梯尔必须证明，为什么人们必须将有限制的最大限度理论包括进自己的人生理想之中，即为什么有限制的最大限度理论优于直截了当的最大限度理论。

哥梯尔的证明大体如下：有限制的最大限度追求者，即奉行有限制的最大限度理论者，比无限制追求最大限度者，总体上，更能最大限度地实现其期望的功利值。其原因在于一个人的行为倾向或品行是可以为人所知的，即对他人来说是透明的。因而，有限制的最大限度追求者在社会上更受欢迎，能吸引更多的合作者，从而比无限制最大限度追求者更能从合作中获得好处。哥梯尔认为，甚至在“一次性的囚徒悖论”情景中，遵循有限制的最大限度的理性原则也是合乎理性的。[①] 问题是，在“一次性的囚徒悖论”情景中，如果违反协议能给行动者带来更多的期望功利值，行动者为何还要遵守协议呢？

假定有两个农场主甲和乙处于自然状态下（即处于没有警察、军队等维持治安的国家机器的状态下）。由于他们经常受到贪婪匪徒的威胁和袭击，甲和乙达成一个防御协定：当一方遭到袭击时，另一方应该及时援助。假定甲方遭到匪徒袭击，乙方面临两种选择：或遵守协定，援助甲方，或违反协定，按兵不动。作为一个有理性的人，乙应该怎样做才最合乎自己的利益呢？假定他们从行动中所得到的益处可以用期望功利值（expected utilities）来衡量，则其行为的后果以及可能给各方带来的利益可以用下图来表示：

		遵守协定	违反协定
乙	遵守协定	6 6	10 0
	违反协定	0 10	1 1

图中数值代表了定约人不同行为（遵守或违反协定）对各自产生的期望值（即各自可能得到的好处）。数值越高，则益处越大，因而定约人更有可能采取相应的行动。其中每个方框中左下角的数值代表了乙可能得到的益处，每个方框中右上角的数值则代表了甲可能得到的好处。

如图所示，如果甲乙双方都遵守协定，则各自所获的期望值为6。如果甲方违反协定而乙方遵守，则甲方所获的期望值为10，而乙方则为0，反之亦然。如果双方都违反协定，则双方所得到的功利值为1，低于双方都遵守协定所得到的功利值6。

如果这只是“一次性的囚徒悖论”情景，则甲乙都应选择违反协定才是合乎理性的。因为，不论另一方采取什么行动，违反协定的好处总是大于遵守协定的

① 参见 David Gauthier, “Uniting Separate Persons,” *Rationality, Justice and the Social Contract*, ed. David Gauthier and Robert Sugden, New York: Harvester Wheatsheaf, 1993, pp. 185 – 186。

好处。如果对方遵守协定,则违反协定可使己方获得最大的好处,即获得功利值10。如果对方也违反协定,则己方违反协定可以避免最糟糕的情形,即一无所获的情形出现。尤其是,如果己方后于对方行动,则违反协定肯定最符合己方的利益。

让我们假定甲某在上一次袭击中遵守诺言,帮助了乙某抵抗了袭击。又假定,这一次匪徒们袭击甲某。再假定,乙某知道政府将很快派出军队清剿匪帮,这样乙某再也不需要甲某的帮助,因为匪徒即将被消灭。那么,按照有限制的最大限度原则,乙某遵守协议,援助甲某是合乎理性的,因为乙某知道甲某在上次袭击中帮助了他,虽然乙某这样做并没有最大限度地扩大个人的利益或个人的期望功利值。那么,为什么乙某这样做是合乎理性的呢?哥梯尔认为,这是因为保持有限制追求最大限度的品行是合乎理性的。但为什么保持这种品行是合乎理性的呢?哥梯尔证明如下:

> 前提一:如果这一次乙某保持遵守协议的行为倾向(即品行)是不符合理性的,那么上次在他遭受袭击前保持遵守协议的倾向也是不符合理性的。
>
> 前提二:如果上次在他遭受袭击前保持遵守协议的倾向是不符合理性的,那么乙某不通过自己的行为倾向让甲某知道他是一个有限制的最大限度追求者是合乎理性的。
>
> 前提三:如果乙某不通过自己的行为倾向让甲某知道他是一个有限制的最大限度追求者是合乎理性的,那么乙某通过自己的行为倾向使甲某在上次袭击中不遵守协议援助他也是合乎理性的。
>
> 前提四:但是,乙某通过自己的行为倾向使甲某在上次袭击中不遵守协议援助他是不合乎理性的。
>
> 结论:因此,这一次乙某保持遵守协议的行为倾向是符合理性的。①

哥梯尔关于在"一次性囚徒悖论"情景中保持有限制追求最大限度的品行是合乎理性的论证是难以让人信服的,因为前提一为假。理由在于:这一次乙某是处于"一次性的囚徒悖论"情景中,而上一次乙某是处于"重复性的囚徒悖论"情景中。这一次,即使乙某遵守协议,表现出有限制地追求最大限度的倾向,他也无法从将来的合作中获得好处。而且,即使他不遵守协议,他也不会因此而受

① 参见 David Gauthier, "Uniting Separate Persons," *Rationality, Justice and the Social Contract*, ed. David Gauthier and Robert Sugden, New York: Harvester Wheatsheaf, 1993, p. 186。

到惩罚。故他没有理由表现出遵守协议的倾向。相反，这一次改变他的有限制地追求最大限度的倾向是合乎理性的。而上一次，乙某通过遵守协议表现出有限制地追求最大限度的倾向是合乎理性的，因为这样做他可以从将来的合作中获得好处，而且可以避免不遵守协议可能受到的惩罚。

在"重复性的囚徒悖论"情景中（决策的情景只是一系列的"囚徒悖论"情景中的一环，而当事人或行动者并不知道究竟有多少类似的情景还会发生），亦即正常的情况下，哥梯尔关于有限制地追求最大限度的理论似乎更为成功。有人也许会认为，即使是在"重复性的囚徒悖论"情景中，如果甲某是一个无可救药的"急功近利者"，而乙某并不知道甲某是否可以救药，对乙某而言，遵守协议，保持有限制地追求最大限度的倾向，也不符合理性。但这一反驳假设了两个条件：其一，游戏中只有两个行动者；其二，其中一个是无可救药的"急功近利者"（即所有其他的交往者都是无可救药的"急功近利者"）。如果游戏中的交往者超过两个，并且并非所有的交往者都是无可救药的"急功近利者"，则保持有限制追求最大限度的品行或倾向优于无限制地追求最大限度的品行或倾向。

让我们在农场主的例子中再加上另一个农场主丙某。假定丙某是一个有限制的最大限度追求者，他还没有加入甲某和乙某的防守协议。又假定甲某是一个无可救药的"急功近利者"，但乙某是一个有远见的理性主义者，即有限制的最大限度追求者。乙某可以通过一到二次合作的代价弄清甲某是一个无可救药的"急功近利者"。这样，乙某就会放弃与甲某的合作，转而寻求新的合作者。在我们设定的情况下，即寻求同丙某的合作。丙某非常愿意同乙某签订防守协议，而不是甲某，因为乙某已经证明自己是一个有限制的最大限度追求者，而甲某则证明自己是一个不值得信任的、无限制追求自己利益的利己主义者。这样，乙某和丙某就会达成新的防御协定，并且通过相互合作，分享合作的好处。而甲某则被排除在合作之外，无法分享合作的好处。这样，从长远的观点来看，乙某和丙某从相互合作中所获得的好处要远远大于甲某从利己主义的行为中所获得的好处。总的说来，一个人有充足的理由将有限制的最大限度原则包括在自己的人生理想中仅当在实现他的人生理想的过程中所得到的好处（即与有限制最大限度追求者打交道所获得的好处）大于他的损失（与急功近利主义者打交道所遭受的损失）。社会中有限制最大限度追求者越多，一个人就越有理由成为一个有限制最大限度追求者。哥梯尔认为，有限制最大限度追求者从合作中所得到的好处大于所得到的损失，故保持一个有限制最大限度追求者的倾向或品行是合乎理性的。

哥梯尔的这一结论得到了某些计算机实验的支持。1979 年,有一位名叫罗伯特·艾克斯洛德(Robert Axelrod)的政治科学家,主持了一系列的比赛,以探讨合作的逻辑。他要求人们提交能够在游戏中彼此对抗的计算机程序。在一次比赛中,有一位据说是世界上最了解“囚徒悖论”问题的政治科学家,名叫阿拉托·拉帕帕特(Anatol Rapoport),提交了一个“针锋相对”(Tit-for-tat)的程序。这个程序规定:第一次与对方玩游戏时都与对方合作。从第二次开始,只是重复对方上一次的行为。艾克斯洛德要求参赛者击败“针锋相对”的程序。62 个程序参加了比赛,也许包括“急功近利者”或“纯道德者”的程序,但最后的胜利者仍然是“针锋相对”的程序。

艾克斯洛德在解释“针锋相对”程序成功的原因时说:“‘针锋相对’的程序之所以取得如此的成功是因为它将与人为善,以牙还牙,宽恕原谅和清楚明白结合起来。它的‘与人为善’使她避免了不必要的麻烦。它的‘以牙还牙’使对方不敢轻易背信弃义。它的‘宽恕原谅’有助于恢复相互合作。它的‘清楚明白’使对方能够明白它的态度,从而有助于建立长期的合作。”①

综上所述,哥梯尔关于道德和遵守道德的合理性在“重复性的囚徒悖论”情景中得到了很好的证明,而“重复性囚徒悖论”更接近日常实际情况。虽然如此,哥梯尔的理论仍然有其局限性。

首先,哥梯尔将所有道德原则都归结为“协议原则”或“协议道德”,但并非所有的道德原则都可以归结为“协议道德”。即使他的论证完美无缺,也只能证明一部分道德的合理性。约翰·罗斯(John Rawls)提出的假设性社会契约论在一定的程度上可以克服这一缺陷。

其次,即使这一部分道德原则的合理性也是有条件的,即大部分其他交往者必须是有限制的最大限度追求者或可以教育好的无限制的最大限度追求者。如果绝大多数的交往者都是无可救药的无限制最大限度追求者,则哥梯尔的证明也不能成立。

再次,他的理性原则并非如他所希望的那样是唯一的理性原则。相当一部分当代西方哲学家认为,道德的合理性直接建立在与行动者无关的理性原则或理由的基础上,他们称这样的理由为“中立于行动者的理由”(agent-neutral reasons)。公众利益、公平原则都可以看作是合理性的原则,因为它们都有其价值。实际上,哥梯尔在论证道德的合理性时,有时求助于共同利益,有时求助于

---

① 参见 Matt Ridley, *The Origins of Virtue*, New York: Viking Penguin, 1997, pp. 60 - 61。

不偏不倚的立场(impartial position),如相等理性(equal rationality)和阿基米德支点(the Archimedean point)等,但这些不同于哥梯尔的理性原则的假设无法用哥梯尔的理性原则加以辩护,也无法还原成与行动者相关的理性原则。这些都说明哥梯尔的理性原则不可能是唯一的理性原则。

斯坎伦的非自利契约论述评*

托马斯·斯坎伦(Thomas M. Scanlon, 1940—)是当代西方著名的道德哲学家。他于1968年获得哈佛大学哲学博士,以后一直在普林斯顿大学和哈佛大学任教,目前担任哈佛大学的自然宗教、道德哲学和国家政体的阿尔福特教授。1982年,在"非自利的契约论和功利主义"一文中,他第一次提出了他的契约论。为了有别于他之前的自利的契约论(Contractarianism),他将他的契约论称之为"Contractualism"("非自利的契约论")。① 1998年,他发表了他的第一部专著《我们相互间的责任》,对他自己的契约论理论进行了系统的表述和总结。著名哲学家R.杰伊·华莱士对这部著作的意义及其在西方的影响作了如下评价:"毫无疑问,T.M.斯坎伦的权威性的著作《我们相互间的责任》是近几年所出现的最为成熟的、最重要的道德哲学著作之一。它提出了道德哲学所有主要方面的根本性的问题。我希望并且期望在今后数年的时间里,它对道德哲学的状况和发展方向将产生决定性的影响。"②本文将对斯坎伦的非自利的契约论的理论作一简要的述评。

---

* 本文原载于《世界哲学》2005年第4期。

① "自利的契约论"(contractarianism)和"非自利的契约论"(contractualism)之间的区别主要表现在:按照自利的契约论,契约或道德是以各方基于个人利益的谈判为基础的,而按照非自利的契约论,情况并非如此,契约或道德可以是基于某种道德的理想或他人无法反驳的理由。前者是沿着霍布斯关于道德的学说发展而来,后者秉承卢梭的社会契约论的传统和康德的道德学说发展而来。关于两者的区别,参见Stephen Darwall为他所编辑的 *Contractarianism/Contractualism* (Blackwell, 2003)一书所写的导言(见该书第1—8页),尤其是第1页和第4—5页。该导言已译成中文,见本刊本期"自利的契约论和非自利的契约论"一文。还可参见 Thomas Scanlon, *What We Owe to Each Other* (Cambridge, Mass.: Harvard University Press, 1998),5。

② R.杰伊·华莱士(R. Jay Wallace), "Scanlon's Contractualism", *Ethics* 112 (April 2002), p.429。

一、道德的研究内容和真的根据

在斯坎伦看来，每一门学科都有其考虑或研究的对象或内容（the subject matter）。他将这一研究内容又称之为真的根据。比方说，在数学中，有一部分信念（命题）被假定为是客观的（如几何学中的公理），其余信念（如定理）的真假取决于这些被公认的信念的真假。这些被公认的客观的信念就被称之为决定其余信念或真或假的根据。数学哲学就是要探讨这些认为理所当然的根据究竟是否可以成为根据。在道德哲学中也有着相似的研究内容，它们构成决定道德判断真假的根据。

那么怎样发现和决定这些客观的根据？在数学中，真信念不靠经验，虽然经验可以帮助我们发现这些真信念。对真的根据为什么可以成为真的根据，我们可以提出各种理论。每一种理论都对数学中的真命题提出某种客观的，至少主体之间所共同具有的根据。而怀疑主义和主观主义无论在数学哲学中还是道德哲学中都较缺少吸引力。斯坎伦的非自利契约论就是想为道德判断寻找某种客观的，至少是主体间所共同具有的根据。①

斯坎伦认为道德理论的主要部分应该回答什么是对的，什么是错的。他将他的理论称作是关于对错道德的理论。对错的道德应该回答如下的问题：道德上对的（或错的）行为的本质是什么？什么东西使一个行为成为对的（或错的）行为？为什么一个行为是对的就能给行动者提供采取这种行为的充分理由？换句话说，当道德的理由和其他的理由发生冲突时，如当道德的理由和行动者的个人利益发生冲突时，为什么道德的理由压倒或者优于其他的理由？这个问题有时又叫做道德的优先性问题。

要想回答这些问题，哲学家们首先要回答我们据以回答上述问题的根据是什么？道德实在论者认为我们回答的根据是关于道德的客观的事实，即独立于任何人的欲望、要求和信念的事实。道德主观论者则认为根本就不存在这样的道德事实。比方说，“说谎是错误的”就不是一个关于事实的判断，因为“错误的”不是一个可观察的属性，也不可能还原为可观察的事实和属性。在道德主观论者看来，道德的问题纯粹是人们主观个人的看法，没有客观的评判标准。

---

① 上述讨论，参见斯坎伦（T. M. Scanlon），“Contractualism and Utilitarianism” in Armartya Sen and Bernard Williams, eds. *Utilitarianism and Beyond*（Cambridge University Press, 1982）。该文重新收入 Stephen Darwall, Allan Gibbard, and Peter Railton, eds. *Moral Discourse and Practice*（New York: Oxford University Press, 1997）。本文对该文的引用和有关注释皆出自 *Moral Discourse and Practice*。

二、斯坎伦的非自利的契约论

契约论者则认为道德上行为对错的根据只能是人们之间所达成的协议或者契约。那么达成这种协议或契约还有没有进一步的根据呢？如果有，这些根据是什么呢？托马斯·霍布斯认为是利己主义者的个人利益，或者更准确地说是利己主义者之间的共同利益。大卫·哥梯尔(David Gauthier)则认为是有限制的个人利益追求者的欲求。约翰·罗尔斯(John Rawls, 1921—2002)则认为是"无知之幕"背后的理性行动者的欲求。斯坎伦则认为道德上行为的对错或道德原则的根据就是人们之间所达成的协议、契约，即人们相互间的责任和人们之间共同持有的理由和看法。这些正常的人们所无法反驳的理由就构成了对错道德的基础，以及回答道德优先性的基础。也就是说斯坎伦将"理由"(reason)看成是基本的(primitive)、不可还原的概念，即无法通过其他更基本的术语或概念加以定义。在斯坎伦看来，任何试图解释或定义理由的企图都会导致某种循环的定义。[①] 道德上的对错以及其他的概念如价值等都只能通过人们无法合理地拒斥的理由来加以界定和说明。

在斯坎伦看来，道德的根据不是主观的，但也不是自然主义者或效果主义者(consequentialists)所认为的那样和物理属性一样客观。道德的根据不是某种形而上学的存在，也不是不证自明的真理。道德的根据就是人们之间共同持有的、无法合理反驳的理由和看法。道德要求的规范性(normativity)就是源自人们之间的这种契约、协议或共识。斯坎伦曾将他的契约论的观点表达如下：

> 一个行动是错误的，如果在特定的情况下，它不为关于一般行为管辖的任何规则系统所允许，而这一系统，作为知情的、非强迫的、普遍的协议[契约]的基础，人们无法合理地拒斥。[②]

比方说，杀人取乐是错误的，因为它不为任何一个关于一般行为管辖的规则系统所允许。人们无法合理地拒斥一个禁止杀人取乐的规则。[③]

斯坎伦对他的观点作了进一步的解释。他认为，"知情的"意在排除建立在迷信和假信念基础上的协议。"非强迫的"不仅意在排除强迫性的协议，也意在

---

① T. M. Scanlon, *What We Owe to Each Other* (Cambridge, Mass.: Harvard University Press, 1998), p. 17.

② 见 *Moral Discourse and Practice*, p. 272。

③ 见 *Moral Discourse and Practice*, pp. 277 - 278。

排除迫使弱势的一方所接受的协议。“人们无法合理地拒斥”中的“合理”一词意在排除不合理的拒斥。由于我们的目的是发现作为知情的、非强迫的、普遍的协议的基础的原则，在这样的前提下，如果拒斥某一条原则仅仅因为实施这一原则对某人不利，但不实施这一原则对其他人更为不利，则此人拒斥这一原则就是不合理的。①

那么，斯坎伦为什么给一个道德上错误的行为下定义，而不给一个道德上正确的行为下定义呢？一方面可能是因为道德上正确的行为可以通过道德上错误行为的定义来下定义。如“不去伤害无辜的人是道德上正确的行为”，这一意思可以表达为“不去不伤害无辜的人（即伤害无辜的人）是错误的行为”。另一方面则是因为斯坎伦是将他的契约论作为替换“哲学功利主义”的理论提出来的。按照他的看法，哲学功利主义是“一个关于道德研究内容的特殊的哲学论题，按照这一论题，唯一的道德事实是关于个人福祉（individual well-being）的事实”。②这里所指的个人福祉的事实应该指的是所有个人福祉之总和的事实。换一种通俗的说法，按照这种“哲学功利主义”，在考虑到每个人福祉的基础上，凡符合绝大多数人的最大福祉的行动就是道德的行动。在通常的情况下，这样一个论题显然是有吸引力的。但正是使它具有吸引力的这一部分理论也是这一论题的问题所在。朱迪思·贾维斯·汤姆森（Judith Jarvis Thomson）曾在她的一篇著名的文章中举过一个例子。假如有一个著名的外科移植手术专家，有五个病人，如果不能及时给他们做移植手术，他们都会死去。又假如有一个健康的人前来检查身体，恰好他和五个病人的血型都一样，器官移植后也不会产生排斥反应。③按照“凡符合绝大多数人的最大福祉的行动就是道德的行动”的理论，这位外科医生显然应该将这位健康的人肢解，以拯救五个病人。但这和我们的道德观念是明显相冲突的。那么怎样保留该理论的合理部分，克服其不合理的部分，斯坎伦认为我们需要从理论上说明在什么样的情况下，我们可以决定一个行动是错误的。也就是说，在什么样的情况下，我们不能运用“凡符合绝大多数人的最大福祉的行动就是道德的行动”这一原则。这也许是斯坎伦最初提出自己的理论时只对错误的行为下定义的原因之一。④

---

① 见 *Moral Discourse and Practice*，p. 272。

② 见 *Moral Discourse and Practice*，pp. 270 – 271。

③ 见 Judith Jarvis Thomson，“Killing，Letting Die and the Trolley Problem” in *The Monist*，vol. 59. 2 (1976)。

④ 参见 *Moral Discourse and Practice*，p. 273。

那么,斯坎伦为什么要用人们"无法合理拒斥的理由",而不用人们"可以合理接受的理由"来决定对和错呢?斯坎伦举了一个例子来说明他为什么要这样表述。假定有这样一条规则(principle),按照这一规则,有一部分人要做出很大的牺牲。又假定这种牺牲是可以避免的,也就是说有某种替换的规则,按照这些替换的规则,没有人需要做出重大的牺牲。然而,我们完全可以想象,那一部分要做出重大牺牲的人是自愿的,他们愿意接受上述的规则,因为他们认为这样做对整个社会而言有更大的好处。斯坎伦认为,在这种情况下,我们不能说他们这样做是不合理的。也就是说上述规则在这种情况下是合理的。但另一方面,如果他们不想做出这样的牺牲,他们拒斥上述的规则又不能说是不合理的。也就是说,他们的拒斥是合理的。斯坎伦认为,道德上的论证和批评应该建立在拒斥的合理性(reasonableness of rejection)的基础上,而不是接受的合理性(reasonableness of acceptance)的基础上。[①] 比方说,社会上的富人自愿将自己的一部分财产捐给社会,帮助穷人,促进公益事业。他们这样做当然是令人欣慰的,也可以说是合理的。但他们如果不愿意这样做,我们不能因此而认为他们的行为就是不合理的、不道德的。为了说明斯坎伦的理论,我们不妨将他的理论和罗尔斯(Rawls)的差异原则做比较。按照罗尔斯的理论,社会上的弱势群体是可以合理地拒斥对自己不利的规则。但这样有可能导致出现要求强势群体做出巨大的牺牲而弱势群体的状况改进又十分有限的情况。这样就忽视了强势群体也有合理拒斥的权利。斯坎伦的观点是:社会中的每一个人或群体,不论强势还是弱势,都有合理否决的权利。[②] 那么,何谓合理?何谓不合理?如果按照某一条规则,强势群体可以获得巨大的利益,而弱势群体什么都得不到,或者得到的非常有限,则这样的规则就不合理,弱势群体就可以合理地加以拒斥。如果按照某一规则,强势群体必须做出巨大牺牲,而弱势群体状况的改进又十分有限,则这样的规则也不合理。强势群体因此可以合理地对此加以拒斥。

简言之,一条规则的对或错取决于它的不可拒斥性。但有可能出现这样的情况:有许多规则可能都无法合理地加以拒斥,但彼此之间又是不相容的。在这种情况下,我们并不能做出这样的推论,即由于它们都通过了不可拒斥性的检测,道德上它们不可能是错误的。那么怎样决定其对错呢?斯坎伦认为哪一种规则道德上是可以接受的,哪一种道德上是不可接受的,这要由人们约定俗成的

① 参见 *Moral Discourse and Practice*, p. 273。

② 参见 *Moral Discourse and Practice*, p. 281。

习惯来决定。这样，斯坎伦就将某种道德相对论引入了他的契约论。[①] 比方说，禁止任何情况下的卖淫似乎是无法合理地加以拒斥的。但另一方面，在特定的条件下，某些妇女不卖淫就无法生存，不让她们这样做几乎就等于断了她们的生路。在这种情况下，我们似乎也无法合理地拒斥她们为了生存所被迫做出的选择。按照斯坎伦的看法，当两条不相容的原则都通过了不可拒斥性的检测，怎样取舍是由人们约定俗成的习惯所决定的。

三、道德的范围

按照斯坎伦的观点，一个行动的对错是由人们无法合理拒斥的理由所决定的。无法合理拒斥这些理由的人们则构成了一个道德的圈子，或道德的共同体，斯坎伦将之称之为"道德的范围(scope of morality)"。在这个道德的范围内，人们彼此之间都负有责任、义务。那么，怎样决定"道德的范围"？怎样决定契约签约者的资格？斯坎伦认为如果道德的辩护对一个生命体(a being)是讲得通的，那么它就是属于这个道德圈子里的。怎样决定道德的辩护对一个生命体是否讲得通呢？斯坎伦列举了如下的必要条件：[②]

第一，这个生命体要有某种利益(a good)，也就是说事情可以变得对它更好，也可以变得对它更差。有了这一条件，契约或协议的受托者(trustee)接受对它有好处的事情，而不是对它不利的事情，才能讲得通。

第二，这个生命体的利益和我们自己的利益有足够的相似性，这样我们就可以进行比较。只有在这样的前提下，受托者代表它拒斥一些事情或条件才能得到合理的说明。

第三，这个生命体构成了一个看问题的角度，世界看来是个什么样可以从它的角度来确定。没有这一条，一些假设性的道德辩护对它就无法讲得通。

斯坎伦认为第二、第三项条件是为了排除代表植物或蚂蚁的受托者(因为它们的利益无法和我们的利益相比较，故无法从它们的角度看问题)，但代表婴儿和动物的受托者则不在此列。根据这三项条件，斯坎伦认为他的契约论可以说明为什么一个生命体感觉疼痛的能力在许多人看来是构成其道德地位的一个重要因素，因为一个能感觉疼痛的生命体才能有它自身的利益，这一利益可以和我们自己的作比较，它也构成了一个知觉的中心，从此出发，道德的辩护才有可能

---

① 参见 *Moral Discourse and Practice*，p. 273。

② 以下条件参见 *Moral Discourse and Practice*，pp. 274 - 275。

讲得通。

四、评价

斯坎伦认为他的理论的优点之一就是能够解释人们道德行为的动机。当代西方元伦理学争论的一个重要问题就是如何解释道德怎样才能成为人们行动的动机。道德是属于实践理性的范畴。道德的理由也就是人们行动的理由。但如果道德的理由根本就无法打动行动者(the agent),那么根据“应该”(“ought”)蕴涵“能够”(“can”)的原则(按照这一原则,凡应该做的一定是能够做的。凡不能够做的,也就不应该做,即没有理由做),道德的理由就不能成为行动的理由,道德要求的合理性就无法得到充分的证明。由于斯坎伦一方面认为大多数的人都希望将自己的行动建立在他人无法合理拒斥的理由的基础上,另一方面他将“道德的范围”定在那些道德的辩护对他们能够讲得通的人们的身上。因而,斯坎伦就可以解释道德的理由(辩护)何以能够打动这些人按照道德的要求行事。在《我们相互间的责任》一书中,斯坎伦发展了他的动机理论。他的基本思想是:合理的理由对真正有理性的人来说是能够独立形成行为的动机的。[①]这一思想对休谟和其他内在主义者所主张的理论提出了挑战。按照休谟和某些内在主义的理论,只有人们的欲求,而非与人们欲求无关的理由,才能成为人们行动的动机。

斯坎伦对他的非自利的契约论曾做了这样的概括:“思考对和错,从最基本的层面上考虑,就是根据那些有着恰当动机的人无法合理拒斥的理由,思考面对他们我们能够辩护些什么。”[②]杰拉尔德·德沃肯(Gerald Dworkin)认为这一理论只能说明道德的理由对那些“有着恰当动机的人”,对那些寻求共同契约和共识的人有约束力,但对那些没有恰当动机的人,道德的理由或“契约”则缺少约束力。[③] 比方说社会上的强势群体和弱势群体需要达成某种共识或“契约”以维护某种理想的人与人之间的关系。假定这种共识或“契约”要求强势群体从经济上和政治上尽可能地善待弱势群体。如果强势群体希望寻求这样的“契约”,这样的“契约”对他们当然有约束力,即他们无法合理地拒斥这样的“契约”,因为他们希望寻求这样的共识。但假设其中一部分人没有这样的愿望,我们很难说他们

---

① 详见 T. M. Scanlon, *What We Owe to Each Other*, chapter 1。

② T. M. Scanlon, *What We Owe to Each Other*, p. 5。

③ 参见 Gerald Dworkin, “Contractualism and the Normativity of Principles” in *Ethics* 112 (April 2002): pp. 471 - 482。

不愿受此“契约”的约束是不合理的、非理性的。[1] 如果道德的规则要由人们无法合理拒斥的理由来决定，当人们没有相似动机的时候，道德的规则就很难决定了。

笔者认为这里的主要问题是怎样确定什么是合理的，什么是不合理的，即怎样确定合理性(reasonableness)或不合理性(unreasonableness)的标准。按照斯坎伦的理论，契约的每一方都有对规则或道德规则的否决权，但又不是每一个人都可以任意否认规则。因为在斯坎伦看来，这种否决或拒斥的前提必须是合理的。但在富人和穷人之间的利益冲突中，怎样的规则才算是合理的？怎样才能确定其合理性？斯坎伦语焉不详。值得指出的是，斯坎伦是反对直觉主义的，他不认为规则都是不证自明的。规则的合理性必须根据具体的情况，通过一条一条的理由加以证明。这样，合理性的说明取决于论证的理由。那么，什么是理由？斯坎伦认为理由是一个基本的概念，无法通过其他概念定义和说明。如此，他对合理性的标准问题还是语焉不详。

笔者的第二个问题是，理由果真是最基本的概念吗？果真无法通过更基本的概念来下定义吗？斯坎伦认为契约论依赖于合理性或非合理性的概念，即什么样的东西是可以合理接受的，什么样的东西是可以合理地加以拒斥的。怎样决定“我”对某一条规则的拒斥是不合理的呢？他认为这“不仅取决于该规则所允许的行动在绝对的意义上对我可能有多大的伤害，也取决于在实行这一规则的情况下和用其他规则取代这一规则的情况下怎样将这种可能的损失和对他人可能造成的损失进行比较”。[2] 显然，怎样决定一个行动的合理性必须要考虑到相关人的利益(价值)。笔者认为对人们利益和愿望的考虑最终决定一个行为或规则的合理性。笔者和斯坎伦之间的区别在于：斯坎伦将这种考虑(consideration)，即理由，看成是基本的，不可进一步还原的或定义的，而价值则是通过理由来定义和说明的。[3] 与此相反，笔者认为这种考虑或理由还有进一步的根据，这就是价值。人们的利益和欲求都是属于价值的范畴。实践理性或理由需要通过价值的概念才能得到理解和说明。由于人们之间的利益不可能总是一致的，个人和整体的利益也不总是一致的。在这种情况下，有人就需要做出让步和某种程度上的牺牲。做多大的让步和牺牲才是合理的，没有什么纯逻辑的方法来加以证明。人们就需要讨论(类似谈商业合同时的谈判)、辩论，以达成共识。契约论的理论意义也就在于此。

---

① 关于斯坎伦对此的回答，见 *Ethics* 112 (April 2002), pp. 520 – 521。

② 见 *Moral Discourse and Practice*, p. 274。

③ 详见 T. M. Scanlon, *What We Owe to Each Other*, chapter 2。

“道德”和“平等”
——哈佛大学著名哲学家斯坎伦在华演讲介绍*

美国哈佛大学斯坎伦(T. M. Scanlon)教授是目前西方最著名、最活跃和最具影响的道德哲学家之一。上世纪60年代他和内格尔(Thomas Nagel)等人创办了《哲学和公共事务》杂志,该杂志已成为国际上最权威的哲学期刊之一。1982年他发表了在西方学术界影响极为广泛的论文——“非自利契约论和功利主义”(“Contractualism and Utilitarianism”),该文使他成为继罗尔斯之后非自利契约论的主要代表人物。事实上,自这篇文章发表后,“Contractualism”一词已成了他理论的专有名词。该文也成为许多道德哲学论文集和研究生教科书必选的经典论文。2005年3月30日至4月5日,斯坎伦分别访问了南京师范大学公共管理学院、清华大学哲学系和中国社会科学院应用伦理研究中心,围绕着“何为道德?”和“平等何时变得重要?”的主题作了四场成功的演讲。

一 何为道德

在“何为道德?”的演讲中,斯坎伦试图用他的非自利契约论,对道德的动机问题给出一个全新的解释。斯坎伦认为所谓道德的动机问题可以表达如下:一个行动道德上是错误的事实本身,何以能够给人们提供避免采取该行动的充分理由? 如果能够,这种理由是什么? 道德的对错何以给行动者提供必须采取某种行动的理由的问题,也叫做道德的必须性问题。斯坎伦认为回答这个问题包含对两个问题的回答。第一是道德的重要性问题,即我们为什么应该在乎道德要求,在乎我们行为的对错。第二是道德的优先性问题,即当道德的理由(或价值)和其他的理由(或价值)发生冲突时,道德的理由何以具有优先性,道德理由

* 本文原载于《哲学动态》2005年第9期。

何以始终压倒或者重于其他的理由。

斯坎伦认为有两种方法可以解释道德的动机或必然性问题。一种方法是独立于具体价值的形式的方法，斯坎伦将这种方法叫做形式的解释。康德的绝对命令是采取这种方法最典型的例子。麦金太尔所说的“启蒙方案”是这种方法的另一个例子。两者都诉诸某种抽象的理性概念。另一种方法是实质的方法，也叫做实质的解释。实质的解释依赖于某种具体的理由或价值，或者说，建立在某种或某些具体理由的基础上。功利主义“绝大多数人的最大幸福”的学说，亚里士多德关于人的目的(telos)的学说，都是实质解释的例子。斯坎伦认为实质的方法优于形式的方法。他的非自利的契约论就是一种实质的方法。按照他的契约理论，道德上的对错是建立在他人无法反驳的理由的基础上的。这些理由是具体的理由，而非抽象的理性，因而是实质的。

那么，按照他的契约论，怎样才能解释道德的重要性呢？斯坎伦认为一个人如果不为道德的要求所动，他就等于没有看到道德理由的力量或重要性。有些人无法看到某些理由的力量，无法看到某些事物的价值，比如，无法看到科学或历史的价值、大自然本身的价值、长城的价值等。尽管我们不能说这些人是非理性的，但我们可以说这些人“缺点什么”，并且由于这种“缺失”，他们的生活品质变得比没有这种“缺失”的生活品质要差。但看不到道德理由的力量，看不到道德价值所犯下的“缺失”，比起上述这些缺失要严重得多。

在斯坎伦看来，道德的要求，道德上的对错，是由他人无法反驳的具体理由所决定的，这些理由构成了对错道德的基础，也构成了道德重要性的基础。一个人如果看不到这些理由，这不仅表明了他对其他人的态度，而且这种态度还会影响到其他人对他的看法，影响到其他人和他的关系，乃至影响到他的整个生活，这就是道德的重要性。一个不为道德要求所动、不在乎他人理由和看法的人，犯了看不到这种重要性的过失。一个不道德的人就是看不到这种重要性的人。当然，一个人如果看不到其他非道德的价值，也有可能影响到他人和他的关系，比如，如果你无法欣赏音乐，无法领略自然的美景，无法体会下棋的乐趣，也会影响到你和喜欢音乐、下棋、大自然美景的人们的关系，影响到他们和你分享和交流这些乐趣，但这种影响仅止于此，对你生活的其他方面并无影响，你依然可以是一个好邻居、好朋友、好同事。但不为道德对错所动，看不到其他人无法合理反驳的理由的力量，则会影响此人和其他人的关系(包括和他人交流和分享诸如下棋、欣赏音乐乐趣等关系)，影响到此人的整个生活，此人所犯的过失要严重得多。

道德是重要的，但如果道德的要求和其他价值（比如友情）相冲突的时候，道德的要求（理由）是否总是优先于其他的价值要求呢？伯纳德·威廉斯（Bernard Williams）在批评功利主义和康德主义时曾指出，密尔和康德的不偏不倚的道德形式有时和其他价值形式（如爱情和友情）是不相容的。在两人之中只能救起一人的例子里，不偏不倚的道德会要求我们一视同仁，但在此种情况下，爱情和友情则构成先救起至爱或朋友的充分的理由。因而道德的要求至少在这种情况下不具有优先性。斯坎伦不赞成这种对道德的理解。他运用他的非自利契约论和实质性的方法，对道德和友情的可能冲突进行了分析，以解释道德的优先性。一方面，他认为不给友情或其他价值留有余地的原则可以合理地加以拒斥，因而不应作为道德对错的原则。另一方面，他认为当我们正确理解和道德相冲突的价值（比如友情）时，这些价值其实暗含支持对错要求的理由，因而，当它们和道德要求冲突时，它们自然而然让位于道德的要求。他认为友情包含将一个朋友看成是一个具有道德地位的人，而不仅仅是一个朋友。如果一个人只将朋友才看成是具有这样道德地位的人，他就不是一个真正的朋友，因为他的朋友的道德地位仅仅系于一个偶然的事实——此人的友情。一个只要你需要，就愿意为你偷别人肾脏的"朋友"，会令你有某种不安。这不仅仅是因为你对那个被偷肾脏人会感到歉意，还因为他的行为意味着这个"朋友"对你和你身体权利的看法：他没有偷你身体的器官仅仅因为他碰巧喜欢你。友情包含对朋友作为人的道德权利的承认，因此，也包含对非朋友的道德权利的承认。那么，当我拒绝侵犯陌生人的权利，以帮助我的朋友，我并没有牺牲友情。道德要求的优先性其实已经包含在友情价值之中。对其他可能和道德要求相冲突的价值，如对家庭的责任、同事关系等等，都可以做类似的分析。斯坎伦认为，除了这些个人关系的价值外，我们还可以将这个论证伸展到其他的价值，如科学和艺术。比如，科学成就除了对人类生活所起的作用和贡献外，也依赖于人们之间的合作，因而科学价值的追求和产生也要受到对错道德的限制，即"我们相互间责任"的限制。在斯坎伦看来，只要我们按照这种方法来解释有可能和道德相冲突的其他价值，我们就有可能更彻底地说明道德的优先性。斯坎伦认为他关于道德重要性和优先性的解释，回答了道德动机的问题，即对错道德自身何以能够提供行动的理由的问题。

斯坎伦契约论的核心思想是，道德上的对错是建立在他人无法合理反驳的具体理由的基础上的，也就是说，道德本质上是我们相互间的具体责任。但他也承认，他对道德的看法只抓住了道德的一个具体部分，即义务和责任的部分。在日常生活中，道德还有许多其他的内容，比如，"极其懒惰"即使是在不违反任何对他人义务的情况下,也依然是一种道德上的缺失。非自利契约论对此不能很好解释。但凸显道德的这种多样性却是非自利契约论的一个优点。此外,关于道德也存在着三种不同的分歧:关于道德实践内容是什么的一阶的道德分歧;关于解说这种分歧的道德原则的分歧(如功利主义,康德主义,非自利契约论之间的分歧);关于理由或根据(比如,"绝大多数人的最大幸福","社会和谐","他人无法合理反驳的理由"等)的分歧。小心翼翼的哲学研究是我们解决这些分歧并达到关于道德共识的唯一的方式。

二　平等何时变得重要

在"平等何时变得重要?"的演讲中,斯坎伦对平等的概念进行了哲学的考察。① 他认为真正基于平等概念自身的理由是平均主义的理由。平均主义者将不平等或差异本身看作是某种应该消除或减少的东西,并认为这种差异也是道德上谴责不平等现象的根据。在反对不平等的许许多多的理由中,只有一部分理由是平均主义的。比如,中国和美国男人的预期寿命分别为70.4和74.2岁,而非洲马拉维人的预期寿命只有37.1岁。反对这种"国际预期寿命差距"的理由其实并非平均主义的——如果出于某种原因,中国人和美国人的预期寿命下降了,从而导致"国际预期寿命差距"的缩小,我们并不会因此而认为这是件好事。我们反对这种"差距"的真正的理由是人道主义的,即改进马拉维人的生活。平等概念在这里所起的作用是工具主义意义上的,即消除这种"差距"的意义仅仅在于这样做有助于实现人道主义的目的。

斯坎伦认为平均主义理由有两个必需的特征:比较性和不确定性,即平均主义者在乎和反对的是自己所享受的利益和他人所享受的利益之间的"差距"(比较性),而非自己利益的绝对水准(对利益水准的不确定性),这一思想类似于中国人所说的"不患贫而患不均"。② 平均主义的思想招致许多批评,比如,认为平均主义是建立在嫉妒的基础上,而非理性的基础上。

---

① 斯坎伦也被看作是义务论的代表。传统义务论认为义务(如平等)是不证自明的,而斯坎伦反对这样的看法,他认为义务(包括平等)是需要用理由进一步说明的。

② 在和笔者的私人通信中,斯坎伦进一步解释了平均主义的特征:平均主义所要求的不是某个具体的利益水准,而是大家都应享有同样的利益水准,不管这种水准如何。比如,在情景A中,甲所得到的利益是10,而乙为25。在情景B中,甲和乙所得到的利益同为10。在情景C中,甲和乙所得到的利益同为25。反对情景A的平均主义理由不会构成反对B和C的理由。而反对A的平均主义理由不是说甲应该得到利益25,或者说比10高的任何具体的利益水准,而是说甲应该得到和乙一样的利益水准,不管这个利益水准是什么。

为了回答这些指责，斯坎伦提出了反对不平等的五种理由，也可以说是支持平均主义平等概念的五种理由。第一，我们经常有减少不平等的人道主义的理由，比如为了缓解穷人的困境，通过税收等来调节贫富差别。第二，社会制度所造成的社会地位的不平等足以构成反对这种不平等的理由。比如，在种姓制度和根据分工或歧视，将人分为优等和劣等的社会制度中，一部分人被打上劣等的标记，不能从事他们所向往的工作，不得不从事有辱尊严和身份低人一等的工作。这里所涉及的罪恶是比较性的：使这些工作有辱尊严的不是工作自身，而是给这些工作打上令人屈辱的标记的歧视性的社会制度（及法律）和社会成见。解决的办法是废除规定和维持这些优等和劣等区别的制度。第三，反对不平等的理由还可以是：这些不平等让一部分人控制他人的生活到了令人无法接受的程度。比如，如果少数人掌握了社会上几乎所有的财产，这就使得他们有可能控制和垄断一个国家的大众媒体，控制他人的思想、生活、行为等等，这种控制可以达到让人无法忍受的程度。第四，反对不平等的理由还可以出自维护程序公正的要求，即这些不平等破坏了基本社会公共机构的公平性。比如，当家庭收入和财富极不平等时，在市场竞争条件下，这会使经济机会的平等变得极其困难。又比如，财富和收入的不平等会破坏政治制度的公正性。有钱人比其他人更有能力获得政治权力和影响政界人士，因为后者依赖前者的捐款。第五，反对不平等的理由还可以是利益平等（equal benefits）所要求的，即正义所要求的不仅仅是平等的起点，也要求平等的结果。比如，一个公平的分配制度应该给每个人同等的投入以同等的回报。罗尔斯的《正义论》中的论证就是以这样的前提作为起点的，但罗尔斯又认为，如果不平等的分配导致效率的提高，使得那些分配中受益较少的人也能得到比一种更为公平的制度下所得到的回报要多，则无人会反对这样的不平等。斯坎伦认为这一看法是有争议的，而且可能不现实。但他想指出利益平等要求的一个重要来源，即公共机构或政府机构的存在。他认为如果下述条件得到满足，则利益平等要求就是合理的：“如果一个群体的每个成员对某些个人或机构执行者提出同样的利益要求，如果这个机构的执行者必须满足所有这些要求，那么，如果没有特别的理由，它就必须给群体的每个成员提供同等的利益。”换言之，如果存在着一个应该满足一个群体的所有成员利益要求的机构或公共机构，则在没有特别理由的情况下，该机构不能一视同仁地对待所有成员本身，就可以构成批评这种区别对待的理由。就好比一个有许多子女的家庭，如果没有特殊充分的理由，家长对孩子应该一视同仁，不应该宠一个，冷落另一个。但我们不能谴责一个家长没有对别人家庭的孩子像对待自己孩子一样一视同仁，因为这个家长并非这些不同家庭的“共主”。然而，对这些家庭所处的地区的政府机构来说，在没有特殊理由的情况下，则应该对这些家庭的孩子一视同仁。

斯坎伦认为他所列举的反对不平等的理由（特别是第四，第五条理由），都有向前看的特征，即诉诸这些不平等所带来的后果，以反对这些不平等。他还认为反对不平等的理由的平均主义程度是有所不同的。反对种族歧视所诉诸的理由实质上是平均主义的博爱理想，这一直是平均主义传统的核心。而程序公正所要求的机会平等的思想则不纯粹是平均主义的，因为它预设了不平等的地位（如不同的天赋）和不平等的报酬的合法性。这使得机会平等在平均主义者中声名狼藉，认为它根本就不是一个平均主义的学说。斯坎伦重点讨论了机会平等的思想。他认为机会平等的声名狼藉并非名副其实。真正的机会平等的思想不仅不反对那些充分展示了自己天赋的人，而且也要求给每个人天赋发展的平等机会。罗尔斯将这一思想表达为“公平的机会平等”，即“那些有同样天赋和能力的人，那些有同样愿望使用他们天赋和能力的人，应该有同样成功的机会，不管他们在社会制度中的起点怎样”。① 但在现实中，这一要求很难做到，因为家庭之间经济上显著的不平等，会影响到孩子们的早期教育和在学校的成功，影响到他们天赋的发展，以及以后在市场竞争中的竞争能力。如同罗尔斯所说，“只要家庭制度还存在”，就很难看到公平的机会平等能够在一个靠市场来决定报酬的社会中得到实现。因此，斯坎伦认为公平的机会平等虽然没有直接要求“结果平等”，但为了实现公平机会平等，它至少要求我们尽可能地接近“结果平等”。程序公正所要求的实质平等也包括政治平等，罗尔斯将政治平等的要求表达为“有着相似天赋和愿望的公民有着大致一样影响政府政策的机会和获得权力职位的机会，不论其经济和社会地位怎样”。② 斯坎伦认为，在美国的经验清楚地表明，只要收入和财富基本上由市场决定，只要发动一场有效的政治竞选所需要的大众媒体的价格是由市场所决定的，这一要求如果不是不可能实现的，也是非常难以达到的。

斯坎伦最后运用他的理论，分析了教育和首席执行官报酬的例子。他认为教育中的平等要求是公平的机会平等和政治平等等程序公正所要求的，也是公共机构满足利益平等要求所要求的。而反对首席执行官的天文数字般的报酬的理由则在于：随着时间的推移，这种经济报酬的差别不仅会破坏公平的机会平

---

① John Rawls, *A Theory of Justice* (Cambridge, MA: Harvard University Press, 1971), p.73.

② John Rawls, *Political Liberalism* (New York: Columbia University Press, 1993), p.358.

等,而且还会破坏正义社会所要求的政治平等,并形成一个新的值得反对的特权阶层。反对执行官高薪的平均主义理由可以是:他们的所得远远超过他们的付出。但为什么执行官的高薪在我们中间所引起的反感,远甚于那些娱乐明星或体育明星的收入?斯坎伦认为,一个重要的理由是:首席执行官的高薪是他们滥用权力的结果,他们有权给自己,给他们的朋友分配过分的报酬。

三 对平等和自由的关系等问题的回答

斯坎伦围绕上述两个主题的演讲在南京师范大学、清华大学和中国社会科学院应用伦理研究中心都引起听众的热烈反响。听众提出了许多问题,斯坎伦一一做了解答。南京师范大学有的听众提出:自由和平等是互相矛盾的概念:如果每个人都追求自由似乎必然导致不平等,因而自由和平等是鱼和熊掌不可兼得。斯坎伦认为这两个概念看似矛盾,那是因为抽象地看,如果用实质性的方法将这两个概念具体化,就会发现其实并不矛盾。比如,当你要伤害另一个人,侵犯他的权利时,我们限制你,不让你这么做。你很难说,我们这样做限制了你的"自由",因而是不对的。我们所追求的自由是具体的,平等也是具体的,一旦具体化,一些表面上的矛盾之处就会消除或解决。有的听众提出:平等,特别是平均主义,并非总是一件好事情,而差异、多样性似乎是应该值得肯定的一种价值。斯坎伦试图以教育为例来回答这个问题。他认为政府有责任给所有人提供平等的教育,但这种平等不应该理解为给所有人提供同样教育,而应该理解为给每个人提供他或她有资格受到的教育,入学要求所设立的限制条件和政府应该提供平等利益的要求是一致的。这一平等的要求和其他平均主义的理由可能会发生冲突,比如,有人会反对这种择优录取的教育制度,认为会导致社会区别为精英和非精英,这是一种关于社会地位的平均主义的理由。差异和多样性的价值正是反映了平等理由的多样性和平等概念的不同来源。斯坎伦认为我们在讨论具体的平等问题时,必须平衡这些理由和价值。还有的听众提出,怎样理解平等的本质是不平等。斯坎伦认为,这一说法表明平等的要求和正当性正是源于不平等的事实,而不是意味着不平等是合理的,或者和平等是一回事。有的同学提出,斯坎伦教授似乎不反对同性恋和手淫,但如果每个人都搞同性恋,则社会无法延续,而且会破坏家庭的价值。斯坎伦认为,如果这种推理成立,则独身也应该谴责,但显然选择独身是个人的自由。家庭的价值值得肯定,但它不是一种强迫每个人都必须接受的价值,就像古典音乐的价值,并不强迫每个人必须欣赏。社科院的听众针对斯坎伦的非自利契约论提出了如下的问题:我们同意道德应该建立在人们之间共识的基础上，并且这种共识最终应是关于人权的共识。另外，当道德问题仅仅涉及我们这些当事人之时，经过一定的交流、论辩与妥协，我们是不难取得一致的。但许多道德问题涉及未来的人类，涉及自然，涉及我们无法和其沟通的对象，如胎儿。在这种情况下，我们对许多问题似乎就难以达成共识或契约，如自然的权利或胎儿的道德地位等问题。斯坎伦认为他的契约论是假设性的，他人无法反驳的理由也是假设性的理由，而非人们事实上接受的理由，因而我们可以假设未来的人类的要求或想法。当然，如果将来人类的生活环境超出了我们现在的想象，我们则无法设想他们可能提出的理由并由此产生和他们的共识。关于和自然有关的道德问题，一方面自然有自身的价值，我们可以通过认识这种价值而转化成为我们的意见，另一方面，自然环境和我们的生活有密切的关系，因此，改进自然环境的理由可以出自我们自身的理由。胎儿则可以通过它们的受托人和我们打交道。至于如何解决道德争议、达成共识，则需要哲学家不断努力工作去实现。

斯坎伦认为我们现在正处于一个各种不同的文化和哲学传统（比如英美哲学的分析传统，欧洲大陆哲学的传统，中国的儒家传统）开始互相交流和影响的时代，在这个特殊的时刻访问中国和演讲是一件非常激动人心和有意义的事情。我们期望着这种交流和影响会促进人类文化和思想的进步，最终造福于人类。

道德义务与超道德的行为*

在日常的道德生活与道德评价中，由于超道德的行为所具有的道德价值，我们很容易将超道德的行为和道德义务相混淆。混淆二者的区别，将超道德的行为当作道德的义务，不仅会使人们忽视对自己生命、利益和家庭所具有的初始义务，而且也会使日常道德要求的力度超过了人们所能承受的程度，从而导致日常道德教育的无效。混淆二者之间的区别也会贬低英雄行为的价值与崇高。因此，从理论上区别道德义务与超道德行为，不仅对于我们认识道德的本质和合理的道德要求具有重要意义，而且对于有成效的道德教育和道德建设也具有启迪的意义。在西方，尽管道德义务与超道德行为之间的区别在神学家中很早便有讨论，但引起西方哲学家的重视也只是最近的事情。[①] 本文拟(1)从学理上阐明这两个概念的基本含义；(2)着重分析什么是超道德的行为以及超道德行为与超道德要求之间的区别；(3)探讨是否有将超道德的行为合理地视为道德义务的情景与条件；(4)分析无条件地将超道德的行为视为道德义务的做法在实践中可能产生的种种弊病。

一

"义务"一词的含义之一是指"道德上应尽的责任"。"道德义务"可以定义为道德上带有强制性的应尽的责任或要求。所谓"道德上带有强制性"的意思是指：任何违背了道德义务的行为都是道德上不允许的行为，亦即不道德的行为，因而道德上都应受到人们的谴责。道德义务通常是指否定性的(negative)义务，即不要伤害他人，不要侵犯他人的利益的义务。道德义务也包括一些肯定性的

---

* 本文原载于《伦理学研究》2008 年第 5 期。

① 据 David Hevd，Supererogation (revised in Sep. 2006)，*Stanford Encyclopedia of Philosophy*。

(positive)义务,即帮助他人的义务。比如,当行为主体无须付出太大的代价(比如打个电话报警)就可以阻止伤害行为发生的时候,道德往往要求行为主体必须这样做。[①]

超道德的行为(supererogation)指的是超出道德义务所要求的行为。“超道德的”(supererogatory)一词的英文解释是“beyond the call of duty”(“超出义务要求的”)。该词最早出现在拉丁文的《新约全书》中。[②] 在罗马天主教的传统中,超道德的行为指的是超出上帝要求的行为。《新约全书》“歌林多前书”第7章中表达了这样的思想:每个人都有选择结婚的自由,但如果选择保持独身以更好地侍奉上帝则是更好的高尚的行为,后者被神学家视为超道德的行为。[③] 超道德的行为有两个特征:第一,行为主体道德上没有义务非得采取这样的行为。换言之,行为主体不采取这样的行为道德上是可允许的。第二,这样的行为是有价值的行为,值得赞美和歌颂。[④] 超道德的行为往往也是英雄式的行为,具有重要的社会价值,但超道德的行为应当遵循自愿的原则。一旦我们将这些英雄式的行为视为道德义务,它们就成为了超道德的要求。

一个人的行为是否道德取决于它是否满足了道德义务所要求的,而不取决于它是否满足了超道德的要求。满足了道德义务的行为是道德的行为,违反了道德义务的行为是不道德的行为,而没有违反道德义务的行为或者不为道德义务所禁止的行为则是道德上可允许的行为。比如,一个路人没有给乞丐零钱。他的行为不为道德要求所禁止(即路人并无道德义务必须对乞丐行善),因此,他的行为道德上是可允许的。通常只要没有违背不伤害原则的行为道德上往往都是可允许的。我们一般不会对道德上可允许的行为从道德上大加赞赏,但也不会从道德上加以谴责。

二

要想了解什么是超道德的行为,我们首先需要了解我们究竟有哪些应有的

---

① 欧洲国家,如法国、德国、西班牙、奥地利等国家,法律上规定:当任何人能立即采取行动阻止侵犯他人的重罪或轻罪发生,而对本人或第三者又无危险,而故意放弃采取此种行动者,都要受到监禁或罚款等处罚。参见王安白:《法律无法强迫一个人做到他力所能及的优良程度》,2007年第六次全国应用伦理学研讨会《伦理与法律》论文集,第144页。

② 参见 David Hevd, Supererogation, *Stanford Encyclopedia of Philosophy*。

③ 参见 *The Holy Bible*, King James Version, Nashville, Tennessee: Broadman & Holman Publishers, 1979, pp. 112 in *New Testament*。

④ 参见 Fred Feldman, *Introductory Ethics*, Englewood Cliffs, N.J.: Prentice-Hall, 1978, pp. 48 - 49。

道德义务。任何义务或责任都预设了人的某种权利，反之亦然。例如，保持社会公平的义务预设了每个人有要求公平对待的权利，反之亦然。人有两种最基本的权利，即生命权与财产权。每一个人都有生命的权利。按照康德的说法，每个人（包括其生命）的价值都是自有的（intrinsic），都是目的自身，不依赖于其他的目的而存在。[①] 换言之，一个人的生命是无价的，不可比拟的，我们不应当因为某种其他的目的而否定或侵害这种权利，我们不能将一个人的生命仅仅作为实现其他目的的手段。朱迪思·汤姆森在其著名的“器官移植”的例子中已经说明了这一道理：我们不能牺牲一个无辜人的生命去拯救另外五个人的生命。[②] 每个人的生存的权利都是平等的。在一般情况下，我们没有权利要求，也没有权利代表他人要求一个人为了他人的生命而牺牲自己的生命，否则就是对这个人的不公。[③] 一个人的生存的权利蕴涵着自己和他人的否定性和肯定性的义务。否定性的义务是不能伤害他人生命，尤其不能剥夺他人的生命来满足自己或自己所爱之人的要求（包括挽救自己或所爱之人的生命的要求）。当一个人在紧急情况（比如地震的情况）下，为了自己逃生而有意将别人推倒，以他人的生命来换取自己生命，这种行为是不道德的，亦即道德上是不允许的，因为这种行为违背了不许伤害他人生命的义务。肯定性的义务则是当无须付出太大代价之时一个人有帮助他人生存的义务。这里“无须付出太大代价”是一个重要的限定性条件，以便和保障每个人的生存权利不受侵犯的否定性的义务一致。任何义务或要求一旦超出了这一肯定性义务所包含的限制性条件，都可视为超道德的要求，有时甚至可以视为不合理的要求。试想：当你的邻居提出为了挽救他的孩子的生命希望你捐出你自己的心脏的时候，你能够认为这样的要求是合理的吗？即使他所要求的不是你的致命的器官，而是非致命的器官（比如肾），这样的要求恐怕都无法视为理所当然。事实上，任何违反自愿原则而提出这样的要求都是不道德的，因为它违反了不许伤害他人生命的否定性的义务。

---

① 参见 Immanuel Kant，*Groundwork of the Metaphysics of Morals*（1785）trans. H. J. Paton，New York：Harper & Row，1964，G. 429。

② 见 Judith Jarvis Thomson，“The Trolley Problem，” in *Rights*，*Restitution*，*and Risk*，ed. William Parent，Cambridge：Harvard University Press，1986，p. 95。

③ 在前不久观看汶川地震的电视报道的时候，笔者看到至少两幅这样的画面：部队在动员抢险的时候强调要保证战士的生命安全，不要死人（笔者记得仿佛是强调首先要保证战士的人身安全），尽管他们执行的任务本身是要冒着生命危险的。因为战士的生命和灾民的生命同样都是人的生命，同样都是无价的。这和过去的某些不要怕死、敢于牺牲的动员比较起来，更人性化。事实上，除了 5 月 31 日因人力无法抗拒的气候突然变化的原因，出现一架直升机失事外，四川救灾过程中没有军人因救灾死亡的报告（截至 6 月 11 日止）。这种情况反映了时代的进步。

人的另一个基本权利是财产权。一个人或一个人的生命是无价的，而维持一个人的生命需要起码的物质条件，包括动产与不动产。由一个人的生命的权利我们可以推导出一个人拥有财产的权利。一个人拥有财产的权利蕴涵着自己和他人的否定性的和肯定性的义务。否定性的义务是不得以任何人的名义剥夺一个人的合法财产。肯定性义务则是当无须付出太大代价的条件下人们有从财力上帮助需要帮助的人的义务。"无须付出太大代价"也是一个必不可少的条件，否则也会导致侵犯人们的财产权的后果。

自由至上主义者(libertarians)一般都认为道德义务只能是否定性的义务，对肯定性的道德义务持否定态度。[①] 任何肯定性的义务都会被他们视为超道德的义务。笔者不赞成这种完全否定肯定性道德义务的看法，比如，人们应当有抚育子女与孝敬父母的肯定性的义务，但肯定性的义务一定是有条件的，超出了有关的条件，就会转变为超道德的要求。

现在我们可以看看什么是超道德的行为。超道德的行为是指超出上述肯定性义务的条件所限定的范围的自愿的行为。或者说，任何自愿放弃自己生命权以挽救另一部分人的生命或利益的行为，或任何自愿放弃自己的财产权(或部分财产权)以帮助需要帮助的人的行为都是超道德的行为。

一般情况下我们不应当将超道德的行为视为普通的道德义务。任何以道德的名义要求一个人放弃自己的生命权和财产权的要求都可以被视为超道德的要求。具体言之，凡是属于下面两类情况之一都是超道德的要求：

第一，要求一部分人牺牲自己的生命来维护另一部分人的生命或利益。

第二，要求一部分人将自己的财产或部分财产无条件地转移到另一部分人的手中。

我们应当注意，超道德的行为和超道德的要求不是一回事情。我们不能将"一个人自愿牺牲自己生命以挽救另一部分人的生命的行为"和"要求一个人牺牲自己的生命来维护另一部分人的生命或利益"混为一谈，前者是超道德的行为，后者是超道德的要求。超道德的行为都是有价值的，值得歌颂，但必须是自愿的。一旦变成强制性的，将超道德的行为视为义务，这便成为超道德的要求。超道德的要求会使人们不堪道德重负而导致种种不良后果(本文最后部分会继续探讨这个问题)。但在有些特殊的情况下，超道德的行为也会被视为道德的义

---

① 参见 John Hospers, "What Libertarianism Is," Tibor R. Machan, ed., The Libertarian Alternative, Nelson-Hall Inc., Publishers, reprinted in Thomas Mappes and Jane Zembaty, ed., *Social Ethics: Morality and Social Policy*, sixth edition, McGraw Hill, 2002, pp. 324 – 325。

务(比如,在战争条件下,超道德的行为被视为义务是维持士气和战斗力的重要保障),在这种情况下,违背超道德要求被视为违背道德义务要求论处(亦即当违背这种要求时,道德上会受到人们的谴责,而通常违背超道德的要求而不违背道德义务要求的行为道德上不会、也不应受到人们的谴责)。那么,除了战争条件以外,究竟是否还有其他的这类情况?如果有,在何种条件下我们可以有充分的理由将超道德行为视为道德的义务?

三

我们前面讲到,超道德的行为必须是自愿的行为,一旦变成带有强制性的义务,则会同前面讲到的生命权和财产权发生冲突。因此,我们必须探讨究竟有没有或可不可以将超道德的行为视为道德义务的情况。如果有或者可以,在什么样的条件下,我们才可以有充分的理由将超道德的行为视为道德的义务?

对从事某种职业或扮演某种社会角色的群体,如军人和警察,我们常常将超道德的行为视为他们的义务,即将上面提到的第一种超道德的要求视为他们的义务。比如,军人在保家卫国的战争中必须敢于战斗,敢于牺牲,不能因怕死而当逃兵,当逃兵道德上是要受到谴责的。当警察面对手持刀具行凶的歹徒,他有义务制止歹徒行凶,哪怕这意味着他必须冒着生命的危险。在同样的情况下,普通人逃跑道德上是可允许的,但如果一个警察在此情景中比普通人跑得还快,他的行为恐怕就会受到道德上的谴责。一个警察也有生的权利,当我们要求他必须冒着放弃生的权利的风险去履行其职责的时候,这种要求实质上是一种超道德的要求。但如果他不能满足这种要求,我们会从道德上谴责他,这说明我们将这种超道德的要求转变成为了警察的义务,即他必须满足这一要求,不管他愿意还是不愿意,否则,就会受到道德上的谴责。这种超道德的行为成为道德义务的情况是由于军人和警察的职业特点所决定的,他们的职业特点决定了他们有时必须承担死亡的风险。而军人和警察的职业对于维护国家利益和保障普通百姓安居乐业是必不可少的,因此,人们不得不接受这类将超道德要求变成义务的特例。但我们应当注意:即使对军人和警察而言,也不是任何条件下都可以理所当然地将超道德的要求视为他们的义务。比如,当他们赤手空拳面对手持凶器的歹徒时,如果冲上去必死无疑或于事无补,如果歹徒一时还不会造成无辜平民的死亡,他们避害以寻求最佳制伏歹徒机会的行为,道德上也是可以允许的,甚至是道德上所要求的,因为他们不仅是警察,担负着警察的义务,他们也是人,也具有生存的权利,同时,他们作为子女有孝敬父母的义务,作为丈夫或妻子有对配偶的义务,作为父母有对子女的义务等。这些义务要求他们必须尽可能保存自己的生命。由于超道德的要求往往意味着对生命权的剥夺,因此,即使对警察和军人而言,作为义务的超道德的要求也只是在非常少的情况下才有此要求,因为,他们生的权利不应当被漠视,我们应当尽可能减少他们面临生命受到威胁的情景。

那么,有没有不是由于职业的原因而将超道德的行为合理地视为一种义务的情形出现呢?如果有,这种情况也是极为罕见的。在"泰坦尼克号"沉没的事件中,由于救生艇有限,一个人占据了救生艇的位置就意味着有人会因此而无法逃生。当时人们很快就做出了这样的决定:妇女和儿童有优先逃生的权利,除非男士是作为救生艇的划桨手。① 这意味着船上的男士们必须将救生艇让给妇女儿童,他们必须牺牲自己的生命以挽救妇女儿童的生命。这是一种超道德的要求,在当时的情况下,人们也将其视为男士的一种义务,即违背这一要求的行为会被人们从道德上加以谴责。由于通常不能满足超道德要求的行为道德上不会被谴责,如果我们认为这种谴责是正当的,也就是说,如果我们当时也在船上,我们也会接受这样的义务,那么,我们实际上就将这种超道德的要求在那种特定条件下视为了普通的道德义务。如果我们确实这样认为,那么,"泰坦尼克号"事件就可以看作是将超道德行为合理地视为普通义务的实例。

如果我们接受上述已经存在的将超道德的行为视为道德义务的情景,那么,我们有什么样的理由可以这样做?

如前所述,超道德的行为通常具有很好的社会价值,如,军人或警察勇于献身的行为能够保证国家利益不受侵害,能够保证社会秩序不受不法分子的扰乱,能够保证人们过着正常平静的生活。那么,好的社会价值是否能够构成将超道德的行为视为道德义务的充足理由呢?显然不能。行动功利主义者将社会价值看成是决定一个行为正确与否的终极价值。对它的经典批评之一便是它会导致超道德的要求。按照行动功利主义,一个行为如果能够最大限度地增加社会幸福,那么,道德上就是必须的。如果我捐给地震灾区人民 1000 元,但如果我能够捐 2000 元,那么,我捐 1000 元的行为就是不道德的行为,因为后者显然对灾区人民帮助更大,能够增加更多的大众幸福。而如果我能捐 3000 元,则捐 2000 元的行为也是不道德的,如此等等。由于超道德行为的特征之一是它们有道德价值或社会价值,如果这种价值成为将超道德的要求变成道德义务的充分条件,则

---

① 见 RMS Titanic, *Wikipedia*。

任何超道德的行为都会成为道德的义务，这样的道德义务会让人们不堪重负，最终会导致道德义务的失效。因此，尽管具有好的社会价值的行为值得歌颂，好的社会价值并不能构成将超道德的行为视为普通的道德义务的充分条件，只能是一个必要条件。

在考虑决定一个超道德的行为是否可以转变为义务的条件之前，我们可以先考虑一个合理的道德义务所应满足的条件。由于道德义务是人们必须满足的义务，因此，首先，它必须是人们所能承受并愿意承受的责任，而不能是以上帝的名义或道德的名义从外部强加给人们的。因此，任何道德义务都必须是在人们可以接受的范围内。衡量是否可以为人们所接受的标志是看人们对这些义务是否达成了共识，不论这种共识是长期潜移默化而形成的，还是通过人们理性讨论后所规定的。其次，道德义务应当是公平的，人人都应当履行的，或者更准确地说，在相同情景和相同的社会身份的条件下，人人都应当履行的。道德义务不应当是"只许州官放火，不许百姓点灯"，因为这样的义务是不公平的，因而也是不合理的，在实践中终究也会失败的。义务的公平性要求人们在达成关于义务的共识的时候必须站在不偏不倚的立场上来决定人们所应当承担的义务。比如，人们在讨论教师究竟有没有牺牲自己生命来保护学生的义务时，不能只站在学生家长的立场上，也不能只站在教师的立场上，甚至也不能只站在学生的立场上，而应该站在"无知之纱"背后的原初立场上，理想观察者的立场上，或者"己所不欲，勿施于人"的立场上。也就是说，当人们讨论这类要求时，必须设想如果自己也处于同样的地位或情景，自己是否愿意履行这样的义务。人们不能将自己不愿意承担的义务强加于他人。在正常的情况下，人们更愿意承担否定性的义务，而非肯定性的义务。这一情况已经反映在我们日常的道德规则之中。

既然一个合理的道德义务取决于理性的人们在理想的条件下站在不偏不倚的立场上所达成的共识，是人们所愿意承担的义务，那么，在决定一个超道德的行为是否能够在特殊情景下转变成为一种道德义务也应当根据这种共识。超道德的行为一旦被视为义务，就成了超道德的要求。超道德的要求往往意味着行为主体必须放弃自己的生命权或财产权，在决定超道德的行为是否应当为我们的义务时，一定要是我们愿意承担的牺牲。一旦我们达成愿意承担的共识，当我们违背其要求时，道德上就应当受到谴责，这种谴责也就具有了正当性。

此外，即使我们在某些特殊情景下将超道德的行为视为道德义务，我们也应当看到行为主体依然有对自己的生命，对自己的家庭成员（如父母、子女、配偶）的义务，无视这些义务的要求会扭曲英雄行为的价值，以为非要无情无义才能成为英雄人物。行为主体履行超道德的义务时并非没有对自己和家庭的义务，而是因为在特殊情景下超道德的义务压倒了对自己和家庭的义务。在特殊情景中，决定什么是压倒性的义务也取决于理性的人们在理想的条件下所达成的理性共识。

值得注意的是，由于超道德的要求实质上导致对行为主体的生命权或财产权的否定，因此，我们应当将超道德行为视为道德义务的情景限制在非常有限的范围内，这种情景只能是极少数的特例。即使在特例的情况下，我们在讨论是否应当将超道德的行为视为普通义务时，也应当慎之又慎。

四

认识到道德义务与超道德的行为之间的区别在日常道德生活实践与道德评价中具有非常重要的意义。任何混淆二者区别的做法在实践中都是非常有害的。

首先，将超道德的行为视为道德义务，等于是将超道德的要求视为普通义务，这会导致将一些道德上可以允许的行为视为不道德的行为。不是英雄的行为并不意味着不道德的或道德上不允许的行为。决定一个行为道德上是否是可允许的，取决于它是否违背了道德义务的要求，而不取决于它是否违反了超道德的要求。将超道德的行为视为道德义务会导致非常荒唐的结果。假定一个办公室的人员正在工作，此时发生地震，有人抢先跑出办公室，他的行为道德上是可以允许的，因为他抢先跑出并没有妨碍其他人的逃生，也没有伤害任何人，因此，也没有违背任何否定性的道德义务。如果仔细分析，他的行为甚至还是道德上所要求的，因为他作为一个人有孝敬父母的义务，如果结了婚，还有对配偶的义务，如果生了孩子，还有对子女的义务，这一切都要求他尽可能地逃生才有可能履行这些义务，这些义务要求他尽可能保全生命。但是如果我们将超道德的行为(如优先帮助他人逃生)作为道德的义务，将超道德的要求视为一般的道德要求，则最先跑出来的人就会被视为不道德的人；甚至第二个、第三个出来的也是“不道德的”，只有最后出来的才是道德的。如果房间里每个人都希望按照这种“道德”要求办，都不希望成为“不道德的”人，则整个房间的人会无一幸免。难道这真是我们所希望发生的情况吗？我们真的愿意承担这种道德的责任吗？[①]

---

① 这个例子和汶川地震中范美忠先生所处情况不一样。在地震发生时，范美忠先生是中学老师，教室里都是高中学生。他有保护或救助学生的义务(他后来也承认这一点)，哪怕他在跑之前喊一声，“同学们快跑！”他也算尽到了一份责任，这不算是超道德的要求，他没有做到这一点，因此，他的行为应当受到道德上的谴责。

其次，将超道德的行为视为普通的道德义务(亦即超道德的义务)会使人们不堪道德的重负，最终会使道德义务和相应的道德教育归于无效。如前所述，超道德的要求往往要求一个人无条件地牺牲自己的生命或利益以成全他人的生命或利益，这会导致否认行为主体的生命权和财产权。在正常情况下，人们一般无法承受这样的义务，尤其是无法长期承受。回忆过去极左年代的一些做法，将超道德的行为视为普通的道德义务，这些做法不能说没有一点效果，但效果只是对少数人，大部分人是做不到的。提出人们做不到的道德要求违反了"应该"蕴涵"能够"的原则，也会使人们对这样的道德教育产生抵触或反感。另一方面，如果我们避免将超道德行为视为一般的道德义务，普通道德义务的力度，包括普通道德教育的力度反而会得到加强，因为，满足不了超道德要求的行为往往是人之常情，但满足不了普通道德义务的要求则理所当然应当受到谴责。避免将道德义务与超道德的要求相混淆，可以清楚地将那些没有满足普通道德要求行为的错误性或错误性质的严重性清楚地表现出来：这是我们必须满足的道德义务，而不是超道德的要求。达不到英雄的崇高也许可以不以为耻，但达不到起码的道德要求则必须感到羞耻。此外，将超道德的行为视为道德义务还会导致伪善的行为。由于超道德的义务超出了人们所能承受的范围，这必然导致人们的言行不一：一方面人们认为应当遵守道德规范的要求，另一方面又因无法履行超道德的义务而在行动中另搞一套，其结果不但会使道德教育无效，而且还会有意无意地鼓励言行不一的伪善行为。

再次，将道德义务和超道德的行为混为一谈会贬低超道德行为(如英雄行为)的价值。超道德的行为都是具有道德价值的行为，值得歌颂，它们值得歌颂不是因为它们满足了道德义务的要求，而恰恰是因为它们超出了道德义务的要求。如果我们将它们视为普通道德义务，则满足超道德义务的行为会被视为理所当然的行为，没有值得特别歌颂的地方，就像一个人没有偷窃邻居的财物，或者没有说谎，值得肯定，但并没有值得人们特别赞美的地方。这实际上等于贬低了英雄式行为的价值。那么，为什么当警察冒着生命风险勇斗手持凶器的歹徒，当地震中教师冒死保护学生，当我们将这些特殊情景下的行为视为他们的义务时，我们为何依然认为他们的行为值得歌颂，令人钦佩呢？这是因为在这些特殊的情况下，他们的行为不仅仅是满足了道德义务的行为，按照笔者在本文第二节中的定义，他们的行为也是超道德的行为，亦即英雄式的行为，所以值得歌颂赞美。

汶川地震中范美忠先生的言行之所以受到人们的非议，和他的言论有意无意地贬低英雄行为(亦即超道德行为)的价值有关,比如,他说:“先人后己和牺牲是一种选择,但不是美德!”英雄的行为当然是一种美德,正是因为英雄人物做出了超出一般道德要求所做出的牺牲,具有很好的道德价值,所以我们才格外的钦佩和赞赏。英雄人物的超道德的行为还会给我们极大的感动,促使我们更自觉的履行一般的道德义务。范先生的言论与他混淆了超道德的行为与道德义务之间的区别不无关系。他大概也将超道德的行为视为了一种义务,而他自己无法满足,因此,说出了有犯众怒的言论。人们批评他:“你可以远离崇高,但决不可污辱崇高。”应该说是指出了问题的要害。

总之,超道德的行为具有重要的道德价值,值得歌颂,但我们并不能因此将其视为一般的道德义务,否则便会产生上面提到的种种弊病。

何为美德伦理学?[*]

谈到何为美德伦理学,许多人可能有这样的看法:只要是研究美德的伦理学就是美德伦理学。然而这一看法并不能将美德伦理学和后果主义、义务论相区别,因为后二者也可以研究美德,但其研究却不属于美德伦理学。显然,并非所有研究“美德”的伦理学都是严格意义上的美德伦理学,“美德伦理学”和“关于美德的伦理学”之间有着本质的区别。厘清什么是美德伦理学对于研究美德伦理学具有重要意义,否则,如果我们连研究的对象究竟是什么都弄不清楚,我们的研究必然是盲目的、混乱的、不着边际的。就西方美德伦理学的研究而言,弄清何为美德伦理学将有助于我们从纷杂斑驳、汗牛充栋的当代西方关于美德的研究资料中找出西方美德伦理学主要的、本质的、最有研究价值的内容与方向,简化研究思路,从而更为清晰和有效地梳理和研究美德伦理学的主要思想。就中国传统伦理学的研究而言,弄清何为美德伦理学也有助于弄清中国传统伦理学中究竟有无严格意义上的美德伦理学。① 本文主要讨论三个问题:关于美德伦理学的界定有哪些错误的看法;何为真正意义上的美德伦理学;美德概念究竟能否具有理论上的自足性或第一性(primacy)。

一

关于美德伦理学的错误看法主要有两种:一种以为可以以研究对象为依据来界定美德伦理学,一种以为可以以研究的问题为依据来界定美德伦理学。第一种看法的错误在于:如果以研究对象为依据,则美德伦理学就是研究美德的

---

* 本文原载于《哲学研究》2016 年第 7 期。

① 学界对于中国儒家伦理学究竟是否是一种美德伦理学是有争议的。按照本文对美德伦理学的定义,中国儒家有自己的美德伦理学,尤其表现在孟子的“四端”之心的理论及其论述中。

伦理学。这一定义混淆了真正的美德伦理学与后果主义和义务论的区别，因为后果主义者和义务论者也可以研究美德，但他们所提出的美德理论充其量只是关于美德的伦理学，而不是美德伦理学。他们所提出的美德论只是后果主义或义务论应用于美德问题所得出的推论。比如，按照后果主义美德论，美德就是能够带来好的社会后果的心理习性（disposition）。按照义务论的美德论，美德就是遵守道德义务或道德规则的心理习性。这样的美德论既不可能与后果主义或义务论相区别，也不可能与之相抗衡，因为它们本身只是后果主义或义务论的补充或附庸。而真正的美德伦理学必须是能够与后果主义和义务论相区别并相抗衡的伦理学。正如美德伦理学家赫斯特豪斯所说："将美德伦理学泛泛地描述为一种'强调美德'的研究进路不再能将其和其他研究进路相区别。"①

第二种看法的错误在于：如果以研究的问题为依据来界定美德伦理学，则美德伦理学就是研究"我们应当是什么"或"我们应当成为怎样的人"的伦理学。而其他的规范伦理学（如后果主义和义务论）则是研究"我们应当做什么"或"什么使得一个行为成为正当行为"的伦理学。问题是：一方面，后果主义和义务论同样可以研究"我们应当是什么"、"我们应当成为怎样的人"的问题；另一方面，美德伦理学同样关注"我们应当做什么"、"什么使得一个行为成为正当行为"等问题，并且可以提出不同于其他规范伦理学研究进路的回答。② 显然，仅仅根据所研究的问题并不能真正将美德伦理学和其他规范伦理学区别开来，因为同样的问题完全可以从不同的角度加以研究。"我们应当做什么"的问题可以从后果主义和义务论的角度，也可以从美德伦理学的角度去加以研究。同样，"我们应当成为怎样的人"的问题可以从美德伦理学的角度，也可以从后果主义和义务论的角度加以研究。

以研究对象或问题来界定美德伦理学曾经是一种相当流行的观点，国外许多哲学或伦理学教科书或多或少都采用或曾采用过这样的观点。即使一些著名的哲学家，比如，玛莎·努斯鲍姆，也持有类似的看法。她批评美德伦理学时所采纳的美德伦理学的概念正是以研究对象或问题为依据所界定的美德伦理学。她认为这样的"美德伦理学"概念犯了一种基本的范畴错误（即分类错误），因为并不存在着"美德伦理学"这样的东西，其理由有三：第一，以研究"美德"作为美

---

① Rosalind Hursthouse, *On Virtue Ethics*, Oxford: Oxford University Press, 1999, p. 4.

② 参见 Rosalind Hursthouse, "Normative Virtue Ethics," *How Should One Live*? ed. Roger Crisp, Oxford: Clarendon Press, 1996, pp. 19 – 36。

德伦理学的分类依据无法将美德伦理学与康德主义和功利主义区别开来,[①]也无法成为康德主义或功利主义的替代者(即无法成为规范伦理学的第三种研究进路),因为康德主义者或功利主义者也研究美德;第二,反功利主义或反康德主义曾是"美德理论家"的重要标志,但它们也无法成为衡量一种理论是不是"美德伦理学"的依据,因为反功利主义或反康德主义的所谓"美德理论家"之间缺少统一的目的或特征,他们的目标和判断往往南辕北辙;第三,所谓"美德理论家"之间的共同根据也无法作为判断一种理论是不是美德伦理学的依据。在努斯鲍姆看来,"美德伦理学"的辩护者一般都有三个共同的主张,即道德哲学除了关注行为和选择外,第一,还应当关注行为者;第二,还应当关注动机、意向、情绪和欲望;第三,还应当聚焦于行为者的整个道德生活以及道德生活中的承诺、举止和激情的样式。但努斯鲍姆认为这些主张没有一个能将美德伦理学与功利主义或义务论区别开来,因为功利主义者或义务论者也可以关注这些问题或接受这样的主张,这些主张与义务论或功利主义的主张是相容的。[②] 尽管努斯鲍姆断言不存在着"美德伦理学"所依据的是一种错误的"美德伦理学"概念,但她对这种"美德伦理学"的质疑却说明以研究对象或问题来界定美德伦理学会产生难以将其与其他规范伦理学理论区别开来的问题。那么,什么样的美德伦理学概念可以避免以上种种问题?什么是正确的"美德伦理学"的定义呢?

二

按照当代伦理学家普遍接受的看法,美德伦理学是规范伦理学的三种主要研究进路之一。规范伦理学的主要目的是要说明一个行为、一种品德、一条规则、一件事态为何道德上"应当"如此,并以此来指导人们的行为。西方规范伦理学理论实际上都是通过基本概念(primitive concepts)去说明应当如此的问题,尽管它们所采用的术语或解释并不是那么明确。所谓"基本概念"是指一个理论中无法通过其他概念加以解释或定义,但却可以用来解释或定义其他概念的概念。后果主义与义务论的本质区别正是由于它们采纳了不同的基本概念。按照罗尔斯的说法,前者以"好"(the good)作为其基本概念(basic concepts),后者以

① 功利主义是后果主义之一种(另一种是伦理学利己主义),但在当代西方伦理学的讨论中,人们几乎将其视为与后果主义相同的概念,许多以后果主义命名的著作实际上讨论的是并仅仅是功利主义。

② 参见 Martha C. Nussbaum, "Virtue Ethics: A Misleading Category?" in *The Journal of Ethics* 3, 1999, pp. 163 - 201。

“正当”(the right)作为其基本概念。[1] 同样,美德伦理学与其他规范伦理学的本质区别也应当依据其基本概念。美德伦理学必须有自己的基本概念才有可能成为有别于后果主义或义务论的规范伦理学的研究进路,也才可能与后二者相抗衡。借用“基本概念”这一概念,我们可以将美德伦理学定义为:一种以“美德”或“一个有美德的人”为伦理学基本概念的伦理学。这里所说的“美德”是指具体情景下行为者所体现的具体的美德,如勤奋、仁慈、勇敢、友善等,而不是抽象、单一的美德。无论是以“美德”,还是以“一个有美德的人”作为基本概念都能将美德伦理学有别于其他规范伦理学的本质特征表现出来。当然,为了避免循环定义,一种美德伦理学理论只能将其中之一视为伦理学的基本概念。我们也可以将“美德”和“一个有美德的人”统称为“美德概念”。这样,我们就可以将美德伦理学定义为以美德概念为伦理学基本概念的伦理学。由于每一个具体的美德往往都有一个对应的恶习(vice),如,仁慈所对应的恶习是残忍,友善所对应的恶习是敌意,如此等等。这样,逻辑上,每一条恶习都可以通过其对应的美德来定义。如残忍就是不仁慈,敌意就是不友善。由于恶习本身也具有直觉的基础(即不通过其对应的美德来定义,我们也可以明晓其含义),因此,也可以作为否定性的美德概念,其作用类似于一个否定性的评价性概念,如“错误的”。包含恶习概念的判断也相当于一个否定性的美德判断(即蕴含“不应当”的美德判断),尽管从其语法形式上看是一个肯定句。我们可以将恶习视为否定性的美德概念。这样,“美德概念”不仅可以指具体的“美德”或“一个有美德的人”,也可以指具体的“恶习”。

“基本概念”也就是具有理论上的自足性或第一性(primacy)的概念,即可以定义一个理论中的其他概念而自身无需其他概念定义的概念。美德概念是否具有理论自足性,是否可以不依赖于其他概念加以定义,是一个极有争议的问题。一种研究美德的伦理学理论是否具有美德伦理学的理论自足性不是该理论自称具有理论自足性便真的具有了理论自足性,但只要力图去追求这一目的,这种理论就可以归为“美德伦理学”。因此,我们可以将美德伦理学进一步定义为:将美德概念视为伦理学的基本概念并且追求其理论自足性的伦理学。将“追求其

[1] John Rawls, *A Theory of Justice*, Cambridge, MA: Harvard University Press, 1999, pp. 21-22。罗尔斯本人否认除了“好”和“正当”以外还有其他的伦理学的基本概念。他认为“一个有道德价值的人”(a morally worthy person)(相当于“一个有美德的人”)可以从前两个基本概念中推导出来。这一看法值得商榷。此外,究竟什么是后果主义或义务论的基本概念,不同哲学家有不同说法。参见本文后面的相关讨论。

理论自足性”加入定义可以将那些其理论自足性有争议的美德伦理学理论纳入美德伦理学的范畴。总之,是否追求美德概念理论上的自足性,是否将美德概念视为伦理学基本概念,是我们判定一个伦理学理论是不是真正意义上的“美德伦理学”的主要依据,也是我们判定一位伦理学家是不是一位真正的美德伦理学家的主要依据。

以是否以美德概念作为伦理学的基本概念来判定一个理论是不是一种美德伦理学理论,具有相当的合理性。首先,它可以避免以研究对象或问题为依据来定义“美德伦理学”所带来的种种问题,它找出了美德伦理学的本质特征,可以将美德伦理学与其他规范伦理学理论区别开来,可以将“美德伦理学”和“关于美德的伦理学”区别开来。比如,按照我们的定义,康德主义美德论就不是真正意义上的美德伦理学,因为这种美德论并不是以美德概念作为其伦理学理论的基本概念,因此,只能算是关于美德的伦理学。功利主义的美德论也不是美德伦理学,理由也是一样,因为它的美德论也没有将美德概念视为其理论的基本概念。许多西方哲学百科全书或词典均对严格意义的美德伦理学和关于美德的伦理学做出了明确的区别,尽管它们的说法或术语与我们所采用的基本概念的说法不同。比如,美国 2006 年再版的《哲学百科全书》关于“美德与恶习”的词条就专门对美德论和美德伦理学做出了区别:前者指任何研究美德和恶习的性质但却不将它们视为伦理学核心概念的理论,后者则指严格意义上的美德伦理学(virtue ethics proper),即将美德概念视为核心概念的伦理学理论。[①]《牛津哲学指南》中关于“美德”的词条和《劳德里奇哲学百科全书》的“美德与恶习”的词条通过不同的术语和说法也对美德伦理学和关于美德的伦理学做出了类似的区别。[②]

按照我们的定义,当代西方真正意义上的美德伦理学理论并不像人们想象的那么多,这实际上也符合美德伦理学家斯旺顿在本世纪初对西方美德伦理学现状所做的一个基本判断,即西方美德伦理学的研究至少当时还处于“婴儿期”。[③] 按照我们的定义,胡尔卡关于美德的递归论(the recursive theory)就不

---

① 参见 Lawrence J. Jost, “Virtue and Vice,” in *Encyclopedia of Philosophy*, ed. Donald M. Borchert, second edition, Vol. 9, Farmington Hills, MI: Thomson Gale, 2006, p. 679。

② 参见 M. Slote, “Virtues,” in *The Oxford Companion to Philosophy*, ed. Ted Honderich, 2nd edition, Oxford and New York: Oxford University Press, 2005, p. 947 和 Bernard Williams, “Virtues and Vices,” in *Routledge Encyclopedia of Philosophy*, London and New York: Routledge, 1998。

③ 参见 Christine Swanton, “A Virtue Ethical Account of Right Action,” in *Ethics*, Volume 112 No. 1, October 2001, p. 32; Christine Swanton, “Virtue Ethics,” in *International Encyclopedia of the Social & Behavioral Sciences*, eds. Neil J. Smelser and Paul B. Baltes, Oxford, UK: Elsevier Science Ltd., 2001, p. 16218。

能算是一种美德伦理学，尽管他关于美德的著作有着广泛的影响，因为他将正当的行为和好的事态视为基本概念，而将“美德”视为从属于这些基本概念的概念。按照他的递归论，有些东西具有内在的好(intrinsically good)或自有的好，而任何热爱或追求内在好的态度也都因此而具有了内在的好(“递归”指的就是这层意思)。人们内心的态度之所以称为“美德”，这些美德之所以具有内在价值，也仅仅只是因为拥有它们的人们热爱具有内在好的东西，厌恶具有内在恶的东西。具有内在好的东西构成了道德或伦理学的基础，美德只是这些具有内在好的事物的派生物。[①] 胡尔卡本人也不认为自己的理论是一种美德伦理学的理论，因为他认为对于美德的理解或解释“无需任何新理论，如美德伦理学”。[②] 出于同样的理由，德赖弗(Julia Driver)、亚当斯(Robert Adams)等人的美德理论也不能算作严格意义上的美德伦理学，因为前者明显主张一种后果主义的美德论，后者和胡尔卡一样，将美德理解为对“好”的追求。[③] 至于玛莎·努斯鲍姆是不是严格意义上的美德伦理学家则需要进一步研究。虽然她本人否定有“美德伦理学”这样的事物并且也不承认自己是美德伦理学家，但由于她所认定的“美德伦理学”的概念是一种错误的、正是本文所要放弃的概念，因此，她究竟是不是一位美德伦理学家则要看她本人是否实际上将美德概念视为伦理学的基本概念。[④]

其次，依据伦理学的基本概念来区别和界定不同形态的规范伦理学(包括美德伦理学)，在当代西方著名伦理学家中事实上有某种程度的共识，尽管他们所采用的术语或说法和我们的不尽相同。伯纳德·威廉姆斯认为西方伦理学家通常都是根据后果、权利、[⑤]美德而将伦理学理论分为三种不同的类型：后果主义、义务论和美德伦理学。这种方法实际上是“依据每一种理论将何事视为最基本层面的伦理价值的承载者”，[⑥]而对伦理学理论进行分类。后果主义将好的事态视为最基本层面的价值承载者。义务论将正当的行为视为最基本层面的价值承

---

① Thomas Hurka, *Virtue*, *Vice and Value*, New York: Oxford University Press, 2001, pp. 11 – 23.

② Thomas Hurka, *Virtue*, *Vice and Value*, pp. 3 – 4.

③ 参见 Julia Driver, *Uneasy Virtue*, Cambridge and New York: Cambridge University Press, 2001 和 Robert Merrihew Adams, *A Theory of Virtue*: *Excellence in Being for the Good*, New York: Oxford University Press, 2006。

④ 斯洛特(Michael Slote)曾明确将努斯鲍姆称之为美德伦理学家。(cf. Slote, 2000, pp. 326 – 327)

⑤ 权利概念逻辑上蕴含义务的概念。比如，一个人的生命权和财产权就意味着他人有不许伤害，不许偷窃、抢劫的义务，反过来也一样。因此，义务论也可以说是以义务为其基本概念的伦理学理论。

⑥ Bernard Williams, “Virtues and Vices,” in *Routledge Encyclopedia of Philosophy*, London and New York: Routledge, 1998.

载者。美德伦理学将一个有美德的人(伦理学上令人钦佩或值得赞赏的人)视为最基本层面的价值承载者。后果主义和义务论试图通过制定行为规则以帮助我们确定应当做什么。但美德伦理学却认为为了做应当做的事情,一个人首先需要的是美德,而不是关于美德的理论。加西亚认为:"美德伦理学也被称为美德为基础的伦理学和行为者为基础的伦理学,美德在道德的概念和理论中发挥了核心或独立的作用。因此,它不仅仅只是由一个给定的理论对美德提出一种解释。"①

迈克尔·斯洛特曾提出美德伦理学与其他规范伦理学理论的主要区别在于它是"以行为者为基础"(agent-based)。② 这个说法接近我们关于美德伦理学的定义,因为它强调以行为者为"基础",而不是以行为者为中心。以行为者为中心依然是以研究对象来界定美德伦理学,这种方法难以真正将美德伦理学与非美德伦理学的理论区别开来。而以行为者为"基础"则包含了将"行为者"视为伦理学的基础概念并试图以关于行为者的某些概念(如美德)来说明伦理学问题或应然性问题的思想。他在另一篇文章中对美德伦理学作了更为清晰的解释。他认为一种观点要成为一种美德伦理学,"当且仅当它将美德术语看作是根本的(并且将义务的概念看作是派生的或者并非不可或缺的),同时它主要关注的是内心的品质和动机,而不是行为的规则或效果。这一表征虽然粗糙,但却具有足以帮助我们理解各种可能的美德伦理学形式的优点。它还可以让我们将某些人们最初误以为是美德伦理学的观点排除在外。许多哲学家都谈到美德和德行,但却不能算作当代意义的美德伦理学家"。③ 斯洛特举了康德和罗尔斯的例子。他认为他们虽然有关于美德的学说,虽然谈论了美德,但只是作为他们道德学说的补充,而"任何将美德仅仅视为道德理论一部分的观点都不能算作美德伦理学。美德伦理学所试图解释的美德是自足的、核心的,而非派生的或仅仅是补充的,因此,我们可以说……虽然康德和罗尔斯有关于美德的理论,但却未必是任何美德伦理学理论的倡导者"。④

不仅追求理论自足性的美德伦理学家实际上采纳了与我们相似的美德伦理学概念,即使是否认美德伦理学具有理论自足性的哲学家也采纳了类似的美德

---

① Jorge L. A. Garcia, "Virtue ethics," in Robert Audi, ed., *The Cambridge Dictionary of Philosophy*, 2nd edition, 1999, p. 960.

② 参见 Michael Slote, *Morals From Motives*, Oxford and New York: Oxford University Press, 2001, chapter 1。

③ Michael Slote, "Virtue Ethics," in Hugh Lafollette, ed., *The Blackwell Guide to Ethical Theory*, Malden, Mass.: Blackwell, 2000, p. 325.

④ Michael Slote, "Virtue Ethics," p. 326.

伦理学概念。他们批评美德伦理学的论据之一就是美德伦理学不具有理论上的自足性，亦即美德概念难以成为伦理学的基本概念。威廉·弗兰肯纳是一位对美德伦理学的理论自足性持批评态度的哲学家，他曾这样描述美德伦理学："究竟何为美德伦理学？它当然不可能将义务的判断或原则视为道德的基础，正如我们一直所做的那样；相反，它会将美德的判断（如'那是勇敢的行为'，'他的行为贤德善良'，或者'勇敢是一种美德'）视为道德的基础。它还会坚持义务的判断要么可以从美德行为中推导出来，要么完全可以取消。此外，它还会将关于行为的美德伦理学的判断视为次生的，并认为这种判断是以对行为者及其动机或品性的判断为基础的……毫无疑问，它认为它的基本教导将会引导我们，不仅如何做人，也包括如何做事。"①沃森主张将伦理学理论分为要求伦理学（ethics of requirement）、后果伦理学（ethics of consequences）和美德伦理学（ethics of virtue or character），其中"要求"（相当于"义务"）、"后果"和"美德"都被视为伦理学的根本概念。② 他认为美德伦理学主张美德概念是第一性的、基本的，优先于行为的正当性。基本的道德事实是关于品德的基本事实。因而行为的评价源于品德的评价。③ 在他看来，一个具有理论自足性的美德伦理学应当能够根据美德的要求（怎样才能成为最好的人的要求）来界定正当的行为，他将这一观点称之为解释的第一性的主张（the claim of explanatory primacy）。他说："按照美德伦理学，一个行为是最好的、正当的或恰当的是根据一个人怎样才是最好的来加以解释的。我将此称之为解释的第一性的主张。"④也就是说，所谓"解释的第一性的主张"就是能够以美德概念为第一性的概念对行为的正当性进行解释的主张。他认为任何具有理论自足性的美德伦理学应当包含两个成分，即解释的第一性的主张和一种美德论（即美德伦理学的美德论）。⑤

最后，只有符合我们美德伦理学定义的美德理论才可能具有与后果主义和义务论鼎足而立的抗衡能力。几乎所有关于美德伦理学的词条或定义也都强调美德伦理学是一种不同于后果主义和义务论并与之相抗衡的研究进路。自安斯康姆 1958 年发表《现代道德哲学》一文以来，西方美德伦理学家也一直是以追求

---

① William Frankena, *Ethics*, 2nd edition, Englewood Cliffs, New Jersey: Prentice-Hall, 1973, chapter 4.

② 参见 Gary Watson, "On the Primacy of Character," in Stephen Darwall, ed., *Virtue Ethics*, Oxford, UK: Blackwell, 2003, pp. 230 - 231。该文最初载于 Owen Flanagan and Amelie Rorty, eds., *Identity, Character, and Morality*, Cambridge, MA: MIT Press, 1990。

③ 参见 Gary Watson, "On the Primacy of Character," p. 232。

④ Gary Watson, "On the Primacy of Character," p. 232.

⑤ 参见 Gary Watson, "On the Primacy of Character," p. 235。

一种能够和后果主义、义务论相抗衡的美德伦理学为己任。然而,为达此目的,美德伦理学必须有自己的基本概念,这样美德伦理学才能具有有别于后果主义或义务论的理论自足性,也才能与后果主义和义务论相抗衡。凡是有意追求与后果主义、义务论相抗衡的美德伦理学家,如斯洛特、赫斯特豪斯、斯旺顿等,逻辑上都必然会寻求具有理论自足性的美德概念和美德理论,因为不具有理论自足性或第一性的美德概念要么依据后果主义的原则加以界定,要么依据义务论的原则加以界定,以这样的美德概念所建立的美德理论充其量只能是后果主义或义务论的附庸,不具有"自立门户"的特征,不具有理论上的自足性,因而也就谈不上和后果主义或义务论相抗衡。

三

问题是:美德概念能够成为伦理学的基本概念吗?能够成为具有理论自足性或第一性的概念吗?如果美德概念不能成为伦理学的基本概念,那么,即使我们的美德伦理学的定义是正确的,即可以将美德伦理学和其他规范伦理学区别开来,我们也找不到满足该定义的美德伦理学理论;那么,我们实际上最多只有"关于美德的伦理学",而没有"美德伦理学"。因此,能否说明美德概念可以成为伦理学的基本概念,关系到美德伦理学的合法性和生死存亡,有必要加以厘清。我们认为美德概念可以成为具有理论自足性或第一性的基本概念,理由有三:

第一,作为具体的美德概念本身理论上就具有第一性(primacy)。美德概念都是具体的,而具体的美德概念,如"正直"和"诚实",比"正当"或"好"能够更具体地、更清楚地表达行为的道德属性。美德伦理学中否定性的美德概念,如"不公正"、"残忍"、"淫荡"、"不诚实"等恶习(vices),比"错误"这样的一般性概念能够更具体地表达行为的错误性质。具体概念相对于一般性概念具有第一性,也无法为一般性概念(如"正当"或"好")所取代。安斯康姆认为寻问一个行为是否"不诚实"、"不贞洁"或"不公正",比寻问是否"道德上错误",可以使问题变得更清楚。"不诚实"、"不贞洁"或"不公正"都是美德概念,也是一个行为错误性的理由。在她看来,"错误"是一个属概念,而"不诚实"等概念相对而言则是种概念。种概念比属概念能够更清楚地表达问题的实质,因此,不应,也无法为后者所取代。[①]

---

① 参见 G. E. M. Anscombe, "Modern Moral Philosophy," in *The Collected Philosophical Papers of G. E. M. Anscombe*, vol. 3, Minneapolis, MN: University of Minnesota Press, 1981, p. 33。Gary Watson 认为,安斯康姆只是建议用种的概念代替属的概念,并非必然用与美德相联系的概念代替正当和错误的概念。(cf. Watson,注释 6)

达斯对美德伦理学理论上的独立性是心存疑问的，但他也认为："我们道德生活的绝大部分，其中对我们非常重要的绝大部分完全就不涉及正当性的概念。……我认为一个伦理学的理论可以指导行为而无需明显地依赖正当行为的概念的程度一直被低估了。"①

第二，美德概念具有后果主义和义务论的基本概念及其规则无法穷尽的含义，因此，可以成为伦理学的基本概念。谢勒曾经有力地证明了至少一部分美德概念无法还原为义务论的基本概念和行为规则。比如，仁慈、感恩和自尊这三种美德就无法解释为仅仅规定人们行为的道德规则或道德义务，也无法还原为遵守相应道德行为规则的心理习性。仁慈本质上是一个美德概念。如果我们尝试将仁慈解释为道德义务或道德规则，那么，如果将其解释为"帮助所有需要帮助的人"，则会导致超道德的（supererogatory）要求，即超出正常道德义务的要求，亦即不合理的道德要求；如果将其解释为"尽可能地帮助他人"或"有时在某种程度上帮助他人"，则不仅难以确定具体情景下"尽可能"和"有时在某种程度上"的准确含义，而且前者依然可能会导致超道德的要求，后者则给了行为者过多的自由，以至于可能无法达到禁止某些错误行为之目的。而仁慈作为美德规范则要求我们尽可能地培养行为者的仁爱之心，它强调的是行为的意向，而不是具体的行为，因此可以避免将其表达为行为规则时可能遇到的要求过高或过低的问题。感恩则无法仅仅表达为任何人都可以遵守的行为规则，因为无感恩之心，无感恩美德的人，即使遵守了"感恩"的行为规则，他的行为也不是感恩的行为。甚至仅出于要履行感恩义务的动机而履行"感恩"的行为也不是真正的感恩行为，因为它更像"装"出来的感恩，这种没有感恩之心的"感恩"行为只会使接受感恩行为的人感到难受，而很难使人感到欣赏。而自尊从根本上讲是一个态度或信念的问题，而不仅仅是一个行为的问题，因此，要想将自尊表述为能够为缺少自尊、充满奴性的人所能够遵守的行为规则几乎是不可能完成的任务。一个行为是体现自尊还是奴性主要取决于行为者的态度或信念。一个听话的妻子顺从丈夫的行为是不是奴性的体现，不在于行为，而在于她行为的理由、信念和态度。一个不顺的行为如果是以近乎奴性的心态去执行也无法体现行为者的自尊。②

第三，美德概念有着约定俗成的规定、直觉的认知基础和人性的心理基础，

---

① 参见 Ramon Das. "Virtue Ethics and Right Action," in *Australasian Journal of Philosophy*, vol. 81, No. 3, Sep. 2003, p. 338。

② 参见 Walter Schaller, "Are Virtues No More Than Dispositions to Obey Moral Rules?" *Philosophia* 20, July 1990；陈真：《当代西方规范伦理学》，南京：南京师范大学出版社 2006 年，第 277—281 页。

其规范性的内容完全可以独立于其他伦理学的基本概念而确定和认知。换言之,美德知识的获得可以独立于任何关于"好的后果"或"义务"或"正当性"等概念的知识。众所周知,美德伦理学,不论中外,古已有之。古时并没有启蒙时期才出现的现代意义上的规范伦理学,也没有西方近代以后才有的"道德"或"正当性"的概念。在古代,美德和美德的规范性主要靠人们约定俗成的习俗,而不是靠诉诸后果或义务的辩护。这至少说明了一个经验的事实:美德可以独立于后果和义务而存在,美德概念也可以独立于后果和义务的概念而存在。美德概念或美德知识也有着自己的直觉认知基础。美德知识主要由涉及美德概念的判断或句子所组成。如前所述,美德概念既可指日常意义上的美德,如仁慈,也可指日常意义上的恶习,如残忍。至少有些美德判断(即涉及美德概念的判断)的正确性是显而易见的。据媒体报道,山西汾西一个六岁男孩双眼被挖。我们立刻可以做出判断:"将一个六岁男孩的双眼活活挖出的行为是残忍的。""残忍的"是一个评价性的概念,属于否定性的美德概念,它逻辑上蕴含该判断主语所指称的行为是应当禁止的行为,其意义和用法依赖于直觉的把握,完全可以独立于判断者对好的效果或义务的概念的理解和把握。对于任何一个正常的人或判断者来说,上述命题都是一个无法否认的真命题。美德概念的知识,包括否定性美德概念的知识,就蕴含在这些美德判断之中。美德概念,如正直、善良、残忍、淫荡等都带有强烈的情感色彩,对其意义和用法的把握不仅依赖于判断者的直觉,也依赖于判断者直觉背后对所判断的品质或行为的移情反应,这是把握美德概念的人性心理基础。美德标准的正确性或错误性有时并非一目了然,相关的认知有可能出错,需要反思,甚至辩论才有可能发现。比如,中国历史上人们曾经认为贤淑女人的标准就是"三从",即"未嫁从父,既嫁从夫,夫死从子"。"三从"是当时人们所下的关于"贤淑"的美德判断或美德规定,这些美德标准的错误性,至少对当时的人们来说,需要通过反思、辩论和辩护才有可能认识。尽管我们关于美德判断和美德标准的认知是可误的,但这并不能说明不存在着客观上正确的美德概念、美德判断或美德知识,正如科学知识和数学知识也是可误的,但并不能说明不存在着客观上正确的科学真理或数学真理一样。美德判断、美德标准或美德知识正确与否有着客观的答案,不依任何人的主观意志或主观想法而转移的。任何试图否认"将一个六岁男孩双眼挖出的行为是残忍的"这一命题的人,我们都有充分的理由认为他的看法客观上是错误的。原则上,美德概念或美德知识的获得可以独立于"好的效果"或"义务"等概念,尽管我们也可以利用这些非美德的概念为美德概念做进一步的辩护。

以上这些理由说明美德概念可以成为具有理论独立性的伦理学的基本概念。因此,美德伦理学理论上的独立性和合法性以及本文对美德伦理学的界定得到证明。

亚里士多德美德伦理学思想述评*

美德伦理学在伦理学研究中具有效果主义和义务论无法取代的价值和地位。本文试图对亚里士多德的美德伦理学重新进行解释和评价，希望对进一步研究美德伦理学有所裨益。笔者认为亚里士多德的美德伦理学至今依然是较为完备和系统的美德伦理学。如果我们去掉他的生物学的形而上学目的论的假设，他关于至善是一切实践理性思考的最终目的的思想，他关于美德或出自美德的德行构成至善或幸福的思想，他的美德“中道说”，他关于实践智慧的作用的思想，他关于一个行动是合乎美德的，仅当它源自行动者出于美德自身理由而选择的理想的思想，以及他关于美德教育的思想，今天依然是我们研究和发展美德伦理学的重要平台。①

一、亚里士多德的目的论

亚里士多德的伦理学是以类似生物学的形而上学的目的论为基础的。在他看来，自然界的每一个事物都有自己的目的或最后的原因，这个目的或原因也解释了它实际的活动，并提供了评价它的活动和发展的标准。橡实的目的是要长成橡树，后者成为它自然的目的。这个目的也构成了评价它活动和发展的标准：即它应该长成橡树，如果不能长成橡树，它一定就是有缺陷的。

人作为自然界的一个物种，按其本性也有其目的或最后的原因，这个目的也

* 本文原载于《江海学刊》2005 年第 6 期。

① 本文关于亚里士多德美德伦理学的介绍主要依据英文版的 Aristotle, *The Nicomachean Ethics*, trans. W.D. Ross; revised by J.L. Ackrill and J.O. Urmson (Oxford: Oxford University Press, 1989), *The Nicomachean Ethics*, trans. Terence Irwin, 2nd edition，和苗力田的中文译本《尼各马科伦理学》(中国人民大学出版社，2003 年 12 月，单行本)。文中引用的页码对应于 The Immanuel Bekker Berlin Academy edition of Aristotle's works (1831) 中的标准页码。比如 1095a 1 代表希腊文原书中 1095 页左栏第一行。

提供了评价人的活动和发展的标准。这个最终目的就是至善。[①] 人按其本性就是要实现和达到至善。一个人如果不能实现至善，那么他一定也是有缺陷的。至善这个目的决定人性中的哪些心理特征成为值得赞赏的美德，哪些成为值得鄙视的恶习。

达沃尔(Stephen Darwall)对亚里士多德的目的论提出了一种解释。按照这种解释，一个物种的"目的"包含两重含义：第一，对一个物种和它的目的的表述应该正确地描述了它在世界中真正位置和目的。对它和它的目的的表述应该符合世界的实际情况。第二，对它和它的目的的表征也规定了该物种应该怎样行动的标准。事实和价值同时体现在世界自身。[②]

在亚里士多德那里，我们是什么和我们应该是什么实际上是同一个问题。我们是什么的事实本身就决定了我们应该是什么，就像一个东西是橡实的事实本身就决定了它应该长成橡树，而不应该是别的什么东西。一个人是人类的一个成员的事实本身就决定了他或她应该是什么，并且我们应该做的体现在我们的本质，我们作为人的目的当中。

但"是什么"和"应该是什么"并非是同一个问题。"是什么"未必就"应该是什么"。比如，据说有些强奸犯的基因或内分泌异于常人。但即使这个说法是真的，我们似乎也无法得出这些强奸犯就"应该"是强奸犯。当代美德伦理学强调研究我们"应该是什么"的问题，这种研究预设了我们"是什么"并非是不可改变的。不管我们是什么，我们都应该思考我们究竟应该成为什么。中国古代的荀子认为，尽管人之初，性本恶，但这种"是"，并不能决定我们"应该"是什么。我们"应该是什么"不同于我们"是什么"。

亚里士多德的目的论所代表的自然主义和上世纪初摩尔开始的反自然主义的思潮是相抵触的，和当代西方许多伦理学家坚持的事实判断和价值判断区别的立场也是格格不入的。亚里士多德认为人的行动目的根植于作为一个物种的人的本身，和人的主观愿望没有什么关系，或者说，人的愿望由人种的生物属性所决定。但现代西方伦理学家则认为"目的"是由人的欲望所决定的，而欲望是由人的自由意志，而非由人的生物属性所决定。当我们考虑认识问题时，我们的认识和科学的假说应该尽可能地代表或符合世界自身的情况。但当我们考虑行动(包括欲望、意向、计划、规范性命题)问题时，这个关系就颠倒过来，让世界符

---

① 参见 *The Nicomachean Ethics*, 1094a 20 – 25。"至善"的译文据 Terence Irwin 的英文译文"the best good"。W. D. Ross 的英文译文为"the chief good"("首要的善")。

② 参见 Stephen Darwall, *Philosophical Ethics* (Colorado: Westview Press, 1998), 194 – 195。

合我们的欲求，而不是相反。如果世界不能符合我们的欲求，那么，从我们的观点看，根据我们的意向，世界就没有像它应该的那样存在。比如，我们希望减少贫穷，如果这个世界的贫困现象不但没有减少，反而增加了，那么，这个世界就没有像它应该的那样存在。这种认识和行动的区别，本质上是事实和价值、实然和应然的区别。这种区别似乎是无法否认的。

达沃尔认为，17世纪以后，亚里士多德的目的论已经没有多少追随者了。[①]但也不能说亚里士多德的目的论在今天就完全没有市场。有的学者试图将伦理学建立在进化论和自然选择的生物学理论的基础上。按照这种理论，自然选择和进化能够确定物种的自然功能和目的，自然物种似乎有某种目的，通过进化以适应环境。人作为自然物种也是一样。这种理论的问题是：第一，混淆了生物对环境的缺少自由意志的适应和人具有自由意志的适应。第二，生物对环境的适应并非是一种有“目的”的活动。第三，在自然选择的过程中，生物有可能不能适应环境而遭到淘汰，进化未必是朝着对生物的生存有利的方向发展。

二、至善

亚里士多德认为伦理学和政治学的目的不是知识，而是行动。而所有的行动都是有目的的，这个目的就是某种善(1094a 1—3)。问题是，这些善是因为我们的追求而成为善，还是因为它们本身的善使我们去追求？亚里士多德显然认为是后者。我们对善的追求，对善的欲望是因为善的本身所引起的，我们的欲望反映了善，而不是制造了善。所有的事物都追求的那个最高的善就是至善(1094a 20—25)。所以，“至善”的第一个含义就是行动的最终目的。

和柏拉图不一样，亚里士多德认为善的意义是具体的，可描述的，而非抽象、单一的(1096a 25—30，1096b 23—25)。比如，医术中的善就是健康，战术中的善就是胜利。如果“至善”不是一种共性的善，那么它是什么呢？亚里士多德认为“至善”就是幸福或处于发展的颠峰状态。对他来说，人的行动的最终目的、至善和幸福都是可以互相替换的概念。非至善不能成为最终目的，非幸福不能成为至善。所以，不了解亚里士多德的幸福的含义就无法了解他至善的含义。

三、幸福

亚里士多德关于幸福有一个总的说法：幸福就是生活优裕，行为良好

① 参见 Stephen Darwall, *Philosophical Ethics* (Colorado: Westview Press, 1998), 194 - 195。

(1095a 19—20),也可以译为生活过得不错,做事非常成功。[①] 他认为每个人都应该寻求他自己的幸福。追求幸福似乎无可非议,但什么是幸福的生活,什么构成幸福生活,则是一个争论不休的议题。有的人认为快乐即幸福,有的认为荣耀即幸福,有的认为财富即幸福。

亚里士多德认为构成幸福生活的首要条件在于美德或优点,即幸福是合乎美德的灵魂的现实活动。作为合乎美德的生活,幸福也是内在的、难以剥夺的、自足的生活,其他的东西,比如快乐、荣耀和财富,都只是伴生的或外在的(1097a 31—1097b 7,1097b 20—21)。他认为合乎美德的活动是幸福生活的组成部分,而不是达成幸福生活的手段。只有财富、朋友、权势等才是达成幸福的手段。

为什么幸福的生活是合乎美德的生活呢?我们需要从美德一词的希腊文原义来理解。美德的希腊文原义是特长、功能之意。亚里士多德认为对所有具有功能或具有进行活动能力的事物来说,善或好等应然性就存在于功能之中。比如,演奏竖琴就有许多规范性的或评价性的标准。从事演奏竖琴的活动必须遵循这些标准。比如,用竖琴晾衣服就物非所用,这不是竖琴的功能所应包括的。善或好的评价就是根据这些标准,即根据是否完满地执行竖琴的功能所决定(1098a 8—15)。[②] 总之,如果一个事物有某个功能,它的幸福或善就在于它完满地履行了它的功能。

每个自然的事物都有某种功能和目的,人类也一样。人的功能就隐含在他们的目的之中。那么,人的功能或人的目的和其他自然物的目的有何不同?"人的功能就是灵魂遵从理性或要求理性的活动"(1098a 7—8 据 Terence Irwin 的译文译出)。人的活动是一种包含理性要素的积极的生命活动。亚里士多德认为,如果一个事物的善存在于很好地执行了它的功能(做了它所应该做的事情),那么,"人的善最终将表现为灵魂遵从美德的活动,如果美德不只一种,则表现为[通过思考]遵从最好和最完全的美德的活动"(1098a 17—19)。我们的行动总是有某种理由的,遵从我们的理由,平衡我们的理由,遵从美德,平衡美德,人的善就表现在很好地执行了这些功能。因此,幸福生活就存在于合乎美德的生活

---

① 亚里士多德的"幸福"一词的希腊文是 eudaimonia,英文常常译为 happiness(幸福)。但由于英文中的 happiness 常常和快乐有关,比如,密尔就将幸福理解为快乐,而亚里士多德明确表示 eudaimonia 不等于快乐。故许多学者认为 happiness 并没有准确翻译亚里士多德原来的意思,也有人将其译为 flourishing(繁荣兴旺)或 well-being(福祉)。但有一点是明确的,亚里士多德的"幸福"概念和密尔的"幸福"概念是不一样的,前者的概念具有某种客观性,而且侧重个人幸福,而后者和主体的主观状态有关,指的是群体幸福。

② 据 Ross 和 Irwin 的英文译文,该处所举的例子是竖琴,但据苗力田的译文,此处的例子是长笛。

之中。

亚里士多德认为幸福不等于快乐。只有“那最为平庸的人,才把幸福和快乐相等同”(1095b 10—15)。他注意到快乐是幸福生活的结果或标志,但却不是幸福生活的组成部分。快乐伴随幸福生活而生,但不是幸福自身(1174b 34)。为什么快乐只是伴生的呢?乐趣不过是某种活动(如演奏乐器)的一部分,其前提是欣赏音乐,而能够欣赏音乐是一种优点或美德。有德者的“德”可以给他带来幸福并使之快乐(1099a 7—15)。

幸福也不等于荣耀和财富。因为幸福和善是某种内在的难以剥夺的东西,它存在于具有美德的人的自身,不依赖于任何其他的东西。而荣誉则是外在的,依赖于他人,即给予荣耀的人。他人的尊重本身并不具有自身价值。我们将荣誉只看成是我们自身价值的一种证据。我们更在乎我们所尊重的人的尊重,因为我们将他们的尊重看成是我们自身优点的证据。如果我们基于这样的理由而在乎他人的尊重,那么,他人的尊重就不具有自身的价值,具有自身价值的是我们自身的优点。(1095b 22—34)财富和权力也只有工具价值,也只是内在价值存在的证据。它们是外在的,而非我们所追求的善。

幸福虽然是某种内在的、难以剥夺的、自足的东西,但也需要外在的善来补充,如朋友、财富和权势。其中有些东西,如果缺少了就会损害人的尊荣,比如高贵出身、成群子女、英俊相貌等。子女亲友如果极其卑鄙,也会影响到人的幸福。如此,幸福似乎不是每个人都能有的。所以有人将幸福和幸运等同。(1099b 1—9)但亚里士多德又认为,“人们有充足理由主张,通过努力获得幸福比通过机遇更好。”(1099b 20—21)这些外在的东西只是我们达成幸福的工具。

亚里士多德还认为真正的幸福生活不是一时的幸福,而是注定终身如此的生活(1101a 17—18)。这样,综上所述,他似乎认为幸福的生活应该是合乎美德而且现实的生活,拥有充分的外在的善(荣耀和财富等),并且长久不衰。

亚里士多德将幸福生活和美德紧密联系在一起的思想,今天看来,也有非常重要的意义。它使得美德有可能成为人们自愿追求的对象。一个有德行的人不必是苦行僧,不必是让人欣赏但不愿效仿的对象。他关于外在的善对幸福(合乎美德的生活)形成的重要作用的思想涉及幸福和美德形成的物质条件和环境。这些条件不必是出身高贵、子女成群、相貌英俊,但保持人最起码尊严的物质生活条件对幸福和美德的形成显然还是必要的。

亚里士多德幸福观的主要问题是:他所列出的幸福生活的三个条件似乎极难同时满足,按照这样的标准,几乎没有多少人会是幸福的。此外,这三个条件,特别是前二个条件有时似乎是自相矛盾、不可调和的。如果幸福是内在的、自足的、合乎美德的，那么它就是非机遇的，和外在条件无关，人人都可以获得。但如果幸福又依赖外部的条件，如财富和相貌，则幸福就取决于运气、机遇，并非人人都可以获得，这和他的许多说法又是相矛盾的。

四、美德和中道

亚里士多德认为美德是一种品质状态，它反映了美德拥有者处理情感的某种方式或态度。所有的美德都是关于情感和行动的。怎样判断品质状态是美德还是恶习，取决于拥有这种品质的人对相应德情感的处理是否适度、恰到好处，用亚里士多德的话说，就是是否遵守中道。美德是寻找情感和行动既不过分又非不及的恰当中点之品质，过度或不及都是恶习。[①] 各种具体的美德不过是在各种具体情形下选择中道的不同的表现形式。比如，节制就是关于快乐的中道，过度快乐就是放纵，完全禁欲则感觉迟钝，乐得恰到好处就是节制。慷慨大方是关于敛财和花费的中道，入不敷出且挥金如土是奢侈浪费，一毛不拔则是小气吝啬，敛财和花费上恰如其分才是值得称赞的美德。[②]

我们不能将亚里士多德的中道完全理解为算术中的中道，6 是 10 和 2 之间的算术中道，"但这并不是相对于我们所必须采取的中道"(1106b 1—2)。因为中道因人因景而异。同一件事情对一个人可能过度，对另一个人则未必。吃一斤饭，对林黛玉是过度，但对鲁智深则未必。即使对同一个人在不同情况下，吃多少是过，吃多少是欠，也都不一样。因此，中道不是过度和不及之间绝对的数值的中点，而是两个极端之间恰当的点。

但为什么能够选择"中道"的品质是美德呢？因为只有选择中道的品质才能使其拥有者处于良好的状态和使其功能发挥充分(1106a 17—25)，才能有助于拥有者幸福。我们的情感影响到我们的生活。如果我们作为一个自然物没有各种各样的自然欲望和本能渴求(即情感)，如果我们对这些欲望的反应不会影响到我们生活的各个方面和我们的幸福，则对快乐等情感的节制就无所谓美德不美德。由于我们的情感影响到我们的幸福，因此，作为一个理性的生物，我们必须判断我们应该怎样对这些欲求做出反应：是自我放纵，无动于衷，还是恰到好处。

亚里士多德的中道说和儒家的中庸之道极为相似。这种中道说和许多西方

---

① 参见 *The Nicomachean Ethics*，Book II，chapter 1 和 chapter 6。

② 参见 *The Nicomachean Ethics*，Book II，chapter 7。关于具体美德的讨论，可参见 Book III。

哲学家所认同的追求利益或价值最大化的理性原则是大相径庭的，因为，按照中道说，贪得无厌和无动于衷都是恶习，刻意追求一切价值的最大化似乎就是属于过分或贪得无厌。中道原则有意无意为当代西方哲学所忽视，理论上和实践上造成了相当多的问题。在个人日常生活中，使一些个人，在国际事务中，使某些国家，离幸福越来越远。这似乎从反面证明了中道说的合理性。因此，我们应该重新认识中道说或中庸之道的价值。

五、美德和实践智慧[①]

怎样对我们的欲求做出恰如其分的反应不是一件轻而易举的事情。“采取这些情感只有在适当的时间，关于适当的对象，对于适当的人，怀有适当的目的，采取适当的方法，才是中道并且最好的”(1106b 20—23)。因此，怎样确定“中道”需要理性和实践智慧。亚里士多德说：“美德是一种[品质]状态，它存在于中道之中并决定相对于我们的中道，这个中道由理性所决定，也就是说，具有实践智慧的人按照这一理性来确定中道。”[②]由于实际情况下对事情分寸的把握(对“中道”的把握)并无一定之规，它需要正确理性或实践智慧，而不是什么规则等。[③] 比如，面对危险，我们有自然本能的反应。而作为理性行动者我们必须反应恰当。过分，则成为懦夫。无动于衷，则成了疯子或没有感觉的人。恰到好处，则是勇敢。在恰当的时间，害怕恰当的事情，出于恰当的动机，采用恰当的方法，是理性所要求的。

实践智慧和哲学智慧不一样，后者可以是最精确的科学知识，也可以是最深奥的、对人没有什么实用价值的哲学思考。[④] 它和聪明也不一样，后者只是寻找实现目的的最佳手段的思考，但对目的本身是否高尚无能为力。[⑤] 实践智慧则

---

① 实践智慧的希腊原文为 phronêsis(见 Alasdair MacIntyre, *After Virtue* (University of Notre Dame Press, 1984), 154)，笔者这里是根据 Ross 的英文译文 practical wisdom 译出，其实也可以译为行动智慧或实用智慧。Irwin 的英文译文为 prudence。苗力田的中文译文为明智。亚里士多德的 prudence 和当代西方哲学家所讲的 prudence 不完全相同，后者常指“精明理性”，即一个行动是合乎理性的，当且仅当，它是符合行动者个人利益的。前者的思想参见 *The Nicomachean Ethics*, 1140a 25 - 32，和 Book VI 的有关章节。

② *The Nicomachean Ethics*, 1107a 1 - 2，主要根据 Irwin 的英文译文，并参照 Ross 的译文译出。

③ 参见 1138b 20—25。Ross 将该处的有关短语译为 correct rule(正确规则)，麦金太尔认为是他的误译，因为对实际情况下怎样行动的分寸的把握没有现成的公式可套(参见 MacIntyre, *After Virtue*, 152 - 153)。

④ 参见 *The Nicomachean Ethics*, Book VI, chapter 7。

⑤ 参见 *The Nicomachean Ethics*, Book VI, chapter 12。

既考虑实现目的手段，也考虑目的本身的高尚。“实践智慧是一种心灵的性质，它所关心的是与人有关的公正、高尚和善。”[①]它思考什么样的事情或行为是促进人的幸福的最佳手段。它是一种在具体情况下能够看出哪一个行动能够实现高尚目的的品质。具有实践智慧的人也必须是具有伦理美德的人，因为美德才能决定行动目的的高尚和正确(1144a 7—10)。

按照亚里士多德，美德即中道，中道由具有实践智慧的人根据理性所决定，而具有实践智慧的人就是具有美德的人。这似乎是一个恶性循环定义。达沃尔认为我们不能这样理解亚里士多德。很清楚，亚里士多德不认为我们的欲望(目的)决定至善，而是至善决定我们的目的。关于至善的事实决定什么是我们行动的中道，这和具有实践智慧的人如何瞄准这些个中道无关。相反，一个人是否具有实践智慧取决于他是否对准了这些中道之点。[②]

那么，怎样运用实践智慧来决定中道呢？亚里士多德认为要根据理性。由于高尚或恰当(或中道)是一种看不见摸不着的伦理属性，我们无法通过观察得到，无法成为像自然科学那样的知识。达沃尔由此推断，所谓理性是某种暗含于实践智慧人的知觉之中的某种普遍的规则，按照这个规则他才能判断什么是高尚，什么是中道，即使他本人也许并没有意识到。[③] 此外，实践智慧包含伦理学反思，即包含用理由来支持对中道的选择。亚里士多德认为人的功能是过一种积极的包含理性要素的生活。“包含理性要素”的意思是要有理性的思考，行动和情感要出自理由。比如，害怕不应是无缘无故的，应出自理由。害怕是对危险的反应，但只有当危险真的出现，才有害怕的理由。由于人的功能包括理性，纯理性的思考是人类最好的生活，最好的生活应该和最高的美德——理性一致。其他实用的美德是否存在或有价值取决于是否有助于这样的生活。[④] 合乎美德的行动根植于一个人的美德或性格之中，这成为可能，仅当他的行动出于某种理由。比如，节制是一种美德。真正有节制的活动是出自有节制的性格，出自一种根据理由行动的倾向，这种理由是他根据性格而行动的根据。如果一个人有节制的行动，比如有节制的进食不是出自于他自制的性格，而是出自他厌食或对厨师的怨恨，则他的行动表现的不是自制的美德，而是怨恨或饮食失序的恶习。这就是为什么亚里士多德强调理由在执行人的功能的活动中的重要性的原因所

---

① 1143b 21—25，据 Ross 英文译文译出。

② 见 Darwall，*Philosophical Ethics*，212 - 213。

③ 同上，213—214。麦金太尔肯定反对达沃尔的这种看法。见 *After Virtue*，152 - 153。

④ 参见 *The Nicomachean Ethics*，Book X，Chapter 7 以后的章节。

在。理由是一个人的性格所决定的理由。亚里士多德认为一个有节制的人选择节制的行动是出自节制自身的理由(参见 1105a 31—33)。他为什么这么认为?因为有节制美德的人认为节制是人的一种优点,一种自身就值得尊重和仿效的东西。

实践智慧运用潜藏于理性中的规则和寻找恰当的理由来决定行为的中道,它可以说是一种有别于一般命题知识的技能,也可以说是一种伦理学的知识和智慧。和数学、物理学不同,伦理学的知识和智慧源于生活和阅历。这就是为什么智者和长者的判断(达沃尔认为他们相当于理想道德行动者)能够成为判断对错的依据。伦理学知识包含了某种知觉,这种知觉除了哲学的反思或理性的直觉外,还源于成熟的生活经验和人的成长。比如,伦理学知识或智慧不可能表述为像功利主义之类的、独立于人们自己的伦理学发展的、任何人可以理解和运用的规则或原则。[①]

六、美德和正确行动

亚里士多德和密尔一样,都相信人本质上是社会或政治动物,他们的幸福是彼此相联系的,个人的繁荣和所有人的繁荣连在一起。[②] 但问题是,他们的幸福也有可能相互冲突,他们中一部分人的幸福可能是以牺牲另一部分人的幸福为代价的。我们不得不面对这样的问题:我们应该怎样平衡我们和他人的幸福?亚里士多德强调个人的幸福是人的本质追求,但他并不认为一个没有公正美德的人能够得到幸福,而所谓公正就是平衡和他人的幸福。

伦理学利己主义者所遇到的问题是:在类似于“囚徒悖论”的情景中,不可能避免所谓集体行动的问题。而亚里士多德的学说似乎可以提供某种新的思路:一种出自人本性的共同目的的追求可以保证个人利益彼此和谐,从而避免所谓集体行动的问题。这个思路似乎是:一个真正的人在追求自己的幸福时本能上就会考虑他人的幸福。这是一个本体论的假设。[③] 菲莉帕·傅特(Philippa Foot)似乎同意这样的假设。她认为对道德的理解和辩护也许最终依赖于人关心他人或种群的“善的意志”,而这种“善的意志”在她看来类似于狮子教其幼狮

---

① 参见 *The Nicomachean Ethics*, Book VI。

② 参见 *The Nicomachean Ethics*, 1097b 10-15。

③ 参见 Darwall, *Philosophical Ethics*, 196-197。

捕食的某种本能。[①] 按照这样的本能,我们就可以避免造成对彼此不利的结果。从追求幸福是人的本能和没有美德的人不可能得到幸福的假设,我们可以得出,出自人的本能的行动或出自美德(性格)的行动就是合乎美德的行动,亦即正确的行动。按照亚里士多德的学说,我们从人是什么推出了人应该做什么。

一个有德行的行动必须来自有德的性格。一个德行的价值依赖于行动者的品格。一个人不可能学会德行而没有学会对高尚出于对高尚自身的爱。比如,如果一个人不能学会对公正自身的爱,如果他不能将公正内在化为他的内在欲望之一,他的行为就没有真正的值得他人尊重的价值。

这种根据美德来给正确行动下定义的理论能否取代功利主义或义务论成为指导人们行为的规范伦理学,是西方美德伦理学家正在争论不休的问题。持反对意见的伦理学家认为,对幸福的定义不可能脱离对行动效果的考虑,而对美德的定义又离不开幸福,因此,美德的定义不可能离开行动效果,美德伦理学不可能成为取代效果主义或义务论的规范伦理学,只能是其补充。但按照亚里士多德的看法,美德不仅仅是实现幸福的工具,美德本身就构成幸福的部分,以至于幸福要根据美德才能确定。而且,如达沃尔所说,亚里士多德的美德是选择中道的品质,而中道本身是客观的,它既不能通过效果主义来定义,也无法通过义务论来规定。所以,至少,亚里士多德的规范美德伦理学对行动正确性的规定不依赖于任何其他的规范伦理学。至于是否能够解释任何行动的正确性以至于取代其他规范伦理学则是另外一个问题。

笔者认为亚里士多德理论的问题是:对幸福的追求未必是人的本性。将行动的正确性解释成为出自本能的对幸福的追求无法解释我们为什么还担心所谓"集体行动"的问题,我们为什么还担心人类有可能无法避免核战争的悲剧。事实上,美德伦理学本身就预设了人性的不确定性和可塑性,如果没有这个前提,我们讨论应该具有什么样的心理结构,应该具有什么样的理想人格就没有什么意义了。

七、怎样获得美德?

苏格拉底认为凡真正知道善恶对错、具有善恶知识之人,必然行善,凡作恶者皆因无知(即缺少测度善恶的知识)。[②] 在他看来,对于一个真正有善恶知识

① 参见 Philippa Foot, "Does Moral Subjectivism Rest on a Mistake?" *Oxford Journal of Legal Studies*, Vol. 15 (Spring 1995): 7 – 8。

② 见 Plato, *The Protagoras*, 357d – e。

的理性的人来说，不能自制是不可能的。[①] 亚里士多德则认为对一个有善恶知识的人来说，不能自制是可能的。知道善恶是一回事，但能否知善而行善，知恶而避恶，又是另一回事。[②] 所以，他在谈到理智、聪明和实践智慧等理智美德时，特别强调伦理美德在确定行动正确目标中的重要性，理智和聪明等不过是实现行动目的的手段而已。[③] 在笔者看来，这也正是培养美德的重要性所在。那么，怎样才能获得美德呢？

亚里士多德认为有两种美德：理智美德和伦理美德。前者大多可以通过教授的方式传授和学习，后者只是一种心理的习惯，无法通过教授的方式传授和学习，只能从实践中通过反复重复某一种美德的行动去获得该种美德。获得美德就像学习一门艺术或手艺，通过反复练习才能获得。要学会弹竖琴就必须反复练习弹竖琴。要想具有勇敢、公正、节制等美德，也需要从反复的勇敢行为、公正行为和节制行为中获得。[④]

美德是通过反复实践合乎美德的行动而获得的一种心理习惯。美德的反面是恶习。恶习也是一种心理习惯，也是从不断重复的恶行中获得的。要想获得美德就得先去掉恶习。怎样才能保证人们去恶习、获美德呢？亚里士多德似乎认为应该包括如下几个方面的工作。

首先，要通过立法杜绝恶习，以确保良好习惯和良好社会风气的形成。他认为立法者的目的都是要通过习惯（法律和风气）造就善良的公民，“一个好政体和一个坏政体的区别就在这里。一切美德，都从这里生成，并且通过这里毁灭”(1103b 6—9)。

其次，要培养人们对美德自身的热爱。而培养对美德自身的热爱，关键在于培养正确的苦乐观。亚里士多德认为，伦理美德和痛苦快乐有关。快乐有可能使我们做卑鄙的事情，痛苦可能使我们远离美德。勇士当危险来临时，处变不惊，保持快乐，懦夫则会痛苦不堪。因此，培养良好的苦乐的态度，即在做合乎美

① “不能自制”的希腊文为 akrasia，英文常常译为 lack of self-control，incontinence，the weakness of will。苗力田将其译为“不自制”（见《尼各马科伦理学》，第七卷）。“不能自制”这里指的是“不能自我控制”，“失控”等义。

② 主要参见 *The Nicomachean Ethics*，Book VII，chapters 1－3。关于亚里士多德是否真的反对苏格拉底的看法，是否真的认为不能自制是可能的，在西方研究亚里士多德的学者中是有分歧的，赞成和反对的意见都有。笔者取一般人都认同的看法，即亚里士多德认为不能自制是可能的。

③ 参见 *The Nicomachean Ethics*，Book VI，1144a 7－8 和 1144a 25－32。

④ 参见 *The Nicomachean Ethics*，Book II，chapter 1。Irwin 将“理智美德”和“伦理美德”译为“思想美德”和“品质美德”。

德的事情时感到乐趣,做卑鄙的事情时感到痛苦,就显得非常重要。一个理想的政体应该有利于其公民形成正确的苦乐的态度。[①] 只有这样,才能培养对高尚的热爱,才能培养真正的具有美好品德的公民。笔者认为培养公民起码的良心是形成正确的苦乐观和对美德自身热爱的基础。

最后,美德的培养来自榜样和仿效。美德不是一种你可以通过自己知道和发现的东西。这和学乐器的道理是一样的,你需要老师给你示范,做出样子。就美德而言,你需要有德行的人给你做出榜样。而且,美德在于选择中道,而选择中道需要智慧。这种智慧不是任何人都可以学习的一种公式。达沃尔在解释亚里士多德学说时说道:"伦理学中的理论反思预设美德作为一种背景。而我们获得美德只能通过仿效那些已经具有美德的人。"[②]从另一个方面,要想杜绝或减少恶习的形成,有德之人的幸福生活将会是引导人们弃陋习、仿美德的重要典范。

亚里士多德的美德伦理学思想其实远比本文所介绍的要丰富。尤其是他关于许多具体美德的论述,应该成为应用美德伦理学进一步研究的内容。本文只是提出了亚里士多德美德伦理学的基本框架,尽管其中有许多值得商榷的观点和缺陷,但它却为我们今天进一步研究美德伦理学提供了极好的平台。

---

① 参见 *The Nicomachean Ethics*, Book II, chapters 1 & 3。

② Darwall, *Philosophical Ethics*, 207.

当代西方规范美德伦理学研究近况*

上世纪末和本世纪初以来，许多西方哲学家开始较系统地研究美德伦理学，并将能够给我们提供行动规范、指导我们行动的美德伦理学称之为"规范美德伦理学"。他们的目的是克服对传统美德伦理学的批评（即美德伦理学只是以行动为基础的功利主义和以义务为基础的义务论的补充，本身并无独立的地位），他们试图说明美德概念的第一性（primacy），并从中发展出像效果主义和义务论那样可以运用的道德规则或原则。他们希望将美德伦理学发展成为足以和功利主义和义务论相抗衡的规范伦理学理论。本文拟对当代西方规范美德伦理学研究近况做一个综合性的评介。

一、对规范美德伦理学的责难

西方哲学家对规范美德伦理学的责难主要有两个。

第一，规范美德伦理学依赖效果主义、义务论或者其他的伦理学理论，理论上没有自己的独立性。罗尔斯（John Rawls）认为任何伦理学理论都要讨论两个最基本的概念及其关系，一个是正确性的概念，一个是善的概念。他还提到另一个概念，即"一个有道德价值的（morally worthy）人的概念"。但他认为，这个与美德有关的概念可以从前面两个概念推导出来，因此，伦理学理论实际上由前面两个概念所决定。[1] 按照罗尔斯的看法，伦理学要么是以行动的善为基础的伦理学理论，要么是以义务的正确性为基础的伦理学理论，美德伦理学理论上没有

---

* 本文原载于《国外社会科学》2006 年第 4 期。

① 参见 Rawls, John, *A Theory of Justice*, Cambridge: Harvard University Press, 1971, p. 24。

自己独立的地位。[①]

第二，美德伦理学无法为我们的正确行动提供指导原则，而这本应该是任何规范伦理学理论应有的职责。因为美德是我们内部的一种心理状态，它本身无法告诉我们应该做什么，无法提供行动的规则。简言之，美德无法决定一个行动的道德正确与否。

二、弗兰肯纳：美德不过是遵守道德规则的心理倾向

弗兰肯纳（William Frankena）赞成上面提出的第一种责难，但他认为美德伦理学可以为行动提供指导原则。他认为美德不仅能给人们的行动提供行动动机，也能提供正确行动的指导原则，因为，为了理解和定义美德，我们都会诉诸某些相应的规则或原则。比如，为了理解和解释什么是公正的美德，我们可以诉诸公正[正义]的原则。作为美德的公正不过是遵守公正原则或规则的心理倾向。每一个美德都有一个相应的行动规则，这就是作为人的心理状态的美德何以能够指导人们行动的原因所在。

但他认为离开了规则（原则）或行动后果（也可以表达为原则），我们无法确定美德是什么。因此，道德规则是第一性的，而美德是从属的、第二性的。按照一般规范美德伦理学理论，一个行动是道德的，当且仅当，它是一个有德之人的行动。弗兰肯纳认为问题是怎样定义一个有德之人？一个有德之人就是一个具有美德之人。而美德的定义又离不开原则或行动后果。依据原则和行动后果，美德伦理学理论可以分为三种：利己主义、功利主义和义务论美德论。利己主义美德论认为，美德是最有利于其拥有者的利益的品性，或者说，精打细算和小心翼翼地照顾自己是一个人基本的美德（cardinal virtue）。功利主义美德论认为，美德是有利于大众幸福的品性，或者说，仁慈是最基本的美德，其他美德都由此而来。义务美德论认为，美德并非仅仅是实现非道德价值的工具，它们有自身的价值，因此，除了自利和仁慈之外，还有诚实、公正等基本的美德。由于弗兰肯纳认为义务都可以表达为原则，而功利主义又可以表达为功利义务或功利原则，可以合并到义务美德论中去，又由于利己主义理论本身的缺陷，因此，他认为义

---

① 关于认为美德无法成为第一性（primacy）概念的详尽分析，可参见 Watson, Gary, "On the Primacy of Character" in *Identity, Character, and Morality*, ed. Owen Flanagan and Amelie Rorty, Cambridge: MIT Press, 1990, pp. 449 - 469。

务美德论最为合理。①

弗兰肯纳也强调了培养美德的重要性。他认为仅仅遵循规则是不够的，因为这种遵循并非必然出于道德的理由，很有可能出自非道德的理由，而出自非道德理由的遵循道德上是不完满的，是缺少道德价值的。而且，由于道德只能提供初始规则，而非实际情况下的实际规则，因此，我们不可能满足于初始规则的文字，我们需要培养美德的心理倾向，它们能使我们在规则彼此冲突时能够选择恰当的行为。此外，一个人不能遵守规则可以有很多理由，比如，不了解情况等。道德应该考虑到这些例外。道德评价不可能仅仅依据一个人是否不折不扣遵守了道德的规则来判断。所以，道德不可能过于强调规则的遵守，道德要求和道德评价始终可以强调的是美德，是遵守规则的意愿，而不是遵守规则。所以，义务论应该给美德留有一席之地。②

问题是，道德究竟应该是规则或原则的遵循，还是心理倾向(dispositions)或品质的培养？究竟是原则决定道德，还是美德决定道德？最终决定我们行动道德与否的因素究竟是什么？弗兰肯纳认为如果离开了按照原则行动的品质的培养，我们很难理解道德规则或原则的意义和作用。而另一方面，品质或心理倾向离开了在特定的环境下的特定的行动方式，也无法理解。比如，仁慈和公正等美德离开了仁慈的原则和公正的原则就无法理解。因此，我们不应将义务论原则和美德伦理学看成是两个对手，而应看成是同一个道德的互补的道德理论。因此，每一个原则都应该有一个相应的道德的美德，而每一个美德也应该有一个相应的原则。这些美德和相应的原则通常都有同样的名称，比如，公正。他模仿康德的名言，提出："原则无品德则空，品德无原则则盲。"③尽管他似乎企图调和义务论和美德论，但和康德无法调和经验论和唯理论一样，他最终认为原则更为根本(而不是美德)，故美德不过是按照原则(规则)行动的心理倾向。

三、谢勒：美德并非仅仅是遵守道德规则的心理倾向

弗兰肯纳认为美德不过是遵守道德规则的心理倾向。谢勒(Walter Schaller)将这一观点称之为标准观点，它包括：(1)道德义务都可以表达为行动的道德规则；(2)美德不过是遵守这些规则的心理倾向；(3)因此，美德只具有工

---

① 以上参见 Frankena, William, "A Critique of Virtue-Based Ethical Ethics" from *Ethics*, Prentice Hall, 1973. 转引自 Pojman, L. P., (ed.) 2002, p. 351, p. 355。

② 参见 Pojman, Louis P., (ed.), *Ethical Theory*, CA: Wadsworth, 2002, pp. 352 - 353。

③ 参见 Pojman, Louis P., (ed.), *Ethical Theory*, p. 352。

具价值。标准观点认为不管一个人是否有相应的美德，都一样可以并且应该遵守道德规则。比如，一个缺少诚实美德的人也可以遵守反对说谎的规则。因此，美德的核心就是遵守道德规则的心理倾向。美德的价值仅仅在于可以成为道德规则所要求的道德行动的动机，没有道德规则或所要求的行动，也就没有美德的价值。[1]

谢勒认为标准观点不成立。他认为美德有自有价值，至少一部分美德，如仁慈、感恩和自尊等，无法解释为遵守道德规则(或义务)的心理倾向。他的具体理由如下：

第一，仁慈、感恩和自尊这三种义务最好理解为要求人们培养相应美德，而不是要求遵守道德规则的义务。比如，乐善好施(beneficence)如果理解为道德义务，如果不是一种超道德要求的(supererogatory)义务，似乎可以表达为：我们应该帮助那些需要帮助的人们。但当我们想将这种义务确切地表达为行动的具体道德规则时，困难开始出现。如果我们将其表述为："帮助所有需要帮助的人"，显然，这条规则超出了道德的要求。我们也可以将其表达为："尽可能地帮助他人。"但怎样判断我"尽了可能"是一个非常难以决定的问题，因为我可以"尽可能"将所有的钱，除了必要的生活费用外，都用来帮助穷人和无家可归的人，但这明显超出道德的要求。而其他的表达方式也有缺陷，比如，"有时在某种程度上帮助他人。"这种表述选择的范围太大，给了行动者过多的自由。在很多情况下，拒绝帮助他人在道德上是错误的，比如，当可以没有任何风险就可以救起一个溺水的孩子而不这样做时，就是错误的。上述规则的表述实际上并没有真正给行动者提供指导。如果乐善好施不能表达为行动规则，则将美德解释成为遵守道德规则的心理倾向就无法成立，所谓美德只有工具价值的说法也因此而不能成立。[2]

另一方面，如果我们将乐善好施看成是要求人们尽可能培养仁慈或仁爱之心(benevolence)的美德，则可以避免上述问题。首先，要求人们尽可能地培养对他人的仁爱之心，不要对他人的痛苦无动于衷，这一要求不存在着将这种义务表达为行动规则(比如，"帮助所有需要帮助的人们")时所遇到的要求过高的问题，它强调的是意向，而不是具体的行动。其次，这样做也可以避免上面的要求过弱的问题，比如，"有时在某种程度上帮助他人"这一规则所遇到的问题。不救

---

① 参见 Schaller, Walter, "Are Virtues No More Than Dispositions to Obey Moral Rules?" in *Philosophia* 20,1990。转引自 Pojman, L.P., (ed.), *Ethical Theory*, p.357。

② 参见 Pojman, L.P., (ed.), *Ethical Theory*, pp.357 - 358。

快要淹死的孩子可以不违反这条规则，但显然，不救这个孩子是错误的。而不救这个孩子显然和仁爱之心的美德是相违背的。因此，将乐善好施的义务理解为培养仁爱之心的美德，可以避免要求过弱的问题。第三，一个人可以不违反任何道德规则，但却自私自利。这样，从规则义务论的角度，我们对他不可能有任何谴责，但从美德义务论的角度，我们则可以说他缺少仁爱之心，而他有义务培养仁爱之心。第四，当我们考虑在具体情况下，一个已经具有仁爱之心的人是否应该帮助一个需要帮助的人时，这个问题常常变成他是否有能力帮助需要帮助的人。而一个不具备仁爱之心的人则会问：他是否必须这么做，而且会找出种种借口不去做。第五，将美德理解为仅仅只有工具价值会忽略这样的事实：有时需要帮助的人所需要的仅仅是同情心而已，然而，一个缺少同情心的人是无法提供这样的帮助的。[①] 而假装出来的同情心又不是真正的同情心。

第二，感恩的义务几乎无法表述为可以为任何人都可以遵守的行动规则。因为，缺少感恩美德的人无法履行感恩义务，仅仅出于履行感恩义务的动机而履行"感恩"的行为不是真正的感恩行为，它更像"装"出来的感恩，它会使接受感恩行动的人感到不舒服。这种感恩的价值仅在于比完全不装出感恩好一点。我们可以将感恩义务表述为"受惠都应感谢，哪怕是表面上的感谢"。但遵守这条规则并不意味着履行了感恩的义务。因此，真正的感恩行为直接来自感恩的美德，而非其他。感恩美德有其自身价值，而不仅仅是工具价值。感恩的自有价值在于它是行动者对施恩者的尊重，感恩的行动只是这种态度的证据，而这种态度并非是执行规则的工具。[②]

第三，遵守义务的动机并不等于相应的美德，比如，感恩和自尊的义务不可能表达为任何人都可以遵守的行动规则，因此，感恩和自尊作为行动动机也就无法表述为遵守相应规则的动机，这些行动的动机只能是感恩和自尊等美德自身。换言之，感恩和自尊的行动和动机是无法截然分开的。

谢勒还认为，自尊也是一种美德和义务。如果标准观点（关于自尊的看法）是正确的，那么，我们应该可以表述关于自尊的行动规则，这种规则不仅能够为有自尊美德的人所遵守，也应该能够为没有自尊美德的人所遵守。但要表述这样能够为缺少自尊、充满奴性的人所能够遵守的自尊规则几乎是不可能的，因为，奴性和自尊，从根本上讲，是一个态度和信念的问题，而不仅仅是个行动的问题。一个听话的妻子顺从丈夫的行动是不是奴性的体现，不在于行动，而在于她

---

① 参见 Pojman，L.P.，(ed.)，*Ethical Theory*，pp.358－359。

② 参见 Pojman，L.P.，(ed.)，*Ethical Theory*，pp.359－360。

行动的理由、信念(对自己应有的道德权利、自身价值和地位的信念)和态度。所以,即使是不顺从的行动如果以近乎奴性的心态去执行,也无法体现自尊。和感恩一样,如果我们想将自尊看成是一种义务,我们最好将其看成是一种要求培养自尊美德的义务,而非行动规则。自尊不过是合乎自尊美德的行动而已。如此,自尊就无法表述为遵守自尊规则的心理倾向,自尊美德也不是只有工具的价值。① 谢勒甚至认为自尊和感恩并非必须要求进一步的行动。②

谢勒的上述论证只是表明,至少,有些美德是无法表述为遵守行动规则的心理倾向。美德的道德价值或重要性是无法为行动规则所穷尽的。他并不是想证明所有的美德都不能表述为遵守行动规则的心理倾向。他认为有些美德可以表述为遵守道德规则的心理倾向,在这种情况下,规则是第一性的,而美德是第二性的。但并非所有美德都如此,比如,他上面所提到的三种美德。这些美德的价值是自有的、第一性的,而非从属于规则的。③ 谢勒的证明如果成立,说明至少有些美德是无法还原为规则义务论的,美德伦理学至少部分地有规则义务论所无法取代的地位,一个行动的道德属性,至少部分地,离不开对行动者动机的考虑。

和谢勒不一样,许多当代美德伦理学家认为所有的道德行动都可以从美德中推出。他们试图证明所有道德行动都可以解释为合乎美德的行动,所有的道德规则都可以来自美德,并且,美德的概念是第一性的。他们想彻底推翻前面对规范美德伦理学的两个责难。上世纪末本世纪初,相当一部分西方伦理学家开始努力朝着这个方向前进,他们的理论可以分别称作实际行动者动机论,假设行动者动机论和美德目标中心论。④

四、实际行动者动机论

斯洛特(Michael Slote)认为一个行为的道德属性或正确性应该完全可以从实际行动者的道德属性,即他的品德或行为动机中推出。⑤ 如果一个行为出自善良的、好的动机,他的行为就是道德的。反之,就是不道德的。真君子和伪君

① 参见 Pojman, L. P., (ed.), *Ethical Theory*, pp. 360 - 361。

② 参见 Pojman, L. P., (ed.), *Ethical Theory*, p. 362。

③ 参见 Pojman, L. P., (ed.), *Ethical Theory*, p. 361。

④ 参见 Das, Ramon, "Virtue Ethics And Right Action" in *Australasian Journal of Philosophy*, Vol. 81, No. 3, September 2003。此文已译为中文,见《美德伦理学和正确的行动》,《求是学刊》2004 年第 2 期;《新华文摘》2004 年第 14 期转载。

⑤ 见 Slote, Michael, *Morality From Motives*, New York: Oxford University Press, 2001, p. 5。

子的区别往往不在于他们做了何事，而在于他们做事出自何种动机。由于他将行动正确性的最终依据归于实际行动者的实际品德或动机，故不妨将他的理论称之为“实际行动者动机论”。斯洛特本人则将自己的理论称之为“以行动者为基础的理论”(agent-based theory)，以显示和“以行动为基础的”和“以道德义务为基础”的道德理论的不同。实际行动者的美德论可以表述如下：

一个行动是道德的，当且仅当，行动者实际上是一个有德之人并且该行动是出自他的美德。

对“实际行动者动机论”的责难主要有三个。第一，一个人实际行动动机的好坏并非是其行动正确性的充分必要条件。一个人行动动机并非是其行动正确性的必要条件。假设有个男士和一个有小孩的女士约会。小孩不小心掉进游泳池即将淹死。男士对小孩的生死毫不在意，但为了和女士上床，他跳进游泳池救起小孩。救小孩的行动不管动机如何似乎都是正确的。但按照实际行动者动机论，由于那个男士的动机是错误的，因此，他救小孩的行为也是错误的。这似乎和人们的常识相冲突。[①] 第二，一个人实际行动动机也不是其行动正确性的充分条件。比如，一个人为了及时将一个病危的病人送到医院，结果造成数人死亡的车祸，尽管他的动机无可非议，但我们似乎很难说他的行动是正确的。

实际行动者动机论者可能回答，男士以和女士上床的动机救小孩依然是错误的，只有出于正确动机的正确行动才是真正正确的行动。但实际行动者动机论依然面临第二个责难，即它没有办法合理解释正确行动和有正确动机的正确行动之间的区别。由于实际行动者动机论将行动的正确性等同于动机的正确性，因此，它必然混淆正确行动(不管其动机如何)和出于正确动机的正确行动之间的区别。而这种区别具有十分重要的实践意义。道德规则和规定行动正确性的主要意义就是要给一切人，不管其动机如何，不管其是否愿意遵守，提供行动的指导和理由。这正是道德规则的意义所在。过于强调行动正确性对动机的依赖性，否认正确性独立于人们的动机，会忽略或无法解释正确性本身有可能给人们提供动机。而且，一个人动机往往不受自由意志支配，比如，一个吸烟者的吸烟的欲望就无法受其支配。因此，如果我们认为一个人的实际动机是其行动正确性的充分必要条件，我们就违反了“应该”蕴涵“能够”的原则。[②]

---

① 该例子取自 Das, R., “Virtue Ethics And Right Action,” p. 326。

② 参见 Das, R., “Virtue Ethics And Right Action,” pp. 326 - 328。

第三，达斯(Ramon Das)认为，实际行动者动机论无法避免循环论证。他的基本理由是，任何规范美德伦理学都必须回答怎样确定一个行动动机好坏的问题。而动机看不见、摸不着。为了确定动机的好坏，我们只有诉诸动机所导致的行动的好坏来解释或理解动机的好坏。这样，我们就陷于了循环论证：用动机正确性定义行动正确性，再用行动正确性定义动机正确性。达斯认为，只要我们诉诸外在的行动的属性或正确性来解释美德的本质，我们就不可避免地陷入循环论证。比如，当我们要说明仁爱之心是什么时，我们似乎无法不用仁爱的行动来解释仁爱之心。我们很难说一个从来没有表现过仁爱之心的人有仁爱之心。也就是说，美德的本质最终依赖于对行动正确性的评价。达斯认为，怎样确定一个心理倾向是美德涉及价值评价。而对美德的价值评价依赖于其外在的行为的价值评价。故美德伦理学无法摆脱循环论证。[①] 斯洛特本人对此诘难的回答是，怎样决定动机好坏，怎样决定一个心理倾向是不是美德，取决于我们的直觉。[②] 达斯的观点似乎是：规范美德伦理学无法论证美德的第一性而不陷入循环论证。而笔者则认为，美德作为看不见、摸不着的心理属性，只能通过外部行为来说明，但这只是展现其本质，而非美德依赖外部行动。正像"脆"是玻璃的倾向性属性一样，为了解释"脆"，我们不得不设想一些可能情况下的可能的行为来解释它，但这并不意味着"脆"的属性依赖于它的行为。如果一块玻璃一直不碎，我们不能因此而认为它的"脆"性就不存在。一个人的仁爱之心，在它还没有表现出来的时候就已经存在，所以，无论从本体论还是逻辑上，它都可以不依赖其行动的正确性。至于出自仁爱之心的行动是否在任何情况下都正确，则是另外一个问题。

实际行动者动机论的主要问题是怎样区别正确行动和出自正确动机的正确行动，怎样说明尽管动机不对，男士救小孩的行为依然是正确的行为。对此，实际行动者动机论者似乎无能为力，因为他们将行动的对错和实际行动者的实际动机联系在一起，而行动的对错和实际行动者动机的对错是有区别的。为了避免这一问题，有的哲学家提出了假设行动者动机论。

五、假设行动者动机论

罗莎琳德·赫斯特豪斯(Rosalind Hursthouse)是假设行动者动机论的主要代表人物。按照她的理论，

① 参见 Das, R., "Virtue Ethics And Right Action," pp. 328 – 330。
② 见 Slote, M., *Morality From Motives*, p. 19 and footnote 12 on p. 19。

一个行动是正确的(或道德的),当且仅当,它是一个有美德的人根据其美德所可能采取的行动。①

这一表述将正确行动归于一个假设性的有德之人,而非实际行动者,因此可以避免实际行动者动机论的问题。因为实际行动者动机论要求实际行动者要按照美德行动,此行动才是道德的。这就产生了一个问题:怎样解释动机不良的男士救小孩的行动何以道德上是正确的?而假设行动者动机论可以避免这一问题。即使实际行动者的动机不纯,只要他的行动和真正有德之人根据其美德所采取的行动是一致的,他的行动就是正确的。因此,这一理论似乎可以避免前面提到的前两个问题。

假设性行动者动机论关于行动的一般性指导规则可以表达为:"做一个有德之人在此时此景下会做的事情。"这条一般性的规则似乎无法给道德上并不完满的人提供指导,因为他们不知道有德之人(或道德上更为完满的人)此时此刻此情此景会做什么。而对有德之人来说,又无需这条规则指导。那么,怎样解决这个问题呢?赫斯特豪斯的回答是:第一,道德上不完满的人可以向道德上更为完满的人请教;第二,道德上不那么完满的人未必不知道有德之人在此时此景会做什么;第三,一个有德之人是指具备了诚实、仁慈、公正等品德之人,而诚实、仁慈、公正等美德都有相应的行动规则,比如,"不许说谎","不许伤害他人","一视同仁"等。因此,尽管我不是一个完满的人,但只要我知道具体的美德是什么,我也就能知道该怎么做,我就知道一个有德之人会做什么。她认为每一个美德都有一个对应的行动规则,比如诚实的对应规则就是:"讲真话","不许说谎"等。每一个恶习都有一个对应的戒律。她将这些规则和戒律称之为V-规则,即美德规则。②

那么,这一理论是否可以避免循环论证的诘难?这取决于该理论怎样解释美德。什么是美德?如果直接将其定义为采取正确行动的心理倾向,那么这就等于用正确行动定义美德,然后再用美德定义正确行动,这样就会陷于循环论

---

① "按照其德性"(characteristically)是为了避免这样的诘难:即使一个有德之人也会有有意识做错事的时候。但如果她按照其德性去做,则不会有意识去做错事。参见 Hursthouse, Rosalind, "Normative Virtue Ethics" in *How Should One Live*? ed. Roger Crisp. Oxford: Clarendon Press, 1996, pp. 19-36。此文已译为中文,见《规范美德伦理学》,《求是学刊》2004年第2期;《新华文摘》2004年第14期转载。

② 见 Hursthouse, R., "Normative Virtue Ethics"。

证。另一方面,如果将美德定义为遵守道德规则的心理倾向,则美德就会失去其独立的地位,而成为义务论的附庸。为了避免这一问题,赫斯特豪斯提出了两种方法来解释美德。一种方法是举例的方法,即"一个美德是……"的方法来说明美德是什么。但怎样决定"一个美德是……"是否为真,赫斯特豪斯没有说明。但她以义务论作为例子,因为义务论也是通过举例的方法列举道德的规则,比如,"不许说谎"等。而义务论传统上是根据直觉来确定义务或规则的。故我们似乎可以推论,赫斯特豪斯和斯洛特一样,也认为具体的美德建立在直觉的基础上,我们无需诉诸其他的概念来解释它。另一种方法则是给美德的本质下定义。她提出了两个建议。一个是采纳休谟的观点,即"美德是对美德拥有者或者他人有用的或者令人感到惬意的(人类的)品质"。一个是标准的新亚里士多德的解释,美德是一个人的幸福生活所必需的品质。她最终似乎将美德定义为获得幸福的品质。这样,一个有德之人就可以定义为一个具有取得幸福所必需的品质之人。①

那么,什么是幸福呢?赫斯特豪斯明显采纳亚里士多德的观点:幸福即繁荣兴旺、生活美满。但什么是繁荣兴旺、生活美满?她认为,按照亚里士多德的看法,幸福的获得包括教育人们"正派的人做这样的事情,但不是那样",以及"做如此这般的事情是道德品质败坏的表现"等诸如此类的事情。那么,怎样理解"正派的人做这样的事情,但不是那样"而不陷入循环论证呢?如果将正派的人理解为"有德之人",则我们明显陷入某种循环论证,此路不通。而将"正派的人"用"正派行动"定义,然后再用"善的行动"定义"正派行动",则有可能导致效果主义美德论。这样,循环论证是避免了,但美德伦理学又失去了其独立性,这对想证明规范美德伦理学独立性的哲学家来说,是得不偿失。赫斯特豪斯本人似乎试图用包含美德形容词的行动的概念来说明"正派行动",即用"有勇气的行动","忠诚的行动","诚实的行动"等来解释和理解"正派行动",并由此定义正确的行动。这似乎可以避免循环论证,但可能招致两种批评。第一,这些包含美德形容词的行动真的是独立的吗?比如,什么是"有勇气的行动"?真的可以不依赖效果主义或义务论来定义或理解吗?第二,"正确性"的概念真的可以还原为或完全依赖于这些美德形容词吗?"正确性"的概念难道没有其独立性吗?第二个问题是达斯提出来的。但美德伦理学家可以完全抛弃所谓"正确性"的概念。对规范美德伦理学来说,只要能够证明美德伦理学可以为人们提供行动上的指导就

① 见 Hursthouse, R., "Normative Virtue Ethics"。并参见 Hursthouse, Rosalind, "Virtue Theory and Abortion" in *Virtue Ethics*, ed. D. Statman, Georgetown University Press, 1997, p. 229。

行了。当然，这也许并非赫斯特豪斯本人的意见。[①]

笔者认为，如果美德可以建立在直觉的基础上，则足以终止循环论证和没有独立性的指责。但这是不是一个满意的答案，则需要进一步探讨和证明。

六、美德目标中心论（Target-Centred Theory）

规范美德伦理学的一个主要问题是，怎样确定一个心理倾向是美德？怎样确定一个人动机的好坏？由于一个人的心理倾向看不见、摸不着，而怎样定义和解释其好坏似乎必须依赖看得见、摸得着的东西，就像倾向性的物理属性"脆"一样，只有通过其外部的表现，我们才能理解和发现。又由于美德是一种心理倾向或意向，倾向或意向有着行动的目的或目标，故我们似乎可以通过美德的目标来定义美德，这就是克里斯婷·斯旺顿（Christine Swanton）美德目标中心论的基本思路。她将她的观点概括如下：

> （1）一个行动符合美德V（如，仁慈，慷慨），当且仅当，它达到或实现了美德V（仁慈，慷慨）的目标；（2）一个行动是正确的，当且仅当，它总的来说是合乎美德的。[②]

这一观点和斯洛特不一样。斯洛特认为正确行动完全来自行动者的内在状态。而她认为行动的正确性在于是否实现美德的目的或目标，而美德的目标大多数是外在于行动者的。因此，一方面，她的理论可以通过看得见的美德目标来定义看不见的美德。另一方面，只要实现了美德目标，即使行动不是出自实际行动者的美德，也可以是正确的。她将实际上来自美德的行动和实现美德目标的行动区别开来，因而可以避免斯洛特无法区别正确行动和出自正确动机的正确行动的问题。

一个行动"总的来说是合乎美德的"的意思是说，它实现了"前后周边关系（context）中恰当的目标"，亦即是"此时此景可能的最好的行动"。[③] 比如，如果只考虑一个美德，如慷慨，则正确行动应该是此时此景最慷慨的行动，它以最好的方式达到前后周边关系中恰当的美德目标。斯旺顿理论的问题是，如果一个

---

① 这一段分析主要参考了 Das, R., "Virtue Ethics And Right Action," pp. 332 - 333。

② 见 Swanton, Christine, "A Virtue Ethical Account of Right Action" in *Ethics*, Volume 112 No. 1, October 2001, p. 34。

③ 参见 Swanton, C., "A Virtue Ethical Account of Right Action," p. 45。

合乎美德的行动依赖于前后周边关系，并且还要是最佳的行动，这种对行动的正确性的解释就有可能混同于效果主义的理论，从而失去美德伦理学的独立性，成为效果主义美德论。她自己也承认，她的理论"和行动效果主义有一定的结构上的相似之处"。①

此外，斯旺顿的理论是否可以避免陷入循环论证？我们必须考虑她的"前后周边关系上恰当的美德目标"的含义。如果"恰当的美德目标"可以完全由行动者的内在事实，即关于美德的内在事实所决定，则有可能避免循环论证。斯旺顿认为有的"美德目标"是内在的，这种情况比较少见。她举的例子是坚定性(determination)，其目的或目标是某种像精神努力之类的东西。达斯认为确定这样的内在状态是否完全不需要外部的事实是一个值得挑战的问题。② 另一种目标是外在的，同时也是内在的，比如，宽容的目标不仅是尊重他人，也包括某种不歧视他人的动机或心态。而斯旺顿本人承认美德目标大多都是外在的。因此，离开了外部的因素，离开了前后周边关系(context)，我们通常无法理解"恰当的美德目标"。达斯认为，只要诉诸外部的事实，斯旺顿就难以避免循环论证。

还有一种可能可以用来避免循环论证的指责，即诉诸某种特殊论(particularism)，即一旦我们知道前后周边关系中哪些特征是使一个行动正确的特征，我们就不能运用任何普遍的规则或原则来决定其正确性，规则或原则至多只能告诉我们哪些特征应该给予最多的考虑。斯旺顿本人似乎赞成这种特殊论，这样，她也许认为，每当遇到一个具体的例子时，只要给定一个前后周边关系，我们就可以清楚地知道达到恰当美德的目标是什么。但问题是，在前后周边关系中，哪些是真正的美德的因素，哪些是直接确定行动正确性的因素？如果是后者，则要么美德伦理学失去其独立性，变成效果主义美德论，或义务美德论，要么，就会陷于循环论证，即用行动正确性的概念去确定恰当的目标，然后用恰当的目标定义合乎美德的行动，即正确的行动。③ 如此，斯旺顿的理论依然没有明显摆脱循环论证的指责或对美德伦理学独立性的指责。

七、对规范美德伦理学责难的回答

笔者认为本文第一部分提出的对规范美德伦理学的两种责难都值得商榷。

第一种责难认为规范美德伦理学缺少理论上的独立性。它要么依赖效果主

① 参见 Swanton, C., "A Virtue Ethical Account of Right Action," p. 32。

② 参见 Das, R., "Virtue Ethics And Right Action," p. 336。

③ 以上分析，部分参考了 Das, R., "Virtue Ethics And Right Action," pp. 336 - 337。

义或义务论,要么它就会陷于循环论证。但只要美德有自己的直觉基础,或者存在着关于美德的基本事实(即不可进一步还原的事实),则美德就可以不依赖于任何效果主义或义务论理论而定义。美德第一性的基础可以是理由、直觉或共识。

第二种责难认为美德无法给行动提供指导原则。这一责难更值得商榷。首先,美德伦理学不仅提供了做人的原则,同时也提供了行为的原则,亚里士多德的"中道"原则就是一个典型的例子。其次,我们不能因为"中道"原则难以掌握和应用就否认它可以作为行动的规则。功利原则的应用本身也很困难,比如,对买春卖春是否应该合法化的问题,对死刑是否应该废除的问题,等等,依据功利原则,有可能得出两种相反的结论。可是,我们并没有因其应用困难而否认该原则可以作为行动的指导原则。同样,我们也不应该因"中道"原则的应用困难而否认它可以作为人们行动的规范性原则。而且,做人的原则和道理本就不是像法律一样的规则所能尽述,做人的道理更需要智慧(即做人的道理不仅仅是关于道德规则的知识)。"中道"原则正好表达了"法则"所无法表达的一种做人的智慧。第三,对行动理由、行动规则的认同和承认,甚至产生,都源自行动者的美德自身。一个把说假话当成家常便饭的人是不太可能产生或认同"不许说谎"的道德规范的。

此外,还有彻底摆脱这两种责难的办法。许多美德伦理学家认为,道德主要关心的不应该是规则,或非道德的价值,而应该是培养道德的行为倾向或品质。这种看法彻底抛弃了美德伦理学是否应该成为规范伦理学问题的讨论。真正的道德律应该是品德的规则,而非行动的规则。比如,我们应该说,"不要心怀怨恨",而不是"不要杀人"。[①] 美德伦理学认为,我们应该用美德或和美德有关的词语来取代义务论等的词汇,或者义务论的规则应该从美德中推导出来。比如,"仁慈动机是好的","勇敢是一种美德",或者如同中国孔子所说的"爱人!"这些基本的美德原则就可以引导我们行动。用休谟的话说,"当我们称赞任何行动时,我们只考虑产生行动的动机。……外在的表现没有任何价值。……所有合乎美德的行动的价值都只能来自合乎美德的动机。"[②]但这种看法是否能够成立,还有待证明。

---

① Frankena, W., *Ethics*, 1973,转引自 Louis Pojman, L., (ed.), *Ethical Theory*, p. 350。

② 转引自 Louis Pojman, L., (ed.), *Ethical Theory*, p. 351。

美德伦理学的现状与趋势*

导读

西方近代道德哲学(指功利主义与义务论)源自中世纪的神授律,将道德理解为像法律一样的义务或责任(如不许说谎)。随着对神和上帝信仰的破灭,这种法则般的道德由于缺少权威的立法者而变得没有什么意义;而且由于缺少对道德行为主体的情感与动机的关注,使得其研究难以取得实效。而美德伦理学恰恰可以弥补这些缺陷,因此,自 20 世纪中叶以来,美德伦理学开始复兴,已逐渐成为和功利主义与义务论鼎足而立的三大规范伦理学理论之一。美德伦理学将美德作为伦理学根本的和核心的概念,其研究理路主要有幸福主义和情感主义两种,呈现三种值得注意的趋势。至少有八个方面的问题研究能够推进美德伦理学研究的深入。

一

“美德”一词源于希腊文 arete,英文中常将其译为 virtue 或 excellence。在古希腊人那里,其最初的意思是指能够表现一个事物本性的特长和功能。当它用以指表现人的本性的特长和功能时,它事实上指的是人的相对稳定的、习惯性的心理结构,一种好的、值得称赞的、应当如此的习性或品质。其反面则是恶习,也是坏的、遭到谴责的、不应当如此的习性或品质。

美德伦理学(virtue ethics)有时也被译为“德性伦理学”,尽管其历史几乎和西方哲学的历史一样长,但近代以来一直淹没在功利主义、义务论和元伦理学的

* 本文原载于《光明日报》2011 年 1 月 25 日“理论・学术”版。

讨论之中,没有引起西方主流哲学家足够的重视。直到1958年,以安斯康姆的《近代道德哲学》对西方近代道德哲学的批判为标志,才开始为西方哲学家所关注。安斯康姆所说的“近代道德哲学”指的是以密尔为代表的功利主义和以康德为代表的义务论,这种道德理论源自中世纪以上帝的权威为基础的神授律,它们将道德理解为像法律一样的责任。功利主义将道德理解为“必须尽可能地增加社会的整体幸福”的法则,而义务论则将道德理解为由“不许说谎”、“不许违背承诺”等表达责任或义务的规则所组成的体系。但由于西方近代道德作为中世纪神学的遗留物不再具有原有的效用,所以,安斯康姆认为这种以责任等法律概念为核心概念的近代道德哲学由于缺少权威的立法者而变得没有什么意义,而源自古希腊的美德概念似乎是唯一能够取代责任或义务概念成为伦理学基础的替代者,即美德伦理学是唯一能够取代功利主义与义务论的伦理学理论。由于美德是人的一种心理状态,因此,她主张在没有弄清哲学心理学之前,任何道德哲学的研究都是没有什么意义的。自安斯康姆的文章发表之后,特别是21世纪以来,西方美德伦理学发展极为迅猛,各种专著如雨后春笋,美德伦理学已逐渐成为和功利主义与义务论鼎足而立的三大规范伦理学理论之一。

美德伦理学将美德作为伦理学根本的和核心的概念,当代美德伦理学和功利主义与义务论等传统规范伦理学的区别主要有二点:第一,美德伦理学所采用的具体的美德概念所评价的对象主要是行为主体(品质和动机),故也被称为是以行为主体为基础的伦理学,而传统规范伦理学所采用的“正确”或“错误”等概念所评价的主要是人的行为,故也被称为是以行为为基础的伦理学。第二,美德伦理学将美德概念看成是道德评价中第一性的概念,对行为正确性的道德评价都是源自具体的美德概念。而传统规范伦理学则以行动效果(如社会幸福)或义务(如规则)作为道德评价中第一性的概念。假定一个人需要并且应当获得帮助。为什么应当帮助他?功利主义者会说因为这样做的效果可以最大限度地增加社会的幸福。义务论者会说因为这样做符合“己所不欲,勿施于人”的道德规则。而美德伦理学家则会说因为这样做是慈善的或是具有爱心的。功利主义和义务论也有各自的美德论,但在当代美德伦理学家看来,它们都不是真正意义上的美德伦理学,因为二者并没有将美德当成是伦理学根本的或核心的概念,而是将它们看成是从行动效果或道德义务中推导出来的概念,比如将美德看成是遵守道德法则或义务的习性。

二

当代西方美德伦理学的研究理路有多种,但主要有两种,即幸福主义和情感主义。幸福主义认为任何品质都不能算作美德除非它能增加或提升美德拥有者总体的和长远的幸福。幸福主义可以追溯到古代的柏拉图学派、亚里士多德学派、斯多亚学派和伊壁鸠鲁学派。当代西方美德伦理学研究中占统治地位的幸福主义是新亚里士多德主义,主要代表人物有傅特、赫斯特豪斯、麦金太尔、麦克道尔等。其次是新斯多亚主义,主要代表人物有纳斯鲍姆和安纳斯,前者试图复活斯多亚学派的观点,认为情感不过是错误的或被歪曲的信念或思想,后者则认为斯多亚学派将美德和幸福美好的生活等同并无任何牵强不妥。再次是新尼采主义,主要代表人物为斯旺顿。斯旺顿认为尼采对近代道德的抨击其实和当代美德伦理学家对近代道德的抨击一致,而尼采对兴盛(注:“兴盛”的英文为flourishing,该词是对亚氏的eudaimonia(幸福)的一种翻译)的探究也可以归于广义的亚里士多德主义。如果我们将新亚里士多德主义等同于幸福主义,则上面提到的新斯多亚主义和新尼采主义都可以看作是新亚里士多德主义的分支。由于新亚里士多德主义以幸福或至善来解释美德,因此一直面临着如何为美德概念的第一性和美德伦理学的自足性进行辩护的困难。

美德伦理学中有可能避免上述诘难并能与新亚里士多德主义相抗衡的理论是情感主义(sentimentalism),有时也被称为新休谟主义,主要代表人物为斯洛特。斯洛特认为休谟的同情心或用现代更为准确的说法移情心(empathy)以及其他一些人类情感可以成为美德伦理学和道德研究的基础和出发点,美德以及我们对道德规则的理解都依赖于移情心或其他类似的人类情感(也是人类的美德)。这一理论和元伦理学中的道德感理论有着许多相似之处,它们都认为道德以某种方式根植于人类的情感之中,但它和元伦理学中作为道德语义学的情感表达主义(emotivism)不同,后者认为道德判断的意义不过是判断者情感态度的表达。情感主义还有另一个分支,即20世纪后期的关爱伦理学,主要代表人物有吉利根和诺丁斯。关爱是一种根植于与他人关系之中的情感态度,与义务和行动效果截然不同,与“移情心”也有着明显的区别。关爱伦理学家将“关爱”作为伦理学研究的核心概念,其他的道德要求都可从这一概念中推出,比如,一个正义的社会就可从一个关爱的社会中推出。情感主义的研究理路和新亚里士多德主义极为不同。后者坚信伦理学的理想和要求完全根植于理性和实践智慧之中,而情感主义则更为强调伦理学的理想和要求根植于人类的情感之中,移情心、关爱之类的人类情感至少是和人类的推理能力以及实践智慧一样重要的反应能力和美德。

当代西方美德伦理学家的研究呈现三种值得注意的趋势。第一,他们除了进一步完善美德伦理学的体系与自足性外，还开始涉及应用伦理学，第一部应用美德伦理学的文集已经出版（见丽贝卡·沃克和菲利普·艾凡赫编：《职业美德》，牛津大学出版社，2007 年），环境美德伦理学的研究也值得期待。第二，他们将心理学实然性问题和美德伦理学应然性问题的研究相结合，将“是”与“应当”的研究相结合，其中斯洛特近期的研究值得关注。第三，美德伦理学开始渗透到元伦理学和政治学领域，比如，斯洛特的道德情感主义对于道德判断何以具有打动人的特征就提出了新的解释。纳斯鲍姆的《正义之前沿问题》（2006 年）则将亚里士多德的美德论延展到自由主义的政治哲学。

三

中国儒家对美德伦理学事实上的研究比西方美德伦理学之父柏拉图和亚里士多德还要早，中国传统哲学中有着极为丰富的美德伦理学资源，开展美德伦理学的研究可以让我们重新认识和发掘中国传统哲学的价值。

中国当代学者对美德伦理学的探讨早已有之（如对理想人格的研究），但对西方“美德”和“美德伦理学”概念的了解，对西方美德伦理学有关文献的译介和研究，却是大致始于上世纪 90 年代中期。这种译介最初集中在个别哲学家身上，如麦金太尔，近来则扩展到其他的美德伦理学家，如纳斯鲍姆等。此外，在德育心理学和西方道德心理学的研究领域里，国内学者也取得了丰硕的成果。但总的说来，国内美德伦理学的研究还有待深入。

深入推进美德伦理学研究的最好方法是问题研究。美德伦理学的问题研究至少可以包括如下方面：1.“美德”本质问题研究：究竟什么东西使得一种习性成为美德？2.美德伦理学自足性问题研究：如何证明美德概念的第一性？如何证明美德以及相关的概念能够为我们的行动提供指导原则？3.美德的人性基础研究：按照我们的心理构成或天性，我们是否会自然而然地采取道德的行动？道德对我们是否有一种天然的吸引力？反映人性的情感是否具有某种先天的合理性？按照我们的天性，我们会倾向于什么样的道德理论？4.美德与实践理性问题研究：美德与实践理性、合理性究竟有何关系？5.美德与道德认知问题研究：一个知道善恶的有理性的人究竟是否必然会行善拒恶？这个问题被称为“不能自制问题”。它不仅是一个美德伦理学的问题，本身也是一个触及实践理性深层内容或机制的元伦理学问题。6.基本美德与派生美德问题研究：基本美德指其存在不依赖任何其他美德的美德，如仁爱与正义。派生美德则是从基本美德中推导或衍生出来的美德，如文雅、友善、大方、诚实、谦虚等。基本美德和派生美德的研究也包括对美德的反面——恶习的研究，如自私、伪善、自我欺骗、妒忌、固执等。7.道德教育问题研究：怎样培养美德？美德和道德动机的形成需要哪些内外条件？8.应用美德伦理学问题研究。

推荐阅读书目

1. 史蒂芬·达沃尔编：《美德伦理学》，布莱克威尔出版公司，2003 年
2. 罗杰·克里斯普和迈克尔·斯洛特编：《美德伦理学》，牛津大学出版社，1997 年
3. 罗莎琳德·赫斯特豪斯：《论美德伦理学》，牛津大学出版社，1999 年
4. 迈克尔·斯洛特：《源自动机的道德》，牛津大学出版社，2001 年
5. 迈克尔·斯洛特：《道德情感主义》，牛津大学出版社，2010 年

关爱伦理学与情感主义美德伦理学*

关爱伦理学是西方上世纪下半叶随着女性主义运动的兴起，最初为女性主义者，后来为更多的伦理学家所推崇的一种规范伦理学，其标志性人物是上世纪80年代的吉利根(Carol Gilligan)和诺丁斯(Nel Noddings)。女性主义关爱伦理学家认为传统的主流道德理论(主要指功利主义、义务论和契约论)及其研究方法都带有男性的偏见，因此必须改变。她们强调"关爱"在道德思考中的重要性，主张以关爱关系(caring relations)的研究视角取代自由主义人权理论的"正义视角"，以对具体关爱关系中的"响应"(respond, response)或"响应能力"(responsiveness)取代主流道德理论的不偏不倚的普遍原则，以关爱伦理学取代主流的道德理论。

关爱伦理学提出之初是为了与西方主流道德理论相抗衡，但自身的内容却充满了许多不确定性，比如，它究竟是怎样性质的一种伦理学理论？作为一种试图与主流道德理论相抗衡的伦理学，它究竟应当以何种概念作为它的基本概念(primitive concepts)，是"关爱"，还是"关爱关系"？"关爱"的概念究竟应当作何理解？特别是，它是否应当解释为一种美德伦理学？本文拟在介绍关爱伦理学产生的历史背景、基本理念、关爱概念等的基础上，重点论证关爱伦理学何以应当理解为一种美德伦理学——一种不同于亚里士多德主义的情感主义美德伦理学。

一、女性主义与道德心理学

关爱伦理学和女性主义运动有着不解之缘。女性主义是上世纪60年代末，

---

* 本文原载于《伦理学研究》2014年第1期。

在美国和欧洲兴起的一种反对性别等级和性别歧视的思潮，它“既是一种理智的承诺，也是一场追求女性正义和结束各种形式的性别歧视的政治运动”。[①] 女性主义者强调体验(experience)。她们所说的体验“不仅包括科学经验观察，也包括文学艺术的体验，不仅包括思想，也包括活生生的感受，不仅包括感觉印象，也包括行为的体验，不仅包括我们自己的感知觉，也包括我们和他人之间关系的体验”。[②] 女性主义者认为西方主流道德理论只是建立在男性体验的基础上，然而，女性的体验对于道德也具有重要的意义。缺少女性体验的道德是有缺陷的道德。女性的体验通常都涉及对家庭和朋友特殊关系的维护与经营，大量对孩子和家庭中老人或病人的照料，而不是不偏不倚地和陌生人打交道。而这种对亲人的深情和对他们需要的“响应”在上述这些环境下似乎能够比功利主义的理性计算更好地提供道德行为的指导。[③] 在女性主义者看来，西方主流道德理论都是关于正当行为的道德理论，这些理论都要求不偏不倚，反对感情用事，没有给偏爱留下任何余地。然而，正是这种偏爱将关爱者和被关爱者紧密地联系在一起。这些主流理论完全忽视了家庭关系、朋友关系和群体认同的问题。[④] 正是在女性主义对主流道德理论批判的背景下，诞生了关爱伦理学。

关爱伦理学起源于教育心理学领域里女性主义者对男性占主导地位的道德发展理论的批判。上世纪 70 年代和 80 年代初，美国道德教育心理学占统治地位的理论是科尔伯格(Lawrence Kohlberg)的道德发展理论，即关于儿童道德信念和态度形成发展过程的理论。他的理论被视为当时道德心理学研究的典范。上世纪 50 年代末，科尔伯格通过一系列实验，提出了三种水平六个发展阶段的道德发展理论。按照他的理论，道德发展可分为前成规(preconventional)、成规(conventional)和后成规(postconventional)三种不同的水平，每一发展水平可分为两个阶段，三种水平共六个阶段。[⑤]

---

① Virginia Held, "The Ethics of Care," *The Oxford Handbook of Ethical Theory*, ed. David Copp, New York: Oxford University Press, 2006, p. 554.

② Virginia Held, "The Ethics of Care," p. 555.

③ 参见 Virginia Held, "The Ethics of Care," p. 555。

④ 参见 Virginia Held, "The Ethics of Care," p. 556。

⑤ 以下内容参见 Lawrence Kohlberg, *Essays on Moral Development*, vol. 1: *The Philosophy of Moral Development*, New York: Harper & Row, 1981, pp. 409 - 12; Stephen Darwall, *Philosophical Ethics*, Colorado: Westview Press, 1998, pp. 218 - 222; James Rachels, *The Elements of Moral Philosophy*, 4th edition, Boston: McGraw-Hill College, 2003, pp. 161 - 164; G. Nunner-Winkler, "Kohlberg, Lawrence (1927 - 87)," *International Encyclopedia of the Social & Behavioral Sciences*, ed. Neil J. Smelser and Paul B. Baltes, Oxford, UK: Elsevier Science Ltd., 2001, pp. 8152 - 8153。

在前成规水平，第一阶段是惩罚和服从。这一阶段，道德发展的个体绝大多数是9岁以下的儿童。这时的儿童对好坏的识别主要通过避免惩罚而形成。第二阶段是工具相对主义阶段，这一阶段的儿童开始从伦理学的意义上认识自己的利益和需要，并开始接受初步的、有互惠内容的公平思想。以上两个阶段道德发展的水平是前成规的，因为这时的社会规则对于道德发展的个体并不具有独立的、内在的伦理地位。它们对道德个体的作用完全依赖于避免惩罚或推进利己之目的。

在成规水平，儿童或道德个体开始将道德视为脱离他们自己需要的、具有某种独立性的权威，并将其与社会的期望和规则视为同样的事情。这一发展水平分为两个阶段，即第三和第四发展阶段。第三阶段是人际协调阶段。在这一阶段，个体将良好的行为和他人是否赞同或高兴联系或等同起来。第四阶段则是法律和秩序阶段。在这一阶段，个体将社会秩序视为权威的一种来源。

在后成规水平，个体开始将道德设想为一种标准，这种标准独立于社会规则，并且可以作为一种批评社会习俗或社会成规的出发点。只有极少数成人可以达到这一水平。这一道德发展水平也可以分为两个阶段，即第五和第六阶段。第五阶段即社会契约阶段。在这一阶段，个体将道德标准等同于一个社会自己的批判性反思所产生的价值观和价值理念。第六阶段是普遍伦理原则的阶段。在这一阶段，个体将实际的共识和这种共识所想达成的普遍规则或标准区别开来，将道德等同于后者。

科尔伯格认为这些阶段构成了一个发展的系列，这一发展系列背后的心理机制从根本上讲是认知的。随着抽象反思能力的提升，我们获得越来越充分的道德思想，其顶点就是普遍行为标准的思想，这种标准有别于任何实际的社会规则、习惯或者人们偶然取得的共识。

1982年，科尔伯格的同事吉利根出版了一部颇有影响的著作《不同的声音：心理学理论与妇女发展》。她在书中谈道，当她按照科尔伯格的理论进行研究时，发现了许多问题。比如，科尔伯格所有的实验数据均来自对男孩的研究；在科尔伯格的道德发展的更高阶段，女性的比例越来越小，而在第三阶段，即强调取悦他人的阶段，女性明显增多。[①] 在他的实验中有这样一个例子。设想一个男子叫海因茨(Heinz)，他妻子生病，需要某种药物才能生存。但药商对这种药物所设定的药价太高，海因茨买不起，而药商又不愿降价。科尔伯格给参与实验

---

① 参见 Carol Gilligan，*In a Different Voice*：*Psychological Theory and Women's Development*（1982），Cambridge，Mass.：Harvard University Press，1993，p. 18。

的儿童设计的问题是：海因茨是否应当偷药？为什么？一位叫杰克的十一岁男孩，回答十分肯定：海因茨应当偷药，因为“一个人生命的价值比金钱更重要”，[①] 药商失去了金钱还可以继续活下去，但海因茨的妻子得不到所需的药物就会死去。另一位叫艾米的十一岁女孩，回答却十分犹豫。她说：“我并不这样认为。除了偷以外，也许还有其他的方法。比如，他可以借钱……，但他不应该偷药——不过，他妻子也不应当死。”[②]她认为海因茨也许可以和药商商量，将他妻子的情况向药商说明，寻求某种解决的办法。“如果海因茨和药商多商量一会儿，他们也许可以达成除了偷窃以外的解决办法。”[③]

吉利根认为杰克将所问的问题看成像是“人类所面临的数学问题”[④]一样的问题，问题的解答不过是在生命和财产的价值之间进行权衡和计算。艾米对问题的看法却完全不同，对她来说，问题主要是如何维持关系——夫妻关系，顾客和药商之间的关系等。表面上看，艾米似乎有某种无力感或被动性、无法系统地思考道德问题、不愿挑战权威等，然而，实际上她只是不愿从个人关系之外的视角去思考问题，或者不愿意强加给关系中的当事人某种解决的办法。与此相对照，杰克则是从这些关系之外的视角去思考问题：一种公平的、一视同仁的视角，不管当事人处于什么样的关系。

吉利根从男孩和女孩的实验中，发现了两种完全不同的伦理思考方式，即男性和女性的思考方式。男性比例越高，其思考方式也越符合科尔伯格的理论。她将男性的伦理思考方式称之为“权利伦理学”(ethics of rights)，而将女性中更具有代表性的“不同的声音”称之为“关爱伦理学”。

在吉利根看来，“权利伦理学”强调道德规则是客观的、公平的、普遍的和抽象的，道德行为主体也都是平等的、毫无区别的道德共同体成员，这些同等道德地位的成员有着普遍的个人权利。一个道德要求在某一情景下适用于某人，那么，这一道德要求对于任何一个处于类似情景的人也同样有效。另一方面，“关爱伦理学”则不同。关爱伦理学将对他人的关爱或照料看成是一种关系的活动。它考虑的是责任和在各种不同关系中的响应能力。我们每一个人都身处一个复杂的关系之网：家庭、朋友、邻居、同事、老乡、同胞等等。这些不同的关系涉及不同形式的关爱和关心。对孩子的关爱不同于对配偶、朋友或同事的关爱。这

① Carol Gilligan, *In a Different Voice: Psychological Theory and Women's Development*, p. 26.
② Carol Gilligan, *In a Different Voice: Psychological Theory and Women's Development*, p. 28.
③ Carol Gilligan, *In a Different Voice: Psychological Theory and Women's Development*, p. 29.
④ Carol Gilligan, *In a Different Voice: Psychological Theory and Women's Development*, p. 26.

使得关爱必须是具体的、特殊的。关爱伦理学强调“响应”，而不是冷静的“理性”分析，这使得关爱伦理学有别于“权利伦理学”。[①] 吉利根的《不同的声音》之后，关爱伦理学开始成为女性主义和西方伦理学发展中独具特色的伦理学理论。

二、关爱伦理学的基本理念

尽管关爱伦理学家关于关爱伦理学的内容和性质存在着种种分歧，不同的关爱伦理学之间依然保留着某些共同特征，这些共同特征可以视为现有关爱伦理学的基本理念。[②]

首先，关爱伦理学将“关爱关系”，而不是“关爱”视为关爱伦理学的核心概念。关爱伦理学认为所有个人在取得他们的利益时都是相互依赖的，因此，需要关爱或照料。在这种相互依赖的关系中，有些关系（如家庭和朋友关系）中相互依赖的人们特别易受一方选择的影响，甚至伤害。因此，我们的行为对他们的影响值得特别的重视和关注。关爱伦理学重视“关爱”，但认为“关爱”只有置于特殊的关爱关系下才能得到真正的理解。女性主义关爱伦理学家赫尔德（Virginia Held）认为关爱伦理学的核心思想是关注并满足那些我们负有责任的具体人的迫切需要，满足他们的需要具有道德上的重要性。对他人的关爱之所以具有道德上的重要性，这是由人与人之间具体的关爱关系所决定的。任何人在其早年的时期都需要他人的关爱或照料。任何人在其生命发展的历程中，也都会生病、变老，因此，在他们生命的某些时期或阶段（多年，甚至十多年）都需要被关爱或照料。而那些残疾者终身都需要被照料。对于这些需要照料或关爱的人来说，对他们进行照料的道德要求往往是紧迫的，因此，关爱伦理学强调对被关爱者需要做出负责任“响应”的道德重要性。赫尔德认为发展关爱关系对于人类的生活和进步具有极为重要的道德意义。人类的进步和繁荣最终取决于那些需要关爱的人所接受到的关爱。而建立在独立、自立和理性个人基础上的道德观念或道德体系很大程度上忽略了人们互相依赖的现实，也忽略了这种现实所要求的道德。[③]

其次，关爱伦理学反对主张抽象和普遍规则的主流道德理论，强调具体的情

① 参见 Carol Gilligan, *In a Different Voice: Psychological Theory and Women's Development*, pp. 1－2,10－11,18,21,27,62。

② 参见 Virginia Held, “The Ethics of Care,” pp. 538－543;“Ethics of Care,” *Wikipedia*。

③ 参见 Virginia Held, “The Ethics of Care,” p. 538; Eva Feder Kittay, *Love's Labor: Essays on Women, Equality, and Dependency*, New York: Routledge, 1999。

景、面对面的交流和情景语境的细节，以便保护和提升那些受伤害或受影响的人们的实际的、具体的利益。按照主流道德理论，对一个道德问题的推理越抽象越好，因为这样才更有可能避免偏见和随意，才更为接近公平的理想。关爱伦理学尊重和我们有着实际关系的具体个人所提出的要求。关爱伦理学强调我们应当从具体人的需要出发，满足这些具体人的需要。达沃尔将关爱伦理学的这一特征称之为"具体主义"(particularism)，也只有这种具体主义才能真正将关爱伦理学和它所指责的主流道德理论区别开来。达沃尔认为功利主义和康德主义都有可能将关爱关系视为具有重要伦理价值的关系，甚至具有伦理学首要价值的关系，但它们均从一种非个人的、不偏不倚的公正立场出发而推导出这样的结论，而这正是女性主义的关爱伦理学家所反对的。[①] 关爱伦理学质疑主流道德理论的普遍和抽象的规则。关爱伦理学家认为，主流道德理论在考虑家长和子女的实际关系时，也许会承认所有的家长都有照顾他们子女的普遍义务，但它们绝不会允许具体的家长和子女的实际关系优先于不偏不倚的正义要求。按照主流道德理论，普遍的规则可以允许人们在某些语境下优先考虑他们的朋友，比如，在决定节日礼物究竟给谁的问题上，但这种偏爱道德上是可以接受的仅仅是因为普遍规则对此已经做出了判定。然而，关爱伦理学则极为怀疑这种抽象以及对普遍规则的诉求，并且质疑普遍规则所制定的优先性。对于绝大多数的关爱伦理学家来说，他人具体的紧迫的道德要求是有效的，即使当它和普遍化了的道德判断所提出的要求发生冲突。在主流道德理论看来，道德要求必须普遍化：如果我们认为一个人做一件事道德上是正当的，那么，对于任何相似的人在相似的条件下做相似的事情也同样是正当的。"我应当照料毛毛(孩子的乳名)，因为她是我的孩子"不是一个普遍化了的道德判断，而"所有家长都应当照料他们的孩子"则是。前者可以被普遍化，如果它被视作是从后者推导出来的。然而，大多数关爱伦理学家则认为这样的说法并不正确。前者实际上应当是道德义务的起点，它可以不需要被普遍化。因此，关爱和正义，友谊和不偏不倚，存在着潜在的冲突。

第三，在认识和理解具体情景下的道德要求时，在寻求最佳的道德选择的过程中，关爱伦理学强调情感和情感响应的作用，而不是理性分析。关爱伦理学并不认为所有的情感都是有价值的。理性主义的道德理论认为道德上应当加以限制的情感包括破坏普遍道德规范的利己主义的情感、妨碍公正的偏爱、好斗或报

① 参见 Stephen Darwall，*Philosophical Ethics*，pp. 224 - 228。

复的冲动等。关爱伦理学家同意这些情感道德上应当加以限制。但和占据统治地位的理性主义伦理学相比,关爱伦理学更为强调同情心、移情心、敏锐性、响应能力等道德情感的培养,它们不仅有助于贯彻理性的命令,而且能够更好地查明道德究竟要求我们做什么。关爱伦理学还强调情感沟通和处理关系的能力,这些情感能力可以在实际的人际关系中帮助道德上相关的人理解什么事情是最好的。在关爱伦理学家看来,甚至愤怒也可以成为道德义愤的组成部分。当看到不公现象或不人道的行为时,道德义愤是人们理应感受到的情绪,也是理所当然的响应。愤怒甚至有时有助于,而不是妨碍人们对道德上错误行为的解释。赫尔德认为这并不等于将原初的情感状态视为道德的指南,情感需要反思和教育引导。但从关爱伦理学的视角,完全只依赖于理性、理性演绎和计算的道德研究将是有缺陷的。①

第四,关爱伦理学对传统的公共和私人关系进行了重新的界定,将传统的私人领域也纳入公共道德思考的范围。主流道德理论认为,政治是得到民意支持的政府的事务,而家庭则是超越政治并不应被侵犯的私人领域。女性主义关爱伦理学家已证明,男人由于其更为巨大的社会、政治、经济和文化上的权力,他们所构建的家庭这一私人领域是不利于妇女儿童的。在这样的私人领域里,没有外部的干涉,妇女儿童更易受到家暴的伤害。妇女经济上依赖男人,在家庭中分担绝大多数的家务劳动。法律毫不犹豫地干涉妇女关于生育的私人决定(比如,禁止流产),但却极其勉强地干涉在家庭的"城堡"中男人施行其强制性的暴力。② 主流道德理论将"公共的"生活视为与道德相关的事务,而忽略家庭和朋友关系等私人领域的道德意义。它们所寻求的道德是为彼此无关的、独立的、互不关心的并且假定为平等的个人而设立的。它们假定有一位抽象的、完全理性的行为者可以构建道德规则,但另一方面却忽略在家庭、朋友和社会群体中相互联系的人群中所出现的道德问题。主流道德理论将道德理解为理性人们之间的一种通过谈判所达成的契约或共识。然而,家庭中的典型关系是具有极为不平等权力的人之间的关系,这些人所处的关系以及所负有的责任和义务并非他们所选择的,并不是可以讨价还价和商谈的。任何子女都不可能选择他们的父母,然而,他们依然有照料他们父母的责任。这种关系典型地是非契约性质的,从理论上将这种关系契约化会破坏或至少掩盖这些关系的价值所赖以存在的信赖关系。关爱伦理学强调而不是忽视这种关系所提出的道德问题,这种关系是不平

① 参见 Virginia Held, "The Ethics of Care," pp. 538 – 539。

② 参见 Virginia Held, "The Ethics of Care," p. 541。

等的人(更有利者)和依赖者之间的关系,这种关系常常是情感的、非自愿的,而这种关系的一些特征不仅适用于家庭,而且常常也可以运用于范围更为广大的社会。如,个人无法选择性别、种族、阶级、宗教、民族或其所成长的文化群体,然而这些关系却是他们是什么人的极其重要的方面,他们在这些关系中的经历将会对道德的理解产生影响。①

三、何为"关爱"?

"关爱"的英文(care, caring)有"照料"、"关心"、"在意"等义。将"care"或"caring"译为"关爱",主要强调它是存在于行为者的一种态度或心理状态。将其译为"关怀"则似乎更多是指一种行为或行为过程。不少女性主义者强调"caring"是一种行为过程,不少美德伦理学家则强调"caring"是行为者心理的一种状态。按照前者的解释,关爱伦理学是否是一种美德伦理学并不清楚,但按照后一种解释,则关爱伦理学就是一种美德伦理学。

"关爱"的意义总是随着语境的变化而变化,因此极难界定。关于"关爱"的定义大体可以分为三类。一类是将其定义为一种值得肯定的心理状态(如习性、品质、能力等)。一类是将其定义为一种活动、实践或过程。一类是将其定义为一种各种交叉概念的集合或多重含义并存的概念。

许多伦理学家,包括许多女性主义者,都将关爱视为一种值得肯定的心理习性。诺丁斯认为关爱是伴随关爱活动的一种态度。关爱的核心部分是密切关注并理解被关爱者的感受、需要、欲求和思想的能力。关爱者服务于他人,也照料自己。理解被关爱者的需要是一件感受他们的事情,而不是理性认知的事情。抽象规则在关爱活动中用处非常有限。人们关爱照料他人常常出于自然的冲动,而维持这样的关爱则需要对关爱理念的道德承诺。② 有些伦理学家则将关爱理解为一种美德或动机,他们因而主张将关爱伦理学理解为一种美德伦理学,而关爱是其核心的美德。③ 斯洛特(Michael Slote)早些时候(2001)将关爱理解为一种类似仁爱的美德。他认为对陌生人的仁爱完全可以解释为关爱,"一种关

① 参见 Virginia Held, "The Ethics of Care," p. 541。

② 参见 Nel Noddings, *Caring: A Feminine Approach to Ethics and Moral Education*, Berkeley: University of California Press, 1986, pp. 14 – 19, 42, 80。

③ 参见 Margaret McLaren, "Feminist Ethics: Care as a Virtue," *Feminists Doing Ethics*, Lanham, MD: Rowman and Littlefield, 2001; James Rachels, *The Elements of Moral Philosophy*, New York, NY: McGraw-Hill, 2003; Raja Halwani, *Virtuous Liaisons: Care, Love, Sex, and Virtue Ethics*, Peru, IL: Open Court, 2003。

爱伦理可以将所有人类的福祉都考虑在内,就如同一种以行为者为基础的美德伦理学可以轻而易举地根植于普遍的(即不偏不倚的)仁爱之中一样",关爱就是一种"动机态度"。[①] 他近来则将关爱等同于一种移情或移情心(empathy)。[②]

许多女性主义者反对将关爱仅仅视为一种美德,而主张将其视为一种实践活动,因为关爱实际上和我们生活所有的方面都有着错综复杂的联系,因而这样界定可以充分揭示关爱活动的广度。特朗托(Joan Tronto)和费舍尔(Bernice Fischer)关于关爱的定义被认为是最流行的一种,按照这一定义,关爱是"一种活动,它包括我们所做的一切旨在维护、控制和修复我们的'世界',以便我们可以尽善尽美地生活于其中的活动。这一世界包括我们的身体,我们自己和我们的环境"。[③] 特朗托认为关爱可以同时按照阶段、美德习性或目标来加以理解,它包括四个子要素,即体贴(attentiveness)、责任、胜任(competence)和响应能力。所谓体贴就是能够忖度他人需要的能力。所谓责任就是愿意对他人的需要做出响应并照料这种需要。所谓胜任就是具有良好和成功照料(关爱)的技能。所谓响应能力就是体谅他人的立场并且能够把握关爱的"度"——不至于滥用。[④] 桑德-施陶特(Maureen Sander-Staudt)认为特朗托定义的优点是可以适用于不同的文化,并将关爱扩展到家庭和家务的范围以外。它的缺点就是定义过宽,几乎将人类所有活动都当作了关爱。[⑤]

布贝克(Diemut Bubeck)将关爱刻画为一种具有功能作用的活动。她对关爱给了一个精确但却不无问题的定义:"关爱(caring for)是一个人对另一个人需要的满足,其中关爱者和被关爱者之间面对面的互动是整个活动的决定性要素,而且就其本质特征而言,此处的需要不可能为需要者自己所满足。"[⑥]她认为"关爱"有别于"服务"。"关爱"涉及满足他人自己无法满足的需要,而"服务"则是满足他人自己可以满足的需要。因此,她认为一个人不可能关爱(照料)自己。比如,一个妻子为她丈夫做饭,由于她的丈夫能够自己做饭,因此她的工作就不是关爱,而是服务。而为幼儿准备食品则是关爱。她断定,关爱是"对某种特殊

---

① 参见 Michael Slote, *Morals from Motives*, Oxford: Oxford University Press, 2001, pp. ix, 30。

② 参见 Michael Slote, *The Ethics of Care and Empathy*, New York, NY: Routledge, 2007。

③ Berenice Fisher and Joan Tronto, "Toward a Feminist Theory of Caring," *Circles of Care*, ed. E. Abel and M. Nelson, Albany: State University of New York Press, 1990, p. 40.

④ 参见 Joan Tronto, *Moral Boundaries: A Political Argument for an Ethic of Care*, New York, NY: Routledge, 1994, pp. 126 – 136。

⑤ 参见 Maureen Sander-Staudt, "Care Ethics," 2011, *Internet Encyclopedia of Philosophy*。

⑥ Diemut Bubeck, *Care, Gender, and Justice*, Oxford: Oxford University Press, 1995, p. 129.

的基本的人类需要的响应,这些需要使得我们依赖他人”。[①] 对布贝克来说,关爱并不要求关爱者和被关爱者之间存在任何特殊的情感纽带。在她看来,关爱几乎完全是由应当满足的客观事实而非由关爱者的行为所赖以形成的态度或价值理念所构成的。这使得她的关爱概念受到人们的批评:只要对孩子的关爱的客观结果是一样的,哪怕带着最不值得赞赏的动机提供关爱,和出于情感而对一个孩子的关爱的道德价值都是一样的,因为一个人所追求的只不过是对孩子的最好的结果。这种观点忽略了关爱还能够表达具有道德价值的社会关系。对布贝克来说,面对面的接触是关爱的核心,这使得我们是否能够考虑对更为疏远的他人提供关爱成为问题。但布贝克并不认为她的观点蕴含关爱必须限制在相对私人的情景下,因为她将福利国家的活动也包含在关爱伦理学的范围。她认为在幼儿园和养老院,关爱是面对面的,但社会或公共基金也应当给予这种关爱活动以慷慨的资助。[②]

“关爱”的另一种最为常见的定义是将关爱定义为一种不同概念交叉的集合。鲁蒂克(Sara Ruddick)指出,在过去数十年间,关爱至少有三种彼此有别但又交叉的意义:作为一种和正义相对立的伦理规范,一种劳动(工作),一种特殊的关系。[③] 赫尔德认为关爱既是一种劳动形式,同时也是一种指导规范性判断和规范性行为的理念。她将“关爱”表征为一簇簇实践活动和价值。[④] 她认为我们不应当鼓励忽视谁承担了绝大多数的关爱工作这样的问题。“关爱”应当理解为一种活动或行为,参与关爱的行为不仅仅是关心某人或某事,而且会涉及某种看得见、摸得着的行为。当我们关爱或照料某人时,关爱就是一种关爱的行为。给予关爱或照料的人会付出劳动和精力,这种劳动和精力消耗都是看得见、摸得着的活动。[⑤] 她认为关爱是一种对需要做出响应的活动,不管是物质需要,心理需要,还是文化需要,但它并不是一系列无关的行为。它是一种发展中的实践,它有特征和标准,它应当不断地改进。采取关爱行为的人应当有恰当的态度和动机。我们在关爱行为中所表现出来的东西和其结果一样重要。充分的关爱可以逐渐一步一步接近完满的关爱,将个人紧紧联系在一起的关爱关系和关爱能

---

① Diemut Bubeck, *Care, Gender, and Justice*, p. 133.

② 参见 Virginia Held, “The Ethics of Care,” p. 545。

③ 参见 Sara Ruddick, “Care as Labor and Relationship,” *Forms and Values: Essays on the Work of Virginia Held*, eds. Mark S. Haflon and Joram C. Haber, Lanham, MD: Rowman & Littlefield, 1998, p. 4。

④ 参见 Virginia Held, *The Ethics of Care*, New York, NY: Oxford University Press, 2006, pp. 36,40。

⑤ 参见 Virginia Held, “The Ethics of Care,” pp. 544 - 545。

够将儿童转变为道德上更为令人欣赏的人。[①] 赫尔德还认为关爱也是一种价值。我们欣赏关爱者、关爱态度，并且可以对个人所组成的关爱关系进行道德评估。和斯洛特不同，赫尔德认为关爱与仁爱不是一回事，因为关爱更像是某种社会关系的表征，而非对一个具有仁爱之心者的心理习性的描述。她认为关爱社会应当培养的就是关爱关系，随着时间的进程，这种关爱关系常常是互惠的。正是关爱关系，而不是作为个体的个人，体现了关爱的价值。关爱关系形成了小型社会，如家庭和朋友关系，这是更大社会赖以存在的基础。在更为疏远的个人之间，虽然较弱但依然存在的关爱关系可以使得他们彼此信任，这种信任使得他们能够和平相处，彼此尊重对方的权利，共同照料他们的成员和环境的福祉。[②]

关于关爱概念的争论显示关爱概念的歧义性、丰富性和多样性，也显示了关爱伦理学发展的不同可能性。

四、关爱伦理学是否应当理解为一种美德伦理学?

女性主义者通常都强调关爱伦理学的女性主义哲学的特征。男性伦理学家则强调关爱伦理学无性别差别的普遍性，而这往往导致对关爱伦理学的某种美德伦理学的解释。我们主张将关爱伦理学理解为一种美德伦理学，而不是一种混杂了多种思想倾向和政治意图的纯女性主义的理论。本节将重点论证为何将“关爱”理解为一种美德概念优于理解为其他的概念，为何将“关爱”理解为关爱伦理学的基本概念优于将“关爱关系”理解为基本概念，这同时也就论证了为何将关爱伦理学理解为一种美德伦理学优于理解为其他类型的伦理学。

首先，将关爱理解为一种美德概念优于将其仅仅理解为一种活动。如果将关爱理解为一种活动，由于活动是事实概念，那么作为事实概念的关爱将难以承担一种规范伦理学所赋予的任务，亦即难以承担解释我们生活中种种应然性要求的任务。而美德概念则不同。一种具体的美德虽然也包含事实成分（指称行为者的心灵状态），但它同时也包含约定俗成的评价成分，这也是美德为何被视为“浊”(thick)概念的原因。[③] 当某一行为体现了行为者的某种美德时，我们就可以肯定、赞赏和鼓励这种行为，关于这一行为的道德判断就可以引导或指导我

① 参见 Virginia Held, “The Ethics of Care,” pp. 545 – 546。

② 参见 Virginia Held, “The Ethics of Care,” p. 546; Virginia Held, “Taking Care: Care as Practice and Value,” *Setting the Moral Compass*, ed. Cheshire Calhoun, New York: Oxford University Press, 2004, pp. 59 – 71。

③ 浊概念是既包含事实成分，又包含价值成分的概念。

们的行为。主张关爱是一种活动的伦理学家可能会认为关爱的活动和美德概念一样，也是一种既包含事实成分，也包含评价成分的浊概念。问题是：有些女性主义者在解释这种活动时，并不强调它是一种"关爱"活动，因为如果这样解释就会使得这种活动成为一种体现行为者关爱之心的活动，这最终会导致将"关爱"解释为一种美德；而是强调它是一种看得见、摸得着的劳动（如赫尔德所强调的那样），如此，评价性的内容就难以从这种劳动本身产生（因为评价性内容看不见、摸不着）。如果诉诸其他评价因素，则往往会导致诉诸功利主义或义务论的思想。这样，从理论上讲，关爱伦理学就会因缺少理论上的自足性而成为主流道德理论的附庸，这正是关爱伦理学的提倡者所不能接受的。

其次，将关爱理解为一种美德概念优于将其理解为一种既包含实践活动，又包含价值评价因素的概念。这是因为美德概念本身就内在地包含了这两种因素。美德不仅在指称行为主体的心灵状态时包含了描述和评价的成分，而且这两种成分是无法分开的。比如，我们说一个人是诚实的，"诚实"这个概念不仅指称这个人内心的某种状态，同时也包含肯定性的评价成分，这个评价成分和它的描述成分概念上无法分开。美德不仅指称看不见、摸不着的内心状态，按照现代心理学，美德所指称的这种心灵状态必须能够通过行为表现出来，否则，我们无法断言具体美德在具体人身上是否真的存在。如果美德不能通过行为表现出来，我们也无法理解这样的美德概念。这就是为何我们在谈论一个人的美德时无法脱离对他行为的评价。反过来，如果采用美德的概念对他的行为进行评价，这种评价本身就是对行为者本人人品的评价。比如，我们说一个人是诚实的，不仅是指他有诚实的行为，而且也是指他有诚实的品质。对"关爱"的使用也是一样。因此，将关爱理解为这样的美德概念，就可以将关爱伦理学家反复强调的"响应"、具体性等特色包含在作为美德的"关爱"概念之中，因为作为一种心灵属性或能力的"关爱"本身就包含了对具体环境作出反应或响应的内容。而赫尔德等人将美德解释为既是一种实践，又是一种价值规范时，她们（或他们）实际上将这两种因素看成是两种互相独立的成分，这既不符合我们评价关爱活动的实际，理论上也显得累赘。

再次，将"关爱"理解为关爱伦理学的基本概念优于将"关爱关系"理解为关爱伦理学的基本概念。赫尔德不赞成仅将关爱伦理学视为一种美德伦理学。她承认在美德伦理学和关爱伦理学之间存在着许多相似之处，关爱无疑也是一种美德，但她认为关爱伦理学不仅仅是一种美德伦理学。美德伦理学主要关注和强调的是个人的品德状态和行为动机，而关爱伦理学则主要关心和强调的是关爱关系、社会关系以及维持这些关系的社会实践和价值，正是这种关爱关系有着第一性的价值。她认为如果美德伦理学只关注动机问题，就会不恰当地忽视关爱所导致的努力和客观的结果，而关爱伦理学强调关爱的结果（而不仅仅是动机），强调要满足被关爱者的实际需要。因此，关爱不单单是一个动机、态度或美德的问题。① 但美德伦理学也可以用基本的美德概念（如关爱）来解释行为的对错，也可以用来解释道德语义，还可以用来解释理想的社会关系（包括关爱关系）和结构（如正义问题）。但赫尔德认为，即使如此，一个传统的具有美德的男人几乎总是难以摆脱其作为理性的男人占据统治地位的过去，对于他们来说，关爱肯定不在体现其美德的行为之列。因此，在她看来，关爱伦理学是一种独特的女性主义伦理观，不仅仅有别于其他规范伦理学（如效果主义和义务论），甚至也有别于美德伦理学。她承认关爱伦理学有其思想来源，其中包括如亚里士多德、休谟、道德情感主义者等美德伦理学家的思想，但她认为作为一种女性主义的伦理观，关爱伦理学不仅仅是描述和概括在父权制条件下妇女的态度和活动，它必须是一种女性主义的伦理观，不仅为男性，而且也为女性所接受。作为一种女性主义的思想，它不同于它的伦理思想的先辈，也不同于美德伦理学。② 赫尔德认为传统的具有美德的男人难以摆脱父权制的影响，因而关爱不可能列入他们的美德范畴。但这并不符合现代男性的基本情况，至少不符合许多男性美德伦理学家的实际，比如，斯洛特明确将关爱视为一种基本美德，并将其发展成为一种情感主义美德伦理学。③ 过于强调关爱伦理学的女性主义特征有可能使关爱伦理学招致各种各样的批评。比如，指责这种纯女性主义的关爱伦理学是一种奴隶的道德，它将对妇女的压迫常态化；所依据的实验证据缺少代表性；过于狭隘等等。④ 而将关爱伦理学理解为一种美德伦理学则有可能避免所有这些责难。此外，过于纯从女性主义的角度、政治学的角度去观察关爱伦理学的问题，将"关爱关系"视为比"关爱"更重要的概念，这样会导致在评价"关爱关系"时更有可能滑入效果主义或功利主义的窠臼，这有违关爱伦理学家和女性主义者试图提出和主流道德理论相抗衡的规范伦理学的初衷。

最后，以"关爱"作为基本美德的美德伦理学是一种情感主义的美德伦理学。

---

① 参见 Virginia Held, "The Ethics of Care," p. 551。

② 参见 Virginia Held, "The Ethics of Care," pp. 551 – 552。

③ 参见 Michael Slote, *Morals from Motives*, Oxford: Oxford University Press, 2001; *The Ethics of Care and Empathy*, New York, NY: Routledge, 2007; *Moral Sentimentalism*, Oxford: Oxford University Press, 2010。

④ 参见 Maureen Sander-Staudt, "Care Ethics," 2011, *Internet Encyclopedia of Philosophy*。

"关爱"既是一种美德,也是一种情感反应,用关爱伦理学时髦的术语来说,是一种对具体环境的"响应"。这种"响应"可以理解为一种心理学意义上的情感反应,建立在这种直接的、在很大程度上是一种不由自主的情感反应基础上的美德伦理学不同于理性主义的亚里士多德主义的美德伦理学。在斯洛特那里,这种意义上的伦理学成为了一种以"移情"概念为基础的、颇有前途和值得注意的规范美德伦理学。雷切尔斯(James Rachels)认为"对关爱伦理学的判决最终取决于美德伦理学的成长与发展的能力"。[①] 因此,关爱伦理学及其美德伦理学的发展方向值得我们进一步关注、研究和推进。

① James Rachels, *The Elements of Moral Philosophy*, p. 172.

苏格拉底真的认为“美德即知识”吗？*

国内不少学术著作和杂志都提到过苏格拉底的一句名言：“美德即知识”或“德性即知识”，并以此作为苏格拉底伦理学思想的概括或立论的根据，给人的印象似乎苏格拉底真的认为美德即知识，甚至还有人认为苏格拉底说过“道德即知识”。① 这一说法在国内学术界流传多年，直到今天，人们还在不断地重复着这句“名言”，但大部分引用者很少注明出处，即使注明，也常引证不实，也很少考证这句名言在苏格拉底那里究竟是什么意思，往往简单地将它解释成“美德（道德）=知识”。这种解释逻辑上存在明显缺陷，并且也没有正确反映苏格拉底的伦理学的真实思想。在西方，苏格拉底的这句名言不如在中国流传广泛，但也有人提到这句名言或类似的话，不过，他们并没有以此概括苏格拉底伦理学思想。② 然

---

* 本文原载于《伦理学研究》2006 年第四期。此次收入论文集，纠正了原来因为希腊文而出现的乱码。本文的完成首先要感谢美国奥斯汀得克萨斯大学（The University of Texas at Austin）古代哲学（古希腊哲学）专家 Paul Woodruff 教授给笔者的回信，在信中，Woodruff 表示他并不认为苏格拉底真的相信美德即知识。这使得笔者有勇气完成本篇论文。当然，文中如果出现什么错漏谬误之处，或者论点不能成立，则完全是由于笔者之过，和 Woodruff 教授无关。

① 引用“道德即知识”说法的例子比比皆是。比如，李志逵主编的《欧洲哲学史》（上卷，中国人民大学出版社，1981 年）第 45—46 页和陈根法所著的《德性论》（上海人民出版社，2004 年）第 268 页上都引用了苏格拉底“道德即知识”的名言。两本书的作者都没有注明出处和来源。苏格拉底肯定没有说过“道德即知识”的话，因为“道德”（morality）一词无法用以准确翻译苏格拉底或柏拉图讨论道德问题时所使用的任何希腊语词（据 Wayne State University 希腊哲学史教授 Herb Granger）。据麦金太尔，英文的“道德”一词源于拉丁文，其概念在西方直到 16、17 世纪，特别是 17 世纪晚期才真正形成，见 Alasdair MacIntyre, *After Virtue* (Indiana: University of Notre Dame Press, 1984), 38 - 39。

② 如［法］让·布伦提到苏格拉底的“德性即知识”，见《苏格拉底》［中译本］，商务印书馆，1997 年，第 90 页；［英］A. E. 泰勒提到苏格拉底的论点“一切美德都是同一件事——知识”，见谢随知等译：《柏拉图——生平及其著作》［中译本］（*Plato: the Man and His Work*, London, 1927），山东人民出版社，1991 年，第 336 页。

而,苏格拉底是否真的认为美德即知识?苏格拉底所谈的“美德即知识”的含义究竟是什么?直到上世纪90年代以前,国内除了少数学者外,一直没有人做过认真的考证。本文试图证明两个问题。第一,从有关苏格拉底的史料中,我们并无确凿证据认为苏格拉底真的认为美德即知识。相反,我们还有证据表明苏格拉底曾明确否认过这个命题。第二,“美德即知识”在苏格拉底时代是一个比较含混的命题。如果我们仔细考查其种种可能的含义,我们会发现,在大多数情况下,在苏格拉底那里它只是表明“美德即智慧”,但“美德即智慧”不等于“美德即知识”。如果“知识”理解为命题知识(此乃认识论中“知识”应有之义),则“美德即知识”逻辑上的错误是显而易见的,并且不能恰当表达苏格拉底关于美德和知识关系的真实看法。

一、苏格拉底并没有确认“美德即知识”

苏格拉底本人没有留下什么著作,甚至苏格拉底是否真有其人也有人怀疑。[①] 那么,我们根据什么来判定苏格拉底其人和他的真实思想呢?我们应该根据什么来判定我们所研究问题的答案的正确与否呢?当然是根据有关史料。研究希腊哲学史的专家们一般认为关于苏格拉底的史料主要有三类,即柏拉图早期和部分中期对话篇,苏格拉底的亲近弟子希腊历史学家色诺芬的《回忆录》和亚里士多德的有关论述。[②] 就苏格拉底的哲学思想而言,主要是柏拉图的早期和部分中期对话篇。[③] 假定苏格拉底真有其人,并假定上述三种史料的英文译文足以为凭,[④]在这些前提之下,笔者试图证明苏格拉底最终并没有认可“美德即知识”。

柏拉图早期和部分中期对话篇中涉及苏格拉底讨论美德和知识关系的对话有《卡尔米德篇》、《高尔吉亚篇》、《拉凯斯篇》、《吕西斯篇》、《普罗泰戈拉篇》和《美诺篇》,而苏格拉底的有关看法主要反映在《普罗泰戈拉篇》(以下简称《普

---

① 见汪子嵩、范明生、陈村富、姚介厚:《希腊哲学史》第二卷,人民出版社,1993年,第298页。

② 参见汪子嵩等:《希腊哲学史》第二卷,第334—362页(除了上述三个史料来源外,该书还提到阿里斯托芬的喜剧《云》);[法]让·布伦:《苏格拉底》(中译本),商务印书馆,1997年,第1—10页。

③ 西方学者一般认为柏拉图早期对话篇中的苏格拉底更反映苏格拉底本人的思想,而中后期的对话篇中的苏格拉底则更代表柏拉图自己的思想。

④ 笔者不懂希腊文,只能依据有关史料的英文译文。

篇》）和《美诺篇》中。[①] 本节主要根据这两篇对话来证明苏格拉底并没有认可“美德即知识”，在《美诺篇》中，我们还可以找到苏格拉底否认此种说法的论证。

一般认为《普篇》（包括以上的各篇对话）的写作年代早于《美诺篇》。[②] 因此，不论《普篇》（以及以上各篇）中苏格拉底的看法如何，只要在《美诺篇》中能找到苏格拉底否认“美德即知识”的证据，则我们就有理由断定，苏格拉底最终并没有肯定“美德即知识”。

即使在《普篇》中，苏格拉底最终也没有确认“美德即知识”，他认为这个命题是否为真是一个值得进一步探讨的问题。在该篇对话中，苏格拉底和普罗泰戈拉从政治技艺（美德之一种）是否可教开始，进而讨论一般意义上的美德是否可教。苏格拉底不相信美德是可教的，而普罗泰戈拉认为美德是可教的（318a—320c）。经过普罗泰戈拉的一番论证后，苏格拉底表示暂且相信普罗泰戈拉所说的（329b）[③]，然后就转入美德性质的讨论。苏格拉底想证明所有的美德都是愚蠢的反面，而任何事物的反面只有一个，因此各种不同的美德其实是一个东西。而愚蠢的反面是智慧，所以，所有的美德都是智慧。（332a—333b）接下来，苏格拉底谈到了他著名的论题，即无人自愿为恶，为恶代表无知。苏格拉底最后说，全部的辩论取得了戏剧性的结果。我原来认为美德是不可教的，但我又证明一切都是知识，包括公正等美德，而这正好证明美德是可教的。另一方面普罗泰戈拉认为美德是可教的，但说美德是不同于知识的东西，这样，美德反而不可教了。（361a—b）但苏格拉底又说道，上述的结果表明我们的思想陷入彻底的混乱（因为导致了信念中的不一致或矛盾），我们有必要澄清我们的思想，弄清楚美德是什么，然后我们才能决定美德是否可教（361c）。显然，苏格拉底最终并没有认为美德是什么的问题已经解决，也不认为美德是否可教的问题有了最后的答案。

---

① 关于柏拉图对话篇的译名，本文以汪子嵩等人所著的《希腊哲学史》中的中文译名为准。本文所参考的柏拉图对话篇，主要依据 *The Collected Dialogues of Plato*（《柏拉图对话全集》），eds. Edith Hamilton and Huntington Cairns（New Jersey：Princeton University Press，1961），13th printing，July 1987。*The Collected Dialogues of Plato* 是西方公认的关于柏拉图著作的最好的英文版单卷本全集。笔者同时也参考了 G. M. A. Grube（*Plato：Five Dialogues*（Indiana：Hackett，1981））和 Benjamin Jowett 的柏拉图对话篇的英文译本。文中有关柏拉图对话篇的参考页码全指标准边码。

② ［英］A. E. 泰勒（Taylor）认为《美诺篇》是柏拉图的早期对话，在《普篇》之前（参见《柏拉图——生平及其著作》，第 189 页）。然而，根据汪子嵩等人的《希腊哲学史》第二卷，《普篇》属于柏拉图早期靠后的对话（第 463 页），而《美诺篇》则“无论从内容或形式看”都是后于《普篇》的续篇（第 671 页），属于柏拉图的中期对话（第 670 页）。根据 Edith Hamilton 和 Huntington Cairns 所编的 *The Collected Dialogues of Plato* 将《普篇》安排在《美诺篇》之前的编排次序来看，该书似乎支持《希腊哲学史》的说法。

③ 从上下文看，我们并不能认为苏格拉底这里真的就赞同普罗泰戈拉的观点，他只是假定普所说的是对的，因为他并没有表示他接受了普认为美德是可教的理由。

这个问题在《普篇》的姊妹篇《美诺篇》中得到进一步的讨论。

汪子嵩等人所著的《希腊哲学史》第二卷认为，苏格拉底对上述混乱的反应是"佯作惊讶"(第474页)，但我们认为这一评论低估了他一贯的探索真理的执著精神。西方学界对苏格拉底有一个基本的看法，即：他一般都不对所争论的问题下结论，他作为爱智慧的哲学家总是挑战人们(特别是智者)认为理所当然的看法或他们自称所知道的知识，而不是告诉他们有关问题的知识。在《申辩篇》中，苏格拉底说他比其他人明智或有智慧，不是因为他的知识(所知道的东西)比其他人多，而是因为其他人都声称他们知道他们其实并不知道的东西(即不知道他们自己不知道)，而他知道他不知道(21d)。苏格拉底这种批判性的风格成了西方哲学的一个重要传统。而且，《美诺篇》中苏格拉底对美德的可教性以及知识性的否定也表明他在《普篇》的结尾所谈的看法不是"佯作惊讶"。

在讨论《美诺篇》中苏格拉底关于"美德即知识"的真实看法之前，我们想指出一个有趣的事实。上世纪90年代以前，国内除了极少数研究苏格拉底的学者外，几乎所有提到"美德即知识"并且又注明出处的著作或文章都指明该"名言"来自《美诺篇》，特别是来自《古希腊罗马哲学》(北京：商务印书馆，1962年)的有关译文。[①] 该书所加的小标题是："苏格拉底论'美德即知识'"。严格地说，该小标题并没有断定苏格拉底认为美德即知识，从节选的译文中，我们其实也无法肯定苏格拉底真的就同意"美德即知识"，但这确实是国内流传苏格拉底认为"美德即知识"的一个主要来源。然而通观《美诺篇》的全文，我们无法找到肯定这种说法的确凿证据，相反，还可以找出否认这种说法的根据。1993年出版的材料极为详实的《希腊哲学史》第二卷也有专门的一节讨论"美德即知识"，但在该节中完全没有提到《美诺篇》，而将其放到柏拉图的思想中去讨论了。

《美诺篇》的主题是：美德是否可教？如果美德不可教，那么它是否从实践而来，或者是天生的，或者通过其他方式而来？(70a)为了回答美德是否可教的问题，苏格拉底认为首先要了解美德的本质是什么(86d)。美诺提出的几个定义都被苏格拉底否决了。由于美德是什么的问题一时弄不清楚，为了弄清美德是否可教，苏格拉底采取几何学中假设的办法，即如果假设美德是知识，则美德就是可教的。一方面，苏格拉底认为，美德只有是知识，才是可教的，即美德是一种

---

① 比如，冯契：《中国古代哲学的逻辑发展》，上册，上海人民出版社，1983年，第92页；全增嘏主编：《西方哲学史》，上册，上海人民出版社，1983年，第127—128页。

知识是美德可教性的必要条件(87c)。[1] 另一方面，他又认为：“如果美德是知识，那么美德就是可教的。”(87c, 89d)，即美德是知识也是美德可教性的充分条件。显然，苏格拉底将“美德是知识”看成是“美德可教性”的充分必要条件，即“美德是知识，当且仅当，美德是可教的。”美德是否可教取决于美德是否是知识，反之亦然。

那么，美德是否是知识呢？在一番认真的讨论之后，苏格拉底和美诺似乎达成了一致，即美德不管作为部分还是整体都是智慧(89a)。但苏格拉底紧接着提出了一个疑问：如果美德就是知识的假定错了，那又如何呢？(89c—d)[2]美诺问道：你为什么会认为美德也许不是知识呢？苏格拉底回答：他不是放弃“如果美德是知识，它就必定可教”，他所怀疑的是“美德是知识”是否能成立。如果任何东西是可教的，一定有教者和受教者。(89d—e)苏格拉底举了大量的例子来证明美德没有教者，也没有受教者，因此美德不可教(89e—96c, 98d—e)。苏格拉底显然将美德可能不是知识的结论先作为怀疑提出来，然后再证明这个怀疑是成立的。我们可以将他的推理过程表示如下：

(1) 美德是知识，当且仅当，美德是可教的(87c, 89d)。
(2) 美德不可教(89e—96c, 98d—e)。
(3) 所以，美德不是知识(98e, 99a)。

由于苏格拉底确信(1)和(2)，因此，结论(3)几乎就是不可避免的。苏格拉底最后的结论是：美德既不是与生俱来的品质，也不是可教的(99e)，因此，有德之人的美德是神赐(100b)。这些似乎足以否认苏格拉底已经确认“美德即知识”。

上世纪80年代有的学者引用《美诺篇》中的一句话：“如果知识包括了一切的善，那么，我们认为美德即知识就将是对的”(87d)，以证明苏格拉底认为美德即知识。但第一，这只是一个条件句，如果前件是否为真不清楚，则后件是否为真也就不确定。第二，苏格拉底在《美诺篇》中并没有明确表示知识包括了一切

---

① 苏格拉底问道：“对任何人来说，除了可以教以知识外别无其他，这一点难道不是显而易见的吗？”(87c)。北京大学哲学系编译的《古希腊罗马哲学》所依据的 Benjamin Jowett 的英文译本此处似乎有误(上下文不通)，本处依据 Grube 的英译本，并参照 Guthrie 的译本译出。

② 苏格拉底似乎将知识混同于智慧，但二者是有区别的，对苏格拉底理解的种种混乱部分地源于忽视这种区别。

的善，相反，他却明确表示不同于知识的真意见（真信念）也能正确指导我们，因而也是两件善事（另一件是指知识）之一（99a—b），也就是说，有些善并非知识的善，故知识似乎并非包括一切的善。

汪子嵩等人所著的《希腊哲学史》第二卷在论《美诺篇》的一章中也提到苏格拉底关于美德不可教的有关思想，但给了一个不同的解释，即柏拉图（苏格拉底）并没有否认"美德即知识"，而只是否认了有美德教师。如果真有美德教师（即有真知识的哲学家），则美德就是可教的，"不过后一层意思他在《美诺篇》中并没有明白说出来"。[①] 笔者看不出柏拉图（或苏格拉底）为什么没有明白说出来的理由。这个解释是假定苏格拉底肯定"美德即知识"的前提下所做的一个解释，有"预设结论"之嫌。而苏格拉底在讨论美德不可教之前就提出对"美德即知识"命题的怀疑，在《美诺篇》的结尾又直接说美德乃神授。而且，如前所述，在《普篇》的结尾，苏格拉底认为这是一个值得进一步探讨的问题。笔者认为，由于"美德即知识"在苏格拉底和他的同辈那里是一个含混不清的命题，隐含着逻辑谬误的可能性，故按照苏格拉底驳斥他人一贯的方法，按照苏格拉底反对智者的立场（智者认为美德是可教的），认为美德的可教性和知识性是一个有待进一步讨论的问题是符合苏格拉底一贯风格的。

《希腊哲学史》第二卷还列举了支持苏格拉底认为"美德即知识"的证据，主要是来自色诺芬的《回忆录》[②]和亚里士多德的著作。前者记载："苏格拉底说，正义[公正]和其他一切美德都是智慧。"但这一部分引文只是重复了《普篇》和《美诺篇》的有关叙述，而且这部分引文恰恰说明苏格拉底其实认为美德是智慧，而智慧和知识并不是一回事（尽管苏格拉底本人和他的同辈并非总是清楚地区别二者）。而来自后者的引文，从上下文看，并非说明苏格拉底认定"美德＝知识"，或者美德是知识的一部分，而是说明苏格拉底对二者之间关系的看法，即苏格拉底认为善恶知识是美德或美德者的充分必要条件（就像掌握几何学知识或建筑学知识是成为几何学家或建筑师的充分必要条件一样），而非说两者是一回事。正如我们可以说在正常标准大气压的情况下，摄氏 100 度温度是纯净水沸腾的充分必要条件，不等于说摄氏 100 度的温度是或等于沸腾水或水沸腾。

---

① 第 690 页。以上内容还可参见第 689—690 页。

② 见该书第 435 页。其中取自色诺芬《回忆录》的引文出处似乎有误，据笔者手边的英文资料，出处应为第 3 卷第 9 章第 6 节，而不是第 5 节。

二、“美德即知识”并没有准确表达苏格拉底关于美德和知识关系的看法

在《普篇》中，苏格拉底认为美德的本质，美德是不是知识，美德是否可教，需要进一步探讨。他的这种态度恰恰表明了作为一个真正哲学家的正确态度，因为“美德即知识”在苏格拉底以及同时代其他人那里确实是一个含混不清的命题，以至于尽管苏格拉底本人对这个命题说了许多意见，但他依然本着“知之为知之，不知为不知”的态度，认为这个问题没有得到最后的答案。笔者将分析这个命题在苏格拉底时代所包含的种种不同的含义和可能的解释。由于其中一些含义或解释明显不合理，甚至逻辑上不通，但它们和苏格拉底可能真正赞同的合理的含义和解释又常常采取同样的语言形式，即“美德即知识”。因此，笔者认为不宜用“美德即知识”来表达苏格拉底关于美德和知识关系的有关思想。

“美德即知识”在苏格拉底时代究竟包含哪些可能的意思呢？这需要分别考察一下“美德”和“知识”在古希腊的种种不同的含义，才能回答这个问题。

“美德”希腊文原文是ἀρετή（aretê）[①]，原意是指任何事物的天然的特长、用处和功能。《希英大辞典》的解释是，goodness, excellence of any kind（任何事物的善或优点）。在古希腊人看来，一个事物的特长、用处和功能就是该事物不同于他事物的本性。比如，马的奔驰能力是马所特有的特长和本性，也就是马的 aretê。事物也是这样。比如船的 aretê 是能在水上行驶。当运用于人的时候，主要指人的才能和品德，古希腊人认为这也就是人的本性。从优点和特长的方面看，人的 aretê 或本性当然就是好的。当一个器官的功能得到充分的发挥，达到完满的程度，也称为 aretê。比如，视力强，听觉好，就是眼睛或耳朵的 aretê。[②]

由于“美德”原来的意思是指任何事物的天然的特长和功能，而天然的特长和功能似乎是无法教的，比如，我们无法教人像鱼一样在水中呼吸生活。这样，当它用来指人的特长和功能时，比如政治技艺等时，就有一个美德是否可教的问题了。这成为《普篇》和《美诺篇》争论的一个主题。

---

① “美德”的希腊原文，笔者主要依据叶秀山所撰写的《苏格拉底》（《西方著名哲学家评传》第一卷，山东人民出版社，1984 年，第 494 页）和《苏格拉底及其哲学思想》（第 128 页）。汪子嵩等人所著的《希腊哲学史》第二卷第 166 页上，该词的希腊文似为ἀρετή。

② 参见汪子嵩等：《希腊哲学史》第二卷，第 166—168 页和亚里士多德：《尼各马科伦理学》，1106^{a}10—25。

在苏格拉底那里，作为人的优点特长的“美德”包含两种不同的意思（这里不是指他对“美德”的定义，而是指他和他的同辈人在使用该词时，该词的含义）：

（A1）指能力和用处。如体力，智慧，游泳，下棋等都是一种能力和用处。当苏格拉底和其他人谈到公正、勇敢等美德时，他们都将其看成是某种能力。在他们看来，公正作为一种美德是一种政治的技艺，一种公平待人管理国家的能力（见《普篇》）。《卡尔米德篇》所讨论的自制或节制指的也是一种具有自知之明并且行为有度的能力。

代表能力的美德也可作为看不见的性质存在于主体之中，即我们常说的“品德”或“品性”。它是一种还没有表现出来的但存在主体之中的能力或本性。比如，脆是玻璃的本性，平时它并没有表现出来，但依然存在于玻璃之中。当一个人将玻璃砸碎时，这种本性就“表现出来”了，但在没有表现出来之前，它就已经存在于玻璃之中。

（A2）指体现某种美德的行为，或具有某种“美德”性质的行为，甚至一些具体美德的概念，如公正、虔敬等多少还含有行为规范的意义。这种概念的美德已经有现代“道德”的含义了。苏格拉底等人常常用“美德”的概念或词语来表达行动的道德属性，比如 justice，courage，piety 等。在《欧绪弗洛篇》里，苏格拉底和欧绪弗洛讨论了什么是虔敬的问题，而他们实际所讨论的不是作为能力的一种美德，而是虔敬的行为。又比如，《吕西斯篇》中所讨论的友爱就不可能解释成为作为一种能力的美德，而完全是指体现人们之间关系的行动的性质。苏格拉底有时也用“善”或“好”的概念来表达行为的道德属性，或者将行为的某种道德属性当成“美德”。

那么，“知识”在苏格拉底那里又有哪些含义呢？当代西方哲学家一般认为知识有三种，即技能知识（know-how knowledge），对象知识（object knowledge）和命题知识（propositional knowledge）。[①] 对象知识可以归结为命题知识，故知识主要可以分为两类：技能知识和命题知识。技能知识不同于命题知识。更确切地说，它指的是一种能力，而不是指对事物的判断。判断可以有真假，而能力只可以具有或不具有（虽然对一个主体是否有能力的判断可以有真假）。如，“我知道怎样骑自行车”说的是我具有某种能力，某种保持自行车平衡不倒，连续运动的能力。即使我不懂有关保持平衡的物理学的命题知识，我依然具有这样的能力。又如，我知道怎样养花，我知道怎样澄清概念和命题的意义（这种能力在

① 参见 Elliott Sober，*Core Questions in Philosophy*（New Jersey：Prentice Hall，2001），150－151。

我知道某个概念和命题意义之前就具有)等。这类技能不能等同于命题知识,后者指的是认识主体对外部世界的判断。有的人可以知道所有的有关游泳的正确的命题知识,但并不一定能够游泳。技能知识包括运用命题知识的能力,甚至也预设技能者也具备一定的命题知识,这一点在苏格拉底谈到勇敢等美德时,尤其明显,但技能知识依然不等于命题知识。西方认识论所研究的知识主要或者仅指可以有真值的命题知识,这也是我们日常意义上的"知识",所以,也是"知识"应有之义。为了避免混淆,我们可以将技能知识简称为"技能"。

然而在古希腊,"知识"作为一个哲学概念是一个正在形成的概念。这也反映在当时希腊文有关词语的使用情况中,即技能和命题知识不分。在希腊文中,sophia(σοφία″), phronesis (φρόυησις), synesis (σύυεσις), gnome (γυώμη), episteme(ἐπιστήμη)等都有智慧、思想、理智、理性和知识的意思,英文译本都根据上下文将它们译成 wisdom, intelligence, understanding, thought, judgment, knowledge 等。[①] 当代西方哲学家一般将最早的命题知识意义上的知识概念归功于柏拉图,主要是指《美诺篇》(97a—98b)和《泰阿泰德篇》(201c—210b)中的有关段落。按照这种知识的概念,知识是经过辩护的真信念。[②]《美诺篇》中关于知识(即命题知识)的讨论也许代表了苏格拉底的一些看法,但苏格拉底和其他人在讨论美德和"知识"关系时,他们的知识概念往往是在技能和命题知识之间游离。比如,柏拉图对话中的苏格拉底在表明某些具体美德是智慧之后,常常突然将智慧换成"知识"。[③] 有时,同一个希腊词,有的译者译为知识,有的译者译成智慧。因此,我们应该根据苏格拉底所表达的概念,而非词句来判断苏格拉底的思想。

苏格拉底本人在谈到"知识"时,往往包含两种不同的概念。

(B1)"知识"指的是智慧,一种理智的能力,相当于中国哲学中"智"的概念。这种能力有些类似游泳、下棋之类的技能。比如,一个人可以有许多关于政治的真的命题知识,但未必有政治的智慧和政治的能力,就像一个人可以有许多关于游泳的真的命题知识,但却不会游泳一样。乔伊特(Jowett)甚至直接将普罗泰

① 参见汪子嵩等:《希腊哲学史》第二卷,第 416—417 页。

② 对这个知识概念的分析和讨论已成为当代西方认识论的一个著名问题,即盖梯尔问题。盖梯尔对柏拉图知识定义的批评,见 Edmund Gettier, "Is Justified True Belief Knowledge?" *Analysis* 23, 1963, 121-123。

③ 参见《普篇》(361b)和《美诺篇》(89a—d)。

戈拉所讲的政治技艺译成“政治智慧”。[①] 在《普篇》中，苏格拉底一直都将各种美德归结为智慧，但在该篇快要结束的时候，借他人之口说他认为一切美德都是知识(361b)。又比如，在《美诺篇》中，苏格拉底刚刚说了美德或部分或整体是智慧后(89a)，紧接着提出美德是否是知识的疑问(89c—d)。显然，在上面的语境中，苏格拉底所说的“知识”的含义之一指的就是智慧。[②]

这种智慧的能力可以存在于人的本性之中，这时智慧相当于理智、理性的概念，指的是代表认识主体本性的一种能力。

(B2)“知识”指的是较严格的认知意义上的命题知识，即主体对客体的认识。比如，当《美诺篇》中的苏格拉底将“知识”和“真意见”进行比较时，他所谈论的“知识”多半指的是命题知识意义上的知识，即可以有真值的知识。这种意义的知识在苏格拉底那里似乎包括事实知识、共相知识和善恶知识。在《拉凯斯篇》中，苏格拉底认为“勇敢不仅是关于畏惧和希望的知识，而且是关于任何时间的善和恶的知识”。(199c—d)前者似乎指的是事实的知识，后者指的既是善恶的知识，也是共相的知识。当苏格拉底谈到美德即知识是美德可教性的充分必要条件时(《美诺篇》87c，89c—d，以及《普篇》361b)，这里的“知识”似乎除了智慧的意思外，也有命题知识之意。当然，正是由于他的“知识”概念没有将智慧和知识区别开来，这就造成了“美德即知识”命题的含混性，从而造成美德是否可教的不确定性，因为，如果将美德仅理解为智慧，由于真正的智慧对有些人可能不可教，就像对有些人很难将其教成围棋高手一样，则美德有可能不可教。但如果将美德理解为命题知识，则美德似乎又是可教的。由于苏格拉底等人没有将智慧和严格意义上的知识区别开来，故他们关于美德的可教性和知识性问题会产生一些逻辑上不连贯的判断，而苏格拉底似乎意识到这种不连贯性，故他认为这个问题需要进一步探讨的说法是认真的。

根据上面的分析，我们可以将“美德即知识”的各种可能的组合表示如下：

<table>
<tr><td>美德</td><td rowspan="3">即</td><td>知识</td></tr>
<tr><td>(A1) 作为优点长处的能力或品性</td><td>(B1) 智慧(类似技能知识的能力)</td></tr>
<tr><td>(A2) 体现美德或表现美德性质的行动</td><td>(B2) 命题知识</td></tr>
</table>

① 见 The *Protagoras*，319a，Guthrie 将有关词语译为 the art of politics，而 Jowett 则将其译为 political wisdom。

② 国内的许多学者在解释苏格拉底“美德即知识”命题时，往往在引用了美德是智慧的讨论后，马上加上一句，“智慧就是知识”，以便推出“美德即知识”的结论，殊不知，智慧和知识不是同一个概念。

按照上面“美德”和“知识”各自不同的意义，两边可以有四种组合，即(A1B1)，(A1B2)，(A2B1)，(A2B2)。

(A1B1)：美德(能力或品性)即智慧。

“A‘即’B”所表达的意思是：A和B之间存在着部分和整体的关系，或存在着等值关系。按照(A1B1)，美德是一种能力，智慧也是一种能力，两者都是同类的事物，故两者之间存在着部分和整体或等值关系逻辑上不存在着任何困惑。关于(A1B1)意义上的美德和智慧的关系，苏格拉底有两种思想。

第一，“一切美德皆智慧”(见《美诺篇》，《普篇》)。在苏格拉底看来，智慧是一种最普遍的能力，是一切美德所具有的共性。这样，美德不管作为部分(即具体的美德，如勇敢、虔敬、公正)，还是作为整体(美德之总和或作为“相”或“型”的美德)，都是智慧。用“美德即智慧”来表达苏格拉底的这些思想没有任何逻辑上的困难。按照这样的理解，苏格拉底将所有真正的美德都理解为理智的技能，即各种不同的智慧或反映智慧的不同的能力。但我们不能将“美德即智慧”解释成“美德即知识”，因为“智慧”(能力)不等于“知识”(命题知识)。

第二，“智慧是最高贵的美德。”苏格拉底有时将智慧理解为美德之一，但却是“最高贵的美德”，普通人所理解的“美德”，如自制、勇敢、公正、虔敬等，如果没有智慧的指导，不和智慧的美德结合，就不成其为真正的美德。所谓真正的美德在苏格拉底看来，就是能够给人带来好处，带来善的美德(参见《普篇》350a—c和《美诺篇》87d)。按照苏格拉底的这一思想，智慧是所有真正美德的必要条件。比如，苏格拉底认为勇敢如果离开了智慧，就无法审时度势，就不是真正的勇敢。他还说，“凡人之善在于他有智慧，凡人之恶在于他不智。”(《拉凯斯篇》194d)这种思想后来被柏拉图在《国家篇》中发展成为灵魂的不同组成部分，理智(智慧)，激情和欲望，而理智占统辖地位，决定灵魂的其他两个部分。① 苏格拉底的这种思想无法用“美德即智慧”的命题来表达，因为“智慧”被理解为美德之一种，和其他美德是并列关系，而非部分和整体或等值关系。

(A1B2)：美德(能力)即命题知识。

这里讲的命题知识包括事实知识，共相知识和善恶知识。这个命题逻辑上明显不通，因为“能力”和反映主体对客体认识的具有真值的“知识”既不是部分和整体的关系，也不是等值关系。硬要解释，则难免牵强附会，或偷换概念，或不知所云。但美德和命题知识之间可以存在着某种“即”或“是”所无法表达的关

① 参见《国家篇》(旧译《理想国》)436c—445a，以及《希腊哲学史》第二卷，第777—780页，

系。在苏格拉底看来,善恶知识可以是"美德"存在的充分必要条件(或充分条件)(参见《普篇》),但这并不意味着一个是另一个的一部分,或两者是一回事。因此,我们不宜用"美德即知识"来概括苏格拉底的这一思想,事实上,就我们所接触到的有关文献来看,西方学者也没有用这句话来概括苏格拉底的有关思想。

(A2B1):表现美德性质的行动即智慧。

这个命题的合理性取决于怎样理解智慧。如果智慧理解为一种"辨析判断、发明创造的能力",则该命题逻辑上明显讲不通,因为"行动"既不是"能力"的一部分,也不等同于"能力"。但如果智慧被理解为一种表现智慧能力的行动,则逻辑上没有什么问题。我们将(A1B1)所有谈到"智慧"的地方都翻译成"表现智慧的行动",则(A2B1)和(A1B1)的意义就可以相通。

(A2B2):表现美德性质的行动即命题知识。

这个命题和(A1B2)一样,逻辑上有缺陷,因为这里所说的"行动"既不是"命题知识"的部分,也不等于"命题知识"(或善恶知识)。苏格拉底并没有断定二者是部分和整体的关系,也没有说二者是等值的,他只是认为体现美德的行动(或成为有美德的人)和善恶知识之间存在着某种关系。他认为趋善避恶乃人(理智的人)之本性(《普篇》358c—e),而美德的行动都代表了善。因此,凡真正知道善恶对错(即具有善恶知识)之人,必然行善,凡作恶者皆因无知(即缺少测度或评价善恶的知识)(《普篇》357d—e)。苏格拉底的这一看法似乎表明,他认为善恶知识是善行或美德的充分必要条件。但这种关系,如前所述,无法表达为部分和整体,或者二者等值的关系。因此,在(A2B2)意义上的"美德即知识"和在(A1B2)意义上的"美德即知识"一样,都没有恰当表达苏格拉底本来的思想。这也给牵强附会的解释或误解留下了很大的空间。因此,笔者认为不宜再用"美德即知识"来表达苏格拉底的有关思想。国内有的学者用"'知''行'合一论"概括苏格拉底的上述思想,笔者认为这一表达优于"美德即知识"。[①] 西方学界则认为苏格拉底"无人有意犯错"的思想提出了一个极为重要的理论问题,即不能自制(*akrasia*)的行为是否可能的问题。[②] 苏格拉底本人认为不能自制的行动(即知错犯错的行动)是不可能的,人们一般认为亚里士多德认为不能自制的行动是可能的。他们之间争论的问题显然不是美德是不是知识的问题,这说明"美德即

① 见叶秀山:《苏格拉底及其哲学思想》,人民出版社,1986年,第125页。

② "不能自制"的希腊文为 *akrasia*,英文常常译为 lack of self-control, incontinence, the weakness of will。苗力田将其译为"不自制"(见《尼各马科伦理学》,第七卷)。"不能自制"这里指的是"不能自我控制","失控"等义。

知识”不能恰当地概括苏格拉底的有关思想。

为什么那些不利于肯定苏格拉底认为“美德即知识”的史料被人们有意或无意地忽略？为什么这个命题在中国比在西方得到这么多的强调？我们认为这和中国许多学者将知识等同于智慧并因此而认为“美德即知识”是一个合理的命题有关，也和许多人习惯于“是即不是”之类的表达方式有关。但如同我们上面已经证明的，当“知识”被理解为命题知识（在认识论意义上和日常意义上的“知识”）时，“美德即知识”要么逻辑上是一个错误的命题，要么它就没有恰当表达苏格拉底的真正的想法。至少，将苏格拉底三种不同的思想（即“美德即智慧”，“智慧最高贵”，和“有了善恶的知识必然行善，无人自愿作恶”）放在逻辑上有缺陷的同一个命题之下，只会混淆我们对苏格拉底本来思想的理解。因此，我们应该放弃用“美德即知识”来概括苏格拉底的有关伦理学思想。

苏格拉底为何认为“无人自愿作恶”？[*]

不能自制的问题(the problem of *akrasia*)在西方哲学史乃至当代西方哲学和道德哲学中是一个非常重要的理论问题。[①] 这个问题最早是由苏格拉底提出来的。不能自制的希腊文原文为 *akrasia*，英文中常常有两种译法：incontinence(不能自制)和 weakness of will(意志软弱)。不能自制一般是指违反行动者最佳判断的行为。所谓不能自制的问题是指：违反行动者最佳判断的行为是否可能？苏格拉底的回答非常明确：不能自制的行为是不可能的。这一看法主要反映在他的“无人自愿作恶，作恶皆因无知”的观点上。本文主要讨论苏格拉底为何认为“无人自愿作恶，作恶皆因无知”，阐述其核心的论证，分析其主要问题，并探讨苏格拉底的思想对我们究竟有何启示，以及他所提出的不能自制问题对于当代西方伦理学研究的影响。

一

在正式讨论苏格拉底关于不能自制的思想之前，我们有必要比较一下作为古希腊四大美德之一的“节制”和作为不能自制的对立面或反义词的“自制”之间的异同。尽管作为四大基本美德之一的“节制”和作为不能自制的反义词的“自制”均有自我控制的意思，但不论从词源的意义上，还是从概念上，二者均有不同。

“节制”的希腊文为“*sophrosyne*”(σωφροσύνη)，在荷马史诗的用法中有心

---

* 本文原载于《南京师大学报(社会科学版)》2010 年第 5 期。此次收入论文集，去掉了原来的小标题。

① 许多当代著名的西方哲学家对不能自制的问题均有过深入的研究与探索，如黑尔(R. M. Hare)，戴维森(Donald Davidson)，米尔(Alfred Mele)，斯坎伦(Thomas Scanlon)等。关于不能自制的问题，笔者将另文专述。

智健全，审慎明智，考虑周到等含义，[①]柏拉图著作的许多英文译本通常都将其译为“temperance”（节制，节欲），也有的译为“self-discipline”（自律）。1961 年美国普林斯顿大学出版社曾出版过一部公认英文译得较好的，较为权威的《柏拉图对话全集，附信札》，[②]其中《国家篇》的译者将“*sophrosyne*”译为“soberness”（清醒，克制，审慎，适度），而《法篇》的译者则将其译为“temperance”。中国学者当中，《尼克马科（可）伦理学》的译者苗力田、廖申白，《理想国》的译者郭斌和、张竹明，和《柏拉图全集》的译者王晓朝等人均将其译为“节制”，而汪子嵩等人所著的《希腊哲学史》则将其译为“自制”。[③] 从概念上讲，“*sophrosyne*”是古希腊的四大美德之一。按照当时普通希腊人的看法，它是一种能够对某些形式的肉体快乐和欲望进行自我约束和控制的美德，柏拉图的早期对话《卡尔米德篇》则将它解释为“认识你自己”、自我认识、自知之明等意思，[④]这种含义似已开始偏离当时“*sophrosyne*”的日常用法了。柏拉图在《国家篇》中则强调它不仅仅是戒绝某些肉体快乐的一种美德，更是“自己的主人”（master of himself）。柏拉图进一步将“自己的主人”解释为灵魂中较好的部分（理智的部分）对灵魂中较坏部分的控制。[⑤] 在《法篇》中，柏拉图则将“*sophrosyne*”和实践智慧等同。[⑥] 亚里士多德则更多地是按照当时的日常用法并根据自己的美德中道说来解释“*sophrosyne*”，将它理解为能够对快乐和痛苦进行节制、能够选择快乐和痛苦之中道的一种美德。按照亚里士多德的中道说，过度或不及都是恶习（vices）。美德则是选择过度与不及之间中道的一种品质或能力。在亚里士多德看来，过度的快乐就是自我放纵（self-indulgence），而快乐不及则是感觉迟钝（insensibility），二者均是恶习。快乐得恰到好处便是节制的美德。[⑦]

而作为不能自制（*akrasia*）的反义词的“自制”，其希腊文为 *enkrateia*

---

① 参见 Scott Carson，“Sôphrosunê” in *Encyclopedia of Philosophy*，ed. Donald Borchert，2nd edition，Farmington Hills，MI：Thomson Gale，2006，vol. 10，p. 42。

② 即 *The Collected Dialogues of Plato*，*Including the Letters*，edited by Edith Hamilton and Huntington Cairns，New Jersey：Princeton University Press，1961。

③ 关于“*sophrosyne*”的含义，可参见汪子嵩、范明生、陈村富、姚介厚所著的《希腊哲学史》卷二，人民出版社 1993 年，第 375—376 页和《尼各马可伦理学》，廖申白译，商务印书馆 2003 年，第 88 页，注②。

④ 参见 Plato，*Charmides*，164d。

⑤ 参见 Plato，*Republic*，430e - 431b 和《柏拉图全集》卷二，王晓朝译，人民出版社 2003 年，第 405—406 页。

⑥ 参见 Plato，*Laws*，710a。

⑦ 参见 Aristotel，*Nicomachean Ethics*，1107b3 - 8；cf. 1117b23 - 1119b10。

(ἐγκράτεια),英语中常将其译为"self-control","continence","strength of will"等。[①] 从概念上讲,它和"节制"不同,它主要指行动者在面对相反的诱惑时依然能够按照自己的最佳判断行事的能力或意志力,其反义词或对立面是指的"不能自制"(*akrasia*)或意志软弱,而不是自我放纵或感觉迟钝。按照亚里士多德的看法,一个自制的人是一个在绝大多数人都会屈服的诱惑面前能够抵制这些诱惑而主宰自己的人,而一个缺乏自制的人则是一个在绝大多数人都能抵制的诱惑面前屈服的人。[②] 自制或不能自制主要是关于意志的柔软与刚强的一种品质或能力。亚里士多德认为我们既不能将自制(或坚韧)和不能自制(或柔弱)等同于美德和邪恶,也不能将它们看成是完全不同种类的事物。[③] 另一方面,如前所述,亚里士多德明确将节制看成是一种美德,其对立面是自我放纵和感觉迟钝,而不是不能自制(即不能按照行动者的最佳判断行事)。因此,我们不宜将"自制"和古希腊四大美德之一的"节制"相混。为了避免这种混淆,我们最好将"*sophronsyne*"译为"节制",而将"*enkrateia*"译为"自制"。[④]

二

苏格拉底是最早提出不能自制问题的西方哲学家。他的相关思想主要反映在柏拉图的《普罗泰戈拉篇》中。[⑤] 在该篇对话中,苏格拉底提到了普通大众的一个看法,即"许多人知道什么是最好的,但却不愿意按照它去行事。做好事的

---

① 参见 Robert Audi (ed.), *The Cambridge Dictionary of Philosophy*, 2nd edition, Cambridge: Cambridge University Press, 1999, p. 16。

② 参见 Aristotel, *Nicomachean Ethics*, 1150a10 - 15。

③ 参见 Aristotel, *Nicomachean Ethics*, 1145a35 - 1145b2。亚里士多德认为自制和不能自制主要涉及的是对快乐的控制,而柔弱和坚韧主要涉及的是对痛苦的控制(见 Aristotel, *Nicomachean Ethics*, 1150a10 - 15)。它们都是和意志力相关的品质和能力。

④ 苗力田和廖申白均将"*sophrosyne*"和"*enkrateia*"分别译作"节制"和"自制"。姚介厚先生是笔者所敬重的学者之一,但他在他的著作中似乎也将"节制"(*sophrosyne*)(他在书中所采用的译文是"自制")和"自制"(*enkrateia*)混为一谈,原因之一恐怕与他将"*sophrosyne*"和"*enkrateia*"都译为了"自制"有关。见他所著的《西方哲学史》(学术版)第二卷,古代希腊与罗马哲学(下),凤凰出版社/江苏人民出版社,2005年,第 775—776 页。

⑤ 研究希腊哲学史的专家一般都认为柏拉图的早期对话篇属于"苏格拉底的对话",即对话中的主角苏格拉底的言论代表的是苏格拉底自己的思想。《普罗泰戈拉篇》属于柏拉图的早期对话篇,故可以作为论述苏格拉底思想的依据。(参见汪子嵩、范明生、陈村富和姚介厚:《希腊哲学史》卷二,人民出版社 1993 年,第 641 页。)此外,亚里士多德在《尼各马科伦理学》第七卷第二章中明确提到苏格拉底关于不能自制是不可能的思想(1145b21 - 31),因此,尽管《美诺篇》被认为属于柏拉图的中期对话,由于其中的某些对话和《普罗泰戈拉篇》中的苏格拉底的思想一致,我们也用来补充说明苏格拉底的相关思想。

大门对他们敞开着，但他们却去做其他的事”。[①] 在他们看来，自愿作恶是可能的。苏格拉底对此进行了反驳。他认为无人自愿作恶。也就是说，对一个明智的人来说，违反自己最佳判断行事（即不能自制的行为）是不可能的。苏格拉底说道：“我本人确信无疑，没有一个明智的人会相信有人会有意犯罪，或有意作恶或做卑鄙的事情。他们非常明白，一切罪恶或卑鄙的行为都是不自愿地犯下的。”[②]在柏拉图的其他对话篇，如《高尔吉亚篇》和《美诺篇》中，书中的主角苏格拉底也有类似的思想。

但是人类不能自制的行为似乎是普遍存在的。作为人，我们经常犯不能自制的毛病。我们明知做一件事情不对，但依然做了。我们明知抽烟不好，但依然抽了。我们明知上网成瘾不利于学习工作，但依然无节制地上网。我们中间有些人明知贪污腐化不对，但依旧照贪不误。我们明知扩大贫富差别不利于社会的长期稳定，但我们的许多作为依然是扩大而不是缩小人们之间的收入差别。我们明知建立化工厂会破坏一个村庄或一个地区的环境，我们依然建了。我们这个世界明知再不减少碳的排放，全球环境的变暖或变化会产生不可预测的后果，我们依然不愿作出减少碳排放的承诺。我们明知核武器和大规模杀伤性武器可以毁灭地球和人类，我们依然积极研究、发展和改进这些武器。我们明知我们的许多做法后果极其严重，但我们依然故我。总之，我们明知故犯。

如何解释人们的这些自愿寻恶避善的行为？换言之，如何证明无人自愿作恶或求恶？为何不能自制是不可能的？在《普罗泰戈拉篇》中，苏格拉底提出了一番论证。他从普通大众或多数人（亦即主张不能自制是可能的人）也能接受的前提（即追求快乐、避免痛苦乃人之本性）出发，开始了他的论证。这一前提是普通大众或多数人所能够接受的，因为他们之所以不接受不能自制的不可能性就是因为他们认为支配人们行为的主导性的或占统治地位的因素不是人们所拥有的知识，而是情感（如情欲、快乐、痛苦、爱情、恐惧等等）。这就是他们为何相信许多人明明知道什么是最好的，但却不愿意去做的原因之所在。这些人不是为知识所征服，反而为其他的东西，如快乐、痛苦所征服。[③] 因此，主张追求快乐、避免痛苦乃人之本性是他们所能够接受的前提。

---

① Plato, *Protagoras*, 352d. 译文参见《柏拉图全集》卷一，王晓朝译，人民出版社 2002 年版，第 477—478 页，本处略有修改。该篇对话的引语，除非特别注明，均参照 *The Collected Dialogues of Plato, Including the Letters* (edited by Edith Hamilton and Huntington Cairns, New Jersey: Princeton University Press, 1961) 中的英文译出。

② Plato, *Protagoras*, 345e. 译文参见《柏拉图全集》卷一，第 470 页，本处略有修改。

③ 参见 Plato, *Protagoras*, 352b – e。

问题是，苏格拉底本人是否赞成这一前提？汪子嵩等人在他们所著的《希腊哲学史》中认为苏格拉底本人其实是反对这一前提的。[①] 但依据何在？西方有的学者认为苏格拉底本人并不赞成这一前提，因为他和普罗泰戈拉明确且直截了当地宣告他们在如下的观点上达成了一致：知识是不可能像奴隶一样被其他的情感(affections)(包括快乐)牵着鼻子走的。知识和智慧(而不是快乐或痛苦等情感因素)是决定和支配人生的最强大的因素。[②] 而苏格拉底的论证主要是说服普通大众承认不能自制行为是不可能的(即无人自愿作恶)，由于普通大众都相信快乐主义，[③]因此，苏格拉底只是利用他们所赞同的观点作为前提来说服他们接受自己的观点，苏格拉底本人未必就真的相信它。[④] 但这样做的代价将会使得苏格拉底的整个论证建立在连他自己也不相信的前提基础上，大大削弱了他的论证的逻辑和理性的力量以及可信性，使得苏格拉底自己变成了一个并非追求真理，而仅仅是玩弄逻辑和概念技巧的哲学家，也使得我们难以逻辑上连贯一致地去理解和解释苏格拉底论证中的思想。比如，《希腊哲学史》的作者一方面认为苏格拉底反对快乐主义的观点(即认为追求快乐，避免痛苦乃人之本性的观点)，另一方面又说"苏格拉底也没有否定快乐。他认为人总是选择较大分量或程度的快乐而舍弃较大分量或程度的痛苦"。[⑤] 这一解释明显有难以自圆其说的地方。为了避免上述这种代价，笔者倾向于认为苏格拉底本人在某种意义上是赞同这一前提的。这里关键是要区分短视的心理学快乐主义和有远见的心理学快乐主义。[⑥] 所谓短视的心理学快乐主义主张人的本性是寻求眼前的快乐，避免眼前的痛苦。所谓有远见的心理学快乐主义主张人的本性总是追求长

① 见汪子嵩、范明生、陈村富、姚介厚：《希腊哲学史》卷二，人民出版社 1993 年，第 472—473 页。

② 参见 Plato, *Protagoras*, 352c-d。

③ "快乐主义"的英文为 hedonism，旧译"享乐主义"。因"享乐主义"在中文中往往带有某种贬义，而它作为一种理论其实是中性的，因此改译为"快乐主义"。

④ 以上参见 Helen Steward, "*Akrasia*" in *Routledge Encyclopedia of Philosophy*, Version 1.0 (CD-Rom edtion), London and New York: Routledge, 1998。注意：这里所提到的观点并非 Helen Steward 自己的观点，而是西方学者可能持有的一种观点。

⑤ 汪子嵩、范明生、陈村富、姚介厚：《希腊哲学史》卷二，人民出版社 1993 年，第 475 页。在同一页上，《希腊哲学史》的作者还说："我们以为苏格拉底所说的快乐和痛苦主要不是指是否满足人的官能欲望，而是指理性的道德行为的某种价值表现，这是由知识来测度裁定的，所以和享乐主义[即快乐主义]根本不同。"笔者接下来的分析对这一说法做出了回应。

⑥ 请注意：心理学快乐主义和伦理学快乐主义有着重要的区别：前者是一个描述性的命题，后者是一个规范性命题。前者认为人的本性是追求快乐，避免痛苦，这是一个事实。但究竟我们是否应当只追求快乐则没有任何断言。当人们将快乐或痛苦与善或恶等同起来，则这一心理学的命题就会转变为伦理学命题，即转变为伦理学快乐主义。按照伦理学快乐主义，我们应当追求快乐，避免痛苦。

远的快乐，避免长远的痛苦。这里需要对有远见的心理学快乐主义以及长远的快乐和痛苦作出一些解释，以避免不必要的误解。当眼前的快乐和长远的快乐是一致之时，那么有远见的快乐主义和短视的快乐主义对这种快乐的解释就没有任何区别，因为这种眼前的快乐事实上就是长远的快乐，或者说长远的快乐就包含了眼前的快乐。也就是说，有远见的快乐主义和短视的快乐主义并非在一切问题或看法上都是互相矛盾或互相冲突的。比如，一顿丰盛的水果餐可以带来眼前的快乐，它也不会给我们带来任何其他不利的后果，那么，无论是短视的，还是有远见的快乐主义，都会认为我们会追求享受它。换言之，所谓长远的快乐其实也包含了并不与其冲突的“眼前的”快乐，或者说，不和长远快乐冲突的“眼前快乐”其实也就是“长远的”快乐。但当眼前的快乐与长远的快乐发生冲突时，比如，当可以带来眼前快乐的行为（如吸毒）会造成我们长远的痛苦时，长远的快乐主义者认为，一旦我们认识到这种情况，作为明智的行动者，我们肯定会放弃眼前的快乐，而追求长远的幸福（避免长远的痛苦）。这正是苏格拉底认为无人自愿作恶，作恶皆因无知的一个重要的理由。对痛苦也可以作出类似于对快乐的分析。痛苦也有眼前痛苦和长远痛苦之分，短视的心理学快乐主义认为人的本性是避免眼前痛苦，而有远见的心理学快乐主义认为人的本性是避免长远的痛苦。为了显示苏格拉底和短视的心理学快乐主义之间的区别，我们可以将上述关于人性的心理学假设（即追求快乐、避免痛苦乃人之本性）改为追求长远的快乐、避免长远的痛苦乃人之本性。

从柏拉图的相关对话篇中，我们可以找到许多证据支持我们的上述解读。比较明确的、直截了当的证据可以在《普罗泰戈拉篇》中找到，在该篇对话中，苏格拉底说道：“把快乐与快乐作比较，人们一定总是选择程度较大的快乐和更多的快乐；把痛苦与痛苦作比较，人们一定总是选择程度较小的痛苦和较少的痛苦；要是把快乐与痛苦作比较，只要快乐超过痛苦，那么不管是眼前的，还是将来的，人们一定会选择那些会带来快乐的过程；但若痛苦超过了快乐，那么人们就会避免它。”[①]这显然是有远见的心理学快乐主义的观点。当这种观点和我们下面很快就要讨论到的苏格拉底的另一个论据（快乐即善，痛苦即恶）相结合时，这种有远见的心理学快乐主义就会转变为有远见的伦理学快乐主义。

苏格拉底从追求快乐、避免痛苦是人的本性出发，进一步论证快乐本身都是好的，而痛苦本身都是恶的。普通人认为快乐可以是恶的。比如，他们认为沉迷

① Plato, *Protagoras*, 356b－c. 译文参见《柏拉图全集》卷一，王晓朝译，人民出版社2002年，第481页。本处译文略有修改。

于饮食男女之类的快乐是"恶"的。这成为他们认为自愿作恶或自愿求恶的行为是可能的论据。为了反驳这一论据，为了证明快乐本身是好的，苏格拉底分析了他们所说的"恶"是怎么回事。苏格拉底问道："在哪方面你们称之为恶？因为它们所提供的快乐，还是因为它们会引起疾病或贫困一类的后果？如果不会引发这些后果，而只是产生纯粹的快乐，那么它们无论怎样提供快乐，它们仍旧是恶的吗？"他接着说："也就是说，依据它们所产生的真实的、当下的快乐，它们不是恶的，而依据它们带来的后果，比如疾病等等，它们是恶的，除此之外，我们还能期待有别的什么回答吗？"[①]换言之，普通百姓说饮食男女之类的快乐是恶的，他们所说的"恶"并不是指这些快乐本身，而是指的它们所带来的痛苦的后果。普通人还认为痛苦可以是好的，如身体锻炼、军事活动、治病（包括烧灼术、外科手术、吃药、节食等），虽然痛苦，但却是好的。苏格拉底反驳了这种观点。他认为普通百姓在这里所说的"好"并非指的是痛苦本身，而是指的它们将来能够带来的快乐，因为它们在将来能够带来身体的健康和强壮，能够带来国家的安全、对他人的支配以及财富等等，而这些都会给行动者带来快乐。[②] 总之，按照苏格拉底的观点，快乐本身乃是好事或善事，痛苦本身则是坏事或恶事。由于按照人的本性，人们都会追求快乐、避免痛苦，这样，从人的本性出发，人们都会寻善避恶。

在柏拉图的另一篇对话《高尔吉亚篇》中，苏格拉底力图证明人不可能自愿行恶。他认为行动和行动的目的是有区别的。人们采取目前的恶的行动或痛苦的行动（如，吃药），是为了以后更大的幸福（如健康）。行动本身也许是不情愿的（如喝苦涩的药水），但为了某种目的（如健康），则不得不喝下苦水。行动者的行动不是为了行动而行动，而是为了某种目的而行动。而这种目的对行动者来说一定是有利的、好的（亦即善的），否则，不会采取目前不能带来快乐的行动。故僭主或修辞学家（雄辩家）虽然行恶，但并非自愿，他们的行动的最终目的都是为了追求对自己有利的、好的事情。从行动最终目的的意义上讲，无人欲求恶事，自愿求恶的事情是不可能的。[③] 在《美诺篇》中，苏格拉底也提到无人欲求恶事。[④]

那么，如何解释有些人追求大家看起来是恶的事情呢？在《普罗泰戈拉篇》中，苏格拉底提出的解释是，这是因为他们缺少对事物善恶（快乐和痛苦）本质的

---

① Plato，*Protagoras*，353c－e. 译文见《柏拉图全集》卷一，王晓朝译，人民出版社 2002 年，第 478—479 页。

② 以上参见 Plato，*Protagoras*，353c－354e。

③ 参见 Plato，*Gorgia*，467c－468d。

④ 参见 Plato，*Meno*，78a－b。

认识。他们将某些短期的快乐视为了善事，忽略了它们会带来长远痛苦的后果，误将本质上是恶的东西(即会带来长远痛苦的短期快乐)视为了善事，而将能带来长远快乐的短期痛苦误以为是坏事或恶。这是一种严重的无知(即在眼前行动和行动的后果、在短期快乐和长期快乐等问题上无知或误判)。这里特别要指出的是，在苏格拉底和柏拉图那里，知识常常被解释为对事物的一种测度和计算的技艺。善恶的知识指的是能够对眼前和长远的快乐和痛苦进行比较、测度和计算的能力。① 前面我们提到，苏格拉底是一个有远见的心理学和伦理学的快乐主义者。而要想做到“有远见”则需要计算的能力和知识。如前所述，由于按照人的本性，无人自愿求恶，如同《普罗泰戈拉篇》中的苏格拉底所说：“无人会有意选择恶或他所认为是恶的事情。追求那些他相信是恶的事情，而不是那些他相信是善的事情，这似乎违反人的本性”，②因此，当人们通过比较、计算、推理确实知道善恶之时，当人们不得不在两种恶之间选择时，当人们可以选择小恶之时，没有人会选择大恶。在苏格拉底看来，一个人如果明知有更好的行为，但却采取了与其相悖的行为，此人一定是在与行为相关的价值判断方面犯了错误。因此，凡真正知道善恶对错之人，必然行善，凡作恶者皆因无知。③ 按照我们前面对不能自制概念的解释，我们可以将不能自制的行为定义如下：行动者的行为是不能自制的，当且仅当行动者明知有更好的选择(即知道善恶，知道什么是最好的行为)，但却选择了眼前较差的行为(亦即自愿作恶)。换言之，不能自制的行为必须满足两个必要条件：第一，行动者真的知道善恶；第二，行动者自愿作恶。苏格拉底断言我们不可能同时满足这两个条件。因为，当我们真的知道善恶时，我们不可能自愿作恶，也就是说，当我们满足第一个条件时，我们不可能满足第二个条件。而当我们“自愿”作恶时，我们又不可能真的知道善恶，也就是

① 《普罗泰戈拉篇》中，苏格拉底所说的“知识”主要指的是一种测度的技艺，因此，更恰当地说，它指的是一种能力或智慧，和我们今天所说的命题意义上的知识是有区别的。虽然如此，但由于苏格拉底和他同时代的希腊哲学家并不总是能够清楚地区别二者，所以他们所说的“知识”常常在智慧和命题知识之间游离。柏拉图在《美诺篇》(97a—98b)以及《泰阿泰德篇》(201c—210b)中也讨论了知识，这里的知识则主要指命题意义上的知识。

② Plato, *Protagoras*, 358c. 译文参见《柏拉图全集》卷一，王晓朝译，人民出版社 2002 年，第 484 页，本处有较大的修改。

③ 以上参见 Plato, *Protagoras*, 355a－358e。《美诺篇》中的苏格拉底也有类似的思想。他说道：“那些不知道什么是恶的人并不想得到恶，而是想得到他们认为是善的事物，尽管它们实际上是恶的；而那些由于无知而误将坏事物当作好事物的人想要得到的显然是善”。(《柏拉图全集》卷一，王晓朝译，人民出版社 2002 年，第 501—502 页)柏拉图在《拉凯斯篇》中，曾借尼希亚(Nicias)之口，转述过苏格拉底的名言：“凡人之善在于他有智慧，凡人之恶在于他的不智。”(Plato, the *Laches*, 194d)

说，当我们满足第二个条件时，我们又不可能满足第一个条件。因此，不能自制的行动是不可能的。我们可以将苏格拉底的整个论证重新表述为一个有效的论证：

(1) 每个人的本性或自愿的行动(在最终目的的意义上)都是为了追求长远的快乐，避免长远的痛苦。[①]

(2) 长远的快乐本身都是善的，而长远的痛苦本身都是恶的。

(3) 因此，每个人的本性或自愿的行动都是寻善避恶。(从(1)和(2)中推知)

(4) 如果每个人的本性或自愿的行动都是寻善避恶，那么如果他真的知道善恶，[②]他一定不会自愿作恶。

(5) 因此，如果一个人真的知道善恶，他一定不会自愿作恶。(从(3)和(4)中推出)

(6) 因此，如果一个人自愿作恶，那么他一定是由于对善恶的无知。(从(5)中推出)

(7) 一个人的行为是不能自制的，当且仅当他真的知道善恶并同时又自愿作恶。

(8) 因此，不能自制的行为是不可能的。(从(5)、(6)和(7)中推出)

三

我们如何评价苏格拉底的上述论证？苏格拉底的论证是颇有争议的，其关键性的前提(1)、(2)、(4)都是有疑问的。前提(1)是一个心理学快乐主义的命题，即每个人自愿行为的最终动机都是为了追求自己的长远快乐，这一命题也可以解释为一个心理学利己主义的命题。许多见义勇为、舍生取义的行动，许多帮助他人的自愿行为，包括动物界某些“利他”的行为都说明这一命题难以成立，因为我们很难将这些行动解释为可以给行动者带来长远快乐的行为，而只要这些行为是真实存在的，那么这种心理学快乐主义的命题就难以为真。前提(2)将长

① 按照我们前面的解释，长远的快乐包含与之不相冲突的“眼前的”快乐。长远的痛苦则包含并不能带来长远快乐的眼前痛苦。

② 即具备测度和计算善、恶的技艺，知道什么样的行动代表长远的利益和幸福，什么样的行动代表短期的利益和幸福等。

远的快乐和善,将长远的痛苦和恶等同起来,具有一定的合理性,这是因为凡是道德的(即善的)行为不仅是符合社会整体利益的行为,而且往往也是符合行动者个人长远利益的行为,因此也可以看成是能够给行动者带来长远快乐的行为。同样,凡是不道德的(即恶的)行为往往也是不符合行动者个人长远利益的行为,因此也是可能给行动者带来长远痛苦的行为。在我们的现实生活中,文强的贪腐行为,充当黑社会保护伞的行为,在当时也许给他带来了某种权力的享受和快乐,但事实证明这种不道德的行为终究也不符合文强的长远利益,并没有给他带来长远的快乐,反而是痛苦和死亡。当然,这种情况的出现并非是文强行为自然而然所产生的后果,而是因为有外部的因素,因为党和政府的反腐决心和有力的反腐和打黑的措施。但即使不考虑这些外部的因素,不道德的、不公正或者不应当的行为往往不仅会给整个社会,也会给行动者个人带来长远的痛苦。比如,以破坏环境为代价的GDP主义,无限制地制造房地产泡沫的行为,缺乏监管、不顾后果地制造金融衍生产品,用假文凭来粉饰自己的经历,它们不仅道德上是成问题的,不仅不符合社会的整体的和长远的利益,而且往往最终也会给行动者本身带来不利,不符合行动者的长远利益。前提(2)的主要问题是:即使能够给个人带来快乐或幸福的行动有时和代表一个社会的整体利益的善一致,或者说外延上有着某种程度的重合,但二者毕竟不是一回事,因此,行动者个人的长远的快乐并非总是和社会的整体利益一致,甚至也未必总是和行动者的个人利益一致。尽管苏格拉底和柏拉图坚信它们是一致的,但当代西方元伦理学研究的结果(如对“囚徒困境”分析的结果)表明二者不可能完全一致。因此,前提(2)面临着许多反例。如,假定文强贪腐和充当黑社会保护伞的行为没有被发现,以后也没有被发现,那么他的行为和他的长远的快乐是一致的,和他的个人利益也是一致的,但这并不能说明他的行为就是善的,就是道德的。前提(4)也是颇有争议的一个前提。我们的日常经验似乎否定前提(4)。按照亚里士多德的说法,苏格拉底的看法和已观察到的事实似乎是相反的,[①]和我们常识的看法也是背道而驰的。人们常常明知不对,却偏要做不对的事情。生活中常常出现这样的情况:一个人即使真的知道了何为善恶,即使知道了什么代表长远的利益和幸福,什么代表短期的利益和幸福,甚至他也想追求自己长远的利益和幸福,但他也未必会寻善避恶。比如,一个吸烟者知道吸烟不利于健康,会增加患癌症的概率,本人也不希望患癌症,也不希望身体不健康,但他完全可能依然照吸不误。也就是

---

① 参见 Aristotle, *Nicomachean Ethics*, 1145b21-31。

说，不能自制的行为是可能的。由于苏格拉底的论证建立在许多可疑的前提或假设的基础上，因此，其结论也就难以成立。

尽管苏格拉底否定不能自制行动的理由不能成立，但他的论证，以及所提出的问题，依然给我们以启迪。一方面，前提(1)、(2)、(4)虽然不是必然为真，但却有可能或然为真。前提(1)所表达的心理学快乐主义命题虽然不是普遍有效的，但却可能在多数情况下有效，即行动者的长远利益在多数情况下是有可能打动多数行动者的。因此，深刻而透彻地说明道德要求或道德行为和行动者长远利益的关系并且让行动者真正明白这一点，在多数情况下是有可能促使行动者形成道德行为的动机，采取合乎得到辩护的道德要求的行为的。当然，我们也必须知道，仅仅依靠这种"利己主义"的道德教育并不能治本，我们还需要深刻而透彻地说明社会整体利益和个人利益之间的关系，说明在多数情况下，社会整体利益和道德要求的优先性(priority)，使行动者能够真正明白其中的道理并最终能够将反映社会整体利益的道德要求内化为自觉或本能的行动动机，这样的道德教育才能取得应有的成效。同样，前提(2)虽然不是一个必然为真的命题，但行动者的长远利益(或长远快乐)和道德要求(或善的要求)之间确实存在着某种或然性的关系，存在着经常性的联系。因此，深刻说明这种联系对于有成效的道德教育也是不无裨益的。前提(4)也是一个可能或然为真的命题。这样，结论(5)就可以改为：因此，如果一个人真的知道善恶，他就很有可能不会自愿作恶。认识这一点可以帮助我们进一步认识明辨善恶是非(这是伦理学研究的主要任务和目的之一)和道德教育工作的意义。

另一方面，尽管苏格拉底所给出的理由不尽如人意，但并不说明没有其他的更好的理由。当代西方哲学家针对不能自制的问题提出了种种理论，从而推动了伦理学基础理论研究的发展。如英国哲学家黑尔(R. M. Hare)就认为任何发自内心的道德判断或价值判断都意味着判断者对判断所推荐的行动的赞同，因此也都意味着判断者有采取相关行动的意向。① 因此，行动者如果真心相信自己所作出的道德判断，他就不可能不为他的道德判断所打动，他就不可能不按照他自己的道德判断行事，除非有某种外部的因素迫使他不得不违心地采取行动。因此，不能自制的行为是不可能的。而著名哲学家戴维森(Donald Davidson)则认为违背行动者最佳判断的不能自制的行为是可能的，但他所指出的不能自制

① 参见R. M. Hare, *The Language of Morals*, Oxford: Clarendon Press, 1952, pp. 168 - 169, *Freedom and Reason*, Oxford: Clarendon Press, 1963, p. 55 和 *Objective Prescriptions and Other Essays*, Oxford: Clarendon Press, 1999, p. 109。

的行为并非如苏格拉底所认为的那样，是完全违背理性要求或没有任何理由的行为，而是有着某种理由和动机的行为。[①] 这些理论以及其他哲学家的相关研究都极大地推动了人们对于实践理性，道德心理学，以及行动主体道德行为心理结构和心理活动的认识，不仅具有理论意义，也具有应用的价值。

① 参见 Donald Davidson，*Problems of Rationality*，Oxford：Clarendon Press，2004，p. 200。

凡是现实的就是合理的吗？
——麦金太尔的美德伦理学批判*

麦金太尔的美德伦理学对中国伦理学界的影响几乎可以和罗尔斯正义论的影响相提并论。国内学界在谈论美德伦理学时曾一度只知有麦金太尔，而不知有其他的美德伦理学家，颇有些"不知有汉，无论魏晋"的味道。他的理论似乎也被认为是当代最好和最有代表性的美德伦理学理论。然而，本文试图证明，尽管麦金太尔对西方主流道德哲学的批判和对亚里士多德美德伦理学的重构对于西方美德伦理学的发展起到了重要的推动作用，他对历史主义、语境、传统和叙事的强调也包含了某些积极因素，但他将美德系于实践和传统的美德伦理学存在着许多难以克服的困难和错误的预设，最主要的就是"凡是现实的就是合理的"，这一错误的预设使得他最终走向宗教神学的托马斯主义。本文分为三个部分：麦金太尔美德伦理学的主要内容；他为其所做的辩护；他的理论及其辩护所存在的问题。鉴于麦金太尔本人思想不断变化，本文论述主要依据其代表作《追寻美德》一书。

一

当代西方美德伦理学是以美德作为伦理学的基本概念、具有理论独立性或追求具有理论独立性并试图与功利主义或义务论相抗衡的一种伦理学理论。所谓基本概念指可以界定其他概念而自身不为其他概念所界定的概念。美德伦理学的核心任务是准确界定何为美德，并用这种具有规范性的美德概念去界定其他概念（如行为的正当性等）的规范性（即应当性或应然性）。一种伦理学理论只有清楚地界定了美德和美德的规范性并将这种概念视为基本概念，才能被称为

---

* 本文原载于《哲学研究》2015年第3期。此次收入论文集，补充了个别注释。

美德伦理学。[①] 麦金太尔对亚里士多德伦理学的重构显然有试图取代功利主义和义务论的意图,因此,按照我们上面的定义,他的新亚里士多德主义可以视为一种美德伦理学,其主要内容就是对美德本质的界定。[②]

美德作为美德伦理学的基本概念自身必须具有规范性,这样才能为其他概念提供规范性辩护。但麦金太尔对美德概念的界定却是描述性的,即从历史上曾经有过的美德概念中去发现诸种美德概念的统一性,发现其共同的本质。在他看来,历史上的美德概念本身就具有规范性,他的任务只是概括它们共同的特征。他力图通过考察历史上五种不同的美德概念(即荷马、亚里士多德、简·奥斯汀和富兰克林等人著作中的美德清单和《新约全书》中的美德清单所体现的美德概念),来寻求对美德本质的界定。他发现这五种不同的美德概念依赖于不同时期的文化传统。他试图通过与文化传统密切相关的"实践"、"人生叙事"和"传统"等概念来界定美德。

在荷马史诗中,美德是一种由行为者所处的社会角色所要求的品质,在当时的社会条件下,美德必须是那些使行为者能够在战斗和竞技中获胜的品质。到了亚里士多德那里,"诸美德之附系于人不是因为其所占据的社会角色,而是因为人本身。正是作为一物种的人的目的决定了什么样的人类品质是美德"。[③] 这种自然的目的就是所谓至善或幸福(人发展的巅峰状态),亦即行为的最终目的。然而,这样解释美德就等于将美德解释为某种实现至善或幸福的手段,如此,美德概念就极可能成为依附于非美德概念的派生概念,建立在这种派生意义上的美德概念的美德伦理学就有可能失去理论上的独立性。麦金太尔显然意识到这一潜在的诘难,他的解决办法是提出实现目的的内在手段和外在手段的区

---

① 参见 Bernard Williams, "Virtues and Vices," *Routledge Encyclopedia of Philosophy*, London and New York: Routledge, 1998; Michael Slote, "Virtue Ethics," *The Blackwell Guide to Ethical Theory*, ed. Hugh Lafollette, Malden, Mass.: Blackwell, 2000, pp. 325 - 326; Lawrence J. Jost, "Virtue and Vice," in *Encyclopedia of Philosophy*, ed. Donald M. Borchert, second edition, Vol. 9, Farmington Hills, MI: Thomson Gale, 2006, p. 679。

② 关于麦金太尔的新亚里士多德主义究竟是不是一种美德伦理学可能会有争议。他在 2009 年的一次视频公开课中声称,他关于美德的思想是补充,而非取代道德规则。他认为"他的研究在美德伦理学之外"。(参见"Alasdair MacIntyre," *Wikipedia* 和麦金太尔 2009 年 3 月的视频课:"On Having Survived the Academic Moral Philosophy of the Twentieth Century"(http://www.ucd.ie/news/2009/03FEB09/110309_macintyre.html)。)但他至少在写作《追寻美德》时,是寻求一种能够与功利主义和义务论相抗衡的、具有理论自足性的美德伦理学,他此后的工作也被称之为"追寻美德的计划"。因此,我们依然将他在《追寻美德》中关于美德本质的理论视为一种遵循亚里士多德传统的美德伦理学。

③ Alasdair MacIntyre, *After Virtue*, third edition, Notre Dame, Indiana: University of Notre Dame Press, 2007, p. 184;麦金太尔:《追寻美德》,宋继杰译,译林出版社,2011 年第 2 版,第 233 页。

别。所谓外在手段是通常意义上的手段，即手段与目的不同，前者是实现后者的工具。而内在手段则不同，手段本身即是目的的一部分。[①] 按照内在手段的含义去理解亚里士多德关于美德的目的论的解释，“践行美德自身就是人的美好生活[至善的一种形式]的一个至关重要的组成部分”。[②] 也就是说，美德既是手段，也是目的。《新约》中的美德概念依然延续了亚里士多德目的论的思想，但目的则换成了一种超自然的善，按照《新约》的思想，美德是实现这种超自然的善的品质，亦即实现超自然善的手段，麦金太尔认为这种手段也是内在意义上的手段，即具备这样品质的行为者才能与来世的王国合一。富兰克林的美德理论与以上理论都不同，它是一种功利主义的目的论，按照这种目的论，美德是实现幸福的品质，这种幸福被理解为在尘世中和天国里所获得的成功与繁荣，这种意义上的美德本质上是一种外在的手段。简·奥斯汀的美德理论则属于另一种类型，一种既包含荷马因素，也包含亚里士多德思想和基督教精神的混合物。麦金太尔认为她的理论的重要性就在于使我们认识到“把各种乍看之下迥然不同的美德理论结合起来是可能的”。[③] 麦金太尔最后总结道：“这样，我们至少遇到了三种非常不同的美德概念：美德是一种使个人能够履行其社会角色的品质（荷马）；美德是一种使个人能够趋向于实现人所特有的目的的品质，无论这目的是自然的抑或超自然的（亚里士多德、《新约》、阿奎那）；美德是一种有利于获得尘世或天国的成功的品质（富兰克林）。”[④]

麦金太尔试图寻找某种可以涵盖这些不同美德概念的核心概念，即美德的本质。他试图证明：“我们事实上能够发现这样一种核心概念，并且最终为那个我已书就其历史的传统提供一种概念的统一性。”[⑤]麦金太尔寻求美德概念定义的方法本质上是经验概括的、描述性的，这也使得他的美德概念是复杂的、历史的和多层面的。他认为对美德概念进行界定的逻辑推演中至少有三个阶段必须依次认明：第一，关于美德的“实践”背景的解说；第二，对“个体人生叙事秩序”的解说；第三，对“是什么构成了一个道德传统”的解说。[⑥] 麦金太尔认为他所说的“实践”、“个人生活的叙事秩序”和“传统”蕴含了美德概念的目的性的标准，美德的功能就是实现这些概念中所包含的目的。因此，麦金太尔对美德概念的解

① 参见 *After Virtue*, p. 184；参见《追寻美德》，第 233 页。

② *After Virtue*, p. 184；参见《追寻美德》，第 233 页。

③ *After Virtue*, p. 185；《追寻美德》，第 234 页。

④ *After Virtue*, p. 185；参见《追寻美德》，第 235 页。

⑤ *After Virtue*, p. 186；参见《追寻美德》，第 236 页。

⑥ 参见 *After Virtue*, pp. 186 - 187；参见《追寻美德》，第 237 页。

释本质上是一种在既定目的的前提下对美德的功能性的描述。

麦金太尔给美德下了一个初步的定义:"美德是一种后天习得的人类品质,拥有和践行这种品质往往使我们能够获得那些实践的内在利益,而缺少这种品质则会实际上妨碍我们获得任何这样的利益。"[①]这里有两个关键的概念需要弄清:实践和实践的内在利益。关于实践,麦金太尔说:"我想用'实践'(practice)来意指任何连贯复杂的、社会所确立的人类合作的活动形式,通过这种活动形式,在努力满足那些优秀标准的过程中,内在于该活动形式的利益得以实现,而这些优秀标准不仅适合于,并且部分地决定了该活动的形式,其结果,人们满足优秀标准的能力,人们关于所涉及的目的和利益的观念都得到了系统的扩展。"[②]那么,究竟什么是麦金太尔所说的"实践"活动呢?他举例加以说明。比如,投掷一个好球不是"实践",但球赛是;砌砖不是,建筑是;栽萝卜不是,但农作是。但为何前者是,而后者不是?前者似乎都是单个的行为,某种意义上,无需和他人合作,无需处于和他人合作的关系之中,因此不是一种"连贯复杂的、社会所确立的人类合作的活动形式"。而后者则不然,必须和他人合作并且得到他人或社会的确认。在麦金太尔看来,每一种实践都有得到社会认可的优秀标准,而人们约定俗成的实践活动无非是为了体现或满足这些优秀标准,这些优秀标准构成了人类美好生活的标准。美德就是能够满足这些优秀标准的品质。

为何要满足这些优秀标准?因为这样做有助于实现实践的内在利益。所谓"实践的内在利益"是相对于"实践的外在利益"而言的。某一实践活动的外在利益是指那些并非非要通过该实践活动才能获得的利益——通过其他的方式同样也可以获得这些利益。而某一实践活动的内在利益则是指如果不从事该实践活动就无法获得的那些利益。比如,下棋也可以获得名誉、金钱和地位等利益,但因为下棋并非是获得这些利益的唯一手段,因此,这些利益是下棋活动的外在利益。外在利益是偶然的。下棋活动的内在利益则是指那些只能通过下棋才能获得的利益,如下棋本身的乐趣和魅力。[③] 麦金太尔认为,正是因为实践活动具有其内在利益,因此,参与实践活动本身即构成行为者美好生活的一部分。比如,肖像画的实践活动可以获得满足这种活动的优秀标准的作品,这种肖像画实践的内在利益使得这种实践活动(绘画)本身成为实践者(画家)美好生活的一个组

---

① *After Virtue*, p. 191;参见《追寻美德》,第 242 页。

② *After Virtue*, p. 187;参见《追寻美德》,第 238 页。在日常英语中,"practice"也有习俗和传统之义。

③ 参见 *After Virtue*, pp. 188 - 189;参见《追寻美德》,第 238—239 页。

成部分。[1] 因此，美德也可以理解为有利于帮助我们获得实践的内在利益，而非外在利益的品质。在实践活动中，实践者总是处于和其他实践者的相互关系中，在这种关系中，“我们不得不接受公正、勇敢和诚实的美德，将它们看成具有内在利益和包含优秀标准的实践所必不可少的成分”。[2] 否则，实践就不可能维持，我们也就无法获得实践的内在利益。麦金太尔主张美德和外在利益（行动的外在效果）并无必然联系，这一方面将他和效果主义（功利主义）区别开来，也使得他的美德伦理学避免成为效果主义的附庸。

麦金太尔认为如果我们对美德概念的界定仅仅停留在以“实践”为背景的阶段，那么，这样界定的美德概念会有三方面的缺陷。第一，一种即使体现了这种意义上的美德的人生依然会充满太多的冲突。一种实践的内在利益所蕴含的要求和另一种实践的内在利益所蕴含的要求是可能发生冲突的，一个人在社会中会扮演的不同角色之间也会发生冲突。比如，照顾家庭生活的要求和艺术或绘画生涯的要求之间就有可能存在冲突，如果没有更为权威的方式来解决这种冲突，那么，对于实践内在利益的选择就变得完全是一种主观任意的选择。[3] 第二，除非有一个统一的、整体的人生作为其目的（也就是评价标准），它超越所有不同实践的利益，否则对美德的理解总是支离破碎的。比如，按照亚里士多德的观点，“正义（作为美德的正义）就是给予每人应得的赏罚”，而为了评估每一个人应得的赏罚，我们就不得不对实践的内在利益进行排序与评估，这就要求有一个涵盖这些具体利益的更高的评价性概念，如“好”或“善”。忍耐是另一种美德，它要求我们能够等待，这种美德本身就蕴含了某种更重要的目的、更高的善——因为这种目的，所以我们可以忍耐或等待。等待也只有置于人生之中才能得到更好的理解。因此，如果我们不将美德置于比“实践”更为广阔的背景，我们的美德概念就将是残缺不全的。[4] 第三，有的美德，如完美人格（integrity）或始终如一（constancy），如果不放到一个人人生的整体中考虑，就无法理解。[5] 因此，我们应当将每一个人的生活视为一个统一的整体，这个统一体可以为美德的界定提

---

① 参见 *After Virtue*, p. 190;《追寻美德》，第 241 页。

② *After Virtue*, 2007, p. 191;参见《追寻美德》，第 242—243 页。

③ 参见 *After Virtue*, pp. 201 - 202;《追寻美德》，第 255—256 页。

④ 参见 *After Virtue*, p. 202 - 203;《追寻美德》，第 256—257 页。

⑤ 参见 *After Virtue*, 2007, p. 203;《追寻美德》，第 253 页。“integrity”是指一个人完整的而不是分裂的人格。一个人如果有他做人的原则，并一以贯之，则此人就有 integrity 或完整性。麦金太尔提到克尔凯郭尔的名言以说明这种美德：“心灵的纯洁在于向往一个东西。”换言之，纯洁的心灵不可能向往彼此互相矛盾的东西。

供一个充分的目的。一个人或自我有其出生、生活和死亡的历史,这一有着开头、中间发展和结尾的历史可以通过并且应当通过一种前后连贯的叙事方式加以表达。之所以要用叙事的方式加以表达这是因为一个人的历史有多重性或多样性,不仅有家庭的历史,也交叉着婚姻的历史,这些都构成了一个人完整人生的背景历史,这种多样性交叉的历史只有叙事的方式才能说清,一个人的人生,包括他的意图和目的,也只有联系这种历史的叙事才能得到显现和理解。

麦金太尔认为个人的一生是一个追求的过程,而没有最终目的的概念,这种追求是没有办法理解的。为此,我们需要"好"的概念,这个好可以为美德提供更大范围的目的和内容,从而使我们能够安排整理其他的利益,也正是这个概念使我们能够理解完满人格和始终如一在我们生活中的地位,也正是在寻求这个好的过程中,我们才开始将生活定义为对这种好的追求。[①] 因此,我们必须将美德置于一个统一的美好人生作为其目的的背景下,我们才能理解美德概念。我们需要根据个人人生的叙事对美德进行补充定义:美德不仅是实现实践内在利益的心理习性,而且也是寻求"好"(the good)或美好生活的过程中克服我们所遭遇的伤害、危险、诱惑和分心,增强自我认识和对好的认识的心理习性。[②]

在麦金太尔看来,无论是"实践"活动,还是"人生叙事"或对美好生活的追求,无论是个人在社会所扮演的多重角色(儿子、丈夫、父亲、教师、雅典人等),还是由于这种角色所需承担的义务,都离不开历史所形成的既成条件,离不开既定的传统,这些既成条件或传统构成个体道德生活的起点和道德规范的具体内容。[③] 因此,为了解释美德的本质和规范性,我们还需要引入"传统"的概念,这是美德概念逻辑发展的第三个阶段。麦金太尔认为,虽然自我总是在既成的条件下扮演各种社会角色和履行角色所赋予的义务,但这也不意味着自我必须接受这些共同体的具体的道德限制或道德规范,我们需要追求普遍的好,这就有可能导致对具体道德规范的反思、批判或修正。然而,麦金太尔同时也强调具体道德规范始终是我们的出发点,没有它们,我们无从开始对普遍好的追求,"特殊性永远不能被简单地抛在一边或抹杀掉"。[④] 麦金太尔强调我们不能将现实的、具体的道德限制抛在一边,目的是为了最终说明道德的要求,美德的界定,最终还是系于我们所身处的历史传统。"自我"总是一个传统的承载者。

---

① 参见 *After Virtue*, pp. 216 - 219;《追寻美德》,第 275—278 页。

② 参见 *After Virtue*, pp. 219 - 220;《追寻美德》,第 278—279 页。

③ 参见 *After Virtue*, pp. 220 - 221;《追寻美德》,第 279—280 页。

④ *After Virtue*, p. 221;《追寻美德》,第 280 页。

那么,什么是传统?什么构成传统?麦金太尔认为,"一个活生生的传统就是一个历史上承前启后、具体体现社会性的论证过程,并且部分地恰恰是有关构成这一传统的那些利益的论证过程。"[①]个人的实践或对利益的追求都在传统所限制的范围之内。为了理解这些传统,我们必须将其放到更大范围的历史和传统中考察。那么,什么东西可以维系或强化这种意义上的传统?什么又可以削弱,甚至摧毁这种意义上的传统?麦金太尔认为,"扼要回答是:相关美德的践行或没有践行。诸美德的意义与目的不仅仅在于维系获得实践的各种内在利益所必需的那些关系,也不仅仅在于维系个体的生活方式,按照这种生活方式,个体能够找到其利益之所在,作为他或她的整个美好生活的一部分,而且在于维系同时为实践与个体生活提供其必要的历史语境的那些传统。"[②]也就是说,美德也是维系一个传统的品质。

总之,麦金太尔认为,美德就是有助于获得实践内在利益的品质,有助于美好生活的品质,有助于维系一个传统的品质。而最终,传统和文化决定了美德,决定了我们的道德生活。

二

麦金太尔对其理论所做的辩护可以分为两个方面。第一,对近现代西方道德哲学的批判,这是支持他的"追寻美德计划(project)"的重要组成部分;第二,直接为其理论所做的辩护。前者虽然可以视为支持他的美德伦理学的主要论据之一,但由于他的批判有很多错误的预设和武断的结论,详细展开分析势必冗长累赘,亦非本文所能完成。因此,本文拟重点考察他直接为他的美德伦理学所做的辩护,即他对美德的描述性的解说何以能够赋予其规范性或应然性内容的证明。

美德理应是一种规范性或评价性的概念。美德伦理学就是通过这种规范性的概念对人的品质和行为进行评价,从而引导人们的行为,正如功利主义通过好的效果、义务论通过权利或义务对人的行为和品质进行评价并引导人们的行为一样。然而,麦金太尔对美德的界定所使用的概念却是描述性的,如"实践"、"人生叙事"和"传统"。为什么这些描述性的概念能够用来界定具有规范意义的美

① *After Virtue*, p. 222;参见《追寻美德》,第 282 页。
② *After Virtue*, p. 223;参见《追寻美德》,第 282—283 页。

德呢？麦金太尔的论据可以概括如下：[①]

首先，有效力的价值概念或规范性，包括美德的规范性，都依赖于事实性的语境，特别是历史与传统的语境。这是因为，其一，体现美德的道德涉及行为和行为的目的，而"无论是目的还是言语行为都需要语境"，[②]由于"行为本身具有一种基本上是历史的特征"，[③]具有历史特征的行为如果离开了它所处的环境和历史就会变得无法理解。要想确定和理解别人的行为，我们必须将它们放到行为者所讲述的故事的历史或环境中，放到相应的历史背景的叙事中。因此，在麦金太尔看来，价值观念，包括美德概念所具有的规范性，可以并只能通过行为和相关语境（如实践、叙事、传统）的事实性陈述才能真正表现出来。麦金太尔说道："正是通过倾听这样一些故事——邪恶的后妈，无家可归的孩子，善良却被误导的国王，养育孪生兄弟的狼群，没有得到遗产而独立自强的弟弟们，将遗产挥霍殆尽而四处流浪、过着猪狗不如生活的哥哥们——孩子们得知或误信何为孩子，何为父母，他们降生其中的那部戏剧的角色阵容可能会怎样，以及这个世界是怎样。"[④]其二，体现美德的道德或道德断言，其效力（包括其规范性的效力）从来都是依赖于其具体的、历史的语境，特别是依赖于具体的个人与个人之间的关系。比如，当一个人说"请如此这般地去做"（道德断言通常可以翻译为祈使句），另一个人有何理由或动机去遵照该命令行事，往往取决于他们之间的关系，比如，上下级关系。"在这类情况下，我的话是否给了你一个理由，取决于你听话时所具有的特定情状或你对我的话的领会。在这一方面，这一命令具有什么样的说服力取决于话语的个人语境。"[⑤]因此，对美德的界定，包括其有效的规范性的说明，不可能离开历史和传统。因此，"实践"、"人生叙事"和"传统"等事实性的、历史性概念可以说明美德的规范性。

其次，事实和价值从来都是不可分割的，价值概念，包括美德的规范性，就寓于事实概念之中。西方哲学自休谟以后，一直强调事实与价值的区别。麦金太

---

① 直接规定人们品质的美德规范和直接规定人们行为的道德规范，在"道德"最广的意义上，都是道德规范。当代西方美德伦理学家也将美德规范和体现美德的行为规范都视为道德规范。麦金太尔也将历史上的五种不同的美德理论称之为"五种道德解说"(the five moral accounts)（见 *After Virtue*, p. 186），显然，在麦金太尔那里，道德和美德伦理学是一致的，道德最终也与美德相关。因此，我们可以将麦金太尔对美德和道德观念的规范性的论证都视为他对美德规范性的论证。

② *After Virtue*, p. 210；参见《追寻美德》，第 266 页。

③ *After Virtue*, p. 212；参见《追寻美德》，第 268 页。

④ *After Virtue*, p. 216；参见《追寻美德》，第 274 页。

⑤ *After Virtue*, p. 9；参见《追寻美德》，第 10—11 页。

尔对此持批评和反对的态度。他认为启蒙思想家的问题之一就是将事实问题和价值问题截然分开，在他看来，这是西方道德哲学后来导致情感表达主义或主观主义的重要原因。他认为“把这个原则视为永恒的逻辑真理，乃是当时历史意识极度缺乏的一种标志，但至今仍深刻地影响着道德哲学”。① 他支持事实和价值合一的主要依据是：在古代，“人”和与人有关的美德概念本身都是包含功能性的应当之意，也就是说，包含了价值的成分。在这些概念中，描述性意义和评价性（亦即规范性）意义是合一的。这就是为什么我们可以从“他是船长”的这一事实前提有效地推出评价性的结论“他应当做船长应做之事”，从“这块表走得不准不稳”有效地推出“这块表不是好表”等的原因所在，因为“船长”这一事实性概念本身就包含了船长应做船长应做之事，“表”本身就包含了应当准确计时的功能。② 为何事实性的美德概念具有规范性的意义？麦金太尔认为这主要是因为美德概念是一种功能性或目的性的概念，功能性或目的性的概念本身就蕴含了应当或不应当的规范性含义。美德概念源于古希腊。在古希腊，美德与人在社会中所扮演的角色有密切关系。“要成为一个人也就是要满足一系列的角色要求，每一角色均有其自身的意义和目的：家庭成员、公民、士兵、哲学家、神的仆人。”③这些角色规定了承担这些角色的人所应当履行的义务或所应当做的事情，无论是指称这些角色的概念（如家长、子女、公民、士兵等），还是评价这些角色的美德概念（如正义、勇敢、智慧等），均已包含了某种功能性的内容，这些功能性的内容本身决定了什么是应当，什么是不应当的。由于一个人的美德与此人在社会中所应扮演的各种角色密不可分，因此，美德的规范性就包含在对各种社会角色描述的人生叙事之中。由于美德概念本身就包含功能性的规范性，包含应当之意，又由于美德概念同时也是刻画行为者及其行为的事实概念，因此，在美德概念中，没有“是”与“应当”的区别，事实和价值是合一的。“称一个具体的行为是正义的或对的，也就是说，这个行为是一个好人在这种情况下会做的行为；因此，这类陈述也是事实性的。在这一传统内，道德的或评价的陈述之能够被称为真的或假的，与任何其他事实性陈述之能够被称为真的或假的，别无二致。”④正是因为事实与价值“别无二致”，因此，事实性概念（如实践、人生叙事、

---

① *After Virtue*, p. 59；《追寻美德》，第 75 页。

② 参见 *After Virtue*, pp. 56 – 58；《追寻美德》，第 71—74 页。麦金太尔这里所谈的有效推理是一种语义有效的推理，这种有效推理可以通过增加一个语义定义的前提而转变为形式有效的推理。

③ *After Virtue*, p. 59；参见《追寻美德》，第 75 页。

④ *After Virtue*, p. 59；参见《追寻美德》，第 76 页。

传统）可以说明和界定美德概念的规范性。

第三，麦金太尔以某种亚里士多德式的目的论作为支持他对美德界定的最终依据，按照亚里士多德的目的论，我们是什么和我们应当是什么是同一个问题，我们是什么的事实本身就决定了我们应当是什么。一个人是人类的一个成员的事实本身就决定了他或她应当是什么，并且我们应当做的体现在我们的本质，我们作为人的目的当中。在《追寻美德》中，麦金太尔试图用实践和传统所定义的目的来取代亚里士多德生物学意义上的目的。亚里士多德通过人的本质是追求至善，又通过至善来定义何为美德。麦金太尔则是通过他的“实践”、“人生叙事”和“传统”等概念，对诸美德的本质进行了目的论或功能性的界定，即将美德定义为有助于实现上述概念所规定之目的（如实践的内在利益、美好人生和维系一个传统）的品质。由于这些目的以及如何实现这些目的可以通过描述性的语言加以界定，因此，“实践”、“人生叙事”和“传统”等事实性概念确实可以解释美德概念的“规范性”或“应当性”——有利于实现这些目的的品质就是值得赞赏的品质，就是应当拥有的品质。

三

如何评价麦金太尔的论据？他的第一条论据主张美德或道德的规范性及其有效性依赖于历史和传统的语境。他认为近现代西方道德变得无效的原因不仅仅是由于丧失了上帝的权威，而且还在于丧失了历史的、传统的力量，或者说习俗的力量。应当说，现实中美德或道德的效力确实与习俗，也就是麦金太尔所说的历史和传统的“语境”有一定的关系。我们不可能任意地提出一条规则，如“不许吃豆子”，然后大家都会心甘情愿地去遵守。如果没有人自愿遵守，提出这样的规则确实就变成了仅仅是态度和感受的表达，不会有任何效力。只有放入一定的语境，比如，“不许吃豆子”放入毕泰戈拉学派神秘宗教团体的那种氛围，这条规则才具有实际的效力。问题是，凡是具有实际效力的规则就一定是合理的吗？比如，“三纲五常”中的“三纲”在中国传统语境中曾经也非常有效力，但这是否就一定意味着是合理的呢？显然，有实际效力的美德或道德规范并不意味着它们就一定是我们应当遵循的规范，我们实际践行的规范未必就一定是我们应当践行的规范。寓于历史和传统语境当中的美德或道德观念也未必就是合理和正确的观念。因此，麦金太尔的第一条论据只能说明现实的、有效力的美德或道德规范寓于历史和传统的语境中，但并不能说明这种美德或道德规范就是正当的、应当遵循的。而一个合理的美德伦理学应当说明美德的合理的、正当的规范性。

麦金太尔的第二条论据主张事实和价值、美德概念的事实性与规范性是合一的，许多事实概念，包括美德概念，都是有助于实现某种目的或功能的概念，这些事实性的功能性概念本身就包含了规范性的或者说评价性的“应当”。这一论据存在两个问题。第一，它混淆了功能性“应当”和道德上或道德品质上“应当”的区别。麦金太尔支持这一论据的例子有两类。一类是具有某种功能的“物”，如“表”。从“这块表走得不准不稳”的事实陈述中，我们可以推出包含某种价值词或规范性概念的结论：“这不是一块好表”，因为“走得不准不稳”与“表”的正常功能背道而驰。但这里所说的“好”以及所蕴含的“应当”显然不是道德意义上的“好”或“应当”。因此，即使从这类事实陈述确实可以推出蕴含某种“应当”之意的结论，但这一“应当”并不是道德上的“应当”。麦金太尔举的另一类例子是扮演某种社会角色的“人”，如“船长”、“农夫”等。从包含这些概念的事实陈述中，我们也可以推导出蕴含某种“应当”之意的结论。从“他是船长”可以有效推出“他应当做船长应做之事”，从“他种的作物亩产在当地是最高的”可以有效推出“他是个好农夫”。在这一类涉及社会角色的例子中，结论中功能性的“好”或“应当”和道德上或品质上的“好”或“应当”依然不是一回事，尽管它们所涵盖的事物有可能部分重合。一个船长比另一个船长的驾船技术要好，一个农夫比另一个农夫的耕作技术要好，并不意味着前者道德上或品质上就一定优于后者，正如一个技艺高超的运动员未必道德上就一定高尚一样，这是因为一个人能否履行好社会所规定角色的职责要求（即功能性要求）和社会对一个人的道德要求并不总是一致的。

第二，它混淆了作为习俗之美德或道德所蕴含的“应当”和应然之意的“应当”之间的区别，亦即人们实际认可的“应当”和真正合理的“应当”之间的区别。在人类历史发展的长河中，劳动产生了分工，分工给人带来了不同的身份和不同的社会角色。社会对这些身份或角色形成了一些约定俗成的看法，使得这些身份或角色本身包含了当时社会价值评判的成分，至少包含了他们所应当履行的功能。但对身份和角色的约定俗成的看法未必就是合理的，这些约定俗成看法所蕴含的“应当”未必就是人们所真正应当遵守的“应当”。在中国历史上，人们曾经认可对妇女的“三从四德”的要求，但这种实际得到人们认可的要求，特别是“三从”的要求，未必就是合理的要求。因此，即使这种规范性的要求寓于中国的历史和传统的事实之中，它也未必就是合理的规范性要求。而麦金太尔，包括他对美德的界定，恰恰混淆了上述两种不同含义的“应当”。他将美德定于实践与传统,将体现美德的道德理解为一种习俗的道德,一种历史的或现实的传统,而忽视了美德或道德的另一种含义,即应然之美德或道德的含义。麦金太尔混淆了事实与价值之间的概念区别,混淆了功能性应然之义和道德上的应然之义之间的区别,混淆了习俗之道德与应然之道德的区别,一个重要的原因是因为他实际上预设了一个重要的前提:凡现实的即是合理的。然而,凡是现实的未必就是合理的。比如,专制的传统可能是现实的,但未必就是合理的。如果不合理,维系这一传统的习性也是美德吗?比如,清王朝的晚期,前清遗老遗少的忠诚还是"美德"吗?印度曾经实行过"寡妇殉夫"(suttee)的习俗,将能够在丈夫死去之后自焚视为妇女的一种美德,"寡妇殉夫"的习俗始于公元 4 世纪,17—18 世纪广为流行,直到 1829 年才正式为英国人所禁止。[①] 这样一种习俗延续了一千多年,形成了一种传统,但它是合理的吗?显然不是。任何现实的美德或道德都需要通过理性反思的鉴别才能成为我们应当遵循的美德或道德。

麦金太尔的第三条论据试图为美德的合理的规范性提供某种新亚里士多德主义的目的论的依据,即将"实践"、"人生叙事"和"传统"所规定的目的视为美德规范性的最终来源,但如前所述,由于现实的未必就是合理的,传统以及传统所规定的目的本身亦未必是合理的,因此,他的第三条论据不足以说明美德的合理的规范性。

麦金太尔本人似乎也意识到这一问题,他试图为传统自身的合理性进行某种辩护,试图对传统中存在的不合理现象做出某种说明。选择何种最终的依据或者说第一原理,以说明美德规范的合理性,他实际上面临三种可能的选择:传统、理性或上帝。在《追寻美德》一书中,麦金太尔似乎是通过寻求更大范围或更长时间的传统来回答这一问题。"就诸美德维系实践所需的各种关系而言,它们必须维系的不仅有与现在的关系,而且还有与过去甚至将来的关系。不过,各种特殊的实践借以传承并重塑的那些传统,永远不能独立于各种更大的社会传统而存在。"[②]但如果更大范围的传统也不合理呢?显然,仅仅诉诸传统不足以说明美德的合理的规范性。在《追寻美德》中,麦金太尔似乎也流露出选择理性或理由作为美德规范性的最终来源。他认为我们在考虑某种原则是否具有我们所期望的权威,我们往往出于我们选择这一原则的理由。他认为:"只要这些理由是充分的,这些原则也具有相应的权威;而如果这些理由不充足,这些原则也就在同样程度上丧失其权威。由此可知,一个毫无理由选择的原则就是一个毫无

---

① 参见"Sati (practice)," Wikipedia;"Suttee," *Britannica*。

② *After Virtue*, p. 221;《追寻美德》,第 281 页。

权威的原则。”[①]从这段话来看，麦金太尔似乎主张理性为美德或道德的规范性或权威的来源。然而，遗憾的是，由于他对西方启蒙时期以来的理性一直持排斥态度，又由于他骨子里相信“凡现实的即为合理的”，又由于现实的“实践”或“传统”本身无法说明自身的合理性，为了解释现实的何以是合理的，这几乎使他最终不得不选择宗教神学的目的论作为其理论的第一原理，在《追寻美德》(第1版发表于1981年；第2版发表于1984年)之后，他实际所选择的是托马斯主义，尽管他本人试图淡化其神学的内容。在发表《谁之正义？何种合理性？》(1988)之时，他自称是一位托马斯主义的哲学家。在《三种对立的道德探究》(1990)和《第一原理，终极目的和当代哲学问题》(1990)中，他开始对自己的托马斯主义哲学进行辩护，他认为这一辩护是属于教皇利奥十三世的教皇通谕《永恒之父》所号召的基督教哲学革新事业的一部分。[②] 他在2007年版的《追寻美德》的序中这样说道：“当我写作《追寻美德》时，我已经成为一位亚里士多德主义者，然而，还不是一个托马斯主义者……。在完成《追寻美德》之后，我成为一个托马斯主义者……。在《追寻美德》中，我试图支持对诸美德做广义的亚里士多德主义解释的同时，避免采用或诉诸所谓的亚里士多德的生物学。当然，我基本放弃他的生物学的做法是正确的。但我现在从阿奎那那里所获得的教益是：我完全采用社会词汇，用实践、传统和人生的统一叙事去解释人类的善，注定是不充分的，除非我能提供一个形而上学的基础。正是因为，也仅仅是因为人类有一个由其特殊本性所引导的目的，实践、传统等诸如此类的东西才能够发挥它们所发挥的作用。因此，我发现，[在写作《追寻美德》之时]我其实已经，虽然还没有认识到，预设了某种东西的存在，非常接近托马斯·阿奎那在《神学大全》第一部分第五题中关于善的观念解释。”[③]阿奎那《神学大全》第五题中的核心观点是：善(好)与存在物(being)实质上是同一的，因为凡现实的、存在的即为善的。凡是现实的即为合理的。因此，善与存在实质上是同一的。由于善是值得欲求的，因此，为万物

---

① *After Virtue*, p. 42；参见《追寻美德》，第54页。

② 参见 Christopher Stephen Lutz, *Tradition in the Ethics of Alasdair Macintyre: Relativism, Thomism, and Philosophy*, Lanham, Maryland: Lexington Books, 2004, p. 113。教皇通谕《永恒之父》颁布于1879年8月，目的是为了帮助和推进日益陷入世俗哲学陷阱、声誉日下的基督教哲学的复兴，号召重返中世纪经院哲学，特别是托马斯·阿奎那的哲学思想，即托马斯主义，强调信仰和哲学(理性)可以在托马斯哲学的基础上和谐一致。

③ *After Virtue*, “Prologue,” pp. x－xi.

所欲求，故就有了目的的性质。故存在物本身即欲求善，善即为存在物之目的。[①] 但为何善为万物之目的，何种善为万物之目的？阿奎那最终诉诸的是上帝。他在《神学大全》第二题中对此做了详细的证明。也就是说，上帝的存在是这种目的论的最终原因，也是第一原理。麦金太尔在关于阿奎那的讲座《第一原理，终极目的和当代哲学问题》中曾说到，每一门科学都有第一原理，这一原理，正是阿奎那所说的上帝。[②] 将上帝或上帝创造的世界视为现实合理性的最终来源，这一神学目的论，甚至宿命论的观点是缺少说服力的。首先，上帝的存在本身就是一个理性无法证明的假设。以一个理性无法证明的假设作为解释合理性的第一原理本身就缺乏说服力。其次，即使假定现实世界的目的是上帝所规定的，但上帝规定的何以就一定是合理的呢？上帝自身何以能够成为合理性的来源？假如上帝规定强奸是可以允许的，难道强奸真的就可以允许了吗?! 实际上，西方源于上帝的一些道德戒律，如不允许流产、不允许离婚等，其合理性已经受到人们的挑战。更为糟糕的是，历史和现实中，许多人类的灾难往往以上帝或神的名义来推行。因此，将上帝请出来为美德的规范性做最终的辩护，这不仅使得原本是理性讨论的美德或道德问题变成与神学纠缠不清的问题，而且对于挽救麦金太尔的美德伦理学也是无济于事的。

也许意识到将现实的合理性仅仅归于上帝很难说服世俗的人们，麦金太尔对他的托马斯主义目的论还有一个补充说明："我还开始认识到，我将人视为或善或恶的观念不仅需要一种形而上学的基础，也需要一种生物学意义上的基础，虽然它不必专门是亚里士多德式的。我在后来的《依赖性的理性动物》中对此作了大量的论述。我试图证明人类的动物本能或理性动物的本能具有重要的道德意义……。在这部书中，我还通过确认所谓公认的依赖性的美德，对诸美德的内容做了更好的解释。"[③]麦金太尔后来回忆他的哲学时说道："我的哲学，和许多其他的亚里士多德主义者的一样，是有神论的；但就其内容而言，和任何其他人的一样，现实入世。"[④]但这一入世的说法依然存在问题：出于人的生物学本能的行为或品性就一定是合理的吗？人的生物学本能何以就一定是合理的、向善的，

---

① 以上内容参见 St. Thomas Aquinas, *The Summa Theologica*, translated by Fathers of the English Dominican Province, Benziger Bros. edition, 1947, question 5；圣多玛斯·阿奎那：《神学大全》，第一册，中华道明会/碧岳学社联合出版，2008 年，第 60,62,65,66,69,71—72 页。

② 参见 MacIntyre, *First Principles, Final Ends and Contemporary Philosophical Issues*, *The MacIntyre Reader*, ed. Kelvin Knight, Notre Dame, IN: University of Notre Dame Press, 1998, pp. 183 - 184。

③ *After Virtue*, "Prologue," p. xi.

④ Kelvin Knight (ed.), *The MacIntyre Reader*, p. 266.

何以能够成为合理的美德的规范性来源，这些都需要神学和本能以外的进一步的说明，仅仅假定其合理性是不足以说服人们的。

那么，我们究竟应当怎样说明美德的合理的规范性呢？关于道德或美德的规范性问题是当代西方道德哲学的热点问题或核心问题，当代西方伦理学家普遍将“应然性”的来源归之于“理由”，也就是归于理性。① 合理的规范性要求或合理的“应当”需要有充分的理由，需要经过理性的反思、论证与辩护才能确定。一个行为是否应当，一个理由是不是充分的，有时是显而易见的，比如，“将一个无辜的人折磨至死以从中取乐”显然就是一个应当加以禁止的残忍的行为。又比如，电视剧《老有所依》中田咪索取婆婆所有的养老积蓄，还要将婆婆赶出婆婆自己住房的行为也是显而易见的不应当的行为。由于这些行为的“不应当性”显而易见，我们往往无需进一步的理由。如果非要举出一条理由，我们往往会说因为这些行为违背了人类的良知。如果真的有人看不到这些行为的“不应当”，真的不明白这样的行为为何是错误的，也不明白为何这样的行为就违背了人类的良知，我们可能会举出进一步的理由，比如，如果我们允许将一个无辜之人折磨致死以从中取乐，那么，我们任何一个人都有可能成为这样行为的牺牲品。我们不愿意成为这样的牺牲品，因此，我们不应当允许这样的行为。田咪的行为是错误的，因为婆婆没有继续抚养已经成人的儿子和媳妇的责任或义务，也没有责任或义务在生前将自己的房产转让给儿子和媳妇等等。诉诸任何“实践”、“传统”、本能或上帝都无法否认这些理由的正当性。有些事情的规范性（“应当”或“不应当”）可能不是那么显而易见，或者有可能引起争议，这就需要理性的反思、辩论和论证，比如，同性恋的行为道德上是否应当允许等等。怎样决定一个理由是否是充分的，我们需要依据那些人们难以合乎情理地加以否认的理由或原则，也就是斯坎伦所说的，具有相似动机的人们“无法合乎情理地加以拒斥的原则”。②

尽管麦金太尔对近现代西方道德哲学的批判和他自己的美德伦理学存在着这样或那样的问题，但他对近现代道德哲学的批判和他对美德伦理学的提倡客观上推动了当代美德伦理学的研究。他对美德与实践（习俗）与传统联系的强调，对人们的价值观就体现在人生的叙事之中的说法，对于我们认识事实与价值的联系，对于我们认识道德和美德伦理学发展的历史，不无帮助。尽管他的托马

---

① 参见达沃尔（Stephen Darwall）2007 年 10 月 16 日访问南京师范大学所做演讲的演讲稿“Normativity in Contemporary Metaethics”。

② Thomas Scanlon, *What We Owe To Each Other*, Cambridge, Mass.: Harvard University Press, 1998, p. 4.

斯主义带有强烈的神学色彩,但他力图使他的理论为世俗世界所接受而采取的某种世俗化的解释,使得他的理论可以在现实的基础上加以讨论,比如,将道德和美德本质的解释归于人之生物学意义上的本能,这与人性、人的情感以及人的进化是否有某种联系,值得我们进一步研究。我们有时将美德或道德的规范性理解为美德或道德的权威性,而麦金太尔的主要问题则是:美德或道德即使有权威,也不等于是正确的。我们有时确实是服从于习惯、传统,但习惯、传统未必就是正确的。我们有时确实也诉诸我们的本能,但我们的本能也未必总是正确的。我们可以诉诸上帝,但上帝并不能成为我们的品德和行为的合理性的来源。我们只能诉诸麦金太尔一直耿耿于怀、极力加以排斥的、西方启蒙时期以来所倡导的理性!

应用伦理学研究

应用伦理学研究的几个方法论问题*

应用伦理学的研究无论在中国还是在西方方兴未艾。在讨论应用伦理学问题和日常的道德问题时,人们往往意见分歧,各执一词,互不相让,谁也说服不了谁。那么,我们究竟有没有某种相对客观的标准来解决人们之间的分歧,从而避免无谓、无效的争论?我认为要解决好这一问题,我们有必要探讨一下应用伦理学研究的方法论问题。我打算根据自己教学研究的初步体会,谈谈怎样研究应用伦理学的几个方法论问题,其中包括怎样评价各种道德理论和观点的优劣及其标准。

1. 关于道德论证的特点

研究应用伦理学的最终目的是将人们的道德行为建立在理性,尤其是实践理性的基础上。那么通过怎样的方法才能达到这一目的呢?我认为主要通过论证。研究应用伦理学要讲究论证,这既是哲学本身作为一种追求确定性的理性反思活动的特点所决定的,也是展开有成效的讨论的前提。应用伦理学还不是科学,但依然要求按照理性来寻求对具体的伦理学问题的答案。而理性的答案要在辩论、论证中寻找。即使一个看上去合理的想法也要经过论证才能确定。

要想在应用伦理学研究中进行有成效的论证,我们必须把握道德论证不同于非道德论证的特点。那么,道德的论证和推理和非道德的论证和推理相比较究竟有些什么样的特点呢?与此相关的问题是:道德的判断和一般非道德的判断究竟有些什么不同的特点呢?

一般说来,道德论证的结论必须是一个道德的判断。道德判断也是价值判断。从逻辑上讲,一个价值判断是无法从纯粹的事实判断中推出的。因此,为了

---

* 本文原载于《哲学动态》2003年第12期。

证明一个道德判断为真，前提中至少应该包含一个道德判断或价值判断。也就是说，道德论证、推理的主要特征（有别于其他非道德论证、推理的特征）就是前提起码要包含一个道德判断或价值判断。

实际上道德论证的前提是由两类判断或陈述组成：道德判断或陈述和非道德的事实判断或陈述。两者的主要区别是：前者包含价值词（如“有道德的”，“不道德的”，“好的”，“坏的”，“善的”，“恶的”等），后者则不含价值词。请看如下论证：

(1) 流产意味着杀死胎儿。

(2) 胎儿是无辜的人。

(3) 因此，流产意味着杀死无辜的人。

(4) 杀死无辜的人是不道德的。（或者说，有意识地引起无辜人的死亡是不道德的。）

(5) 因此，流产是不道德的。

在上述论证的前提中，(1)至(3)是事实判断，(4)和(5)是道德判断。道德判断是价值判断的一种，也叫做规范陈述(normative statements)。所谓规范陈述是指该陈述蕴涵“应该如此”或“不应该如此”的意思。故有时道德判断就直接用“应该”或“不应该”等词取代“道德”或“不道德”等价值词。

评价各种关于实际道德问题的观点、理论实际上就是评价它们所包含的论证。评价它们的论证就是评价它们的理由或者前提是否成立，是否充分，是否支持其结论。由于任何论证都可以表达成为一个有效的论证，而在一个有效论证中，只要所有的前提为真，结论必然为真，故当我们将论证表达为一个有效论证时，对它的评价实际上就集中在其所有的前提是否为真的问题上。

上述论证的例子中包括两个有效论证。其前提真，结论一定为真。其中(3)既是(1)和(2)的结论，也是(5)的前提。要想否认结论，论者必须否认至少一个前提为真。由于前提(1)的真是无可怀疑的，又由于(3)是从(1)和(2)推导出来的，故要想否认结论(5)，必须否认(2)或者(4)。事实上，关于流产是否有道德的争论主要集中在(2)和(4)是否为真的问题上。

那么我们怎样才能评判或决定一个陈述或前提的真假呢？由于道德论证的前提分为道德（或价值）判断和非道德的事实判断，我们必须按照不同的评价方法来决定其真假。下面，让我们分别考察一下怎样评价这两类不同的判断。先看看事实判断。

2. 怎样决定事实判断的真假?

决定事实判断是否为真,主要根据经验、事实、科学和常识。

许多事实判断是直接根据经验和事实来决定的。比方说,康德认为对动物好的人对其他人也会好。有人认为是事实,有人认为未必。有的学者举出纳粹和日寇的例子来证明康德的看法并不正确。一些纳粹和日寇对他们的狼狗非常好,但却杀人如麻。这个事实几乎无法否认。这就迫使原来的论者或修改原来的命题,或将原来表达不够清晰的命题表达得更清楚。康德或持有相似看法的人也许是想说对动物好的人对他人好的概率高于对动物无所谓的人对他人好的概率。这是否为真是需要心理学家和社会学家通过社会调查才能确定的。

有些事实判断是需要根据科学来回答的。比方说,在讨论研究、生产转基因食品究竟有没有道德的问题时,有人提出基因作物的研究、发展和生产会不会给社会带来不良后果的问题。这是一个事实判断的问题。其真假是由科学来决定的。如果伦理学家不了解有关的科学知识,恐怕很难在这个问题上有发言权。

那么在有了有关知识、了解了有关事实之后,伦理学家能否比科学家在决定事实判断的问题上做更多的工作?我想主要是在澄清事实判断的语言意义、概念等问题上做点工作。当然,这并不是说科学家就不能在这方面做工作,只能等哲学家来做工作。比方说,在上述讨论流产是不是道德的问题时,争论焦点之一是前提(2)是否为真,即胎儿是否是人。从生物学的意义上,胎儿当然是人类的胚胎。但这并不意味着"人"的概念就完全清楚了,生物学意义上的"人"就穷尽了"人"在流产问题上的全部意义。那么除了生物学意义上的"人","人"是否还有其他的意义?如果有其他的意义,究竟是什么意义?玛丽·安·沃伦(Mary Anne Warren)主要通过区分道德意义上的"人"(即"Person")和生物学意义上的"人"(即"Human")的不同来否认(2)。[①] 按照她的理论,如果"无辜的人"指的是道德意义上的"人",则(2)、(3)为假。如果指的是生物学意义上的"人",则(4)为假。这就将"人"的概念问题的讨论变成了不纯粹是事实问题的讨论,而变成"什么是道德的地位?""怎样决定道德的地位?"等问题的讨论。这就涉及怎样决定道德判断真假的问题。这个问题我们下面还会谈到。

有许多事实判断是要靠常识来决定的,尽管常识是可误的。常识包含了科学的知识,主要是科普的知识,也包含了日常生活中观察所得的知识。比方说,

---

① 参见玛丽·安·沃伦(Mary Anne Warren):"On the Moral and Legal Status of Abortion," in *The Monist*, vol. 57, no. 1 (January 1973)。

讨论死刑是不是道德的争论焦点之一是死刑是否比无期徒刑对犯罪分子更有威慑力。人们对此做了调查，但调查的结果互相对立。有的哲学家就从常识出发进行论证：人们怕死更甚于蹲监狱，而人们更怕的东西对人们更具有威慑力，因此死刑比无期徒刑更具有威慑力。[①] 就像科学是可误的一样，常识也是可误的。由于常识包含一些并非科学的知识，故常识可误的可能性更高一些。因此常识本身也是需要辩护的。但当我们没有发现其错误之前，还没有充分的理由怀疑之前，或者说在科学还无法确定地给出答案之前，我们还是可以从常识出发，进行论证。比方说，在争论动物究竟有没有权利时，有的人争论哪些动物会感到疼痛。有的学者认为："生物神经学的发展可以越来越精确地告诉我们哪些动物会感觉疼痛，哪些动物不会感觉疼痛。"但有的学者则认为这是一个目前科学还无从下手的问题，因为科学还不知道疼痛的机制。即使科学还不能告诉我们"疼痛的机制"，但这并不妨碍我们决定自己是否感觉疼痛，也不妨碍我们决定他人是否感觉疼痛，甚至也不妨碍我们决定某些其他动物是否感觉疼痛。比方说，当人们杀鸡杀猪时，没有人会反对此时的鸡和猪能感觉到疼痛。这是常识范围之内的事情。这就像科学还不能回答思维的本质是什么，但我们依然能根据常识确定自己和他人有思维。

3. 怎样评价道德判断的真假？

决定道德判断是否为真，一般来说是无法仅仅根据可观察的事实，因为价值词所指称的东西是无法通过观察或感官认知的。那么，我们怎样才能决定道德判断的真假呢？由于道德判断的真假不能通过直接的经验观察来确定，其真假只能通过论证来确认。换句话说，如果我们认为一个道德判断是合理的，我们就有理由相信其为真。那么，怎样评价一个道德判断的合理性或证明其真假呢？我认为：

第一，道德直觉应该作为我们建立和评价道德判断或者理论的出发点和基础。

我所说的道德直觉是指一般人共同具有的分别善恶是非的能力。有点类似孟子的"不虑而知"的直觉能力和王阳明的"良知"。许多道德判断的真假是不证自明的，是靠我们的道德直觉来决定的。比方说，"人人都是平等的"，"杀死无辜的人是不道德的"，"说谎是错误的"，等等都是这样不证自明的道德命题。这些建立在道德直觉基础上的命题都可以作为我们论证的出发点。

---

① 参见路易斯·P.波依曼和杰弗里·里曼(Louis P. Pojman and Jeffrey Reiman)：*The Death Penalty: For and Against* (Rowman & Littlefield Publishers, 1998)，37－51。

道德直觉也是我们确定例证的依据。例证是用以证明或反驳一个命题或理论的例子。例如，在讨论同性恋行为是否道德的问题时，有一种看法认为同性恋是违反自然本性的，故不道德。有论者在考察了各种意义上的"违反自然本性"的行为后得出结论：没有任何一种意义上的"违反自然本性"行为是不道德的。其中有一种意义上的"违反自然本性"的行为指的是"其他动物没有的行为"。论者举例反驳道：其他动物从来就不做饭，但这并不意味着我们做饭就不道德了。[①] 这个例子就是建立在道德直觉的基础上。

道德直觉也是我们确定最根本的道德原则的基础。前面讲到一个道德判断或价值判断的证明要求其前提至少包含一个道德或价值判断。作为前提的道德判断也需要其他的道德判断来加以证明。这样不停论证的结果我们就会发现我们有些根本的价值判断和道德原则是无法进一步证明的，它们构成了我们终极的价值原则。最主要的有三条：功利主义的原则、推己及人的原则和公平的原则。公平的原则包含了个人利益的原则但强调公平，即不能将个人利益置于他人利益之上。不少哲学家也试图对这三条原则进行进一步的论证，但都是以其他相类似的道德原则作为其前提。罗素认为伦理学的终极价值原则属于先验判断，即这些原则不可能通过经验证明但却可以通过经验发现。[②] 这些根本的道德原则的真假或合理性最终取决于我们的道德直觉。

如果不是全部，至少绝大多数的道德命题和原则都是有例外的。那么怎样确定道德命题应用的范围？怎样确定例外？也是靠道德直觉。比方说，一般人们认为"一个人对生命的权利大于另一个人对自己身体的权利"是一个真命题。朱迪思·贾维斯·汤姆森(Judith Jarvis Thomson)则认为并非总是如此。她举了一个例子。假定有一位非常受欢迎的优秀小提琴家的肾出了毛病，濒临死亡。热爱小提琴家的歌迷们发现只有你的血型符合小提琴家的血型，只有你的肾才能救他的命。他们趁你熟睡之机，将你麻醉之后，劫持到医院。等你醒来，发现你的身体已和小提琴家连在一起，小提琴家只能依靠你的肾才能排出血液中的毒素，才能生存。在这种情况下，小提琴家对生命的权利并非大于你对自己身体的权利。也就是说，你没有责任和义务非要将你自己的身体和今后数年的时间和小提琴家连在一起。你切断自己身体和小提琴家的联系，取得对自己身体的

---

① 参见约翰·科夫诺(John Corvino)："Why Shouldn't Tommy and Jim Have Sex?" in *Same Sex: Debating the Ethics, Science, and Culture of Homosexuality* (1997), edited by John Corvino。

② 参见伯特兰·罗素(Bertrand Russell)：*The Problems of Philosophy* (London: Oxford University Press, 1959),75－76。

自由并没有什么不道德的，即使这样做意味着小提琴家的死亡。[①] 这一例子也是建立在道德直觉的基础上的。

运用我们的道德直觉选择理论、正例以及反例是应用伦理学和伦理学研究常用的方法。凡是和我们的道德直觉相冲突的理论，要么需要加以修正，要么，对我们的直觉重新加以解释，要么其合理性就值得怀疑。

第二，理论应该保持逻辑的连贯性。

由于证明一个道德判断的合理性往往需要引用其他道德原则或判断，因此，保持理论的逻辑连贯性就非常重要。保持连贯性就是要避免自相矛盾。不能保持逻辑连贯的体系和理论是不能接受的，至少也是有重大缺陷的。比方说，有一种伦理学理论认为自然界的任何东西，包括一草一木，都有其固有的价值，并且，人类不应该将自己的利益凌架于其他生物甚至一草一木之上，人和其他生物一律平等。但人类为了生存，就需要以其他某些动植物为食。如果人和其他生物一律平等，则人类就不能以其他生物为食，其结果人类就无法生存。面对这一难题，这种理论的倡导者提出当人类的根本利益（比方说生存的需要）和其他生物的利益发生冲突时，人类的利益优先。而这一论点和前面讲的人和其他生物一律平等的观点又是不相容的。除非这种理论能够找到自圆其说的办法，否则，这种理论就是有缺陷的。

前面讲到道德的直觉是我们建立和评价理论的出发点和基础。但我们的道德直觉中常常有一些看上去自相矛盾的信念。一种解决办法是否认其中一种信念。如果无法否认任何一种，则需要寻找一种能够圆满解释这种表面上似乎相互冲突现象的理论。在这种情况下，如果一种理论比另一种理论更能圆满地解释或消除看似互相冲突的信念，那么这种理论就比较可取。比方说，清华大学的刘海洋将硫酸泼在动物园的熊身上，伤害了熊，引起公众的讨论，大部分人认为这是不道德的。还有一篇报道说，当着其他猪的面前宰猪，当着其他鸡的面宰鸡，给这些猪和鸡造成了不必要的痛苦，太残忍了，因此不道德。[②] 但另一方面似乎又认为只要不是当着其他猪和鸡的面杀猪杀鸡道德上又是可允许的。如果我们不想放弃这些看上去似乎相互冲突的信念，我们就需要从理论上解释为什么这些看上去相互冲突的信念都可以成立。从伦理学的观点看，有各种不同的理论可以解释这类现象。人类中心论的理论认为伦理学只能建立在人类利益的

---

① 参见朱迪思·贾维斯·汤姆森(Judith Jarvis Thomson)："A Defense of Abortion," *Philosophy & Public Affairs* vol. 1, no. 1 (Fall 1971)。

② 见"堪比满清十大酷刑　家禽遭残酷虐待拷问人类道德"，《中国青年报》2002 年 11 月 12 日。

基础上。这里又有两种可能的理论。一种理论认为只有人类的利益才是有其固有的价值,其他的生物都是没有其固有的、自身的价值,它们的价值仅仅在于它们对人类的价值。按照这一理论,刘海洋的行为从道德上讲,除了损害公共财物的问题外,没有什么可以谴责的。至于当着其他猪和鸡的面杀猪宰鸡就更不成问题了。但这种解释要求我们放弃对刘海洋道德上的批评,放弃对引起猪和鸡不必要痛苦的道德上的谴责。如果我们不想放弃这些批评和谴责,我们只有寻找新的理论。另一种可能的人类中心论的理论则认为人和其他生物都有其固有的价值,因而也都有其固有的权利。但人的根本利益和权利优先于动物的利益和权利。只有在不影响人的根本利益和权利的前提下,人类才应该考虑动物的利益和权利。这一种理论显然比前一种理论更好地解释上面似乎相互冲突的信念,故更优。

第三,在同等的解释力的情况下,理论越简单越好。

当两种理论能够同样解释我们的各种不同的信念时,理论越简单越好。前面谈到的第一种人类中心论的理论如果加上一些附加理论,也可以解释上述相互冲突的信念,比方说,刘海洋的行为和引起猪和鸡的不必要痛苦的行为造成了许多人痛苦,而这不符合人的利益,故是不道德的。但为什么造成人们痛苦的事就一定不道德了?比方说,反对种族主义的行为引起种族主义者痛苦,但这并不是不道德的。那么怎样区别这两种不同的引起人们痛苦的行为?为什么一种是道德的,另一种是不道德的?为了回答这些问题,我们又需要引进新的理论和假设,这样的理论和第二种人类中心论的理论相比过于复杂,而其解释力又是一样的,故第二种理论优于第一种。

以上这些评价标准只是笔者对怎样研究应用伦理学的粗浅看法。这些评价标准只是有成效地讨论现实道德问题的前提或必要条件。即使现实道德问题的讨论满足了以上所有的条件,也并不能保证人们就会有一致的答案。这主要是因为有些和道德有关的事实问题过于复杂,即使采用社会调查和统计学的方法,也不一定能找到答案。还因为我们并无纯客观的方法决定至少某些价值判断的真假。此外,作为评价具体道德判断合理性的最根本的道德原则只能指导具体问题的讨论,并不能取代具体问题的讨论。比方说,在讨论怎样决定一个行为的合理性(或公平性和道德性)时,有一种假设性社会契约论认为一个行为的合理性是由站在"无知之纱"背后,即站在不偏不依的立场上的行动者所决定的。问题是每个人即使是站在不偏不依的立场上看问题,但同一问题,人们依然有不同,甚至相反的看法。那么,在这种情况下,我们还有没有办法解决现实道德问题的争论呢？我认为，在展开了充分讨论并满足了上述条件的情况下，如果我们还不能达成一致，我们只能求助于“理性反思的共识”，即得到辩护的公众舆论。“理性反思的共识”是由社会中绝大多数有理性的、并且了解所有与问题有关的信息的人的直觉所决定的。这种“理性反思的共识”必须以充分讨论了有关的问题并满足了上述条件为前提。这也正是应用伦理学问题讨论的积极意义所在。

当代西方性伦理学综述*

20世纪60年代和70年代，西方尤其是美国，掀起了“性革命”和“新道德”的浪潮。几乎到处都在谈论单身酒吧、一夜情、开放式婚姻、未婚母亲、有创意的离婚、同居、群交、未成年的性交等等。性交变得和接吻、握手一样随便。传统的性道德似乎一夜之间分崩离析。“性革命”的支持者感到了前所未有的自由、解放，他们有了新的选择、新的自由、新的满足方式。他们将“性革命”和“性解放”看成和“美国革命”和“奴隶解放”一样理所当然。然而传统的性道德者从来就没有将这一切看作是理所当然的。他们担心他们孩子、家庭、社会的未来。70年代爆发的疱疹(一种很难治愈的慢性性病)，特别是80年代爱滋病的流行，加上大量的未成年的母亲，所有这些使不少人开始怀疑“性革命”所带来的“新道德”，开始重新思考以家庭为基础的传统道德观念。在这种背景下，西方现代的性伦理学应运而生。了解西方哲学界对60年代以来“性革命”的哲学反思，对我们正确认识目前中国正在发生的、和西方60年代有某些类似的“性革命”，避免走不必要的弯路，无疑具有现实意义和借鉴作用。本文将分四个部分介绍当代西方性伦理学关于婚外性行为和同性恋问题的研究状况。

一、关于性伦理学的基础理论和原则

在应用伦理学的讨论中，人们一般都预设凡道德的行为都是正确的行为。因而问题的焦点往往是所讨论的行为道德上究竟是否能接受。怎样决定一个具体的行为是不是道德的呢？有三类道德学说或原则可以运用或争论。第一类是规范伦理学理论，主要包括伦理学利己主义、功利主义、康德主义、规范性道德相

---

* 本文原载于《国外社会科学》2004年第5期。此次收入论文集，除了注释和参考文献重新编排了以外，还补充了没有正式发表但网上已广为流传并被引证的第四部分。

对论等。第二类是日常人们所公认的道德行为准则，如做人要守诚信、推己及人等。第三类则是人们根据所讨论的具体问题而提出的某些具体的原则，以作为解决问题的出发点。本节重点讨论和性伦理学有关的第三类原则。

西方的基本价值观点之一就是崇尚个人的自由。比方说，政府是民选的，应该代表了纳税人的整体利益或国家利益。但西方学者更关心的是如何限制政府的作用，如何防止政府因滥用权力而干涉公民个人的自由。在西方人的眼里，以国家的、整体的利益为名而要求某个或某些公民无条件地牺牲自己的利益是不可接受的。应该说崇尚个人自由是导致20世纪60年代西方性解放的因素之一，也是支持婚外性行为、同性恋、接触情色作品等的理由之一。但凡事都有一个度，个人的自由也是如此。那么，个人自由在什么条件下应该受到限制？什么条件下不应该受到限制？西方学者提出了不同的原则。这里介绍和性伦理学讨论有关的四种判定限制个人自由是否合理的原则。

第一条原则是伤害原则（the harm principle）。根据这一原则，如果对个人自由进行限制是为了防止伤害他人或社会的公众利益，则这种限制就是合理的（即得到辩护的）。这是反对声音最少的原则。争论的问题往往是这是不是唯一的可以得到辩护的限制个人自由的原则。穆勒（John Stuart Mill，1806—1873）在他著名的《论自由》一书中认为这是唯一可以得到辩护的限制个人自由的原则。在他看来，个人对自己的身体和心灵的主宰是绝对的。任何人或社会都不能以为了某个个人的利益为由而干涉此人的自由，对此，只能劝说，而不能强迫。因此，他坚决反对下面将要谈到的合法的家长制原则（the principle of legal paternalism）和合法的道德主义原则（the principle of legal moralism）。[①]

第二条原则是家长制原则。按照这一原则，如果对个人自由的限制是为了防止个人对个人自己的伤害，则这种限制就是合理的。就像一位慈爱的家长对自己孩子的自由进行限制，目的是为了保护自己的孩子不要受到伤害一样，政府对民众的某些自由进行限制也是为了保护民众，因而是合理的。尽管西方不少人强烈反对这一原则，但他们的法律制度许多地方依然体现这一原则，如开车、坐车必须系好安全带，开摩托车必须戴头盔，否则就是违法的。

第三条原则是道德主义原则。按照这一原则，如果对个人自由的限制是为了防止个人不道德行为的发生，那么这种限制就是合理的。对这一原则的批评之一是认为它是多余的，因为确定无疑的不道德的行为多半会伤害他人，如此，

① 参见John Stuart Mill，*On Liberty*，Indianapolis：The Liberal Arts Press，1956，p.13。

我们只需要诉诸伤害原则即可。另一批评则认为，如果我们对他人伤害不那么直接和明显的“不道德的”行为实行道德主义原则，如同性恋等，这就等于是强制推行多数人所赞成的、约定俗成的道德，用穆勒的话说，这等于就是允许“多数人的暴政”。

第四条原则是冒犯原则(the offense principle)。按照这一原则，如果对个人自由的限制是为了防止冒犯他人，则这种限制就是合理的。所谓“冒犯”的行为指的是引起旁人羞辱、难堪、不自在等的行为。如果这种“冒犯”可以算作一种情感伤害的话，那么这一原则似乎可以归于第一条原则。①

以上四条原则本来是用于讨论政府对接触情色作品的干涉是否合理，但我个人认为也可以用来讨论婚外性行为和同性恋的问题。因为一个理想的社会应该给每个人的个人自由提供最大的空间。然而，最大空间的个人自由也是有条件、有限制的。所以研究和讨论合理限制个人自由的原则和条件应该是性伦理学基础理论讨论的核心问题之一。

在运用上述原则或其他的道德理论讨论具体的性伦理学问题时，我们应该注意有两种不同的争论焦点。一种是对所应用的原则、理论本身的质疑，如上面对第三条原则的批评，从根本上推翻了运用这一原则作为限制个人自由的理由。另一种则是对如何运用原则的质疑而不是对原则本身的质疑。如争论同性恋是不是不道德的则不是对道德主义原则的质疑，而是对其是否可以应用于同性恋的质疑。

最后，我们应该注意，上面所提到的各种道德原则和理论在讨论具体的性道德问题时并不需要明确引述。人们在实际讨论中往往隐含或预设其中某个或多个理论或原则，将其看作是理所当然、不言而喻的。

二、关于婚外性行为的三种不同的观点

婚外性行为是指异性之间的婚外性行为，逻辑上可以包括如下的性行为：

A. 单身异性之间的性行为，包括同居和婚前性行为。

B. 通奸(概念上比较接近国内所谓“婚外恋”)，即已婚者和婚外一方之间的性行为。按照这样的定义，“包二奶”也应属通奸的行为。夫妻交换似

① 关于这四条原则，参见 Thomas A. Mappes and Jane S. Zembaty, eds., *Social Ethics*, New York: McGraw-Hill, 2002, pp. 209 - 210。这四条原则主要是法学意义上的原则，但也可以从道德的意义上去理解。

乎也可以归于这一类，有时也称为双方或各方同意的通奸(agreed adultery)。[1]

C. 卖淫嫖娼。

D. 乱交，随意选择性伴侣的性行为，性爱的一方往往同时和许多人保持性关系。

对婚外性行为西方有两种极端的观点。一种是传统的观点。一种是自由主义的观点(the libertarian or liberal view)。第三种观点则是介于两者之间的温和的观点。

最极端的传统观点认为只有目的在于传宗接代的性行为道德上才是可接受的。中世纪天主教神学家托马斯·阿奎那认为性行为的自然目的只有一个即繁衍后代。而这样的性行为只有在婚姻关系之内才有可能。因而任何婚姻之外的性行为，包括同性恋，甚至手淫，都是不道德的。按照这样的观点，甚至婚姻关系之内不是为了传宗接代的性行为也是不可接受的。[2] 这样的观点明显是不合理的，因为性行为的目的不仅仅是繁衍后代，还可以是为了爱情和快乐。

标准的传统观点则认为只有婚姻关系之内的性行为才是道德的，凡是婚外的性行为道德上一律是错误的。按照传统的观点，上面的四类行为道德上都是无法接受的。一种较为温和的传统观点则接受承诺结婚的婚前性行为，有人称之为"结婚仪式前的性行为"("preceremonial intercourse")。[3]

自由主义观点(即性自由主义)，顾名思义，就是要最大限度地扩大个人的性自由。与传统道德观念的捍卫者相反，自由主义者认为性行为和任何其他的活动一样，如打网球、谈话、点菜、握手等，在道德上没有什么本质区别或特殊性，决定它们是不是道德的完全要看它们是否违反了一般的、得到辩护的道德规则。只要性行为不涉及欺骗、利用、强迫等违反一般道德要求的情况，都是可以接受的。按照自由主义观点，上面提到的四类性行为，甚至包括乱伦的行为，只要双方(或各方)自愿，不涉及欺骗(包括不涉及欺骗第三方)，道德上都是可以接受的。[4] 如同居，如果男方告诉女方，说他将来打算和她结婚而事实上男方根本就没有这样的念头，这样的同居对男方而言就是不道德的。但如果他告诉女方他

---

① "一夜情"则或属于A类，或属于B类，依实际情况而定。

② 参见 Thomas A. Mappes and Jane S. Zembaty, eds., *Social Ethics*, pp. 158 - 159。

③ 参见 Thomas A. Mappes and Jane S. Zembaty, eds., *Social Ethics*, p. 168。

④ 就乱伦的行为而言，可能还要加上一个条件：只要采取了可靠的避孕措施。

的真实想法，而女方依然愿意，则这样的同居道德上就是可以接受的。又比如，通奸如果涉及欺骗配偶或第三者则是不道德的，但如果不涉及欺骗或强迫，比如夫妻交换，则道德上就是可接受的。

第三种温和的观点是一种“爱情高于一切”的观点。按照这种观点，没有爱的性行为是不道德的，因为它将导致人格的分裂并将人的性活动完全变成了一种机械活动，而只要有爱的性行为就是道德的。因此，上面提到的C类和D类行为都是不可接受的。第三种观点不同于自由主义的观点，因为后者道德上接受没有爱的性行为，而前者则反对。第三种观点不同于传统的观点，它认为只要性行为是建立在爱情的基础上，道德上就是可以接受的，因此，有爱情的婚外情也是可以接受的，而传统观点对此是反对的。但第三种观点在怎样理解“导致性关系的爱情”的问题上有分歧。一种意见认为这种爱情是排他的，一次只能爱一个人，同时和几个人发生婚外情是不可接受的。一种意见认为这种爱情不是排他的，一个人可以同时爱上几个人，如此，只要有爱情又不违反一般的道德规则，如诚实等，则同时有几个性伴侣道德上也是可以接受的。

三、传统观点和性自由主义之间的争论

由于第三种观点实际上是一种“爱情高于一切”的性自由主义观点，因此，我们可以将西方性伦理学的争论看成主要是传统观点和性自由主义之间的争论。它们的争论主要包括如下几个方面：

1. 人的性行为究竟只是生物学意义上的行为，还是包含了承诺或具有社会意义的行为？

代表自由主义观点的戈尔德曼（Alan H. Goldman）认为“性”仅仅指生物学意义上的性行为，不应该和有关的社会功能，目的或道德意识形态扯在一起，如繁衍后代，表达爱情，沟通，承诺等。他认为性欲仅仅“是接触另一个人身体并获得身体接触所带来的快乐的欲望”。[①] 因此，性爱主要的、直接的目的是追求快乐，别无其他。在自由主义者看来，性行为道德上和其他的交往行为如打网球、握手、买菜没有什么本质的区别，不应该附加任何道德的意义。如果一个人和自己不爱的人打网球道德上是可接受的，那么和一个自己所不爱的人发生性关系道德上也是可接受的。同样，如果一个人和一个同性的人打网球道德上是可接受的，那么和一个同性的人发生关系也是可以接受的。买春卖春也是一样，只要

① Alan H. Goldman, “Plain Sex,” *Applied Ethics*, eds. Jeffrey Olen and Vincent Barry, CA: Wadsworth, 2002, p.90.

价钱公道，不涉及欺骗，道德上也是可以接受的。

传统观念则认为人类的性行为应该包含爱情，没有爱情的性是空洞的，至少有爱情的性比无爱情的性好。有爱情的性爱是一种沟通、分享、关爱，无爱情的性行为不过是将人类的性行为还原为动物的性行为，这是无法接受的。而爱情就意味着对对方的责任、义务和承诺。罗马教廷1976年曾发表了一个"关于性伦理学某些问题的宣言"。[①] 该宣言的作者认为性活动和人的本质属性有关。人的本质属性在于人能从事表达充分的人类之爱的活动，包括真诚的关心、真挚、尊重、承诺和忠诚。充分的人类之爱不会停留在浪漫的爱情，它会自然而然发展为对子女的父母之爱，即通过对浪漫之爱的结晶——子女——的爱而得以完成。充分的人类之爱给人以尊严。没有爱的性行为，不包含着生育可能性的性行为，则违反人类的本性和尊严。由于人们的欲望和承诺是可以改变的，因此只有婚姻才能保证包含真挚和忠诚的人类之爱。

代表传统观点的庞佐(Vincent C. Punzo)认为性行为道德上和餐馆里点菜、打网球、握手是不同类的行为。男女双方在性交中身体的接触达到无以复加的程度，没有两个人的接触比性交更亲密，因此，它应该包含了对对方的承诺。在他看来，即使是满足了诚实的要求、不违反伤害原则的婚外性行为道德上也是有缺陷的，因为它缺少"存在的完满性"(existential integrity)。所谓"存在的完满性"指的是一个人作为一个完整的自我不仅应该是一个有形的或物理的存在，还应该是一个历史的存在。作为完整自我的历史存在应该能够意识到自己的过去、现在和将来。对将来的意识应包括对将来的生死与共、希望、理想、计划做出承诺。性交只是肯定和确认存在完满性的一种方式。只有婚姻的形式才能达到这样的目的。婚外性行为缺少的就是这种历史存在的完满性。婚外性行为者将有形的、身体的存在和作为历史的存在分割开来，这就等于将自己的身体看作是和家庭主妇和肉贩子之间买卖的猪肉一样，没有什么区别，因而道德上是有缺陷的。[②]

2. 性行为是否只是两个人之间的私事?

自由主义者认为一个人对自己的身体有绝对支配的权利，两个自愿的成人

---

① 参见 Jeffrey Olen and Vincent Barry, eds., *Applied Ethics*, CA: Wadsworth, 2002, pp. 74–75。该宣言原文为拉丁文，根据另一种译文的说法，罗马教廷于1975年12月29日发布"关于性伦理学的宣言"，见 James E. White, ed., *Contemporary Moral Problems*, Minnesota: West Publishing, 1985, p. 175。

② 参见 Vincent C. Punzo, "Morality and Human Sexuality," *Social Ethic*, eds. Thomas A. Mappes and Jane S. Zembaty, New York: McGraw-Hill, 2002, pp. 166–168。

之间的性事不过是两人之间的私事，与他人无关，他人不得干涉个人隐私。一个人有十几个性伴侣，或者选择同性而不是异性的性伴侣是他的私事，只要他不干涉和影响他人的自由与幸福（自由主义者一般认为性事不干涉影响他人的自由和幸福），他人不必"狗咬耗子，多管闲事"。

传统观点的赞成者则认为性行为不完全是一种"私事"，因为采取某种性行为或性道德会有相当长远的社会后果，不可能和他人脱离干系。婚外性行为或非婚性行为会产生许多社会问题，如私生子、弃婴、单身母亲、未成年的家长等，这些通常都会影响到对孩子的教育，也构成他人即纳税人的负担。婚外性行为的泛滥会产生或传播更多的性病，如淋病、梅毒、疱疹、爱滋病等。[①] 这些性病影响了人们的健康，增加了维持正常社会的成本和纳税人的负担，故性行为不可能是"私事"。

许多自由主义者不否认上述问题的存在，但他们认为解决这些问题不应该以牺牲个人的性自由为代价。对私生子、单身母亲、未成年家长的问题，他们认为只要当事人是负责任的（不将问题转嫁给社会），他们不必为不负责任的其他人承担罪名。解决这些问题的办法是加强青少年的性教育，提供避孕咨询和帮助，[②]采取措施减少贫困和帮助无家可归的人等，而不是限制性自由。对性病、爱滋病等问题，自由主义者认为我们当然有责任和义务不成为性病、爱滋病毒携带者和传播者，但当我们对性伴侣无法确认其是否"安全"时，只要我们采取了足够的预防措施，如使用避孕套等，则我们就没有义务重新回到禁欲主义和一夫一妻制。传统观点则认为没有绝对安全的避孕和防止病毒感染的措施，也不可能保证所有的性开放者是负责任的，所以解决上述问题最好和最可靠的办法是回到传统的性道德，回到婚姻之内的性行为。[③]

---

① 据统计，美国现在每年有300万到400万15—19岁的青少年感染性病，500万到600万20—24岁的青少年感染性病。见Joe S. McIlhaney, "The Myth of 'Safe Sex' has led to an Epidemic of STDs Among Young People," *Taking Sides: Clashing Views on Controversial Moral Issues*, ed. Stephen Satris, Connecticut: McGraw-Hill/Dushkin, 2004, p. 141。

② 笔者一位朋友的女儿，1990年11岁刚到美国时，第一天上课，老师就发给了避孕套等避孕工具。

③ Joe S. McIlhaney主张用"性节制或性纯洁教育"（abstinence education）——即婚前不要有性行为的教育——取代原来的"避孕教育"，从而从根本上解决性传染病和青少年怀孕的问题。他1996年在美国国会作证，促使国会通过法案，连续5年拨款，每年5000万美元，进行性节制或性纯洁教育。现在一半以上的美国高中生保持处女或处男之身，青少年怀孕率降到1976年以来最低点。见Joe S. McIlhaney, "The Myth of 'Safe Sex' has led to an Epidemic of STDs Among Young People," p. 140。原文载于*Insight on the News* (May 20, 2002)。关于"性纯洁教育"的译法见张玲玲，杨超"开放地区大学生婚姻两性观的调查——以广州中山大学为例"，《青年探索》2004年第2期，第23页。

3. 性自由是否会对家庭乃至社会产生负面的影响？

传统的观点认为家庭是社会稳定的基础，而性自由会造成不结婚也可以有"性"，已结婚的也会缺少理由留在婚姻内，从而造成没有多少人想结婚的局面，进而导致家庭的解体，这对社会是不利的。为什么不利？因为家庭的解体会直接影响到下一代的成长和教育，进而影响到社会的健康和延续。如果我们想维护家庭的稳定，教育好孩子，进而维护社会的稳定和整体的利益，性行为就应该限制在婚姻之内。因为(1)婚姻内的性关系将会加强夫妇之间的爱情；(2)如果只允许婚姻内的性关系，那么绝大多数人都会结婚并保持婚姻；(3)反对性自由或婚外性行为可以使婚姻更稳定。

自由主义者不否认性自由会对家庭造成负面影响，但他们认为其影响并非全是负面的。第一，婚前有性经验的人较少可能将"性"和"爱"混为一谈，也较少可能对配偶做不明智的选择。第二，他们对"性"较少好奇心，故而不太可能因"好奇"或"诱惑"而结婚，从而减少因此而造成的婚姻错误。第三，婚前性行为，包括试婚的同居行为，可以发现两人之间潜在的矛盾，从而避免日后矛盾的不可调和所导致的离婚。第四，有的婚姻得益于开放婚姻或婚外性事，因为如果结婚的双方感到要玩点性花样，那么开放婚姻的可能性则减少了一条离婚的理由。问题是性自由对家庭和孩子的教育而言其负面的影响可能会远远大于正面的影响。此外，性自由带来的性病流行和未成年怀孕对社会也是不利的。

4. 个人的性行为应该受到哪些道德规则的限制？

传统的观点认为，个人的性行为除了受一般的道德规则的约束外，还应该限制在婚姻之内。凡婚外或婚前的性行为都是不道德的或者道德上有缺陷的。

自由主义者则认为婚姻不应成为性事的道德桎梏，婚内和婚外应该是一样的道德规则。那么什么样的道德规则可以用来决定婚姻或非婚姻的性行为的道德属性？倾向于自由主义的托马斯·梅普斯(Thomas Mappes)认为只有一条道德规则，这就是看一方是否不道德地利用了另一方。用他的话来说："甲不道德地利用了乙当且仅当甲有意地违反了这一要求：乙卷入实现甲之目的的活动是建立在乙自愿、知情同意(voluntary informed consent)的基础上。"①那么怎样决定一个人是否违反了这一道德要求呢？梅普斯认为有三种情况可以判定甲违反了上述道德要求。一种情况是甲方直接强迫乙方同意甲的要求。一种情况是甲方欺骗乙方。最后一种情况是甲方"乘人之危"(taking advantage of B's

---

① Thomas A. Mappes, "Sexual Morality and the Concept of Using Another Person," *Social Ethics*, p. 171.

desperate situation or coercive offer)，利用乙方困境，威胁利诱，迫使乙方不得不接受自己的条件，以达到自己的目的。[①] 梅普斯理论的最大问题是，就非婚姻的性行为而言，如嫖妓和换妻，即使行动者没有违反他所列出的条件，道德上依然是不可接受的，因为决定非婚姻性行为是否道德还有其他标准。

5. 凡是现实的是否就是合理的？"性革命"是否无法逆转？

自由主义者为自己辩护的理由之一有点类似黑格尔的名言："凡是现实的都是合理的"。当人们习惯了同居的生活而不是婚姻的生活，当许多人已经满足于开放的婚姻而不是传统的婚姻时，要他们返回到独身或传统的婚姻是不现实的，因而是不合理的。

传统观点的捍卫者则认为，现实的未必是合理的。道德的要求就是要限制人出于动物本性而做出的过分的行为。从青少年做起，"性革命"是可以扭转的。

6. 传统的性道德是不是虚伪的？

自由主义者认为传统性道德是虚伪的，因为婚前性行为、婚外恋、乱交、通奸等由来已久，"性革命"不过是让人们以更为坦诚的态度对待这些问题。接受这些行为，而不需要假装忠实于一夫一妻制是更为现实和诚实的态度。

传统观点的捍卫者则认为上述现象在"性革命"之后更为流行。你可以"坦诚"面对它们，但一旦人们不以为耻，反以为荣(如"木子美")，一旦公开赞同这些行为，这就会影响到其他人的行为。传统观点的人认为有一点"虚伪"并不是一件坏事。"你总不会希望武装的劫匪告诉他们的孩子武装抢劫毫无问题吧？那些有婚外恋的家长们大概也不会'坦诚'告诉他们的子女：'婚外恋没什么错，结婚之后只管去找情人。'"

7. 性自由主义对传统性道德的否认是否会破坏其他的道德观念乃至整个道德体系？

传统观念的捍卫者认为，如果一个人蔑视一条法律，就有可能蔑视其余的法律。同样，如果一个人蔑视一条道德规则，就有可能蔑视其余的道德规则。性自由主义否认传统的性道德，将性和爱情、家庭责任分开本身就会使人们轻视忠实、诚实等品德，其结果最终会导致整个社会道德体系的败坏乃至崩溃，这是不能接受的。

自由主义者则认为，第一，他们只是改变原有不合理的道德信条，而不是蔑视道德信条。第二，他们不轻视忠实、诚实等品质。换妻和开放婚姻中的夫妇并

---

① 参见 Thomas A. Mappes and Jane S. Zembaty, eds. *Social Ethics*, pp. 174 - 183。

不违反这些道德规则。第三,他们并不是提倡某种性行为,他们只是提倡个人有选择各种性行为方式的权利和自由。因此,性自由主义并不会导致合理的道德体系的崩溃。①

四、关于同性恋问题的争论

在美国有二十四个州和哥伦比亚特区法律明文禁止同性恋行为(这些法律也同时禁止鸡奸),处罚从三个月的监禁到终身监禁不等。② 虽然如此,同性恋的行为在美国被越来越多的人所接受,不视为不道德的行为。有的州还发给同性恋"夫妇"证书(该证书并无结婚证书的法律效力)。作为同性恋的捍卫者,为了证明同性恋道德上的正当性,约翰·科维诺(John Corvino)提出了如下的论证:

(1) 如果道德上允许异性夫妇仅仅为了快乐而发生性行为,那么道德上也应该允许同性仅仅为快乐而发生性行为。

(2) 道德上允许异性夫妇仅仅为了快乐而发生性行为。

(3) 因此,道德上也应该允许同性仅仅为快乐而发生性行为。③

这是一个有效的论证。因此,批评只能集中在两个前提上。反对同性恋的意见主要集中在第一个前提上。第一个前提实际上认为道德上异性夫妇之间的性行为和同性之间的性行为是类似的,没有本质的区别,这也是反对对同性恋歧视的重要理由。反对意见则否认两者之间的相似关系,归纳起来,理由大致有六条:第一,同性恋性行为令人极为恶心;第二,它是一种对自然的罪过,一种性反常的行为;第三,同性恋导致乱交的生活方式,无助于稳定的人类关系;第四,同性恋者会对儿童进行性侵犯并造成伤害;第五,同性恋会威胁和破坏我们社会的组织结构;④第六,同性恋传播爱滋病,于人于己都无好处。前两条理由构成"违反自然本性的论证"(arguments from unnaturalness),后四条理由构成"有害论

---

① 以上讨论主要参考了 *Applied Ethics*, eds. Jeffrey Olen and Vincent Barry, Chapter 3; *Taking Sides*, pp. 122 - 149; *Social Ethics*, Chapter 4。

② 参见 James P. Sterba, ed., *Morality in Practice*, CA: Wadsworth, 2001, p. 395。

③ 关于科维诺的论证和下面关于同性恋问题的争论,见 John Corvino, "Why Shouldn't Tommy and Jim Have Sex? A Defense of Homosexuality" in *Same Sex: Debating the Ethics, Science, and Culture of Homosexuality* (1997), ed. John Corvino。该文也收入 *Social Ethics*, pp. 189 - 196。

④ 以上理由参见 *Social Ethics*, pp. 161 - 162。

证”。科维诺对这两种论证都进行了反驳。

违反自然本性的论证可以表述如下：

(1) 在道德相关的意义上违反自然本性的东西都是不道德的。

(2) 同性恋在道德相关的意义上违反自然本性。

(3) 因此，同性恋是不道德的。

科维诺否认(2)。他分析了各种“违反自然本性”的意义，但他认为在其中任何一种意义上，道德上都是无关的，也就是说，即使同性恋在此种意义上是“违反自然本性的”，但都不构成不道德的理由。“违反自然本性”的意义之一指的是“不是在自然界发生的”，但这种“违反自然本性”的事情道德上并无不妥，如衣服、汽车、政府等。“违反自然本性”的意义之二指的是“非同寻常或异常的”，即绝大多数的人没有做到的事情。如此，则阅读梵文，研究哲学都是“违反自然本性的”，但道德上却是无可非议的。“违反自然本性的”的意义之三指的是其他动物没有实践的。科维诺认为，第一，研究证明其他动物也有同性恋的现象，如此，人类的同性恋并不违反自然本性。第二，其他动物从来就不做饭，如此，做饭就是违反自然本性的，但道德上却是无可指责的。“违反自然本性的”意义之四指的是“不是生来具有的”。科维诺认为这和不道德的并无必然联系。出自“生来具有的”的行为未必就是道德的，如有研究认为许多犯罪分子就有某种“犯罪基因”，但这并不能使他们的行为成为道德的(同样，同性恋的行为即使是生来具有的也不能表明它一定是道德的或不道德的)。而不是“生来具有的”，后天选择的，也不一定就是不道德的。因此，这种意义上的“违反自然本性”道德上也是无关的。“违反自然本性的”意义之五指的是“违反器官的主要功能”。人类的器官有许多功能，违反其主要功能并非不道德。比如，有人用脚写字，用嘴拿东西等，道德上并无不妥。同样，性器官也有多种功能，怎样使用，道德上完全是无可非议的。“违反自然本性的”意义之六指的是“令人作呕的”。科维诺认为许多事情如吃蜗牛，洗马桶都可以令人作呕，但这些事情道德上都无不妥。用这种意义上的“违反自然本性”反对同性恋实际上是用人们的情感来决定道德上的对错，这是不对的。总之，科维诺认为，即使同性恋在上述任何意义上是“违反自然本性的”，但道德上都是无可非议的，因此，“违反自然本性的论证”并不成立。

反对同性恋的“有害论证”可以表述如下：

(1) 任何对行动者或他人(包括社会)有害的行为都是不道德的。

(2) 同性恋既对行动者有害,又对他人(社会)有害。

(3) 因此,同性恋是不道德的。

科维诺否认前提(2)为真。让我们先来看看同性恋是否对同性恋者自身有害。赞同有害的人指出,统计表明,在同性恋的人群中,乱交、忧郁症、自杀、爱滋病的比例惊人地高。对此,科维诺提出如下反对的理由。第一,关于同性恋的生活方式是否对同性恋有害,没有人能比当事人(同性恋者)更清楚。第二,上述统计有偏见,因为社会上广泛存在的对同性恋的歧视,使同性恋者对自己都不敢承认他们的浪漫感情,更不用说对那些搞调查的研究人员。第三,即使上述统计是事实,这也并不能证明同性恋是造成上述事实的原因。造成上述问题完全可能有其他的原因,如对同性恋的歧视和舆论的压力就可以解释为什么同性恋者比其他人更容易患忧郁症、乱交等。至于爱滋病,科维诺认为是否更容易感染爱滋病取决于性伴侣是否携带爱滋病毒,而不是取决于他们是不是同性恋。男同性恋者和普通女性相比较,感染爱滋病的风险也许更高,但我们并不能由此而得出,男同性恋者之间的性事就是错误的。正如普通女性和异性(即男性)同房得爱滋病的概率要高于和女同性恋者"同房"的概率,但我们并不能由此得出普通女性和异性同房而不和女性同性恋者"同房"就是错误的一样。科维诺认为之所以不能得出这样的结论是因为在决定相互满足的性关系时,选择浪漫的性伴侣比决定爱滋病风险更为重要。

再让我们看看同性恋是否对社会有害。有一种意见认为同性恋对他人,对社会有害,因为同性恋者会对儿童造成性侵犯和性伤害。科维诺认为同性恋者不比异性恋者更有可能对儿童造成性伤害,造成伤害的是人而不是他是否有同性恋倾向。还有一种意见认为如果道德上允许同性恋的存在,这会造成对孩子的教育问题,也会影响到孩子的性倾向,即孩子更有可能成为同性恋者。但科维诺认为这种担忧的前提是同性恋是错误的。如果同性恋道德上本无问题,何来对孩子的教育问题和同性恋倾向问题?至于同性恋传播爱滋病毒的指责,科维诺上面已做了回答,造成爱滋病的是爱滋病毒,异性恋者也可能传播爱滋病,和异性恋者一样,同性恋者只是病毒携带者,并不比异性恋者更会传染爱滋病。还有一种说法认为,如果人人都成为同性恋,人类社会将无法延续,而这是不可接受的,故同性恋也是不可接受的。科维诺认为这种看法很可笑,如果真能成立,我们也可以做如下推理:如果人人都是独身的话,人类社会将无法延续,故独身也是不可接受的。显然，我们并不能做出这样的推论。

总之，科维诺认为，同性恋对自己，对他人是有害的论证是不成立的。

以上是西方性伦理学关于婚外性行为和同性恋问题的讨论情况。笔者最后想指出，西方或美国的性自由主义和中国现在的某些性自由主义有许多不同之处，前者至少理论上还是要受除婚姻以外的一般道德规则的束缚，而后者几乎从理论上和实践上完全不受一般道德规则的束缚，因而道德上更难辩护，除非我们放弃我们一些重要的道德理想，如诚信。笔者希望上述介绍对我们从哲学上反思当前中国性行为中所出现的新情况、新问题，避免弯路，有所助益。

“囚徒悖论”：道德的合理性和国民的道德教育*

中国传统的哲学家和绝大多数的西方哲学家都认为道德包含着利他主义的因素或者对他人利益的考虑。① 但一谈到利他主义，人们就想起“毫不利己，专门利人”，好像一个有道德的人就一定要做到“毫不利己，专门利人”。这种道德要求对正常的和平环境中的普通人来说，其不合理性是显而易见的。其结果造成道德教育的低效，甚至无效。另一方面，由于这种道德要求的不合理性造成一部分人认为合理的道德要求完全就没有利他主义的成分，或者认为“利他”（如代表整体利益的行为）和“利己”是一回事。② 我认为将道德的要求等同于“毫不利己，专门利人”，或者将代表整体利益的道德行为等同于利己的行为都是不对的。道德要求需要讲求合理性。要找到这样一种合理的道德，我们需要找出其合理性的基本条件。本文打算通过对决策理论中“囚徒悖论”问题的考察，找出道德合理性的必要条件和充分条件，并在此基础上进一步证明，除了法制和制度性建设外，我们同时也需要进行内容合理的、有效的道德教育，以提高全体国民的道德素养，反过来，全体国民的道德素养也会为道德观念的合理性创造条件、奠定基础。

---

* 本文原载于《云南大学学报·社会科学版》2004 年第 6 期。文中的“囚徒悖论”是笔者早期的译法，现在已改译为“囚徒困境”。

① 关于西方哲学家的这种普遍的看法，参见 David Gauthier, “Morality and Advantage,” *Philosophical Review* 76(1967): pp. 460 – 475, Thomas Nagel, *The Possibility of Altruism* (London: Oxford University Press, 1970), p. 3, David Gauthier, *Morals By Agreement* (New York: Oxford University Press, 1986), p. 1, 和 Jean Hampton, “The Wisdom of the Egoist: The Moral and Political Implications of Valuing the Self,” *Social Philosophy & Policy*, Vol. 14, No. 1 (Winter 1997): pp. 21 – 22。

② 比方说，有人认为整体利益就包含了个人的利益，这种说法或多或少地混淆了两者之间的区别。“囚徒悖论”的情景将这种区别表达得非常清楚。

一、关于道德合理性的概念

中西方哲学家一般都认为凡是道德的也都应该是合理的。合理性包含着认识的合理性和实践的(行动的)合理性两个方面。人们的认识是否合理主要取决于我们究竟有无充分的理由相信某个命题为真。评判认识合理性的最终根据是客观的事实或有关客观事实的证据。而实践的合理性则主要取决于我们究竟有无充分的理由采取某种行动或做某件事。评判行动理由的最终根据是行动的目的一定要有价值。没有价值,便没有真正的行动理由。价值大致可以分为对自己(行动者)的价值和对他人或社会整体的价值。①

本文所要讨论的道德合理性主要指的是实践的合理性,即道德行为(包括道德规则及其实践)的合理性。道德的行为是否合理取决于我们究竟有无充分的理由做有道德的事情。如果有,道德的行为就是合理的。如果无,道德的行为就不合理。人们通常认为我们当然有理由做有道德的事情,但这里有两方面的问题需要回答：第一,如果我们有理由做有道德的事情,我们有什么样的理由做有道德的事情？人们可能认为我们有理由做有道德的事情是因为道德的行为代表了我们整体的、长远的利益。那么,道德的行为和要求究竟怎样代表了我们整体的、长远的利益？回答这方面的问题有助于我们找出合理道德行为的必要条件。第二,即使道德的要求代表了我们整体的利益,也并不等于代表了我们的个人利益。当代表整体利益的道德要求和我们个人利益发生冲突时,我们还有充分的理由按照道德的要求办事吗？回答这方面的问题有助于我们找出合理道德行为的充分条件。

上述这些问题涉及整体利益和个人利益的关系问题。由于“囚徒悖论”将整个社会简化成二个人(有时是多个人)之间的关系,在这个最简单、最基本的“社会”中,整体利益(两个人的共同利益)和每个人的个人利益之间的关系能够表现得最清楚、最明白。故考察“囚徒悖论”的问题可以有助于我们回答上述问题。

让我们先来看看两种不同的“囚徒悖论”情景。

二、一次性“囚徒悖论”和重复性“囚徒悖论”

众所周知,一次性“囚徒悖论”是博弈论中的一个特殊情景。囚徒或行动者必须在仅有的两种行为中选择最合理、最有理由的行动。“囚徒悖论”所显示的

---

① 有的西方哲学家认为还有一种既不依赖自己也不依赖他人的纯客观的价值,本文不打算讨论这个问题。

问题是：每个囚徒从本身的个人利益出发，都最有理由坦白交代，出卖对方。然而，双方都出卖对方的结果比双方都合作即守口如瓶的结果更糟，即对双方都不利。为了避免这种的结果，双方合作似乎就成了唯一的出路。然而，合作即守口如瓶的问题是：如果另一方不合作，则合作总是对合作的一方不利，因而这种合作就失去了合理的基础。如何才能确保对方合作，从而使己方的合作成为合理的行为，以避免对双方都不利的结果？这一问题称之为"确信问题"。

这一问题在重复性的"囚徒悖论"情景中似乎可以避免。在重复性的"囚徒悖论"中，决策的情景只是一系列的"囚徒悖论"情景中的一环，当事人或行动者并不知道究竟有多少类似的情景还会发生。举例来说，假定有两个农场主丙和丁，处于自然状态下(即处于没有警察、军队等维持治安的国家机器的状态下)。由于他们经常受到贪婪匪徒的威胁和袭击，丙和丁达成一个防御协定：当一方遭到袭击时，另一方应该及时援助。假定丙方遭到匪徒袭击，丁方面临两种选择：或遵守协定，援助丙方，或违反协定，按兵不动。作为一个有理性的人，丁应该怎样做才最合乎理性呢？假定他们从行动中所得到的益处可以用期望功利值来衡量，则其行为的后果以及可能给各方带来的利益可以用下图来表示：

		丙：遵守协定	丙：违反协定
丁	遵守协定	丁 6，丙 6	丁 0，丙 10
	违反协定	丁 10，丙 0	丁 1，丙 1

图中数值代表了定约人不同行为(遵守或违反协定)对各自产生的期望值(即各自可能得到的好处)。数值越高，则益处越大，因而定约人更有可能采取相应的行动。其中每个方框中左下角的数值代表了丁可能得到的益处，每个方框中右上角的数值则代表了丙可能得到的好处。

如图所示，如果丙丁两方都遵守协定，则各自所获的期望值为 6。如果丙方违反协定而丁方遵守，则丙方所获的期望值为 10，而丁方则为 0，反之亦然。如果双方都违反协定，则双方所得到的功利值为 1，低于双方都遵守协定所得到的功利值6。[1] 一般说来,我们将遵守协定,援助对方看作是道德所要求的,而将违反协定看作是不道德的。那么,在"囚徒悖论"或类似的情景中,我们究竟有无理由做道德所要求的事情呢?

三、道德合理性的必要条件

在农场主的例子中,如果我们将其看作是一次性的"囚徒悖论"情景,行动者似乎并无理由做有道德的事情。因为,不论另一方采取什么行动,违反协定的好处总是大于遵守协定的好处。如果对方遵守协定,则违反协定可使己方获得最大的好处,即获得功利值10。如果对方也违反协定,则己方违反协定可以避免最糟糕的情形,即一无所获的情形出现。尤其是,如果己方后于对方行动,则违反协定肯定最符合己方的利益。

但有人认为,在一次性"囚徒悖论"情景中,如果假定对方也能做同样的事情,行动者也有理由做有道德的事情。理由就在于双方都做有道德的事情比双方都不做有道德的事情对双方都有利得多,也就是说道德的行为和要求可以避免双方仅按照个人利益行事所带来的不利结果,因而代表了双方的整体利益。这里有几个问题需要注意。第一,这里的"整体利益"并不等于行动者的个人利益,因为违反协定对个人更有利。如果从整体利益出发,行动者必须放弃对个人利益无限制的追求,必须"牺牲"某些个人的利益。第二,正是在这一意义上,从整体利益出发遵守协议的行为包含有"利他"的因素。第三,"整体利益"确实构成了行动者做道德事情的必要的理由,没有这一理由,道德的要求和行为就失去了合理性的必要条件。但第四,"整体利益"并不能构成道德行为的充分理由。因为在一次性"囚徒悖论"的情景中,行动者无法知道对方想干什么。在不知道对方是不是一个利己主义者的情况下,行动者并无充分理由相信做有道德的事情将会有利于双方。也就是说,无条件的利他主义行为未必就一定代表双方的整体利益。

如果我们将一次性"囚徒悖论"的情景改变成重复性的"囚徒悖论"情景,则情况似乎会有所不同。在重复性的"囚徒悖论"情景中,行动者有两条理性的原则可供选择。第一条原则主张行动者应采取马上可以带来好处的行为,即所谓"短期化的行为"。第二条原则主张行动者应采取能带来长远利益或好处的行为。主张第一条原则的人可称之为"急功近利的理性主义者"。主张第二条原则

---

① 上述例子源于 Ishtiyaque Haji。参见 Ishtiyaque Haji, "Hampton on Hobbes on State-of-Nature Cooperation," *Philosophy and Phenomenological Research* Vol. LI, No. 3 (September 1991): pp. 594–595。

的人可称之为“有远见的理性主义者”。

按照第一条原则，上述例子中的丙丁就会违反协定，因为违反协定能带给他们“立竿见影”的好处。当对方违反协定时，己方违反协定可以得到期望功利值1，而不是0。当对方遵守协定时，则违反协定可给己方带来10个期望功利值的好处，而不是6个。问题在于，如果双方都是“急功近利的理性主义者”，则双方都不可能避免所谓“次佳化”的结果，即每个行动者只能得到1个功利值。相比之下，如果所有的行动者都遵守协定，则每个行动者都可以得到6个功利值。

按照第二条原则行事，丙丁则愿意合作，遵守协定，因为合作代表了双方的长远利益。合作代表双方的长远利益是因为：其一，双方可以通过共同遵守协定而不是共同破坏协定得到更多的好处；其二，从长远的观点看，合作比不合作能给双方带来更多的好处；其三，如果一方违反协定，这将迫使另一方下次也违反协定。这样，行动的后果不仅不符合他们的长远利益，当他们第二次需要合作时，也不符合他们的短期利益。在重复性的“囚徒悖论”情景中，有远见的理性主义者可以不断通过合作与不合作，让急功近利的理性主义者认识到只有合作才能给自己带来真正的即长远的利益，从而将他们转变成为有远见的理性主义者。这样所有行动者的长远利益就可以得到实现，并避免急功近利的理性主义者所无法避免的“次佳化”的后果。

然而，有远见的理性主义者通过合作来实现其长远利益的打算，只有当另一方同是有远见的理性主义者，或者是“可以教育好的”急功近利的理性主义者时，才有可能成功。否则，合作对有远见的理性主义者来说也不是理性的行为。一般说来，合作或遵守协定是一种理性的行为当且仅当如下条件得到满足：

第一，有远见的理性主义者知道另一方和自己同是有远见者，或者属于“可以教育好的”急功近利的理性主义者，否则，如果另一方是无可救药的、顽固的急功近利的理性主义者，则有远见的理性主义者的“转化”工作所付出的代价就不可能得到补偿，这不符合其利益。

第二，有远见的理性主义者知道对方也知道自己是有远见的理性主义者。

第三，有远见的理性主义者知道对方也知道自己知道对方是有远见的理性主义者。

在一次性“囚徒悖论”情景中，行动者彼此不知道对方要干什么，故上述条件无法满足。在重复性“囚徒悖论”情景中，行动者可以从对方以前的行动中找到对方在这一次可能采取何种行动（合作或不合作）的证据，故上述条件有可能通过反复试探得到实现。但是，如果通过合作和不合作的反复试探，有远见的理性主义者终于发现对方是一个无可救药的"急功近利者",则有远见的理性主义者为教育和发现无可救药的"急功近利者"所付出的代价就无法得到补偿,但悔之晚矣。换言之,如果对方是一个无可救药的"急功近利者",即使在重复性的"囚徒悖论"中,合作对有远见的理性主义者来说,也不是一种理性的选择。如何才能保证游戏的另一方是有远见者或"可以教育好的"急功近利的理性主义者,从而保证道德行为的充分合理性呢?

四、道德合理性的充分条件

不少哲学家认为,人们需要改变"囚徒悖论"的情景,以保证行动者双方都能遵守协定,为道德的行为提供充分的理由和条件。托马斯·霍布斯最早提出一种政治解决的方案。按照这种方案,为了保证双方遵守协定,双方需要有一个君权或政府(包括警察、监狱、法律制度等强制性的机构)来监督、保证甚至强制双方遵守协定,使得任何违反协定的举止都不可能符合行动者的利益,从而保证实现双方的长远利益。

政治解决的方案确实可以确保游戏各方遵守协议,使"道德的行为"(以及所代表的整体的、长远的利益)和行动者的个人利益完全一致,因而构成行动者采取"道德行动"的充分理由。如果谁要违反道德的要求行事就会受到法律的制裁,其行为就是非理性的。然而,政治解决方案或制度建设只能在法制或监督制度所能有效管辖的范围之内构成代表整体利益的"道德行为"合理性的充分条件,在其有效管辖范围之外则不能。由于经济上的原因,还由于要保护个人的隐私和自由,要建立一个保证任何违反协定者和不道德者都难逃法律制裁的毫无漏洞的制度几乎是不可能的。那么在制度所不能有效管辖的范围之外,在制度的漏洞之内,在类似"囚徒悖论"的情景中,道德的行为和要求还有无充分的理由呢?

有人可能认为整体利益本身就足以提供道德行为的充分理由。但一次性"囚徒悖论"情景的分析证明,如果参加游戏的其他人不合作,不按道德要求办事,只有行动者自己从整体利益出发按照道德要求行事,其结果并不能实现双方的整体利益。有道德的行动者只是牺牲了自己,便宜了那些无限制追求自己个人利益的人。显然在这种情况下,道德的行为并无充分的理由。[①] 日常生活中

① 但美国哲学家哥梯尔认为即使在一次性的"囚徒悖论"情景中,行动者仍然有充分的理由遵循道德的原则。关于哥梯尔的论证,参见 David Gauthier, "Morality, Rational Choice, and Semantic Representation: A Reply to My Critics," *Social Philosophy & Policy*, Vol. 5, No. 2(1987)。关于对哥梯尔论证的批评,参见拙文"哥梯尔的'协议道德'理论简评",《河北学刊》2004 年第 3 期。

的例子也能说明这一点。詹姆士(William James)曾经举过一个著名的例子。有两个亡命之徒登上一列火车行凶抢劫。如果车厢里所有的乘客一致起来反抗,则两个亡命之徒只能束手就擒。因为两个人无论多凶,毕竟敌不过一车厢的乘客。然而,如果只有一二个乘客挺身而出,而其余乘客噤若寒蝉,则挺身而出的乘客必定受到伤害,全车厢人的整体利益也无法实现。其结果使得道德的行为失去了合理的充分性。

那么在重复性的"囚徒悖论"情景中,道德的行为是否有充分的合理性呢?我认为在重复性的"囚徒悖论"情景中,行动者有更充分的理由去做有道德的事情。[①] 如前所述,即使是在重复性的"囚徒悖论"情景中,如果丙某是一个无可救药的"急功近利者",而丁某并不知道丙某是否可以救药,对丁某而言,遵守协议,按照道德的要求行事,也不符合理性。但这一情况假设了两个条件:其一,博弈中只有两个行动者;其二,其中一个是无可救药的"急功近利者"(即所有其他的交往者都是无可救药的"急功近利者")。如果博弈中的交往者超过两个,并且并非所有的交往者都是无可救药的"急功近利者",则按照道德的要求办事优于无限制地追求最大限度的个人利益的行为。[②] 请看如下证明。

让我们在农场主的例子中再加上另一个农场主戊某。假定戊某是一个有远见的理性主义者,他还没有加入丁某和丙某的防守协议。又假定丙某是一个无可救药的"急功近利者",但丁某是一个有远见的理性主义者。丁某可以通过一到二次合作的代价弄清丙者是一个无可救药的"急功近利者",从而放弃与丙者的合作,转而寻求新的合作者。在我们设定的情况下,即寻求同戊某的合作。戊某非常愿意同丁某签订防守协议,而不是丙某,因为丁某已经证明自己是一个有远见的理性主义者,而丙某则证明自己是一个不值得信任的、无限制追求自己利益的利己主义者。这样,丁某和戊某就会达成新的防御协定,并且通过相互合作,分享合作的好处。而丙某则被排除在合作之外,无法分享合作的好处。从长远的观点来看,丁某和戊某从相互合作中所获得的好处要远远大于丙某从利己主义的行为中所获得的好处。总的说来,一个人有充足的理由采取道德的行动仅当采取道德的行动所得到的好处(即与有远见的理性主义者打交道所获得的

---

① 关于这一点的证明,可参见 David Gauthier, *Morals by Agreement* (Oxford: Clarendon Press, 1986), pp. 157-189。

② 这一点已为某些计算机程序所证明。参见 Robert Axelrod, *The Evolution of Cooperation* (New York: Basic Books, 1984)和 Matt Ridley, *The Origins of Virtue* (New York: Viking Penguin, 1997), pp. 60-61。

好处)大于他的损失(与急功近利主义者打交道所遭受的损失)。社会中有远见的理性主义者(包括可以转化的"急功近利者")越多,顽固不化的"急功近利者"越少,一个人就越有充分的理由成为一个有远见的理性主义者(有道德者)。

当然,如果参加博弈的其他人或绝大多数人都是无可救药的"急功近利者",则任何情况下,行动者都无充分的理由采取道德的行动,尽管采取道德行动的必要理由依然存在。① 总之,在制度所不能有效管辖的范围之外,在制度的漏洞之内,在道德的行为不能最大限度地扩大个人利益的情况下,道德行为合理性的充分性是一个变量,即对行动者个人而言,是否有充分理由按照道德要求办事取决于参加游戏的其他人是否也按照代表整体利益的要求办,取决于行动者是否相信其他人是否也采取同样的道德的行动,其合理性的充分程度也取决于在游戏中按照道德要求办事人数的多寡。

五、合理的道德要求和国民的道德教育

从上面的分析我们可以看到,行动者是否有采取道德行动的充分理由取决于两个基本条件。第一,参加博弈的其他大多数人,或者说社会上的大多数人是否遵守同样的道德规则,采取同样的道德行动。第二,行动者是否相信其他大多数人遵守同样的道德规则,采取同样的道德行动。

代表整体利益的法制和制度建设对于保证实现第一个条件,保证社会大多数人的行为符合整体利益的要求是非常必要的,但却是不够的。原因有三。其一,一个国家不可能对所有代表整体利益的行为作出法律的规定,也没有有效的强制性的手段来保证这种无所不包的法律的有效性。其二,即使在法制管辖的范围之内,如果一个人并不是从整体利益出发自觉遵守,而是从个人利益出发不得不遵守,他就会想法设法钻法律和制度的漏洞,以最大限度地牟取个人利益。这样就会扩大制度的漏洞,减低制度的效率,加大制度建设的成本。其三,如果整个社会都充满了这样的利己主义者,都来寻找制度的漏洞,行贿受贿,这就会造成法不责众的情况,就会出现有法不依,执法不严,违法不办的情况。所谓制度就会徒具形式。因此,为了保证第一个条件,我们需要培养自觉按照整体利益要求行事的有道德素养的人,以增强制度的效率,弥补制度的不足。

美国哲学家科夫卡(Gregory Kavka)认为有两种约束力影响人们的道德行为。一种是外在的约束力(external sanctions),即指警察、监狱、法律制度等。

① 关于道德行为的必要理由和条件,见本文第三部分。

另一种影响人们行为的力量是内在的约束力(internal sanctions),即人们的道德感、良心或良知。科夫卡将其定义为“赏善罚恶的心理结构”。[①] 培养有道德的人就是要培养有“赏善罚恶的心理结构”的人。他们在做不道德的事情时会感到良心上的不安和内疚,这种良心上的不安和内疚会约束他们做不道德的事情。反之,做道德的事情可以满足他们的道德感和良心,这种满足感会鼓励他们做有道德的事情。由于人们的良知内在于心,故无所不在,因而比外在的约束力更有效,同时也不会侵犯个人的隐私和个人的自由。

为了保证有道德人行为合理的充分性,我们需要有更多的、更自觉的、有“赏善罚恶心理结构”的人,需要有在制度的有效管辖范围之外还能从整体利益出发采取行动的人。否则,整个社会充斥只考虑个人利益,完全不考虑整体利益的人,再完备的法制,也无法使制度有效管辖范围之外,制度漏洞之内的道德行为有充分的理由,在那种情况下,道德之士只能成为利己之人所利用的牺牲品。

关于行动者有无充分理由采取道德行动的第二个条件和认识的理由有关,这是构成道德行动的充分理由的非常重要的方面。美国“九·一一”事件中,被劫持的飞机上不乏有理性的道德之士,其中三架飞机上的乘客没有采取反抗行动,一个重要的原因是缺少认识上的充分的理由,主要有两个:一是不知其他乘客是否会采取同样的行动(因为如果其他乘客不动,则反抗不会有效,徒做无谓牺牲)。二是不知道这次劫机后果的严重性。这和“囚徒悖论”情景相似,行动者如果缺少充分的认识理由相信他人会合作,他就没有充分的理由采取合作的行动。“九·一一”之后,人们对恐怖主义分子劫机后果的认识加深,当有一个恐怖主义分子企图在飞机上将藏在鞋底的炸弹点燃时,周围的乘客几乎是一拥而上,将其制服,因为从认识上,人们有充分的理由相信其他人一定会采取同样的行动。

怎样创造第二个条件?我认为需要创造良好的社会风气和互信。一个人究竟有无理由相信其他人也会采取同样的道德行动取决于整个社会风气和互信。我从报上曾读过两则消息。一条消息说,一个傍晚,在一个小镇的一条街上,有一位年轻的妇女被一位歹徒追打致死,现场惨不忍睹。年轻妇女凄厉的呼救声响彻小镇的上空,整个过程长达一小时,听到和看到这一切的不止一个人,但没有一个人出来阻止,甚至喝止。也许,如同那个记者所说,“一条街的良知都冻死了”。但也不可否认,他们当中也许有人想站出来,但不知道其他人是否能一起

---

① 见 Gregory Kavka, “The Reconciliation Project” in *Morality, Reason and Truth* ed. D. Copp and D. Zimmerman (Rowman and Allanheld, 1984), p. 305。

站出来有效地制止这种残暴的行为,从而退缩。另一条消息则说,一个深夜,一个歹徒将一个妇女打得头破血流,将其钱包抢走,但一个男子听到呼救声,拿起家伙就下楼追赶,住宅小区凡听到的人几乎不约而同跑出来追赶歹徒,歹徒如过街老鼠,很快就被抓获。有了这样的社会风气,人们才有充分的理由相信在做有道德的事情时,尤其是见义勇为时,其他人也会采取同样的行动。

怎样创造良好的社会风气?除了制度建设以限制损人利己的行为,以保护有远见的理性主义者(即讲道德者)的利益外,我们还需要提高整个国民的道德素养和道德品质。怎样提高整个国民的道德素养?我想除了要从小抓起外,从道德的内容上来说,我们要讲求道德要求的合理性。首先,它要有可能代表整体利益。① 其次,它合理的充分性和讲道德人的个人利益成正比,即越符合讲道德者的利益,对其利益损害越小,其合理程度越充分。反之,充分性则降低。道德要求合理性越充分,就越能为大多数人所自愿接受并实践。②

根据上面提出的两条原则,我想提出一种"最低限度"的道德要求的概念。其基本内容主要包括不要"损人利己"和对自己个人利益损害、影响不大的情况下的利他要求(如不要随地吐痰,不要乱扔果皮纸屑,等)。这是一种尽可能考虑到行动者个人利益的利他要求。这是一种对无限制扩大个人利益行为进行限制和约束的道德要求。至于在特殊的情况下,如战争,为了国家和整体的利益,要求个人做出重大牺牲,甚至生命的利他要求,则可以通过某种"契约"或法律的形式去实现,而不是仅仅依靠道德的约束。

这种"最低限度"道德的合理的必要性是显而易见的,因为它代表了整体的利益。而其合理性的充分性也是非常明显的,因为它尽可能地保障了讲道德人的利益。这种最低限度的道德要求甚至不排除见义勇为的行为——如果见义勇为发生在良好社会风气的社会中,发生在大多数人都能挺身而出的情况下,这样的见义勇为甚至也是这种最低道德要求所要求的。对于有可能牺牲生命的见义勇为,在正常情况下,这应该是警察的职责,对做不到这一点的普通国民,道德上

① 我用"有可能代表整体利益",因为道德行动的结果并非总是反映了整体的利益。比方说,"囚徒悖论"中,合作(即道德的行为)是代表整体利益的行为,但能否实现整体的利益取决于是否所有的行动者都采取合作的行为。从这个意义上说,合作并非必然代表整体的利益。因此,具体的道德行为是否真的能实现整体利益,有多大可能实现整体利益,也是判定道德充分合理性的依据之一。

② 有人也许会提出疑问:道德行为要尽可能地符合个人利益,那么道德的要求和利己主义岂不是没有区别?两者之间当然是有区别的。首先,道德要求行动者从整体利益出发采取行动,但利己主义要求行动者仅仅从个人利益出发。其次,在类似"囚徒悖论"的情景中,在行动者知道参加博弈的其他人将遵守道德规则的情况下,那么,即使违反道德规则会更有利于行动者,道德也要求行动者遵守道德规则。然而,利己主义则要求行动者违反道德规则,按照自己的利益行事。

不作谴责(对能这样做的普通国民,道德上当然要加以肯定。这就像从法律上我们规定私有财产不可侵犯,但我们不能因此认为自愿将其部分私有财产捐给社会的人是违法的)。和过去那种似乎时时刻刻都要求普通人们"毫不利己,专门利人"的道德要求相比,这种"最低限度"的道德要求的合理性是显而易见的。现在很多人不光是干"损人利己"的事情,而且还干"损人不利己"、"损人损己"的事情,从实践理性的角度,这也是非理性的,这是对非理性的利他主义的一种逆反。"最低限度"的道德要求以其合理性可以逐渐克服这种非理性的不道德的行为,最终会为大多数人所接受并实践,从而促成良好的社会风气的形成,而良好的社会风气和互信的形成又会为道德行动的合理性(甚至是见义勇为式的道德行为的合理性)奠定基础。

个人自由和法律干涉的原则*

自由是人类共同的价值观之一，它不是一种纯抽象的概念，而是有着非常丰富具体的内容，它主要指的是个人自由。本文试图从规范伦理学的角度探讨个人自由的具体内容及其辩护，进而探讨法律干涉的原则，目的是为了明确个人自由之价值和限度，从而更好地建设一个每个人都能够得到自由全面发展的和谐社会。

一、个人自由及其辩护

自由主要指每一个公民的自由，即一种个人的自由。这种自由至少包括学术自由、思想自由、言论自由、信仰自由、支配自己财产的自由等。法治的一个重要目的就是要保障每个公民的这种个人自由。

个人自由至少可以有三种可能之含义：作为一种个人的权利，它表示我们有做自己想做之事的权利，他人没有充分的理由不得随意干涉。作为一种规范性要求，它表示每个人应当允许做自己想做的事情，在没有妨碍他人自由的条件下，任何人或政府不得以任何理由干涉。最后，作为一种可描述的存在的状态，它指的是某个事实，如它可以指某个人正处于自由自在的状态。本文所讨论的"个人自由"主要指第二种含义。第一种含义可以作为支持第二种含义的一个重要理由。当第三种含义作为政策、法律或行动之目的时，则转变为第二种含义。

支持个人自由之理由至少可以包含如下几种：

1. *个人自由是基本的人权。*人们一般都知道个人自由是基本人权之一，它构成了支持个人自由的一条重要理由。但为什么个人自由是人的基本权利？这

---

* 本文原载《中国应用伦理学 2007—2008·伦理与法律专辑》，光明日报出版社，2008 年 6 月。

是因为自由是人类天性所追求的基本目的之一，它和人的自身的价值密切相连。

人和其他动物的最大不同在于人是自主的或自决的（autonomous），即人有进行理性判断和理性选择的自我决定的能力。允许一个人实施或运用这种能力对一个人是有价值的。这种价值首先表现在实施和运用这种能力是他或她的天性所欲求的，而满足这种欲求是有价值的。其次，如果我们限制或禁止他或她运用这种能力，他或她就会感到不快乐、不幸福，因为我们很难想象总是作为其他人的傀儡的人如何能够真正感到快乐、幸福。而避免这种不幸福是有价值的。再次，按照康德的绝对命令的第二种表述，人的价值是自有的，我们不应当将人仅仅作为手段利用。按照托马斯·麦普斯的解释，要想做到一个人没有将另一个人仅仅作为手段利用，一个人在采取涉及另一个人的有目的的行动时，必须满足如下条件：另一个人卷入实现此人目的的行动是建立在他或她自愿、知情和许可的基础上的，[①]也就是说，行动者应该尊重卷入的另一方的自由意志。允许一个人运用自决的能力体现了对人的自有价值或内在价值的承认与尊重。当用强制性的手段禁止一个具有这种能力的人运用这种能力时，当我们违背行动主体本身的意志和欲望干涉其自由的行动时，会使此人感到某种程度的屈辱或丧失尊严。因此，尊重和承认一个人的自有价值就应该允许或不干涉一个人运用自我决定的能力。换言之，我们应该尊重和承认人有追求自己自由的权利，而个人自由正是具体体现这种权利的权利。

个人自由作为个体的基本权利隐含了他人的肯定性和否定性的两个方面的义务。为了实现一个人的个人自由的权利，他人有肯定性的义务允许一个人运用自决能力做自己想做之事。同时，他人也有否定性的义务，即没有充分的理由不得干涉一个人运用自决能力做自己想做之事。

2. 个人自由的程度是衡量一个社会进步与否的重要标准。自由是一种非常重要的人类价值，但一个人并非总是可以为所欲为的。一个人的自由总是受到各种条件的限制，这种对人的自由的限制很多情况下是不以人们的意志为转移的，也无法随心所欲地取消。对自由的限制至少可以来自人的生理条件、物质生活条件、人们自身的价值观念、他人的价值观念、他人的利益以及他人或政府的干涉。

尽管人们的言行受到各种因素和历史时代条件的限制，但人们似乎有向往自由的天性，人们不断力图突破各种外部的和人为的限制。这种追求自由的权

---

① 参见 Thomas Mappes，*Social Ethics：Morality and Social Policy*，6th edition，McGraw Hill，2002，p. 171。

利只要不妨碍他人的自由，不伤害他人，似乎就不应该否定。因此，一个社会个人拥有自由的程度可以成为衡量一个社会进步程度的重要标准：一个社会进步的程度与其成员所能享有的自由的程度成正比，即其成员言行所享有的自由度越大，所受到的限制越小，在正常情况下，都表明该社会更加进步。比如，中国始于上世纪70年代末的"思想解放"运动极大解放了人们的思想，使人们获得了前所未有的思想自由，这是中国上世纪所取得的重要社会进步之一。又比如，改革开发以来，尽管出现了许多我们所不愿意看到的现象，如妓女等，但我们依然不能否定中国社会已经取得的巨大的进步。理由之一就是每个公民个人自由度增加了。当然，如果一个社会个人自由度很大，但由于这种自由带来了社会的不稳定或混乱，则这种自由度并非该社会所能允许的个人自由度，相反，社会的混乱说明这种言行的自由度不适宜于该社会，或者说，当混乱发生时，看似个人自由度增加了，但实际的个人自由度却缩小了。一个社会所能允许的言行的自由度和该社会成员的文明程度和道德水平成正比。

3. 个人自由有助于对真理的认识。柏拉图认为知识是得到辩护的真信念，对真理的认识，或者说正确的认识，需要得到理由的支持才是确定的。[①] 但理由是否成立需要通过不同意见之间的辩论和较量才能确立。而学术自由(个人自由之一种)是进行这种辩论的必要条件。

学术自由不光包含发表正确意见的自由，也包含了发表可能错误的意见的自由，因为一种观点是否正确需要有一个认识的过程，如果一发表意见就必须是正确的，则实际上等于取消了学术自由。那么，允许发表错误意见会不会妨碍对真理的认识呢？在正常的情况下，这应该不会。首先，在人们达成对什么是正确认识的一致意见之前，人们对正确认识本身的内容究竟是什么并不清楚，因而对什么是错误认识也不清楚。因此，允许人们可以发表错误的意见，正确的意见才会有可能产生。其次，人们对真理的认识是一个曲折的过程，过去认为正确的东西，现在则未必，现在认为正确的，将来也未必。因此，允许人们自由地发表自己的意见(包括可能的错误意见)，可以充分探讨多种认识的可能性，从而避免由于僵化和片面的认识所误入的歧途。再次，人们往往会将社会上多数人所认可的意见看成是"正确的意见"，而将少数的人的看法当成是"错误意见"，这样就有可能出现密尔所提到的多数人对少数人的"暴政"，[②]但对真理的认识和人数的多

---

① 参见 Plato, *The Collected Dialogues of Plato*, eds. Edith Hamilton and Huntington Cairns, Princeton University Press, 1961, pp.380－382, pp.908－918。

② 参见 John Stuart Mill, *On Liberty*, Liberal Arts Press, Inc., 1956, p.7。

寡并无必然联系，真理也有可能掌握在少数人手中。因此，允许人们自由发表各种意见，有利于那些掌握了正确看法的少数人将其正确的意见传达给社会，从而最终使社会达到对真理的一致的认识。

4. 个人自由可以极大推动社会生产力的发展。改革开放实行社会主义市场经济以来，中国经济之所以取得了举世瞩目的成就，一个重要的原因就是市场经济给了人们极大的个人自由。只有给予人们以充分的行动自由、思想自由，才有可能充分调动每个人的积极性、创造性和独立思考的能力，也才能极大促进生产力的发展，促进科学文化事业的发展，反过来，也就为每个人的自由发展提供了更好的条件。

其实，回顾一下人类各种文明的兴衰史，我们就会发现造成许多文明兴盛的一个重要原因就是该文明所处的历史条件给个人提供了充分的自由。例如，古希腊文明的兴起和希腊所处的三大洲的交汇之处的地理条件为人所提供的经济上和思想上自由交往的便利有极大关系。希腊和现在亚洲的土耳其（古代是希腊的殖民地）以及非洲的埃及等隔海相望，中间有许许多多的大小岛屿，极大地方便了古代人们自由的交往。泰勒斯、毕达哥拉斯等都有过游历埃及、巴比伦的经历，这种自由的经历所获得的思想养分对他们的哲学思想乃至于后来对西方的科学思想都产生了极大的影响。

二、法律干涉的原则

由于上述理由，一个理想的社会应该给个人尽可能提供最大的自由。然而，最大限度的个人自由也不是无条件的。由于资源的匮乏，当每一个人都追求自己个人自由的时候，每个人对自己个人自由的追求几乎不可避免地会导致彼此的冲突。怎样保证一个人言行的自由不会对他人言行的自由造成妨碍？怎样一方面保证每个公民追求自己个人自由的权利，又防止一个人的言行自由可能对他人或社会造成危害？我们必须通过法治。一方面通过法治保证公民的正当的个人自由，同时也有必要当个人自由超出其正当性的限度时，干涉其个人自由。笔者试图证明，在刑法和民法的范围内，法律干涉个人自由的原则主要是自由原则和不伤害原则（the harm principle）。而在涉及社会经济正义的领域里，法律干涉个人自由的原则主要是平等的原则。

1. 自由原则

过去一般认为法律上干涉个人自由的原则主要是不伤害原则。但任何法律的制定在某种程度上都是对个人或组织的自由的干涉。法律不仅仅应当从否定的方面去保护个人自由(如根据不伤害原则制定法律),而且应当从肯定的方面去保护个人自由,也就是说应当根据自由原则去保护个人自由。所谓自由原则指的是:尽可能地给予个人做自己想做之事(包括支配自己的财产,决定自己的生活方式以及信仰,发表自己的看法等等)的自由,他人,包括政府或组织,没有充分的理由不得干涉。《中华人民共和国物权法》以及宪法规定的公民的言论自由、宗教自由等都可以看成是根据自由原则所制定的法律。根据自由原则制定的这些法律也等于是干涉或限制了那些想侵犯个人自由的人或组织的行为,所以,自由原则也是法律干涉的原则之一。

自由原则之所以需要单独提出来,不仅仅因为我们过去对个人自由缺少深刻的认识或不重视,还因为在实行不伤害原则的时候,我们必须用自由原则来限定不伤害原则的运用。因为可能造成"伤害"的行为太多,如果不分伤害的程度和行为者的主观意愿,凡"伤害"都要承担法律责任,则会使个人自由受到极大的限制,从而违反自由原则。因此,我们需要根据自由原则来"平衡"不伤害原则的应用。我们需要根据造成伤害的程度和概率来决定法律上是否应该加以限制或禁止,以尽可能地给予个人更多的自由。比如,不小心将咖啡溅洒到一个人的身上会造成对此人的某种"伤害",但其程度也许不足以用法律的手段来禁止此类情况的发生。醉酒开车和情绪不稳(如伤心难过)开车都可能造成对他人的伤害,但前者法律上应当禁止而后者则不,因为后者造成伤害的概率和程度都远远低于前者。

在上一节中我们对个人自由的价值进行了辩护,这些辩护其实也就是对自由原则的辩护,这里不再赘言。

2. 不伤害原则

西方一般认为法律上限制个人自由的原则有四种,即不伤害原则,不冒犯原则,家长主义原则和道德主义原则。[①] 这四条原则实际上都预设了自由原则。在刑法和民法的范围内,为了保证个人能够享有尽可能多的自由,不伤害原则是法律干涉的主要原则,其他原则要么可以归为不伤害原则,要么不足以构成法律干涉的正当理由。因为不冒犯原则是不伤害原则的一个子类,属于防止无形伤害的原则;家长主义原则一般只适用于未成年者、精神病患者和智障者等,并不完全适用于有自决能力的成年人,而且,即使是对未成年者、精神病患者和智障者的保护,也可以通过对"伤害"的主动和被动的区别而将有关法律列入遵循不

① 参见 Emmett Barcalow, *Moral Philosophy*, second edition, Wadsworth, 1998, pp. 209 – 210, pp. 232 – 245。

伤害原则的范围之内；而为了保证公民享有足够的个人自由，在刑法和民法的范围内，道德主义原则仅当和不伤害原则一致时才适用，故无须另设原则。

按照不伤害原则，如果对个人自由进行限制是为了防止伤害他人或社会的公众利益，则这种限制就是正当的。所谓"伤害"可以分为两类：有形伤害（如钱财的损失，名誉被玷污，失去原来已获得的利益或好处等）和无形伤害（如在公共场合裸体行走或张贴情色裸体画就有可能对他人造成无形的伤害）。对他人的有形伤害和无形伤害只要达到一定程度，根据不伤害原则法律上就必须加以限制。

被限制的"伤害"还有主动和被动之分。主动伤害指行动者的言行直接或间接导致对他人的伤害，如上面提到的有形和无形的伤害。被动伤害则指当行动者有能力防止对他人的严重伤害发生而又无须付出太大代价时，行动者无所作为。比如，一个善于游泳的人路过一个浅水塘，眼见一个三岁小孩就要淹死，而周围没有其他人可以救这个小孩，但此人见死不救。他见死不救的行为没有直接导致小孩的死亡，但我们有理由批评和干涉他的行动自由，即他应该先救将要溺水而亡的小孩。有些西方发达国家法律上也明文规定在类似情景下见死不救者需要承担法律上的责任。

这里需要指出的是，根据不伤害原则需要法律上限制或禁止的"伤害"应当是一种错误的、不正当的伤害。具有正当理由的"伤害"不在不伤害原则的应用范围内。比如，在法庭上诚实地作证（作证对被告者不利）会构成对他人的伤害，但这种行为似乎并不因为造成了这种"伤害"而被认为应该被禁止。①

不冒犯原则有时也被列入法律上干涉个人自由的原则之一，按照这一原则，如果对个人自由的限制是为了防止冒犯他人，则这种限制就是正当的。所谓"冒犯"的行为指的是引起旁人羞辱、难堪、不自在等的行为。不冒犯原则应理解为不伤害原则的一个子类，它主要是限制对他人无形的伤害。

另一个经常讨论的法律上干涉个人自由的原则是家长主义原则，按照这一原则，如果对个人自由的限制是为了防止个人对自己的伤害，则这种限制就是正当的。对于缺少自决能力（即缺少理性判断和理性选择能力）的人，如未成年者、智障者、精神病患者、暂时失去理智或自决能力的人（如情绪失控或醉酒等情况所造成的丧失自决能力的人），我们似乎有充分的理由限制或防止他们伤害自己。但这一部分的合理内容也可以纳入不伤害原则的应用范围之内。我们可以

---

① oe Feinberg，*Harm to Others*，*The Moral Limits of the Criminal Law*，vol. 1，New York：Oxford University Press，1984，p. 34。

将有关对未成年者等实施保护的法律不是看成是对未成年者的个人自由的干涉，而是看成对其他成年人自由的干涉，即其他成年人有责任，包括法律上的责任保护未成年者、智障者、精神病患者不被伤害（包括自我伤害），他们的行为必须受这一责任的约束。这是不伤害原则法律上干涉个人自由的一种运用，即将未成年者等对自己的"伤害"看成是相对于其他成年人的"被动伤害"，这种伤害不是由于其他成年人直接造成的，但却由于可以采取措施防止但却没有防止所造成的伤害。

但对有自决能力的人，家长主义原则至少不是完全适用的。当有自决能力的个人在自愿的情况下伤害自己时，法律上为什么不应违背行动主体的意志对其进行强制干涉？费因伯格曾提出如下理由：个人有自决的权利。他认为，自决权利思想的核心是做出选择和决定的权利，只要这种决定和选择不伤害或冒犯他人。这种选择或决定的权利包括怎样使用和支配行动者自己身体的权利，怎样使用和支配行动者自己的动产和不动产的权利，是否或多大程度上向他人公开自己个人信息的权利，其中最重要的权利是决定自己怎样生活（怎样学习、是否结婚、和谁结婚、发展怎样的美德或特长、是否要孩子等等）的权利。[①] 哪怕他人真诚地出自爱护行动者利益的立场对行动者进行干涉，如果这种干涉违背了有自决能力行动者自己的意愿，都是不合理或者不正当的。因为干涉一个有自决能力的人对自己的事情做出的决定和选择，意味着对此人自决能力的怀疑或否定，它会造成对有自决能力的人的某种羞辱感、被贬低感和屈辱感，也等于剥夺了本应属于他或她自己权利的权利。

道德主义原则常常被人们看成是法律上干涉个人自由的一条重要原则。按照这条原则，如果对个人自由的限制是为了防止个人不道德行为的发生，那么这种限制就是正当的。在刑法和民法的范围内，当个人的行为没有违反不伤害原则之时，我们不宜以一个社会约定俗成的道德原则作为法律上干涉个人自由的标准。理由如下：

一个社会约定俗成的道德原则并非都是得到辩护的，也并非都是适合于新的社会变化的。当个人的行为没有违反不伤害原则，但却违反约定俗成的道德原则之时，如果法律上干涉此人的个人自由，则会违反前面提到的自由原则，干涉了个人选择自己生活方式和个人自决的权利。允许并不违背不伤害原则的"不道德的行为"，一方面可以留下余地来讨论这类行为究竟是否不道德，另一方

① 参见 Joe Feinberg, *Harm to Self*, *The Moral Limits of the Criminal Law*, vol. 3, New York: Oxford University Press, 1986, p. 12, p. 54。

面也可以防止由于强制推行多数人所赞同的、约定俗成的道德所可能造成的“多数人的暴政”。

不以道德主义原则从法律上干涉个人自由的另一个重要理由是：允许某种不违背不伤害原则但不为人们甚至多数人所认可的“另类的”行为，并非意味着对这种行为的“宽容”事实上会导致整个社会生活方式的根本变化，从而造成对社会的某种伤害。这里有两种情况。一种是“另类的”行为本质上不可能改变整个社会的根本性质。比如，即使一个社会允许个人选择同性恋的生活方式，这种宽容也不会导致整个社会由绝大多数人是异性恋的社会变成同性恋的社会，因为一个人的性心理不会轻易地由于外部的变化而改变。① 一种是不违背不伤害原则的“另类的”行为本身不具有合理性，当整个社会的绝大多数人是理性的思考者时，这种“另类的”行为也不会成为人们争相模仿的对象，从而不至于对社会产生我们所担心的伤害。因此，法律上不以道德的理由干涉不触犯不伤害原则的个人自由，不仅可以保留尊重个人自由选择所带来的好处，也不会对社会造成真正的伤害。

当然，对伤害他人的不道德行为法律上应当干涉。但在这种情况下，我们可以诉诸不伤害原则，而不是道德主义原则。这样，我们一方面可以避免诉诸道德主义原则可能产生的种种弊病，同时又可以防止或限制明显对他人和社会造成伤害的确定无疑的不道德的行为。

需要注意的是，法律上不干涉并不意味着道德上不能谴责。为了维护公民的个人自由，我们必须将法律干涉减低至最小的程度。但并非所有的法律上不能干涉的言行都是合理的，比如木子美的行为。法律上所限制言行的伤害往往也都必须是直接的或者可以合理预计和证明的，但并非言行可能对社会造成的伤害都是直接的或者可以合理预计和证明的。比如，青少年网上进行多妻制的“网婚”或同居并没有直接产生对社会的不良影响，但这种行为对青少年的不良影响可能是潜在的。也会有人利用个人自由的权利恶意中伤他人、谣言惑众，但其程度又没有达到法律上加以禁止的程度。这些也许都是我们为了保护个人自由所付出的代价。加强道德宣传和道德教育，提高每个公民的道德水平，则是减少这种代价的重要手段。

3. 平等原则

如前所述，道德主义原则在刑法和民法的范围内，要么会违反自由原则，要

① 参见 Emmett Barcalow, *Moral Philosophy*, p. 245。

么可以为不伤害原则所取代。但在涉及制定保证社会经济正义的法律制度时，在涉及税收和社会保障体系的制度性建设时，有的道德原则似乎可以有用武之地，比如平等原则，按照这一原则，如果对个人自由的限制是为了保证每个人都有同等的追求自己个人自由的权利和机会，那么这种限制就是合理的。法律上按照平等原则干涉个人自由的情况主要表现在税收和社会保障体系的有关法律的制定上。比如，高额的遗产税和对高收入征以高的税率等，都可以看成是对一部分个人的个人自由的干涉。

关于政府是否应当根据平等原则干涉个人自由的问题在西方政治哲学和道德哲学中一直是一个在自由至上主义、社会主义和自由主义之间争论不休的问题。平等原则具有直觉上的正当性：当每个人追求自己自由的时候，由于资源的匮乏，不可避免地会产生利益和观念之间的冲突，唯一合理的解决这种冲突的办法就是遵循平等原则，即给予每个人追求自由的同等的机会。斯坎伦曾举出了五种支持平等原则的理由，即人道主义的理由，反对社会歧视的理由，受他人控制达到无法容忍程度的理由，维持社会制度公平性的理由，以及平等利益要求的理由。他还认为要想真正实现机会平等和政治平等的要求，经济分配就需要尽可能地接近结果平等，因为家庭经济收入的巨大差距会影响到每个有天赋的人的同等发展机会(包括参与政治的机会)。因此，要想真正实现机会平等、政治公平和程序公正，现实中经济收入的分配就需要尽可能接近结果平等。[①] 这些理由都在不同程度上证明了平等原则的正当性。

总之，法治一方面应当尽可能保证每个公民的尽可能多的个人自由，另一方面应当通过法律的手段干涉妨碍他人自由或伤害他人的个人自由。以上的三条原则则为这种干涉提供了必要的理由。

---

① 托马斯·斯坎伦(Thomas Scanlon)：《平等何时变得重要?》，《学术月刊》2006年第1期，第136—144页。

美德伦理学和道德建设*

中国的现代化和与时俱进不仅应该包括经济、国防和科学的现代化和与时俱进,也应包括人的现代化和与时俱进。① 而人的现代化和与时俱进不仅应该反映在生活条件的改善和知识的增长上,也应该反映在个人的道德品质和修养上。加强道德建设就是为了提高全民族的道德修养和道德素质。道德建设从理论上讲主要应该包括三个方面的内容:第一,对我们日常道德判断进行哲学反思,以取得对行为正确性和错误性判断的理性共识,从而按照理性的要求,重建我们的道德观念。第二,进行美德伦理学研究,以确定我们究竟应该成为什么样的人,应该追求什么样的美德或理想人格。第三,研究怎样进行道德教育,特别是美德教育,以建立一个理想和谐的社会。第三个方面的内容包括怎样运用前两个方面的研究成果来指导我们建立一个理想和谐的社会。本文着重探讨第二个方面的内容。由于究竟应该追求什么样的美德或理想人格应该是我们研究的结果而不是起点,所以本文不可能系统讨论什么样的美德才是理想的人格。本文想讨论的是美德伦理学研究的一些前提性的问题,即为什么仅仅研究上面讲的道德建设的第一方面的内容是远远不够的,为什么在现代化进程中我们必须研究美德伦理学(美德伦理学在道德建设中的不可取代的特殊地位),以及怎样研究美德伦理学的问题。具体地讲,本文想探讨三个方面的问题:第一,西方伦理学发展给我们的启示;第二,研究美德伦理学对中国现代化的意义;第三,怎样研究美德伦理学。

---

* 本文原载于《江苏社会科学》2005 年第 6 期。

① "现代化"在许多"后现代化"的学者眼里有许多特定的含义,甚至负面的含义。笔者这里所讲的现代化主要指一种不断提高可持续发展的生产力水平和科技文化水平以改进人们生活品质的过程。

一、西方伦理学发展的启示

"我们应该成为什么样的人?"的问题一直是古希腊伦理学的中心问题,这使得古希腊的伦理学基本上就是美德伦理学。但亚里士多德以后,西方哲学家将研究的注意力转向了对道德行为和道德原则的研究,因而忽略了对道德品质的研究,西方主流伦理学理论一直忽视怎样做人问题的研究,即美德伦理学的研究,这既有理论上的原因,也有历史现实的原因。

从理论上看,西方哲学自柏拉图以后一直想寻求对自然和人的确定性认识,因而西方哲学一直注重理性分析和证明,这自然而然会将注意力直接放在命题意义的逻辑分析和证明上,直接放在我们日常的道德判断的分析和证明上,而不是进行道德判断的人身上,康德和密尔都是如此。对美德的研究涉及对人的动机和人性的研究,这似乎是个心理学的问题,心理学的问题没有逻辑的必然性,逻辑分析和证明似乎难有用武之地。即使进行逻辑分析和证明,也很难得到确定性的认识。这大概是罗尔斯(John Rawls)为什么认为道德价值(moral worth)的概念,即一个有道德价值的人(morally worthy person)的概念的研究(也就是对美德的研究)只能从属于对正确性的概念和善(好)的概念研究的原因所在。[①] 迄今为止,相当多的西方伦理学学者依然持有这个看法。[②] 因此,西方主流伦理学理论实际上只讨论正确性和善的概念,而极少讨论什么是值得人们称赞和效仿的人的概念。这可以解释为什么西方伦理学要么是以行动的善为基础的伦理学理论,要么是以义务(正确性)为基础的伦理学理论。这两种理论的核心问题都是"我应该做什么?""什么样的行动是正确的行动?"而不是"我应该是什么?"的问题。

从历史现实的原因上看,西方资本主义商品经济和市场经济的发展本来应该导致弱肉强食、唯利是图的价值观占主导地位,而这种价值观如果真占了统治地位,对西方经济文化的发展是不利的,但这种情况似乎没有出现,或者即使出现了也很快得到克服。事实上,利己主义作为伦理学的原则在西方学界一直没有占主导地位(虽然利己主义或自利原则作为一个理性原则相当流行)。解释这

---

① 参见 John Rawls, *A Theory of Justice* (Cambridge, MA: Harvard University Press, 1971), p. 24。Moral worth 是一个比较难以翻译的概念。最早可能来自康德。一个行动或人是否有道德价值,包含道德上是否值得称赞的意思,其中包含了对行动者动机的评价。

② 参见 Ramon Das, "Virtue Ethics and Right Action"("美德伦理学和正确的行动")in *Australasian Journal of Philosophy*, vol. 81, No. 3, September 2003, pp. 324-339。该文已经译成中文,见《求是学刊》2004年第2期和《新华文摘》2004年第14期。

一历史和现实现象的原因之一是西方有宗教传统。美国大部分人都是基督徒，从小接受洗礼，进教堂，培养了某种对上帝的敬畏，真要做坏事，心理上不能没有顾忌。很多道德原则和理论都和教会里的思想有很深的渊源。所谓道德的"黄金律"和十诫都是通过教会渗透到人们的思想中，很多做人的道理都是教会培养出来的。这一情况，大大缓解了西方资本主义市场经济的发展可能给人们价值观念和社会所带来的冲击。可以说，西方的宗教在西方社会现代化的过程中起到了社会缓冲器和稳定器的作用，因而关于怎样做人，做什么样的人的问题一直没有成为一个紧要的问题提出来。事实上，受教会影响，大多数西方人都是日常意义上道德的人。而西方哲学家都是以这种日常意义上道德的人作为他们研究的起点，而不是研究的结果。如果不了解西方宗教塑造人的灵魂的作用，我们很难真正理解西方的伦理学。斯蒂芬·达沃尔(Stephen Darwall)认为现代西方伦理学实际上源于犹太教、基督教、伊斯兰教的神旨律(divinely ordained law)，现代道德思想家不过是对神旨律的世俗的阐述者。[①] 麦金太尔(Alasdair MacIntyre)也持有相似的看法，比如，他指出康德的学说就反映了路德教虔信派的教义和思想。[②] 几乎所有的西方伦理学理论都预设了某种关于人性的理论。效果主义理论对"善"(the good)的分析最终导致对行动者理性的预设。康德的伦理学明显地假定了道德行动者是有理性的行动者，而罗斯的义务论则预设了人的道德性或道德直觉。自利的契约论假定了契约的各方是自利的理性行动者。斯坎伦的非自利的契约论的核心内容是道德上的对错建立在他人无法反驳的理由的基础上，但怎样判断一个理由是他人无法反驳的理由已经预设了他人和理性道德行动者具有某种共同的动机。这些理论预设了人的理性和道德性。如果我们抽去西方宗教所要求的对上帝的无条件的信仰和服从，西方宗教对人性的假设和西方哲学家对人的理性和道德性的假设相差无几。

这些理论都没有直接讨论我们究竟应该成为一个什么样的人的问题。不讨论怎样做人(不讨论美德问题)的伦理学所面临的问题是：理论上无法对一个行动的道德属性给予充分的评价，也无法充分证明道德的合理性，实践上则无法向不道德者证明为什么道德的理由应该压倒不道德的理由，也就是说，无法说服不道德的理性的行动者按照道德要求行动。比如，离开了行动者的行动动机，我们似乎无法对一个行动给予充分的道德评价。一个仅仅为了和男孩的母亲上床而

---

① Stephen Darwall, ed. *Virtue Ethics* (MA: Blackwell, 2003), p. 1.

② Alasdair MacIntyre, *After Virtue* (University of Notre Dame Press, 1984), pp. 192 - 3, chapter 5.

跳进游泳池拯救男孩生命的人的行动(即拯救男孩的行动),[①]在效果主义者(甚至义务论者)看来,是完全"正确的"行动,但这种完全对行动"只讲效果,不讲动机"的评价标准似乎并没有给予该行动以充分的道德评价,其结果之一是无法解释真君子和伪君子之间的区别。又比方说,道德的合理性问题,或者说为什么要讲道德的问题,自柏拉图以来,一直是西方伦理学长期争论不休的问题。西方哲学家试图从个人主义的角度、功利主义的角度、义务论的角度、理性主义的角度,或者其他的角度来证明我们应该讲道德,但一方面,这些论证理论上是不充分的,因为它们对我们应该成为什么样的人的问题缺乏论证,而这个问题是这些理论论证的前提。另一方面,实践中,这些论证无法说服一个理性的利己主义者不去做损人利己的事情,因为它们都无法解决行动者的价值取向问题,无法解决行动者的行动动机问题。

从 20 世纪中叶起,不少西方哲学家认为上述对宗教神旨律进行世俗化解释的现代道德理论是有深刻的缺陷的——一旦我们将其神学的内容去掉,剩下的就是冷冰冰的义务和法则。安斯克姆(G. E. M. Anscombe)认为现代道德哲学只讨论了"法则"而忽视了"立法者",忽视了对人的研究,这样的道德哲学是空洞、无意义的。[②] 斯托克(Michael Stocker)举过一个例子来说明不研究怎样做人只讲义务、法则的道德理论的缺陷。假定你生病长期住院。一个朋友来看你。你非常高兴。在一番愉快的畅谈之后,你向你的朋友表示感谢,谢谢这个好人,好朋友,不辞辛苦远道来访。但你的朋友吞吞吐吐地说,他只是履行他的义务。你以为他是客气,但接下来的交谈使你认识到他真的仅仅是为了义务(不管是功利主义意义上的还是义务论意义上的义务)——不是因为他想来,不是因为他喜欢你,而是因为义务!斯托克认为,当你了解了你朋友的动机后肯定会感到失望,感到他的来访是一次冷冰冰的经过反复计算过的例行公事,当然,当你了解了这一切以后,他的来访对你也失去了应有的价值。[③] 怎样避免效果主义和义务论的这种缺陷,安斯克姆、麦金太尔、威廉姆斯(Bernard Williams)等著名哲学家都不约而同地指向了亚里士多德的美德伦理学。[④]

---

① 该例子取自 Ramon Das, "Virtue Ethics and Right Action"。

② G. E. M. Anscombe, "Modern Moral Philosophy" in *Philosophy*, 1958.

③ 斯托克的例子转引自 James Rachels, *Elements of Moral Philosophy* (McGraw-Hill, 1986)。

④ 参见 G. E. M. Anscombe, "Modern Moral Philosophy" in *Philosophy*, 1958, Alasdair MacIntyre, *After Virtue* (Notre Dame, IN: University of Notre Dame Press, 1984), Bernard Williams, *Ethics nod the Limits of Philosophy* (Cambridge, MA: Harvard University Press, 1985)。

二、美德伦理学研究对中国现代化的意义

前面一节的讨论已经在某种程度上说明了对行动的道德属性的研究，对道德规则的研究不能取代对怎样做人问题的研究，不能取代美德伦理学的研究。也就是说，本文开头所提到的道德建设第一个方面的任务不可能取代对美德伦理学研究的任务，这本身已经说明了研究美德伦理学在道德建设中的理论意义。笔者想举个例子进一步说明这个问题。据中央电视台报道，有一家医院进行“改革”，规定医生开药方，决定病人住院、检查等，都可以提成。这样做的结果当然是鼓励医生开贵药，鼓励医生对病人进行不必要的检查和住院等，好了医生，坏了病人。有一个医生出于良知反对这样做，得罪了有关方面，不得不申请离开该医院。记者前往采访，在电视镜头前，几乎所有医院中层干部都支持院长的改革，没有半点不安或愧疚之情。如果我们周围的人都是这样的话，不管按照功利主义最大幸福的原则，还是按照康德的绝对命令，即使把现在西方最流行的非自利契约论搬来，所谓对错都可以颠倒。因为，医院“改革”支持者可以认为，只要都按照他们“改革”的原则办事，即使一部分人的利益受损，整个社会的幸福可以增加。按照康德的绝对命令，他们也可以说，他们可以没有自相矛盾地要求他们的“改革”原则成为普遍的原则，因为即使他们处在患者的位置，他们也可以接受这样的“改革”原则。按照斯坎伦的契约论，道德上的对错应该建立在他人无法反驳的理由的基础上，他们也可以说，他们看不出他人能提出无法反驳的理由来反驳他们的“改革”。这个例子说明，如果实际生活中的大部分人不是以行动和义务为基础的伦理学理论预设的那样的道德和理性的人，那么，上面提到的这些西方伦理学理论对他们就无能为力。这个例子还说明，“我们应该成为什么样的人?”的问题无法还原为对道德行动和规则的研究。

美德伦理学研究在中国现代化过程中还有非常现实的作用和意义。中国现代化过程的一个主要方面是实行市场经济，强调经济规律，优胜劣汰，适者生存。目前中国各行各业都引进竞争机制，这一方面从经济上促进了社会的发展，充分调动了每个人的潜力，提高了生产的效率，但另一方面也造成了一些问题。其一，市场经济在某种程度上肯定和强调了利己主义原则，似乎只要为了自己的利益，做什么都行(前面讲到的某家医院改革的情况就是一例)，这就容易使人为达目的不择手段。各个领域里的诚信问题、贪污受贿问题、学术腐败问题，等等，都与此有关。其二，加速了两极分化，造成强势群体和弱势群体。这就有一个强势群体如何善待弱势群体的问题。这两个问题解决不好都会影响到社会的经济发

展和理想和谐社会的建立。建立法制和监督机制可以在一定程度上解决前一个问题,但对第二个问题则无能为力。这完全取决于强势群体的道德良知。怎样建立公众的社会道德良知?在西方,这个问题很大程度上是由教会完成的,宗教扮演了道德教育者的角色,起到了社会稳定器的作用。在中国,没有这样的稳定器,这就需要进行道德教育。但进行什么样的道德教育,怎样进行卓有成效的道德品质的教育,我们需要理论进行指导。研究美德伦理学就是要提供这样的理论指导,这正是美德伦理学研究在中国现代化过程中的价值和现实意义所在。

三、怎样研究美德伦理学

西方伦理学所预设的道德和理性的人是否就是真正理想的人是一个可以进一步讨论的问题。中国没有宗教的因素来左右我们的研究,我们可以更加自由地、更加理性地去探讨理想人格的问题,探讨美德伦理学的问题。毫无疑问,在研究美德伦理学的过程中,我们应该吸取中国传统的美德伦理学思想和西方的美德伦理学研究的成果。但这不是本文所能完成的工作。本节的重点是讨论美德伦理学研究应该包括哪些主要的内容。总的来说,美德伦理学应该对我们日常生活中关于怎样做人的道德直觉进行哲学的理性反思,将我们应该怎样做人的道理建立在理性反思,而不仅仅是道德直觉的基础上。具体地说,可以包括如下几个方面:

第一,研究美德伦理学首先要明确美德伦理学研究的主要问题和美德伦理学研究的特点。美德伦理学和行动伦理学和义务伦理学不同,它要回答的首要问题不是我们应该采取什么样的行动(或什么使一个行动成为道德的行动),而是我们应该成为什么样的人的问题。它所考虑的不是我们做什么的问题,而是我们是什么的问题。美德伦理学和以往规范伦理学的一个重要区别在于,以往的功利主义和义务论的道德评价的核心概念是正确和错误,善与恶,它们是以法则作为基础的,它们研究的重点是行动。违反了法则的行动就应该受到责罚。而美德伦理学的核心概念却是高尚和卑鄙,它是以理想为基础的,它研究的重点是品质。高尚的生活是更有价值的生活,值得人们追求,卑鄙的生活是价值较少,或没有什么价值的生活,是应该避开的生活。卑鄙的人可能不会受到责罚,但却会受到人们的鄙视。我们还应该注意到,美德是根据 virtue 翻译而来。在我们日常生活中,我们常常是用"优点"来表示西方"美德"所表达的含义。这个说法有时更为妥当。因为西方"美德"的反义词是 vice,我们常常翻译为"恶习",但美德的反面有时可能只是"缺点","恶习"的说法可能就太重了。美德伦理学还有一个特点，它对美德和恶习，优点和缺点的具体描述同时具有某种规范性的意义。如勇敢和怯懦是可以描述的，对前者的描述蕴涵我们应该追求的品质，对后者的描述则蕴涵我们应该唾弃的品质。而效果主义和义务论所讨论的“正确”和“错误”等概念是很难描述的性质，这也成为西方伦理学区分规范性陈述和描述性陈述的重要原因，但在美德伦理学的研究中，这种区别变得不那么泾渭分明了。

第二，美德伦理学应该研究美德和美好生活之间的关系。亚里士多德认为所谓美德应该是有助于一个人过上美好生活的品质。美好的生活代表了一种理想，而理想的生活都因人而异。什么是美好的生活？美好的生活又怎样因人而异？美德本身怎样构成美好生活或幸福生活不可或缺的要素？都是我们需要研究的问题。美好的生活不应该是一个人可望而不可及的生活，它应该是一种现实的、可以实现的生活。实现这种生活所需要的美德也不应该是一种常人无法实现的美德。

第三，美德伦理学应该研究美德和建立一个理想和谐社会之间的关系，美德和仁政之间的关系。亚里士多德认为美德应该有助于有德者过上幸福生活，而一个人能否过上幸福生活取决于他所处的社会环境。这也是他为什么将伦理学看成是政治学的一个组成部分的原因所在。但美德是否完全是受一个人所处的社会环境所决定的，有没有独立于社会环境而存在的美德？我们所说的“富贵不能淫，威武不能屈”的美德是否也要依环境而定？在“文革”那种特殊的情况下，是否每个人都只能选择万古碑（电视剧《历史的天空》中的反面角色）那样的行为？美德是否对理想和谐社会的形成就没有作用？比如，如果每个人在庐山会议上都像彭德怀元帅那样耿直是否就可以避免后来“文革”那样的灾难？这些问题都值得我们进行研究。

第四，美德伦理学研究应该包括对美德内容的研究，包括研究和证明哪些品质是美德，其具体内容如何，以及各种美德之间的关系。在我们的日常生活中，我们对什么是美德和什么是恶习已经有一套看法。比如，我们认为适度就是一种美德，过分就是一种恶习。但我们的看法是否真的正确，是否真有道理我们需要理性的反思去弄清楚。美德似乎也有不同层次，彼此处在不同的关系中。我们平时常说一个人大节如何如何，就是指他虽然有些缺点，但主要的品质还是好的。《历史的天空》中，刚参加新四军的姜大牙身上有很多陋习，但他非常耿直、勇敢，这就为他后来克服陋习打下基础。所以，有些品质是更为根本的品质，如正直、诚实、忠诚、仁慈。有了这些品质，其他的问题就好解决。有些品质是需要拿捏分寸，过多或过少都不妥，在乎他人对自己的反应是一个优点，但过于在乎他人的反应似乎也不妥。完全不在乎他人的反应似乎也不妥。亚里士多德认为怎样把握这当中的分寸需要实用的智慧。所以，他认为智慧是一种更为根本的美德。更为根本的美德可能不止一种，怎样发现这些更为根本的美德，需要我们去研究。弄清和理顺美德之间的关系是美德伦理学研究的一个重要的方面。

第五，美德伦理学应该研究美德和正确行动之间的关系。至少有两个问题值得研究。第一个问题是美德能否成为决定行动正确性的最终根据，换句话说，动机是不是决定行动正确性的主要根据。20 世纪中，西方哲学家提出重新研究和评价美德伦理学时主要还是为了补充功利主义和义务论的不足。上世纪末到本世纪初以来，不少西方哲学家，如罗莎琳德·赫斯特豪斯（Rosalind Hursthouse），迈克尔·斯洛特（Michael Slote）和克里斯廷·斯旺顿（Christine Swanton），认为美德伦理学不仅仅是对功利主义和义务论的补充，而且可以作为功利主义和义务论的对手而独立存在，即美德伦理学可以从美德出发给道德的行动下定义，可以根据人们的动机来对它们的行动进行道德上的评价，给人们提供行为指导。这种努力的成效如何，西方目前还在争论、讨论中。笔者认为问题的关键是美德是否可以不依赖功利主义和义务论的原则来下定义，如果能，则美德伦理学就可能成为和功利主义和义务论分庭抗礼的规范伦理学理论。在动机和效果的关系问题上，我们不能用所谓“效果动机统一论”简单地、含混地说明二者之间的关系，我们需要进行深入细致的分析、研究。第二个问题是研究美德和正确行动规则之间的关系，比如，公正的规则和正直的品德，“不许说谎”的规则和诚实的品德之间的关系。

第六，美德伦理学的研究应该和怎样进行道德教育，怎样进行美德教育结合起来。道德教育目的是使人们成为有高尚情操和道德修养的人。而这样的人不太可能通过上道德规则课和道德理论课培养出来。因而美德教育应该是道德教育的主要内容。而美德伦理学的研究，第一，可以帮助我们确定教育的内容。第二，可以帮助我们因材施教。按照亚里士多德的看法，理智的美德需要通过学习、理解获得，但道德意义上的美德，如诚实，是一种习惯，一种行为倾向，不是通过上课就可以传授的，一种道德美德（如诚实）的获得只能通过不断重复诚实的行动才能获得。这也许对一部分道德美德是如此，但未必对所有的道德美德都是如此。比如，爱国是一种道德意义上的美德，但未必不能通过学习获得，未必非要重复爱国的行动才能获得。但不管怎样，美德似乎可以区别为可以通过理解可获得的美德和更需要通过实践才能获得的美德。如果情况果真如此，那么，对幼儿的教育，对青少年的教育和对成年人的教育不管在内容上，还是在方式上，似乎都应该有所区别。第三，美德伦理学的研究可以帮助我们确定美德教育的形式。美德常常是通过故事和文学作品的形式来表达最富有感染力，我们常常为好的文学作品中人物的人格所感染，这些人物成为我们仿效的对象。

以上看法只是笔者引玉之砖。总之，美德伦理学的研究是现代化中国的道德建设的一个重要方面，它的研究对重塑我们民族的灵魂将产生积极的影响。

全球正义及其可能性*

从某种意义上说，全球正义的问题是关系到人类生死存亡的问题。不正义或缺少正义是动乱的根源。为了避免战争，特别是核战争的危险，避免人类因利益的冲突而自我毁灭，为了防止环境问题演化成为威胁人类生存的问题，我们需要研究全球正义及其可能性。随着经济的全球化和科技的进步，一方面这使得各国的利益变得互相依赖和渗透，另一方面也使得追求利益最大化的各国的利益冲突变得经常而频繁，探讨全球正义及其实现路径的问题也变得日益紧迫和现实。

全球正义的概念是一个比较模糊和含义十分广泛的概念，它可以是一个政治的概念（体现为一种秩序），也可以是一个道德的概念（体现为原则），在很多情况下，它是二者的混合。它所涉及的问题可以从刑法到经济，从生态环境保护到贫穷国家的饥荒。它所涉及的原则可以是关于战争的辩护和行为的标准，也可以是关于最基本人权的标准，还可以是一般的道德原则，如还债和补过的义务。全球正义的根本原则可以大致分为两类。第一类是社会经济正义的原则，这类原则主要包括自由、平等和追求和谐的原则，其中平等或公平原则是核心原则。第二类是建立在人权概念和人道主义基础上的原则。援助非洲饥民和受灾的国家就是基于这类原则。而直接影响世界秩序和安定的是第一类原则。① 本文主要探讨第一类的正义原则在世界范围实现的可能性，虽然，本文所得出的结论也同样适用于第二类原则。

---

* 本文原载于《政治与伦理：应用政治哲学的视角》，人民出版社 2006 年。

① 关于什么是正义的原则或标准是一个有争议的问题。本文的方法是将问题简化，先从能够说清楚的原则开始。事实上，不管正义原则的具体内容如何，它都不会影响到本文关于全球正义如何可能的核心论证。

全球正义或运用正义原则的基本单位可以有两种。一种是以国家或一国之人民为单位。一种是以个人为单位。本文试图探讨如下几个问题。第一,以国家为单位的全球正义的可能性。第二,以个人为单位的全球正义的可能性。探讨上述问题的结果表明,结束全球的无政府或准无政府状态都是一个必要条件,而一个具有合法性和权威性的世界政府或类似的组织或机制似乎是社会经济全球正义的充分必要条件。第三,当以个人为单位的全球正义和以一国之人民为单位的全球正义发生冲突时,实现全球正义的可能性。虽然以个人为单位或许是追求全球正义的最终目的,但现阶段还是宜以国家为单位。第四,由于建立具有完全合法性和权威性(强制性)世界政府在现阶段并无可能,我们必须探讨在没有这样的世界政府的情况下,实现全球正义的可能性,本文分析了三种可能性。这三种可能性都只能在一定程度上暂时维持某种全球的秩序,但真正建立长治久安、和谐正义的世界秩序似乎最终还是依赖某种世界的联邦制或某种形式的世界政府。在现阶段,尊重和加强联合国的作用,特别是加强几个负责任的大国之间互相合作和制约的机制,通过它们的合作来保证维护全球和平和公平秩序,不失为实现全球正义的现实的选择。而这些大国在遵守和维护正义原则方面的表率作用是建立全球正义的重要的"软"力量。

一

现实的世界以国家为单位。处理现实的国家之间的利益关系的原则主要有自由原则、平等原则和追求和谐的原则。自由的原则是尊重各国主权的原则。当以国为单位时,在一国之主权范围内,一国有充分的自由。但任何自由都不是无条件的。一旦超出一国之主权范围,一旦一国之利益和另一国之利益发生冲突,唯一的非暴力的解决办法是服从平等的原则和和谐的原则。和谐原则的具体内容是求大同,存小异,在不影响根本利益的情况下,各自忍让,以和为贵。但这一原则也是以平等原则为前提,即对方也应遵循同样的原则。因此,公平或平等的原则是决定利益和责任分配的核心原则,也是社会经济正义的核心原则。[①]怎样确定平等原则的内容,可以根据康德绝对命令、罗尔斯的原初立场,以及平均主义平等学说来确定具体的利益平等问题。但不管按照怎样的平等原则,我们都需要考虑如何可能的问题,即共同遵守的问题,因为,如果任何一方不遵守同样的原则,则遵守平等原则也就失去意义。那么,在国与国之间,实现公平的

---

① 公平或平等原则是正义概念的核心内容。事实上,正义的英文 Justice 也可以翻译为公正,国内也确实有人将其译为公正。

正义原则有无可能呢？有两种基本的看法。

第一种看法认为只有建立世界政府，结束全球的无政府状态，全球正义才有可能。这是霍布斯关于一国之内的正义的思想运用于以国为单位的世界所必然得出的结论。他的基本思想是：为了结束一切人对一切人的战争，为了结束无政府的自然状态，我们需要正义原则或道德规则。如果每个人都遵守这些原则，则它们可以服务于每个人的利益。但这种集体利益不可能由自利的个人单独实现，除非他们能够确信其他人和自己一样遵守这些原则。仅通过对共同利益的相互承认所形成的自愿的约定是不足以实现集体利益的。我们需要一种强制性的力量保证各方遵守正义原则。实际正义是否可能取决于最高权力是否存在。由此我们不难推论，在国际社会中，由于没有这样的最高权力强迫大家遵守正义规则，我们处于自然状态，不同主权国家不可避免地会陷入战争状态。在这种状态下，正义和非正义都不存在。所以，实现全球正义的必要条件是建立世界政府，避免战争和无政府状态。

托马斯·内格尔(Thomas Nagel)称之为"政治观"(political conception)的正义理论也支持这一看法，但理由很不相同。按照这种理论，即使各国或行动者的动机是利他的，即使他们愿意遵守正义原则，但在缺少一个对正义负责的强制性机构的情况下，他们的愿望也只能是愿望。[①] 内格尔还认为，建立世界政府至多只是实现全球正义的必要条件，只有建立合法(legitimate)和权威(强制性)的世界政府，全球正义才有可能。我们下面会更详细地讨论这一理论。

第二种看法认为建立世界政府并非必要条件。只要各国是自利理性的，在"重复性囚徒悖论"情形下，全球正义就有可能实现。由于目前建立世界政府并不现实，因此，探讨没有世界政府情况下实现全球正义的可能性就显得很有吸引力。从大卫·哥梯尔(David Gauthier)的"协议道德"的理论中，我们似乎可以引出上述结论。哥梯尔的基本思想是：道德(或正义原则)本质上和自利理性的原则是一致的，所以，只要行动者是自利的，无需外部强制性力量，自利的行动者出于自利的需要就会遵守道德规则或正义规则。在对"合作盈余"进行分配时，由于行动者理性的程度是一样的、平等的，即他们是同样自利的，因而会达成唯一的平等或公平的分配。按照哥梯尔的看法，平等原则是一个在市场条件下，自利理性人们竞争的结果。关于遵守道德或正义原则的问题，哥梯尔认为，出于自利的需要，即使没有政府这样的强制性机构，至少在"重复性囚徒悖论"的情形中

---

① 参见 Thomas Nagel, "The Problem of Global Justice" in *Philosophy & Public Affairs* 33, no. 2, 113, 2005, pp. 116 - 117，以及后面的有关论述。

（一种自然状态），由于行动者的行为倾向（disposition）对其他行动者是"透明的"，自利行动者保持遵守道德规则或正义原则的行为倾向是合乎自利理性的，因为，保持这样的行为倾向会吸引其他人和他合作，即"得道多助"，而这对他是有利的；而保持为了一时之利而不遵守规则的行为倾向会使其他人下次不愿和他合作，即"失道寡助"，而这对他是不利的。[①] 将哥梯尔的理论运用于全球正义的问题，我们似乎可以得出这样的推论：只要情况类似"重复性囚徒悖论"，只要各国是自利和理性的，世界政府对实现全球正义似乎并非必要。

哥梯尔的论证，在"重复性囚徒悖论"的情况下，似乎无懈可击，但我们并不能保证其前提为真，即我们并不能保证各国都是自利理性的。如果一国采取非理性行动而又无法制止，这会导致其他国家也不遵守正义原则，或无法遵守正义原则，则全球正义并无可能。而且，如果一方可以彻底消灭对手而不受惩罚，或一方特别强大而无其他国家可以制约，则即使其前提为真，即各国都是自利理性的，即使在类似"重复性囚徒悖论"的情况下，也无法保证全球正义。两次世界大战的教训表明，建立某种类似世界政府的机制，结束无政府状态，防止某个国家出现非理性的行动，是维持世界和平以及正义秩序的必要条件。由于现阶段建立各国都不得不服从的世界政府不现实（各国——不论是民主国家，还是不民主国家，富国还是穷国——出于不同动机都无此愿望），因此，探讨某种结束全球无政府状态，维持某种准全球政府状态，对于全球正义的实现就极为重要。本文的最后一部分将进一步探讨这个问题。

二

现在我们来看看以个人为单位的正义理论对实现全球正义有何要求。内格尔在他最近发表的文章中讨论了两种以个人为单位的正义观。

第一种观点称之为"世界主义"（cosmopolitanism）。按照世界主义，正义的要求源自对人类所有人的同等关心或公平的义务，正义标准所适用的组织或机构则是我们实现正义的工具。正义的要求是普遍的，不受国界限制的。正义所需考虑的主要是人们之间的公平性。按照世界主义的观点，主权国家是实现全

---

① 关于哥梯尔的理论，见他的 *Morals By Agreement*（New York：Oxford University Press，1986），"Morality，Rational Choice，and Semantic Representation：A Reply to My Critics" in *Social Philosophy & Policy*，Vol. 5，No. 2（1987），"Uniting Separate Persons" in *Rationality*，*Justice and the Social Contract*，ed. David Gauthier and Robert Sugden（New York：Harvester Wheatsheaf，1993），以及拙文"哥梯尔的'协议道德'理论评析"，《河北学刊》2004 年第 3 期和人大书报资料中心复印资料《伦理学》2004 年第 8 期。

球正义的一个障碍，但全球正义可以在一个联邦制度内实现。其条件是，各国之内正义之实现不应产生对更大范围的世界的不公(即对他国人民的不公)。[①] 但怎样确保这一条件实现，似乎依然要依靠一个强制性的世界机构。

内格尔将第二种观点称之为"政治观"。这种观点源于罗尔斯的正义观。按照罗尔斯的观点，正义是一种政治价值，是社会组织(social institutions)的第一美德或目的，而并非是从任何一种道德体系中推导出来的。按照政治观，主权国家不仅仅是实现先于组织机构的正义价值的工具，而且主权国家自身就是应用正义价值的条件。这种组织使一个主权国家之内的公民处于一种组织性(institutional)关系之中，而这种关系依公平和平等的标准来评价。"正义是一种我们通过我们共同的组织对那些和我们处于一种紧密的政治关系中的人的义务。用标准的术语说，它是一种社团的义务(an *associative* obligation)。"[②]斯坎伦也有类似的思想，即平等变得重要的先决条件是存在着一个对平等负责的组织或政府。否则平等甚至无法理解，因而无法构成一个反对不平等的理由。[③] 按照这种观点，一国之政府并无对一国之外的人们实行平等或一视同仁之义务。享受平等待遇需要会员资格，如国籍。平等的要求，即对所有人一视同仁的要求，特别是社会经济平等的要求，如机会平等、利益平等的要求等，本质上不可能在没有政府的世界实行，因为这些要求本质上是对政府或组织，而非对政府所管辖的个人的要求。[④] 因此，处理一国之内的正义原则并不能直接适用于一个没有政府的世界。那么，全球正义如何可能？按照政治观，除非有一个对全球或全人类负责之政府或组织的存在，否则全球正义并无可能。

政治正义观对政府或实现正义之组织有着非常严格的要求。按照政治观，正义仅适用于一种组织形式，这种组织要求政治上的合法性(它真正代表所辖臣民之共同意志)，并要求强行执行它的决定，即使这种决定和臣民的想法不一致。正义不适用于一种各自独立但为了共同利益而自愿形成的社团或契约。[⑤] 因为后者缺少强制性和对这些社团所辖臣民一视同仁的责任。按照政治观，建立一个对全球所有个人负责的、具有合法性和强制性的世界政府或类似的组织机构是实现以个人为单位的全球正义的充分必要条件。

---

① 以上参见 Thomas Nagel, "The Problem of Global Justice," pp. 119 - 120。

② Thomas Nagel, "The Problem of Global Justice," p. 121.

③ 见托马斯·斯坎伦(Thomas Scanlon):"平等何时变得重要"，载于《学术月刊》2006 年第 1 期。

④ Thomas Nagel, "The Problem of Global Justice," p. 130.

⑤ Thomas Nagel, "The Problem of Global Justice," p. 140.

问题是，这样的条件很难满足，至少在现阶段是如此。在全球范围内，某种不依赖于世界政府或民主制，但又比自愿的共识更有力的合法性的形式是否可能？内格尔认为目前还看不到这种可能性。①

那么，有无无需世界政府而实现个人为单位的正义要求的可能呢？霍布斯似乎认为全球政府并非是实现以个人为单位的正义之必要条件。他认为正义的目的，即共同安全（collective security）和个人利益（self-interest），可以通过不同国家的主权（即各国政府）对个人提供。而这正是正义目的之所在，有没有全球政府似乎无关紧要。② 但两次世界大战的历史似乎说明，处于无政府状态的世界是不安全的世界，而不安全的世界最终会影响到一国之内正义目的之实现。

三

按照罗尔斯的观点，“一个事物正确的规范性原则取决于该事物的性质”。③因此，以国家（或一国之人民）为单位的全球正义原则和以个人为单位的正义原则是不同的。罗尔斯认为，全球正义的原则不同于一国之内的正义原则，它们是一个社会的居民对另一个社会居民的责任，这种责任不同于一国之内的个人对其他人的责任。这些原则不仅包括不侵略、遵守条约，还包括援助“那些生活在不利条件下的人民，这些不利条件使他们无法获得一个正义或正当的政治和社会制度”。④ 当然，这些原则不包括类似于社会经济正义的原则，后者只适用于一国之内。罗尔斯赞成社会或人民之间互相尊重的原则（这是以国家为单位的自由原则所要求的），这一原则蕴涵不干涉原则，导致自由国家对非自由国家要有所宽容。

问题是，以国家为单位的全球正义和以个人为单位的全球正义是有可能发生冲突的。这种冲突表现为以个人为单位的全球正义可能会要求突破国界，而这正是以国家为单位的全球正义所反对的。怎样处理这一矛盾？罗尔斯似乎认为以国家为单位的全球正义应该服从以个人为单位的全球正义，因为他认为一个不尊重自己臣民人权的社会丧失了要求尊重、要求平等相待和不被干涉的道德地位。虽然他也认为一些神权政治的国家并没有丧失这样的地位，如果它们

---

① Thomas Nagel, “The Problem of Global Justice,” p. 145.

② 参见霍布斯：《利维坦》第 13 章和 Thomas Nagel, “The Problem of Global Justice,” p. 117。

③ John Rawls, *A Theory of Justice*, rev. ed. (Cambridge, Mass.: Harvard University Press, 1999), p. 25.

④ John Rawls, *The Law of Peoples* (Cambridge, Mass.: Harvard University Press, 1999), p. 37.

实行法制并且没有迫害少数族群。[1]

以个人为单位的全球正义，包括社会经济正义，也许是我们最终追求的目标，但现阶段，全球正义还是应以国家为单位。理由如下：第一，如果现阶段放弃或打破以国家为单位的全球正义，这有可能带来更大的混乱，最终也不利于实现以个人为单位的全球正义。一国的人权状况总是难以尽善尽美，这就有可能给另一国为了一国之私，以强调实现以个人为单位的全球正义为借口，干涉他国。以国家为单位的全球正义的要求可以避免这种情况的发生。第二，现阶段的富国（包括它们的人民）并不愿意为了生活在他国或穷国的个人承担更多的实现社会经济正义的责任，至少不愿意无条件这样做。因此，目前以国家为单位的全球正义也符合他们的利益，因为这样的全球正义不要求他们负有这样的义务。第三，一国之内之正义和人权问题远比我们想象的复杂。如果允许随意干涉，即使干涉的动机真是好的，但也有可能犯巨大的错误，造成更多的痛苦。比如，中国如果不实行计划生育，目前的人权状况可能会差很多，甚至也会给世界造成更大的负担。但他国的国会议员曾对此大加指责。第四，如果这种干涉只会给老百姓（一方或双方）带来更大的痛苦，则一国丧失不被干涉的道德地位并非必然是干涉该国内政的充足理由。也许还有其他一些更充分的理由支持笔者的观点，但笔者以为，上述这些理由已经足以说明现阶段我们还是宜以国家为单位的全球正义为目标。当然，在没有冲突的情况下，我们现阶段也应该努力实现以个人为单位的全球正义。

四

不论是以国家为单位的全球正义，还是以个人为单位的全球正义，都要求彻底消除世界的无政府状态。而消除这种状态的唯一办法似乎是建立强制性的世界政府。没有强制性机构迫使各国遵守正义原则，则正义原则形同虚设。

但现阶段建立世界政府并不现实。建立强制性的世界政府意味着世界各国丧失相当多的自由，它们必须放弃自己相当一部分权利和权力，也意味着各国必须承担更多的责任和义务。各国也担心世界政府一旦产生，有可能无法制约和走向极权。而且保持现有的国界，各国可以获得相当多的好处和安全感。由于以上这些理由（这些理由大概是许多还没有形成国家的地区争取国家地位的原因所在），现阶段各国并无建立强制性世界政府的愿望。因此，世界政府并无可

---

① 参见罗尔斯关于正当的等级社会的讨论，*The Law of Peoples*, pp. 75 – 78。

能。实现全球正义似乎十分渺茫。

但消除世界的无政府状态似乎并非必然要求建立世界政府。关键是要建立一种有序的世界。只要我们可以建立一种可以互相制约的组织或机制，它可以起到类似世界政府的某些作用，我们就有可能消除世界的无政府状态，形成一个和谐的、长治久安的世界。内格尔认为这样的组织或机制不太可能。本文最后想探讨一下这种不太可能的可能性，即没有世界政府的、以国为单位的全球正义的可能性。

假定我们对正义原则的内容没有争议，全球正义问题就变成了在没有世界政府的情况下，各国遵守正义原则的可能性的问题。按照前面提到的哥梯尔的论证，这是完全可能的。但这种可能性依赖如下几个条件：第一，各国是理性自利的。第二，各国的行为倾向是“透明的”，即各国处于某种类似“重复性囚徒悖论”的情形。第三，不遵守正义规则对不遵守者是不利的。由于这三个条件在现实的世界中并非总是得到保证，因此，某种强制性机制对实现全球正义依然是必要的。问题是，这种没有世界政府的强制性的机制有无可能？

第一种可能性是由一个超强的、主持正义的、为人表率的大国来保证各国遵守正义原则。但各国民主发展的实践表明，缺少制衡机制，这样的超强大国要为人表率是不太可能的。虽然一个不能为人表率的超强大国也许可以在某种程度上维持世界秩序，就像一个专制君主国的君主可以维持其国内的某种秩序一样，这种不公的世界秩序也可以避免完全的无政府状态，因而在某种程度上对各国也是有利的，但它难以服众。它所统治的世界难以成为一个和谐的、长治久安的世界。而且，现实的世界中，也还没有一个超级大国强大到可以任意发号施令，为所欲为的程度。中国的文化中有“王道”和“霸道”之分，中国文化不排除可以出现一个实行“王道”、主持正义而又无需他国制约的超级大国。但中国自身的力量还不足以做出这样的表率，因为中国现在即使能够自觉遵守正义规则，但还没有主持正义的实力。尽管如此，这依然是实现和维持全球正义的一种可能性。如果一个人无需强制性的因素也能成为一个道德的人，那么，一个无需外部强制性因素而又能带头遵守正义规则的超强大国也是可能的。中国文化不排除这种可能性，而西方文化极其怀疑这种可能性。

第二种可能性是由几个负责任的强国或主要国家互相监督和制约，共同合作，带头遵守和维持世界秩序，制裁害群之马，确保各国遵守依据平等原则共同制定的正义原则。

第三种可能性是强化和尊重联合国，使联合国逐渐向世界政府的方向发展。

但由于本节开头提到的那些原因，这目前还不是一种现实的可能。但联合国对各国之间互相沟通、合作和互助依然非常重要。因此，尊重联合国和加强联合国的作用依然是目前实现全球正义的一个重要方面的工作。但联合国依然不能发挥“世界政府”的作用。

以上三种可能性的缺陷是明显的。第一，这几种维持全球正义的可能性都不可能长久。第一种可能性不可能长久，因为任何一个国家，哪怕是超级大国，从财力上都无法单独长期履行维持全球正义或世界秩序的责任，所以，即使中国将来有实力既带头遵守正义规则，又能维持世界正义秩序，这种情况也不会长久。第二种可能性也无法长久，因为历史已经证明几个强国结成的战略伙伴或联盟是不可能永远不变的。第三种可能性则由于联合国目前只是协调各国利益的一个场所和机构，并无真正的带强制性的权威，因而一旦当和平的手段无法保证各国按照公平原则解决利益争端，联合国在维持世界秩序方面的作用也就告终。第二，以上三种可能性中的任何一种，或者依赖一个主要超强大国，或者依赖几个主要大国之间的合作。那么，它们所制定的或受它们影响所制定的正义原则就有可能不公，尽管——正如内格尔所说——这种不公可能是最终实现全球正义的必经之路。[①] 因此，以上三种可能性都只能是过渡性的、暂时的，因此，为了保证世界的和平、和谐和长治久安，我们最终需要制度性的保障，即最终还是需要类似世界政府的组织或机制。

以上三种可能性尽管是暂时的、过渡性的，但它们在目前都有不同程度的现实性，依然是现在维持全球正义或准正义状态的现实的选择。当前，主要大国在自觉遵守平等等正义原则方面应该起表率作用，这种表率作用是维护世界和平和实现全球正义的重要的、不可忽视的“软力量”。

---

① 见 Thomas Nagel, “The Problem of Global Justice,” pp. 145 - 147。

佩弗的马克思主义"道德社会论"批判*

建立一个以人为本的和谐社会也就是建立一个能够保证社会经济公平正义的社会。社会正义是马克思主义者理所当然应当关心的问题，但人们在讨论社会正义问题时多直接借用西方政治哲学和道德哲学的有关思想，特别是罗尔斯的《正义论》。那么，我们能否直接从马克思的经典著作中找到今天依然对我们建立以人为本的和谐社会有帮助的思想，直接找到马克思关于社会正义的思想呢？西方马克思主义者的许多研究成果值得我们借鉴。

罗德尼·佩弗(Rodney. G. Peffer)是西方分析马克思主义的主要代表人物之一，美国圣地亚哥大学哲学系教授。从上世纪70年代末就开始在《哲学与公共事务》、《加拿大哲学杂志》等刊物上发表研究马克思主义和社会正义的论文。1985年获得美国亚利桑那大学哲学博士，主要代表作为《马克思主义，道德和社会正义》(1990)，该书2001年以土耳其文出版。

分析马克思主义主张用分析哲学的研究方法研究马克思和马克思主义，对马克思主义，特别是其道德思想进行理性分析和合理重建，在重建的过程中，不断接受批评和挑战，不断和讨论同样问题的其他社会理论进行比较，以决定马克思主义及其道德理论是否依然能够指导实践。分析马克思主义者一般都同情马克思主义，至少同情社会主义，他们和当代英美的道德和政治哲学思想上有着千丝万缕的联系。佩弗的《马克思主义，道德和社会正义》一书在某种意义上可以看成是分析马克思主义学派共同努力的成果，虽然其观点未必为所有成员所接受。佩弗在书中提出了一种他认为是充分的马克思主义的道德和社会理论，简称"道德社会论"。"道德社会论"提出一套规范性的道德政治原则或标准来判断

---

* 本文原载于《哲学动态》2007年第12期。

社会制度的安排是否恰当，并且因此而提出一套标准来选择彼此竞争的具有真实的历史可能性的社会安排。佩弗认为这个理论是充分的，因为它在广义的反思平衡中和我们深思熟虑的道德判断最为一致；这个理论是符合马克思主义的，因为，(1)它体现了马克思的激进的人道主义和平均主义；(2)它是建立在和马克思的政治视角(即马克思的阶级和阶级斗争的理论和对资本主义的分析)密切相关的经验命题的基础上的；(3)它试图证明马克思主义的基本的规范性的政治观点，其中包括：民主的自我管理的社会主义道德上优于任何形式的资本主义或其他的社会形式；社会或政治革命如果对于社会变革是必要的，道德上得到初始的辩护。[①] 本文拟对佩弗的马克思主义"道德社会论"进行批判性的考察，以从中发现今天依然对我们有价值的东西。

一　马克思主义道德理论和社会正义理论的合理重建

佩弗的"道德社会论"包含三个方面的内容：对马克思的一般道德理论和社会正义理论的合理重建；对民主的自我管理的社会主义道德上的优越性的经验证明；以及对马克思主义"道德社会论"的辩护。本节所讨论的马克思主义道德和社会正义理论指的是一种规范性的道德理论，而不是马克思关于道德的描述性的理论。[②]

人们一般认为马克思的经典著作中没有直接明确提出自己的规范性的道德理论，因此，要想发展出一套马克思主义的道德理论，必须对马克思主义经典著作的有关部分进行合理的解释，亦即对马克思主义经典著作中隐含的道德理论进行合理的重建。

佩弗认为马克思虽然没有一个明显的充分发展了的道德哲学理论，但他确实有一个规范性的道德视角，从他的《1844 年经济学哲学手稿》起就形成了他的系统的道德观点。这一道德观点基于三个非道德的价值：自由，人类共同体和自我实现。所谓"自由"指的是"自决的自由"。我们可以将这一概念表达为一个规范性的陈述：一个人应当有自己决定自己事情的权利，他人没有充分的理由

---

① 参见 R. G. Peffer, *Marxism*, *Morality*, *and Social Justice*, New Jersey: Princeton University Press, 1990, p.3。

② 所谓"规范性"指的是"应然性"。一个陈述或命题是规范性的，当且仅当它蕴涵"应当"或"应当如此"(包括"不应当"或"不应当如此")。规范性的陈述一般都是关于行动的规范，它们规定了行动(包括行动的方针政策路线)的目的。不同于规范性的概念是"描述性"。马克思的经典著作中有许多关于道德的描述性的论述，但对道德的描述不等于道德或道德理论本身，后者蕴涵"应然性"而前者不蕴涵"应然性"。因此，马克思关于道德的描述性的论述不等于马克思自己的规范性的道德理论。

不得任意干涉。这一自由可以分为两种。一种是否定性的自由，即个人应有不容他人任意干涉自己个人事务的自由。一种是肯定性的自由，即一个人应有掌握自己生活和命运的自由。由于资源的稀缺和人们的自利，人们追求自由的时候难免不会彼此冲突。因此，这就存在着一个怎样分配自由的机会和权利的问题。马克思隐含地赞成一种相对平均主义的观点。[①] 因此，否定性的自由必须解释为要求有一个平等自由（即同等自由）的最大系统，即要求尽可能多地给予个人不被干涉的权利。而肯定性自由则必须解释为平等参与所有能够影响一个人生活的社会决策的权利和平等获得自我实现手段的权利。由于资源的稀缺，平等获得自我实现手段的权利应当解释为（1）获得社会公职和职位的平等机会的权利和（2）获得其他主要利益（收入、财富、闲暇时间等）的平等机会的权利。[②] 马克思并没有给"人类共同体"下过明确的定义，但我们可以大致将其看成是指一个群体，在这个群体中，人们有着共同的目的并且知道他们有着共同的目的，他们对这一事实也感到满足。[③] 所谓"自我实现"是指一个人实现一个真正的人所具有的潜在的能力。按照马克思的观点，这三种价值都是内在的、自有的、终极的善，它们构成马克思的善的理论的内容。但在这三种善当中，只有自由才是基本的（即当其他两个价值和自由发生冲突时，优先考虑自由），因为只有自由，即每个人应当享有的平等自由才提供了关于正确行动或义务以及个人权利的理论。如果每个人能够获得他最大的自由，人们就可以实现他们对人类共同体和自我实现的天然向往。这种最大限度的平等自由和平等机会为合法的社会强制或正义社会提供了根据。

上面提到，马克思隐含地赞成一种相对平均主义分配的原则，他不仅要求追求三种主要的非道德的善的最大化，而且要求对它们，至少对自由或自由的权利，进行彻底的平均主义的分配。没有这一相对平均主义的思想，也就没有所谓平等自由的原则。但这种相对平均主义的原则无法通过效果主义的原则，如功利主义的原则或欲求的满足性原则来解释，而只能用人的尊严和自尊的原则来解释。按照尊严的原则，我们应当将人看作是目的自身，而不能将一部分人或他们的利益仅仅作为实现另一部分人或他们的利益的手段（即不能牺牲一部分人

---

① 如《哥达纲领批判》中所讨论的"按劳分配"和"各尽所能，按需分配"的原则就隐含了相对平均主义的思想。

② 参见 R.G. Peffer，*Marxism*，*Morality*，*and Social Justice*，p. 6，p. 115。

③ 关于马克思的"人类共同体"的思想，参见《马克思恩格斯选集》第一卷，人民出版社 1995 年版，第 118—119 页。

的利益去满足另一部分人的利益，至少，在缺少充足理由的条件下，不能这样做）。这就要求我们对每一个人都要平等相待，包括其权利的分配。因此，佩弗认为马克思的道德思想并非如人们经常所认为的那样是某种享乐或幸福功利主义（主张道德的最高原则是绝大多数人的最大幸福的原则），而是一种混合的义务论。马克思将非效果主义的人的尊严的概念，而不是快乐、幸福或人的完善，看成是道德推理中的最终法庭或最终原则。①

按照佩弗的看法，马克思的异化和剥削的概念占据马克思道德学说的核心，但这些思想都可以通过前面提到的三个更为根本的价值原则得到解释。马克思的这三个原则尤其体现在他的异化概念中。马克思所采用的"异化"概念包含"不应如此"的规范性概念，异化的概念以及他的著作中的其他包含规范性概念的论述都可以还原为上述三个原则。异化概念大致可以理解为：个人不得不从属于个人无法控制的、外在的力量的支配。因此，异化的条件（如《巴黎手稿》中马克思提到的资本主义社会人性异化的现象：生产活动的异化、个人和其他个人的异化，以及个人自我的异化或人性的异化等）就违背了作为自决的自由的原则，因而应该受到谴责。而且一个人的异化不仅意味着缺少自由，而且也意味着失去成为真正的人类共同体的一员，而人类共同体是一个人有机会发展其潜在能力并自我实现的前提条件。②

马克思的剥削的概念也蕴涵"不应如此"的思想，这一思想可以还原为平等自由的原则。佩弗认为马克思从来没有给剥削下一个明晰的定义。佩弗通过一系列的分析给经济剥削下了一个定义：经济剥削是一种本质上被迫的、无偿的、通过某种方式从经济上的生产阶级转移到经济上的非生产阶级的剩余劳动。经济剥削是不正当的，因为它违反了马克思的最大平等自由的原则。因此，经济剥削总是初始错误的，即在没有考虑具体实际因素之前就知道是错误的。按照马克思的经验假设，经济剥削在考虑各种因素之后几乎也总是错误的。③

佩弗认为，重要的不仅是要发展一般的马克思主义的道德社会理论，更重要

---

① 参见 R.G. Peffer, *Marxism, Morality, and Social Justice*, p.5, p.36, chapter 2。

② 参见 R.G. Peffer, *Marxism, Morality, and Social Justice*, p.51, pp.66–67。

③ 参见 Peffer, *Marxism, Morality, and Social Justice*, p.137。在西方研究马克思主义的学者当中，对于剥削是否蕴涵着道德上的错误是有争议的。有的人认为剥削并不蕴涵道德上的错误，二者之间没有必然联系。剥削只不过表明剩余劳动（剩余价值或产品）从一部分人或阶级转移到另一部分人或阶级身上罢了。佩弗对经济剥削的定义和分析也保留了一种逻辑上的可能性，即经济剥削有时在具体情况下（比如，在扶贫或实行某种福利政策的情况下）也许并非总是错误的。当然，也保留了否认前者这种可能性的可能性。

的是要发展一种社会正义原则的理论。这些原则和罗尔斯等人的正义原则有许多叠合之处。他认为按照马克思主义的观点，罗尔斯的正义原则依然是不充分的，因此，必须加以补充修改。他将修改后的罗尔斯的正义原则表述如下（他认为修改后的原则更能体现马克思的道德原则）：

（1）每一个人基本的安全和生存权利应当得到尊重和满足，即一个人有权利维持一个人起码的正常功能所需要的基本的生活条件。

（2）有一个包含平等的基本自由的最大的系统，这些基本自由包括言论和集会的自由，良心和思想的自由，拥有个人财产权利的自由，不被任意逮捕和不被任意没收财产的自由。

（3）每个人应该：(a)有获得社会职位和公职的平等机会的权利；(b)有参与一个人所在的组织机构的所有社会决策过程的平等权利。

（4）社会经济的不平等得到辩护，当且仅当它们有利于最不利者，并且和正义储存原则一致，但其不平等的程度不超过会严重破坏平等的自由价值或自尊的善的程度。①

与罗尔斯的正义原则相比较，佩弗的第一条正义原则是增加的，按照这一原则，没有人应当生活在低于一定生活水准的条件下。此外，佩弗的原则还包含如下不同：除了自由的严格的平等外，也包括自由价值的平等；除了政治民主外，也包括社会经济民主。这些修正主要反映在上面的第一条原则和第四条原则，以及第三条原则的(b)条之中。② 佩弗认为他的理论符合马克思的规范性的道德原则，如第二条正义原则就包含前面提到的马克思的否定性自由的原则，第三条正义原则包含马克思的肯定性自由的原则，但他认为他的理论比前面重建的马克思主义道德理论更为完整（比如，第四条正义原则就没有包含在重建的马克思主义的道德理论之中），因此也更为充分。

二　对民主的自我管理的社会主义道德上的优越性的经验证明

佩弗认为如果我们没有马克思主义关于资本主义社会的分析以及社会主义道德上的优越性的经验的理论，则发展马克思主义的道德社会论的计划就不会成功。按照马克思等经典作家的看法，社会主义社会应当比其他任何已有的社会形态具有更广泛的民主和更广泛的自由。马克思在《法兰西内战》中详细描述了怎样防止社会主义社会官僚化的措施，其中包括直接代表的民主制度，即刻召

---

① 参见 R. G. Peffer, *Marxism*, *Morality*, *and Social Justice*, p. 14, p. 418。

② 参见 R. G. Peffer, *Marxism*, *Morality*, *and Social Justice*, p. 14, pp. 418 - 420。

回的权利和公共职位的代表或官员不得拿超过平均工人的工资等规定。按照马克思有关论述，佩弗认为社会主义应当是民主的自我管理的社会主义。他认为马克思主义经验理论的论点包括：(1)民主的自我管理的社会主义在现阶段的历史条件下道德上优于任何形式的资本主义和官僚国家社会主义(后者指前苏联和东欧的社会主义)。(2)社会主义革命，如果对于恰当的社会转变是必要和充分的，道德上得到初始的辩护。[①]

佩弗试图证明民主的自我管理的社会主义能够满足他的马克思主义社会正义论的四条原则，因而道德上具有优越性。他不仅将他所说的社会主义和资本主义进行了比较，还将这种社会主义和前苏联的国家社会主义，将国家社会主义和资本主义，以及将资本主义和第三世界的社会主义社会(他称为"第三世界的后资本主义社会")进行了比较。我们这里只介绍他对民主的自我管理的社会主义和资本主义的比较。

佩弗认为答案是明显的，前者道德上优于后者，甚至优于瑞典这样的资本主义国家。他认为社会主义社会和资本主义社会都能满足他所提出的前两条原则(安全和生存权与最大限度的平等自由权)，但社会主义社会能够更好地满足第三条和第四条原则。就第三条原则(平等机会的原则)而言，即使是瑞典政府所有的公司，如"富豪(Volvo)"，虽然引入了一定的工人对生产过程的参与，但依然不允许工人的民主，而前南斯拉夫则已经做到了工人的自我管理。因此，社会主义道德上优于任何其他的资本主义社会。尽管瑞典也许比其他资本主义国家更好地满足第四条原则，但财富依然向资产阶级严重倾斜。然而由此并不能得出社会主义革命对瑞典这样的资本主义国家就是必要的，因为，只有当不义达到一定程度时，这样的革命才是必要的，而瑞典这样的国家的不义并没有达到这样的程度。[②]

佩弗以经典马克思主义者的口吻，而不是自己的口吻谈到，革命，包括从后资本主义社会(尤其指前苏联东欧等社会主义国家)转变为民主的自我管理的社会主义社会的革命，如果对恰当的社会转变是必要并且充分的，道德上得到初始的辩护。那些上世纪 50 年代后期认为前苏联已从共产主义的初级阶段过渡到高级阶段的人可能认为这种革命是不必要的，因为前苏联已是民主和自我管理的，但这种观点很难站住脚。佩弗认为这里所需要的革命不是指生产方式或改变阶级权力的社会革命，而是指使社会制度更民主、更少压迫和强制的政治革

① 参见 R.G. Peffer, *Marxism*, *Morality*, *and Social Justice*, p.434, p.438。

② 参见 R.G. Peffer, *Marxism*, *Morality*, *and Social Justice*, pp.437－438。

命。经典马克思主义者总是反对将后资本主义改变为资本主义的革命，因为这样做对长远的世界范围内的社会主义事业不利。此外，在可能的条件下，和平演变总是比暴力革命要好。因此，经典马克思主义者推动这样的政治革命仅当没有其他的可行的改革的办法。①

佩弗对采用命令式，还是市场经济的社会主义采取开放的态度。他一方面指出越来越多的马克思主义者从前南斯拉夫的市场社会主义中受到启发，认为市场社会主义是可行的。另一方面他又列举了前南斯拉夫的市场经济所面临的危机，比如，前南斯拉夫当时正遭受战后最严重的经济危机。它的外债从 1972 年的 40 亿美元上升到 1981 年的 200 亿美元。通货膨胀每年以 200%的速度上涨，而同期工资的上涨限制在每年 139%。失业率达到 15%，经济年增长率小于 2%。但佩弗并没有得出结论：市场社会主义行不通。他认为究竟是否采取市场社会主义取决于它是否能够更好地避免资本主义的弊病，更好地实现社会正义的目的。②

三　对马克思主义“道德社会论”的辩护

佩弗主要从两个方面对他的马克思主义“道德社会论”进行了辩护。第一，他力图证明马克思主义和道德是一致的。第二，他对马克思主义社会正义论进行了辩护。

马克思究竟有没有自己的道德理论？这个问题在西方马克思主义者和马克思学研究者之间有着激烈的争论。马克思主义，特别是历史唯物论，是否本质上是一种反道德的理论？马克思或马克思主义者究竟是否拒绝接受任何道德的说教？西方学者有两种不同的看法。

一种看法认为马克思主义本质上是一种反道德论(anti-moralism)或“非道德论”。按照道德论，完满的道德论证和清晰并且合乎人性的道德理想可以改变世界。但主张马克思主义是反道德论的人认为，马克思和绝大多数追随者都反对这种道德论或道德说教。马克思抛弃了——当代马克思主义者应该抛弃——诉诸道德来评价或称赞整个社会制度或生产方式，或者在政治决策中诉诸道德的因素。相反，在阶级斗争中，所应关心的事情应该是阶级的利益，以及在特定历史时期可行的行动。空想社会主义诉诸道德理想，而马克思则反对空想社会主义，寻求将社会主义建立在科学的基础上。马克思著作中有许多地方表示了

① 参见 R.G. Peffer, *Marxism*, *Morality*, *and Social Justice*, p.29 – 30, chapter 10。

② 参见 R.G. Peffer, *Marxism*, *Morality*, *and Social Justice*, pp.31 – 32。

对道德的蔑视，比如，马克思恩格斯在《德意志意识形态》中说：“共产主义者决不鼓吹道德”。按照马克思的历史唯物论，存在决定意识，经济基础决定上层建筑。在马克思看来，道德是一种意识形态（即完全由经济基础、阶级利益所决定）。任何社会广泛被接受的道德观念是由该社会的生产方式和该社会的统治阶级的利益所决定的。我们现存的道德的作用就是加强统治阶级的利益并使其合法化。我们以为我们的道德观念反映了永恒的真理，而在现实社会中它们不过是反映了统治阶级的阶级利益。因此，现实社会的道德观念给我们的是一幅歪曲了的图画。简言之，马克思主义反对道德说教，反对用道德的理由为社会主义对资本主义的优越性进行辩护，因为这种辩护不科学。持有这种看法的主要是“正统”的马克思主义者，特别是“第二国际”的马克思主义者。①

第二种看法和第一种看法针锋相对，认为马克思和马克思主义并不排斥道德，马克思的著作中隐含马克思的道德思想。持有这种看法的学者被称为“马克思主义道德论者”。最早反对第一种看法的是德国的马堡学派的作者，主要代表人物有科恩（Hermann Cohen）和沃兰德（Karl Vörlander）。② 按照第二种看法，马克思不仅反对空想社会主义，同时也批判资本主义制度。这种批判包含了对资本主义道德上的批判。马克思主义的道德思想正是隐含在这种批判之中。

佩弗支持第二种看法。他详细考察了马克思的思想历程。尽管马克思一生的思想发生了许多变化，比如，他的思想早期经历了激进的自由主义阶段，后来又经历了革命的人道主义阶段，直到最后的完全成熟的阶段，但佩弗认为马克思的这些思想变化背后的基本的规范性思想或价值观念（即自决的自由，人类共同体和自我实现的三个价值原则）实质上没有任何改变。③ 佩弗还分析并反驳了否认马克思主义和道德的相容性的各种各样的观点，我们这里不可能详述，但他对马克思主义道德理论和社会正义论进行合理重建的工作本身已经从根本上回答了主张马克思主义是反道德论的观点。④

这里有必要提一提英国学者怀尔德的观点。怀尔德认为马克思的反道德论只是一种策略。他提出：第一，马克思反对用道德话语来表达反对资本主义、支持社会主义的论证，这是因为道德话语会模糊清晰的科学分析。马克思觉得道

① 参见 Lawrence Wilde，“Introduction” to *Marxism's Ethical Thinkers* ed. Lawrence Wilde，Hampshire：Palgrave，2001，pp. 1－6。

② 参见 Lawrence Wilde，“Introduction” to *Marxism's Ethical Thinkers*，chapter 1。

③ 参见 R. G. Peffer，*Marxism*，*Morality*，*and Social Justice*，p. 116。

④ 佩弗对各种“反道德论”的分析和反驳，见他的 *Marxism*，*Morality*，*and Social Justice*，chapters 4－7。

德总是用来支持统治阶级的,用它来批判社会现状会陷入"以道德来逃避历史"的陷阱。这也基于社会主义是科学而非空想的信念。但这并不表示马克思反对道德。第二,《共产党宣言》不仅表明了对空想社会主义的批判,而且称赞了空想社会主义对现有社会所有原则的批判,这种批判为工人阶级的启蒙提供了最有价值的材料。第三,有人认为在《法兰西内战》中,马克思认为工人阶级没有理想可以实现,仅仅从自己的利益出发就可以保证自己和社会的解放。但怀尔德认为可以有另一种解读:工人阶级并没有放弃道德理想,相反,他们发现了真正实现这些理想的手段。①

佩弗的"道德社会论"面临另一个诘难,即他的平等的自由的概念不是马克思主义的,因为他的平等自由的概念依赖于正义和权利的概念,而后两个概念都不为马克思所接受。这等于直接否认了他的马克思主义社会正义论。佩弗的回答是:马克思对分配正义的诘难和对人权的批判很大程度上都是建立在误解的基础上的,因此,不能看成是对所有社会正义理论和人权理论的诉状,虽然这些诉状不利于马克思称为"资产阶级"的正义论和权利论。②

佩弗进一步认为如果马克思主义者还想证明社会主义道德上优于任何形式的资本主义,其政府具有执政的合法性(即对其公民负有道德的责任),那么,他们就必须发展一种权利理论,尤其是社会正义和人权的理论。由于社会主义只是共产主义的第一阶段,它是一个群体的多元的社会,我们不可能期望所有的人对什么样的生活才是美好的生活达成共识。人们提出不同的,甚至彼此冲突的看法和利益诉求(尤其在物资生活资料匮乏的情况下)几乎是不可避免的。因此,我们必须建立平等自由的权利理论及其分配正义论才能证明社会主义道德上的优越性。社会主义道德上的优越性正是在于它能够比资本主义更好地实现个人自由、人类共同体和自我实现的价值。③

四 批判与启示

佩弗的马克思主义"道德社会论"和西方分析马克思主义的产生都不是偶然的。上世纪 60 年代到 70 年代美国的民权运动和反越战运动激发了一大批英语国家的青年对现实进行批判和反思,他们试图运用道德哲学的理论于现实的社会问题,其中一部分人试图从马克思和马克思主义的思想中寻找批判的思想武

---

① 参见 Lawrence Wilde, "Introduction" to *Marxism's Ethical Thinkers*, pp. 3 – 4。

② 参见 R.G. Peffer, *Marxism, Morality, and Social Justice*, chapter 1。

③ 参见 R.G. Peffer, *Marxism, Morality, and Social Justice*, pp. 116 – 117。

器，当这种批判与反思和当时流行的分析哲学，特别是分析道德哲学结合在一起时，就形成了分析马克思主义的运动和理论，而佩弗的“道德社会论”正是这一时代思潮的产物。[①]

佩弗的理论强调自由平等。任何经济上和政治上要求平等的口号主要反映的是社会上弱势群体的利益，因为他们能够从事实上的社会经济平等的安排中受益。马克思主义被看成是代表无产阶级利益的理论就是因为它将每一个人自由平等的全面发展作为其最终的行动目标。正是在这个意义上，佩弗的理论是沿袭马克思主义传统的。

自由、平等、人权、民主、博爱等代表的是全人类的普世价值。这些价值构成正义社会的核心价值，也是衡量我们社会是否取得进步的标准。如果马克思主义根本和自由、平等、人权等价值不相容，那么，其合法性和正当性就会面临严重的挑战。这不仅理论上让马克思主义和普世价值处于一种格格不入的尴尬地位，实践上也会给我们带来灾难(这已为过去的经验所证明)。另一方面，如果我们从西方引入社会正义的理论，或自创一种理论，然后冠之以“马克思主义”，但又无法证明它们和马克思或马克思主义经典著作的任何联系，则“马克思主义”一词就失去了它本身的客观性和严肃性。这本身也是不利于马克思主义理论的宣传和传播的。佩弗的理论和他所做的工作为我们建立马克思主义与自由平等等普世价值之间的联系，建立前者与人权理论和社会正义理论之间的联系，打下了良好的基础。

马克思所处的时代离我们已有一百多年的历史了。毋庸讳言，马克思当时的许多具体的论断已经不适合今天的实际情况。一方面，我们需要继续坚持马克思主义的基本原理，另一方面，我们又需要“与时俱进”地修改某些论断，破除某些对马克思主义的教条式的理解。但怎样区别哪些是基本原理，哪些是需要修改的具体论断或需要破除的教条式的理解？佩弗理论的启示是：我们必须区别马克思的规范性的判断(特别是终极价值的判断)和实现目的的手段的经验判断。后者可以出错，或随条件的变化而变化，但前者相对来说更稳定，更重要，更

---

① 值得一提的是，科恩、内格尔和斯坎伦等人于上世纪70年代初创建了一份后来颇有影响的杂志——《哲学与公共事务》(该杂志已成为美国最权威的哲学期刊之一)，其成立的初衷就是试图为分析道德哲学家和研究马克思主义的学者提供一个论坛，为“当代分析道德哲学和马克思社会理论之间的鸿沟搭建一座桥梁”(Marshall Cohen, Thomas Nagel, and Thomas Scanlon, eds. *Marx, Justice, and History*, New Jersey: Princeton University Press, 1980, p. vii)。当时对美国社会进行理性反思的那批青年人中的一部分人后来成为美国各大学人文学科，特别是哲学系的精英。他们都不是马克思主义者，但他们的思想或多或少都能看出马克思主义学说的影响和痕迹。

规定马克思主义的本质,它们构成马克思主义的基本原理。只要我们所做的是朝着这些基本原理所规定的方向前进的,虽然在实现手段上表面上不符合经典作家的个别论断(比如消灭私有财产和私有制,消灭商品经济等),但依然是符合马克思主义的。如果我们把手段当作最终目的,我们就会犯形形色色的教条主义错误。如果我们忘记了最终的目的,也就忘记了马克思主义政党的根本性质。中国共产党已经将马克思主义的基本的规范性原则概括为"以人为本"和"和谐社会",但"以人为本"和"和谐社会"的具体内容还需要我们从理论和实践中加以充实,前者我们可以充实以平等自由的权利理论,后者我们可以充实以社会正义,特别是分配正义的理论。这两个方面,佩弗的理论都值得我们借鉴。

佩弗的问题是:他主要集中在马克思主义规范性内容的合理重建上,但缺少对可行的实现目的的手段的研究和讨论,尤其忽略了发展生产,增加物质财富方面的研究,因此也忽略了市场经济在实现社会正义方面的作用。市场经济对原来的计划经济的优越性已为改革开放以来的实践所证明。市场经济的"无形之手"比纯粹的道德说教更能调动人的生产以及各方面的积极性。"经典的马克思主义者"没有认识到市场经济之"水"可以"覆舟"但也可以"载舟"。中国特色的社会主义正是破除了这一教条,开创了社会主义市场经济的新局面。"应该"蕴涵"能够"的原则告诉我们不可能实现的东西不具有规范性,不具有应然性。由于缺少对实现目的的手段的研究,佩弗的理论或多或少包含了某种空想的成分。

佩弗理论的另一个问题是:他强调了自由和平等,但这两个价值所规定的行动目的在现实生活中是会发生矛盾的。保持社会经济的平等必然会干涉另一部分人的自由。当自由和平等发生矛盾时,佩弗似乎更强调平等。他的第一条正义的原则无疑是对的,对中国而言也是有现实意义的,现阶段的中国应当做到,也正在努力做到"学有所教、劳有所得、病有所医、老有所养、住有所居"。佩弗的问题似乎是只强调平等,而忽视对怎样始终保持一个社会活力和效率的问题的研究,因此,他也忽略了过度的福利制度有可能带来的问题。

伦理学如何研究才能以人为本?
——《人本伦理学》失误举要*

韩东屏教授的《人本伦理学》试图构建一个以人为本、"以人的全面自由发展为至善"的伦理学体系,但伦理学如何研究才能以人为本、才能构造一个以人为本的伦理学体系?回答和解决这一问题,要求《人本伦理学》至少在以下三个方面有所贡献。

首先,概念应当准确,论述和论证应当连贯。然而,《人本伦理学》的阐释在这方面却存在不少缺陷。韩东屏"人本伦理学"理论的提出,虽然有问题意识,但由于概念不清晰、不连贯,论证缺乏缜密性,因此,许多讨论与其说是解决了问题,不如说是提出了问题。例如,韩东屏认为,"最初的道德存在于原始习俗之中",①"道德属于广义习俗",②但又声称发现道德与习俗的最基本的差别在于"道德有品质规范而习俗则没有"。③ 但这些说法与其使用的概念逻辑并不自洽:既然"最初的道德存在于原始习俗之中",那么,按照韩东屏关于"道德有品质规范"的说法,这种"原始习俗"本身就应当包含了"最初的道德"所包含的品质规范,即习俗(至少部分习俗)包含了品质规范;但是,他又接着说,道德与习俗的基本差别在于"道德有品质规范而习俗没有"。这样,习俗(意指任何习俗)就不包含品质规范了。显然,韩东屏的说法有明显的难以自圆其说的内在矛盾。此外,他断言"道德有品质规范而习俗则没有"。这一说法也值得商榷。事实上,习俗不可能不包含对人或人的品质规范。这是因为人们的品质都是通过其行为表现出来的,约定俗成的、隐含的行为规范往往同时也就是对人的品质的规范。习

---

* 本文原载于《南国学术》2018 年第 2 期。

① 韩东屏:《人本伦理学》,"前言",第 1 页。

② 韩东屏:《人本伦理学》,第 37 页。

③ 韩东屏:《人本伦理学》,"前言",第 1 页。

俗往往是对人们在社会中所扮演的角色的约定俗成的限定，而对一个人所扮演的角色的称赞和肯定往往就是对其人其品的称赞和肯定，如“好父亲”、“好儿子”、“好妻子”、“好木匠”、“好酋长”等等，这种称赞和肯定同时蕴涵了某种品质的规范。另一方面，韩东屏认为习俗包含行为规范，但不包含品质规范，因此习俗不是道德。[①] 但是，只要这种行为规范同时也是道德行为规范，那么就没有理由不认为这样的习俗是一种道德。韩东屏的本意可能是试图将道德的习俗与非道德的习俗区别开来，但由于用语或概念的不严谨，这一想法并没有产生他本人所预期的效果。

其次，要想构造一个以人为本的伦理学体系，还需要解决“以谁为本”的问题。“人本伦理学”反复强调，道德是“源于人的需求又服务于人的需求”，[②]“是通过提供善的为人处事的方式来为人的生存发展需求服务的”。[③] 但韩东屏所说的“人”，都是抽象的人，而非具体的人。具体的人总是分为不同的群体、不同的阶层，有着不同的利益；而这些不同群体、不同阶层，甚至不同个人之间的利益或利益诉求，未必总是一致的，在现实中往往会发生冲突。那么，当不同群体或个人的利益发生冲突时，究竟以谁为本？这个问题如果不能合理地回答与解决，那么，“以人为本”就有可能沦为空话。

在“以谁为本”的问题上，一种可能的回答是：以全体人民或全体人民的利益为本。当不涉及不同群体或个人的利益冲突时，也就是《共产党宣言》中所说的，在没有阶级对立和根本利益冲突的联合体中，“每个人的自由发展是一切人的自由发展的条件”的情况下，[④]这样的表达是没有问题的，理想之道德或理应之道德就是以全体人民的每一个人为本，即“人本伦理学”所说的，“以人的全面自由发展为至善”。博弈论或决策论关于“囚徒困境”的分析已经反复证明，如果一个社会中人人都讲道德，则每个人都比人人都不讲道德的社会，在同等情况下，要过得好。在这一意义上，理应之道德也是以全体人民的根本利益为本。但是，在实际情形中，人们的利益往往会发生冲突。当人们的利益发生冲突时，如何以人为本？以谁为本？显然，笼统地说以人为本，以全体人民为本，还不足以真正做到以人为本。过去曾有一种提法，即当人们的利益发生冲突时，以绝大多数人的利益为本。这种提法的问题是，往往会牺牲其他少数人的利益，或者将牺

---

① 韩东屏：《人本伦理学》，第 38 页。

② 韩东屏：《人本伦理学》，“前言”，第 1 页。

③ 韩东屏：《人本伦理学》，第 40 页。

④ [德]马克思、恩格斯：《共产党宣言》，《马克思恩格斯选集》第 1 卷，人民出版社，1995 年，第 294 页。

牲少数人的利益以成全多数人利益的做法视为理所当然。这样的提法和做法,在今天的现实情况下会导致严重的伦理问题。例如,是否应当保护残疾人或智障者的利益,尽管他们是少数?恰当的做法应当是:当不同群体或个人之间发生利益冲突时,应当一视同仁,公平公正地处理他们的利益冲突和利益诉求。这就是为何公平正义的问题是当今伦理学研究的核心问题和热点问题的原因所在。当然,何为公平正义,如何才能做到公平正义,并不是简单的几句"一视同仁"、"公平对待"就可以回答和解决的问题。这正是伦理学研究的难点之一,同时也是为什么需要研究伦理学的理由之一。而正是在这一方面,"人本伦理学"的提出者似乎缺少充分的认识和必要的论述。

最后,要想建立一个以人为本的伦理学体系,还需要区别实然之道德与应然之道德(即理应之道德),而"人本伦理学"对此也缺少明确的区分。实际上,韩东屏所考察的道德只是实然之道德,而在他的论述中,往往又将实然之道德与应然之道德混为一谈,这就造成了许多理论和实际的问题。

问题之一:实然之道德未必都是以人为本的。韩东屏的"人本伦理学"所考察和论述的道德主要是指实然之道德,这从其代表性著作《人本伦理学》的章节标题,特别是第一部分"道德本体论"的章节标题中就可以看出。例如,第一章标题为"道德的起源与本质",第二章标题为"道德的退化与进化",第四章的标题为"道德文化的社会功能",第四章的次级标题有"历史考察"、"比较研究"等等,这些题目都清楚地表明作者考察研究的是实然之道德。他的许多说法也清楚地表明,他心中所考虑的道德其实就是实然之道德。比如,他说道德"源于人的需求又服务于人的需求";[①]又说,"道德是在一定社会群体中约定俗成的行为规范与品质规范之总和",[②]等等。这些说法或类似的说法给人的印象似乎是:现实的道德好像都是以人为本的,至少初衷都是以人为本的(道德"源于人的需求又服务于人的需求"即是此意),只要我们对已经发生的道德现象进行概括与总结就可以制定出以人为本的伦理学思想体系了。然而,凡是现实的未必就是合理的。现实中的道德行为规范与品质规范之总和未必总是以人为本,未必总是服务于全体人民利益的。比如,中国历史上的"三从四德"的伦理规范,印度曾经流行的"寡妇殉夫制"(suttee),就不是以人为本,不是以全体人民的利益为本,这些道德甚至其初衷也不是以人为本的,而只是以少数特权阶层或居统治地位阶层人的利益为本。

① 韩东屏:《人本伦理学》,"前言",第1页。

② 韩东屏:《人本伦理学》,"前言",第1页。

问题之二：如果道德只是实然意义上的道德，“人本伦理学”的许多内涵就令人生疑。由于“人本伦理学”没有区别实然之道德和应然之道德，又由于实然之道德未必总是合理的，这样，就实然之道德而言，“人本伦理学”的一些说法未必成立。比如，“道德是善的为人处事方式”。[1] 这一说法难以成立，是因为印度的“寡妇殉夫制”很难说是一种“善的为人处事方式”。

问题之三：其“道德本体论”无法成为规范性知识的本体论依据。西方的道德本体论通常都具有认知上的意义，往往指的是“道德实在论”，这样的道德实在论通常是为道德知识论提供本体论或形而上学的依据。然而，从其代表性著作《人本伦理学》第一章到第四章关于“道德本体论”的论述来看，作者实际上是对实然道德的描述和评价。这样的“道德本体”无法为规范性意义上的道德知识提供本体论的依据。因为实然之道德有可能是错误的，如印度的“寡妇殉夫制”、中国封建社会的“三从四德”等。这些错误的道德规范体系，无法为正确的道德规范体系或规范性知识提供本体论的凭据。

平心而论，“人本伦理学”的阐释者未必就没有意识到实然之道德与应然之道德的区别，他提出的“道德的退化与进化”问题，似已意识到“凡是现实的未必都是合理的”，因此，他心中可能有应然之道德（或理应之道德或理想之道德）之思想，否则何来“道德退化”之说？但心中有区别是一回事，是否说出来是另一回事。如果韩东屏能够清楚地对实然之道德与应然之道德做出界定与区别，那么，上面提到的种种问题是有可能避免的。

---

① 韩东屏：《人本伦理学》，第 40 页。

附录

为什么中国传统文化没有促进现代自然科学的发展?*

中国传统文化的发展没有导致(或产生)由物理学所代表的现代自然科学,这一事实本身就反映了中国文化与西方文化的不同。尽管历史上中国在科学和技术方面取得过辉煌的成就,但为什么中国传统文化并没有促成现代自然科学的诞生呢?本文打算证明中国的语言,尤其是古代的书写文字是中国自然科学发展的主要障碍。本文将通过探讨中国语言和综合思维方式、哲学、科学以及政治的关系,来完成上述证明。

一、中国语言与综合思维方式

文化是思想活动的产物。因此,一个民族的文化发展不可能不受其思维方式的影响,而思维方式又不可能不受思维外壳——语言——的影响。

思维方式主要有两种:综合的和分析的。综合的思维方式是一种将思维的对象综合或联系起来的思维方式,思维的对象之间的区别被有意或无意地模糊化了。综合思维可理解为一种定性思维,即思维中所注意的是思维对象的性质(或内容),而其外延则忽略不计。比方说,"仁"是孔子道德哲学中的一个很重要的概念。孔子的学生樊迟问孔子何为"仁",孔子答:"爱人"。① 这里孔子所讲的是"仁"的意义(内容)或性质,而不是它的外延。尽管我们已被告知了"仁"的意义,我们仍然不清楚究竟什么样的行动应该叫做"仁"。分析的思维方式是一种

---

* 本文原载于《中国哲学史》2000 年第 3 期。本文原文为英文。作者曾将初稿作为演讲稿在 1995 年 3 月美国肯塔基州立大学人文研究学院第六界年会上演讲,又曾将修改稿在 1995 年 6 月比较文明研究国际协会第二十四界年会上演讲。本文的希腊文部分为 Joel B. Itzkowitz 教授所译,Kenneth Walters 教授和 James Propis 作了校对,在此,谨向他们表示深深的谢意。

① 见《论语·颜渊》。

将思维的对象进一步分解为部分的思维方式，部分之间的界限和各部分的外延都被区分开来了。许多中外学者都认为，西方人倾向于分析思维而中国人倾向于综合思维。[①] 笔者赞同这一看法。但为什么中国人会倾向于综合思维呢？本文打算说明中国的语言，尤其是中国的文字是造成综合思维方式在中国文化中占统治地位的主要原因。

中国语言，尤其在早期，究竟怎样从心理上影响了中国人的思维方式？为了回答这个问题，我们必须考察一下中国文字的起源。系统形式的中国文字已经有了 6000 年左右的历史。[②] 根据考古学家的最新发现，最早的中国文字可追溯到公元前 2200 年。[③] 现在的中国文字是从早期商代的甲骨文、周代的金文和钟鼎文发展而来。商代的贵族使用甲骨文主要是用来记载占卜的结果。在商代，“商朝的贵族很迷信，他们相信世界的一切都是由神祇控制的。他们常常通过神谕来寻找天意。他们用一种预卜的方法，即将龟壳或兽骨加热至裂开，然后根据灼裂的形状加以解释。由于经常使用牲口的肩胛骨，这种方法一直叫做骨卜(scapulimancy)。在许多情况下，问与答以及后来发生的事件都记在兽骨和龟壳上。这些记载就是众所周知的卜辞”。[④]（卜辞即甲骨文。）

商代的贵族究竟怎样知道天意并根据龟壳兽骨的裂纹预测凶吉的呢？一种自然的预测凶吉的方法就是根据裂纹的图形来预测凶吉。一旦他们将图形与他们所熟悉的事物联系起来并取得意义，他们就可以将某些意义和某些裂纹图案的联系固定下来，然后他们就可以复制和创新。我们可以假设中国书写文字的产生和这些占卜的活动有某种密切的联系。如果这一假设是正确的，那么书写汉字从一开始就是一种将符号(裂纹)和凶吉连接起来的活动。连接是一种综合的活动。起源于这种综合活动的书写文字极可能是象形的或表意的，而图像本身就是综合的。

然而，由此得出中国文字仅仅是由离散的象形文字所组成则是错误的。汉字是按照一定的方法产生的。公元 100 年，许慎在其《说文解字》一书中，根据造字的六种方法，区分了六类汉字：象形、指事、假借、会意、形声以及转注。这六类汉字叫做“六书”，它们代表了六种造字的方法或原则。这些方法本身就包含了综合思维的种子。

---

① 参见 Charles A. Moore 所编 *The Chinese Mind*(《中国思想》)，夏威夷大学出版社，1967 年，第 3 页。

② 见《辞海》，上海辞书出版社，1979 年，第 886 页。

③ 见《明报月刊》，1993 年 10 月，第 114—117 页。

④ BAI Shouyi, *An Outline History of* China(《中国简史》)，外文出版社，1982 年，第 62 页。

象形字是构成汉字最基本的元素。一个象形字实际上就是一幅画面含义的简单图解,而随着时间的推移,它逐渐成为一种高度约定俗成的书写程式。比如,汉语中的“女”字,最初形式是,它看上去就宛如一个跪着的女人。它的现代书写形式“女”则更加程式化了。

象形文字通常代表具体事物的形象。这正是中国人习惯并善于形象思维的原因所在。这样我们也就很自然地理解了为什么唐代、宋代诗词盛行,因为诗词本身就是一门形象思维的艺术。形象思维的特点就是具体性和综合性。这也就不难理解为什么古代中国人经常用一些代表具体事物的字来表达一些抽象的事物或概念。比如,用“钟鼎”二字来代表所有的青铜制品,尽管青铜制品包括了钟鼎以外的许多青铜器。几乎所有汉语中的抽象名词词源上都与具体事物或具体事物的综合图像有关联。比如,“易”,表示变化的意思。从其古代的书写形式可以明显地看出,它最初与蜥蜴有关。它的含义可能和蜥蜴的颜色易变或其移动迅速有关。

一个象形字通常是由许多笔画所组成,但不管它有多么复杂,它只代表一个整体。这就容易导致人们把所思维的对象当作整体去考察。这种思维方法是一种综合的抽象(即对事物性质的综合进行抽象),它完全不同于分析的抽象(即对事物的每一性质进行抽象)。这种综合的思维方式充分体现在中国的水墨画和戏剧中。中国画以生动的、富有表现力的粗犷线条为特点,往往寥寥数笔,一幅栩栩如生的画面就跃然纸上。[以梅兰芳为代表的京剧艺术风格举世闻名,京剧的程式化动作以一种抽象综合的方式来表现人类的活动和自然现象。]中国戏剧绘画综合抽象的艺术风格与西方古希腊以及文艺复兴时期的戏剧和绘画的现实主义艺术风格是截然不同的。

指事,是一种以象征性的符号来表示意义的造字方法。它以一种象征性的方式,通过部分表示整体,属性表示事物,结果表示原因,工具表示活动,姿势表示行为,等等。比如,“曰”最初的形式是一幅张口呼吸的画面,意思是指说话。这种指事的方法导致中国人习惯于以整体的眼光去看局部的问题,这也是一种综合的思维方式。这种思维方式反映在中国文化中的许多方面,如中医。传统的中医行医时总是从人体的整体去把握人体各部分的疾病。比如,中医针灸疗法中有一句名言,“头痛合谷收”,意思是说,头痛要从人手部的合谷处施治。与此相反,西医看病时只注意“头痛医头,脚痛医脚”。

随着象形字的充分运用,假借的方法开始出现,特别是当没有一个书面文字可以表达人们想要说的那个字的时候。所以,一个同音的象形字往往被假借来表达口语中的另一个同音字。比如,"萬"字,如同它的古代书写形式所示,是表示蝎子的意思,但现在却用来表示另一个同音字,意为一万的意思。这种方法使得中国人习惯于在考虑问题时把许多不同的事物联系起来加以思考。显然,这是一种综合的思维方法。

指事和假借的方法使中国人习惯于以事物甲去代表与此不同的事物乙。创造并长期使用这样文字的人不可能不形成一种综合的思维方式,即把不同的甚至相反的事物联系起来考虑。它非常类似于这样一种形式:甲即是乙,虽然甲和乙是完全不同的事物。这样,我们就不奇怪为什么老子说:"曲则全,枉则直,洼则盈,敝则新,少则得。"(《老子》第十二章)反过来,这种方法又导致了中国人形成辩证的思维方法,即从变化的观点看世界,因为变化的理论可以很好地解释为什么甲即是乙但乙不同于甲。

会意是组合两个或更多的象形字的意义而形成一个新字的造字方法。如"婦"字,就由"女"和"帚"两个字符组成。"男"则由"力"和"田"两个字符组成。在新字符的发音中再也找不到原字符的发音了。新字的新意义来源于它的组成部分的意义。这就能解释为什么中国人总喜欢说:"相辅相成"。显然,会意是综合的。

形声是意符(象形字符)和声符并用的一种造字方法。当一个象形的字符和一个声符组合在一起时,一个形声字就形成了。新的形声字从其象形字符得到其意义,从其声符得到其发音。比如,"同",作为一个声符和不同的词素结合就会形成许多意义不同然而发音相同的字:

金 + 同 = 铜
木 + 同 = 桐
竹 + 同 = 筒

形声、会意以及转注的造字法,[①]以及由此而形成的汉字使人们比较注意不同事物之间的联系,自然而然给了中国人一种强烈的暗示:不同事物之间是相互联系的。形声字占了全部汉字的80%以上。由此组成的语言自然会导致人们习惯于某种形式的综合思维,即将不同的事物联系起来去考察,并找出它们之间所存在的共同基础。所以,一个具有良好汉语文化水平的人自然而然地习惯

① 本文省略了关于转注的讨论。

并善于把所思维的对象联系综合起来去考察。

也许有人反对上述看法。他们认为虽然汉字的形成遵循这样的方法,但大多数中国的知识分子仅仅是使用汉字,他们并不需要去造字。因此,这些造字的方法对他们的思想方法影响不大。但事实并非如此,中国人自觉或不自觉地还是受到上述造字方法的影响,如,当一个中国人遇到一个生字时,往往自觉或不自觉地将其拆开,认字认半边。再者,通过上述造字方法,特别是假借的方法所形成的汉字,往往一字多义,而且这些意义又完全不相干。比如,“求”(即“裘”)字,原义是一件毛皮大衣,通过假借,它的意思变成了“请求”。在这些不同的词义中没有词义的派生关系。[①] 因此,要确定一个汉字的准确意义必须联系它的上下文。

同时,汉语有大量丰富的同音字,每一个字只有一个音(一个带有声调的音节)。《康熙字典》中有大约 49000 个汉字,但只有 412 个音节可以供使用。在汉语口语中,一个音节可以发四种声调。如果我们把一个发音定义为带一个声调的音节,那么全部汉语最多只有 1648 个发音可供使用。在 1979 年版的《辞海》里,有 194 个与“义”同音而不同义的汉字。一个发音可以代表意义完全不同的汉字的这一事实强化了汉语对语境(即上下文)的依赖。通过语境来确定词或句子的意义在汉语中所起的作用远远超过其他印欧语系的语言。事实上,中国人经常通过上下文来确定或解释一个字的意思。如,“真”字,和它发音一样的字有“珍”、“贞”等等。为了避免因发音相同所产生的误解,人们可以把两个意义相近而往往发音不同的字组成一个词组。为了避免将“真”混同于“珍”、“贞”等其他的同音字,人们可以这样解释:“真”是“真理的真”。“真理”与“真”的意思都是真。这种方法可使中国人避免因发音相同而意思不同所引起的误解,同时也强化了综合思维的倾向。

综合思维方式有助于人们想象、创造、综合和从全局或整体的观点处理问题。但是,只有发展出一套形式逻辑体系和精密控制的实验技术,我们才能建立起现代科学。而综合思维方式对此的贡献是不大的。现代科学,从牛顿到爱因斯坦,从物理学到生物学,实际上都是分析思维的结晶。中国人过去没有充分重视分析思维的方法。这就是为什么尽管从 3 世纪到 13 世纪,中国人在科学技术的许多重要领域领先于西方,然而他们却没能发展出类似于西方现代科学理论的原因所在。

---

① 这一情况不同于英语,在大多数的情况下,英语的一个词的多种意义,语义上都有某种联系,比如,“head”的主要意义是头部。它也有其他一些衍生的意义,如统治者、领导、植物的上半部等。

二、中国语言与中国哲学

如果说西方文化与中国文化的不同是由于西方文化包含了现代科学，那么，中国哲学与西方哲学的不同就在于它不像西方哲学那样含有现代科学的种子。所谓现代科学的种子，在此是指两件事情：一是指对确定性的追求，[①]一是指分析的传统。中国哲学缺乏这两种传统，原因固然很多，但一个很重要的原因是由于中国的书写语言。

我们知道，西方哲学的早期，从毕达哥拉斯学派到柏拉图，确定性一直是哲学追求的目标。柏拉图之所以把数学当做最完美的知识就是因为其确定性。他强调对几何学和数学的研究是从事哲学研究的不可或缺的基础。而正是试图通过数学工具去理解自然最终导致了现代科学。正是因为在毕达哥拉斯和柏拉图学派的影响下，哥白尼潜心研究数的和谐，从而发展了与托勒密的地心说针锋相对的日心说。开普勒皈依哥白尼的理论仅仅是因为哥白尼的体系比托勒密的理论在数学上更加简单和谐。开普勒相信数的和谐能更好地解释行星的运动。这一信念促使他运用数学工具去分析其前辈第谷所留下的行星运动观测资料，从而发现了行星运动的三大规律。沿着同样的思路，伽利略认为地球上的局部运动也可能有数的规律可寻。他通过试验发现了自由落体定律。开普勒的行星运动三定律和伽利略关于自由落体定律和抛物运动的理论为牛顿的物理学奠定了坚实的基础。牛顿正是在欧几里德几何学的影响下，在其前辈开普勒、伽利略工作的基础上，建立了“牛顿运动三定律”和万有引力的理论。牛顿的经典物理学开创了现代科学的新纪元。

然而与此不同，确定性却从来没有成为中国古代哲学追求的目标。中国语言是一个重要的限制因素。

如前所述，汉字最初是刻在龟甲兽骨或钟鼎等青铜器上的。这使得汉语的书写变得非常困难。因此，中国人尽可能地用较少的文字去表达他们尽可能多的思想。尽管后来汉字可以写在竹简或丝绸上，但其书写和阅读依然困难，因为丝绸作为书写工具十分昂贵，而竹简又难以携带。这就使得汉字的表达必须言简意赅。而在古希腊却不存在这些问题。当时古希腊人已经开始使用纸莎草作为书写材料。以纸莎草为原料的纸最初起源于埃及，后为古希腊人所采用，到罗马帝国时已经得到广泛的采用。在纸莎草上书写和携带纸莎草纸的卷轴，相对

---

① 本文在这里用的是“确定性”而不是“知识的确定性”，因为在美学的领域里也许并不存在知识，但这并不影响西方哲学家在这些领域里寻找确定性，笔者认识到这一点是受到了 Bruce Russull 的启发。

地说,要容易得多。而且纸莎草纸的制造生产比丝绸的制造生产要容易和便宜得多。早在柏拉图时代,纸莎草纸作为文字的书写工具已相当盛行。[①]

由于汉字的书写困难,使得中国人"惜墨如金"。中国古代学者都把文字的简约看成是一种优点。如宋代的文学巨匠欧阳修(1007—1072)就是以用词简练而闻名。他在写著名的散文《醉翁亭记》时,最初用了几十个字来描绘琅琊山的景色,但他对此很不满意。后来他受到一个樵夫的启发,仅用"环滁皆山也"五个字来描述滁州周围的地理环境,其余的细节留给了读者去想象。从这个例子中,我们可以看出中国古代知识分子如何赞赏和鼓励用词的简约与精练,即使这样做意味着失去表达的确定性也在所不惜。庄子甚至向往一种得意而忘言的理想的艺术境界,他曾叹道:"吾安得夫忘言之人而与之言哉!"[②]

由于中国古代汉字书写困难,使得中国古代学者不仅必须十分谨慎地选词用句,而且也必须很小心地去选择所记述的事情。因此他们所选择记述的事情所暗示的含义往往远远超出其直接的记述,正所谓"微言大义"。许多哲学家的思想或理论往往就隐含于这些简单的记述中。比如,《论语·乡党》中记载了孔子的一个故事:"厩焚,子退朝。曰:'伤人乎?'不问马。"用今天的话可解释为:马棚失火倒塌了,孔子退朝后赶来问道:"有人在火灾中受伤了吗?"但他却没有提到马受伤了没有。通过这一故事作者想要传达给我们的是什么?为什么他恰恰选取这个故事?许多当代中国哲学学者认为这一故事体现了孔子的人道主义思想。但如果这个故事发生在古希腊,柏拉图也许会写一段很长的对话,通过苏格拉底和格罗肯(Glaucon,柏拉图的兄弟)之间的对话,来详细地讨论这个故事所包含的哲学意义。他们也许会长篇大论地辩论孔子究竟应该关心马还是人,等等。然而在《论语》中仅仅用了12个字,其余的都留给读者去思考了。这就是为什么中国古代文字,特别是哲学的文字总是充满了暗示。冯友兰在阐述中国古代哲学家表述其思想的方法时说道:"富于暗示,而不是明晰得一览无遗,是一切中国艺术的理想,诗歌、绘画以及其他无不如此。拿诗来说,诗人想要传达的往往不是诗中直接说了的,而是诗中没有说的。照中国的传统,好诗'言有尽而意无穷'。所以,聪明的读者能读出诗的言外之意,能读出书的'行间'之意。中国艺术这样的理想,也反映在中国哲学家表达自己思想的方式里。"[③]

除了确定性之外,分析是西方哲学的另一传统。在寻求确定性的过程中,西

---

① *Britannica*,[1991],vol. 9,第132页,vol. 29,第1057-1059页。

② Ch. 26 of *Zhuang Zi*,《庄子·杂篇·外物第二十六》。

③ 冯友兰:《中国哲学简史》,北京大学出版社1985年版,第17页。

方哲学家优先考虑的是演绎推理而不是归纳推理。演绎推理从本质上说是分析的。根据乔治·摩尔的观点，分析是概念或命题定义的一种形式。摩尔对分析的定义的主要精神是："任何表达被分析项的表达式必须和表达分析项的表达式同义。"[①]我们可以在苏格拉底和尤塞弗若(Euthyphro)关于德(piety)的定义的对话中找到类似的思想。[②] 为了给一个词下一个明晰的定义，人们必须对其进行分析并弄清其外延。在西方哲学中，这种分析的传统导致了形成现代科学所必需的条件即形式逻辑的产生。事实上，正是对"是"("is")的分析，导致亚里士多德创立了真正意义上的逻辑(下面将进一步讨论这个问题)。

中国哲学的传统与西方哲学的分析传统完全不同甚至相反。如前所述，中国人在其语言的影响下习惯于综合思维。而这样一种综合思维的方法也反映在中国哲学中。正如陈荣捷所指出的那样，"……中国哲学史的一个显著特点就是她习惯并擅长于综合思维。"[③]按照他的观点，"中国哲学史通常分为四个时期，每一个时期都以某种形式的综合终结"。这就是为什么我们在中国哲学中总是可以发现许多综合的命题，如：有和无、理和气、一和多、天和人、善和恶、知和行等等。

综合不仅是中国哲学的一般特点，而且也体现在中国哲学的具体活动和哲学论证中。中国哲学史上的论证大都是建立在类比基础上的，而类比本质上就是综合推理。孔子对"仁"的论证就是一个突出的例子。仁的本质是爱他人。为什么我们应该爱他人？孔子关于仁的著名论证是"己所不欲，勿施于人"。这个论证就是建立在自己和他人类比的基础上的。类似的例子在中国哲学文献中比比皆是。

中国哲学家究竟做没做过概念或命题的分析，或运用过演绎推理呢？事实上，他们确实做过概念的分析并运用过演绎推理。这在儒家、道家、墨家、名家以及其他学派中都可以得到证实。一些初步的逻辑思想已经从他们的分析思维中形成，但是这些逻辑思想从来就没有机会发展为如同西方那样的形式逻辑体系。原因何在？古汉语即中国古代的书写语是一个主要的限制性因素。笔者认为有如下几点可以证明：

首先，古汉语语法简单，这往往掩盖了在印欧语系语言如希腊文和英文中很

---

① 见 P. Schilpp 所编的《摩尔的哲学》[Ill.：Evanston，1942]，第 663 页。

② 见柏拉图：《尤塞弗若》[Euthyphro]，5d—e，9c—e，和 10d—11b。

③ 陈荣捷：《中国形而上学中的综合命题》，见 C. Moore 所编的《中国思想》，夏威夷大学出版社，1974 年，第 132 页。

容易就呈现出的一些语言的语法结构或逻辑结构,从而使得中国哲学家很难从其语言中发展出一套形式逻辑体系。至少比古希腊哲学家要困难得多。

前已指出,象形字是汉语的最基本的元素。但一个画面或一个象形字不可能有数、格、性、时态等的屈折变化,即使我们假定古代汉语的口语可以有这些变化。汉语中一个名词没有单数和复数的区别,也没有性的区别。古汉语中也没有被动语态和主动语态的区别。它也没有时态和虚拟语气,也没有标点符号。句子的不同部分之间也没有区别。比方说,名词和动词就可以互换。因此,一些在印欧语言中很易表达的语言逻辑结构或语法结构在中国语言中很容易就被掩盖了。比如,后期墨家对墨子的著名的理论"兼爱"说进行了辩护。当时对这个学说有两个主要反对的意见:一个反对意见是:如果兼爱意味着爱一切人,那么就不应该有任何"杀盗"的刑法,因为"杀盗杀人也"。这里关键的前提是"杀盗杀人也"。关于这个前提的论证可以表叙如下:

例一:

1. 盗,人也。
2. 故,杀盗杀人也。

下面的论证也为后期墨家所接受:

例二:

1. 白马,马也。
2. 故,乘白马乘马也。

例三:

1. 获,人也。
2. 故,爱获爱人也。

众所周知,论证的有效性(即前提真结论必然真)不在于其内容,而在于其形式。例一、例二、例三中的论证都有一个共同的论证形式:

1. X, Y 也。
2. 故,DXDY 也。

在该形式中，X、Y代表名词，指事物或对象。D代表动作或行动。后期墨家似乎把这个形式看作一个有效的形式，因为他们接受这一形式的许多具体例子。然而，墨家的反对者似乎认为，既然例一、例二、例三都具有同一形式，如果后期墨家接受例二、例三，他们也必须接受例一。后期墨家是怎样反驳这一诘难的呢？他们仅仅给出上述论证形式的一些例子，其中前提真而结论却假，以否认例一论证的有效性：

例四：

1. 车，木也。
2. 故，乘车乘木也。

在后期墨家看来，上述论证的问题在于，"乘车非乘木也"。至少，根据原文，"1"真而"2"假。换言之，例四不是一个有效的论证。例一也不是一个有效的论证，因为它和例四的论证形式一样。让人迷惑不解的是：为什么例二和例三的论证有效而例一和例四的论证无效？尽管它们的论证形式是一样的。它们的形式，即例一、例四和例二、例三的形式之间究竟有些什么区别呢？后期墨家也许想告诉这种区别，然而他们所使用的语言却很难表达这一区别。这种有效论证和无效论证形式之间的区别在英语或古希腊文中却很容易表达。如果我们将例二和例四用英语表达，两者之间形式上的区别就一目了然了：

例二：

1. A white horse is a horse.
2. Therefore, to ride a white horse is to ride a horse.

例四：

1. A cart is made of wood.
2. Therefore, to ride a cart is to ride wood.

我们可以将例一重新用英语和希腊文表达如下：

例一(英文)：

1. A robber is a man.
2. Therefore, to kill a robber is to kill men.

例一(希腊文):
1. ληστής άνθρωπός [a man] έστι.
2. ληστήν άρα φονεύσαι άνθρώπους [men] έστί φονεύσαι.

我们可以将例三也译成英文:

例三:
1. Huo is a man.
2. Therefore, to love Huo is to love a man.

这样例一、例四就不再和例二、例三的有效论证形式相混了。显然,"To kill a robber is not to kill men"。例一(英文)的结论为假。其形式不再有效,因为其前提真而结论假。这样,对"兼爱"的学说的诘难就不能成立,因为例一(英文)的结论为假,即"杀盗非杀所有人也"。

其次,古汉语中没有如英文中"is"或"to be"或希腊文中的"έστί"或"είναι"("是")一样确切含义的字。然而,这个字对亚里士多德创立逻辑学却是非常重要的。劳伦斯·帕尔斯(Lawrance H. Powers)在其没有公开发表的著作《不矛盾律》中指出,只有亚里士多德才从真正的逻辑意义上创立了逻辑。那么,一些纯粹的哲学活动到底是怎样导致亚里士多德创立三段论逻辑(即最初的形式逻辑)的呢?根据帕尔斯的观点,一和多的哲学问题,"……或者换言之,关于谓词意义上的'is'('是')和等同意义上的'is'的问题促使了亚里士多德对所有可能的三段论作了全部的考察。"[①]因此,亚里士多德的逻辑实际上是分析"is"或"έστί"的产物。在现代汉语中,"是"与英语中的"is"或希腊文中的"έστί"相对应。然而,在古代它与许多其他的意思相混同,如正直、原则、正确、适当、对,等等。古代汉语中所用的"是"几乎不具有英文中"is"或希腊文中"έστί"的含义。当古代中国人如后期墨家表达"盗,人也"时,"是"字被省去了。有人认为"也"可以解释为"是",即英文"is"或希腊文"έστί"的意思。但这是不正确的。因为它在汉语

① L.H. Powers,《不矛盾律》,vol.I,第426—427页。

中只是个语气助词或是个虚词。另外一件十分有趣然而不可能是巧合的事情是，虽然古代中国人在代数方面非常先进，但“等号的形式却一直是不明确的。等号(＝)一直没有在中国发展出来。”[①]为什么古代汉语中没有单纯意义上的“是”字？原因之一可能是它太平常了，它的意义可以很容易地从上下文中被领会或确定。对于“惜墨如金”的人来说，对于习惯于从上下文中去把握对象之间和词之间的关系的人们来说，他们才懒得去为它专门造一个字。这也许正是中国哲学家没有从其语言中发展出一套形式逻辑体系的原因所在。

三、中国文字与科学

中国古代的文字也影响了中国的数学和科学的发展，因为从汉字中，很难发展出一套独立的象征符号体系(symbolism)。

象征符号体系在数学和科学的发展过程中起着非常重要的作用，因为它在思维中可节省大量的脑力。只有引入、发展完备的象征符号体系，数学如代数的进一步发展才有可能。从拼音文字中发展数学和科学的象征符号体系远比从像汉语这样的表意文字中发展象征符号体系容易得多，这是因为拼音文字的基本单位是几乎没有意义的字母，而汉语的基本单位则是总带有这样或那样意义的汉字。然而，直到 16 世纪中叶，一套完备的象征符号体系才被有意识地引入西方数学中。此后，西方的数学和科学的发展突飞猛进。既然在拼音文字的语言环境中，完备的象征符号体系的引进都如此之难、之晚，我们就不难想象对于习惯于综合思维的中国人要想从汉字中发展出这样一套完备的象征符号体系是多么的困难！这就是为什么在 13 世纪以前，中国的应用数学高度发达(如中国的科学家祖冲之计算出圆周率的精确数字在 3.1415926 和 3.1415927 之间，比欧洲数学家早一千多年)。但从那以后，中国人在数学方面停滞不前。其原因正如李约瑟所说的那样：“中国数学家从来没有自发地用符号去书写公式。直到西方传教士来华时，数学公式基本上还是用汉字来表达的。”[②]

四、中国语言和政治

汉人共同使用的汉语常常掩盖了这样一个事实：中国人没有共同的口头语言。在中国有许多不同的方言，如广东方言、上海方言、湖南方言等等。这些方言之间的差异之大以至于使得讲不同方言的人们彼此之间无法通过口语进行交

① 《中国科学技术史》第 3 卷，1959 年，第 152 页。
② 《中国科学技术史》第 3 卷，1959 年，第 152 页。

流。假如这些方言用拼音文字来表达,它们将成为不同的语言。果真如此的话,汉族也许会分化为许多不同的民族或国家,而汉族文化也许会为多种不同的文化所取代,中国的历史也许就会重写。中国现在作为一个整体的国家而存在,其汉语是一个关键性的因素。书写汉语是一种表意性的文字。这样一种表意文字的最小意义单位是一个个的汉字。每个汉字并不代表一个讲话的声音,而仅仅只是代表一个对象或思想。与此相反,在拼音文字中,一个词不仅代表一个讲话的声音,同时也代表一个对象或思想。汉语的这一特点使得汉语作为一种表意文字有可能为讲不同方言甚至不同语言的人们所使用、理解,甚至说。而这对拼音文字来说几乎是不可能的。因为在拼音文字中,一个词的意义和它的发音是不可分的。汉语的这种特点对中国文化的发展产生了深刻的影响,它使得不同地区讲不同方言的人们能够彼此沟通。它也帮助中国在广袤的土地上将不同的部落、民族和文化统一为一个民族和一种文化。它还使得中国能够保留一个历史悠久、从不间断的文化传统。在中国历史上,绝大多数的统治者都是汉族。然而,有两个朝代的统治者是少数民族。一个是元朝,统治者是蒙古族;另一个是清朝,统治者是满族。尽管如此,蒙古族和满族却无法将自己的文化去影响或同化汉族文化。相反,尽管他们是统治者,他们自己的文化反而被汉族文化所同化。一个重要的原因就是他们无法抹去汉族文化的载者——汉语。他们要统治汉族就不能不保留汉语。而保留汉语就不能不保留乃至继承汉族的文化。

汉字不仅帮助中国的统治者维持了一个强大、统一的文化传统,而且也强化了中央集权。中国第一个皇帝秦始皇就有意识地运用汉语作为巩固政权和统一国家的工具。秦始皇统一文字的结果不仅增强了中国不同地区的经济、政治、思想和文化方面的交流和联系,同时也强化了君主专制。反过来,君主专制又成为阻碍中国科学发展的一个主要因素。其理由如下:

第一,政治上的专制不可避免地会产生意识形态方面的封建专制。皇上的意志常常就是“正确”或“真理”的标准。因此,争论或论证就不像在古希腊那样重要。自由开放的讨论、争辩和论证往往是不允许或不受鼓励的。然而自由开放的讨论、争辩和论证的气氛对科学的发展是不可缺少的,因为现代科学产生的必要条件是分析的传统和形式逻辑体系,而西方的分析传统和形式逻辑体系正是在激烈的争辩和论证中形成的。因此,缺乏自由开放的争辩和论证的传统是中国科学停滞不前的一个原因。

第二,公元前 140 年,汉武帝采纳了董仲舒的建议,罢黜百家,独尊儒术。儒家成为官方哲学。董仲舒根据君主专制的需要改变了儒学的形式。此后,直到本世纪初，儒学在中国一直占统治地位。儒学强调伦理和政治问题，但忽视科学和技术。早期儒家学者对现代科学的态度漠不关心甚至怀有敌意。比如，欧几里得的《几何原理》对牛顿物理学的诞生产生了极大的影响。早在1607年，利玛窦(1552—1610)和徐光启(1562—1633)就将《几何原理》翻译介绍到了中国，比牛顿发表《自然哲学中的数学原理》早八十年。但它对中国的知识分子几乎没有产生任何影响。这或多或少要归咎于儒家对科学的冷漠。杨光仙被看作是"正人心息邪说孟子之后一人而已"(钱绮语)。面对着外国传教士带来的新思想、新方法，他说："宁可使中夏无好历法，不可使中夏有西洋人。"[①]儒学与现代科学如此格格不入，也就可想而知现代科学在中国所遭到的来自于儒学方面的阻力是多么之大。

第三，隋唐时期，中国设立了科举制度，通过考试选拔官吏，从而使全国的知识分子都为朝廷的政治服务。当时，读书就是为了做官。这使得中国第一流的知识分子穷其毕生精力去学习儒家经典、练习八股文以通过科举考试。这样的科举考试制度对科学的发展无疑是有害的。

综上所述，中国文化由于其语言的原因，没能促成现代自然科学的产生，其理由可概括如下：

第一，中国语言在形成中国的综合思维方式中起了非常显著的作用，但是，现代自然科学主要是分析思维的产物。综合思维对现代科学的产生贡献不大。

第二，中国哲学家和知识分子在他们的著作中极力追求言简意赅，代价是牺牲了认知的确定性。然而，正是西方哲学家对确定性包括对知识确定性的追求最终导致了现代自然科学。再者，形式逻辑体系是以牛顿和爱因斯坦为代表的现代自然科学产生的必要条件。而中国哲学并没有像西方哲学那样发展出一套形式逻辑体系，中国语言是一个重要的限制因素。

第三，象征符号体系是进一步发展数学和科学的必要条件，但从中国的汉字中很难发展出一套独立的象征符号体系，因为汉字总是有这样或那样的意义，而象征符号不能有其他的意义。

最后，汉字在帮助中国统治者把许多不同民族统一为一个国家的同时也帮助他们巩固了封建专制制度。反过来，封建专制制度又成为阻碍中国自然科学发展的主要因素。

可见，不了解中国语言对中国科学和文化的影响，我们就不能充分了解中国

① 引语转引自杨振宁《近代科学进入中国的回顾与前瞻》一文，见《明报月刊》，1993年10月，第12—18页。

文化本身以及为什么它与其他文化，特别是与西方文化如此不同。

虽然古代汉语没有能促进中国现代科学的发展，但它的美与简单是无与伦比的。正如《中国科学技术简史》①所说的那样："尽管中国语言有许多缺点，但它与欧洲语言相比有一个很大的优点：它除了书写形式有些变化外，基本上保持不变。任何有汉语阅读能力的人在阅读任何时代的文献时，无论它是现在写的还是几千年前写的，相对来说，没有多少困难。但欧洲语言却很难做到这一点。它们的书写语言是随着口语变化而变化的。因此，仅仅几个世纪，一种书写语言实际上就变成了一种新的语言。而且，尽管汉语有许多模糊性，但它的简约、精炼、铭文般的特点以及由此而产生的质朴无华的典雅、神韵、雄浑的效果，与任何其他语言相比，都是无与伦比的。"②随着现代自然科学在中国的出现，古代汉语的许多缺点已被克服。20 世纪初，在西方文化的影响下，中国发生了一场文字改革运动即白话文运动。标点符号被引进到现代汉语中。现代汉语中大量使用双音词，避免了古汉语因同音字所引起的误解。现代汉语中不再存在如古汉语那样的模糊性和歧义性的问题。西方的科学符号体系也被介绍到中国并实际上成为汉语的一部分。汉语语法的简单性甚至成了一个优点。汉语的排版、输入、阅读和识别以及汉语同印欧语言的翻译等都已计算机化了。汉语输入计算机的速度已达到每分钟 200—450 个汉字。汉字文化影响自然科学的发展已成为过去。

① 李约瑟《中国科学技术史》的简写本。

② 《中国科学技术简史》第 1 卷，剑桥大学出版社，1978 年，第 14 页。

图书在版编目(CIP)数据

规范性知识的追求/陈真著. —上海:上海三联书店,2021.5
ISBN 978-7-5426-6846-2

Ⅰ.①规… Ⅱ.①陈… Ⅲ.①西方哲学-文集
Ⅳ.①B5-53

中国版本图书馆 CIP 数据核字(2019)第 248016 号

规范性知识的追求

著　　者 / 陈　真

责任编辑 / 张大伟
装帧设计 / 张羽汐　吴　昉
监　　制 / 姚　军
责任校对 / 董志德

出版发行 / 上海三联书店
(200030)中国上海市漕溪北路 331 号 A 座 6 楼
邮购电话 / 021-22895540
印　　刷 / 上海惠敦科技印务有限公司

版　　次 / 2021 年 5 月第 1 版
印　　次 / 2021 年 5 月第 1 次印刷
开　　本 / 710×1000　1/16
字　　数 / 580 千字
印　　张 / 32.5
书　　号 / ISBN 978-7-5426-6846-2/B·660
定　　价 / 98.00 元

敬启读者,如发现本书有印装质量问题,请与印刷厂联系 021-63779028